2024年最新版

刑事訴訟法理論與運用

Theory and Practice of Criminal Procedure Law

張麗卿　著

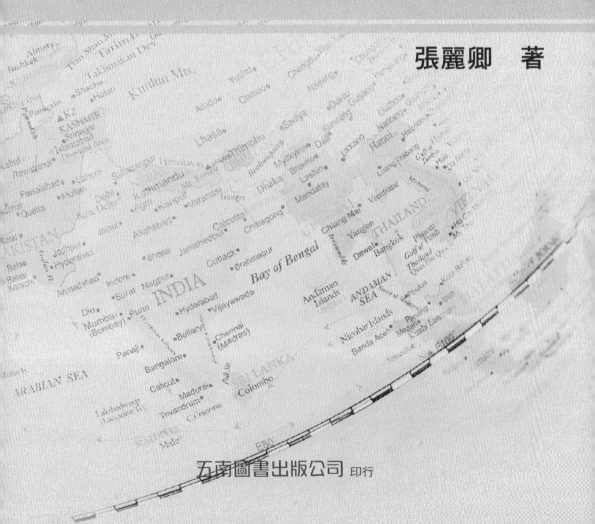

五南圖書出版公司 印行

新版序

本書此次的修正幅度較大，除了再次檢視全書的內容錯字以及文句上的調整外，主要的修正是因應2023年及2024年刑事訴訟法的大幅更迭，主要有以下幾個部分：

首先，2023年的修正有：鑑定制度、強化身心障礙者訴訟程序保障以及量刑程序與檢察署銜稱之修正。

由於司法實務對專業待證事實往往賴於專家鑑定，又該待證事實更牽涉被告是否有罪判斷依據，例如：精神鑑定專家對精神病人的鑑定，此會涉及被告是否成立刑法第19條免責問題，故程序的公正及人權保障就顯得非常重要。然，過去對鑑定制度有許多爭議，遂產生如鑑定報告書是否屬於傳聞證據、機關鑑定程序是否應受交互詰問等問題，在司法踐行中更出現不同法院有著不同程序運作之疑竇，為使此些問題得到解決，2023年12月刑事訴訟法對於鑑定制度進行大幅度的修正，本書在此次改版中，除相繼修訂相關內容外，更精要解釋學理意見的爭議。

為了合乎身心障礙者權利公約（CRPD）之精神，2023年12月刑事訴訟法中有關身心障礙者之用語、訴訟照料以及相關程序的保障有許多修正。本書內容也針對於法規範用語以及新增訂內容進行修正與補充。此外，基於釋字775號解釋意旨，特別針對量刑程序中之科刑調查程序及定應執行刑程序進行修正；且為了確立及明確審檢分立制度，配合法院組織法有關檢察署銜稱之相關修正等，均為本書此次的修訂範圍的內容。

其次，2024年7月的修法重點有二，其一是增訂偵查訊問程序的辯護人筆記權；其二則是因應科技時代的特殊強制處分。增修辯護人的筆記

權，主要在促使辯護人能在偵訊時，提供嫌疑人或被告更完善的辯護，故在既有的到場、陳述權之外，增加筆記權。

　　鑑於科技日新月異，高度借重科技設備的新興調查方法與日俱增，本次修正的最大幅度是增設第11章之1「特殊強制處分」。包含對於使用全球衛星定位系統（GPS）或其他非以辨識個人生物特徵的科技方法追蹤位置，使用M化偵查網路系統（M化車）調查行動通訊設備的位置、設備號碼或使用的卡片號碼，或從具有合理隱私或秘密期待的空間外，使用非實體侵入性的科技方法，對該空間內的人或物進行監看及攝影錄像等強制處分。藉由新修法，明文規範特殊強制處分的要件、程序及救濟，確保其合法性，如此一來，使犯罪調查手段得隨科技發展日益精進，亦得兼顧人民基本權益之保障。

　　最後，感謝讀者一直以來，對於本書的一貫支持與提供許多修正寶貴意見。更要感謝五南劉靜芬副總編輯與責任編輯林佳瑩的費心。炎炎盛暑，我的助理黃韻廷、高雄大學財經法律研究所沈佐錞碩士，東海大學陳信維、施丹淩、陳宛汝碩士生協助校對及整理，也要一併致上最高謝意。

寫於2024年8月

初版序

　　嚴格來說，本書算不上一本專門著作，而是本人教授刑事訴訟法多年的心得或講義，所以並沒有遵循嚴格的學術規範，在必要的地方附加註腳。本書撰寫的主要目的是，希望給初學刑事訴訟法的人有一本容易入門的書，及便利自己教學上的方便。學習刑事訴訟法的目的，是要讓程序上的規定，能妥當地運用於具體的個案上，所以本書儘量採用案例來說明刑事訴訟法的規定及理論。

　　多年以來，我一直採用陳樸生老師所著的「刑事訴訟法實務」當作教材，所以本書在編排及撰寫上，有許多是依循該書的體例及見解。另外，我的老師蔡墩銘教授所著的「刑事訴訟法論」，林山田教授所著的「刑事訴訟法」，及黃東熊教授所著的「刑事訴訟法論」，都是本書撰寫時主要的參考著作。當然，我國實務界的看法，是本書所不能忽略的。由於也參考了德國及日本的文獻，所以本書也不乏德國及日文刑事訴訟法上的規定及見解。

　　雖然本書撰寫的初衷，是想讓刑事訴訟法的學習，能夠避開程序法的枯燥乏味，而能輕鬆愉快的入門及深入掌握，但是到最後我才發現，想要達到這個目的，並非我現在的學養所能達成，就把這個目的當成是我未來教學及研究的一個努力方向。我才疏識淺，所持見解，可能會有失誤之處，如蒙指教，自當虛心接受，銘感無既。

　　本書得以完成最應該感謝的，是我的恩師蔡墩銘教授及甘添貴教授，若不是他們在刑事法方面的啟蒙與教導，以及在我從事教職後的不斷鼓勵與提攜，我大概沒有勇氣把這本書拿出來。另外，要感謝一些專業上的論

學夥伴，主要是台大博士班的學長黃源盛教授，留德期間的友人周成瑜教授、林東茂教授、高金桂教授、柯耀程教授，和東海的同事鄭昆山教授、陳運財教授，由於相互間的問難與論辯，使我專業上的見識更加廣闊與細緻。法律系助教陳美蘭及我的學生石佳立、莊珂惠、黃惠玲、余德正、吳佳玟對於本書的完成，不僅擔任校對與編輯，還提供許多寶貴的修正意見。我的爸媽、公婆、老公、兒女給我充分的支持及安靜的寫作環境。這些曾經是我精神上及實質上幫助的師長、友人、學生，及親人，都算是本書的共同作者。

於東海法學系
1995年9月

蔡序

　　刑事訴訟法的規範目的，是要合法追訴、保障人權，發現真實、審判犯罪人。

　　在實務運用上，意義非常重大。不過，由於刑事訴訟法的規定相當繁瑣，對於學習法律的人，刑事訴訟法給人的感覺，可能會很枯燥，趣味性不如刑事實體法。張麗卿教授的「刑事訴訟法─理論與運用」一書，頗重案例的引導，很能減輕讀者在閱讀與理解上的困難。此外，這本書在不少地方，有相當詳細的比較法論述（例如，德國參審制度與美國起訴認否制度，及日本所謂起訴狀一本主義的說明分析），並且附上強制處分的文書格式，不但值得初學者閱讀，也可以作為研究者的參考。

　　張麗卿教授在中興與台大法研所攻讀博士學位期間，即不斷發表有關刑事訴訟法的論文，並赴德國慕尼黑大學專攻刑事法課程兩年半，取得博士學位前後，已在東海大學法律系所及國防管理學院法律系所，講授刑事訴訟法及刑事證據法有多年的時間，因此，對於刑事訴訟法的研究，已頗有心得。現在，她把多年的研究與教學心得匯聚成書，相信對於讀者是一項喜事，因為讀者們多了一個選擇的機會。對於這本書，我樂於向讀者推薦。

蔡墩銘 謹識

於台灣大學

1995年9月

甘序

　　刑事訴訟法是刑事法的一種，是規定刑事訴訟程序的法規，在整體刑事法的體系中，介於刑事實體法與刑罰執行法之間。何種行為構成犯罪，對該犯罪行為應科以何種刑罰，於刑法中有實體明文的規定。因此，刑法是劃定國家具體刑罰權的法規，是一種靜態抽象的倫理法規。但對於具體犯罪行為的追訴及處罰，則有賴刑事訴訟法的實踐，唯有依刑事訴訟法所定的程序始能確定國家的刑罰權。刑事訴訟法實踐具體的刑罰權，是一種動態發展的技術法規；刑事訴訟法與刑法共同維護國家的刑罰權，兩者相互為用，缺一不可。

　　張麗卿女士在中興大學法律系讀書時，從本人修習刑法專題研究，成績甚為優異。中興法研所的碩士論文以及台大法研所的博士論文，本人曾擔任口試委員，對於論文都有相當深刻的詢問，張女士亦均能清楚及有條理的答辯，顯示她對問題有確切及深入的認識與瞭解。由於她的這兩個學位論文，兼跨刑法與刑事訴訟法的範疇，所以，本人知道她對於刑事訴訟法已有相當程度的心得。張女士在東海大學法律系暨法研所、國防管理學院法研所，講授刑法與刑事訴訟法課程，亦曾在中興大學法律系講授刑法課程，教學認真，口碑甚佳，很受學生推崇。所以，本人也因而知道，這些年來她的努力不懈與精境。作為一個授業老師，本人頗感欣慰。現在，張女士把她多年來的刑事訴訟法講義整理成冊，相信也會如同她的教學一樣，得到很好的口碑。因此，樂為之序。

甘添貴 謹識

1995年9月

凡例

　　本書所使用的法律名稱，有用略語者，有用全稱者。在此之中，若僅以法條號表示，未冠以法條名稱，亦即，現行刑事訴訟法。其中羅馬數字及阿伯數字表示法條號數、項數及款數。舉例說明如下：

　　§7：刑事訴訟法第七條

　　§7 I：刑事訴訟法第七條第一項

　　§7 I ①：刑事訴訟法第七條第一項第一款

　　§7-1：刑事訴訟法第七條之一

　§§7~30：刑事訴訟法第七條至第三十條

　　至於刑事訴訟法以外的法律，於本書大都使用全稱，例如法院組織法§3，指法院組織法第三條；刑法§3，指刑法第三條。也有使用略語者，例如（法組§3）指法院組織法第三條；（刑§3）指刑法第三條。使用略語時，綜觀前後文，可以清楚知道略語的全稱。

　　此外，本書也以略語引用司法院解釋及最高法院判例（107年12月7日後，原選編之判例，不再有通案之效力回歸裁判之本質，以判決之形式呈現）、判決及決議等。舉例說明如下：

　　釋字第569解釋：司法院大法官釋字第569號解釋

　　院2550解釋：司法院院字第2550號解釋

　　最高法院92台上215判決：最高法院92年度台上字第215號判決

　　台北地院88訴826號判決：臺灣臺北地方法院88年度第826號判決

　　最高法院101第2次刑庭決議：最高法院101年度第2次刑事庭會議決議

目錄
CONTENTS

第一編　緒　論 001

第一章　刑事訴訟法之沿革 003

第二章　刑事訴訟的意義 013

第三章　刑事訴訟法的目的 023

第四章　刑事訴訟法的原則 029

第五章　刑事訴訟法的效力範圍 049

第二編　總　論 057

第一章　刑事法院 059

　第一節　法　院 061

　第二節　法院的管轄 072

第二章　當事人 087

　第一節　當事人的意義 089

　第二節　檢察官 092

　第三節　自訴人 100

　第四節　被告 100

　第五節　當事人能力與訴訟能力 113

第三章　訴訟關係人...121
　第一節　辯護人...123
　第二節　輔佐人與代理人...................................136

第四章　刑事訴訟的客體（案件）......................141
　第一節　刑事訴訟上的實體關係與訴訟關係.........143
　第二節　刑事案件單一性...................................145
　第三節　刑事案件同一性...................................154

第五章　訴訟程序...171
　第一節　訴訟關係...175
　第二節　訴訟條件...180
　第三節　訴訟行為...189

第六章　強制處分...211
　第一節　強制處分的基本原則與分類.................217
　第二節　傳喚與通知...225
　第三節　拘提逮捕與即時訊問...........................228
　第四節　限制出境、出海...................................241
　第五節　羈押...245
　第六節　暫行安置...276
　第七節　搜索與扣押...281
　第八節　特殊強制處分.......................................310
　第九節　強制處分的文書...................................322

第七章　刑事證據...343
　第一節　證據的意義與分類...............................347

目錄 CONTENTS

第二節　刑事證據的重要法則.............................350

第三節　證據調查.............................375

第四節　人證的調查.............................379

第五節　勘驗與相驗.............................414

第六節　證據保全.............................416

第八章　刑事裁判.............................431

第一節　裁判的意義.............................435

第二節　裁判的種類.............................435

第三節　裁判的成立.............................438

第四節　裁判的構成與裁判書制作.............................439

第五節　裁判的諭知.............................443

第六節　裁判的效力.............................444

第三編　各論.............................457

第一章　偵　查.............................459

第一節　偵查總論.............................463

第二節　偵查各論.............................474

第二章　公　訴.............................519

第一節　提起公訴的原則.............................521

第二節　公訴提起的方式.............................521

第三節　公訴的變更與追加.............................528

第四節　公訴的效力.............................531

第五節　公訴的撤回.............................534

第三章　自　訴......................................539

　第一節　自訴的意義 543

　第二節　自訴權人 544

　第三節　自訴的提起 547

　第四節　自訴的限制 549

　第五節　自訴的承受與擔當 556

　第六節　自訴的撤回 559

　第七節　自訴的反訴 561

第四章　審　判......................................567

　第一節　審判的概念 573

　第二節　審判的準備程序 577

　第三節　審判期日 586

　第四節　審判的更新 599

　第五節　審判的停止 602

　第六節　通常判決 605

　第七節　簡式審判程序 616

　第八節　簡易程序 619

　第九節　協商程序 625

　第十節　沒收特別程序 636

　第十一節　被害人訴訟參與程序 647

　第十二節　國民參與審判程序 660

第五章　上　訴......................................671

　第一節　上訴的概說 673

　第二節　上訴通則 675

目錄 CONTENTS

第六章　第二審上訴 689
第一節　第二審上訴的構造 691
第二節　第二審審理範圍 692
第三節　第二審的審理 694
第四節　第二審上訴的判決 695
第五節　不利益變更的禁止 698

第七章　第三審上訴 703
第一節　得上訴第三審的範圍 705
第二節　得上訴第三審的理由 706
第三節　第三審上訴的審理範圍 710
第四節　第三審法院的判決 712
第五節　第三審判決的效力 715

第八章　抗　告 721
第一節　抗告的意義與分類 723
第二節　抗告的主體 724
第三節　抗告的客體 726
第四節　提起抗告的程序 727
第五節　提起抗告的效力 727
第六節　再抗告 728
第七節　準抗告 729

第九章　再　審 731
第一節　再審的客體與原因 733
第二節　聲請再審的主體 737
第三節　聲請再審的期間 738
第四節　再審的管轄 738

第五節　再審的聲請與撤回 ……………………………………739

第六節　再審的裁定 ……………………………………………740

第十章　非常上訴 ………………………………………………743

第一節　非常上訴的性質 ………………………………………745

第二節　非常上訴的提起 ………………………………………745

第三節　非常上訴的審理 ………………………………………747

第四節　非常上訴的判決 ………………………………………748

第十一章　附帶民事訴訟 ………………………………………753

第一節　附帶民事訴訟的意義 …………………………………755

第二節　附帶民事訴訟的主體 …………………………………755

第三節　附帶民事訴訟的審理 …………………………………756

第四節　附帶民事訴訟的裁判 …………………………………757

第五節　附帶民事訴訟的上訴 …………………………………758

第六節　附帶民事訴訟的再審 …………………………………760

第十二章　執　行 ………………………………………………763

第一節　執行的意義 ……………………………………………765

第二節　裁判執行的要件 ………………………………………765

第三節　各種裁判內容的執行 …………………………………766

主要參考書目 ……………………………………………………777

第一篇
緒　論

第一章

刑事訴訟法的沿革

【目次】

壹、刑事民事訴訟法草案...5

貳、刑事訴訟律與刑事訴訟條例...5

參、刑事訴訟法（舊刑事訴訟法）附施行條例.............................6

肆、新刑事訴訟法（現行刑事訴訟法）附施行法...................7

伍、2000年以後的重要增修.......................................7

陸、2020年以後的重要增修.......................................9

　　我國刑事訴訟制度的形成，在周代已見端倪。不過，「刑事訴訟」是繼受外國法制後，才有的詞彙。清朝末年，西方法律思想對中國法制發生極大影響力，許多主要法律，如憲法、民法、刑法等，無不參照西方法律制度，訴訟法亦然。現行刑事訴訟法的骨架，承續清末的刑事訴訟法，近年來雖有配合台灣本土狀況，進行大幅度修正，但精神上還是西方法律思想在晚清時候的餘緒。鑑往知來，研習刑事訴訟法，宜對該法在清末民初的制定背景、生成過程有所掌握，才能清楚現行法的承繼及開展軌跡。

壹、刑事民事訴訟法草案

　　清末國勢疲弱，有識之士希望變法圖強，朝廷任命修律大臣沈家本等，主持修訂法律館，譯述外國法律及法學文獻，於1906年（光緒32年）編訂「刑事民事訴訟法草案」。關於刑事訴訟程序部分，於該草案已經採取歐陸陪審制度，以及公開審判制度，但也保留舊體制的糾問制度。1910年12月24日，沈家本等以「刑事民事訴訟法」為名，奏呈朝廷，開啟清末變法中「禮法之爭」的先聲。後來幾經研析，沈家本等人戮力完成「大清刑事訴訟律草案」計分六編，計515條。然未及頒行，清朝覆滅，但對後世影響仍大。

貳、刑事訴訟律與刑事訴訟條例

　　民國肇始，百廢待舉，法制不備，有關刑事訴訟程序的法制亦未建立；基本上，民國初期（1912～1914年）的審判制度，是援用清末沈家本等人所主持編纂的相關法規，只是刪除與民國政體相牴觸部分。1921年，廣州軍政府鑑於我國刑事訴訟法規，龐雜糾紛，不成系統，法院極感困難，訴訟或因此停滯，乃將前清刑事訴訟律加以刪除修正為「刑事訴訟律」，於同年3月2日明令公布，4月13日再公布刑事訴訟律施行細則7條，規定「刑事訴訟律自公布後二個月施行」。自此，我國有正式刑事訴訟

法，惟其施行區域，只及於西南數省。

　　此外，當時的北京政府修訂法律館編成刑事訴訟法草案，司法部改稱為「刑事訴訟條例」，並擬具刑事訴訟條例施行條例13條，於1921年11月14日，由徐世昌大總統公布，定於1922年元旦起，先就東三省等法院區域施行；爾後明令自同年7月1日起，全國各法院一律施行，雖然實際上只施行於北京政府統治下各省，西南各省仍遵行「刑事訴訟律」。「刑事訴訟條例」主要就清末的「刑事訴訟律草案」損益而成，內容大多仿自日本大正年間（約1920年）的「刑事訴訟法草案」。

參、刑事訴訟法（舊刑事訴訟法）附施行條例

　　1922年以後的中國，有二套刑事訴訟法制並行，直至1928年，全國統一為止。統一當年的2月，國民政府第29次委員會決議，由司法部儘速提出適用於全國的刑事訴訟法規，因為當時的刑事訴訟制度，各省自為風氣，實非正軌，也造成刑事司法的窒礙難行，乃博采成規，旁稽外制，釐訂刑事訴訟統一法規的草案。草案甫經脫稿，適中華民國刑法於1928年3月10日公布，鑑於程序法與實體法應相輔而行，未便稍有歧異，致礙援用，乃依據刑法，將該項草案重加編訂，成「中華民國刑事訴訟法草案」，共分七編，計496條，附施行法草案17條；同年5月，國民政府第65次委員會決議交法制局審查，後經編審會議迭次縝密研討，擬具修正案九編，共513條，原附施行法草案亦分別加以修正。

　　待法制局審竣後，提出意見書及修正案，經中央政治會議第146次會議決議，指定委員李烈等人與最高法院法制局審查，由司法部長蔡元培召集開會，將原草案及修正案一併提出討論，詳加修正。經審查完竣後，李烈等人繕具報告書提出，經中央政治局會議於第149次會議，將「中華民國刑事訴訟法及其施行條例」完全通過，國民政府於1928年7月28日公布，並定於同年9月1日起施行。當時的刑事訴訟法，共九編，計513條。

肆、新刑事訴訟法（現行刑事訴訟法）附施行法

　　時至1931年，立法院以刑法亟待修正，刑事訴訟法亦應同時改正為由，特指派史尚寬等人組織委員會，起草修正刑法；但對刑事訴訟法未能同時進行，延至1933年6月，司法行政部擬具修正刑事訴訟法草案，並總揭修正要旨於編首，呈請行政院轉送立法院審議。立法院於第三屆第25次會議，將該修正草案提出一讀，並議決交付刑法起草委員會審查。

　　刑法起草委員會就該刑事訴訟法草案詳加研究，並參酌各方意見，先後共開會67次，至1934年9月20日方才完成修正案初稿：刑事訴訟法修正案共九編，20章，計560條。除配合法院組織法，將四級三審制改為三級三審制，以及遵照中央政策會議決定的原則，擴張自訴範圍之外，力求程序簡便，結案迅速，減少訟累，防止流弊，亦酌量採納司法行政部先後送立法院的「刑事簡易程序暫行條例草案」及「刑罰執行法草案」，以期完密，而利施行。同年11月27、28日，立法院於第3屆第83次會議，將「中華民國刑事訴訟法修正案」提出討論；於第84次會議，以全案付表決，出席委員均無異議通過。立法院通過刑事訴訟法並議決，「本法與中華民國刑法均定於1935年1月1日公布，至施行日期，俟將來施行法通過後，再行決定。」

　　1935年元旦，國民政府公布修正的刑事訴訟法，3月刑法起草委員會擬具「中華民國刑事訴訟法施行法草案」，並於4月1日公布並決定7月1日為新的「中華民國刑事訴訟法附施行法」施行日，整部刑事訴訟法，分九編，共516條。二戰後，1949年又逢國共內戰，國民政府播遷來台，待政經局勢相對穩定後，1967年1月28日總統令修正公布名稱，由中華民國刑事訴訟法改稱為「刑事訴訟法」及全文512條。此即現行的刑事訴訟法。

伍、2000年以後的重要增修

　　進入廿一世紀後，伴隨著台灣民主化的浪潮，重視法治國家的精神，

刑事訴訟法的修正，更加頻繁。2001年，對於搜索及扣押進行廣泛地修正，如增列嫌犯與電磁紀錄可為搜索的對象，附帶搜索與緊急搜索的相關規定，以及抗告制度。2002年則主要增修緩起訴及再議、交付審判制度。其後的2003年修正甚是關鍵，因為此次修法在於落實「改良式的當事人進行原則」，最重要的體現在於刑事訴訟法的證據章節，除了確立我國自白法則、傳聞排除法則、違法取證排除法則等相關證據法則，以及法庭交互詰問程序規則之外，並增加證據保全的相關規定。

2004至2015年之間，又有數度修正。這段時間的修正重點之一在於，充分保障被告權利，諸如：將受強制辯護所保護的對象，擴大至智能障礙、具有原住民身分或中低收入戶的被告（§31）；強化偵查中被告的接見通訊權利，但顧及實務偵查現況，若檢察官有限制辯護人與羈押中被告接見或互通書信，應依法簽發限制書（§§34、34-1），但被告的接見通訊權，是重要的訴訟防禦手段，如遭限制應得救濟（§§404、416）；在告知義務上（§95），對於經濟弱勢及原住民等，應告知其得依法請求法律扶助，且徹底落實被告的辯護人保護，除非被告同意，否則被告選任的辯護人不在場時，應即停止訊問；又法院於深夜處理羈押聲請案件，當事人或辯護人得請求法院延至翌日日間訊問（§93）；完善辯護人未到場的法定障礙事由，不得訊問的規定（§§27、31、35、93-1）；周全具保制度的相關措施（§§119、119-1）；對於拘束第二審法院的不利益變更禁止原則規範明確化（§370）；基於有權利即有救濟之原則，受身體檢查、通訊監察等裁定者，亦得依法提出抗告、準抗告才是（§§404、416）等。

此外，鑑於「偵查不公開」的定義不明，造成檢警調的解讀差異，故修法明定不得公開或揭露其職務上知悉的事項予執行法定職務必要範圍以外人員，並授權訂定偵查不公開作業辦法，以符合法律保留原則（§245）；限定簡易判決處刑僅得宣告緩刑、得易科罰金或易服社會勞動等有期徒刑及拘役或罰金（§449）；增訂易服社會勞動的執行（§479）；以及增加協商程序（第七編之一）。

又，2016年修正扣押規定，增訂第七編之二「沒收特別程序」專編及

相關規範，旨在配合同年施行的刑法沒收新制，力圖達成「無人能因犯罪獲利」的司法正義。2017年，為顧及被告人權，針對偵查中羈押審查程序的強制辯護等（§§31-1、33-1），進行增修；並為保障被告救濟權利，調整上訴第三審的相關規定（§376）。2018年僅零星修正關於文書送達（§§57、61）及判決時期（§311）進行部分修正。2019年的修法，即為了確保被告於審判中閱卷權以保障其程序主體地位，故修正其審判中之閱卷方式及其救濟（§33）；且增修第八章之一「限制出境、出海」（§§93-2～93-6），以避免被告出境而導致無法訴追，並且賦予被告對於出境限制之抗告（§404）及準抗告（§416）之救濟。

陸、2020年以後的重要增修

隨著台灣社會的變革與轉型，近年刑事訴訟法修正的腳步亦未曾停歇，近年都有幅度不小的修正。尤其是，2023年國民法官法施行後，將台灣的刑事訴訟制度，推升至另一個境界。

首先，是用語統一，以及配合實際情形，將「首席檢察官」、「檢察長」、「推事」、「左列」等用語修正為「檢察長」、「檢察總長」、「法官」、「下列」等，故於刑事訴訟法相應的條文進行修正。於筆錄「年齡」之記載，修正為「出生年月日」及增訂「身分證明文件編號」（§§51、71、85）。為了配合條文增修異動，修正有§§38、88-1、114、158-2、271-1；閱卷事宜之規範增訂§38-1；訊問被告時，確保辯護人於製作筆錄在場權（§41）；逕行拘提增列比例原則之要求（§76）；拘捕之告知義務及通知義務，以及增訂拘捕之執行方式（§§89、89-1）；受訊問人及詢問人亦得有通譯之使用（§99）；預防性羈押中增列幾項再犯率較高之罪得實行預防性羈押（§101-1）；增修限制出境出海的裁定或命令機關（§121）；請求扣押物影本（§142）；增列告訴人調查證據之請求規定（§163）；為了確立訊問證人之正當性程序故修正（§192）；聲請再議改為告訴人接受不起訴或緩起訴處分書後及被告接受撤銷緩起訴處分書後10

日內提出（§§256、256-1）；增訂科刑辯論（§289）；刪除無期徒刑應職權送上訴之規定（§344）；上訴期間修正為20日（§§349、454）；上訴理由狀提出亦修正為20日（§382）。關於再審也有相關程序修正，即原判決繕本之調取（§429）；聲請再審得委任代理人（§429-1）；聲請人及其代理人到庭陳述意見之機會（§429-2）；得聲請調查證據（§429-3）；得補正程序之再審聲請不得逕命駁回（§433）；駁回再審裁定之抗告（§434）。

　　此外，被害人的程序權利保障，以及人民參與刑事審判，也在2020年進一步落實。關於被害人程序權利保障新制，2020年1月，增列第七編之三「被害人訴訟參與」（§§455-38～455-47）；在偵查及審判中也應考量被害人之相關意見及保護被害人（§§248-1、271-2、271-3），以及修復式司法以促成雙方和解為目標（§§248-2、248-3、271-4）。同年7月，立法院制定「國民法官法」，宣示我國即將進入人民參與刑事審判的時代。日後，只要是符合資格的人民，將可能經抽選為國民法官，在法庭上與法官一起聽訟、問案及討論，並與法官一起決定被告有罪或無罪，以及認定如何處罰有罪的被告。

　　2021年6月有一次微幅修正。其一，是修正§§234、239，此是為了呼應釋字第791號宣告刑法通姦罪違憲，刑法刪除通姦罪後，刑事訴訟法也相應調整；其二則是，修正§348，為落實當事人主義精神，刪除擬制全部上訴的規定，被司法院喻為「建立刑事訴訟金字塔的第一塊磚」，也許不久的未來，刑事訴訟法的上訴審修法，指日可待。

　　2022年則有二次修法。第一次是該年2月，其一是新增§§121-1～121-6暫行安置相關規定，因應鐵路殺警案的發生，第一審法院認定被告無罪責能力，判決無罪乃具保釋，引起民眾恐慌，對於精神障礙觸法者，若有不符合羈押情形，欠缺程序上的暫時保全機制，故新增暫行安置制度。其二，修正§316，視為撤銷羈押之被告，於上訴期間內或上訴中，亦有受§116-2應遵守事項之必要可能，為使法院有為羈押替代處分之依據，新增準用§116-2規定。其三則是，修正§481，為符合釋字第812號

解釋意旨。第二次是該年11月，為因應司法院大法官釋字第799號解釋「刑後強制治療處分」所宣示之正當法律程序內容，增訂§§481～481-7，分別就保安處分所具有之不同性質，明定其個別應踐行之法律程序。

　　2023年則是修正頻繁的一年。2023年4月，為使訴訟當事人聲請救濟時間更為充分聲請回復原狀期間及聲請撤銷或變更審判長、受命法官、受託法官或檢察官所為處分期間均由五日修正為十日，修正刑事訴訟法§§67、416。第二次修法則是在2023年5月。此次修法，主要是修正§§258-1～258-4，將交付審判制度轉型為「准許提起自訴」的換軌模式。其修法理由在於，過往的交付審判制度，是在檢察官決定不起訴或緩起訴時，告訴人向法院聲請交付審判，讓本來決定不起訴或緩起訴的檢察官，在將來審理程序時，立於控訴犯罪的一方；但是，如此一來，有可能違反審檢分立和控訴原則，故此次修法藉由將「視為提起公訴」轉型為「准許提起自訴」，避免造成檢察官角色與立場上衝突。此外，這次修法，另有如擴大獨任庭的適用範圍（§284-1）等修正，力圖促使台灣刑事訴訟法制趨於完善。

　　2023年12月分別有兩次增修，**其一為完善鑑定制度程序**，增修的重點有：一、明定鑑定人之資格並應揭露本案利益關係（修正§198）；二、偵查中得請求鑑定或選任鑑定，審判中得聲請選任或囑託鑑定：（增訂§198-1、修正§208Ⅳ）；三、選任鑑定前賦予陳述意見之保障：（增訂§198-2）；四、明定鑑定報告應記載之事項且鑑定人於審判中原則上應到庭以言詞說明：（修正§206Ⅲ～Ⅴ）；五、鑑定機關如具特別可信性，書面報告得為證據（修正§208Ⅰ、Ⅲ）；六、機關鑑定應由具鑑定人資格之人實施並於報告具名（修正§208Ⅱ）；七、當事人於審判中得委任機關鑑定（修正§208Ⅴ～Ⅶ）；八、法院得選任專家學者陳述其法律上意見（增訂§211-1）；九、修正條文分階段施行（增訂刑事訴訟法施行法§7-19）

　　其二則是為強化身心障礙者訴訟程序保障之修正。此次修正目的在於合乎身心障礙者權利公約（CRPD）之實質平等、使身心障礙者有效獲得司法保護之目的進行規範調整。除擴大身心障礙者之訴訟照料（§§27、

31、35、93-1），也修正具歧視性的法律用語，並增訂心理師的拒絕證言權（§182）、將心理治療及心理諮商納入緩起訴處分措施（§253-2），以強化身心障礙者於訴訟程序中的保障。

2023年的另一次修正，則是主要依循司法院釋字第775號解釋意旨，針對科刑調查程序之曉諭（§288）、定應執行刑之程序保障等進行修正（§477）。修正的重點是，考量法案定執行刑影響受刑人權益重大，理應給予受刑人以言詞或書面陳述意見之機會。藉由本次修正，得提升量刑及定刑程序的妥適與公平。另外，配合檢察署銜稱及法院組織法的修正，針對刑事訴訟法「法院檢察署」、「法院之檢察官」等文字，修正為「檢察署」、「法院對應之檢察署檢察官」，藉此確立審檢分立的制度。

2024年7月，刑事訴訟法再度修正。此次修法重點有二，其一是增訂偵查訊問程序的辯護人筆記權，其二則是因應科技時代的特殊強制處分。§§245、245-1的增修，主要在促使辯護人能在偵訊時，提供嫌疑人或被告更完善的辯護，故在既有的到場、陳述權之外，增加筆記權；同時，明定辯護權遭限制或禁止的救濟程序，俾完善保障犯罪嫌疑人或被告的訴訟權（參照憲法法庭111憲判7判決意旨）。

另外，就是在增訂§§153-1～153-10，並為此增設第十一章之一「特殊強制處分」。增訂的特殊強制處分規定，包含對於使用全球衛星定位系統（GPS）或其他非以辨識個人生物特徵的科技方法追蹤位置，使用M化偵查網路系統（M化車）調查行動通訊設備的位置、設備號碼或使用的卡片號碼，或從具有合理隱私或秘密期待的空間外，使用非實體侵入性的科技方法，對該空間內的人或物進行監看及攝影錄像等強制處分。藉由新修法，明文規範特殊強制處分的要件、程序及救濟，確保其合法性，如此一來，使犯罪調查手段得隨科技發展日益精進，亦得兼顧人民基本權益之保障。

刑事訴訟的意義

【目次】

壹、廣義的刑事訴訟 15

貳、狹義的刑事訴訟 18

　一、「犯罪」與案件的意義不同 18

　二、「本法或其他法律」的意義 20

　三、依法定訴訟程序追訴、處罰 20

　　刑事訴訟，概念上可以區分為廣狹兩義。所謂廣義，指國家為實行刑罰權所為的全體訴訟行為，其程序可分為偵查、起訴、審判、執行四個階段；所謂狹義，專指起訴至審判之間的訴訟程序而言。對於廣義、狹義的刑事訴訟程序，茲以簡圖示之：

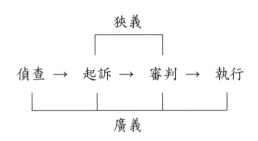

壹、廣義的刑事訴訟

　　若欲瞭解廣義的刑事訴訟，鳥瞰刑事訴訟法的規範，便可知悉。刑事訴訟法與刑法相同，也有總論與各論之別。刑事訴訟法共計有十二編，第一編為總則（§§1～227），訴訟的任何一個階段，皆應適用總則的規定。譬如，總則規定，實施刑事訴訟程序的公務員，就該管案件，應於被告有利及不利的情形，一律注意（§2）；其後的個別程序，如偵查階段的檢察官或司法警察，必須一律注意被告有利與不利的事實證據；審判階段的法官，也要一律注意被告有利與不利的事實證據。同樣的，其他總則的規定，如傳喚或拘提被告的規定（§§71～93-1）、訊問被告的規定（§§94～100-3）、搜索及扣押的規定（§§122～153）等，都適用於各階段。

　　刑事訴訟法第二至第九編，則為各論。第二編是有關「第一審」的規定（§§228～343），審判可能經由公訴或自訴而開始，所以「公訴」與「自訴」一律規定於第二編。第三編規定上訴（§§344～402），這是指通常的上訴程序，包括上訴第二審與上訴第三審。第四編規定抗告

（§§403～419）。第五編與第六編，分別規定再審（§§420～440）與非常上訴（§§441～448）的程序，是對於確定判決的二種不同救濟管道。第七編簡易程序（§§449～455-1）、第七編之一協商程序（§§455-2～455-11）是特殊審判程序。第八編規定執行（§§456～486），是有關死刑、自由刑與罰金該如何執行的規定。第九編為附帶民事訴訟（§§487～512）。近年則是，2016年新增第七編之二，是對於沒收特別程序的規定（§§455-12～455-37）；2020年新增第七編之三，被害人訴訟參與的規定（§§455-38～455-47）。

　　由此可知，偵查、起訴、審判、執行等程序，盡在刑事訴訟法中，所以刑事訴訟法是以廣義的刑事訴訟程序，作為規範的藍本。另外，廣義的刑事訴訟程序，也可區分為認知程序、執行程序。認知程序是指，實行刑事訴訟的公務員，為了確定犯罪行為與被告之間關係，究竟有無及其程度所進行的程序，亦即，偵查前的調查程序，檢察官的偵查程序，乃至於起訴、審判前的準備程序、通常或非通常審判程序、上訴程序及判決確定後的非常救濟程序。執行程序則是指，在判決確定後，刑罰的執行程序。茲以下圖顯示刑事訴訟的主要流程：

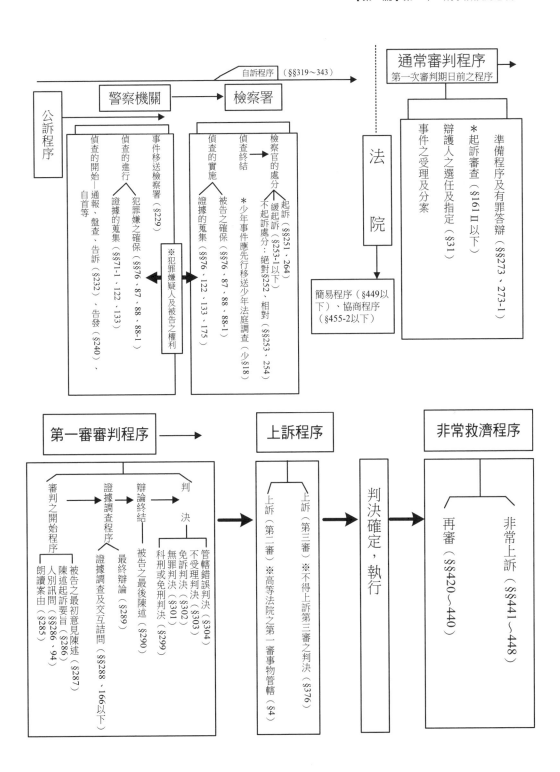

貳、狹義的刑事訴訟

　　狹義的刑事訴訟，僅指起訴至審判之間的訴訟程序，因為唯有在起訴、審理、裁判等程序中，才有法院、檢察官（或自訴人）與被告的「三面訴訟法律關係」：檢察官（或自訴人）與被告之間的攻擊防禦，法院居於中立客觀的位置進行審判。嚴格來說，起訴後至判決時的階段，方可稱為刑事訴訟程序；至於起訴前的偵查階段，只是訴訟程序的準備階段，因為當時的訴訟主體（檢察官、自訴人、被告）尚未確定，也無此等攻防及審判的三面訴訟法律關係；判決確定後的執行程序，則是為了實現確定的判決內容，此時被告資格已消滅，三面訴訟法律關係亦不存在，只有執行刑罰主體的檢察官，與接受刑罰制裁的受刑人。

　　§1 I 規定：「犯罪，非依本法或其他法律所定之訴訟程序，不得追訴、處罰。」即採狹義。此也代表刑事訴訟法的全部精神，可分析為如下三點：

一、「犯罪」與案件的意義不同

　　犯罪，依刑事訴訟法起訴者稱為「案件」；反之，未起訴者稱為犯罪（§268）。刑法犯罪所定皆為事實，未指定人，但依§1規定，所謂追訴，則要指出何人犯何事實。例如：公訴時，起訴書記載被告及犯罪事實（§264）；自訴時，自訴狀記載被告及犯罪事實（§320）。更具體的說：

「犯罪」：實體法－刑法

　　　　　抽象－實體法所定者是抽象的

　　　　　犯罪－刑法所定者為抽象的犯罪事實

「案件」：程序法－刑事訴訟法

　　　　　具體－訴訟法是具體的

　　　　　案件－訴訟進行包括被告及犯罪事實

　　國家刑罰權的範圍，雖然清楚規定於刑法（何種行為成立犯罪，以及犯罪可能得到的處罰），但是，犯罪人不會因而自動遭受懲罰。要使犯罪

人接受刑罰的制裁，必須經過偵查、起訴、審判、與執行的刑事程序。在我國，刑事程序的核心規範是刑事訴訟法，相關法律則有法院組織法、通訊保障及監察法、刑事妥訴審判法、少年事件處理法、軍事審判法、提審法、監獄行刑法、保安處分執行法等。

　　刑法的構成要件，無論是殺人罪、傷害罪或竊盜罪等，均是抽象的實體規定。然而，刑事訴訟法是針對具體的犯罪起訴，必須知道是何人犯何罪，即知道具體的人與事，方能提起訴訟；依刑事訴訟法所規定的程序起訴者，稱為「案件」，其具體包括：被告（人）、犯罪事實（事）。總之，刑事實體法所規定者，為抽象的犯罪事實；刑事程序法所規定者，為具體的訴訟對象，即刑事案件。

　　惟應注意的是，涉及犯罪的案件，始得依刑事訴訟法追訴。例如，深夜在家打麻將，因聲音過大而擾鄰，招致警察來查，係以違反社會秩序維護法處斷；蓋刑法§266普通賭博罪的要件，必須在公眾場所或公眾得出入之場所賭博，才是犯罪，始得適用刑事訴訟。自家打牌並未犯罪，頂多只是行政不法事件，不能依刑事訴訟追訴。又如，甲乙二人於路上互毆，但未成傷，依刑法§277 I 傷害罪不罰未遂，而未遂犯的成立，依刑法§25 II 以有特別規定者為限，故甲乙二人不成立犯罪，僅有違反社會秩序維護法的情形。如果警方誤以為甲乙犯罪，而將之移送至檢察官面前，檢察官應以§252法院對被告無審判權，為不起訴處分；若檢察官未察覺而起訴，法院應依§303對被告無審判權，諭知不受理判決。

　　附帶一提，所謂「判決」，在概念上可以區分為實體判決、形式判決，此係以判決是否涉及有罪或無罪的實體認定為區別標準。有罪判決或無罪判決，是實體判決；其他未涉及實體有罪或無罪認定的判決，是形式判決。另外，概念上也可以區分為本案判決、非本案判決，此以判決是否彰顯本案訴訟目的完成與否，作為區分標準。本案判決是，彰顯訴訟目的完成的判決，實體判決是本案判決，因為以判決認定被告有罪科刑、有罪免刑或無罪，原本就是訴訟目的；免訴判決是本案判決，因訴訟目的在於確認國家對被告有無刑罰權，既然案件曾經判決確定，即表示訴訟目的已

經完成，或時效已完成、曾經大赦、犯罪後的法律已廢止其刑罰，即表示國家對於被告已無刑罰權的適用，也是完成訴訟目的，而無訴訟必要。至於非本案判決，則表示該判決與訴訟目的毫無干係，待他日本案的訴訟條件具備，且繫屬於法院時，法院可以再為本案判決。茲以下表，簡要表達判決的概念區分。

二、「本法或其他法律」的意義

在§1 I所稱的本法，指刑事訴訟法；其他法律，指本法以外之其他刑事程序法，如軍事審判法、少年事件處理法等。

刑事實體法有分普通刑法、特別刑法，後者通常優先適用；但在刑事程序法不同，§1將本法，與其他法律並列，但此係程序規定，本法與其他法律之間，並不當然可以準用。例如，涉及普通刑法的犯罪追訴，適用刑事訴訟法；涉及陸海空軍刑法的犯罪，則適用軍事審判法，倘如軍事審判法有漏未規定者，並不當然適用刑事訴訟法，除非在軍事審判法的章節之中，有明文準用的規定。

三、依法定訴訟程序追訴、處罰

刑事訴訟程序，因構造的不同，得分為糾問制度、控訴制度（彈劾制度）。所謂糾問制度，係起訴與審判不分，只有審判者與被審判者二人；傳統的中國刑事訴訟制度便是如此，例如眾所周知的宋代包青天，身兼起訴被告及審判被告的角色。控訴制度則不相同，起訴被告者、審判被告者

必須區分，進而產生現代刑事法庭上的三面訴訟法律關係，即審判者是法官，控訴者是檢察官（或自訴人），反控訴者是被告（及其辯護人）的三面關係。

現代法治國家的刑事訴訟，皆採控訴制度，對於追訴犯罪，必須有人控訴，法院才可以審判。控訴制度，起源於法國的刑事訴訟法，檢察官制度也是誕生於法國；後來，控訴及檢察官制度影響歐陸，乃至於全世界的刑事訴訟程序法制，包含我國。事實上，本法稱之為「刑事『訴訟』法」，且§1 I規定，依法定「訴訟」程序追訴及處罰犯罪，就是彰顯刑事程序採取控訴制，而非糾問制──因有控訴，而生訟案。

再者，依刑事訴訟法追訴，必須是有權追訴者，可以是檢察官或自訴人。檢察官提起公訴前，須經偵查程序（§228以下）；但若是被害人自己欲控訴加害人，亦可循自訴（§319以下），而不經檢察官偵查。例如，某甲將乙打傷，乙可以向檢察官指控被甲毆打，檢察官必須偵查是否屬實，然後決定是否提起公訴；不過，乙也可以直接委請律師，向管轄法院對甲提出自訴。追訴之後，若有罪科刑判決確定，自應依刑事訴訟法處罰犯罪人（§456以下）。應注意的是，一旦有罪科刑判決確定，就必須執行刑罰；處罰與執行不可分。

由上述亦可知悉，刑事訴訟與民事訴訟不同。(1)民事訴訟由當事人自行訴訟，無須經偵查程序。刑事訴訟為檢察官起訴，檢察官未經偵查程序，不得起訴（自訴例外）。(2)民事訴訟的判決確定後，若債權人自願不受清償，則法院的強制執行處不可主動執行。刑事訴訟判決後，審判後的執行與審判不能分開。(3)民事訴訟在乎「形式真實」（表面真實），因為除了親屬糾紛可能涉及公益外，主要在解決私權紛爭，所以法院只能依照當事人的舉證為裁判，無須在當事人的主張與認諾以外，積極調查證據。刑事訴訟則否，即使證人陳述被告犯罪，被告也自認犯罪，倘若法官發現證人或被告所言有可疑之處，仍應該積極調查證據，以發現「實質真實」（實體真實）。

第三章

刑事訴訟法的目的

【目次】

壹、實質真實的發現...25

貳、基本人權的保障...26

參、法治國家的實現...27

　　刑事訴訟法的立法目的，主要在於：發現實質真實、保障基本人權，以及實現法治國家。

壹、實質真實的發現

　　刑事訴訟，在於確定國家刑罰權是否存在，故應以真實的事實為裁判基礎，如此一來，才能對罪犯科處應得的刑罰，同時避免禍及無辜，造成冤假錯案。基此，「發現實質真實」，也就是追訴並處罰犯罪，遂成為刑事訴訟法的立法目的。刑事程序法是使刑事實體法的抽象規定，能夠得到正確的評價；也唯有透過實質真實的發現，才有機會實現司法正義，也才能使得曾因犯罪遭受破壞的法律秩序重新復原。

　　刑事訴訟必須發現實質真實，是因為此攸關公共利益甚大；與用於解決私權紛爭的民事訴訟不同，所以民事訴訟法採取發現形式真實的觀點。舉例而言，在被告自白可否作為有罪判決的唯一證據？若採取形式真實的觀點，法院僅就當事人主張的事實、提供的證據等，作為裁判的依據，縱然法官覺得有不明之處，也不需要再繼續調查；相反的，如果採取在實質真實的觀點，便不承認被告的自白得作為有罪判決之唯一證據，法官仍應調查其他必要證據，以證明犯罪有無成立。由此可以發現，形式真實比較接近當事人主導程序，而實質真實比較接近法院主導程序；因為法院要發現實質真實時，若當事人所提出的證據有所不足，可以介入調查，以論究真相。

　　雖然發現實質真實是刑事訴訟法的目的之一，但並非表示法院將完全承擔發現實質真實的工作。§161 I規定，檢察官就被告犯罪事實負實質舉證責任；§163 I規定，當事人及辯護人等得聲請調查證據，並得於調查證據時，訊問證人、鑑定人或被告等。由此可知，我國已從傳統的法院職權進行原則，趨向當事人進行原則；亦即開始從實體真實，逐漸傾向形式真實。現制之下，證據的蒐集、調查及舉證均由當事人負責，法院僅就當事人提出的證據、主張的事實作為判決基礎；僅在「為發現真實」、「公

平正義之維護」、「對於被告之利益有重大關係事項」，依 § 163 II，法院方才職權調查。這也就是所謂的「改良式的當事人進行主義」。

貳、基本人權的保障

刑事訴訟法的另一目的，在於保障基本人權。發現實質真實，藉以追訴並處罰犯罪，固然重要，但國家不能因此無限上綱，高舉打擊犯罪的旗幟，而過度侵害基本人權。可是，追訴犯罪的國家行為，通常都伴隨著人權的侵害。譬如，為發現證據而搜索民宅，住居人的隱私就被侵害；為保全證據而扣押證物，物之所有人的財產權就被侵害；為避免串供或逃亡而羈押被告，被告的人身自由就被侵害。

在刑事程序上，法律應該顧及人權的維護，特別是被告的人權。在人類過往的歷史中，有太多屈打成招、錯殺無辜的悲慘故事，任何人都有可能因緣際會而惹上犯罪嫌疑的麻煩，為了避免冤屈，刑事訴訟法應當保障被告在刑事程序上的基本權利，野蠻追求處罰犯罪而侵害被告人權，無助於司法正義的真正實現。如何在不過度侵害被告人權的前提下，發現實質真實，進而對有罪者科以適當的刑罰，是刑事訴訟法所追求的目標。世界先進國家的刑事訴訟法，對於刑事訴訟的進行，均要求嚴格遵守正當法定程序，允許被告為自己的利益而辯護防禦，注重法安定性與程序正當性的維持。

然而，至此不難發現，刑事訴訟法的二個主要目的，時常發生衝突，刑事訴訟法的規定與解釋，總是在「保障基本人權」與「發現實質真實」的之間徘徊游移，試圖從中尋求平衡點。

又，若刑事訴訟要兼顧人權保障、真實發現，必須付出龐大的司法資源；可是國家的司法資源有限，難以面面俱到，所以在制度設計上，針對不同的案件特性，存有不同的程序。例如，案件的通常審理過程中，調查證據程序必須符合嚴格證明，方能確保發現實質真實，同時被告也才有完整的防禦機會，而能保障其基本權利。可是，這樣的程序相當繁複，若每

個案件都如此審理的話，不但司法機關將恐癱瘓，輕罪或勇於認錯的被告也將不勝訟累。此時，「訴訟經濟」的考量隨之而生，所以刑事訴訟法設有簡式審判程序、簡易程序等非通常審理程序，這類程序相當程度減損被告的訴訟權，但合乎訴訟經濟，重視追訴犯罪的效率。

參、法治國家的實現

　　法治國原則是一切國家活動的大方針。刑事司法機關在行使刑罰權時的一切行為，均應遵守法治國的原則。由於刑罰是一切國家手段中，干預人民最深者，因此，必須要有特別的防護措施，避免這種國家手段被濫用。所謂「法律優位」與「法律保留」的原則，在刑事法的領域當中，應該比其他的法律領域更受到重視，例如，刑事訴訟法中，為確保訴訟順利進行或發現真實等目的，規定國家許多干預人民自由、財產等基本權利的強制處分權力，若無法律明文規定，就不應貿然為之。

　　實質而言，「法治國原則」在刑事法領域中發揮的指標性效益在於，敦促立法者不斷思考，努力建構一個符合國家正義、落實人權保障的刑事訴訟制度。畢竟，一切有效的法律並非一定合理正當，對於一個行為加以刑罰制裁的立法決定，不應該感情用事，而應該基於普遍妥當的認知，以及合理的考量，諸如殘忍與矮化人性尊嚴的刑事程序，不應加以採用；所有的人在刑事訴訟程序中應該受到平等待遇；強制處分的發動與實施過成，皆應符合比例原則；剝奪受刑人尊嚴的處遇措施，亦應加以禁止，出獄的受刑人不應該受到歧視。

第四章

刑事訴訟法的原則

【目次】

壹、控訴原則...31

　一、不告不理...31

　二、審檢分立...32

貳、無罪推定原則...33

參、審級制度原則...34

肆、當事人平等原則...35

　一、機會平等...35

　二、地位平等...36

伍、改良式當事人進行原則...................................36

　一、職權進行原則...36

　二、當事人進行原則.......................................37

　三、調和職權進行與當事人進行原則.........................37

陸、正當法律程序原則.......................................41

柒、法庭審理原則...42

　一、直接審理...42

　二、繼續審理...43

　三、言詞審理...43

　四、公開審理...43

捌、妥速審判原則...44

　一、刑事妥速審判法的立法目的.............................45

　二、刑事妥速審法與本法的關係.............................45

　三、刑事妥速審判法的立法檢討.............................46

　　刑事訴訟法，乃國家用以行使刑罰權，實現刑事實體法的程序規定。為了能夠達到發現實質真實、保障基本人權的目的，進而發揮抗制犯罪的效果，必須建立基本原則，指引我們對法律進行合理解釋，引導司法實務正確運作，也標示立法走向。這些原則可能有具體的法條依據，可能從憲法保障基本權利的規定推演而出（憲法§§8、16），可能是大法官解釋、最高法院的判解（如釋字第384號、第582號等），可能是國際公約（如世界人權宣言、歐洲人權公約、兩公約等），也可能借自外國法律與判例，或由學理探討所衍生。

　　刑事訴訟法的原則很多，比如偵查階段，有偵查不公開原則（§245Ⅰ）、禁止先行傳訊原則（§228Ⅲ）等；強制處分的運用，必須符合比例原則，且傳喚應用傳票、拘提應用拘票、羈押應用押票等令狀原則（§§71、77、102等）；法庭之上，犯罪事實應依證據認定（§154Ⅱ），關於刑事程序的證據也有諸多法則，如自由心證原則（§155Ⅰ）、自白法則（§156）、傳聞排除法則（§159）等。以下所說明者，是刑事訴訟法的「基礎」原則；個別的原則說明，則參見各章內容。於此，先予說明。

壹、控訴原則

　　控訴原則之於當代刑事訴訟制度，一方面彰顯不告不理的精神，當有人向法院提出控告，法院才會審理案件；另一方面也建構審檢分立的制度，使檢察官與法官分屬二個不同形式的司法體系。

一、不告不理

　　不告不理原則，是控訴原則的內涵之一。換言之，告即應理（因訴訟關係尚未消滅）；如告而不理，即已受請求之事項未予判決（因訴訟關係業已發生，且未消滅）；或不告而理（如共犯於起訴後始發現而後逕經判決，但未起訴）即未受請求事項而予以判決（因訴訟關係業已消滅），其判決均當然違背法令（§379⑫）。

　　檢察官負責起訴，法官負責審判；起訴的人謂之「告」、審判的人謂之「理」。如果未控告則不能審理，§268規定未經起訴的犯罪不得審判，因未起訴則無訴訟關係；反之，已控告則必須審理，因法院有審判義務。若未告而理或告而不理，依§379⑫「除本法有特別規定外，已受請求之事項未予判決或未受請求之事項予以判決者」，其判決當然違背法令。

例

　　甲乙約定：若甲偷丙東西成功，將與乙共享。但甲偷丙之東西後，卻不將贓物分給乙，乙罵甲，甲怒而打傷乙，乙向檢察官告甲傷害，檢察官偵查終結後，將甲以傷害罪及竊盜罪起訴，此依§7規定為相牽連之二個案件。因此檢察官根據§15及§6規定將此二案合併予以起訴。審理中乙願撤回傷害罪之告訴。此時法官依§303③，諭知不受理判決。不過，雖然傷害罪撤回告訴，但是其效力不及另一案之竊盜罪，因為竊盜罪是非告訴乃論之罪，故案業經檢察官起訴，訴訟關係仍然存在，法官仍應就此竊盜案件審理。

二、審檢分立

　　在控訴原則下，刑事訴訟制度將起訴與審判分開，前者由檢察官為之，後者由法官為之；如此便自然出現審檢分立制度（彈劾制度），國家必須分設二個獨立的機關，檢察官之於檢察署，法官之於法院。古時候的糾問制度，便無審檢分立可言，因為糾問制度是，犯罪的偵查、起訴到審判與執行，全交由法官一人包辦，是審檢合一。目前，糾問制度在世界各國的刑事訴訟制度幾乎已經絕跡。

　　關於審檢分立之立法例有二：1.資格分、職務分：此種分類最徹底，用於採行當事人訴訟原則的國家。如英美、日本的檢察官是行政官，審判官是司法官，審檢資格不同，職務不同。2.資格不分、職務分：我國採此立法例，法官與檢察官依法院組織法規定，二者資格相同、訓練相同，結訓時同為司法官。但在我國審檢交流制度中，檢察官調任法官，會發生職務牴觸問題，因起訴、審判可能同屬一人，而違反控訴原則，因此有§17⑦

的適用；反之，如先當法官後調檢察官，此情形不常見，也不發生審檢問題。

例

　　甲為檢察官後調法官，若恰巧接辦其原任檢察官時所起訴的案子，如此就回復成審檢合一的糾問制度。補救之道如下：依§17⑦法官曾執行檢察官或司法警察官之職務者，應自行迴避，若法官有此情形而不自行迴避者，依§18①當事人得聲請法官迴避，法院或院長亦可依§21規定裁定迴避，若是該法官仍然參與審判，則依§379②依法律或裁判應迴避之法官參與審判者，其判決當然違背法令。

貳、無罪推定原則

　　「無罪推定原則」是刑事訴訟法的鐵則，也是落實保障人權的最根本的原則。無罪推定原則是世界人權宣言§11Ⅰ，以及聯合國公民及政治權利公約§14Ⅱ所揭示的重要基本人權之一，必須將之落實於法規範與實務。在無罪推定的原則下，法官才可能細心推敲案情，特別是對於被告有利的事實加以注意。

　　§154Ⅰ規定，「被告未經審判證明有罪前，推定其為無罪」，就是宣示無罪推定原則，為刑事訴訟法保障被告人權提供堅實的基礎，以符合法治國刑事程序的原則，並導正社會上預斷有罪的舊觀念。

　　必須釐清的是，時常與無罪推定原則相混淆，但實屬不同概念的「罪疑唯輕原則（有疑應利於被告原則）」。罪疑唯輕原則是指，法院對於實體事實的認定，如果已經窮盡法定證據方法與調查程序，卻仍無法證明被告有罪者，則應該對被告為有利的認定。罪疑唯輕原則僅於審判程序中有適用，適用範圍除了實體事實的評價外，亦包含追訴權時效、是否曾經判決確定的認定；至於程序事實，原則上並無罪疑唯輕原則的適用，例外在判斷是否捨棄上訴的程序事實，因其涉及被告訴訟權益，仍有適用。

參、審級制度原則

在我國，審級制度是以「三級三審」為原則，「三級二審」為例外
（§§4但書、376）。所謂的三級法院，是地方法院、高等法院及最高法
院；三審法院則是，第一審法院、第二審法院及第三審法院。「級」反映
常設的法院組織階層，「審」則依據個案判斷，並非所有的案件都可以歷
經三審。例如，§4但書：被告犯內亂罪、外患罪、妨害國交罪，以高等
法院為第一審，最高法院為第二審；§376：針對特定案件，經第二審法
院判決者，不得上訴於最高法院。茲以簡圖例示台灣法院上下級的關係：

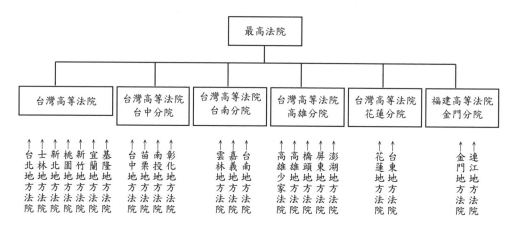

關於上圖的顯示，可以論述如：最高法院是台北地院、台中地院、台
南地院、高雄地院、金門地院的共同直接上級法院。高雄高分院是台灣高
等法院的分院，是台北地院的上級法院，但並非直接上級法院。台灣高等
法院是台北地院的直接上級法院，是與基隆地院、桃園地院的共同直接上
級法院；雖也是高雄地院的上級法院，但非直接上級法院。

是否利用上級審請求救濟，依據§344，原則上依當事人的意思，是
採相對上訴制（聲請制），也就是說，對於刑事案件，除檢察官、自訴人
起訴後撤回者外，皆須經初審（第一審）；但對判決不服是否利用上訴審
（上級審），任憑當事人自由，故條文中對於上級審的規定，均有「得」
字。例外情形是，§344Ｖ採取擬制上訴制，對於宣告死刑的案件，原審

法院應不待上訴，依職權逕送該管上級法院審判並通知當事人；有此情形時，視為被告已提起上訴（§344Ⅵ）。

肆、當事人平等原則

刑事訴訟程序，應有當事人的參與。所謂「當事人」，包括檢察官、自訴人、被告（§3）。簡單來說，當事人的一方是提出控告之人，即檢察官或自訴人，概念上的原告；另一方是被控告之人，也就是被告。在程序上，當事人之間進行訴訟上的攻擊防禦，彼此的機會與地位應當平等，才能期待審判的公平。

當事人的類別，涉及起訴制度。起訴制度的立法例有二：1.起訴一元制是指，檢察官控訴獨占原則，所有刑事案件皆由檢察官起訴。2.起訴二元制是指，檢察官（公訴人）得依法公訴，係由檢察官向管轄法院提出起訴書為之；檢察官以外之人，如犯罪被害人（自訴人）可依法自訴，係由自訴人向管轄法院提出自訴狀為之。目前，本法採行起訴二元制（公訴與自訴雙軌制度）。在公訴程序，檢察官依法起訴或不起訴（§§251、264）；在自訴程序，由被害人或被害人的親近之人提出控訴（§319）。但是，在特別刑事程序，如軍事審判法、少年事件處理法，刑事案件皆由檢察官起訴，採取起訴一元制。

一、機會平等

機會平等，指提出控告的當事人有此機會，被控告的當事人亦得有之。諸如§§11、18、110、288-1、344、403等規定，都意味著當事人的機會平等。事實上，當代的刑事制度，已由糾問制改成控訴制，對於被告的訴訟防禦權利有更全面的保障，被告的機會有時甚至比檢察官更多。例如§290，審判長宣示辯論終結前，應訊問被告最後有無陳述的意願；若法官未訊問，依§379⑪是判決當然違背法令。

二、地位平等

地位平等，是指當事人之間，關於事實與法律的地位平等。由於檢察官知曉事實與法律，而自訴人、被告通常僅知事實，對於法律則不甚瞭解，所以必須加上具有法律專業人士的協助，以持其平。

具體而言，依§289規定，調查證據後，應就事實及法律辯論為辯論，辯論後，應命依同一次序，就科刑範圍辯論之。檢察官熟諳法律，但被告或自訴人則不然，為防止訴訟攻防的不平等，被告依§§27～34得委任律師為其辯護人，自訴人依§37應委任律師為其代理人到場。又為防止被告及自訴人可能無法明瞭事實，依§35得由輔佐人於法院陳述意見。

此外，為促進當事人實質地位平等，近年針對強制辯護制度、證據保全制度的增修，頗值得關注。強制辯護制度（§31）的修正，擴大強制辯護的適用範圍，保障弱勢被告的訴訟權利，期使辯護人的功能可以充分發揮，以增強被告的防禦能力。新增設的證據保全制度（§§219-1～219-8），准許偵查中的被告向法院聲請保全證據，防止有利被告的證據湮滅或礙難使用，無論偵查中或審判中，當事人均有聲請保全證據的權利，且為了加強審判中辯護功能，賦予當事人及辯護人陳述意見的機會，並保障辯護人行使詰問及提出異議的權利。

伍、改良式當事人進行原則

關於刑事訴訟程序的進行，各國立法例不同，有採職權進行原則，也有採當事人進行原則；2002年修法後，本法採取「改良式當事人進行原則」，由原先傳統的職權進行原則，向當事人進行原則靠攏；但並非全盤採取職權進行原則或當事人進行原則，而是試圖在二者之間，探求適合台灣的定位。

一、職權進行原則

職權進行原則的主要特色是，法官對於訴訟進行積極介入，全面主

導。最具體的情況是，法官主動調查證據，法官對於證人、鑑定人積極訊問，當事人則隨後詢問。因刑事訴訟與國家刑罰權的行使有關，訴訟程序一經開啟，即應由國家司法機關本於職權依法進行刑事程序，訴訟標的不容自由處分；調查證據程序的主導者，亦非由當事人，而是法院。我國舊刑事訴訟法以職權原則為基礎，而刑事司法實務的種種弊病，如法官不中立，當事人與辯護人不受尊重，檢察官蒞庭時心不在焉等，常被歸咎於職權主義的訴訟制度。

二、當事人進行原則

當事人進行原則是指，關於訴訟的進行或中止，法官只扮演中立與被動的角色，當事人是主導者，且必須對自己所主張的事實，負擔證據的蒐集與調查義務。英美法國家即是如此。在調查證據程序中，因為程序的主導者是當事人，所以證據必須在法庭提出，並且接受對質詰問。以證人為例，當事人雙方各自傳喚對自己有利的證人，當一方對自己的證人詢問完畢後，再由他造對證人詰問；當事人雙方對證人交互詰問完畢後，即使法官對事實仍有不明瞭，基本上也不可直接訊問證人。

三、調和職權進行與當事人進行原則

司法公正是人民對司法的基本期待，為了實現司法公正的目標，需要健全的訴訟制度。我國舊刑事訴訟制度，沿襲大陸法系的職權進行原則，法律雖然規定檢察官對被告犯罪事實有舉證責任，但卻同時要求法官應依職權調查證據。當時的制度並不恰當，加上檢察官人力調度的問題，形成實務操作的結果，經常出現檢察官沒有確實到法庭實行公訴，造成法官必須全程主導證據的調查，主動蒐集對被告不利證據的情形。

面對當時的法庭現象，民眾看到的是法官站在對立面質問被告，調查對被告不利的事證，致法官與檢察官的權責分際產生嚴重混淆，審判公正性也因此飽受民眾的質疑。但是，全面揚棄職權進行，恐怕與台灣文化所

型塑的人民法感情違背，因為在人民的普遍認知中，依舊存有法官應該要成為包青天的期待，希望法官可以本於職權發現真實，還給被害人及社會一個公道。有鑑於此，根據1999年全國司法改革會議的決定，於2002年修正本法，改採「改良式當事人進行原則」，以當事人進行為原則，職權進行為例外。

（一）改良式當事人進行原則的意義

改良式當事人進行主義的重點在於，貫徹無罪推定原則，檢察官應就被告犯罪事實負擔實質舉證責任，法庭的證據調查活動，是由當事人來主導。按照檢警制度的分工，檢察官可以聯合偵查犯罪，有權力指揮調度檢察事務官、司法警察（官）蒐集犯罪證據，所以檢察官應該最能掌握被告的犯罪事證。制度設計上，自應讓檢察官負起實質舉證責任。另外，被告是不是成立犯罪，關係到被告自己的生命、自由、財產及名譽，故從何處蒐集有利的證據供法院調查，被告最清楚，也最積極。因此，作為法院裁判基礎的證據，由當事人提出最為適當；只有在事實真相有待澄清，當事人的舉證無法讓法院形成心證，或是為維護社會公義，或被告重大利益時，法院才需要職權介入調查，以發見真實。

改良式當事人進行原則，除了可以釐清法官與檢察官的權責分際、彰顯公平法院的理念外，更有助於發現真實。這樣的制度設計，保留職權進行原則的優點，並與當事人進行原則有所差別，在考量我國國情、歷史文化背景，以及符合我國憲法關於實質正當法律程序的要求，稱之為改良式當事人進行原則。

（二）改良式當事人進行原則的相關規定

2002年刑事訴訟法修法，採取改良式當事人進行原則，主要呈現在於，§§161、163等有關規定的修正，以及§§161-1、161-2的新增。

依§161 I規定，「檢察官對被告犯罪事實，應負舉證責任，並指出證明之方法。」明文要求檢察官除應就被告犯罪事實，負提出證據的責任之

外，亦應善盡實行公訴的職責，到法庭說明證據與待證事實的關係及其證明力，以說服法官。§161 Ⅱ以下的規定，更是參考德國刑事訴訟「中間程序」的精神，設計「起訴審查制」。如果檢察官不能證明被告顯然有成立犯罪的可能，法院就應以裁定定期通知檢察官補正證明方法，若逾期未補正，法院可以裁定駁回起訴；駁回起訴的裁定確定後，原則上不得對同一案件再行起訴，除非有發現新事證。同時，為落實改良式當事人進行原則，除了檢察官以外，被告的角色也相當重要，所以§161-1，「被告得就被訴事實指出有利之證明方法。」

另外，§163 Ⅰ規定，「當事人、代理人、辯護人或輔佐人得聲請調查證據，並得於調查證據時，詢問證人、鑑定人或被告。審判長除認為有不當者外，不得禁止之。」賦予當事人等聲請調查證據及詢問的權利，如果當事人聲請調查的證據有調查可能，又與法院判決的基礎有重要關係，法官有加以調查的義務；同時，依據§161-2，當事人等應就調查證據的範圍、次序及方法提出意見。這些規定，均彰顯改良式當事人進行原則之中，偏向當事人進行的部分。

至於改良式當事人進行原則，保有原先職權進行的部分。§163 Ⅱ、Ⅲ分別規定「法院為發見真實，得依職權調查證據。但於公平正義之維護或對被告之利益有重大關係事項，法院應依職權調查之。」「法院為前項調查證據前，應予當事人、代理人、辯護人或輔佐人陳述意見之機會。」由此可知，刑事訴訟法規定當事人舉證先行，法院依職權調查為輔助的訴訟進行方式；同時也釐清法官與檢察官的職責分際。此外，由於告訴人非訴訟之當事人，而為保障告訴人之權益，2020年新增§163 Ⅳ「告訴人得就證據調查事項向檢察官陳述意見，並請求檢察官向法院聲請調查證據」。

（三）改良式當事人進行原則的效果

本法採取改良式當事人進行原則之後，最明顯的效果有二，其一是檢察官慎重起訴，其二是釐清法院與檢察官的職責。

1.檢察官慎重起訴

刑事訴訟法設有起訴審查制度後，檢察官對於被告犯罪事實必須提出充分證據，否則將被法院駁回起訴，而檢察官也必須到法庭實行公訴，說服法官相信被告確實有犯罪行為。檢察官為了不被法院駁回起訴，勢必認真查證、審慎起訴。即使有少數案件是在證據明顯不足，又無法補正的情況提起公訴，法院便可不經過冗長的調查及言詞辯論程序，直接以裁定駁回起訴，被告就不必苦於訟累，奔波往返於法院。這對於人權的保障有極大幫助。

2.釐清法院與檢察官的職責

刑事訴訟法修正後，負責刑事審判的法官，將由主動糾問被告的角色，轉變為中立聽訟的裁判者。檢察官必須到法庭確實實行公訴，提出被告犯罪的證據並且說服法官。法官不再以對立的立場質問被告，也不再接續檢察官蒐集對被告不利證據的工作。法官只有在當事人雙方舉證不足、或者為維護公平正義及被告利益所必要時，才依職權介入證據的調查。如此一來，法庭活動的樣貌改觀，職司審判的法官，其所擔當者乃平亭曲直、客觀聽訟、保障人民權利的角色，而負責犯罪追訴的檢察官則能夠積極舉證打擊犯罪。故在法院與檢察官的工作職責完全釐清後，一定能夠提昇人民對法院及檢察官的雙重信賴，實現司法公正的理想。

例

於冰菓室，甲乙客人爭吵，乙一氣之下，以桌上杯子擲向甲頭，甲頭一偏，躲過杯子；乙又拿取盤子欲擲向甲，剎那間，甲拿起身旁汽水瓶扔出，恰擊中乙。乙請店員丙為其證人，扭甲至警局。甲承認其傷害行為，乙控訴，丙證明，且又有驗傷單證明，如此的舉證，似乎足使法院得有合理的可疑，檢察官可謂已盡舉證責任。但是，甲之辯護人對丙詰問後，發現甲之行為其實是正當防衛。法院認為事實已經清楚沒有再補充詢問必要，依§301 I 被告行為不罰者，應諭知無罪之判決。甲被判無罪。

　　在改良式當事人進行原則的制度下，檢察官的舉證責任，包含說服責任、提出證據責任；檢察官的舉證責任程度，必須使法官就被告的犯罪事實達到有罪心證的可能性，所以檢察官在法庭上必須竭盡心力地實行舉證責任，說服法官接受檢察官對被告的控訴。為落實檢察官的舉證責任，檢察官退案權（§231-1）、法院退案權（§161Ⅱ），有相互呼應的作用，應能使真實發現過程更符合程序正義。

陸、正當法律程序原則

　　正當法律程序原則，主要濫觴於憲法對人權保障的基本要求，凡是國家高權對與人民基本權利的干擾或負擔，無論是實體或程序，立法者皆應設計一套控管機制，確保國家權力對人民的限制，是在追求更高的社會公益與實現法治國精神等必要措施。國家刑罰權的實施，是為追訴犯罪，實現公平正義，追求穩固的社會秩序。刑事訴訟法於其中扮演的角色，就是確保國家刑罰權能在嚴守正當法律程序原則的前提下，正當妥適的讓被告接受應有的處罰。

　　刑事訴訟法的正當法律程序原則，是指整個刑事訴訟程序，從偵查、起訴、審判與執行等階段，皆應遵守法律明文規定的程序規範；其根本精神來自於憲法§8Ⅰ。目前，大法官解釋已陸續對於刑事訴訟程序中的正當法律程序的內涵作出闡釋。例如，釋字第384號說明，憲法§8Ⅰ規定「人民身體之自由應予保障。除現行犯之逮捕由法律另定外，非經司法或警察機關依法定程序，不得逮捕拘禁。非由法院依法定程序，不得審問處罰。非依法定程序之逮捕、拘禁、審問、處罰，得拒絕之。」其中所謂「法定程序」，就是指限制人民身體自由的處置，不問身分是否為刑事被告，國家機關依據的程序，都應依法律規定，並符合憲法§23。同時，該號解釋也揭示刑事訴訴法，必須具體規範的正當法律程序設計，諸如被告自白應出於自由意志、犯罪事實應依證據認定、同一行為不得重覆處罰、當事人有與證人對質或詰問證人的權利、審判與檢察分離、審判過程須以

公開為原則，以及對裁判不服提供審級救濟等為其要者。

　　雖然正當法律程序原則屬於人民基本權利的制度性保障，但也可能從其他基本權利的精神中推導而出。例如，釋字第582號中，大法官進一步強調被告證人的對質詰問權，除了是憲法§8正當法律原則的基本要求外，也屬憲法§16對人民訴訟基本權保障的重要內涵。值得留意的是，大法官近年不斷擴充刑事訴訟法中，關於正當法律程序原則的具體內涵。又如釋字第654號理由書，明文表示：「憲法第十六條規定人民有訴訟權，旨在確保人民有受公平審判之權利，依正當法律程序之要求，刑事被告應享有充分之防禦權，包括選任信賴之辯護人，俾受公平審判之保障。而刑事被告受其辯護人協助之權利，須使其獲得確實有效之保護，始能發揮防禦權之功能。」由此可知，正當法律程序作為憲法上對於人民基本權利的制度性保障機能，其特色在於，凡從具有制度性保障特色的基本權利中，大法官皆能論證其內涵。解釋上，從憲法§16關於人民訴訟制基本權利制度性的保障，直接闡釋被告的辯護權與防禦權，乃屬刑事訴訟法中正當法律程序原則的一環，就為明顯之例。

柒、法庭審理原則

　　法庭審理原則是指，案件的審理，必須在法庭，由法官進行。在法庭審理原則的概念下，可以分為四個主要意涵：直接審理、繼續審理、言詞審理及公開審理。

一、直接審理

　　法院公判庭的法官直接調查的證據，方得作為裁判基礎，稱之為直接審理原則；所以，不在公判庭直接調查的證據，如傳聞證據，也就是被告以外之人於審判外的言詞或書面陳述，因為法官並沒有對證人直接調查，除法律有規定者外，不得作為犯罪的證據予以使用（§159）。此就在表示刑事訴訟法採取直接審理原則。

二、繼續審理

為使法官對於承審案件，能夠產生清楚明確的心證，制度設計上希望法官可以連續開庭，以免審理中斷，而有害法官心證的形成。理想上，若審判期日不能在一日終結者，務必於翌日繼續舉行；若不能於翌日繼續審理，也應當在短時間內進行審理，不可拖延時日。對此連續開庭的要求，稱為繼續審理原則。刑事訴訟法規定，審判非一次期日所能終結者，除有特別情形外，應於次日連續開庭；如果下次開庭，因事故而間隔至十五日以上者，應更新審判程序（§293），此顯然採繼續審理原則。

三、言詞審理

通常的審理，必須以言詞陳述為之，方得採為證據，即言詞審理原則。在言詞審理原則的要求下，通常程序之下，法院必須依當事人言詞的攻擊防禦內容進行審理與裁判，此稱為「言詞辯論」。§221規定，判決除有特別規定外，應經當事人的言詞辯論為之；此表示刑事案件的審理，係以言詞辯論為原則，當事人之間的交互主張與立證，苟非經言詞辯論，不得採為裁判基礎。

不過，為求訴訟經濟，簡易程序的法官得依現存證據，逕以簡易判決處刑，而無庸言詞審理，是為例外。另外，第三審非以言詞審理為原則，而是以書面審理為主，所以第三審法院的判決，除非法院認為有必要，否則可以不經言詞辯論（§389Ⅰ）。

四、公開審理

法院的審理，原則應准許國民旁聽，故一般所謂審理，乃指公開審理。法院組織法§86規定：「訴訟之辯論及裁判之宣示，應公開法庭行之。但有妨害國家安全、公共秩序或善良風俗之虞時，法院得決定不予公開。」同法§87規定：「法庭不公開時，審判長應將不公開之理由宣示；前項情形，審判長仍得允許無妨礙之人旁聽。」法院組織法欲維持公開審

理原則，至為明顯。

同樣的，刑事訴訟法也以公開審理為原則，倘若有非依法律規定的禁止審理公開，其判決當然為違背法令（§379③）；且若是有理由的禁止審理公開，依§44 I ④規定：「審判期日應由書記官制作審判筆錄、記載禁止公開之理由。」從而無妨害公共秩序或善良風俗或國家安全之虞而不公開，或未經法院之決議而不公開，其所為之判決，均屬違背法令，得為上訴三審的理由。

捌、妥速審判原則

憲法§16明定訴訟權的保障，其內涵為保障人民有受公正、合法及「妥速審判」的權利，釋字第446號、第530號解釋理由亦明白揭示此意旨。事實上，妥速審判的確立，對國家、社會及被告均有利益。就國家利益觀點而言，基於妥速審判，將罪犯立刻繩之以法，有助於抗制犯罪；就社會利益或被害人觀點而言，遲來的正義已非正義，應妥速審判，還給社會與被害人公道；就被告利益觀點而言，無辜被告因妥速裁判而獲得澄清，不致遭受嚴重的人權損害。

除大法官解釋外，世界各國也將「妥速審判」、「適時審判」或於「合理時間審判」列為重要司法人權。例如，聯合國公民與政治權利國際公約明定「立即受審，不得無故稽延」；歐洲人權公約明定任何人有權在合理的期間內，受依法設立的獨立與公正法庭，以公平與公開的方式審理；美國聯邦憲法增修條文§6亦保障刑事被告享有接受迅速審判的權利，美國國會並於1974年制定「速審法」（Speedy Trial Act of 1974）；日本憲法§37亦直接明定，「所有刑事案件，被告享有受公平法院之迅速且公開審判之權利」，並於2003年通過「關於裁判迅速化之法律」，以回應日本國民對於迅速審判的要求。

但是，所謂妥速審判，仍須遵守法律安定性與程序維持的原則，不可只求迅速而不顧刑事程序的合法性，當然更不可忽視實質真實的發現。法

院審理案件，除應於適當時間內審理外，亦應兼顧案件審理之品質，否則當事人僅能獲得粗糙的正義，空有迅速審判的形骸而無公平正義的實質內涵。因此，為符合國際人權標準，催生效率與品質兼備的司法制度，乃於2010年制定刑事妥速審判法。

一、刑事妥速審判法的立法目的

妥速審判的立法目的，除了維護刑事審判的公正、合法、迅速，亦可避免證據滅失或薄弱化、提高判決一般預防的效果，並減少積案導致國民對刑事司法的不信任感，是案件能妥速審理亦兼有保障人權及公共利益的內涵。

二、刑事妥速審法與本法的關係

刑事妥速審判法對本法而言，適用上具有補充關係，若刑事妥速審判法未規定者，則適用本法（速審§1Ⅱ）。例如，刑事妥速審判法§5Ⅱ特別針對審判中「所犯為最重本刑死刑、無期徒刑或逾有期徒刑十年」的案件，其延長羈押的次數與期間有所規定；此部分在本法並無規定，所以適用刑事妥速審判法，至於其他類性的案件，其延長羈押仍適用§108。

此外，刑事妥速審判法對本法的規定，或現行實務的運作，進行強調，有訓示性規定，也有重申性規定。譬如，刑事妥速審判法§2要求法院依法「迅速周詳調查證據」、「妥慎認定事實」；同法§3要求參與訴訟程序者「應依誠信原則，行使訴訟程序上之權利，不得濫用，亦不得無故拖延」等訓示性規定。或如刑事妥速審判法§4，「法院行準備程序時，應落實刑事訴訟法相關規定，於準備程序終結後，儘速行集中審理，以利案件妥速審理。」是對於本法準備程序規定（§273）的重申；同法§6，「檢察官對於起訴之犯罪事實，應負提出證據及說服之實質舉證責任」、「應貫徹無罪推定原則」等，是對於本法檢察官舉證責任（§161Ⅰ）、無罪推定原則（§154Ⅰ）的重申。

三、刑事妥速審判法的立法檢討

　　刑事妥速審判法§7規定,「自第一審繫屬日起已逾八年未能判決確定之案件,除依法應諭知無罪判決者外,法院依職權或被告之聲請,審酌下列事項,認侵害被告受迅速審判之權利,且情節重大,有予適當救濟之必要者,應減輕其刑:一、訴訟程序之延滯,是否係因被告之事由。二、案件在法律及事實上之複雜程度與訴訟程序延滯之衡平關係。三、其他與迅速審判有關之事項。」本條規定旨就久懸未決的案件,以量刑補償的機制,給予被告一定的救濟,以保障其受妥速審判的權利。法院審酌本條各款規定事項後,認被告的速審權確已受侵害,且情節重大,有予適當救濟之必要時,始得酌量減輕其刑,並非案件逾八年未能判刑確定,即得當然予以減輕。

　　另外,本條所謂的酌量減輕其刑,僅受科刑判決的被告有聲請權,法院不得依職權審酌,而被告得以言詞或書面聲請之。若其案件尚未逾八年,其聲請理當不合法;但於該審級判決前已滿八年者,宜闡明是否依法聲請。其經合法聲請者,效力及於各審級(最高法院99第9次刑庭決議參照)。由於本條規定,只有在第一審繫屬日起已逾「八」年,且未受確定判決的被告,始得主張,故有學者質疑,該「八年」時間過長且欠缺理論基礎。

　　又依本條規定,「自第一審繫屬日起已逾八年未能判決確定之案件,除依法應諭知無罪判決者外,……得酌量減輕其刑」,就理論上而言,僅有罪判決的案件,始須考量適用本條酌減其刑的情形。然而本條的法律效果,僅規定「得酌量減輕其刑」。因此,減刑的前提是被告有罪,若被告一再爭執無罪,可能就無法在訴訟中予以主張,此將有違反無罪推定原則之虞。有論者建議,法院應諭知免訴判決,使被告終局脫離審判的折磨。

　　在限制上訴方面,刑事妥速審判法§8規定:「案件自第一審繫屬日起已逾六年且經最高法院第三次以上發回後,第二審法院更審維持第一審所為無罪判決,或其所為無罪之更審判決,如於更審前曾經同審級法院為二次以上無罪判決者,不得上訴於最高法院。」其係限制無罪判決上訴最高

法院的規定。惟依目前實務運作，經檢察官起訴的多數情形，最後多以「有罪」確定，然而本條卻僅對「無罪」判決做規範，並未解決「有罪」判決一再而被撤銷發回的情形。

　　另外，在上訴事由方面，刑事妥速審判法§9規定：「除前條情形外，第二審法院維持第一審所為無罪判決，提起上訴之理由，以下列事項為限：一、判決所適用之法令牴觸憲法。二、判決違背司法院解釋。三、判決違背判例。刑事訴訟法第三百七十七條至第三百七十九條、第三百九十三條第一款規定，於前項案件之審理，不適用之。」本條乃嚴格限制上訴之規定，惟其盲點在於：第一，本條須以無罪判決為適用的前提。但在無罪判決中，實務所引用的條文，很難被認為違憲。第二，本條造成違背司法院解釋或判例可允許上訴，違背法律就反而不行之窘境，有司法實務見解位階高於法律之疑慮。

第五章

刑事訴訟法的效力範圍

【目次】

壹、人的效力..51

　一、總統..51

　二、民意代表..52

　三、有治外法權之人..53

貳、事的效力..53

　一、少年刑事案件..53

　二、現役軍人犯罪..54

參、時的效力..55

肆、地的效力..56

　　刑事訴訟法的效力範圍，係指何人、何事、何時、何地可以適用本法進行追訴、處罰。對此，也可以將之理解為刑事審判權的範圍，所以有刑事審判權者，即在效力範圍之內；無刑事審判權者，即非效力範圍所及。

壹、人的效力

　　原則上，在中華民國領域內之人，不問其為本國人或為外國人，均得依我國刑事訴訟法加以追訴、處罰；但以下之人屬於例外，按個別情形而有所不同：

一、總統

　　憲法§52規定，「總統除犯內亂或外患罪外，非經罷免或解職，不受刑事上之訴究。」也就是一般所稱的總統刑事豁免權（總統不受刑事訴究特權）。換言之，若總統犯內亂或外患罪，必須受刑事訴究；但若總統犯內亂或外患以外之罪，則必須經罷免或解職，方才依本法追訴、處罰。惟應注意的，憲法規定的總統刑事豁免權，只是程序法上的追訴限制規定，為暫時性的程序障礙，並非免除總統實體法上的刑責，所以總統在任內所為的任何犯罪，在其經罷免或解職後，都可依刑法規定論罪科刑，並依本法追訴處罰。

　　對此，釋字第388號表示，對於總統刑事豁免權「係憲法基於總統為國家元首，對內肩負統率全國陸海空軍、依法公布法律、任免文武官員等重要職責，對外代表中華民國之特殊身分所為之尊崇與保障。」藉此確保總統職權的正常行使，以「維護政局之安定，以及對外關係之正常發展。」不過，此特權「針對其職位而設，並非對其個人之保障，且亦非全無限制，如總統所犯為內亂或外患罪，仍須受刑事上之訴究；如所犯為內亂或外患罪以外之罪，僅發生暫時不能為刑事上訴追之問題，並非完全不適用刑法或相關法律之刑罰規定。」假如有現任總統競選連任時，雖然其已名列總統候選人，其競選活動受總統副總統選舉罷免法的有關規定規

範，但其總統身分並未因參選而變更。依法律位階觀之，憲法優於法律，所以現職總統依法競選連任時，仍有前述特權的適用。

對於總統刑事豁免權，釋字第627號進一步表示，「就總統涉犯內亂或外患罪以外之罪者，暫時不得以總統為犯罪嫌疑人或被告而進行偵查、起訴與審判程序而言。但對總統身分之尊崇與職權之行使無直接關涉之措施，或對犯罪現場之即時勘察，不在此限。」再者，總統的刑事豁免權「不及於因他人刑事案件而對總統所為之證據調查與證據保全」；但若發現總統有犯罪嫌疑時，依前開解釋意旨，得在不限制總統人身自由、不影響總統職權行使的前提下，先為必要的證據保全；至於所欲保全的證據「是否涉及國家機密，均應由該管檢察官聲請高等法院或其分院以資深庭長為審判長之法官五人組成特別合議庭審查相關搜索、扣押之適當性與必要性，非經該特別合議庭裁定准許，不得為之，但搜索之處所應避免總統執行職務及居住之處所。其抗告程序，適用刑事訴訟法相關規定。」另外，總統刑事豁免權也「不及於總統對於他人刑事案件為證人之義務」，當有以他人為被告的刑事程序，總統有必要為證人時，應準用民事訴訟法§304的規定，應就總統的所在地進行詢問，不勞煩總統前往刑事偵查或審判機關，以示對總統的尊崇。

二、民意代表

民意代表有中央與地方之別。中央民意代表，即立法委員，依憲法§73規定「立法委員在院內所為之言論及表決，對院外不負責任。」地方民意代表，如地方議會議員等，憲法雖未規定，但由釋字第122號、第165號可知，在憲法保障中央民意代表言論的精神下，亦應予以適當保障。由此可知，民意代表在議會內的言論及表決，享有刑事程序的特權，也就是一般所稱的言論免責權。

不過，民意代表的言論免責權並非毫無限制。釋字第165號有謂，「就無關會議事項所為顯然違法之言論，仍難免責。」此乃因為，言論免責權

的保障，為使民意代表順利執行職務，凡與議案的討論、質詢等有關會議事項，始有言論免責權的保障；如果是與會議事項無關，而為妨害他人名譽或其他顯然違法的言論，則不受保障。

又依釋字第401號、第435號，在會議內所為的言論及表決，「舉凡在院會或委員會之發言、質詢、提案、表決以及與此直接相關之附隨行為，如院內黨團協商、公聽會之發言等均屬應予保障之事項。」如果，逾越這些範圍，如蓄意的肢體動作等「顯然不符意見表達之適當情節致侵害他人法益者」，則不在法律保障之列。另外，在具體個案中，立法委員的行為是否已逾越保障範圍，於維持議事運作限度，固應尊重議會自律原則；惟司法機關為維護社會秩序及被害人權益，必要時亦非不得依法行使偵審的權限。

三、有治外法權之人

依國際慣例，外國元首及其同行家屬與隨員、外國駐在本國的外國大使、公使、領事等與經准許而滯留在本國的外國軍隊，均不適用本法加以追訴與審判。

貳、事的效力

原則上，刑事訴訟法適用於普通法院所管轄的刑事案件。換言之，在我國，絕大多數的犯罪行為，均依本法追訴、處罰；但下列案件存有例外情形：

一、少年刑事案件

由少年事件處理法§1，以及釋字第664號可知，「少年事件處理法係立法者為保障十二歲以上十八歲未滿之少年『健全之自我成長，調整其成長環境，並矯治其性格』所制定之法律。」既然少年事件處理法有其利法的特殊性，基本上對於有觸犯刑罰法律行為的少年，或有特定行為（如經

常與有犯罪習性之人交往、經常出入不當場所或逃學或逃家等），且依其性格及環境，而有觸犯刑罰法律之虞的少年，由少年法院依少年事件處理法處理，而不用刑事訴訟法。少年事件處理法§1-1規定，「少年保護事件及少年刑事案件之處理，依本法之規定；本法未規定者，適用其他法律。」

更具體的說，少年刑事案件的對象有二（少事§§27、65）：其一是少年犯最輕本刑為五年以上有期徒刑之罪，以及於法院受理案件後已滿二十歲的少年；對於這類少年，少年法院應以裁定將少年移送於有管轄權的法院檢察署檢察官。其二是少年法院依調查結果，認為少年的犯罪情節重大，參酌其品行、性格、經歷等情狀，以受刑事處罰為適當者，得以裁定移送於有管轄權之檢察署檢察官。若檢察官認為被移送的少年，有涉嫌犯罪的情形，就依法向少年法院提起公訴；但是，少年犯罪時未滿十四歲，少年法院不得移送檢察官。此外，因為是少年犯，偵查及審判程序，都是依少年事件處理法處理，例如沒有自訴程序的適用，且不得羈押少年被告，偵審時對少年應進行隔離訊問，且審判不得公開（少事§§65、71～73）；此與刑事訴訟法的程序規定有所不同。

二、現役軍人犯罪

憲法§9，「人民除現役軍人外，不受軍事審判。」由此可知，現役軍人有獨立的審判系統。釋字第436號，「現役軍人負有保衛國家之特別義務，基於國家安全與軍事需要，對其犯罪行為得設軍事審判之特別訴訟程序」；不過，「非謂軍事審判機關對於軍人之犯罪有專屬之審判權。」現役軍人負有保衛國家的特別義務，基於國家安全與軍事需要，對其犯罪行為得設軍事審判的特別訴訟程序，非謂軍事審判機關對於軍人犯罪有專屬審判權。軍事審判也必須符合正當法律程序的要求，包括獨立、公正的審判機關與程序，並不得違背憲法司法權建制的憲政原理。

值得關注的是，2013年發生陸軍下士洪仲丘在禁閉室熱中暑致死事

件，引發各界對軍事審判的疑慮，立法院為回應憤怒的民意，火速於同年修正軍事審判法。在2013年修正軍事審判法以前，現役軍人在平時犯陸海空軍刑法或其特別法之罪，或在戰時犯任何罪，適用軍事審判法；修法以後，現役軍人在平時犯罪，則適用本法，僅戰時犯陸海空軍刑法或其特別法之罪，才適用軍事審判法。另外，修法前，犯罪事實的一部，應依軍事審判法審判時，全部依該法審判；但修法後，軍事審判法§34規定，「犯罪事實之一部應依刑事訴訟法追訴、審判時，全部依刑事訴訟法追訴、審判之。」

　　附帶一提的是，陸海空軍刑法的立法體例，兼採軍人犯主義及軍事犯主義，除以違背軍事義務的軍事犯罪行為為主要規範內容之外，並因軍人亦負有一般國民及社會責任，為維護軍事安全、軍紀管理及社會治安，對於觸犯刑法或其他法律之部分犯罪行為，按其犯罪性質，納入陸海空軍刑法。具體言之，陸海空軍刑法於第二編分則中明定純粹軍事犯的處罰，第三編附則，就非純粹軍事犯亦加以處罰，透過陸海空軍刑法§76，將刑法的部分處罰規定，引置為陸海空軍刑法的處罰，並以「現役軍人」為界定審判權範圍。

參、時的效力

　　刑事訴訟法施行法§2明文規定，「修正刑事訴訟法施行前，已經開始偵查或審判之案件，除有特別規定外，其以後之訴訟程序，應依修正刑事訴訟法終結之。」此即所謂「程序從新原則」。

　　不過，有時基於刑事政策或信賴原則考量，刑事訴訟法修正時，刑事訴訟法施行法可能會以特別條款排除程序從新原則的適用。例如刑事訴訟法施行法§7-2，曾針對2003年1月14日修正通過的刑事訴訟法部分條文，進行施行日的區隔，一部分修正條文自公布日施行，一部分修正條文則自同年9月1日施行。

　　又依§1Ⅲ規定：「因受時間或地域之限制，依特別法所為之訴訟程

序，於其原因消滅後，尚未判決確定者，應依本法追訴、處罰。」例如戰時犯受軍事審判法之審判，迨此種原因消滅後，倘該案件尚未判決確定者，即應改由普通法院重新審判，俾以保障人權。

肆、地的效力

刑事訴訟法，是為實現刑事實體法所設的追訴程序，所以其效力範圍，原則上與刑法相同；但因國家統治權所及的地域有限，關於地的效力，仍與刑法關於地的效力相區別。

比較重要的區別有：當有刑法§§5～8情形時，除非犯人已在我國統治權所及的地域內，否則不能對之追訴審判。外國人在我國的領使館，有治外法權，我國刑事訴訟法的效力亦不及於領使館內的犯罪。另外，著眼於兩岸分治的現實，大陸地區實為司法權所不及，依臺灣地區與大陸地區人民關係條例§75以下的規定，亦限制本法的效力。

第二篇

總　論

第一章

刑事法院

【目次】

第一節　法院...61

壹、法院的意義...61

　　一、組織法與程序法的法院.................................61

　　二、獨任制與合議制的法院.................................62

　　三、法官的依法獨立審判地位...............................62

貳、法院的迴避制度...64

　　一、自行迴避...64

　　二、聲請迴避...66

　　三、職權迴避...66

　　四、檢察官及書記官等的迴避...............................67

參、法院的審理制度...67

　　一、現行的審理制度.....................................67

　　二、人民參與司法的審理制度...............................68

　　三、國民法官制度的建立...................................71

第二節　法院的管轄...72

壹、審判權與管轄權...72

貳、法院管轄的種類...73

　　一、固有管轄...74

　　二、裁定管轄...81

實例講座...84

刑事法院是指，審理刑事案件並且判決，以終結刑事訴訟關係的刑事司法機關。刑事訴訟法所稱的「法院」，是指普通刑事審判機關；不包括行使軍事審判的軍事法院，或審理少年刑事案件的少年法院。

第一節　法院

壹、法院的意義

基於憲法權力分立的規範，現代國家的司法權，與行政權、立法權鼎足而立，相互制衡，是國家最高的權力之一。憲法§§77～78規定，司法院為國家最高司法機關，掌理民事、刑事、行政訴訟的審判及公務員懲戒；並且有權解釋憲法、法律及命令。刑事訴訟法所稱的法院，依據法院組織法所組成（法組§2），是審理刑事訴訟案件的刑事法院，隸屬於司法院。

一、組織法與程序法的法院

刑事訴訟法的法院，是程序法的法院，與組織法的法院具有不同的意義。組織法的法院，是依法院組織法而組成，分有地方法院、高等法院與最高法院（法組§1）；程序法的法院，是行使審判的機關，可能是一位法官的獨任法院，也可能是數位法官的合議法院。

一般民眾認知的法院，通常都是組織法上概念的法院，但是司法實務則是以訴訟法上的法院為主。最大的區別在於，組織法的法院是常設機關，程序法的法院則是隨著案件的開始而生，案件的結束而終。例如，在組織法上，台北地方法院是常設機關，會一直存在；在程序法上，檢察官向台北地方法院提起訴訟，法院受理案件後，審理該案件的法院便誕生，經審理程序終結，法院對外宣示判決後，該法院便結束。換言之，案件在審理的時候，才會有程序法上意義的法院，當案件審理結束，程序法的法

院便不存在。

二、獨任制與合議制的法院

　　刑事訴訟法稱審判機關為法院，而審判機關的組織，因法官人數多寡，而有獨任制法院、合議制法院之別；也就是通常所稱的獨任法庭、合議法庭。獨任法庭只有一位法官，即審判長；合議法庭有三位或五位法官參與審判，包含審判長、陪席法官及受命法官。地方法院審理案件，可能是一人獨任法庭或三人合議法庭，高等法院是三人合議法庭，最高法院則是五人合議法庭（法組§3）。若審判機關不符法定人數，是法院組織不合法，其判決當然違背法令（§379①）。

　　所謂審判長，由庭長擔任，無庭長或庭長有事故時，以合議庭的資深的法官擔任（法組§4）。陪席法官，是合議庭中，除審判長以外的法官，皆是參與合議審判的陪席法官（§170）。受命法官，是合議庭中，由陪席法官中的一人擔任，進行審判前的準備程序（§279）。至於受託法官（§195Ⅲ），則非合議庭的成員，是受託而辦理特定事務的其他法院法官。有時候，本案審理所需要調查的事項，不在法院的管轄區域內，而是在其他法院的管轄區域，若有調查必要，審判長可能囑託其他法院的法官代為調查，該代為調查的法官就是受託法官。

三、法官的依法獨立審判地位

　　法院由法官組成。法官的工作，是依據法律，獨立從事審判，其職務具有法律運用的本質，行使國家司法權中，最重要的刑事審判權。為使法官能在正義理念下，從事刑事案件的審判，必須賦予法官特殊的法律地位，保障其依法獨立審判的地位，使其與唯命是從的行政人員有別。

　　法官的依法獨立審判地位，主要有二個內涵：依法審判、獨立審判。1.依法審判，意味著法官的審判工作，必須依憑法律。2.獨立審判，則是表示，法官在裁判上不受干涉，具有裁判上的自由。但是，為了維持審判

公正，實踐法律正當程序的原則，在特定情況下法官必須迴避審判職務。如果不迴避，就是判決當然違背法令（§379②），即使不得上訴第三審的案件也因此可以上訴第三審；判決確定，也可以非常上訴。

　　在此之中，法官獨立性的確保，使法官不受外在的干預，就顯得相當重要。為保護法官的獨立性，憲法§80：「法官須超出黨派，依據法律獨立審判，不受任何干涉。」憲法§81亦規定：「法官為終身職，非受刑事處分或懲戒處分，或禁治產之宣告，不得免職，非依法律不得停職、轉任或減俸。」世界各國法律均規定法官為終身職，無法定理由，非依法定程序，不得變更法官身分或降低待遇。憲法的規定，在於確保法官在執行職務時，有不受任何外在干涉的自由，也唯有如此，才能使法官擁有依法審判的空間。

　　然而，外在干涉的來源，可能是司法權內部，主要是司法長官；也可能是非司法權內部的壓力，來自其他一切來自國家其他機關、社會團體與個人的干擾。現代社會，對法官的審判，最有可能產生干涉者，是上級長官或媒體輿論。法官不是行政官僚，就案件審理，不受上級長官指令的拘束與限制，一切依法行事；不過，司法行政仍可能威脅法官的獨立性，特別是職司法官的任用、升遷、獎懲等司法人事行政。所幸，2011年法官法公布施行，法官的人事制度趨於周全，對於法官的保障更加全面。

　　另外，現代大眾傳播工具發達，對於法官獨立性可能構成威脅。由於大眾傳播工具對於司法領域的報導，而對司法影響程度亦日漸上增，因為整個社會輿論，均為大眾傳播工具所控制。有些法官的審判，就可能受有媒體傳播組織所控制的輿論所左右，而失去獨立審判之立場。我們應盡力排除這種現象，或由媒體自律著手，或堅定法官的心態。

　　法官的特殊法律地位，是經過相當長久時間演進而成。早期的司法，依附在行政權之下，只是行政的工具，因為政權擁有者本身即是司法者，即使設有專職司法權者，也只是形式，他們不會反抗執政者。迨十八世紀，孟德斯鳩提出三權分立學說後，經過二百年餘演進，司法權才逐漸獨立於行政權之外，方才建立法官依法獨立審判的地位。

貳、法院的迴避制度

　　法院審判的公正，除了法官必須不受外力影響外，其本身尚須不偏不倚，大公無私，才能符合公平法院的理念。

　　刑事訴訟法為確保法官本身的不偏頗性，乃建立迴避制度，即負責審理的法官，若與其審理的案件或與案件當事人，存有特殊關係者，則應迴避參與審理工作，而由不具此等特殊關係的法官審理，俾能客觀公正從事審理。法官、檢察官及書記官的迴避制度，依本法規定，計有下列各種：

一、自行迴避

　　法官具有應迴避的法定原因時，即應自行迴避參與審判，不得執行職務（§17）；此種迴避又稱為法定迴避。法官應自行迴避的情形是：

1. 法官為被害人者：被害人是，因他人犯罪，而法益直接遭受侵害之人。若法官因被告犯罪，而其法益直接蒙受損失，始為被害人。例如，某人傷害甲，甲是法官，經檢察官提起公訴，冤家路窄，案件恰好由該被傷害的法官甲審理；此時該名法官應自行迴避。

2. 法官現為或曾為被害人的配偶、八親等內之血親、五親等內之姻親或家長、家屬者：此等親屬關係與親等之計算，依據民法§§967～970的規定。例如，某人公然侮辱甲，甲委請律師提起自訴，甲的父親是法官，案件恰好由甲父審理；此時該名法官應自行迴避。

3. 法官與被告或被害人訂有婚約者：此以現時訂有婚約為限，曾經訂有婚約，但已解除者，不在此限。例如，法官甲與乙相戀訂婚，但後來因故解除婚約；今乙被控傷害的案件，恰好由甲法官審理，此時甲乙已無婚約，故毋庸迴避。

4. 法官現為或曾為被告或被害人的法定代理人者：依民法§1086規定，父母為其未成年子女的法定代理人，又依民法§1098規定，監護人為受監護人之法定代理人。此只適用於法官非被告或被害人之父母而為其代理人之情形，若法官為被告或被害人的父母，自應依據前述的規定自行迴

避。又若法官為法人的代表人時，則因法人的代表人，在訴訟上亦為法定代理人，故該法官亦應自行迴避。

5. 法官曾為被告的代理人、辯護人、輔佐人，或曾為自訴人、附帶民事訴訟當事人之代理人、輔佐人者：辯護人、輔佐人是§§27、35 I所規定的訴訟關係人。

6. 法官曾為告訴人、告發人、證人或鑑定人者：所謂告訴人，是指犯罪被害人或其他有告訴權之人；告發人是指，向偵查機關申告犯罪事實的第三人；證人是指，對審檢機關陳述自己見聞犯罪事實的訴訟第三人；鑑定人則指，受審檢機關指定從事鑑定的專家。

7. 法官曾執行檢察官或司法警察官的職務者：法官曾任檢察官或司法警察官，今轉任法官後，恰好審理曾經執行檢察官或司法警察官職務的案件，即應自行迴避。

8. 法官曾參與前審之裁判者（§17⑧）：所謂「前審之裁判」應如何認定，存有爭議。對此，（1）拘束說，認為前審是前次審，只要曾經參與過該案件的審理，不論是上級審或下級審的法官，均須加以迴避。此乃為避免前審裁判的法官早已形成心證，而無法立於中立客觀的地位。（2）審級說，則是由當事人審級利益的角度出發，認為前審非指前次審，而是指曾經參與下級審的審判。實務採取這樣的立場。釋字第178號表示，「推事曾參與前審之裁判，係指同一推事就同一案件曾參與下級審之裁判者而言，故包括前前審之第一審裁判在內。」是故，參與上級審裁判的法官，縱然再度參與下級審，也無須迴避，因其對於當事人的審級利益並無影響。另外，若僅參與下級審判以外的程序，如非審理案件的法官，僅係代為宣示裁判，或更新審判前的程序，或為受託法官者，即非參與審判，又或是發回或發交（更審）、移送、再審、非常上訴等程序，均毋庸迴避。例如，某案件上訴至最高法院，被發回二審法院更審，作成該判決的法官之一為甲；其後，甲轉任高等法院庭長，恰好又審理該案件，因前審裁判是指下級審裁判，所以甲無須迴避。

二、聲請迴避

聲請迴避（§18），係由當事人認為法官有下述二種情形，向該法官所屬的法院提出：1.法官有應自行迴避的情形，而不自行迴避者。2.法官有應自行迴避以外的情形，足認其執行職務有偏頗之虞者。必須說明的是，「偏頗之虞」必須要能夠指出具體事實，且在客觀上足使人疑其將為不公平裁判的情形。大眾傳播的審前評論，不視為法官迴避的理由。

提出聲請迴避，是當事人的權利，原則上不問訴訟程度如何，得隨時以書狀舉其原因向法院為之；但在審判期日或受訊問時，得以言詞為之。當法官被聲請迴避，「除因急速處分或以第十八條第二款為理由者外，應即停止訴訟程序。」（§22）所謂急速處分是指，有緊急狀況下，以保全證據為目的所為的處分，例如訊問病危瀕死的證人，保全其供述證詞，或審判程序中的被羈押被告，期間屆滿前所為的延押裁定等。

法官迴避的聲請，由該法官所屬的法院以合議裁定；被聲請迴避的法官不得參與合議（§21）。若有不足法定人數而不能合議的情形，為避免稽延時日，且此僅具有司法行政上的事務分配性質，由院長裁定便可；若有不能由院長裁定的情形，如院長被聲請迴避，則由直接上級法院裁定。目前實務上，法院對於法官迴避的聲請，通常先經內部分案，再交由三位法官進行合議，再為准駁的裁定。對於當事人的迴避聲請，被聲請迴避的法官認為有理由，應不待裁定，自行立即迴避；反之，法院認為聲請無理由，將以裁定駁回，當事人不服得提出抗告。

三、職權迴避

職權迴避（§24）是，該管聲請迴避的法院或院長，認為法官有應自行迴避的原因，但法官未自行迴避，雖然未經當事人聲請或其聲請為不合法，亦應依職權為迴避的裁定；該裁定僅屬法院內部關係，故毋庸送達。

四、檢察官及書記官等的迴避

關於法院書記官（院方書記官）及通譯的迴避，依§25準用關於法官迴避的規定，但是「不得以曾於下級法院執行書記官或通譯之職務，為迴避之原因。」院方書記官或通譯的迴避，必須由院方書記官或通譯所屬法院的院長裁定。

至於檢察官、檢察事務官及辦理檢察事務之書記官，其迴避依§26準用§§17～20、24，但是「不得以曾於下級檢察署執行檢察官、檢察事務官、書記官或通譯之職務，為迴避之原因」檢察官及檢方書記官的迴避，應聲請所屬檢察長或檢察總長核定；檢察長的迴避，應聲請直接上級法院檢察署的檢察長或檢察總長核定；其檢察官僅有一人者亦同。

參、法院的審理制度

現行的法院審理制度，係以職業法官組成的審判體為主；然而，近年掀起「司法民主化」的呼聲，期待人民參與司法，此必對未來法院審理制度走向，產生一定的影響。此外，國外尚有陪審制度、參審制度及專家參審制度等，亦可供作未來法院審制度發展的參考。

一、現行的審理制度

我國的審理制度，以職業法官獨任或合議庭審理為原則；惟2023年「國民法官法」施行後，標誌著台灣已經邁向人民參與司法的審理制度。

所謂的職業法官，是由國家文官制度考選而生，即經過司法考試，專業訓練之後，方才進入法院擔任負責指揮訴訟、認事用法的公務員。職業法官的身分，就是國家公務員，但基於掌管司法權的特殊性，除有符合審判需求的專業能力之外，作為法治國最後一道防線的司法守護者，制度上需要讓職業法官保有中立性與獨立性，確保審判不受政治或他人的不當干預。職業法官的考銓與訓練都較一般公務員嚴格審慎，在社會也上享有較

高地位；但相對的，人民對於職業法官的倫理操守，自然會有更高的要求與期待。

二、人民參與司法的審理制度

由外國的立法例觀察可知，考量不同社會文化與現實的需求，除了我國當前以職業法官為主體的審判制度外，尚有職業法官與經選任的「人民法官」，共同參與司法審理的制度設計。諸如：與職業法官分工的陪審制度，由人民法官（陪審員）專責論斷犯事實的有無，職業法官僅負聽審與量刑等責任；與職業法官合作的參審制度，由人民法官（參審員）與職業法官共同認定事實、適用法律，從審理、判決前的評議乃至於量刑等，人民法官皆與職業法官有相同職權。另外，考量案件涉及跨領域的專業問題，職業法官未必有掌握案情的能力，為補強職業法官的專業不足，故協同專精於法律知識外的專家擔任人民法官（專家參審員），與職業法官共同參與審判，此為專家參審制度。

（一）陪審制度

採用陪審制度的國家，主要是英美。事實上，陪審制又分為二類，其一為「大陪審制」，又稱為起訴陪審制，審查重罪案件應否起訴，換言之，輕罪案件不會運用大陪審制；另一為「小陪審」，又稱為公判陪審制，也就是說，當案件經起訴進入審理程序後，陪審員於公判庭中聽取檢察官與被告、辯護人之間的論告攻防，在最後作出有罪或無罪判決。陪審制的大小之分，與陪審員的數目有關，大陪審制的陪審員，通常為16人以上23人以下；而小陪審制的陪審員，通常重罪案件是12人，輕罪案件是6人。

現在，英國已經廢止大陪審制，美國各州亦有逐漸廢止大陪審制的趨勢。小陪審制，也就是真正參與審理程序的公判陪審制，顯然比較受重視。畢竟大陪審制，在功能上僅用於，審查檢察官偵查後所提出的證據，

是否達到起訴的門檻，但卻耗費大量人力、物力。具體來說，在小陪審制度之下，刑事法院係由職業法官，與來自民間的陪審員共同構成，由前者判斷犯罪的科刑問題，由後者判斷犯罪的責任問題。在公判庭上，先由參與陪審的陪審員，於訴訟審理完畢後，經過評議，為被告有罪或無罪的宣告；職業法官再對於陪審員的有罪宣告，進一步作出量刑與判決。

（二）參審制度

參審制度是歐陸法系國家訴訟法制下的產物。以德國的參審制度為例，是由職業法官與平民參審員混合組成的審判庭，從事法院特定案件的審判工作。例如，在德國的參審制度之下，區法院的參審法庭，係由一或二個職業法官及二個參審員組成；邦法院的小刑事庭，由一個職業法官和二個參審員組成；邦法院的大刑事庭，則由三個職業法官和二個參審員組成。

職業法官與參審員，原則上具有同等權利，雙方攜手共同參與審判程序，以及對被告有無罪責進行評議。換言之，參審員能夠行使與職業法官相同的評決權，其評決範圍不限於案件的事實，更包含認定被告是否有罪，刑罰與保安處分的宣告。由此可知，此與陪審制度不同，陪審制度是由陪審員認定事實，職業法官不能參與評決；有罪科刑部分，則是職業法官決定刑罰，人民意見無法導入。相較之下，本書以為，由職業法官與參審員共同認定事實與適用法律，應當更能達成人民參與司法的目標。

（三）專家參審制度

一般歐陸國家實施的參審制度，是由平民參審員與職業法官共同審判；但於此之外，另有專業人士以專家參審員的身分，參與審判的專家參審制度。這是指，刑事訴訟程序的進行，依照個案需要，透過專家的專業知識協助法官認定事實，或供法官諮詢。能夠成為專家參審員的專家，除了本身具有專業知識之外，必須經過訴訟當事人雙方共同合意選定，並經法院篩選；早期的我國專家參審試行條例草案§21，就有此規定。

　　專家參審制度的落實，有二大關鍵，其一是人才庫的建立，若不建立資訊完整的人才庫，當遭遇涉及高度專業的案件時，臨時需要專業人士充任參專家參審員時，將求助無門；其二是支付專家參審員合理的費用，畢竟這些專業人士犧牲工作時間擔任專家參審員，應當給予合理費用，否則專業人士恐怕將抗拒擔任專家參審員，畢竟這是吃力不討好的工作。若專家參審制度得以運行，應可獲得下列優點：

1. 提升判決品質，增強民眾信賴：職業法官對法律以外的專業領域，通常不可能精研，但面對趨於高度分工、專業化的現代社會，許多案件都事涉專業，如公害犯罪、經濟犯罪及醫療糾紛等；此時有專家參與審判程序，對於判決品質的提升，必有正面效果，判決結果也比較可以讓當事人或民眾折服。任何知識領域都不斷在進步，只有在專業領域上持續精進的人才能充分掌握此一領域，提出最值得信賴的專業意見。

2. 彌補鑑定制度的缺失：對鑑定人的鑑定過程及結果，專家參審員可以進行恰當且有意義的專業問案；不然，就算鑑定人在證據調查程序辛苦說明，不具有專業能力的職業法官也未必可以理解其內容。專家參審員不同於鑑定人在審判上單純的鑑定報告，也不僅是專家在審判上提供諮詢，而是以專家立場，實際參與審判。藉由專家參與審理，應該可以減低職業法官與鑑定人意見相左，卻又互不信任的現象。

3. 符合訴訟妥速的期待：採行專家參審制度，可以節約訴訟時間。職業法官不懂個別領域的專業，為求謹慎，時常多次鑑定，造成鑑定公文往返費時，甚至可能發生鑑定人拒絕後，必須再尋找其他鑑定人，對於時間的消耗，難以掌握。若有專家參審員參與審理，等候鑑定的不確定時間因素就可以排除，因為除了少數需要實驗室的鑑定報告之外，參與審判的專家可以對案件立即提供意見，與法官共同判斷，訴訟延宕的情形比較可以避免。

三、國民法官制度的建立

　　單純由職業法官職司審判工作，雖然得以維持法律安定性、法律解釋適用正確性與一致性；但司法審判高度專業化的結果，使得人民欠缺適當管道瞭解司法審判內涵，也使司法與人民疏離，甚至遭受偏離人民情感的疑慮。因為如此，長久以來，有志之士不斷鼓吹人民參與審判。

　　隨著台灣民主法治的深耕、社會價值觀的多元，人民對司法權的運作，非但抱有期待，更高度關注，並且提出批評。再者，近年不少涉及重大社會觀感的司法裁判，屢次成為輿論焦點，形成人民不信任司法的氛圍，甚至與司法發生對立。歷經各方長期努力，終於在2020年立法院三讀通過「國民法官法」，完成屬於台灣的人民參與司法法制「國民法官制度」，並於2023年元旦施行。

　　藉由國民法官制度的建立，或許可以提升司法審判的透明度，增進人民對於國家司法的瞭解及信賴，並於法院作成判斷過程中，適度反映人民法律感情，彰顯國民主權理念。簡言之，國民法官制度的建立，希望可以達成以下目標：（1）提高司法透明度，提升人民對司法的信賴；（2）審判庭的組成多元化，使判決結果能貼近民意；（3）發揮法治教育功能，增進人民對司法的瞭解。

　　國民法官法，是屬於參審型態的人民參與刑事審判制度。簡單來說：依國民法官法規定，人民參與刑事審判的法庭上，有三位職業法官、六位國民法官；同時，得另選任一至四名備位國民法官候補。國民法官由符合資格的人民之中，隨機抽選；選中者將與職業法官「合審合判」，也就是在個案上，一起認定事實，一起判斷被告是否成立犯罪，以及一起如何處罰罪犯。經職業法官與國民法官評議後，如果認為被告有罪，必須達三分之二的多數決；對於有罪的被告，一般量刑應二分之一多數決，死刑判決則是二分之三多數決。職業法官與國民法官共同作成的判決，必須附理由；且當事人可以針對事實認定錯誤的判決，提起上訴救濟。

第二節　法院的管轄

壹、審判權與管轄權

審判權，是國家基於治權所得行使的司法權，即法院對於案件進行審理及裁判；管轄權，是法院行使審判權的具體內容，即國家為了妥當行使審判權，而將審判工作的事務分配於各別法院，使具體案件的審判，由有管轄權的法院進行。也可以說，審判權是決定法院的審判範圍，管轄權是決定「法院之間」的審判範圍；各法院對於案件，必先有審判權，才會發生管轄權有無的問題。

審判權為抽象的管轄權，管轄權為具體的審判權。就刑事法院而言，有刑事審判權的法院，方才具有審理及裁判刑事案件的司法權力（§§252⑦、303⑥）；有刑事管轄權的法院，則是有權進行個別刑事案件審理及裁判的法院（§§250、304、355）。若無刑事審判權，便無刑事管轄權；反之，有刑事審判權，才需要進一步討論管轄。是故，涉及秩序違反的行政不法事件，非屬刑事案件，刑事法院沒有審判權，也就無庸討論該案件在刑事法院的管轄問題。若是刑事案件，刑事法院有審判權，接下來必須思考的是：由何級法院為第一審（§4）；由何處法院管轄（§5）。

如果法院對被告無審判權者，於偵查階段，檢察官應依§252⑦為不起訴處分；倘若檢察官或自訴人提起訴訟，法院應依§303⑥諭知不受理判決。相反的，法院有審判權時，對於無管轄權的案件：在起訴之前，如檢察官知有犯罪嫌疑，但不屬其管轄，依§250規定，尚未偵查的案件，通知有管轄權的檢察官；已經開始偵查的案件，則移轉有管轄權的檢察官。在起訴之後，如係公訴案件，應依§304諭知管轄錯誤判決，並同時諭知移送於管轄法院；如係自訴案件，依§335諭知管轄錯誤判決，非經自訴人聲明，毋庸移送案件於管轄法院，但是檢察官接受該判決書後，依§336Ⅱ規定，認為應提起公訴者，應即開始或續行偵查。

> **例**
>
> 　　甲乙丙三人於基隆聚會時起口角，甲乙聯手將丙打成重傷；丙控告甲、乙，檢察官於台北地院起訴。甲、乙居於新竹，丙居於台北。
>
> 　　依§4規定，本案（重傷罪）在地方法院有第一審管轄權；然而，依§5僅新竹地院、基隆地院有管轄權；其他地方法院雖有審判權但無管轄權。本案中，台北地院應對甲、乙依§304諭知管轄錯誤判決，並同時諭知移送於管轄法院，或由檢察官分別通知或移送該管檢察官。

貳、法院管轄的種類

　　刑事法院有刑事案件的審判權，但並非表示刑事法院的法官，對於一切刑事案件都有權審判；案件如何分配到個別法官手中，使法官對於案件有審判的權利與義務，必須由法律規定，這是「法官法定原則」，也是管轄權的由來。法官法定原則，是為維護法官公平獨立審判，增進審判權有效率運作，所以法院案件的分配，必須依事先訂定的一般抽象規範，將案件客觀公平合理分配於法官，不得恣意操控由特定法官承審，摒除恣意或其他不當干涉案件分配作業，與憲法保障人民訴訟權及法官獨立審判的意旨相符（釋字第665號）。法官法定原則已是世界各國奉行，如德國基本法§101Ⅰ明定，非常法院不得設置；任何人有受法定法官審理的權利，不得剝奪。

　　法院管轄權的取得情形，有分案件管轄與職務管轄。案件管轄，是依案件情形而分配管轄；職務管轄，則是依職務決定管轄。在概念上，案件管轄有基於法律的抽象規定而生，稱之為法定管轄（§§4～8）；也有基於法院的具體裁定而生，稱之為裁定管轄（§§9、10）。

　　法定管轄可以分為二類：其一是固有管轄，以案件所涉的犯罪類型為判斷管轄權歸屬標準者，稱為「事物管轄」（§4）；以案件所設的地域為判斷管轄權歸屬標準者，稱為「土地管轄」（§5）。其二則是，當有發生相牽連案件時，則依牽連管轄的規定處理管轄權歸屬（§§6、7）。裁定

管轄同樣分為二類：依據個案情形，有由上級法院指定管轄法院的指定管轄（§9），或移轉至特定法院審理的移轉管轄（§10）。另外，職務管轄是依據法院的職務功能，進行管轄權歸屬的判斷。例如非常上訴，是因為法律錯誤，由法律審法院受理，即最高法院（§441）；再審，則是因為事實錯誤，由事實審法院受理（§426）。

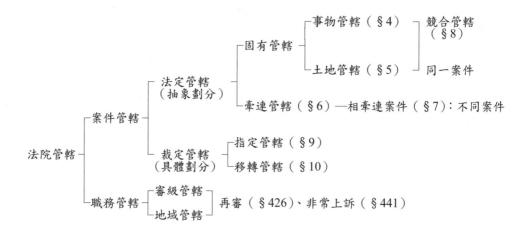

一、固有管轄

（一）事物管轄

以案件類型，決定第一審法院刑事案件的分配，謂事務管轄；第一審法院可能是地方法院或高等法院。在立法例上，關於事物管轄的決定，有依犯罪種類而決定者，或依刑罰輕重而決定者。依§4規定，地方法院於刑事案件，有第一審管轄權；但內亂罪、外患罪、妨害國交罪的第一審管轄權屬於高等法院。藉此以觀，我國所採的事物管轄標準，是依犯罪種類而決定，為犯罪主義；刑事案件的第一審管轄權，原則為地方法院，例外是高等法院。

值得注意的是，事務管轄決定「不同級」的「第一審」法院管轄，與審級管轄決定「上級審」法院的管轄者不同，亦與土地管轄決定「同級」的法院管轄者有別。此外，在過去，主張台獨被認為係內亂，去大陸投資

也被認為係內亂（資匪），事物管轄的實務意義很大；但是隨著兩岸關係和緩，雙方往來密切後，事物管轄的規定可能逐漸形同具文。

（二）土地管轄

　　以土地區域，決定同級法院刑事案件的分配，謂土地管轄。由此可知，決定案件應歸地方法院或高等法院管轄，是事物管轄的問題；至於歸於何地法院管轄，則為土地管轄。法院遍設於全國各地，其管轄區域在行政上各有一定的範圍；因此，刑事案件發生後，究應由何地法院管轄，應有一定標準，免生爭議。

　　依§5規定，犯罪地、被告的住所地、居所地、所在地的法院，有管轄權；若犯罪地是在中華民國領域外之中華民國船艦或航空機內，船艦本籍地、航空機出發地或犯罪後停泊地的法院，也有管轄權；又依實務意見，被告逮捕地的法院亦有管轄權。法院依土地管轄取得管轄權的原因，主要是犯罪地、被告住居所在地：

1. 犯罪地：在中華民國領域內犯罪者，犯罪地一定在國內，故可依§5定管轄地。犯罪地包括行為地與結果地，行為地係指行為人實施行為的地點，結果地為犯罪行為發生結果的地點。

2. 被告之住所、居所或所在地：以被告為判斷對象，與自訴人、告訴人或被害人無關，且係以起訴時為準。若被告在中華民國領域外犯罪（刑法§§5～8），然而其在國內有住居所或所在地時，仍可依§5Ⅰ定其管轄。反之，若其在中華民國領域外犯罪，於國內又無住居所或所在地時，不能適用§5Ⅰ，是適用§9Ⅱ，由最高法院裁定指定管轄法院。

　　由此可知，土地管轄係以同級法院的「管轄區域」與案件具有一定地域上關係而被決定。法院的管轄區域，依法院組織法§7規定「由司法院定之」，但因管轄區域變更致受理法院不同時，原受理法院僅應將案件移送變更後應受理的法院，毋庸逐案為管轄錯誤的諭知，因為此是司法行政的事務分配。在概念上，法院的管轄區域，與行政區域不同，例如士林地方法院的事務分配區域，包含台北市的部分地區，有士林區、大同區、北

投區、內湖區、南港區,也包含新北市的部分地區,有石門區、八里區、淡水區、三芝區、汐止區;如嘉義地方法院的事務分配區域,包含嘉義市與嘉義縣;或如台中地方法院的事務分配區域,即台中市。在法院的管轄區域外,必須依法律規定始能行使。如§81規定,司法警察或司法警察官於必要時,得於管轄區域外執行拘提,或請求該地之司法警察官執行。

(三)競合管轄

同一案件,因事物管轄或土地管轄的不同,而有數法院管轄該案件時,依§8辦理時,即競合管轄。

同一案件可能有數個管轄法院,如居住在新北市平溪區的某甲,於高雄市楠梓區傷害乙,依§5規定,基隆地方法院與橋頭地方法院,均有管轄權。如果數個有管轄權的法院,同時受理起訴的案件,不但浪費司法資源,也會造成重複起訴、重複審判的現象;為避免發生這種現象,要依照競合管轄的規範處理。原則上,依據優先原則,由繫屬在先的法院審判;但例外時,共同上級法院也可以裁定,由繫屬在後的法院審判(§8)。關於競合管轄的要點,分別說明如下:

1. 同一案件:案件的組成是,被告、犯罪事實。所謂「同一案件」,是指在二個案件的被告及犯罪事實皆相同;與之相對的概念是單一案件,即單一被告、單一犯罪事實的案件。如被告數個(§7②)、犯罪事實數個(§7①),或被告及犯罪事實均數個(§7③、④)即數案件。同一案件其性質均不可分。被告:以人數為準(§266)。犯罪事實:以犯「罪」個「數」為準。

2. 繫屬:意即「受理」。案件因繫屬於法院,而發生訴訟關係;至於決定是否繫屬,係以「提出」(§§264、320)為準,與「偵查終結」不同(§262)應分別以觀。繫屬為訴訟關係已發生,終結偵查並不發生訴訟關係。例如,檢察官依§255為不起訴處分,即為偵查終結,但此不發生訴訟關係;若檢察官依§251提起公訴,同樣意味著偵查終結,但因公訴,檢察官的起訴書將提出於法院,當法院受理,也就是繫屬於法

院，則發生訴訟關係。

3. 繫屬前後的差別：在繫屬「前」，各有管轄權的法院，均有全部管轄權，不生競合問題，故§8不及繫屬前的同一案件，§15（繫屬前的相牽連案件）亦不及§8所規定的案件。在繫屬「後」，同一案件分別繫屬於數個有管轄權法院時，為防止因重複起訴而造成一罪兩判，應依§8規定，決定得為審判的法院。

由前述可知，同一案件繫屬於有管轄權之數法院，應依§8定其得為審判的法院，主要是為了避免實體審判權的重複行使，與本來就沒有審判權的情形不同。依§8，「同一案件繫屬於有管轄權之數法院者，由繫屬在先之法院審判之」；反之，繫屬在後的法院，原則上是不得為審判的法院，應視情形諭知不受理判決或免訴判決。諭知不受理判決的情形是，對相同法院重複起訴，即「已提起公訴或自訴之案件，在同一法院重新起訴者」（§303②）；或是對不同法院重複起訴，而「依§8規定不得為審判者」（§303⑦）。諭知免訴判決的情形是，「曾經判決確定者」（§302①），既然已經曾經判決確定，除非依法再審或非常上訴，否則當然毋庸再行訴訟。

承續前例，如居住在新北市平溪區的甲，於高雄市楠梓區傷害乙，對於本案，基隆地院與橋頭地院均有管轄權（§5）；基隆地檢署與橋頭地檢署的檢察官分別偵查終結，且分別起訴，基隆地檢署的檢察官向基隆地院起訴在前，橋頭地檢署的檢察官向橋頭地院起訴在後，則由基隆地院審判該案件（§8），橋頭地院應依§303⑦諭知不受理判決。倘若基隆地院判決且確定，橋頭地檢署的檢察官方才起訴，則橋頭地院應依§302①諭知免訴判決。又如，該案全由橋頭地檢署偵辦，但承辦檢察官一時粗心大意，重複向橋頭地院起訴，橋頭地院對於後起應依§303②諭知不受理判決。

然若，繫屬於有管轄權數法院的同一案件，漏未依§8定管轄法院，且各法院分別為本案判決後，始發現有競合管轄的情形時，視個案情形，循上訴或非常上訴救濟。承上，基隆地檢署的檢察官向基隆地院起訴在

前，橋頭地檢署的檢察官向橋頭地院起訴在後，但橋頭地院未察覺，而為本案判決，此時應對該判決提起上訴，由上級法院，即台灣高等法院高雄分院撤銷原判決，改依§303⑦諭知不受理判決；若待橋頭地院的判決確定才發現，則對該確定判決提起非常上訴，最高法院將依§302①諭知免訴判決。

有爭議的是，基隆地檢署的檢察官向基隆地院起訴在前，橋頭地檢署的檢察官向橋頭地院起訴在後，但後繫屬的橋頭地院判決卻先確定，應如何解決？1.仍以繫屬先後為準：維持競合管轄的一致性，對後繫屬地法院，即不得為審判法院（橋頭地院）的確定判決，提起非常上訴撤銷，改依§303⑦諭知不受理判決。2.以判決確定先後為準：既然已有確定判決存在，基於法律安定性的追求，例外對先繫屬的法院，即得為審判法院（基隆）的判決，依上訴撤銷，依§302①為免訴判決；若先繫屬的法院判決，較後繫屬的法院判決晚確定，則依非常上訴撤銷該確定判決，依§302①為免訴判決。

（四）牽連管轄

案件各有其固有管轄權的法院（§5），但不同案件之間，有某種特殊關係，如由固有管轄權法院分別管轄或審判，實不符合訴訟經濟，乃依§§6、7辦理，使無管轄權的法院取得其管轄權，而合併管轄或合併審判，即牽連管轄。

牽連管轄的前提是「相牽連案件」（§7），即數個不同案件之間，因某種特殊關係而相互牽連；這些不同的案件，原先是分別管轄、分別審判，但為訴訟經濟考量，乃合併於其中之一法院，使其合併管轄、審判。相牽連案件的「牽連關係」有：

1. 一人犯數罪者：台北市內湖區人甲，於台中市犯竊盜罪，於嘉義市犯傷害罪，依§5士林地院、台中地院及嘉義地院均有管轄權；但係由一人（甲）犯數罪（竊盜罪、傷害罪），故可合併於士林地院管轄、審判。
2. 數人共犯一罪或數罪者：台北市內湖區人甲、信義區人乙，於台中市共

犯竊盜罪，依§5，士林地院、台中地院對甲有管轄權，台北地院、台中地院對乙有管轄權；但由數人（甲乙）共犯一罪（竊盜罪），故可合併於台中地院管轄、審判。

3. 數人同時在同一處所各別犯罪者：台北市內湖區人甲、信義區人乙，不約而同於台中市國立美術館竊取畫作，依§5，士林地院、台中地院對甲有管轄權，台北地院、台中地院對乙有管轄權；但數人（甲乙）同時在同一處所（台中國美館）各別犯罪，即「同時犯」，故可合併於台中地院管轄、審判。

4. 犯與本罪有關係之藏匿人犯、湮滅證據、偽證、贓物各罪者：刑法上並無事後共犯，而認為事後犯罪為獨立的犯罪，但因藏匿人犯、湮滅證據、偽證、贓物各罪，與本罪關係密切，故為相牽連案件，由此可知§7②④之關係類似。例如，台北市內湖區人甲，於台中市犯竊盜罪，而台北市信義區人乙與甲相約台中市收受贓物，依§5，士林地院、台中地院對甲有管轄權，台北地院、台中地院對乙有管轄權；但有犯與本罪（甲，竊盜罪）有關係之罪（乙，收受贓物罪），故可合併於台中地院管轄、審判。

$$§7\begin{cases} \text{第1款：案件牽連（主觀牽連）－被告之數犯罪事實} \\ \text{第2款：事實牽連（客觀牽連）－犯罪事實之數被告} \\ \text{第3款：時間、地點牽連（客觀牽連）} \\ \text{第4款：案件牽連（客觀牽連）} \end{cases} \Big\} \text{數被告之數犯罪事實}$$

　　相牽連案件，不以直接相牽連為限，縱數案件彼此間並無直接相牽連關係，然如分別與他案件有相牽連關係，而分離審判，可能發生重複調查或判決扞格之情，自應認各該案件均係相牽連案件，而得合併由一法院審判，始能達成相牽連案件合併管轄的立法目的（最高法院102台上298判決參照）。由此可知，按§§6、7條的規範意旨，係就相牽連刑事案件分別繫屬於有管轄權的不同法院時，得合併由其中一法院管轄，旨在避免重複調查事證的勞費及裁判歧異，符合訴訟經濟及裁判一致性的要求。

　　對此，釋字第665號進一步說明，此種情形是否併案，以及如何進行合併審理，相關法令未設明文，因屬法院內部事務的分配，亦屬相牽連案件的處理，如有合併審理之必要時，如類推適用上開規定意旨，以事先一般抽象的規範，將不同法官承辦的相牽連刑事案件，改分由其中之一法官合併審理，與憲法意旨無違。

　　惟應注意的是，相牽連案件得由同一法院合併管轄、審判者，必須有下列情形相同：第一，審判權相同。如軍人甲、平民乙二人於戰時共犯一罪，雖依§7②為相牽連案件，但軍人甲依軍法審判，乙為歸普通法院審判。審判權不同，不能合併。第二，訴訟程序相同。如甲犯傷害罪、略誘罪，雖§7①為相牽連案件，但若傷害罪的部分依簡易程序（§451）審判，略誘罪的部分依通常程序（§264）審判，二案的審理程序不同，不能合併。第三，訴訟程度相同。承前甲犯傷害罪、略誘罪的例子，縱然均依通常程序審理，但普通傷害罪的部分已經判決確定，則因二案的訴訟程度不同，不能合併。

　　另外，應釐清的是，牽連管轄（§§6、7）與競合管轄（§8）不同：競合管轄必須繫屬，如未繫屬則不發生競合管轄的問題；但是，牽連管轄的繫屬則分繫屬前與繫屬後。茲以簡圖說明§6的繫屬情形：

繫屬前為管轄問題┬同級（§6）由其中一法院管轄
　　　　　　　　└不同級（§6Ⅲ前）由其上級法院管轄

繫屬後為審判問題┬同級（§6Ⅱ）┬同意－裁定移送
　　　　　　　　│　　　　　　　└不同意－共同直接上級法院裁定
　　　　　　　　└不同級（§6Ⅲ後）－已繫屬下級法院者，其上級法院
　　　　　　　　　　　　　　　　　　得以裁定命移送，但§7③除外

　　綜言之，§6牽連管轄與§8競合管轄有下列不同：

1. §6牽連管轄有前後繫屬之分。§8競合管轄只有繫屬後之問題。
2. §6牽連管轄為相對管轄權，條文中均有「得」字。§8競合管轄為絕對

管轄權，雖後段有「得」字，但為例外。

3. §6Ⅱ同級牽連管轄案件已繫屬各法院時，或者§6Ⅲ後段牽連案件已繫屬不同級法院時，須用裁定決定審判法院，因其為二個案二個訴訟關係故須用裁定方式。§8競合管轄必須依§303⑦諭知不受理「判決」，因其為一個案二個訴，多出一個訴，必須除去。

4. 牽連管轄為不同案件（可分之案件），競合管轄為同一案件（不可分之案件）。

5. 牽連管轄為合併判決，競合管轄乃全部判決。

例

　　宜蘭人甲、台中人乙共同在台北侵占丙的貨款，丙向台中地院告訴，台中地院對乙有固有管轄權，對甲則無管轄權，但因甲、乙共同侵占，為相牽連案件，故台中地院對甲有牽連管轄權。

　　若檢察官在宜蘭、台中地院分別起訴，則依§6Ⅱ經宜蘭地院同意後，得以裁定移送於台中地院合併審判，若宜蘭地院不同意，則由共同直接上級法院裁定之。合併管轄後，依§15得由一檢察官合併偵查或合併起訴。

二、裁定管轄

　　管轄權的歸屬，通常可依§§4～8決定；但是，如果遭遇某些原因，導致管轄法院不明，由直接上級法院以裁定指定管轄法院（§9）；或發生有管轄的法院不方便審判時，也由直接上級法院以裁定移轉管轄法院（§10）。

（一）指定管轄

　　當管轄法院不明，由上級法院指定「無管轄權的，或不確定是否有管轄權的」法院為管轄法院，為指定管轄。

　　管轄權之所以不明，可能有幾種原因：第一，數法院於管轄權有爭議者（§9Ⅰ①），不過因有§§6、8的規定，殊少發生爭議，實務上並不多

見。第二，因為管轄區域境界不明，致不能辨別有管轄權之法院者（§9Ⅰ③），譬如甲打死乙，乙倒在花蓮、台東的縣界之間。第三，有管轄權的法院經確定裁判無管轄權，而無他法院管轄該案件者（§9Ⅰ②）。對於無管轄權的案件，應依§304諭知管轄錯誤判決，並同時諭知移送於管轄法院。§336Ⅱ檢察官接受不受理或管轄錯誤之判決書後，認為應提起公訴者，應即開始或續行偵查。附帶一提的是，管轄錯誤、不受理判決為非本案判決，故不生一事不再理。

§9Ⅰ②的情形，可能較不易理解，今舉例說明：設若甲住台北，在基隆傷害乙；對於本案，台北地院應有管轄權，但台北地院檢察官起訴後，台北地院卻為管轄錯誤判決，將該案移送至無管轄權的宜蘭地院。此時，檢察官應依§9Ⅰ②聲請裁定管轄法院，台北地院將重新又有管轄權，此時並無一事不再理的問題。

最後要注意的是，案件不能依上述三種情形（§9Ⅰ）及土地管轄（§5）的規定，決定其管轄法院者，由最高法院以裁定指定管轄法院（§9Ⅱ）。例如，在外國犯罪，但犯人在中華民國領域內無住所、居所或所在地。

（二）移轉管轄

當管轄法院有「不方便審判的原因」時，由上級法院將案件移轉於原本無管轄權的法院，為移轉管轄。

有管轄權的法院之所以不方便審判，主要情形有二：第一，有管轄權的法院，因法律或事實的原因，不能行使審判權者（§10Ⅰ①）。所謂因法律原因，不能行使審判權者，譬如某金門神偷，在金門將金門地院的所有法官家中洗劫財物一空，金門地院的法官皆是被害人，依§17①規定，該案件繫屬法院的法官，有應全部迴避的情形。又，所謂因事實原因，不能行使審判權者，如某人在西沙群島殺人，該地屬中華民國固有之疆域領域，管轄權屬於廣東省的法院，但事實上不能審判，所以最高法院可以裁定移轉由高雄地院管轄；又或者，因事實上的障礙，如天災人禍造成交通

中斷，非短時間內可修復，因而無法押解被告到庭審判，導致有管轄權的法院不能行使審判權，但其他法院尚可行使，則可由直接上級法院裁定移轉管轄。

第二則是，有特別情形存在，若由有管轄權的法院審判，恐影響公安或難期公平者（§10 I ②）。例如，某人於台北著書毀謗桃園地區女子聲名，桃園女子不服向台北地院起訴。開庭日，桃園人民聚眾聽審，台北地院因恐審判影響公安，可請求直接上級法院裁定移送他法院管轄，該他法院即因裁定而取得管轄權（移轉於該上級法院管轄區域內，與原法院同級的他法院）。又或如，被告是在地勢力，具有雄厚的地方群眾基礎，若在當地進行審判，恐會發生暴動而影響公安，亦屬之。但是，如僅涉及個人安全問題，無影響公安即不符；且「難期公平」必須有具體事實，不能空言臆測。

◈ **實例講座** ◈

＊巴拿馬使館風雲＊

　　阿興與阿民分別在台北、台中犯下多起擄人勒贖案件並遭通緝，在警力圍捕下，躲進巴拿馬使館，脅持其外交人員，試問：

（一）本案應由何法院管轄？

⇒解析

　　本案為數相牽連案件同時涉及土地、事物管轄的問題：

　　阿興與阿民因分別在台北、台中犯下多起擄人勒贖案件，依照§5土地管轄之規定，犯罪地之台北、台中地院俱有管轄權。惟阿興與阿民脅持其外交人員，係另犯下§116之妨害國交罪，依§4③，台灣高等法院有第一審管轄權。

　　依題示，阿興與阿民分別犯下的刑案屬相牽連案件（§7①②）。故依§6Ⅲ，不同級法院管轄之案件相牽連者，得合併由上級之台灣高等法院管轄。

（二）若阿興與阿民只犯下一件擄人勒贖案，阿興與阿民住台北，但犯罪地在台中，若台中地院先繫屬，後繫屬之台北地院有無管轄權？假設後繫屬的台北地院不察，先判決確定，則先繫屬的台中地院該如何處理？

⇒解析

　　本問題攸關同一案件涉及競合管轄的問題。依照§5土地管轄之規定，犯罪地和被告之住所居所或所在地之台中、台北地院有本案管轄權。又本件於台中、台北地院皆已係屬，因此產生競合管轄的問題，依照§8前段，原則由先繫屬的台中地院審判之。然而後繫屬的台北地院既

已先判決確定，依大法官釋字第47號，為尊重既判力，先繫屬之台中地院應為免訴判決（§302①）。

＊失敗的商人＊

住所在彰化縣的甲，於A國經商失敗，返台後鬱鬱寡歡，一日，從新聞得知A國派至我國的代表乙於高雄旗津參加活動，乃至活動會場傷害乙，以消除其在A國經商失敗之痛。警察丙持拘票在高雄市逮捕甲時，甲對丙犯妨害公務罪。試問：

（一）甲的行為，哪些法院有第一審管轄權？

⊃解析

甲對A國代表乙的傷害行為，構成刑法§116的侵害外國代表罪，是妨害國交罪章的犯罪。依§4但書③的規定，應由高等法院有第一審管轄權。是故，犯罪地的台灣高等法院高雄分院，以及甲住所地的台灣高等法院台中分院，均有管轄權。

甲的妨害執行公務罪依§4，第一審管轄權在地方法院。是故，犯罪地高雄地方法院，以及甲的住所地彰化地方法院，均有管轄權。

（二）甲的犯罪可否合併管轄？現行規定又有何利弊得失。

⊃解析

甲一人犯數罪，§7①的相牽連案件，依§6牽連管轄的規定，為達訴訟經濟要求，得合併由其中一法院管轄。依§6Ⅲ，甲所犯二罪合併由高等法院高雄分院管轄，甲所犯妨害公務罪，若經起訴而繫屬於地方法院（彰化或高雄地院），高等法院（台中或高雄分院）得以裁定命地方法院將妨害公務罪移送至上級法院合併審判。

牽連管轄的立法目的在於訴訟經濟，以本題為例，經牽連管轄而合併審判之後，甲將可免去舟車勞頓，案件亦得以早日終結，有利迅速審

判，是其優點。但是，牽連管轄所帶來的訴訟經濟，可能會侵害被告的審級利益，本題某甲所犯的妨害公務罪，本可享有的第一審審級利益，因其另犯妨害國交罪而直接合併於上級高等法院管轄，審級利益因而受損。故有論者認為，案件分屬不同級別的法院時，不應合併管轄或審判，以照顧被告的審級利益。

當事人

【目次】

第一節　當事人的意義 89

　壹、在公訴程序 89

　貳、在自訴程序 90

　參、在訴訟程序中不具當事人地位者 91

第二節　檢察官 92

　壹、內部關係 93

　貳、外部關係 95

　參、檢察官與偵查輔助機關 96

　　一、偵查輔助機關 97

　　二、檢警關係 98

第三節　自訴人 100

第四節　被告 100

　壹、被告的意義 101

　貳、被告的種類 101

　　一、單獨被告與共同被告 102

　　二、本訴被告與反訴被告 105

　　三、刑事訴訟被告與附帶民事訴訟被告 106

　參、被告在刑事訴訟法上的地位 107

　　一、當事人的地位 107

　　二、在證據方法上的地位 113

第五節　當事人能力與訴訟能力 113

　壹、當事人能力 113

　　一、自訴人的當事人能力 114

　　二、被告的當事人能力 114

　貳、訴訟能力 115

實例講座 117

　　參與刑事訴訟的人很多，伴隨著程序的進行而有所不同，在此之中，「當事人」應該最為重要。本法上的當事人，僅有檢察官、自訴人與被告（§3）；其他可能在刑事訴訟程序出現的人，如法院的書記官、協助犯罪偵查的司法警察、保護被告權利的辯護人、在法庭上陳述對於犯罪事實見聞的證人等，均非本法的當事人。

第一節　當事人的意義

　　本法所稱的當事人，是指起訴後，在法庭進行訴訟攻防活動的主角，有檢察官、自訴人與被告。普遍認知的「兩造」、「雙方」當事人，之所以有三者，是因起訴二元制（公訴、自訴）的設計而生：在公訴程序中，當事人是檢察官與被告；在自訴程序中，當事人是自訴人與被告。凡是刑事案件，除由代表國家追訴權力的檢察官外，也能由人民自行擔任自訴人，讓案件繫屬於法院，對被告進行有罪的論告。

　　此外，被害人未必是當事人。在公訴程序中，被害人不是當事人，但可能是告訴人；若被害人是告訴人，可以向偵查機關告訴，但僅是檢察官發動偵查的原因之一。在自訴程序中，若被害人向法院提起自訴，成為自訴人，就是當事人；但若被害人無行為能力或限制行為能力，得由其法定代理人、直系血親或配偶提起自訴（§319 I 但），則被害人不是自訴人，也就不是當事人。

壹、在公訴程序

　　在公訴程序中，以檢察官與被告為兩造當事人。

　　值得注意的是，將檢察官同列為當事人，應僅限於審判程序中的檢察官，也就是指，起訴後「實行論告」的公訴檢察官。在偵查階段，檢察官是偵查主體；在執行階段，檢察官則代表國家行使刑罰權。1999年的全國

司法改革會議，特別著重於檢察官與被告的當事人法律地位平等。在公訴
程序的形式地位上，檢察官與被告既然同為當事人，席位應對等，不應有
上下之分；在實質地位上，應具體落實被告的防禦權，強化辯護制度，維
持法官公正客觀的立場，避免被告誤認法院袒護檢察官的論告內容，以衡
平檢察官與被告之間的對等地位。

　　比較容易混淆的是，告訴人、告發人並非當事人；其於訴訟中可能被
當事人傳喚作證，而以證人身分出庭。告訴人可能是被害人或其家屬，或
代行告訴人（§§232～236），於告訴乃論之罪中，除了本身行使的告訴
權將為啟動訴訟程序的條件之一外，也有權於一審辯論終結前撤回告訴，
當告訴人撤回告訴後，法院將不得繼續審理，僅能諭知不受理判決。另
外，告發人（§240）係向偵查機關申告犯罪嫌疑者，為檢察官對個別案
件進行偵查的原因之一；但縱然未有告發，檢察官仍得由其他管道獲悉犯
罪嫌疑後，自行開啟偵查程序。

貳、在自訴程序

　　在自訴程序中，以自訴人與被告為兩造當事人。

　　不過，自訴人可能於辯論終結前死亡或喪失行為能力，而由「承受訴
訟人」取代原自訴人地位，成為既存的自訴程序的自訴人。依§332規
定，自訴人於辯論終結前死亡或喪失行為能力者，可由§319 I所列得為
提起自訴之人，即被害人的法定代理人、直系血親或配偶，於一個月內聲
請法院承受訴訟。例如，甲打傷乙，乙對甲提起傷害罪的自訴，但本案繫
屬法院後，乙不幸因車禍往生；此時依§§319 I、332的規定，乙的配偶
丙得為自訴人以承受訴訟，屆時法院判決書應記載自訴人為丙，而非乙。

　　承前例，應說明的是，丙為承受訴訟人的意義是，自始取代原自訴人
乙的當事人地位；此時，自訴人轉換為丙，當事人也就是丙，乙的身分就
僅為被害人。必須留意的是，雖然依§319 I規定，配偶丙亦取得自訴

權，但由於乙已經提起自訴，丙就不能因乙的死亡，而再提自訴；若是如此，就等於是對相同案件重複自訴，法院只能依§303②諭知不受理判決。

惟若於前例之中，丙未承受訴訟，或承受訴訟的聲請逾期者，法院得按個案情形，逕行判決或通知檢察官擔當訴訟（§332；法組§60①）。依§§330～332的規定，檢察官於自訴案件中有協助義務，且法院應將自訴案件的審判期日通知檢察官，檢察官對於自訴案件得於審判期日陳述意見；若發生無人承受訴訟的情形，法院得通知檢察官為「擔當訴訟人」。但是，擔當訴訟只是代替訴訟而已，並未轉換原自訴人的地位，也不是轉換為公訴人，所以擔當訴訟的檢察官不是當事人。因此，檢察官在自訴程序中擔當自訴，法院判決書的當事人欄，除了自訴人的姓名之外，應併列擔當訴訟人為某檢察官。假如檢察官擔當訴訟時，如欲對原審法院判決提出上訴，非依§344，而是依§347的規定，對自訴案件判決得獨立上訴。

參、在訴訟程序中不具當事人地位者

依§3反面解釋，凡非檢察官、自訴人與被告者，就不具有當事人地位。不過，隨著刑事訴訟程序的進展，會有各種不同身分者參與訴訟程序，除了前述的告訴人、告發人、擔當訴訟人不是當事人之外，為免認識上的混淆，以下就其他容易被誤認為當事人的相關人員，加以說明：

1. 上訴人不因上訴而成為當事人：按§§345～347的上訴主體規定，上訴係依上訴權人身分上訴，而非因當事人身分而得上訴；所以上訴人未必是當事人，也不會因提起上訴而變成當事人。例如，被告甲為限制行為能力人，因犯殺人罪而遭一審法院判處十年有期徒刑，甲決定不上訴；乙為甲父，依§345規定，被告的法定代理人或配偶，得為被告利益獨立上訴，故乙得提起上訴，上訴書狀所記載的上訴人也是乙，但乙不是當事人。

2. 抗告人不因抗告而成為當事人：若當事人對法院的裁定不服，得依§403 I，抗告於直接上級法院。非當事人者，如證人、鑑定人、通譯

及其他受裁定人等，依§403Ⅱ亦得抗告；但是，非當事人不會因抗告而變成當事人。

3. 聲請再審人不因聲請再審而成為當事人：依§427規定，除了當事人可以聲請再審之外，得為受判決人（被告）的利益聲請再審者，有受判決人的法定代理人或配偶；若受判決人已死亡者，其配偶、直系血親、三親等內旁系血親、二親等內的姻親或家長、家屬等，但這些人顯然不是當事人。

第二節　檢察官

依據法院組織法§60規定，檢察官有下列權限：實施偵查、提起公訴、實行公訴、協助自訴、擔當自訴、指揮刑事裁判的執行，以及其他法定職務的執行。是故，檢察官是從偵查到執行，全程參與刑事訴訟程序的國家機關，其執行職務之關係有如下圖：

```
┌內部關係─實施偵查（§§228～231）
│        ┌提起公訴（§251）
│        │實行公訴（§§163、166、286、289）
└外部關係─協助及擔當自訴（§§330Ⅱ、332）
         │提起救濟（§§344、403）
         └指揮刑事執行（§457）
```

必須注意的是，檢察機關具有行政、司法的雙重性格。就組織隸屬及其本身組織體系而言，檢察機關具有行政機關的性質；就功能而言，檢察機關係具司法功能的司法機關。檢察機關雖具行政機關的性質，但其主要功能係在刑事司法之犯罪偵查與控訴，而與一般行政機關有異。另一方面，檢察機關雖為刑事司法機關，但卻欠缺實質之裁判權與形式之獨立性，而與刑事法院之性質迥然有別。因為檢察機關的雙重性格，造成檢察

官具有相當特殊的任務與義務。

　　首先，檢察官是審判程序的當事人，也是偵查程序的主導者。檢察官的任務有，指揮司法警察（官）偵查犯罪；對於警察移送的案件，檢察官認為調查不完備者，依據退案制度（§231-1），可以將卷證發回警察並命其補足，或發交其他警察調查；除了不起訴或緩起訴之外，對於有充分犯罪嫌疑的人必須提起公訴；對於自訴案件，得其於協助自訴，在審判期日出庭陳述意見；刑事裁判的執行，亦是由檢察官指揮。

　　另外，檢察官的義務有「法定義務」與「客觀義務」二種。在法定義務上，檢察官發動偵查與提起公訴，嚴格依照法律規定，少有裁量餘地；若有違反，可能成立濫權不追訴罪（刑§125）。在客觀義務上，檢察官對於被告有利的事項，也應該加以注意（§2）；檢察官執行職務（包括擔任當事人），準用法官迴避的規定（§26）；檢察官得為被告的利益提起上訴、再審、非常上訴（§§344Ⅲ、427、441、447）。從「客觀義務」可以看出，檢察官在刑事訴訟上不是單純的當事人，而是「法律的守護人」。

　　由於檢察官的任務與義務相當特殊。檢察官既不是行政官，也不是司法官，而是介於兩者間的「自主的司法機關」。因為具有司法機關的特性，檢察官的法學教育與訓練，應該與法官相似；實任檢察官的身分保障，除轉調外，與實任法官相同。檢察官另外具有行政官的特色，必須服從上級長官的命令與監督；不過，這個命令與監督不能破壞檢察官的法定義務與客觀義務。而檢察官的重要內容，可以反映在檢察官的內部與外部關係，以及其與偵查輔助機關之間的關係。

壹、內部關係

　　檢察官的內部關係，即為檢察官的上命下從關係，亦即「檢察一體」（法組§§63、64）。簡單來說，就是：下對上，服從命令；上對下，指揮監督的關係。

　　檢察一體，是整個檢察機關有如行政機關的上下隸屬、上命下從的組織體系。在組織上，採一人獨裁方式，在最高法院檢察署是檢察總長，在地檢署、高檢署或高分檢署是檢察長。因此，所有檢察官均有服從監督長官命令的義務（法組§63，指揮監督權）；檢察總長及檢察長除得親自處理所屬檢察官的事務外，並得將所屬檢察官的事務，移轉於所屬其他檢察官處理（法組§64，職務承繼或移轉權）。例如，某甲對乙傷害，乙便對甲提起告訴，案經檢察官偵查終結，檢察官作成緩起訴處分，乙收受緩起訴書後，於七日內聲請再議，依§257規定，原處分檢察官認為再議有理由，應撤銷原處分，繼續偵查或起訴；反之，若認為無理由，應送交上級法院檢察署檢察長；在送交上級之前，原法院檢察署檢察長認為必要時得親自偵查（職務承繼權），或命其他檢察官再行偵查（職務移轉權）。

　　由此可知，檢察機關的處理事務，非如法院採行合議制，而係以上級檢察長官的意見為準。檢察官是國家所設立的一種機關，其憲政導向的基礎在於，服務並保護人民權利，為有效率地發揮檢察功能，在某一特定區域內，檢察官是一體的，故該區域內的檢察長官，可以對隸屬的檢察官下達命令；但是，法官的憲政導向基礎在於，依法獨立審判，所以不能對法官下達命令，若有人對法官下達指示，是不瞭解法治國家法官地位的錯誤行為。

　　不過，下級的檢察官仍負有審查命令是否合法性的義務。在檢察行動的範圍內，承辦檢察官對其所做決定仍需負責，不可藉口受到檢察首長的指示而免責。檢察一體的真正意義是，只在某一特定檢察管轄區域內的檢察官，在行使檢察職務時，在形式上是一體的，但是在實質上，並不能對非自己所承辦的案件下達命令，或對案情加以瞭解或不當決定。具體來說，下級檢察官就其偵查所得結果，發現有足夠的犯罪證據，而決定提起公訴時，上級檢察官不得令其為不起訴處分。同理，對於證據不足的案件，上級檢察官亦不得命令下級檢察官強行起訴。總之，無論上級檢察官發布命令，或下級檢察官接受命令，均須受制於法律。

　　更進一步言，檢察一體並不能否定法律給予檢察官對外獨立行使檢察

職權的地位，即不可侵犯「檢察獨立」的精神。易言之，檢察一體只有在檢察官內部關係發生效力，若有檢察官對長官命令不尊重，仍自行為檢察職務行為時，該行為對外仍有效力，任何人均不能主張該檢察官違反長官命令的行為無效，亦不得為任何異議。檢察官對外部而言，乃在於依法獨立行使其檢察職權；檢察長官亦不得因下屬不遵照命令而加以處分，除非其屬下在承辦案件中確實有違法失職的情形。畢竟，檢察長官的命令權，只在職務範圍內存在，而不是在實質的承辦案件中。

茲舉一例：承辦檢察官對其承辦的案件，打算予以不起訴處分，且在其卷宗已表明；但在該處分對外發布之前，上級檢察官下達指示，認為應該繼續偵查以便起訴犯罪嫌疑人。這個指示與承辦檢察官的心證不符，但該承辦檢察官仍遵照指示而續為偵查，但是續為偵查後，仍未發現不利於犯罪嫌疑人的證據。對此，上級檢察官所為的指示是否合法？又檢察官已決定不起訴處分，且已表現在文書中，卻因上級指示續行偵查，而將完成且編頁碼的處分書，抽調資料並重編頁碼，此種行為是否被允許？

其實，上級長官要求續行偵查，下級檢察官沒有違抗，進而對已裝訂入頁的檔案予以改變，此種行為並不只有純粹的形式爭議，而已經涉及實質的檢察職權問題，因上級檢察官已經影響下級承辦檢察官獨立行使檢察職權，上級檢察官已是濫用職權的行為。我們應深知，檢察一體的目的，乃在於防止檢察官濫權，以及統一偵查追訴的方向，而非以外力干涉檢察官辦案的藉口。為確保檢察職權的公正行使，不僅對於檢察官有其身分上的保障，對其檢察職權的行使亦應保護其獨立性（檢察獨立），使其不受非法或不當的干涉。

貳、外部關係

檢察官的外部關係，是指檢察官對外的處分或行為，比如提起公訴、實行公訴、協助自訴、擔當自訴、提起救濟、指揮刑事執行或作成不起訴或緩起訴處分等。檢察官的外部關係，與「檢察獨立」（法組§§58、

61）密切相關。

因檢察獨立，檢察官對外的處分或行為已生效力，所以上級檢察官對於下級檢察官對外的處分或行為，不可再行使職務承繼權和職務移轉權。例如，某甲對乙傷害，乙對甲提起告訴，案經檢察官偵查終結，承辦檢察官作成不起訴處分；此時，處分已經對外發表，上級檢察官不可再將該案承繼或移轉。若要將案件回復至偵查階段，依法唯有告訴人聲請再議，當進入再議程序，上級檢察官的職務承繼或移轉權才能適用（§257IV）；若未聲請再議，則不起訴處分即確定，除非符合§260的規定，發現新事實、新證據，或有再審原因的情形外，不得對同一案件再行起訴。

檢察獨立的具體表現在於，檢察官對法院獨立行使職權（法組§61），不受法院監督；且為劃分檢察官職務，採「配置制度」（法組§58），各級法院及其分院各別配置檢察署，下級檢察官非受上級檢察官的命令，不得執行上級檢察官職務，上級檢察官非受命令亦不得執行下級檢察官職務。如地方法院判決的案件，地檢署檢察官可提起上訴，若提起上訴無不合程序或其他不合法情形，原審法院應將其案件送交二審法院；當案至二審法院，若二審法院在高等法院，方才由高（分）檢署檢察官到庭為當事人，該高（分）檢署的檢察官，不可代替地檢署檢察官上訴，除非受上級檢察官命令兼辦地檢署檢察官的職務。

因為檢察官兼具行政官、司法官的特色，順應產生檢察官的內部與外部關係，並延伸出檢察一體與檢察獨立的內涵，其出發點不外乎是，為使檢察官能夠妥當行使職權。為提升檢察效能，檢察一體有其必要性；但另一方面，應維持檢察體系的獨立，杜絕政治力干涉檢察官行使其檢察職權，以免檢察官淪為打擊異己的政爭工具。檢察官對內的檢察一體，與檢察官對外的檢察獨立，可謂一體兩面，皆屬檢察官的重要關係。

參、檢察官與偵查輔助機關

在偵查階段，檢察官是偵查主體，負責偵查犯罪，若偵查終結，檢察

官依偵查所得的證據，足認有犯罪嫌疑，應提起公訴（§251）；相反的，若無犯罪嫌疑或其他法定情形，則為不起訴或緩起訴處分。然而，檢察官並非萬能，故有偵查輔助機關協助檢察官偵辦案件。

一、偵查輔助機關

　　刑事訴訟法的偵查輔助機關有，司法警察官（§§229、230）、司法警察（§231）以及檢察事務官。

（一）司法警察官與司法警察

　　刑事訴訟法的司法警察官、司法警察（司法警察機關），在概念上，其實和「警察」並不相同。司法警察（官）不一定以警察為限，非警察也可以是司法警察，例如：憲兵是司法警察，但卻非警察。此外，尚有概括的規定，即依法令關於特定事項，得行司法警察官、司法警察機關的職權者（§§229Ⅰ③、230Ⅰ③、231Ⅰ③），亦屬於司法警察（官），比如法務部調查局組織法§14規定，調查局人員於執行犯罪調查職務時，視同刑事訴訟法的司法警察（官）。現行法制之下，使司法警察機關有擴張的可能性，但對於法治國家而言，此未必具有正面意義。從另一方面言之，警察也未必是司法警察，如行政警察、消防警察、法警、或於警校服務的警察，都不是司法警察。

　　司法警察官，分為一級司法警察官與二級司法警察官。一級司法警察官（§229），於其管轄區域內，「有協助檢察官偵查犯罪之職權」，有警政署長、警察局長、警察總隊長、憲兵隊長官、以及依法令關於特定事項，得行相當於前述一級司法警察官的職位者。二級司法警察官（§230），「應受檢察官之指揮，偵查犯罪」，有警察官長、憲兵隊官長或士官、以及依法關於特定事項，得行前述二級司法警察官的職權者。

　　司法警察（§231），「應受檢察官及司法警察官之命令，偵查犯罪」依規定有警察、憲兵以及依法令關於特定事項，得行司法警察職權者。司

法警察、二級司法警察官，當知有犯罪嫌疑者，應即開始調查，並將調查之情形報告該管檢察官及司法警察長官；調查有必要時，得封鎖犯罪現場，並為即時勘察。

（二）檢察事務官

為襄助檢察官執行職務，依法院組織法§66-2規定，設有檢察事務官（檢事官），配置於檢察署，亦為輔助偵查機關。法院組織法§66-3規定，檢事官受檢察官的指揮，實施搜索、扣押、勘驗或執行拘提；詢問告訴人、告發人、被告、證人或鑑定人；同時，襄助檢察官執行法院組織法§60的職權，即實施偵查、提起公訴、實行公訴、協助自訴、擔當自訴及指揮刑事裁判執行，以及其他法令所定職務的執行。

檢事官的職務，除了緩解檢察官案牘勞形的工作量之外，加上社會變化快速，犯罪型態也日新月異，金融犯罪、網路犯罪、工程犯罪等新興犯罪屢見不鮮，有賴具備相當專業知識的人員，協助檢察官掌握案情，所以目前設有偵查實務、財經實務、電子資訊、營繕工程等組的檢事官，使之成為檢察官重要的左右手，增強檢察官追訴犯罪的能量。

二、檢警關係

在刑事追訴上，特別在偵查階段，檢察官與司法警察機關的關係極為密切，雙方必須同心協力，合作無間，始能從事有效，且具合法性的刑事追訴。可是，自設立檢察官制度以來，檢警關係卻一直存在某些難解的問題，而足以影響追訴犯罪的成效。在此之中，最嚴重者，莫過於法律規範與法律事實不符。

（一）規範與事實的出入

在法律規範上，依據刑事訴訟法及其相關法律規定，檢察官知有犯罪嫌疑者，應即開始偵查。整個偵查程序係以檢察官作為主體，負責偵查進

行，並指揮調度司法警察機關。換言之，司法警察機關只是檢察官的輔助機關，在偵查程序中，司法警察機關在檢察官的指揮下，進行偵查犯罪、調查與蒐集證據，並逮捕犯罪嫌疑人加以偵訊的工作。

但是，在法律事實上，與法律規範，存有相當大的出入。在刑事偵查實務上，絕大多數的刑事偵查工作，實質上均由司法警察機關擔任，檢察官既未指揮偵查，甚至更無親自參與；僅有少數被社會所矚目的重大刑事案件，才指定檢察官坐鎮警局，直接指揮調度專案小組從事犯罪偵查。也就是說，檢察官只是以司法警察機關提供的案件資料為基礎，進行法律審查，然後決定提起公訴、緩起訴或為不起訴處分而已。因此，法律事實上的偵查程序主宰者，並非如刑事訴訟法所規定的檢察官，反而是司法警察機關。

由此可知，實際上，檢察官只是控訴機關，而非偵查機關。檢察官在偵查程序中，只是貌似擔任偵查犯罪的指揮調度者，真正的工作卻只是對於司法警察機關的偵查結果從事法律監督，造成檢察官在偵查程序中，似乎僅具監督或過濾功能，而無偵查功能。換言之，在偵查階段，檢察官可謂是「有權無能」，司法警察機關則是「有能無權」。

（二）調和出入的退案制度

為了克服上述缺點，立法者設計§231-1「退案制度」。當檢察官對於司法警察機關移送或報告的案件，認為「調查未完備」時，有權退案，將卷證發回，命其繼續調查，補足事實不清楚及證據不夠充分的地方，或發交其他司法警察機關調查。司法警察機關應於補足或調查後，再行移送或報告，檢察官對該補足或調查並得限定期間。

然而，美中不足的是，退案制度僅規定檢察官在司法警察機關調查未完備時，得限定時間退案，對於限定時間的期限、次數並無明文，容易發生案件在檢警之間來回多次，使案件處於不確定的狀態。此外，退案只在檢警之間進行，犯罪嫌疑人、被害人或告訴人並無表達意見的餘地，也無被通知的相關規定，甚或辯護人都沒有參與的機會，容易造成弊端及運作

上的實際困難。在犯罪追訴上，檢警關係非常重要，我們應當正視這個問題，使檢警關係能夠協調。

第三節　自訴人

原則上，自訴人就是犯罪被害人，包括自然人與法人，非法人團體則不得提起自訴；例外是，被害人死亡，或無行為能力或限制行為能力時，得由被害人的法定代理人、直系血親或配偶為自訴人（§319）。關於自訴人的內容，留待自訴專章（第三篇第三章）時，再詳加說明。

第四節　被告

在整體刑事訴訟程序中（包括偵查、起訴、審判與執行），「被特定為刑罰權對象之人」應該有不同稱呼。偵查階段，應稱其為犯罪嫌疑人或犯人；起訴後，判決確定前的審判階段，應稱其為被告；當判決確定，稱其為受判決人；進行刑事執行階段後，則稱之為受刑人。在現行刑事訴訟程序上，可作為訴訟主體，而參與刑事訴訟程序（偵查、審判）的刑事被告，應兼指犯罪嫌疑人及被告。

```
              ┌起訴前─偵查中┬犯人（§262，不知何者）
              │            └犯罪嫌疑人（§§196-1、229、245）
      訴─────┼起訴後─審判中─被告（§3）
              │            ┌受判決人（§§420～422）
              └審判後─執行中┴受刑人（§§468、470、484）
```

壹、被告的意義

「被告」的字眼，在刑事訴訟法上，相當籠統。理論上，犯罪發生後，刑事追訴機關本其職權，開始偵查與案件有關的一切情況與證據，以確認有案件有關人等，然後就此相關人等之中，進一步確定特定的涉嫌人為「犯罪嫌疑人」。當偵查終結，經檢察官認為犯罪嫌疑人罪證充足，而依法提起公訴之後，對於該犯罪嫌疑人，方可稱之為「被告」。不過，現行法將偵查或審判中的被特定為刑罰權對象之人，統稱為「被告」；這個統稱使得旁人無法得知訴訟進行到哪一個階段。

基於現行法制，被告的意義應有廣狹之別。狹義的被告，應指審判中的被告；廣義的被告，則是包含偵查及審判中的被告。必須強調的是，作為刑事訴訟當事人的被告（§3），應存於法庭三面關係之中，所以是指起訴後、審判中的被特定為刑罰權對象之人，即指狹義的、審判中的被告。

雖然現行法將偵查或審判中的被特定為刑罰權對象之人，統稱為被告，但在法律規定中，仍存有不同稱呼。在偵查中，依§71-1規定，司法警察因調查犯罪情形及蒐集證據，得使用通知書，通知「犯罪嫌疑人」到場詢問；所以，這個被特定為刑罰權對象之人，在偵查階段有二個稱呼，在司法警察之前，稱為犯罪嫌疑人；在檢察官之前，稱為被告。不過，一般所稱的被告，兼指犯罪嫌疑人。

更確切地說，偵查中被告的用語，稱為「犯罪嫌疑人」時（§§196-1、229、245），乃因已知犯罪嫌疑；稱為「犯人」時（§262）是指不知犯罪嫌疑。基此，我們可以理解，§251（足認被告有犯罪嫌疑者）、252⑥（被告死亡者）、255Ⅱ（不起訴處分書應以正本送達被告）中的被告，實為犯罪嫌疑人。

貳、被告的種類

被告的種類，可分為單獨或共同被告、本訴或反訴被告、刑事訴訟或

附帶民事訴訟被告。

一、單獨被告與共同被告

在被告的種類之中，單獨被告與共同被告的類型，最為重要，以下就單獨被告與共同被告的意義及區分實益：

（一）意義

單獨被告與共同被告的區分，是以人數為準。單獨被告僅有一人被訴，無關同一案件及訴之個數。共同被告則是有數人被訴，不論其利害相同與否，亦不論共同被告間所犯之罪有無相牽連關係；因為，共同被告乃程序上的關係，與實體法上是否為共同正犯或共犯，本屬二事。

```
┌ 單獨被告－在同一訴訟程序中，僅一人被訴
└ 共同被告－在同一訴訟程序中，有數人被訴
```

單獨被告，就是在訴訟程序中，只有一人為被告，容易理解。例如，某甲在基隆、屏東竊盜，分別在基隆地院、屏東地院被訴，被告僅有甲一人，是單獨被告。又如，甲乙在基隆共同竊盜，基隆地檢署檢察官先起訴甲，後起訴乙，既然分別起訴，則有二個訴訟程序，在甲案或乙案的訴訟程序中，皆僅有被告一人，仍是單獨被告。

不過，關於甲乙在基隆共同竊盜的前例中，也有可能是共同被告。應注意的是，共同被告的發生，主要是基於訴訟經濟的考量，有合併起訴、合併審判或追加起訴等原因，造成在一個訴訟程序中，有二個以上的被告：

1. 合併起訴（§15）：甲乙共同竊盜是相牽連案件，檢察官得對甲乙合併起訴，則甲乙為共同被告。
2. 合併審判（§6Ⅱ、Ⅲ）：若檢察官先起訴甲，後起訴乙，惟相牽連案件可合併審判，則甲乙為共同被告。

3. 追加起訴（§265）：若檢察官起訴甲後，復發現乙為共同正犯，可於第一審辯論終結前，追加乙為被告（得追加與本案相牽連之犯罪或本罪之誣告罪），則甲乙為共同被告。

（二）區別實益

　　立法者為追求訴訟經濟，而藉由合併起訴、合併審判或追加起訴等原因，使原本在不同訴訟程序的單獨被告，合併於一個訴訟程序，而成為共同被告。不過，此時可能會侵害共同被告的訴訟權利，尤其是防禦權，所以在共同被告的場合，能分別訊問與對質，使審判程序分離或合併；單獨被告的場合，則沒有這些問題。另外，共同被告對於判決，可能有人上訴，有人不上訴，對於上訴利益的範圍，必須顧及法律安定性與共同被告的訴訟權利；同樣的，單獨被告也沒有這些問題。由此可知，區分單獨被告、共同被告，在程序法上具有實益。

1. 分別訊問與對質

　　共同被告的訴訟程序，可能發生礙於人情而不敢吐露實情，或者彼此之間相互推諉，或陳述不利於其他共同被告等情事，為使被告能夠自由陳述，進而發現真實，而有分別訊問與對質的立法設計。

　　依§97，被告有數人時，應分別訊問，其未經訊問者，不得在場；但因發見真實的必要時，得令其對質。此外，被告亦得請求對質，除顯無必要者外，不得拒絕。又依§169，審判長預料共同被告，於其他共同被告前不能自由陳述者，經聽取檢察官及辯護人的意見後，得於其陳述時，命其他共同被告退庭；但陳述完畢後，應再命退庭的其他共同被告入庭，告以陳述要旨，並予詰問或對質的機會。

2. 程序之分離或合併

　　依§§287-1、287-2，乃為被告的利益所設，係在處理調查共同被告的問題，是個別情形將程序分離或合併。§287-1規定，「法院認為適當時，得依職權或當事人或辯護人之聲請，以裁定將共同被告之調查證據或

辯論程序分離或合併。（Ⅰ）前項情形，因共同被告之利害相反，而有保護被告權利之必要者，應分離調查證據或辯論。（Ⅱ）」簡言之，原則上，法院得依個案情形，將審判程序合併或分離；但若有共同被告利害關係相反，而有保護被告權利之必要者，應分別調查證據或辯論。

（1）程序合併（§287-1Ⅰ），是法院審慎評估後，若符合訴訟經濟，且不發生矛盾裁判，又無共同被告間利害關係相反的情形，自應合併審判。應注意的是，訴訟經濟是合併審判的重要預期目的，若不能達到訴訟經濟時，法官應傾向於分離審判的裁定。

（2）程序分離，又分為裁量分離、必要分離。前者乃依法官職權，或當事人、辯護人的聲請，由法官裁量分離（§287-1Ⅰ）；後者則是，當共同被告利害相反，且有保護被告權利的必要性，應分離審判（§287-1Ⅱ）。

A. 裁量分離：裁量分離的前提是，共同被告之間無利害關係相反的情形；法官應綜合考慮「本案之情節、性質態樣、與其他案件之關聯、被告之性格及情狀、本案審理之進行程度、證據調查階段、法院之人與物的資源設備」等因素加以判斷，方能決定是否裁量分離。

B. 必要分離：依§287-1Ⅱ的文義，必須「共同被告之利害相反」，且「有保護被告權利之必要」，法院「應」分離審判程序。所謂利害相反，指共同被告在防禦上的利害關係相反，或陳述內容有不一致的現象，但不必證明其他共同被告有罪，或自己無罪。例如，共同被告之一人可能陳述自己只是幫助犯，以求減輕罪責，而將較重的罪責推給他共同被告，雖未強調他人有罪、自己無罪，但此即屬利害相反。

關於必要分離的判斷，學說上有認為，就算共同被告之間利害相反，但在合併審判中，共同被告對於其他被告的詢問，或對於法院的訊問，均能任意陳述，並未行使緘默權或刻意避重就輕，似無保護被告權利的必要，似乎毋庸強制分離，可以考慮繼續合併審理，只要法官依§163Ⅱ職權調查便可，且以達到訴訟經濟的追求。對此，本書採取不同看法，因為就一般情形而言，在共同被告利害相反之際，共同被告之間通常有相互推

誣，栽贓嫁禍的情事；是以，「有保護被告權利之必要」的認定不必過嚴。例如，甲乙涉嫌共犯殺人，甲在檢察官面前陳述是乙下手實行，自己只是在場助勢；經檢察官合併起訴，法院即應認為共同被告的利害關係相反，而有保護被告乙反對詰問權的必要，而應分離程序，使乙能夠詰問「證人」甲。

當審判程序分離，在被告乙的訴訟程序中，甲是證人；反之，在甲的訴訟程序中，乙是證人。此是因§287-2，「法院就被告本人之案件調查共同被告時，該共同被告準用有關人證之規定。」關於這個部分，詳述於本篇第七章第四節。

3.為被告利益而撤銷原判決之效力及於合法上訴之共同被告

第三審上訴案件，依§402規定，為被告的利益而撤銷原審判決時，如於共同被告有共同的撤銷理由者，其利益並及於共同被告。

4.上訴利益不及於未經上訴之共同被告

未經上訴的共同被告，該部分的判決即屬確定，並不因其他共同被告上訴，而視為已上訴。由此可知，上訴被告的判決，其利益不及於未上訴的共同被告；不過，依§344 V，職權上訴視為已提起上訴之被告，亦不失為已提起上訴之共同被告。

二、本訴被告與反訴被告

本訴與反訴的被告，於自訴程序存在。本訴的被告，是自訴案件的被告；反訴的被告，則是原本自訴的自訴人。依§338，提起自訴的被害人犯罪，與自訴事實直接相關，而被告為其被害人者，被告得於第一審辯論終結前，提起反訴，而成為反訴人。

```
┌─本訴被告─自訴案件之被告
└─反訴被告─提起自訴之被害人犯罪，而被告為其被害人者
```

　　反訴係利用自訴程序而提起，其性質與自訴同，是獨立的自訴，但其二案二訴互相對立，且異其當事人地位，故本訴被告與反訴被告並非同一訴訟程序的共同被告，因而無須隔別訊問。

> **例**
>
> 　　甲乙互毆；後來，乙告甲傷害，甲為本訴被告；甲可能反告乙傷害，或告乙誣告，則乙為反訴被告。由此得知，自訴的反訴有二種情形：
>
> （1）若甲乙互有受傷，乙先提起自訴，為自訴人，甲為本訴被告（自訴的被告）；甲後提起反訴，告乙傷害，則甲為反訴人，乙為反訴被告。
>
> （2）若乙未受傷，故意自傷後，才提起自訴，甲為本訴被告；依§338，甲也可以提起反訴，告乙誣告，則甲為反訴人，乙為反訴被告。

三、刑事訴訟被告與附帶民事訴訟被告

　　依§487規定，「因犯罪而受損害者，於刑事訴訟程序得附帶提起民事訴訟，對於『被告』及依民法負賠償責任之人，請求回復其損害。」該條所稱的被告，係指「刑事訴訟被告」；附帶民事訴訟的被告，並不以刑事訴訟被告為限，尚包含依民法負賠償責任之人。是故，刑事被告必為附帶民事被告，而附帶民事被告則未必為刑事被告。

> **例**
>
> 　　高中生甲，血氣方剛，因細故打傷乙；丙為甲的法定代理人。甲的行為，構成刑法上的傷害罪，以及民法上的侵權行為。刑事、民事的性質不同，只因其原因相同，若待刑事判決確定後始提起民事訴訟，將使被害人蒙不利，故許其附帶提起民事訴訟。
>
> 　　此時，甲為刑事被告，而附帶民事被告為甲丙。若乙提起附帶民事訴訟，僅以丙為被告，則訴不合法；若乙是提起民事訴訟，則可單獨對丙起訴（與刑事訴訟不生附帶關係）。

參、被告在刑事訴訟法上的地位

被告在刑事訴訟法的地位，大抵可分為：當事人的地位，證據方法上的地位。

一、當事人的地位

刑事訴訟法採當事人平等原則，故被告在訴訟程序處於當事人的地位，與提出控告的檢察官或自訴人無異。在此，應特別強調的是，本於無罪推定原則（§154 I），在法院尚未做出有罪判決以前，應推定被告無罪；法院的判決必須確信被告犯罪，也就是對於被告犯罪「已無任何合理的懷疑」，以保護被告人權。

（一）被告當事人地位的演進

在昔日糾問式的刑事訴訟程序中，不分中外，被告的法律地位皆極為低劣，充其量只是訴訟程序上，國家刑事追訴與審判機關偵查與審判的訴訟客體，未能在追訴中從事其應有的防禦，故產生很多弊端。直至十九世紀以後，世界各國逐漸改採控訴（彈劾）式的刑事訴訟程序後，被告在訴訟程序上，方始具有獨立的法律地位，成為擁有訴訟權利、負擔訴訟義務的訴訟主體，也才能盡其所能地，在法庭上進行防禦，提出各種聲請及證據，並可依法提起救濟。

當被告成為訴訟權利義務的主體，便同時具有積極與消極的法律地位。所謂「積極的法律地位」，係指被告依據刑事訴訟法所賦予的訴訟權利，得主動參與訴訟，並在辯護人協助下，對於檢察官的攻擊進行防禦。所謂「消極的法律地位」，乃指被告立於被動地位，有接受檢察官刑事追訴與刑事法院刑事審判的義務。雖然被告是訴訟主體，但有時仍要成為刑事法院、檢察機關或司法警察等訴訟行為的行為客體，例如成為刑事追訴機關逮捕、拘提、羈押、搜索等強制處分的客體。刑事訴訟法的強制處分，通常違反被告意願，且侵犯其人身自由或隱私等權利，並不因此而影

響被告作為訴訟主體的法律地位。

（二）被告的權利

被告的訴訟權利，計有五種，即請求依法審判、聲請迴避、在場、防禦及救濟的權利：

1.請求依法審判權

請求依法審判權，是被告最為重要的權利之一，此係源自憲法§8，保障人身自由的規定，「非由法院依法定程序，不得審問處罰。」人民一旦涉嫌犯罪，有請求法院依法審判的權利；若受國家機關非法逮捕拘禁，而遲延移送該管法院受審，則人民有權請求依法審判。

2.聲請迴避權

迴避制度在於確保公平法院，涉及法院組織是否正當。有迴避原因的法官或檢察官，若不迴避，將難期司法公平。為達成真實發現、人權保障的刑事訴訟，遭遇法官或檢察官應迴避而不迴避者，賦與被告迴避聲請權，以資補救（§18）。

3.在場權

被告在偵查、審判程序中，具有在場權（在庭權）。在偵查程序，如訊問證人、鑑定人時，准許被告在場，如預料證人、鑑定人於審判時不能訊問者，應命被告在場（§248Ⅱ）；又或被告得於搜索或扣押時在場（§150Ⅱ）。在審判程序，被告同樣具有在場的權利，如被告得於訊問證人、鑑定人或通譯時在場（§168-1Ⅰ）；又於審判期日，除有特別規定外，被告不到庭者，不得審判（§281Ⅰ）。

被告的在場權，是落實防禦權的前提，因被告在場才有可能知悉檢察官或自訴人的攻擊，也因而有機會進行防禦。

4.防禦權

在刑事訴訟程序中，被告有權以一切可能的法律手段，從事防禦，為

有利於己的陳述，並提出證據，辯解犯罪嫌疑。被告除以自己之能力外，尚可借重辯護人之專業知識，從事防禦。

　被告的防禦權，是為對抗原告的攻擊行為所必要，所以此項權利的發生，顯然是基於兩造當事人的對立關係，苟無兩造當事人的對立關係，被告必失其當事人地位，亦無訴訟權利可得行使。再由改良式當事人進行原則的刑事訴訟構造而言，公訴權由檢察官行使，則被告應有與公訴權相對的權利，即防禦權。被告所行使的防禦權，不失為訴訟程序推進的動力之一，實與檢察官所行使的公訴權同；惟被告行使防禦權，乃在於促使法院否定檢察官對其所行使的公訴權。然而，防禦權不限於被告獨有，尚未被起訴的犯罪嫌疑人亦應具有此項權利。多數的犯罪嫌疑人終究不免被起訴，為使其準備被起訴時之防禦，故有提前賦予其防禦權的必要。

　在概念上，防禦權可以區分為「積極防禦權」、「消極防禦權」。前者包含，請求告知被控訴事由、陳述、詰問、請求調查證據、辯論、選任辯護人等權利；後者則指緘默權。對此，詳細說明如次。

（1）積極防禦權，或稱為主動防禦權，是指被告有積極的、主動的防禦
　　行為。在積極防禦權下派生的子權利有：

A.請求告知被控訴事由權（受告知的權利）：防禦權的行使，以被告明知
　其被控訴的事由為先決條件，所以防禦權亦應包括請求告知被控訴事由
　的權利。同時，為落實被告防禦權的保障，國家有告知被告被控訴事由
　的義務，所以在訊問被告之前，應告知「犯罪嫌疑及所犯所有罪名」；
　若罪名經告知後，認為應變更者，應再告知（§95Ⅰ①）。

B.陳述權：刑事被告在法庭上的陳述，可能是提出有利於己的主張，或對
　犯罪嫌疑予以辯明，如此一來，將可能被判無罪。為此，刑事訴訟法賦
　予被告無數次的陳述機會，例如對於被告訊問，應予以辯明犯罪嫌疑的
　機會（§96）；又審判長於宣示辯論終結前，最後應訊問被告有無陳
　述，即被告具有「最後陳述權」（§290）。

C.對質詰問權：被告有對質詰問證人、鑑定人的權利。透過被告與證人、
　鑑定人的對質詰問，一方面使被告有防禦的機會，另一方面也有助於發

現真實。此項刑事被告的權利，在偵查與審判程序中均有。例如，共同被告的程序，被告得請求與其他共同被告對質（§97）；在偵查程序中訊問證人、鑑定人，如被告在場者，被告亦得親自詰問（§248 I）；在審判期日，被告得藉由「交互詰問制度」，詰問證人、鑑定人（§166）。

D. 請求調查證據權：被告可以請求實施刑事訴訟程序的公務員，為有利於己之必要處分（§2 II）。基此，被告得聲請法院調查證據，以及聲請法院傳喚證人、鑑定人（§275）。同樣的，為落實被告防禦權的保障，國家有告知被告可以請求調查證據的義務，在訊問被告之前，應告知被告「得請求調查有利之證據」（§95 I ④）。

E. 辯論權：被告的辯論，係在於行使其防禦權，故調查證據程序完畢之後，辯論資料漸多，應由被告就事實及法律為分別辯論（§289）。又，法院應給予被告辯論證據證明力的適當機會（§288-2），所以被告亦得對證據的證明力予以辯論。

F. 選任辯護人權：防禦權的完整行使，則有賴辯護人對被告進行訴訟上的協助。畢竟，一般的被告並沒有法律專業知識，需要有懂得法律的辯護人保障其訴訟權利。為使被告的防禦權完整，被告得隨時選任辯護人（§27），代為陳述、詰問、辯論等協助防禦工作；犯罪嫌疑人受司法警察機關調查者亦同，如檢警執行緊急拘提犯罪嫌疑人時，應即告知本人及其家屬得選任辯護人到場（§88-1 IV）。同樣的，為使被告知悉有選任辯護人的權利，在訊問被告前，應告知被告「得選任辯護人。如為低收入戶、中低收入戶、原住民或其他依法令得請求法律扶助者，得請求之。」（§95 I ③）如果被告表示已選任辯護人時，但辯護人尚未到場時，除非被告同意接受訊問，否則應即停止訊問。

（2）消極防禦權，或稱為被動防禦權，即緘默權。緘默權應是源於「被告不自證己罪原則」，即被告不得作為不利於己的證據方法。更具體言，緘默權就是，被告對於不利於己的事實，有拒絕陳述（自白）的權利，司法機關不能強迫其陳述。如果被告未陳述，又無證據

時，不可僅因其保持緘默而推斷其罪刑（§156 IV）。又，為使被告知悉緘默權，以落實防禦權的保障，在訊問被告前，應告知「得保持緘默，無須違背自己之意思而為陳述。」（§95 I ②）緘默權對於被告的防禦，至關重大，有些國家更將之提升至憲法位階，如日本憲法§38規定，國家不得強制任何人為不利於己的供述。

對於被告防禦權的內容，有疑問者在於，緘默是否得為證據？贊同者認為，緘默權只是被告選擇不為陳述，非表示不得為證據，所以仍可為證據。反對者則認為，被告面對檢警或法官的訊問，如果不為陳述卻可為證據，可能會成為不利於被告的推斷時，為了避免遭受不利的推斷，被告將陷於不得不為陳述的困境。本書認為，在不自證己罪原則之下，緘默應不宜為證據，縱未向被告為權利告知前的緘默，亦不可以之為證據，否則亦違反不自證己罪原則。若檢警或法官仍舊以不正當方法破壞被告的緘默權，則屬於非任意性自白（§156 I），自然亦不具有證據能力；倘若法院仍然以該證據為判決，則可能成為上訴第三審的理由。

此外，學說上有爭論被告是否擁有「謊言權」？反過來說，也就是被告是否必須據實陳述。通說認為，被告負有真實義務，故被告應據實陳述，不得虛構或說謊；惟司法機關不能以強迫手段，強制被告在陳述時履行其真實義務。事實上，從事所有的法律行為，均應遵守誠信原則，參與刑事訴訟自亦應受誠信原則的規範，所以被告應無謊言權；不過，亦不宜要求被告有真實陳述的義務，以免司法機關據之以強制被告陳述，反生諸多弊端。司法實務上，被告為脫罪而說謊，人性使然，在所難免；對於被告不據實陳述，自可作為不利於被告的裁量因素。

5.救濟權

刑事被告不服原法院所為之判決、裁定，在未確定前，得提出書狀於原法院，向其上級法院請求救濟，此即所謂上訴或抗告救濟權（§§344、403）。此外，刑事被告對於一定之確定判決，亦得以認定事實不當為理由，而向該管法院請求救濟，此即所謂再審救濟權（§420）。

（三）被告的義務

　　刑事被告所負擔的義務，與其涉嫌犯罪有關，故此種義務亦應認為訴訟法上的義務。茲將其主要者分述於次：

1.到場義務

　　「到場」是被告的權利，同時也是義務，故在審判期日，被告到庭後，非經審判長許可，不得退庭（§283 I）。另外，審判長因命被告在庭，得為相當處分（§283 II），被告對此種處分亦有忍受義務。

2.服從訴訟指揮義務

　　審判長有訴訟指揮的權利（法組§88），所有參與訴訟的人，包括被告在內，均應服從訴訟指揮。例如，審判長預料證人、鑑定人或共同被告於被告前不能自由陳述，經聽取檢察官及辯護人的意見後，得於其陳述時，命被告退庭（§169）；被告有數人時，應分別訊問，但有發見真實的必要時，得命對質（§97 I）。

3.接受訊問義務

　　各種對人強制處分實施的目的，莫不欲訊問被告，故依§93規定，被告因拘提或逮捕到場者，應即時訊問，而被告有接受訊問的義務。

4.忍受強制處分義務

　　被告是刑事裁判的對象，為確保其到場，或防止其逃亡及湮滅罪證，在訴訟程序上，對於法院或檢察機關的諸多強制處分，被告均有忍受義務。強制處分有對於被告本身者（對人），也有對被告所有或持有之物者（對物），無論何種強制處分皆直接或間接影響被告的自由或其他利益。為防止強制處分遭受濫用，除了法律嚴格規定其適用範圍，以保障被告人權之外，被告也可以利用其訴訟主體地位，保護自身利益。

　　忍受強制處分的義務很多，諸如：經合法傳喚，無正當理由不到場，而受拘提（§75）；犯罪嫌疑重大，在法定情形下，不經傳喚，而受拘提

（§76）；因係現行犯而受他人逮捕（§88）；因抗拒拘捕，或脫逃，而忍受強制力（§90）；經訊問後，在法定情形下，而受羈押（§101）；接受對身體、物件及住宅或其他處所的搜索（§122 I）等。

二、在證據方法上的地位

被告在證據方法上的地位，可分為人的證據方法、物的證據方法：

（一）人的證據方法

被告自白或其他不利陳述，得為證據，屬於人的證據方法；但為保障其人權，確保其陳述自由，如其陳述係出於不正方法取得，不得作為證據。就訊問被告而言，有一定的順序，先「人別訊問」，次「踐行告知義務」、再進行「本案訊問」。訊問被告應全程連續錄音，必要時應全程連續錄影（§100-1）；被告的自白必須出於自由意願，否則不得作為證據（§§98、156 I）。

（二）物的證據方法

以被告的特徵及其身體作為證據（如身高、體重、容貌等），屬於物的證據方法。對此，得搜索之；若被告拒絕搜索，得以強制力進行（§132）。不過，應注意的是，以被告為人的證據方法時，則不可以強制力為之。

第五節　當事人能力與訴訟能力

壹、當事人能力

當事人能力是指，得為刑事訴訟當事人的法律上能力。公訴案件檢察官當然有當事人能力，毋庸討論；自訴人及被告的當事人能力，則分述

如下：

一、自訴人的當事人能力

自訴人必須是，犯罪直接被害人且有行為能力。依§319 I，犯罪的被害人於自訴案件有自訴人的當事人能力；又犯罪被害人如為法人，在採兩罰原則時，亦有當事人能力。倘若犯罪被害人是無行為能力、限制行為能力或死亡者，其法定代理人、直系血親或配偶，有自訴人的當事人能力。

例1　司法實務上，甲自訴乙竊盜，丙作偽證，但乙不能告丙偽證。因為實務認為，偽證罪是侵害國家法益的犯罪，乙僅為間接被害人，非直接被害人；因此，若乙提起偽證罪的自訴時，應依§334諭知不受理判決。

例2　司甲打傷12歲男童乙，但乙雖為被害人，因其是限制行為能力人，依§319不能自訴；惟可依§232提出告訴。若乙提起自訴，則可依§334諭知不受理判決，必須由法定代理人或直系血親提起自訴；若無法定代理人，亦無直系血親時，縱有旁系血親亦不可提起自訴，因其無當事人能力。

二、被告的當事人能力

被告在法律上具有人格者，在訴訟上均有當事人能力。

當事人能力與責任（罪責）能力係屬二事，責任能力為實體法上能力；當事人能力則為程序法上能力。有責任能力者，必有當事人能力；有當事人能力者，則未必有責任能力。對於被告的當事人能力，有幾點值得注意：

1. 自然人不問其年齡、性別及精神健全與否，均得為刑事訴訟的當事人。例如，幼兒具有刑事訴訟上的當事人能力，但若以幼兒為被告者，法院只能依§301 I從實體審理，諭知無罪判決，而不得以其無當事人能力

依§303①諭知不受理判決。

2. 若在實體法上，不認為法人有犯罪能力，在程序法上亦不認其有當事人能力。但是，若法人在實體法上有犯罪能力，程序法上亦應有當事人能力。現在，附屬刑法設有處罰法人的規定日多，且趨向於由轉嫁罰改採兩罰規定，故若不認其有當事人能力，則該處罰規定，均成具文，故一般認其有當事人能力。

3. 當事人能力的有無，以「起訴時」為準。當自訴人提起自訴時，自訴人與被告都有當事人能力，自不因其提起自訴後喪失其行為能力或死亡而消失。更具體言，自訴人的部分，應注意承受訴訟或擔當訴訟的問題（§332）。被告的部分則比較複雜：若被告在起訴前死亡，法院應依§303①諭知不受理判決；若在判決確定前死亡，依§303⑤諭知不受理判決；又在判決確定後死亡，罰金刑的執行仍可依§470Ⅲ，就受刑人的遺產為之。

> **例** 甲以乙為被告，提起自訴：
>
> （1）原告（甲）死亡的情形：乙提起自訴後，於開庭前死亡，依§332規定，得由§319Ⅰ所列之人承受訴訟，取代原自訴人的地位。若無人承受或逾期不為承受，由檢察官擔當訴訟。不過，由於檢察官非自訴人，非當事人的擔當，而是訴訟行為的擔當。
>
> （2）被告（乙）死亡的情形：若被告於起訴前死亡時，依§303①諭知不受理判決；若判決前死亡，依§303⑤諭知不受理判決，此時被告死亡，判決無法送達，應為判決不確定。倘若判決確定，被告方才死亡，罰金刑的部分，依§470Ⅲ可就其遺產執行。不過，被告在判決前或判決後上訴期間內死亡者，為判決不確定。

貳、訴訟能力

　　訴訟能力是指，在刑事訴訟上得為有效行為的能力。當事人只要有意思能力，即有訴訟能力，不問其是否有民法上的行為能力。對於自訴人與被告的訴訟能力，擇要說明如次：

（1）自訴人有無訴訟能力，以起訴時為準。如果自訴人於起訴時有行為
　　　能力，縱於起訴後喪失行為能力，其訴訟行為仍屬有效。

（2）被告有無訴訟能力，應以其在訴訟程序上，能否防禦自己的利益，
　　　並且自由決定其意思為斷。當被告具有刑法§19Ⅰ的情形時，除顯
　　　有應諭知無罪或免刑判決的情形，得不待其到庭逕行判決之外
　　　（§294Ⅲ），若已無意思能力，應於回復前，停止審判。當被告是
　　　未滿十四歲之人時，因有意思能力，雖其行為不罰，但具有當事人
　　　能力，亦有訴訟能力。應予區分的是，訴訟能力與辯論能力不同：
　　　有訴訟能力者不一定有辯論能力，但有辯論能力者必有訴訟能力。
　　　被告的辯護人必須有辯論能力，但並非表示被告沒有辯論能力，而
　　　是透過辯護人增強其辯論能力而已。

❖ **實例講座** ❖

＊鄉長選舉＊

　　鄉長候選人阿隆在其選舉政見發表會上表示，只要他當選縣長，將提高村里長每個月五千元待遇。檢察官李四接獲民眾檢舉，指阿隆「賄選」。李四認為，阿隆有「政策買票」的嫌疑，但不構成投票行賄罪，擬不起訴處分並做好不起訴處分書，編上頁碼。但檢察長陳三認為「政策買票」，仍有構成投票行賄罪的可能，於是指示李四續行偵查，試問：

（一）檢察長陳三的指示是否合法？

➲解析

1. 按檢察長陳三的指示有違法之嫌。檢察官對內關係即為檢察官之上命下從關係，亦即「檢察一體原則」。其真正意義是：在某一特定檢察管轄區域內的地檢署中，其中一名檢察官在行使職務時，形式上等同是與自己為一體的地檢署在執行職務；然而，實質上每位檢察官應對自己所負責承辦的案件獨立行使職務，其餘檢察官並不能逾越職務，對案情加以不當干涉。

2. 在檢察一體原則的運作下，為發揮檢察官訴追犯罪嫌疑人及偵查犯罪的功能，故承認檢察首長對所屬之檢察官有命令的權限應屬合法，不過只有在內部發生效力。但如檢察官李四已將不起訴處分，做好並編上頁碼；其後如為了要續行偵查就把資料抽調，頁碼重新再編，此種行為並不只是涉及純粹形式上的爭議，而已經涉及實質上的檢察權限問題，應該是不被允許的，故應已構成濫用職權的行為。

（二）設若李四已將不起訴處分對外公布，檢察長陳三能否再行使職務移轉權或職務承繼權？

◎解析

　　檢察長陳三應不能再行使職務移轉權或職務承繼權。按檢察官李四之不起訴處分若已對外發表，因檢察機關不可分，不可再行使職務承繼權和職務移轉權，蓋檢察官為不起訴處分或緩起訴處分後，須原告訴人聲請再議後始回復至偵查階段。若未聲請再議，則不起訴處分即確定，除非有§260所規定的，「發現新事實、新證據，及有再審原因之情形外」，不得再對同一案件再行起訴。

＊韓娜的宿命＊

　　德國法官、柏林大學教授Bernhard Schlink所撰寫的小說《我願意為妳朗讀》中，女主角韓娜被起訴。韓娜曾經擔任納粹黨衛軍，負責押送集中營的女囚。一日，在押送途中，納粹軍將幾百名女囚關在村中的一座教堂，後來教堂起火，韓娜與其他被告，本來可以打開門鎖放女囚出來，但是她們沒有這麼做，於是被鎖在教堂的300名婦女被燒死。審判程序中，法官問韓娜：「當時是誰決定不打開門以至於那些婦女被燒死的？」韓娜答不出來，但其他數名共同被告卻異口同聲咬定韓娜。試問，設若以我國法的觀點檢視，這樣的程序是否有瑕疵？

◎解析

　　為保障被告利益，§287-1對於共同被告的調查證據程序，法院得依職權或因聲請裁定合併或分離。簡言之，共同被告的調查證據或辯論程序，可分為合併審判與分離審判二種類型。

　　合併審判著眼於訴訟經濟，但是共同被告的陳述，無論是審判內外，對自身都是自白，對其他共同被告則是傳聞，且不宜依§159-1認定有證據能力，故仍應先分離審判，再令共同被告與本案被告交互詰問。

另外，分離審判區分為裁量分離與必要分離，前者依法官職權或當事人、辯護人聲請，裁定分離；後者則是當共同被告利害相反，且有保護被告權利的必要時分離，以免被告權利因合併審判而受影響。此外，§287-2規定，就本案被告的案件調查共同被告時，共同被告應準用人證的規定；又§184規定，證人有數人時，應分別訊問之。

因此，本案的審理過程存有瑕疵，由於本案中的共同被告均指稱韓娜為真兇，此時共同被告陳述均不利被告，依§§287-1Ⅱ、287-2，共同被告利害相反，且有保護被告權利的必要，法官應裁示分離程序，且共同被告應準用人證規定，命其具結，再進行交互詰問才妥。

＊老榮民的選擇＊

甲為退伍榮民，乙男和丙女為金光黨的成員。某日，乙丙兩人佯裝遭受暴力討債的受害者，向甲借款，詐得數十萬元。東窗事發，若檢察官丁向乙丙提起公訴，或經由甲向法院對二人提出自訴，試問，該公訴程序與自訴程序中，各自的當事人能力與訴訟能力該如何界定？

➲解析

一、當事人能力係指，得為刑事訴訟當事人之法律上能力。

1. 公訴案件，檢察官為實施國家公權力之自然人，有當事人能力本無疑義。被告可分為自然人與法人、非法人與政府機關等類型。被告屬自然人者，由於具有權利能力，故有當事人能力；屬於非自然人者，在實體法上不認其有犯罪能力，在程序法上原則亦不認其有當事人能力，惟特別法有規定者則例外屬之。本案甲直接向檢察官丁告訴後，經偵查終結對乙丙兩人提起公訴後，提起公訴的檢察官丁與被告自然人乙丙二人均具當事人能力。

2. 自訴案件，須為犯罪直接被害人且有行為能力者，依§319Ⅰ犯罪的被害人有自訴人的當事人能力。又犯罪被害人如為法人，在例外法律有特別規定者，如採行兩罰原則時，亦有當事人能力。本題中，甲為犯罪直

接被害人，具有當事人能力，乙丙二人同屬自然人被告，亦具備當事人能力。

二、訴訟能力係指，刑事訴訟上得為有效行為之能力，只要有意思能力即有訴訟能力。

　　1.公訴案件，由於有無訴訟能力端看是否具備意思能力，檢察官當然具有訴訟能力。被告為自然人者，當有精神或其他心智障礙致不解訴訟行為意義或欠缺依其理解而為訴訟行為之能力等情事，應停止審判程序；相對的，雖被告為未成年，若具有意思能力，就有訴訟能力。被告為法人、非法人或政府機關者，只要代表人有意思能力，仍得具備訴訟能力。本案中，無論是檢察官丁與被告乙丙二人皆為有訴訟能力之人。

　　2.自訴案件，自訴人必定是為具被當事人能力者，故必有訴訟能力。本案甲若對乙丙提起自訴，具有訴訟能力應無疑義；乙丙二人亦有訴訟能力。

第三章

訴訟關係人

【目次】

第一節　辯護人...123

　　壹、辯護人的意義...123

　　貳、取得辯護的原因...124

　　　　一、任意辯護與強制辯護..............................124

　　　　二、多數辯護與共通辯護..............................129

　　參、辯護的內容...130

　　肆、辯護人的權利義務...131

　　　　一、辯護人的權利...131

　　　　二、辯護人的義務...136

第二節　輔佐人與代理人...136

　　壹、輔佐人...136

　　貳、代理人...137

實例講座...138

　　訴訟關係人是指，當事人以外，與刑事訴訟程序關係密切，且對訴訟進行具有重要性的人。這些人包括：辯護人、輔佐人與代理人（§§27～38-1）。

第一節　辯護人

壹、辯護人的意義

　　辯護人乃指，獨立自主且與法院及檢察機關處於平行地位的訴訟關係人，依法參與訴訟，協助犯罪嫌疑人或被告，保護其不受刑事追訴機關不當的攻擊與強制處分，並增強其法律上的防禦能力，同時協助法院發現真實，避免發生錯誤判決。

　　就刑事訴訟程序的功能架構而言，是由法院、檢察官及辯護人等三方有機體，在功能上相互配合，進行刑事訴訟程序。具體而言，法官居於公正客觀的立場，對當事人雙方的訴訟攻防，進行審理與裁判；檢察官偵查犯罪，對被告提出控訴，並蒞庭公訴；辯護人則是，保護被告權利，監督刑事訴訟程序的合法性。

　　辯護人的存在，意味著我們擔心實施刑事訴訟程序的公務員違法，因為一旦發生違法情事，比如不應羈押被告卻羈押，不只是侵害被告人權，更可能造成真相石沉大海，徒留冤案。雖然法律明定實施刑事訴訟程序的公務員，即法官、檢察官與司法警察等，應對被告有利及不利的情形一律注意（§2Ⅰ）；但實際上，這些公務員，尤其是檢察官與司法警察等，因職責所在，通常只會注意不利被告的情形，難以顧及有利被告的部分。因此，刑事訴訟程序上，需要設有辯護人，使其站在被告可資信賴的地位，協助被告保護自身權利，為被告注意有利的情形。

　　既然辯護人要協助被告，與手握國家公權力的檢察官相抗衡，自宜是熟捻法律之人，所以原則上，除非審判中經審判長許可，不然應選任律師

擔任辯護人（§29）；有為避免被告或犯罪嫌疑人因身心障礙，或社經弱勢，而無法選任辯護人，故本法設有強制辯護制度（§§31、31-1），期盼被告均能享有辯護人的協助。是故，辯護人制度是否健全，攸關辯護人在刑事訴訟程序中能否發揮其應有的功能，此不單是涉及被告權益，也影響刑事司法的成敗。

　　從辯護人在訴訟程序上的任務與功能而言，具有雙重地位。辯護人一方面是被告的保護者、協助者；另一方面，也負有相當程度的司法功能，應促使法院發現真實。此種雙重地位，造成辯護人地位發生對立衝突。若強調被告權利的保護，辯護人使出渾身解數為被告辯護，難免使得本應受刑罰制裁的有罪被告，成為漏網之魚，而得逍遙法外；但若注重司法功能，將造成犯罪嫌疑人或被告對辯護人的不信任，而不敢對其暢所欲言，此將使辯護人難以辯護，辯護制度亦將形同虛設。雖然辯護人存有這些矛盾，但為追求當事人平等，仍應建構完善的辯護制度。

貳、取得辯護的原因

　　被告取得辯護的原因，也就是辯護的種類，主要有分述如下：

一、任意辯護與強制辯護

　　由被告自身意願，主動委任辯護人者，是任意辯護；依法由國家直接為被告指定辯護人者，是強制辯護。

（一）任意辯護

　　依§27規定，被告或犯罪嫌疑人，得隨時選任辯護人。此是任意辯護制度（選任辯護制度）的核心，表示被告或犯罪嫌疑人可以不受限制，任何時候，只要願意都可以選任辯護人保障自身權益。為擴大對於被告或犯罪嫌疑人的保障，其法定代理人、配偶、直系或三親等內旁系血親或家長、家屬等，得獨立為被告或犯罪嫌疑人選任。

　　此外，在訴訟程序中，若被告或犯罪嫌疑人，因身心障礙致無法為完全陳述時，為保護被告或犯罪嫌疑人的權利，負責實施刑事訴訟程序的公務員，應通知其家屬，為之選任辯護人。如何認定是否屬於此處的身心障礙必須依據目的，並參酌身心障礙者權利公約、身心障礙者權益保障法等相關規範所定身心障礙之定義與類別，委諸實務發展，而依個案情形為妥適之判斷，不以持有身心障礙證明者為限。

　　選任辯護人，必須提出委任書狀（§30），該書狀「於起訴前應提出於檢察官或司法警察官；起訴後應於每審級提出於法院」。由此可知，於起訴後，辯護人的選任，於每個審級分別獨立，當一審判決後，若案經上訴，案件移至二審時，欲選任辯護人的被告必須另提委任書狀。又，就一案件選任辯護人者，若有與他案件合併審理或追加起訴時，除非選任人或辯護人有反對的意思表示，其選任效力應及於合併案件。

（二）強制辯護

　　強制辯護是國家義務，旨在保護被告權利，維持審判公平。具體來說，強制辯護制度，係針對特定重大案件或特定被告或犯罪嫌疑人，為維護訴訟程序的公正及必要保障，強制被告於程序進行上，應有辯護人在場協助防禦，以保障被告或犯罪嫌疑人的權利。

　　首應明辨的是，強制辯護制度與公設辯護制度不同。由公設辯護人條例§§2、3可知，公設辯護制度主要的立法目的在於，避免因被告經濟能力不佳，造成防禦權存有差別待遇，以維護當事人的實質平等，所以「因無資力選任辯護人而聲請指定公設辯護人者，法院應為指定。」（公辯§2Ⅱ）「最高法院命行辯論之案件，被告因無資力，不能依刑事訴訟法第三百八十九條第二項規定選任辯護人者，得聲請最高法院指定下級法院公設辯護人為其辯護。」（公辯§3）賦予無資力的被告，得請求國家機關提供辯護人援助的機會；又，不適用強制辯護規定的被告，也得依該條例「聲請法院指定公設辯護人為其辯護」，或「法院於必要時，得指定律師為被告辯護，並酌給報酬。」總的來看，公設辯護傾向個人權利規定，強制辯

護屬於國家義務規定；二者均在補充任意辯護制度的不足。

其次，依據強制辯護的程度，可以將之區分為：絕對強制辯護、相對強制辯護。絕對強制辯護是指，依法應強制辯護的情形，於審判程序中，若辯護人未到庭，不得審判（§284），除非是宣示判決，方才不受拘束；如辯護人未到庭卻逕行審判，判決當然違背法令，得作為上訴第三審的理由（§379）。反之，相對強制辯護則是，審判中，審判長得斟酌情況，決定是否指定辯護人；或偵查中，檢警視個別情況，就算辯護人不在場，也可以訊問或詢問。

1.絕對強制辯護

絕對強制辯護的情形，規定在§31 I，即於審判中，面對特定重大案件，或有特定的被告時，若被告未選任辯護人，審判長應指定公設辯護人或律師為被告辯護。具體言，絕對強制辯護的情形有：

（1）最輕本刑為三年以上有期徒刑案件。

（2）高等法院管轄第一審案件。

（3）被告因身心障礙致無法為完全之陳述者。

（4）被告具原住民身分，經依通常程序起訴或審判者。

（5）被告為低收入戶或中低收入戶而聲請指定者。

（6）其他審判案件，審判長認有必要者。

在強制辯護的情形中，如果被告有數人，審判長得指定一位辯護人；但共同被告的利害相反者，則不得僅指定一位辯護人（§31Ⅲ），以免辯護人無法執行辯護，反而侵害被告權益。又，當審判長指定辯護人後，被告自行選任律師為辯護人時，得將審判長指定的辯護人撤銷（§31Ⅳ）。

必須注意的是，依§31 I 以「最輕本刑為三年以上有期徒刑案件」為由，而適用強制辯護的情形，應以案由為準，即以起訴法條為準。假設某案件，經檢察官起訴，依起訴法條而言，屬強制辯護的案件，但被告未選任辯護人，法院也未指定；雖然法院審理後，變更起訴法條（§300），改依輕罪論處或判決無罪時，但仍不合法。審理後變更起訴法條或判決無

罪，係審理後的結果，在審理過程中，強制辯護案件的被告依舊沒有辯護人保護，仍有權利保障不足、審判不公平的風險，自不能倒果為因，以審理結果決定應否強制辯護。

2.相對強制辯護

　　與絕對強制辯護限於審判階段不同，相對強制辯護，可能在偵查或審判階段。於審判中的相對強制辯護是，在應有強制辯護的情形，若被告原先已選任辯護人，但該辯護人卻於審判期日無正當理由而不到庭，為保護被告權利，審判長得指定公設辯護人或律師，充任辯護人（§31Ⅱ）。但應注意的是，若審判長指定辯護人，應給予被告與指定辯護人相當時間進行訴訟的準備，以落實強制辯護的實質功能。

　　至於偵查中，有身心障礙致無法為完全陳述，或具有原住民身分的被告或犯罪嫌疑人，於未經選任辯護人時，檢警應通知法律扶助機構指派律師到場為其辯護，以保障該特定被告或犯罪嫌疑人的權利；但被告或犯罪嫌疑人主動請求立即訊問或詢問，或等候律師逾四小時未到場者，得逕行訊問或詢問（§31Ⅴ）。

　　此外，偵查中羈押審查程序的強制辯護，規定在§31-1，亦屬相對強制辯護的範疇。此係參酌司法院釋字第737號意旨，將強制辯護制度擴及於偵查中檢察官聲請羈押、延長羈押、再執行羈押被告等，涉及法院羈押審查及其救濟的程序。依§31-1的規定，偵查中的羈押審查程序，被告未選任辯護人，審判長應指定公設辯護人或律師為被告辯護；若被告有選任辯護人，但無正當理由而不到庭，審判長得指定辯護人。於偵查中，檢察官可能向法院聲請羈押被告，而此係起訴前拘束人身自由最強烈的強制處分，故宜給予以最高程度的程序保障。不過，若等候指定辯護人逾四小時未到場，或經被告主動請求訊問，縱然被告欠缺辯護人，法院仍得進行羈押審查。

3.強制辯護的檢討

現行的強制辯護制度，首應檢討的是，偵查程序中犯罪嫌疑人的辯護人保障不足。當前，§31Ⅴ僅規定，偵查中有犯罪嫌疑人是身心障礙致無法為完全陳述，或具有原住民身分時，檢警應通知法律扶助機構指派律師，以保障犯罪嫌疑人的程序權利；其他的強制辯護規定，都集中在審判程序。然而，本於平等原則與貫徹被告辯護權的保障，對於涉嫌重罪、低收入戶、中低收入戶等，在偵查程序中，亦宜適用強制辯護。理想上，辯護權的保護，應提前至偵查階段。實施偵查程序的公務員，致力於發現真實，可能為求破案，對於利於犯罪嫌疑人的事證有所忽略，且諸多侵害人權的強制處分也在該程序中發動；此時，不瞭解法律的犯罪嫌疑人，若無具備法律專業的律師保護其程序權利，極可能造成人權的戕害。

其次，強制辯護的規定，是否亦適用於準備程序（§273），亦有爭議。實務有認為，原則上準備程序僅處理訴訟資料的彙整，旨在使審判程序能密集順暢進行，且是否行準備程序，法院有裁量權。又準備程序非可取代審判期日應為的訴訟程序，是辯護人苟依法於審判期日到庭為被告辯護，縱未於準備程序到庭參與準備程序，並不違反§§31、284，判決仍屬合法，被告也不能據此主張§379⑦而作為上訴三審的理由（最高法院100台上446判決）。對此，學說持不同看法，因為準備程序的重要性，絕不亞於審判期日，因為準備程序的事項處理，將影響日後審判程序的進行，為保護被告權利，同時維持審判公平，在準備程序亦應適用強制辯護才是。

惟應注意的是，就算有§31Ⅰ的情況，仍有不適用強制辯護的可能。依§306，法院認為「應科拘役、罰金或應諭知免刑或無罪之案件」，被告經合法傳喚無正當理由不到庭者，得不待其陳述逕行判決。既然在前述案件情形，被告可以毋庸到庭，僅經檢察官或自訴人一造辯論而逕行判決，而不侵害被告權利，也不影響審判公平；作為協助被告角色的辯護人，未到庭辯護，亦難指為違法。

二、多數辯護與共通辯護

　　單一被告，可能有一位辯護人，或有多位辯護人；單一被告有數位辯護人的場合，稱為多數辯護。當共同被告，即被告有數人時，可能有各自的辯護人，或共同由有一位或數位辯護人辯護；數被告共同有一位或數位辯護人的場合，稱為共通辯護。

> 多數辯護：一被告由數辯護人（至多三人）辯護
> 共通辯護：數被告共同由一辯護人或數辯護人辯護

（一）多數辯護

　　多數辯護是指，單一被告可以選任二位以上的辯護人，但依§28規定，選任的辯護人不得逾三人。

　　比較需要留意的是，若強制辯護案件中，經法院指定辯護人後，被告自行選任辯護人時，依§31Ⅳ，被告得將指定辯護人撤銷。被告與選任辯護人之間，具有委任關係，彼此多少存在相當程度的信賴；指定辯護人由強制辯護而生，係法院指定者，若被告覺得不需要，自得撤銷之。不過，法院知悉被告自行選任辯護人後，不須主動將指定辯護人撤銷，此乃為了防止強制辯護案件的被告，利用選任辯護人不到庭不能審判的規定（§284）拖延訴訟。也因為如此，§28規定選任辯護人不得逾三人，而非規定辯護人不得逾三人。假如某強制案件，被告有一位指定辯護人，此後自行選任三位辯護人，共有四位辯護人，仍非違法；此時，判決書必須載明指定辯護人為何，選任辯護人為何。

（二）共通辯護

　　數名被告共同由一名或數名辯護人為其辯護，是共通辯護。不過，在強制辯護案件中，被告有數人時，雖得指定一人辯護，但各別被告之間利害相反時，不應指定一辯護人（§31Ⅲ）。

　　然而，被告的利害是否相反，「須就案件具體情形予以審酌，亦即以辯護人就數被告被訴之犯罪事實為防禦時，能否均為適當有效之辯護為衡。」對此，法院應該採取必要措施，以確保被告的防禦權，但是「如被告或辯護人未於審判中主張及此，或法院有未盡利害相反之調查情形，基於無害違誤審查原則，當亦必其真實之利害相反已造成對實質辯護權之行使有不利之影響者，始得作為第三審之上訴理由。」（最高法院101台上2300判決參照）

參、辯護的內容

　　辯護人在訴訟程序的地位，是被告利益的代理人；但是否為被告的利益，應取決於被告的自主決定。原則上，辯護人必須完全以被告意思為準，僅是輔助被告達成利益與目的；但辯護人的辯護，應為被告的正當利益而為之。

　　倘若辯護人要對被告進行不利陳述時，即非居於辯護人的地位，而是以證人的身分。可是，辯護人「就其因業務所知悉有關他人秘密之事項受訊問」而作證，須經被告允許（§182）。例如，檢察官以殺人罪起訴被告甲，但甲在法庭否認殺人；辯護人乙接見被告時，甲卻承認殺人，甚至指出凶器等證據的所在。對此，乙不得積極說謊，也不得與甲串供、協助逃亡、湮滅證據等，因此係不正當的利益，不屬於辯護的內容；但是乙仍需要消極保密，就算眼見被害人遺屬悲慘可憐，非經被告允許，仍不得證言，且可依§182得拒絕證言。又按律師倫理規範§§30-1、33規定，原則上「律師因受任事件而取得有關委任人之事證或資訊，非經委任人之書面同意，不得為不利於委任人之使用。」「律師對於受任事件內容應嚴守秘密，非經告知委任人並得其同意，不得洩漏。」

肆、辯護人的權利義務

　　辯護人為被告正當利益的保護者，同時應確保刑事程序的合法進行。在此意義之下，辯護人處於公益地位；但辯護人的公益地位，異於檢察官的公益地位，而有其特殊的權利與義務。蓋檢察官站在國家立場訴追犯罪，藉以維持社會秩序；辯護人主要為保護被告正當利益，以免無辜者遭受國家處罰，或犯輕罪者卻受重罪處罰。由此可見，辯護人僅為個人保護，不在於全體社會的保護；檢辯的公益地位所重視者，不完全相同。

一、辯護人的權利

　　辯護人的訴訟權利，可分為固有權與傳來權，分述於次：

（一）固有權

　　辯護人基於其本身地位而取得的權利，稱為固有權。辯護人地位的主要任務在於，協助被告或犯罪嫌人進行防禦，所以辯護人的固有權，以協助防禦權為中心，以及其他為滿足協助被告或辯護人進行防禦，而存在的接見互通權、閱錄卷證權及在場權等。

1.接見互通權

　　無論偵查或審判程序，辯護人有權接見被告，並且在充分自由的前提上，相互溝通。辯護人與被告必須有機會接見互通，否則辯護人無法知悉情況，也就難以提供實質的防禦協助。需要留意的是，對於辯護人的接見通信權，針對特定情形，§34設有限制。

　　對於現正羈押的被告或犯罪嫌疑人，原則上辯護人仍得接見羈押的被告或犯罪嫌疑人，並互通書信；但有事證足認其有湮滅、偽造、變造證據或勾串共犯或證人者，將得限制辯護人與之接見互通（§34 I）。附帶一提，過去的羈押，看守所會對辯護人與在押被告進行監聽、錄音，而不問此等限制行為是否與羈押目的或維持押所秩序有關；對此，釋字第654號

認為，有妨害被告防禦權行使的疑慮，不符憲法保障訴訟權的意旨，執行羈押的公務員應符合「監看不與聞原則」，也就是監視辯護人與在押被告的行為，但不聆聽雙方溝通的內容，始之有充分自由溝通的機會。是故，2009年修正羈押法§23，「看守所長官於准許接見時，應監視之。」並於同法配合增訂§23-1 I，「被告與其辯護人接見時，除法律另有規定外，看守所管理人員僅得監看而不與聞。」

　　對於偵查中受拘提或逮捕的被告或犯罪嫌疑人，雖不得限制辯護人的接見互通權，但接見時間不得逾一小時，且以一次為限；且接見經過的時間，屬於§93-1 I的法定障礙事由，該接見時間不計入§§91、93所定的「二十四小時」，即拘捕被告後，解送指定處所、猶豫是否聲請羈押的法定時間（§34 II）。但是，對於前開接見期間，前項接見，檢察官遇有急迫情形且具正當理由時，得暫緩進行，並指定即時得為接見的時間及場所；惟該指定不得妨害被告或犯罪嫌疑人的正當防禦，也不可以妨害辯護人的在場及陳述意見的權利。

　　另外，§34-1規定，限制辯護人與在押被告接見互通，法院應用「限制書」。限制書應記載，被告的姓名、性別、年齡、住居所，辯護人的姓名；案由；限制的具體理由，以及其所依據的事實；具體的限制方法；如不服限制處分的救濟方法。

　　限制書，必須由法官簽名作成，且應分別送交檢察官、看守所、辯護人及被告。若在偵查中，檢察官認為在押被告有限制必要時，應具體說明並檢附相關文件，向該管法院聲請限制處分；但遇有急迫情形，檢察官得先為必要處分，並應於二十四小時內聲請該管法院補發限制書，而法院應於受理後四十八小時內核復。若檢察官未於二十四小時內聲請，或其聲請經駁回者，應即停止限制；檢察官的聲請，經法院駁回者，不得聲明不服。

2.閱錄卷證權

　　於審判中，辯護人得檢閱卷宗及證物，並得抄錄或攝影（§33 I）。

又為落實閱錄卷證權，辯護人經審判長許可，得於審判期日攜同速記到庭記錄（§49）。既然審判中的辯護人有閱錄卷證權，為使明瞭全部辯論意旨，充分行使辯護，亦應使其得攜同速記到庭記錄。

不過，偵查中，辯護人對於卷宗及證物，原則上仍不得檢閱、抄錄或攝影；惟偵查中的羈押審查程序，例外許可辯護人檢閱、抄錄或攝影卷證（§33-1）。理論上，於偵查階段，辯護人亦應享有完整的閱卷權，對於犯罪嫌疑人的保障較為周全。然而，就檢察官的立場，可能認為偵查不公開，以免使罪犯因而破壞證據。立法上可以參考德國刑事訴訟法§147 II 的規定，辯護人於偵查中得行使閱卷權，但可能有害於「偵查目的」時，檢察官得拒絕辯護人檢閱卷證。如此一來，或許更能兼顧真實發現與人權保障。

現行法下，2017年立法者參酌司法院釋字第737號意旨，增訂§33-1：「辯護人於偵查中之羈押審查程序，除法律另有規定外，得檢閱卷宗及證物並得抄錄或攝影。辯護人持有或獲知之前項證據資料，不得公開、揭露或為非正當目的之使用。無辯護人之被告於偵查中之羈押審查程序，法院應以適當之方式使其獲知卷證之內容。」也就是，在偵查中的羈押審查程序，被告的辯護人得檢閱檢察官聲請羈押時送交法院的卷證物，並得抄錄或攝影，俾有效行使防禦權。

至於交付審判程序（§258-1），受委任提出聲請交付審判理由狀的律師，為了解案情，亦得檢閱偵查卷證物並得抄錄或攝影，除非有涉及另案偵查不公開或其他依法應予保密的事項，才得限制或禁止。

此外，為兼顧審判中無辯護人的被告權利，其同有行使防禦權之必要，自應使無辯護人的被告，也擁有閱錄卷證權。2019年依釋字第762號解釋新修正之§33 II 規定，無論有無辯護人，被告都得於審判中得預納費用請求付與卷宗及證物之影本。但卷宗及證物之內容與被告被訴事實無關或足以妨害另案之偵查，或涉及當事人或第三人之隱私或業務秘密者，法院得限制之。

3.在場權

於刑事訴訟程序中，辯護人在場，才能立即有效地協助被告或犯罪嫌疑人防禦。於審判中，辯護人得於搜索或扣押在場（§150），在勘驗時在場（§§219、150），訊問證人、鑑定人或通譯時在場（§166）；於偵查中，辯護人得於檢察官訊問、警察機關詢問被告或犯罪嫌疑人時在場，除非「有事實足認其在場有妨害國家機密或有湮滅、偽造、變造證據或勾串共犯或證人或妨害他人名譽之虞，或其行為不當足以影響偵查秩序」的情形，方得限制或禁止（§245Ⅱ）。

審判中的辯護人在場，才有可能為被告利益進行防禦。法院行勘驗時，倘無法定例外情形，而未依法通知當事人及辯護人，使其有到場機會，所踐行的訴訟程序自有瑕疵；此項勘驗筆錄，應認屬因違背法定程序取得的證據（最高法院94台上4929判決參照）。

另因偵查不公開原則（§245Ⅰ），且其程序踐行，有時稍縱即逝，必須及時為之，因此偵查中實施勘驗等行為，自不宜認為當事人及辯護人等有在場權，僅在認有必要時，通知當事人或辯護人等在場。但是，若檢警要訊問被告或犯罪嫌疑人，則辯護人應在場；惟此並非辯護人在場見證而已，而是辯護人在場觀察之外，應與被告諮商、向偵查機關陳述意見，或請求為有利被告的調查或處分等。

4.協助防禦權

辯護人的主要任務，就是在於協助被告或犯罪嫌疑人進行程序上的防禦，而此協助防禦權的具體落實，諸如：

（1）陳述意見權：辯護人得本於專業，為被告或犯罪嫌疑人的正當利益，陳述意見。例如，檢察官聲請羈押時，辯護人得陳述意見（§107）；偵查中檢警訊問犯罪嫌疑人時，辯護人得陳述意見（§245Ⅱ）；法院對於參與沒收程序之聲請，於裁定前應通知辯護人陳述意見（§455-14）。

（2）詰問權：在審判期日的交互詰問中，辯護人得直接詰問證人、鑑定

人（§166）。

（3）聲請調查證據權：辯護人得於審判期日前，提出證據或聲請法院調查證據。審判長除認為有不當者外，不得禁止（§§163 I、275）。

（4）辯論權：在事實審，調查證據完畢後辯護人就事實及法律分別辯論之（§289 I）。在法律審，雖然原則不經言詞辯論，但法院認為有必要而命辯論時，「非以律師充任之代理人或辯護人，不得行之」（§389）。

（5）異議權：辯護人對於審判長或受命法官的處分，除有特別規定外，可以向法院聲明異議（§288-3）。

（二）傳來權

辯護人對於被告所得實施的訴訟行為，如在性質上得代理行使者，具有包括代理權，故辯護人代理被告行使的權利，稱之為傳來權。辯護人的傳來權與固有權不同，若要行使傳來權，則須符合被告的意思。雖然何種被告權利，得由辯護人代為行使，法律上並無明文規定，所以傳來權的內涵，只能藉由解釋去發現。以下各種被告的權利，如由辯護人代為行使，並無不可，所以應屬傳來權的範疇。

1. 迴避聲請權：當事人聲請法官、檢察官迴避權，得由辯護人代為行使（§18）。

2. 繼續審判聲請權：停止審判之原因消滅時，當事人得聲請法院繼續審判，亦得由辯護人代為聲請（§298）。

3. 回復原狀聲請權：被告非因過失，遲誤上訴、抗告等期間者，於其原因消滅後十日內，得聲請回復原狀，亦得由辯護人代為聲請（§67 I）。

4. 上訴撤回權：上訴於判決前，得撤回之，辯護人亦得以被告之名義撤回上訴（§354）。

5. 再審救濟權：被告受有罪之判決確定之後，得聲請再審（§420），辯護人亦得代被告提起再審之聲請。

二、辯護人的義務

辯護人既具有相當的權利，則其亦必負有相當義務。關於辯護人的義務，主要規範於律師法。茲分述於次：

1. 真實義務：律師為辯護人時，對於委託人、法院、檢察機關或司法警察機關，「不得有蒙蔽或欺誘之行為」（律師§38）。
2. 服從訴訟指揮義務：律師以辯護人身分在法庭或偵查中執行職務時，「應遵守法庭或偵查之秩序」（律師§35）。
3. 保護義務：律師接受當事人委託後，應忠實蒐求證據，探究案情（律師§23），俾為有利於被告或犯罪嫌疑人的防禦行為。又，律師於接受被告或犯罪嫌疑人的委任，「非有正當理由，不得終止其契約；如須終止契約，應於審期前十日或偵查訊（詢）問前通知委託人，在未得委託人同意前，不得中止進行」，以確保當事人權利的保障（律師§32）。
4. 賠償義務：律師如因懈怠或疏忽，致委託人受損害者，應負賠償責任（律師§33）。

第二節 輔佐人與代理人

壹、輔佐人

被告的法律能力不足，加之以辯護人；若是事實能力不足，加之以「輔佐人」（§35）。輔佐人是，起訴後在法院陳述意見，輔佐被告或自訴人為訴訟行為之人，係為保護被告或自訴人的利益所設立的制度。

得為輔佐人之人，就被告而言，起訴後被告的配偶、直系或三親等內旁系血親或家長、家屬或法定代理人；對自訴人而言，起訴後自訴人的配偶、直系或三親等內旁系血親或家長、家屬。輔佐人非經被告或自訴人選任而生，係是有意願者向法院自薦，得以書狀陳明，或在審判期日以言詞陳明，即可取得輔佐人的資格。另外，依§35Ⅲ，有規定因被告或犯罪嫌

疑人因身心障礙，致無法為完全陳述，應有陪同在場的特別輔佐人。此類型的輔佐人範圍較大，有§35 I 得為輔佐人之人，或其委任之人，或主管機關或社福機構指派的社工人員或其他專業人員。但該輔佐人經合法通知無正當理由不到場者，不在此限。

　　成為輔佐人後，得為本法所定之訴訟行為，並得在法院陳述意見；但不得與被告或自訴人明示的意思相反（§35 II）。例如，輔佐人得隨時具保，向法院聲請停止羈押（§110）；輔佐人為接受文書，應將其住居所或事務所，向法院或檢察官陳明（§55）；輔佐人得請求調查證據並得於調查證據時詢問證人、鑑定人、被告（§163 I）；法院應給予輔佐人辯論證據證明力的適當機會（§288-2）。

貳、代理人

　　「代理人」是受被告、自訴人或告訴人委任，在審判中或偵查中代理本人為訴訟行為之人。代理需提出委任狀。代理的內容，與本人有同樣的權利，得代本人為一切訴訟行為，不問有利或不利。然而，視本人為被告、自訴人或告訴人的不同，而有不同的規定：

1. 被告的代理人：被告所犯之罪，最重本刑為拘役或專科罰金的案件，方才委任代理人；但法院或檢察官認為必要時，仍得命本人到場（§36）。如果符合前開案件，被告隨時都可以委任代理人。

2. 自訴人的代理人：只要是自訴案件，自訴人均應委任代理人到場；但法院認為必要時，得命本人到場（§37 I）。此外，本法採取自訴人強制律師代理的設計，「自訴之提起，應委任律師行之」，所以自訴人的代理人，必須於起訴時委任律師充任（§§37 II、319 II）。

3. 告訴人的代理人：告訴人得委任代理人行告訴；但檢察官或司法警察官認為必要時，仍得命本人到場（§236-1 I）。應注意的是，每位告訴人的不得委任逾三位代理人，且送達文書應分別送至各別代理人處所（§236-1 II 準用§§28、32）。不過，經檢察官指定的代行告訴人（§236），不得再委任代理人（§236-2）。

❖ **實例講座** ❖

＊墮胎的援交妹＊

　　小萱家為低收入戶，因此從事援交，卻不慎懷孕，自行到診所墮胎。檢察官以自行墮胎罪名提起公訴，於偵查中未選任辯護人，檢察官也未指定律師為其辯護。審判中，小萱透過法律扶助基金會協助，選任蔡律師為辯護人。法院已經依法通知蔡律師到庭，惟蔡律師疏於注意，未於審判期日到庭。審判長亦未指定公設辯護人為其辯護，即逕行審判，試問：

（一）本案中院、檢雙方有無違法？

⮩解析

　　本案院、檢雙方應無違法。小萱犯下刑法§288 I 自行墮胎罪，非§31 I 前段之最輕本刑為三年以上有期徒刑之罪，且並未聲請指定辯護人，又非審判長認有必要者，故非強制辯護案件。本案既非強制辯護案件，而選任之蔡律師疏於注意，未於審判期日到庭。審判長亦未指定公設辯護人為其辯護，即逕行審判，並非違法。至於檢察官於偵查中未指定律師為其辯護，依現行規定，亦未違法。

　　不過，低收入戶未列偵查中強制辯護的規定，可能會構成侵害憲法第7條平等原則，且無貫徹被告辯護權保障的疑慮，所以低收入戶於偵查程序中，亦宜列為強制辯護案件。

（二）若小萱並非家境貧寒，而係因智能不足，遭人誘姦，聽從他人墮胎，情形有無不同？

⮩解析

　　本案院、檢雙方皆屬違法。小萱犯下刑法§288 II 聽從他人墮胎罪，非§31 I 前段之最輕本刑為三年以上有期徒刑之罪；但小萱因係因智能

障礙無法為完全之陳述，仍為強制辯護案件。

　　本案既為強制辯護案件，而蔡律師疏於注意，未於審判期日到庭，審判長亦未指定公設辯護人為其辯護，即逕行審判，其判決當然違背法令（§§284、379⑦）。至於檢察官於偵查中應屬強制辯護案件，則應通知法扶機構指派律師為其辯護（§31Ⅴ），以實現國家公平審判的原則。

＊無故缺席的辯護人＊

　　檢察官以殺人既遂罪對甲提起公訴，甲隨即選任好友乙律師為其辯護。開庭前，法院依法通知乙到場，但乙因業務繁忙而遺忘此事，審判長乃於審判期日當天，臨時指派公設辯護人丙為甲辯護，並於該日辯論終結。試問，本案承審法官的訴訟指揮作為，程序上是否合法？

●解析

　　強制辯護制度，目的在保護被告訴訟利益，維持審判的公平而設。凡是被告未經選任辯護人且符合強制辯護要件者，法院即須指定公設辯護人或律師為其辯護，以落實檢辯雙方間的武器平等原則（§31）。

　　甲犯刑法§271Ⅰ之罪，屬於最輕本刑十年以上有期徒刑的重罪。按§31Ⅰ規定，屬強制辯護案件。又甲雖然已選任乙作為辯護人，惟乙在審判期日無正當理由缺席，依§31Ⅱ規定，承審法官為避免訴訟延宕，同時兼顧被告甲的利益，理應本於訴訟指揮權，指定公設辯護人為甲進行辯護。

　　不過，強制辯護制度的目的，就是確保審判中居於弱勢的被告皆能獲得具備法律專業知識與充分理解案情的辯護人，協助自己訴訟並進行防禦，如此才能發揮辯護人實質辯護的主要功能。但本案法官當庭選任公設辯護人，勢必沒有足夠的時間閱卷與準備訴訟，如此一來，對於被告甲而言，形式上雖有接受辯護人援助的外觀；惟實質上丙無法有效替甲辯護。

　　綜上所述，較為合理的作法應是法官當庭曉諭公設辯護人丙預為準

備，再另擇審判期日，且應再通知乙務必蒞庭協助甲進行辯護。倘若乙又無故不到，即可選任對甲案情已有充分準備的公設辯護人丙為甲進行辯護。

第四章

刑事訴訟的客體（案件）

【目次】

第一節　刑事訴訟上的實體關係與訴訟關係 143

　壹、刑事實體關係 143

　貳、刑事訴訟關係 144

　參、刑事實體與訴訟關係一體兩面 145

第二節　刑事案件單一性 145

　壹、被告單一 146

　貳、犯罪事實單一 146

　參、案件單一性的效力 147

　　一、對管轄效力的影響 147

　　二、對起訴效力的影響 148

　　三、對審判效力的影響 152

　　四、對上訴範圍的影響 154

第三節　刑事案件同一性 154

　壹、被告同一 155

　　一、被告同一的認定 155

　　二、案件被告是否同一的錯誤 157

　貳、犯罪事實同一 158

　　一、事實上同一 159

　　二、法律上同一 162

　　三、犯罪事實是否同一的影響 163

　參、案件同一性的效力 165

　　一、起訴書應具體記載 166

　　二、禁止雙重起訴 166

　　三、法院變更起訴法條 167

　　四、決定既判力之範圍 168

實例講座 169

第一節　刑事訴訟上的實體關係與訴訟關係

刑事訴訟，或可謂狹義的刑事訴訟，係法院就已起訴的特定案件，為確定國家對被告有無具體刑罰權，以及其範圍所進行的程序。在刑事訴訟上具有二種關係：刑事實體關係（實質的訴訟關係；案件）、刑事訴訟關係（形式的訴訟關係；訴）。

壹、刑事實體關係

刑事實體關係，乃國家與被告之間的具體刑罰權關係。國家有權對被告的犯罪行為，科以刑罰，而使被告居於被處罰的地位。國家的刑罰權，對於案件中每一被告的每一犯罪事實而存在，此反應在刑事訴訟上，處罰者與可能被處罰者的關係，即為刑事實體關係，是以「案件」為其具體表徵，是實質的訴訟關係。

案件，由「被告」（特定人）及「犯罪事實」（特定事）二個要素所構成。如一個被告僅有一個犯罪事實，而成立一罪，國家對之有一個刑罰權，即稱之為一個案件；如一個被告有數個犯罪事實，而成立數罪（數罪併罰），國家對之有數個刑罰權，即為數個案件；又如數個被告共犯一罪或數罪（共同正犯或共犯），因刑罰權也可分割為數個，也是數個案件。是故，案件以實體法上國家刑罰權為其內涵，在實體法上為一個刑罰權者，在訴訟法上即為一個案件，亦即為一個訴訟客體，二者具有不可分割的性質。

案件的個數，應以刑罰權的對象，即被告及犯罪事實的個數為準。既是如此，實體法上的單純一罪（包括繼續犯與接續犯）、裁判上一罪（想像競合犯），由於國家的刑罰權只有一個，通說認為是一個案件，即所謂「單一案件」。倘若單一案件（案件單一性），經原告先後起訴，而分別繫屬於同一或不同一的法院，成為形式的兩案時，因在時間或空間的比較上，兩案均屬相同，故稱之為「同一案件」（案件同一性）。因此，單一案

件與同一案件，二者名稱有異，但究其內容，均只有一個刑罰權。

換言之，案件單一性，係從實體面、靜態面觀察，觀察案件是否隨著訴訟發展，而確定其實體範圍，也就是案件個數的判斷。案件同一性，係從程序面、動態面觀察，觀察案件是否起訴，可否變更起訴法條，又比較二個案件的起訴事實是否同一，或起訴事實與判決事實是否同一。

貳、刑事訴訟關係

刑事訴訟關係的產生，必須先有原告將具體的刑事案件，起訴繫屬於法院，法院為確定被告具體刑罰權而進行訴訟；原告的「訴」，為開啟訴訟關係的樞紐，其目的在於請求法院對被告的犯罪事實，以判決確定國家具體刑罰權的有無及其範圍。基此關係，對訴訟主體而言，法院有審判該案件的權利義務，當事人有請求並接受法院審判的權利義務，因而形成裁判者與被裁判者的關係，即訴訟主體相互間在訴訟上的權利義務關係。

「訴」是形式上的訴訟關係，所以訴的個數，應以原告對案件起訴所發生訴訟關係次數為準，而不問該案件在實體法上的刑罰權。具體言之，原告起訴一次，就發生一次形式上的訴訟關係，是為一訴；起訴二次就有二訴，起訴三次就有三訴。然而，案件的個數，是以實體法上刑罰權個數為準，故案件的個數，未必與訴的個數完全一致。

更進一步說，通常一訴必為一案，數案必為數訴；但一個案件未必即為一訴，可能是一案數訴，如競合管轄（§8），是同一案件分別係屬於數個法院，而有數訴；但案件只有一個，實體法上的刑罰權也只會有一個，所以應以一個案件審判，對於繫屬在後或不得為審判的法院，則以訴不合法為理由，諭知不受理判決，以終結形式上的訴訟關係。也可能是數案一訴，如牽連管轄（§§6、7），相牽連的案件本是數個不同案件，但基於訴訟經濟考量，將訴合併於一個訴訟程序上，並非案件的合併。

參、刑事實體與訴訟關係一體兩面

事實上，刑事訴訟上的刑事實體關係、刑事訴訟關係，實為一體兩面，互為表裏，密切而不可分。質言之，象徵刑事實體關係的「案件」，重在刑罰權的判斷，為訴訟的實體；象徵刑事程序關係的「訴」，則重在訴訟關係是否產生，為訴訟的程序。簡單來說，案件經起訴，而繫屬於法院，產生訴訟關係；也因產生訴訟關係後，案件始得為法院審判的客體，國家刑罰權才得以確定。對此，大概可以得到些許心得：

1. 刑事訴訟，乃是對於特定被告的特定犯罪事實，為確定國家具體刑罰權而進行的程序。案件，是國家與個人間具體的刑罰權關係，即處罰者與可能被處罰者的關係。訴訟，是為確定具體的刑罰權而進行的程序關係，即裁判者與被裁判者的關係。
2. 既然刑事訴訟係以案件為對象，則訴訟不得超越此範圍。又，刑事訴訟本於控訴原則，無訴即無裁判，故審判範圍應與訴訟的範圍相互一致。
3. 訴訟實體的形成，重在發現實質的真實；而訴訟程序的發展，則重在實施刑事訴訟過程上的公正公平。
4. 訴的效力與訴的拘束力，在觀念上有所不同。訴的效力（實體），指單一案件具有不可分的效力，其起訴及判決的效力，應及於案件全部。訴的拘束力（程序），則指同一案件既經起訴，即不得再行起訴同一案件。

第二節　刑事案件單一性

案件單一性，係指被告單一與犯罪事實單一。

刑罰權以單一被告的單一犯罪事實為對象，也就是以單一案件為對象；而案件是否單一，應以其在訴訟上為審判對象的具體刑罰權是否單一為準，所以案件個數應依被告單複數及犯罪事實單複數決定。

壹、被告單一

被告單一，是決定案件單一性的「人」的要素，以人數為準。

案件單一，被告必須只有一人；若被告數人，案件即為數個。縱使數被告共犯一罪（§7②），在實體法上有共同正犯或共犯關係，其在訴訟法上亦僅是相牽連案件而已，本質上仍屬數案件；雖因數被告共犯一罪，屬於相牽連案件，而得由檢察官或法院合併管轄、偵查、起訴及審判，但並不因此而變成單一案件。

既然相牽連案件的本質是數案件，所以檢察官若只對共犯中的一人或數人起訴，對其餘共犯不予偵查起訴，並非法之所禁；且基於控訴原則，法院也僅得對起訴的被告加以審理，不得以相牽連案件之故，也對其餘不起訴之共犯，併予審理。這是因為，案件有數個，刑罰權各別，不得對「未受請求之事項」予以裁判。至於數人共犯數罪，或數人同時在同一處所各別犯罪者，其複數性質及個別性質，更為顯然。

貳、犯罪事實單一

犯罪事實單一，是決定案件單一性的「事」的要素，以犯罪個數為準，應依刑法競合理論（罪數理論）判斷。

易言之，經競合理論判斷為「一罪」的情形，屬於犯罪事實單一。單純一罪或實質一罪，如接續犯、繼續犯、吸收犯、加重結果犯以及包括一罪；裁判一罪，如想像競合犯。

犯罪事實是否單一的判斷，並非以起訴為唯一論據。例如，甲穿著名牌服飾四處炫耀，乙看不慣而持刀攻擊，導致甲衣破人傷；對此，檢察官認為甲一行為觸犯數罪名（傷害罪與毀損罪），是想像競合犯，視之為單一案件，然後起訴；但法院審理結果認為，甲非想像競合犯，先有毀損故意，後有傷害故意，且行為互殊，法院得變更之，視為非單一案件。

此外，值得注意的是，刑法的連續犯刪除後，實務多認為，多次施用

毒品的行為，原則上應屬一罪一罰，所以連續施用毒品並非單一案件（最高法院96第9次刑庭決議）；但本書認為，此類案件具反覆實施的性質，應論以包括一罪中的集合犯為妥。至於多次行賄的案件，雖有實務曾指出，「若將反覆投票行賄多次與投票行賄一次同視，均論以一罪，無異變相鼓勵賄選」，但其後即統一見解，認為原則上應成立接續犯，論包括一罪（最高法院99第5次刑庭決議）。

參、案件單一性的效力

　　案件若為單一被告與單一犯罪事實，便是單一案件，具有案件單一性。案件單一性，涉及訴的效力問題，其起訴及判決的效力，應及於案件全部。單一性的性質，本屬一體不可分（不可分性），進而產生：管轄權不可分、審判權不可分、起訴不可分、上訴不可分的概念。

　　案件單一性，與偵查無關，所以在偵查程序中，無所謂單一性，更無所謂偵查不可分。實務上，雖有單一案件的一部分，業經由檢察官為不起訴處分，其效力即及於全部的情形，但用意僅在限制自訴，並非不可分的效力問題。不過，雖只是限制自訴的法律效果，但也間接承認科刑上一罪，對其一部分事實予以不起訴處分或緩起訴者，效力及於全部，其確定力反較判決為大，實不甚合理。

一、對管轄效力的影響

　　法院對單一案件本有全部管轄權，自得全部偵查、全部起訴，亦即「管轄權不可分」。由此觀之，§6牽連管轄未區分繫屬前後，乃是因為相牽連案件本是二案，無管轄不可分的問題，主要基於訴訟經濟的考量，而得將數案合併於同一程序；反之，§8競合管轄有區分繫屬前後，是因為其所處理的是，一個案件重複起訴的問題。

例　某甲侵入乙的住居竊盜。依§323 I 規定，同一案件經檢察官依§228規定開始偵查者，不得再行自訴。檢察官終結偵查時可能起訴、緩起訴或不起訴，均不得再行自訴，除非於具有§260的再行起訴原因。

設乙向檢察官告訴甲侵入住宅，因為隨後甲對乙賠償，侵入住宅為告訴乃論之罪，所以乙撤回告訴，檢察官遂依§252告訴乃論之罪其告訴已經撤回，對甲為不起訴處分。乙嗣後因賠償問題不滿，對竊盜部分提出自訴，由於檢察官不起訴效力及於乙竊盜部分，故依§323 I 規定乙不得再行自訴，然此效果為限制自訴問題，而非單一性問題。

反之，檢察官如先對甲侵入住宅部分起訴，依§267效力及於竊盜部分，乙雖自訴，但因甲僅為一罪，依§323 I 亦不得自訴，必須依§334諭知不受理判決。故本例單一案件，因經檢察官偵查者，不得再行自訴，並非單一性問題（亦即非不起訴不可分問題）而係限制自訴問題，乙仍可對被竊部分告訴或由檢察官依§260再行起訴。

二、對起訴效力的影響

案件單一性，對起訴效力的影響頗為重要。又，單一案件，乃以單一被告及單一犯罪事實為要素；在起訴效力上，便因而分為對人（被告）的效力，以及對事（犯罪事實）的效力。

（一）起訴對人的效力

單一被告，表示原告僅起訴一人。依§266，「起訴之效力，不及於檢察官所指被告以外之人。」自訴案件亦同（§343準用§266）。是故，起訴對人的效力，可分（起訴對人可分）。

必須明辨的是，告訴與起訴不同。告訴是偵查發動的原因之一，係指被害人或與被害人有特定關係者，向偵查機關申告犯罪事實，表示請求追訴的意思；起訴是檢察官或自訴人，向法院提起訴訟。告訴的概念下，有所謂告訴不可分的規定，是指告訴人對共犯一人告訴或撤回告訴，及於其他共犯（§239）。是故，§266是起訴效力問題，關於起訴不可分的起訴對人效力；§239則是告訴效力問題，關於告訴不可分的對人效力。

茲舉一例，甲乙共同竊盜丙，丙向檢察官告訴，雖僅告甲，但基於告訴不可分，告訴的效力及於乙（§239），檢察官可以對甲乙發動偵查。案經偵查終結，若檢察官僅起訴甲，則起訴的效力不及於乙（§266），因為起訴對人的效力，對被告而言是個別獨立的，並非不可分。基於相同的概念，如果遭竊之後，丙自行委請律師對甲提自訴，起訴的效力亦不即於乙（§343準用§266）。

（二）起訴對事的效力

單一犯罪事實，在實體法上僅有一個刑罰權，在訴訟法上是一個無從分割的案件。是故，起訴對事的效力，不可分（起訴對事不可分）。

1.檢察官起訴不可分

§267規定，「檢察官就犯罪事實一部起訴者，其效力及於全部。」簡言之，單一犯罪實的一部事實起訴，因起訴對事不可分，效力及於全部。甲竊取乙的金飾、金錶，是單一犯罪事實；檢察官僅起訴甲竊取乙的金飾（起訴一部），對於起訴書未記載的竊取金錶之事，法院仍應加以審判（效力及於全部）。

基於案件單一性，單一犯罪事實的起訴效力及於全部，故不得再就其他部分起訴。若檢察官不查，就已起訴單一案件，對於該單一犯罪事實的其他部分再行起訴，則是競合管轄的問題，若於同一法院再行起訴，則法院應依§303②諭知不受理判決；若於不同法院起訴，後繫屬的法院應依§303⑦諭知不受理判決；倘若先前起訴的案件已經判決確定，則法院應依§302諭知免訴判決。

2.自訴人自訴不可分

自訴案件準用公訴程序，自訴人僅就犯罪事實一部起訴，其效力亦及於全部（§343準用§267）。

惟被害人能否提起自訴，視被害人是否「直接被害」而定（§319）。通常學理將犯罪侵害的法益區分三類，侵害個人法益的犯罪（刑

§§221～229-1；271～363），侵害社會法益的犯罪（刑§§173～220；230～270），或國家法益的犯罪（刑§§100～172）。對於侵害個人法益的犯罪，被害人當然直接被害，而得告訴或自訴，並無問題。但是，侵害國家或社會法益的犯罪，個人有無可能為直接被害人，便有討論空間。

理論上，侵害國家或社會法益的犯罪，由於非侵害個人法益，個人恐怕不會是直接被害人，若是間接被害，個人向偵查機關告發，由檢察官追訴犯罪。不過，國家社會由個人組成，似難將其關係一刀兩斷，所以對於侵害國家社會法益的犯罪，個人可否被視作直接被害人而得告訴或自訴，必須先視該犯罪的性質決定，即所侵害的國家社會法益，屬於單純性法益、關聯性法益或重層性法益。

國家社會法益
① 單純性法益：刑法僅單純保護國家或社會法益，而不保護個人。如偽證罪、湮滅證據罪。個人非直接被害人不能自訴或告訴，僅能告發。

② 關聯性法益：一個犯罪同時侵害數法益，但刑法選擇保護國家社會法益；惟個人仍為被害人（因有關聯）。如誣告罪、放火罪。被害的個人能告訴亦能自訴。

③ 重層性法益：一個犯罪同時侵害數法益，刑法選擇同時保護數種法益；個人亦為被害人（重層保護）。如凌虐人犯罪、和誘罪、略誘罪、酒醉駕車罪，被害的個人能告訴亦能自訴。

通常來說，社會法益犯罪，多將因犯罪遭受侵害的個人，視作被害人；反之，國家法益犯罪，較少視個人為被害人。不過，這種區分方法，實際上並無具體的標準，多賴實務解釋，而受學者批評。

另外，依§319Ⅲ，「犯罪事實之一部提起自訴者，他部雖不得自訴亦以得提起自訴論。但不得提起自訴部分係較重之罪，或其第一審屬於高等

法院管轄，或第三百二十一條之情形（§321的情形是，對於直系尊親屬或配偶，不得提起自訴）者，不在此限。」從此可知，§319Ⅲ也是起訴對事不可分原則的體現，因單一犯罪事實，有得提起自訴者，有不得提起自訴者，此時無從分割為一部依自訴程序，一部依公訴程序辦理，故設此規定。

例如，某甲向乙借錢不還，乙循民事訴訟，向甲提告，並獲勝訴。待民事判決確定後，乙請求強制執行，要求查封甲的倉庫，以及倉庫內的機器，並由乙簽指封切結書，擔任保管人；爾後，法院執達員張貼封條，並由乙為倉庫更換新大鎖。甲聞之盛怒，乃破損封條，並以石頭將大鎖毀壞。對此，甲應成立污損查封標示罪（刑§139）、毀損罪（刑§354），一行為觸犯二罪名，為想像競合犯。污損查封標示罪，係單純保護國家法益，無人能提起自訴；毀損罪則是保護個人財產法益，被害人能自訴。甲的犯行是裁判上一罪，即單一犯罪事實，無從分割為一部自訴程序、一部公訴程序；若乙對甲就毀損罪提起自訴，依§319Ⅲ，毀損罪是較重之罪，所以其效力及於污損查封標示罪，也就是擴張自訴的效力，將自訴的範圍及於原本不得自訴的部分。

又或者，檢察官甲至殺人案現場相驗，甲的仇敵乙欲使之難堪，乃持石向甲丟擲，造成甲受傷。乙的一行為觸犯傷害罪（刑§277Ⅰ）及妨害公務罪（刑§135Ⅰ）；若甲對乙傷害罪的部分提自訴，依§319Ⅲ規定，其效力及於妨害公務罪。

三、對審判效力的影響

　　單一案件經檢察官一部起訴，但起訴效力及於全部，法院仍得就全部加以審判，而得將起訴部分與未起訴部分均為有罪判決；又，單一案件的判決確定，縱然有部分未經審理，也受判決效力所及。此即「審判不可分」。

　　基於審判不可分，例如，甲將乙打成重傷，經檢察官起訴，法院判決甲成立重傷罪，且判決於3月8日確定，但乙卻於3月9日死亡；加重結果犯（刑§17）為一罪，係單一案件，故判決確定後，檢察官不得再對重傷致死的部分再行起訴。假如判決確定後，檢察官再行起訴，是違反一事不再理原則，法院應諭知免訴判決。

　　不過，當單一案件中，有告訴乃論之罪的部分，但該部分卻未告訴時，審判不可分的表現，在審理與判決上，會產生落差。詳言之，若裁判上一罪的一部係告訴乃論之罪，一部為非告訴乃論之罪，當告訴乃論之罪部分未經依法告訴，由於欠缺追訴條件，法院僅得就非告訴乃論之罪部分加以審理，不得全部審理；又若全部是告訴乃論之罪，當有一部未經依法告訴時，亦僅得就經告訴部分加以審理。然而，相較於不得審理未經合法告訴的告訴乃論之罪部分；若是單一案件，縱未經審理的部分，仍為判決效力所及。

　　譬如，某甲一行為過失傷害乙，過失致丙於死，係想像競合（裁判上一罪）；由於過失傷害為告訴乃論之罪，若今乙未經合法告訴，對於過失傷害的部分，因欠缺訴追條件而不能加以審判，僅能就過失致死審判。待判決確定後，雖然因乙未告訴而法院未曾對過失傷害部分審理，但係單一案件，未告訴部分亦須受既判力拘束，所以乙亦不得再行起訴。

1.既判力擴張

　　承前可知，若單一案件有告訴乃論之罪的部分，且該部分未告訴時，在審理上，未依法告訴的部分，由於欠缺訴追條件，不得一併審判，成為審判不可分的例外；在判決上，未經審判的部分，判決效力亦有所及，仍

有審判不可分的適用，可稱之為「既判力（實質確定力）擴張」，擴張至單一案件的全部犯罪事實。

另外，若犯罪事實為事實審法院應行裁判的一部，卻未予裁判，乃已受請求事項未予判決，其判決當然違背法令（§379⑫），若未經判決確定者，應以上訴救濟之；反之，若判決已確定者，其效力及於全部，此也屬於既判力擴張。

不過，值得注意的是，將裁判上一罪在訴訟上視為單一案件，形成起訴不可分、審判不可分的局面，可能與不告不理原則產生衝突。不告不理原則是指，未經起訴，即不應加以審判，法院的審判範圍應與起訴範圍一致。換言之，檢察官只起訴裁判上一罪的部分，法院也只就此一部分審判。不過，在起訴不可分、審判不可分的概念下，起訴一部的效力及於全部（§267），解釋上將未起訴的部分，當成已起訴，並加以審判，恐怕違背不告不理原則。此外，起訴不可分、審判不可分的情形，也有侵害被告防禦權的疑慮，因為對於裁判上一罪的部分起訴，法院連同未起訴的部分一起審判，形同突襲裁判，被告可能來不及就未起訴的部分進行防禦。

2.既判力延展

附帶一提的是，案件單一性的審判不可分，除了可能有前述既判力擴張的問題之外，另有時間範圍上的「既判力延展」的問題。此問題的重點在於，具有繼續性質的犯罪行為，在實體法為一罪，在訴訟法上為一訴訟客體，即單一案件，惟其既判力及於何時的犯罪，學說有採不同看法。有採「判決確定時說」，即認為既判力應延展至判決確定時，也就是說，其行為既在判決確定前，就應為效力之所及；也有採「最後事實審理可能說」，即認為既判力應延展至有事實審理可能的時候，也就是說，既有審理可能，雖未予審理，亦為判決效力所及。前者重在實體關係；後者則重在程序關係。

對此，通說認為，以最後事實審理可能說可採。依§267規定，檢察官就犯罪事實一部起訴，效力及於全部，在最後事實審法院宣示判決前發

生的事實，皆有審理可能，本應予以審判，故其確定判決的既判力，應及於可能審理之前的全部犯罪事實。反之，如果事實在最後審理事實法院宣示後方才發生，既非該法院所得審判，即為該判決的既判力所不及。

四、對上訴範圍的影響

單一案件，因有不可分性，不僅影響起訴、審判的效力，使之及於全部的犯罪事實，亦影響上訴範圍，使及於全部的審判事實。依據§348 II規定：「對於判決之一部上訴者，其有關係之部分，視為亦已上訴。」此即所謂「上訴不可分」。

所謂「有關係部分」，係指判決的各部分，在裁判上無從分割，因一部上訴，而其全部必受影響者言。如罪與刑、主刑與從刑、緩刑與犯罪及科刑之間。也就是說，就實質上或裁判上一罪的犯罪事實一部上訴，其他部分皆屬有關係部分，而視為亦已上訴。是故，對於上訴的範圍，於一部上訴時，究竟是否及於全部，端視該案件是否為單一案件而定。

第三節　刑事案件同一性

案件同一性，係指被告同一與犯罪事實同一。

有同一案件的發現，通常是有一案兩訴的情形。原告先後起訴的兩案，經比較後發現，兩案的被告及犯罪事實，均屬相同，有重複起訴的情形。同一案件與單一案件相同，在實體法上亦僅有一個刑罰權，所以受訴法院之中，僅得有一個法院對該同一案件，為有罪或無罪的實體判決，以確定國家刑罰權有無及範圍；而其他法院對此同一案件，則應拒絕為有罪或無罪之實體審判，即逕行認定其訴為不合法，以不受理的形式判決，將其公訴或自訴駁回，以終結之，始為合法，藉以避免發生一罪兩判。

壹、被告同一

被告是否同一，必須就本案，與在訴訟繫屬中的其他案件，或已判決確定的案件，經互相比較結果而知。

一、被告同一的認定

被告是否同一，應以原告起訴請求確定具體刑罰權的對象，與實際上參與訴訟程序、實施訴訟行為的人，是否相同為準。更直白地說，被起訴的人、被審判的人，是同一人。

若同一被告，卻因人為疏忽，造成起訴書、判決書等所記載的被告姓名有所錯誤，但顯然不影響全案情節與判決本旨者，為求訴訟上的被告，與書狀上的被告姓名相互一致，法院於宣示判決前，自得予以更正；而於宣示或送達判決後，亦得依聲請或本其職權，以裁定更正。反之，如是兩案，實為不同被告，卻同名同姓，為能區分人別，§§264Ⅱ①、320Ⅱ①規定，起訴書狀應記載被告的姓名、性別、年齡或其他足資辨別的特徵，以確定被追訴之人究為何人，俾使法院審判的被告，與原告所起訴的被告相同。

被告是否相同，非以被告姓名，當作確認的唯一標準。關於認定被告，是否與起訴書狀所指為被告之人相同，其主要標準有二：

1. 表示說：以起訴書狀所記載的被告為準。
2. 行為說（行動說）：以實際上被司法機關當作被告，且參與訴訟程序，實施訴訟行為者，作為認定被告的標準。

實務判斷被告是否同一，係以表示說為主，行為說為輔；此與大法官釋字第43號的解釋意旨吻合。以表示說作為判斷被告是否相同的標準，是比較經濟便利的方法；但是，被告是否同一，應以刑罰權對象是否相同為準，與起訴書狀所載被告姓名是否相同，並無絕對關係。是故，實際上被司法機關當作被告，並且有參與訴訟程序，實施訴訟行為者，也可當作被告是否相同的判斷標準。

　　有論者認為，檢察官與自訴人的起訴意思（意思說）特別重要，因為基於不告不理原則，審判程序的被告，與原告所要起訴的對象是否同一，應以原告的認知為準，即何者才是原告要起訴的對象。不過，這個看法應可被表示說及行為說所涵蓋。表示說以起訴書狀記載的被告為主，而檢察官或自訴人之所以將某人記載於起訴書狀，正是要起訴該人的意思表示。再者，行為說不以起訴書狀所記載的被告姓名為標準，而是以實際上被司法機關當作被告，並有參與訴訟程序者，為真正被告；檢察官作為廣義的司法機關之一，且在偵查程序中，便已認知被告，且互有攻防，自是以此認知起訴特定對象。

　　例如，檢察官起訴某甲，並正確載於起訴書，則甲為檢察官所指為被告之人；如於法院審判期日，乙冒名甲到案受審，經審判長當庭發覺，應將乙斥退；因乙非起訴書所載的被告，也非檢察官起訴所指的被告。縱然乙涉嫌使甲隱避，亦應移送偵查機關偵查，不得逕行對之審判。至於甲未到庭，應另行定期傳喚，進行審判以終結該案。

　　又如，某甲撿獲乙的身分證，換貼自己相片於乙的身分證上，並持之冒用；嗣後，甲犯竊盜罪當場被逮捕，於偵查中甲持該變造的身分證，冒稱乙的姓名應訊，使檢察官誤用乙的姓名，將甲起訴。審判中，法院發覺甲係冒用乙的姓名受審，但甲確係經檢察官偵查起訴，且參與訴訟程序並實施訴訟行為的被告；此時，法院只須依職權將起訴書所載乙的姓名，訂正為甲的姓名即可繼續審理，並對甲為判決。此不僅合於訴訟經濟，亦未侵害被告程序權利，且可避免對同一被告甲，再進行二次的追訴、審判及處罰。由此也可以看出行為說補充表示說的不足，因為如果單採表示說，必須將起訴書所載的被告乙，改判無罪；然後對甲則另行起訴，重行審判與處罰，耗費司法資源。

　　再如，某台北人甲在高雄將乙打成重傷，乙告甲，稱甲的姓名為張三。北檢的檢察官偵查後，於3月8日起訴甲；雄檢的檢察官偵查後，發現甲的姓名實為張山，並於4月1日起訴甲。二訴的被告皆為甲，雖然起訴書上的姓名不同，但訴訟程序均是同一人參與，刑罰權對象相同，案件同

一。又或者，乙被不知名人士以「蓋布袋」傷害，被打時有聽見路人喊「張三打人」；之後，乙左思右想，認為是名為張三的仇家甲所為，乃對之提起自訴，但不久後發現，實際上當日打人者是丙，且丙的姓名也是張三，乃又對丙提起自訴。二訴被告姓名相同，但刑罰權對象不同，案件不同一。

二、案件被告是否同一的錯誤

又必須注意的是，訴訟程序上的被告，是訴訟主體；但是，案件是訴訟客體，「案件的被告」，在程序法上是被裁判者，在實體法上是被處罰者。是故，對於被告，如理解為訴訟主體的被告，依照直接審理原則，被告必須到庭（§§281 I、379⑥）；如理解為訴訟客體的被告，則該被告由原告特定，只要在客觀上能確定原告訴追者為何人即可。

$$
\left.\begin{array}{l}
\text{訴訟主體（當事人）} \left\{\begin{array}{l}\text{檢察官、自訴人—主動當事人}\\ \text{被告—被動當事人}\end{array}\right.\\[2em]
\text{訴訟客體（案件之被告）} \left\{\begin{array}{l}\text{程序法—被裁判者}\\ \text{實體法—被處罰者}\end{array}\right.
\end{array}\right.
$$

由於案件的被告是否同一，以刑罰權的對象是否同一為準，所以在不同的訴訟中，若刑罰權對象相同，被告姓名不同，乃是記載錯誤；反之，若刑罰權對象不同，無論被告姓名相同或不同，都是被告錯誤。所謂被告錯誤，可能是起訴錯誤，也可能是裁判錯誤：

1. 起訴錯誤：又分為姓名錯誤、被告錯誤。（1）姓名錯誤，如是假名、偽名或變名等情形，逕將姓名更正並註明假名即可；若是冒名情形，如甲冒用乙名應訊，被押或交保為甲非乙，於審判中發現乃被告姓名記載錯誤，仍得以甲的本名審判；（2）被告錯誤，則通常發生在頂替的情形。例如甲自認犯罪，經起訴後發現係頂替乙，此時，法院應對甲為無罪判決，終結訴訟關係，並應將乙移送偵查；至於甲成立頂替罪（刑§164

Ⅱ）是另一問題。

2. 裁判錯誤：同樣可分為姓名錯誤（誤載）、被告錯誤（誤判）。（1）姓名錯誤的情形在裁判上，就是誤載，比如檢察官對甲起訴，但法院判決時，誤載甲為乙，此時應以裁定更正姓名錯誤；（2）被告錯誤的情形在裁判上，就是誤判，比如檢察官對甲起訴，但法院卻對乙判決；然而，乙未經訴訟，法院的判決違法（§268），應依法定程序更正。

貳、犯罪事實同一

犯罪事實是否同一的判斷，應以刑罰權對象的「客觀事實」是否同一為準。如果數訴的客觀事實同一，其犯罪事實，即為同一。然而，決定犯罪事實是否同一的樞紐，乃以該行為在實體法上是否為「行為單數」而定。因此，行為單數的機能具有：實體法上，可判斷國家對於行為人的刑罰權；程序法上，可確定案件在程序處理中，維持其犯罪事實的同一性。

行為單數的情形，依通說有三類：1.單純的行為單數，即自然意義上的一行為，如想像競合犯；2.自然的行為單數，如接續犯；3.法的行為單數，即構成要件行為單數，其種類有：複行為犯，如強盜罪、強制性交罪等；集合犯，如收集偽造變造通用貨幣罪、施用毒品罪；繼續犯，如私行拘禁罪、酒醉駕車罪。以上三類的行為單數情形，在實體法上均評價為犯罪單數，在訴訟法上則應認定為犯罪事實同一。

刑事訴訟係採彈劾原則，本於無訴即無裁判的法理，§268規定，「法院不得就未經起訴之犯罪審判」；換言之，法院應依起訴事實決定審判範圍，且審理後的判決事實，應與起訴事實維持同一性，不得超越起訴事實。如果法院審理後的判決事實，超越起訴事實，則是法院自行另為認定犯罪事實，成為未受請求的事項予以判決，是判決違法（§379⑫）。也由於法院應以起訴事實定其審判範圍，且判決事實與起訴事實維持其同一性，因此，檢討犯罪事實是否同一，在訴訟上的機能有四：

1. 確定法院審判的範圍：基於控訴原則，法院的審判範圍不得超過起訴機

關的起訴範圍，否則判決當然違背法令（§§267、268、379）。檢討起訴事實與審判事實是否同一，對法院判決具有重要意義。

2. 決定是否另行或追加起訴，或可否變更其起訴法條：當某犯罪事實不涵蓋於既有的審判事實時，若要追訴該犯罪事實，只能另行起訴或追加起訴（§265）。另外，法院可以在履行告知義務及賦予被告充分的辯護機會後，能夠變更檢察官對起訴事實的法律評價，即變更檢察官的起訴法條（§300）。

3. 確保判決的終局性：對於某犯罪事實的訴訟程序，已經因為有效的法院判決而終結後，不得再對同一犯罪事實於其他訴訟進行追訴，法院應為免訴判決（§302①），因為法院判決所確定的犯罪事實，具有確定力及拘束力。

4. 避免浪費訴訟資源：藉由犯罪事實同一的判斷，劃定禁止二重起訴的範圍。若對同一被告及同一犯罪事實重複起訴，不但對被告帶來痛苦，對司法資源更是浪費，故「已經提起公訴或自訴之案件，在同一法院重行起訴者」及「依第八條之規定不得為審判者」時，法院應為不受理判決（§§303②⑦）。

　　不過，起訴的犯罪事實，並非單純的社會事實，而係就客觀事實為確定具體刑罰權對象的表示。犯罪事實究竟是否同一，自應以先後起訴的案件，其起訴書所載的犯罪事實，作為先後起訴案件刑罰權對象的客觀事實是否同一的認定標準，如各案件起訴的客觀事實相同者，即為事實同一。至於起訴的犯罪事實同一，即就客觀事實為確定具體刑罰權對象的表示相同時，按其情形可以分為，「事實上同一」與「法律上同一」。

一、事實上同一

　　事實上是否同一，學說上並無定論，但在判斷的方向上，可以發現趨於具體、特定。畢竟，若有比較具體、特定的標準，在判斷犯罪事實是否

同一時，將更得心應手，也更能達成前述的犯罪事實同一，在訴訟法上的機能。對於事實上同一的判斷標準，主要有下列三種看法，目前以「訴之目的及侵害行為內容說」為主。

1.基本事實關係同一說

　　實務過去曾經採基本事實關係同一說，作為判斷犯罪事實的事實上是否同一的標準。簡單來說，基本的事實關係是否同一，係以社會事實為準，當起訴事實與判決事實的「基本社會事實關係相同」，就有同一性；除此之外，就算犯罪的時日、處所、方法、被害物體、行為人數、犯罪形式（如正共犯態樣，或既遂、未遂等）、被害法益、所犯罪名等存有差異，但只要基本的社會事實相同，即使枝節有異，對於事實同一的認定並無影響。

　　但採此說，對於被告利益的保護，將有缺憾。起訴事實與判決事實的基本社會事實究竟有無相同，抽象且模糊，難有清楚具體的標準，因而造成社會基本事實的範圍過大。倘在此範圍內，法院均可依職權自由認定事實、適用法律，恐怕有違反控訴原則的疑慮；且因基本事實的範圍過大，必將導致被告無法有效防禦，使得被告防禦的重點，經常與法院判決的重心有所出入。這是過去實務認定事實上是否同一的方式，現在已經揚棄此不利益於被告的方式。

2.訴之目的及侵害行為內容說

　　現在，實務認定案件是否具事實上同一，係由「訴之目的及侵害行為內容」是否相同作為判斷標準，即侵害行為的時間、地點、行為客體及侵害目的是否同一來決定。例如，最高法院90台非168判決、最高法院94台上1783判決曾指出，起訴事實與審判事實的侵害行為內容，在時間上存有差異，犯罪事實即非同一。

　　詳言之，應以原告請求確定其具有侵害性的事實關係，為判斷事實上是否同一的基本標準。經原告抉擇為訴訟客體的社會事實關係，其於空間、時間上構成緊密相關的事件過程，其行為本身、行為客體與行為手段

及侵害目的之間，都應具有相同的歷程與具體事件，才屬同一犯罪事實。由此亦可知，就算數訴的起訴事實與判決事實，二者的社會事實關係相同，但訴的目的及侵害行為內容不同時，即非同一事實。

　　例如，某甲以勒扣手法致乙窒息而死，並且取走乙的財物。案經偵查終結，檢察官認為是強盜殺人，認定的起訴事實是「被告先有為自己不法所有之意圖，而以勒扣窒息之殺人行為，搶劫被害人之物」；但法院認定的犯罪事實為：「被告於勒死被害人後，始起意為自己不法所有之意圖，以竊取之方法，即以和平之方法取走被害人之物」。關於財產犯罪的部分，起訴事實為強盜，判決事實為竊盜，可知起訴事實與判決事實的侵害行為內容不同，由訴之目的及侵害行為說觀察，非同一事實，自非同一案件，法院不得自行依§300變更法條。

3.自然生活觀點的單一生活事實說（新同一案件說）

　　近來，對於現今實務以「訴之目的及侵害行為內容」是否相同為標準，判斷事實是否同一的看法，有部分學者檢討。由於2005年的刑法修正，已將過往競合論中牽連犯、連續犯的規定刪除，論者稱「舊競合論」已經瓦解，宜建立「新競合論」，此亦直接影響傳統對於判斷案件同一性的操作模式，所以應藉此機會建立「新同一案件」的判斷基準，導正「實體法上一罪，為訴訟法上一訴訟客體，且審判上不能分割」的錯誤認知，主張「實體法上的罪數概念，不等於訴訟法上的犯罪事實概念」，進而提出「新案件同一性」的概念。

　　所謂新案件同一性，對於犯罪事實的判斷基準在於，以「按照自然生活觀點的單一生活事實」為基礎。此屬於事實層面的判斷，與實體法的競合（罪數）判斷，屬於規範層面，而有所不同。惟礙於各種案件彼此間的差異，新案件同一性認為，對於自然生活觀點的單一生活事實，可能沒有辦法提出精確完整的判斷標準，也就是無法將之高度抽象化到可以對個案進行要件公式化的判斷，因為此一判斷是繫諸於個別具體生活事實之上。不過，在多數的案例，還是可以歸納出幾個判斷基準，即犯罪行為的地

點、時間、對象，以及侵害的目的等，藉此確定審判的範圍。

其實，對於犯罪事實的事實上同一，自然生活觀點的單一生活事實說（新同一案件說），與近來實務採取的訴之目的及侵害行為內容說，二者之間的認定標準，並無不同，均係以犯罪行為的時間、地點、行為客體及侵害目的的具體情形，認定同一案件中的犯罪事實是否同一，只是以不同的言語表達而已。

二、法律上同一

犯罪事實的法律上同一，係指單一刑事案件，經原告先後向同一或不同法院起訴，而為數訴的刑事案件，縱數訴的起訴基本事實不同，但此等不相同的基本事實，依實體法規定僅構成一罪時，一部犯罪事實的起訴，效力及於全部，均為犯罪事實的法律上同一。

發生犯罪事實的法律上同一，諸如實質結合犯、繼續犯、集合犯及加重結果犯等情形。以強盜殺人罪（刑§332 I）為例，其是實質結合犯，雖由強盜、故意殺人二個不同基本事實所構成，但在實體法上僅為一罪，因此在訴訟法上只能為單一刑事案件，是單一訴訟客體，不容分割。若某台北人甲在高雄犯強盜殺人罪，北檢對甲以強盜罪起訴，是對一部犯罪事實起訴，效力及於故意殺人的部分；若雄檢也對甲以強盜殺人罪起訴，是同一案件重複起訴，要依競合管轄處理。

由此足見，同一案件的比較，並不以單純犯罪事實的比較為限；以刑罰權為內容的犯罪案件個數，亦應在比較範圍之列，如此才能知道該同一案件，是否一案數訴（重複起訴）。延續前述實質結合犯的例子，事實實質結合犯所結合的犯罪事實，本質上屬於數案件的結構，譬如強盜殺人罪本質上，具有強盜罪、殺人罪的結構；只是，因立法者刻意整合，將不同犯罪行為，透過實質結合犯的立法，成為單一案件，同時在程序處理上，亦僅能始終維持其單一性。如此一來，非但符合刑法的罪刑法定原則要求，同時也可以避免實務操作的紛擾。

以實體法上所認定的構成要件行為單數（即法律意義的行為單數）例如集合犯、複行為犯、繼續犯、結合犯等，各行為間雖具有其獨立性，惟就實體法規定而言，仍將其評價為行為單數，故國家對行為人僅有一個具體刑罰權；此與程序法中，法律上同一的概念合致。

三、犯罪事實是否同一的影響

犯罪事實是否同一，或者同一的範圍寬窄，因解釋而有所不同；尤其是，犯罪事實的事實上是否同一，有較大的解釋空間。與犯罪事實是否同一，最有關聯者，是§300，若解釋犯罪事實的範圍偏寬，起訴事實與審判事實便容易相同，既然是同一案件，法院自可變更起訴法條，有利於訴訟經濟；反之，解釋犯罪事實的範圍偏窄，則起訴事實與審判事實較不容易相同，則非同一案件，法院自不可變更起訴法條，雖不利於訴訟經濟，但較利於被告防禦。

犯罪事實同一範圍解釋愈廣（過寬）
- 檢察官－有利：因為舉證幅度富於彈性，一次起訴就能解決案件。
- 被告
  - 不利：相對於檢察官，被告的防禦範圍不易確定，被判有罪之危險性大。
  - 可能有利：一旦判決確定，基於一事不再理，被告受免訴的範圍愈廣。
- 法院－符合訴訟經濟：引用§300範圍大，有利審判迅速進行。

犯罪事實同一範圍解釋愈窄（過嚴）
- 不符合訴訟經濟：引用§300範圍小，若非同一案件，則重行再訴，浪費有限的訴訟資源。
- 可能不利真實發現：因為證據可能滅失。

具體言，犯罪事實是否同一的範圍寬窄，攸關能否適用§300變更起訴法條，此關係到訴的擴張、減縮或變更問題。§300的適用前提是，不得變更起訴的犯罪事實，且限於有罪判決。因為，無罪判決並無變更起訴法條的問題；免訴判決、不受理判決雖得變更起訴法條，但無須引用§300。雖然§300的運用，有訴訟經濟的效果，但在運用上，仍有隱含的憂慮如下：

1. 可能侵害被告防禦權：依§267規定「檢察官就犯罪事實一部起訴者，其效力及於全部。」依審判不可分原則的適用，導致部分檢察官偵查程序不夠完備或心存僥倖，可能僅針對案件一部分的犯罪嫌疑事實進行調查，即草率提起一部公訴，其餘各部分的嫌疑事實，則推給法院調查、審判。如此，不但加重法官審判工作負荷，亦使法官兼辦偵查工作，使審判權力不當擴張；也因為如此，被告因無法預知審判範圍，而無從為適當的防禦準備，有妨害被告防禦權之虞。

2. 可能違背不告不理原則：依據§300，作為裁判者的法院，得在審理程序中，代替追訴者變更起訴法條。起訴法條原係檢察官追訴被告犯罪所主張的罪名法條，卻由法官變更之，理論上已違反無訴即無裁判的不告不理原則；再者，法官可能將起訴的輕罪法條，變更為重罪法條，此會使被告深感莫名與無奈，法院代替檢察官承受民怨，不僅直接造成被告訴訟權益受損，也間接損害司法威信。

3. 可能導致「重審輕檢」的情形：如果法院不受起訴範圍拘束，只要認為未經起訴部分與起訴部分之間，具有審判不可分的適用，即可任意擴大同一犯罪事實的認定範圍，判決事實也勢必擴大，造成訴的擴張判決。擴張判決的現象，將造成法官審判權的擴張，使檢察官追訴犯罪職權的功能受到貶損，恐將導致重審輕檢的失衡結果。

由以上分析可知，實務運用§300可能產生些許弊病，而侵害被告權利。對此，法院必須盡到「法律上的照顧義務」；此由憲法§§8、16，以及本法§§95、287規定，應該可以推衍出來。為滿足法院的照顧義務，當法院欲變更起訴法條時，應告知被告罪名變更；罪名經告知後，認為應

變更者，應再告知。蓋非如此，被告當無從實行其防禦權。此外，法院要給予被告充分辨明犯罪嫌疑的機會，即被告得就變更後的罪名請求調查證據、詰問證人及鑑定人，並對證據調查結果表示意見，為事實與法律上的辯論，以及最後陳述。如法院未踐行上開法定程序更新審判，而於判決書中直接引用§300，擅為變更起訴法條的判決，即屬§§377、378、379⑩⑪的違背法令，可為上訴第三審的理由。

　　簡言之，如果法院於審理時認為，案件事實與起訴書指控的事實不同，法官應就起訴罪名判決無罪，將新認定的犯罪事實交予檢察官重新偵查，以徹底保障被告的防禦權，避免突襲裁判。因此，變更起訴法條的基礎是，犯罪事實同一，且認定標準不能太寬。

參、案件同一性的效力

　　同一案件是同一被告與同一犯罪事實；基於案件同一性，案件本不可分，且適用一事不再理原則，而在訴訟法上面發生諸多效果。在理解這些案件同一性的效力前，必須先清楚掌握同一案件的內涵，方能從中明白案件同一性對於本法規範的影響，以及其影響的意義。

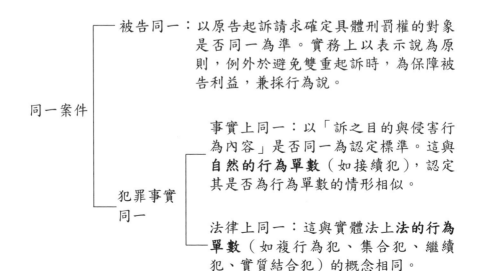

一、起訴書應具體記載

起訴是被告請求法院，藉由訴訟程序，對被告就具體的犯罪事實，確定其刑罰權的表示。基此，被告為何、犯罪事實為何，自應具體且特定，故§§264Ⅱ、320Ⅱ，均規定起訴書狀應記載被告、犯罪事實及證據，即在表明起訴的範圍。換言之，起訴書狀的記載，不可抽象籠統，必須使人知悉原告擇為訴訟客體的內容；假如起訴是不具體、不特定者，即無從決定起訴範圍，也無由判斷是否與他事實具有同一性，審判亦屬不可能，應以其訴為違背起訴程式，諭知§303①不受理判決。

二、禁止雙重起訴

犯一罪，僅有一刑罰權，不容雙重起訴，重複判決、處罰。是否雙重起訴，應視其先後起訴者，是否為同一案件。若是同一案件，不論係單純一罪，或係實質上或裁判上一罪，其一部已經起訴者，即不得就其他部分再行起訴；如再行起訴，法院即應諭知不受理或免訴判決。相反的，如非同一案件，縱然先後二訴有相牽連關係，而為相牽連案件（§7），並非雙重起訴，自得依法合併偵查、管轄、審判。

同一案件經檢察官開始偵查者，原則上不得再行自訴（§323Ⅰ）；如仍自訴時，法院亦應依§334諭知不受理判決。在檢察官偵查前，自訴人均得提起自訴，自訴人提起自訴在先，檢察官則應停止偵查（§323Ⅱ），將案件移送法院，以免雙重起訴。倘若同一案件，發生先後起訴的情形，則依競合管轄（§8）規定處理。

同一案件僅有一刑罰權，不應重複起訴，當然也不應由數法院分別重複審理。同一案件在訴訟上無從分割加以審判，依審判不可分的原則，檢察官或自訴人雖僅就犯罪事實一部起訴者，其效力及於全部，法院即得就其全部加以審判（§§267、343）。同一案件已繫屬於有管轄權的數法院時，為防止一案兩判起見，依據競合管轄的規定，應僅由一法院審判，即由繫屬在先的法院審判，或共同的直接上級法院依職權或聲請裁定，由繫

屬在後的法院管轄。不過，同一案件，已繫屬於有管轄權的數法院，經分別為本案判決後，始發現其競合者，依下列辦法處理之：

1. 判決確定前發現者：此時，應對於不得為審判的法院判決（通常是繫屬在後的法院判決）提起上訴，由上級審法院予以撤銷，改依§303⑦諭知不受理判決。

2. 判決確定後發現者：此時，必須依判決確定的先後次序加以判斷。不得為審判的法院判決，在得為審判的法院判決確定後，方才確定時，應對不得為審判的法院判決提起非常上訴，最高法院再依§302①規定，諭知免訴判決。反之，得為審判的法院判決，在不得為審判的法院判決確定後，方才確定時，則對得為審判的法院判決提起非常上訴，最高法院再依§302①規定，諭知免訴判決。雖然不得為審判的法院，為本案判決且確定在先，其訴訟程序確實存有瑕疵，但一經判決確定，即生確定效力，並不因程序瑕疵而受影響；再者，僅因繫屬在後，就將確定判決置於不顧，實有違訴訟經濟，對被告也無程序利益，並有害法的安定性。是故，只要有管轄權法院判決確定，無論其繫屬先後，即應以確定先後為準，對確定在後的法院判決提起非常上訴，再由最高法院諭知免訴判決。

三、法院變更起訴法條

依§300規定，「得就起訴之犯罪事實，變更檢察官所引應適用之法條」。蓋起訴的範圍，以犯罪事實為準，並非以起訴法條為準，依該條規定，法院得依職權就起訴事實加以變更者，為起訴的法條，而非起訴的犯罪事實。換言之，當起訴的犯罪事實同一，法院得變更起訴法條。又，自訴案件，依§343準用§300，自亦許法院變更所引應適用之法條，但不得踰越犯罪事實同一性的範圍。

四、決定既判力之範圍

　　案件一經判決確定，即生確定力，不得再為訴訟客體，如再行起訴，應依§302①諭知免訴判決。

　　判決的確定力，可分為形式確定力與實質確定力二種。判決因形式確定所生的效力，為形式確定力，也就是當判決已無聲明不服的方法時，便產生形式確定。判決因實質確定所生的效力，為實質確定力，此乃指判決達成刑事訴訟的目的，即在於確定刑罰權有無及其範圍。應注意的是，判決的實質確定力，僅於實質的、本案的判決中存在；形式判決如不受理判決、管轄錯誤判決，即無實質確定力，亦無既判力。若是形式判決，縱然後訴的案件與之同一，亦無禁止再訴可言，因其訴訟目的未完成，追訴權仍然存在。

　　再者，判決的實質確定力，可分為內部效力、外部效力。判決實質確定力的內部效力，存在於受判決人與國家之間，而內部效力的表現，因其判決內容而有異。如果有罪科刑判決確定，係確認被告就該案件所犯罪名及其應科的刑罰，此時以執行力為主要的內部效力；若是無罪判決確定者，其內部效力則是，確認公訴權已不存在。至於外部效力，則指因該案件曾經為本案判決確定，故不得就同一案件，再行起訴，即所謂「既判力」。既判力乃根據犯罪事實同一性而生的效果，必其案件有同一性，方有既判力可言；既判力的範圍應以同一性的範圍為準，無同一性就無既判力。

❖ 實例講座 ❖

＊搶劫與猥褻騎士＊

　　甲女深夜返家，機車騎士乙見甲婀娜多姿，乃從背後抓住甲之手，甲以為乙要搶奪其手上名牌皮件並報警。檢察官以搶奪未遂罪嫌起訴甲。法院審理後發現，甲當時應是要猥褻夜歸女子，認應成立強制猥褻罪。試問，法院有無§300的適用？

➲解析

　　法院審理結果發現，應適用的法條與檢察官起訴的法條不同時，法院得依§300變更起訴法條。不過，法院變更起訴法條時，應符合（1）法院應為有罪判決；（2）有變更法條必要；（3）為符合不告不理原則，應在事實同一的範圍內。

　　本題，法院為有罪判決，亦有變更法條必要，然是否在事實同一的範圍內，存有爭議。起訴事實與判決事實是否同一的判斷標準有所不同，有以社會事實為判斷標準；亦有以訴之目的及侵害性行為的內容是否同一而定。

　　若採社會事實同一說：檢察官起訴事實認定被告乙騎車自甲女身後企圖搶奪等情事，與法院判決認定被告應屬強猥褻的犯罪事實，罪名有異，但基本事實相同，法院得依§300變更起訴法條。

　　若採訴的目的及侵害性同一內容說，搶奪罪在保護被害人財產法益，屬個人法益的犯罪；強制猥褻罪則在保護性自主權，屬社會法益的犯罪。兩者保護法益不同，訴之目的與侵害行為的內容有異，非同一事實；此外，因為檢察官以乙侵害財產權起訴，乙依此而為防禦，若許法院變更為強制猥褻，則對於被告乙的防禦範圍太大，對乙非常不利，所以法院應不得擅自變更起訴法條，而應就搶奪為無罪判決，由檢察官針

對強制猥褻部分另行偵查、起訴。

＊冒名的仇家＊

　　甲乙兩人素有嫌隙。一日，乙強制性交丙女未遂，因深怕遭受重刑處罰，又想陷害甲，便偷取甲的身分證後向警方自首犯行。自首後，乙利用甲身分證上的姓名來應付檢察官一連串偵查與訊問，而檢察官撰寫起訴書時，亦將被告記載為甲。案經起訴繫屬於一審，乙繼續利用甲的名義接受審判。宣判被告有罪之後，判決書送達至甲宅，乙攔截判決後，仍以甲的姓名上訴二審，二審法院方才發現乙冒用甲名的情形，試問，二審法院該如何處理？

⟴解析

　　按§268不告不理的基本精神，法院不得就未經檢察官起訴的案件逕行審理。換言之，法院審判的範圍僅特定在經檢察官起訴的被告與犯罪事實。關於被告的特定，依§266：「起訴之效力，不及於檢察官所指被告以外之人。」不過，檢察官所指者究竟為何人的判斷基準，有三種不同的看法，其一為「表示說」，以檢察官起訴書所載者為準；二者係「行動說」，以蒞庭實施訴訟行為或實際參與法院審理程序者為準；三者是「意思說」，就檢察官主觀真意為準。

　　本題中，乙冒用甲名接受司法機關的調查與審判，並讓一審誤認判甲為強制性交未遂有罪，而二審法院該如何處理，事涉上述採取何種特定被告的判斷標準。按實務與通說皆認為，原則應採「表示說」，僅在發現人別記載有誤時，例外以「行動說」判斷之。因此，乙冒用甲的身分證一事，讓檢察官在起訴書誤植被告的姓名為甲，此屬「起訴書上姓名記載錯誤」，應採取「行動說」，以實際接受偵查並參與審判者作為特定被告的標準，而乙是實際參與訴訟之人，直接訂正姓名即可，對乙不生未經起訴的問題。

第五章

訴訟程序

【目次】

第一節　訴訟關係 175

壹、訴訟關係的內容 175

一、基本的訴訟關係 175

二、程序的訴訟關係 175

貳、訴訟關係的產生 177

參、訴訟關係的消滅 178

肆、訴訟關係的移轉 180

第二節　訴訟條件 180

壹、訴訟條件與其他條件的區別 180

一、訴訟條件與適法條件不同 180

二、訴訟條件與處罰條件不同 181

三、訴訟條件與前提要件不同 181

四、訴訟條件與各個訴訟行為條件不同 182

五、訴訟條件與停止條件不同 182

貳、訴訟條件的種類 183

一、一般訴訟條件與特殊訴訟條件 183

二、絕對訴訟條件與相對訴訟條件 183

三、積極訴訟條件與消極訴訟條件 183

四、形式訴訟條件與實體訴訟條件 183

五、偵查條件、起訴條件與審判條件 185

第三節　訴訟行為 189

壹、訴訟行為的種類 189

一、法院的訴訟行為 189

二、當事人的訴訟行為 190

三、第三人的訴訟行為 192

貳、訴訟行為的成立及效果 193

一、訴訟行為的有效無效 193

二、訴訟行為的適法不適法 194

三、訴訟行為的有無理由 195

參、訴訟行為瑕疵的治癒 195

肆、訴訟行為的方式 196

一、言詞方式 196

二、書面方式 197

伍、訴訟行為的時間 204

一、期日 204

二、期間 204

三、回復原狀 206

實例講座 207

　　訴訟程序的內容，可以分為訴訟關係、訴訟條件、訴訟行為。因訴訟關係發生，訴訟程序方才存在；因訴訟條件具備，方才得以進入訴訟程序，法院也才能為實體判決；因無數具體的訴訟行為相連，方才構成抽象的訴訟程序。

第一節　訴訟關係

壹、訴訟關係的內容

　　具體刑事案件的訴訟關係，可分為基本的（內在的）訴訟關係，以及程序的（外在的）訴訟關係。

一、基本的訴訟關係

　　基本的訴訟關係，是訴訟主體在訴訟上因本其地位而生的關係。詳言之，原告為攻擊者，被告為防禦者，法院為裁判者，因三者之間的關係，而產生各自的權利義務；此又稱為內在訴訟關係，三者之間始終不變。

　　基本的訴訟關係，以訴訟繫屬為開端，始於起訴；訴訟繫屬消滅，基本的訴訟關係則結束，終於訴的撤回、終局裁判。易言之，基本訴訟關係（法院、原告、被告）因起訴而發生，在訴訟程序進行中始終存在，直至訴撤回或終局裁判後，基本訴訟關係始歸於消滅。

二、程序的訴訟關係

　　程序的訴訟關係，乃訴訟主體為達成訴訟目的，本於其基本訴訟關係，逐一進行各種行為。諸如訴的提起，審判期日的指定，被告的傳喚羈押，證據物件的搜索扣押，審判的進行等。程序的訴訟關係，是動態發展的關係，隨著一定順序進展，為達成訴訟目的，此關係直至判決而消滅。

　　因訴訟繫屬而發生訴訟關係，法院如何審理，乃至於如何判決以終結

其訴訟，均應視其訴是否適法。基於「先形式審理，後實體審理」的法院審理順序，如其訴不適法，僅有形式的訴訟關係，法院得為形式審理，而諭知免訴，不受理或管轄錯誤的形式判決；如其訴為適法，且其進行順暢而無障礙事由，則具有實體的訴訟關係，法院即應為實體的審理與裁判。

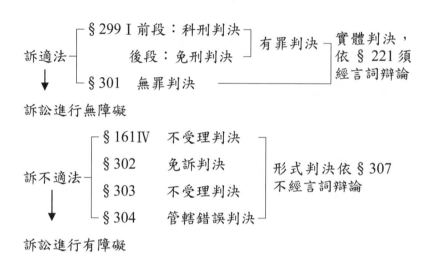

例如，某甲將乙打傷，檢察官以傷害罪起訴甲。不過，普通傷害罪（刑§§277 I、287）是告訴乃論之罪；但若乙並未告訴，檢察官的起訴將不合法。起訴程序上，依§242 II，告訴乃論之罪未經告訴者，須有告訴權人到案陳明告訴並記明筆錄者，始得起訴；若告訴乃論之罪未經告訴，則僅能形成形式的訴訟關係，法院對此案件僅能形式審理，不經言詞辯論而逕為不受理的形式判決（§303③前段）。

承前，如若相反，該案經乙告訴，檢察官起訴，且無任何訴訟上的障礙（如被告甲為死亡，告訴人乙未撤回告訴），則具有實體的訴訟關係，法院應為實體審理與判決，即須經言詞辯論，而為科刑或免刑的有罪或無罪判決。然而，如果該案於一審辯論終結前，乙依§238撤回告訴，則形成訴訟障礙事項；雖然檢察官起訴合法，但因告訴撤回，而僅有形式訴訟關係，此時法院僅能諭知不受理判決（§303③中段）。

貳、訴訟關係的產生

　　訴訟關係的存在，以有訴訟繫屬的事實為前提。具體的刑事案件，經原告起訴而法院受理的狀態，為「訴訟繫屬」。當訴訟繫屬於在法院時，法院與當事人均受其拘束，此因法院受理訴訟而生的關係，為「訴訟關係」，即訴訟主體相互間，在訴訟上的權利義務關係。簡單來說，如果訴訟開始繫屬，訴訟關係產生；如果訴訟繫屬的狀態繼續中，訴訟關係即屬存在，法院自應加以審理。

　　在概念上，訴訟繫屬的情形，按照是否屬於起訴部分，可以區分為二：對於起訴的部分，屬於事實上繫屬（不變性繫屬）；對於非起訴部分，但為起訴效力可及的部分（§§267、348Ⅱ），屬於法律上繫屬（變性繫屬）。

　　另外，關於訴訟繫屬的原因，按照繫屬的類型，可以區分為三：提出訴訟的繫屬、提出上訴的繫屬、其他事實的繫屬。不過，只有前二者是真正的繫屬：

1. 提出訴訟的繫屬：也就是「起訴」，如終結偵查後提起公訴的繫屬（§§251、264）、提起自訴的繫屬（§§319、320）；以及「追加起訴」，即追加起訴的繫屬（§265）。必須注意的是，提出起訴書狀後，即繫屬於法院，才生訴訟關係。

2. 提出上訴的繫屬：也就是「上訴」。上訴的提起，是以上訴書狀提出於原審法院（§350）；待原審法院的形式審查通過後，應依法將卷宗證物送交上級審（§§363、385）。移審的效力，非因提起上訴而即時發生，是經原審法院將該案卷證送交上級審時發生。

3. 其他事實的繫屬（假性繫屬）：也就是根本沒有繫屬，但因訴訟發展，造成法院誤以為尚處於訴訟繫屬中。此種情形包括，（1）未經起訴（上訴），或其起訴（上訴）已經撤回的繫屬，但法院卻以為訴訟繫屬而為判決；又或者（2）非起訴效力所及的部分，但法院卻以為受起訴效力所及而為判決。應注意的是，其他事實的繫屬，並不合法，法院若為判

決，是屬於重大違背法令的無效判決。

　　例如，某甲乙共同竊盜丙，但案經檢察官偵查終結，僅起訴甲，卻未起訴乙；審判程序中，雖乙承認竊盜，法院也因欠缺檢察官的起訴，而不能對乙審判。此時，檢察官可以追加起訴；但若法院未經檢察官追加起訴，便自行對乙審判，則是訴外裁判，是重大違背法令的無效判決，屬於其他事實繫屬的情形。假設如此，一審法院的判決主文表示，甲乙共同竊盜各處有期徒刑一年；但事實上，法院對乙部分的判決，是無效判決。附帶一提的是，對於前開案例乙的無效判決，經乙上訴，二審法院認有理由時，因係未起訴的案件，故僅須撤銷原判決，回復未經起訴的狀態，無庸另為判決，也不得判乙無罪。

參、訴訟關係的消滅

　　訴訟繫屬與訴訟關係，二者不可分離，必有訴訟繫屬，始有訴訟關係存在。當訴訟繫屬不存在，訴訟關係也就隨之消滅；如無訴訟關係存在，法院即無從就該案件為任何審判。

　　訴訟關係之所以消滅，原因有二：訴的撤回、終局判決。關於訴訟關係消滅的原因，以下進一步說明：

1. 訴的撤回：包括公訴的撤回（§269）、自訴的撤回（§325 I）、告訴的撤回（§238）。然而，應予區分的是，公訴及自訴的撤回，訴訟關係便消滅，法院毋庸判決；告訴的撤回，則是訴訟條件欠缺，訴訟關係並不立刻消滅，法院必須為不受理判決（§303），訴訟關係才消滅。

2. 終局判決：案件經法院為終局裁判者，除管轄錯誤（§304）的情形
   外，其訴訟關係消滅。法院對於無管轄權的案件，應諭知管轄錯誤判
   決，並同時諭知移送於管轄法院；對於受移送的法院，不需要再行起
   訴。

公訴之撤回

乙告甲傷害，檢察官提起公訴後，乙表示撤回。依§269
檢察官於第一審辯論終結前，發現有應不起訴或以不起
訴為適當之情形者，得撤回起訴。依§252⑤告訴乃論之
罪，其告訴已經撤回者，應為不起訴處分。

檢察官撤回起訴後，依§270撤回起訴與不起訴處分有同
一之效力。此時訴訟關係消滅。反之，檢察官若未撤回
起訴者，則訴訟繫屬雖仍合法存在，但已發生訴訟程序
障礙事項，此時法院即可以依照§303③告訴乃論之罪的
告訴已經撤回，而諭知不受理判決。

打　傷
甲 ──────→ 乙

自訴之撤回

乙自訴甲傷害。依§325Ⅰ告訴乃論之罪，自訴人於第一
審辯論終結前，得撤回其自訴。依§325Ⅲ書記官應速將
撤回自訴之事由，通知被告此時訴訟關係消滅。

打　傷
甲 ──────→ 乙

告訴之撤回

乙告甲傷害，檢察官提起公訴，乙表示撤回告訴，依
§238規定告訴乃論之罪，告訴人於第一審辯論終前得撤
回其告訴。

此時法院可依§303③諭知不受理判決。此時必須以判決
為之，因有訴之存在，雖然訴訟條件欠缺，仍須以判決
將告訴除去，否則訴訟關係並不消滅，此與公訴、自訴
之撤回不同。

肆、訴訟關係的移轉

訴訟關係發生移轉，即管轄錯誤判決（§304），也稱為訴訟關係改隸。訴訟關係的移轉，並非訴訟關係的消滅原因，故受移送法院可逕為審判，無庸另行起訴。不過，應注意的是，於公訴案件，直接諭知受移送法院；但若為自訴案件，依§335，「諭知管轄錯誤之判決者，非經自訴人聲明，毋庸移送案件於管轄法院。」

例如，某基隆人甲在基隆與乙發生口角，並將之毆傷。對此，乙向台北地檢提告，檢察官向台北地院起訴，但因犯罪的、被告住所地都在基隆，台北地院應無權管轄，必須為管轄錯誤判決，「並同時諭知移送於管轄法院」，即將案件移送至基隆地院。反之，若乙是向台北地院提起自訴，台北地院諭知管轄錯誤時，若乙未聲明，台北地院毋庸移送案件於基隆地院。

第二節　訴訟條件

法院欲為實體判決，必先有實體訴訟關係存在；而實體訴訟關係的發生，必須具備一定條件，即「訴訟條件」。法院對訴訟條件有無欠缺，不問訴訟程度如何，得依職權調查；倘若訴訟條件有欠缺，法院無從為實體判決。

壹、訴訟條件與其他條件的區別

一、訴訟條件與適法條件不同

適法條件，是起訴時的必備條件。起訴是否適法，按起訴時的情形加以判斷，為事前判斷的條件。

訴訟條件，為起訴的有效條件。具備訴訟條件，乃使起訴的訴訟行為效果，繼續存在的條件。

例如，檢察官起訴時，訴適法，具有適法條件；但是起訴後被告死亡，則被告死後的訴訟行為，因欠缺訴訟條件而無效，法院應依§303⑤諭知不受理判決。

二、訴訟條件與處罰條件不同

處罰條件，為實體關係的條件；訴訟條件，乃訴訟關係的條件。

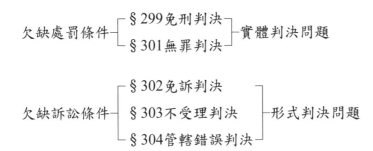

三、訴訟條件與前提要件不同

前提要件，是指起訴應具備一定程式（§303①）。前提要件的審查，在訴訟條件之前，所以當前提要件欠缺時，法院即無從為是否具備訴訟條件的審查。例如，§264Ⅱ②規定起訴書應「記載犯罪事實及證據並所犯法條」。若檢察官僅記載犯罪事實，而未記載證據及所犯法條，此時起訴程序違背規定，前提要件欠缺；但是，此欠缺依法可以補正（§273Ⅵ），法院應定期間，以裁定命其補正，故若檢察官補正後，前提要件即無欠缺。又如，上訴期間、上訴程序等（§§349、362）。

前提要件是訴訟行為，但非訴訟條件；但是，本法並未明確將二者區分，因為無論欠缺前提要件或訴訟條件，法院都無從為實體裁判。本法僅將前提要件列在§303①規定為，起訴程序違背規定者，應諭知不受理判決，故不失為形式的訴訟條件。是故，上訴程序是否合法，乃上訴的前提要件，而非訴訟條件，所以原審法院有權加以調查，並得以裁定駁回其上

訴（§§362、384）；但是，訴訟條件是否欠缺，一經裁判，原審法院即無從再行審查。

更具體言，訴訟條件是起訴的有效條件，一旦有欠缺，法院便為形式判決；於判決後，原審法院即不得再審查，故不得補正。例如，對於告訴乃論之罪，已逾告訴期間，或根本未經告訴，但檢察官卻直接提起訴訟；此時，法院只能依法諭知不受理判決（§§237 I、303③）。

總之，前提要件與訴訟條件的差別在於，1.前提要件的欠缺，有可補正者，亦有不可補正者；可以補正時，應該依§273 VI為之。反之，訴訟條件的欠缺不能補正。2.前提要件的欠缺，原審法院有權加以審查，並得依§362以裁定駁回。反之，訴訟條件欠缺，一經裁判，原審法院即無從再行審查，必須經由上訴程序，由上訴審法院糾正。

四、訴訟條件與各個訴訟行為條件不同

訴訟條件為訴訟的全體條件；但各個訴訟行為的條件，則因各個訴訟行為而不同。例如，拘提有拘提的條件（§§75、76、88-1），羈押有羈押的條件（§§101、101-1），但這些條件均非訴訟條件，而是各個訴訟行為自身的適法條件。

五、訴訟條件與停止條件不同

相較於訴訟條件，是訴訟的存續條件，若有欠缺，將使訴訟失其存續；停止條件，則是指僅停止某階段的程序，與訴訟存續無關。例如，被告因精神或其他心智障礙，致不解訴訟行為意義或欠缺依其理解而為訴訟行為之能力或因疾病不能到庭者，應於被告康復至能到庭以前停止審判（§294），是停止條件。另關於§294停止審判之原因，當事人、辯護人或輔佐人亦得聲請停止審判。若停止條件消失，即停止審判的原因消滅時，法院應繼續審判，當事人、辯護人或輔佐人得聲請法院繼續審判（§298）。對停止或繼續審判之裁定或駁回不服者，得提起抗告。（§298-1）。

貳、訴訟條件的種類

訴訟條件因其標準不同，可分為五類。

一、一般訴訟條件與特殊訴訟條件

一般訴訟條件，在所有訴訟程序均有適用，如法院的管轄權；特殊訴訟條件，則針對特定訴訟程序而設，如告訴乃論之罪的告訴。

二、絕對訴訟條件與相對訴訟條件

絕對訴訟條件，是法院應本於職權，隨時加以審查的條件；相對訴訟條件，則須經當事人主張才有調查的必要，但此情形甚為少見。

三、積極訴訟條件與消極訴訟條件

積極訴訟條件，是指條件的成就，通常要有積極的、主動的行為，如告訴乃論之罪的告訴；消極訴訟條件，雖然無需任何行為，但不得違反訴訟條件的規定，如追訴權時效尚未完成。

四、形式訴訟條件與實體訴訟條件

形式訴訟條件、實體訴訟條件的概念比較複雜。訴訟條件有屬於程序面，有屬於實體面。在此之中，屬於程序上事項者，為形式訴訟條件；屬於實體上事項者，為實體訴訟條件。

1. 形式訴訟條件：僅有訴訟上效果。欠缺形式訴訟條件，法院僅就其事由存否加以審查，與實體的法律關係無關，故無為實體審查的必要。例如，不受理判決（§303）、管轄錯誤判決（§304），即屬形式訴訟條件。

2. 實體訴訟條件：以有關於實體事項的存在或不存在為條件，並生實體效果，且受一事不再理原則的拘束。應注意的是，免訴判決（§302）屬

實體訴訟條件，此由免訴事由可知：曾經判決確定者；時效已完成者；曾經大赦者；犯罪後法律已廢止其刑罰者。

應當釐清的是，免訴判決頗為特別，因其是實體兼形式的判決，與不受理判決、管轄錯誤判決則僅係形式判決有別。免訴判決是「實體（本案）判決」，即係關於訴訟目的的裁判，因其具有確定刑罰權存否及其範圍的形式確定力和實質確定力，所以受一事不再理原則拘束；免訴判決也是「形式判決」，因其訴訟不須經言詞辯論（§307）。

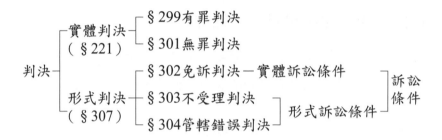

例如，甲乙為父子，但甲會對就讀國中的乙拳腳相向；今甲傷害乙，乙告甲傷害，檢察官提起公訴。乙念在父子關係，乃依§238於第一審辯論終結前撤回告訴，法院依法諭知不受理判決（§303③）。事隔三月，乙的母親丙方才知情，且不願原諒甲，因依§233被害人的法定代理人有獨立告訴權，其可獨立告訴。法院前開的不受理判決，依據形式訴訟條件而生，非實體判決，不受一事不再理原則的限制。然而，若當時乙未撤告，法院判決甲傷害罪成立，並經確定；同樣事隔三月丙方才知情，就算告訴，檢察官也因一時不察而重複起訴，法院也只能諭知免訴判決（§302①），因是實體訴訟條件，有受一事不再理原則的限制。

另外，補充說明的是，在不起訴的情形，也必須以訴訟條件欠缺為前提。若具體案件欠缺訴訟條件者，則不應起訴。因為訴訟條件欠缺而不起訴情形亦同。案件欠缺訴訟條件之一者，法院無從確定刑罰權，檢察官應即為不起訴處分。在偵查程序中，因為訴訟條件欠缺，（§§252①～⑦、255 I）而不起訴的情形，有屬於程序關係者，有屬於實體關係者；屬於

程序面的為形式訴訟條件，屬於實體面的則為實體訴訟條件，分述如下：

1. 不起訴的形式訴訟條件：告訴或請求乃論之罪，其告訴或請求已經撤回或已逾告訴期間（§252⑤）；被告死亡者（§252⑥）；法院對被告無審判權者（§252⑦）；其他法定理由（§255Ⅰ），係指程序法上的其他理由，不包括實體法上理由。

2. 不起訴的實體訴訟條件：曾經判決確定者（§252①）；時效已完成者（§252②）；曾經大赦者（§252③）；犯罪後法律已廢止其刑罰者（§252④）。

五、偵查條件、起訴條件與審判條件

對於偵查條件、起訴條件與審判條件等，是否應具備何種訴訟條件，分別說明如次。

（一）偵查條件

偵查應具備何種訴訟條件，本法殊少加以規定。偵查開始，以有犯罪嫌疑已足，並不以告訴、告發、自首為條件。故雖未經告訴或請求，因其他情形知有犯罪嫌疑進行偵查者，亦非違法。換言之，偵查無條件。

例如，某檢察官偶然發現甲和誘有配偶之乙脫離家庭，乃對甲偵查，爾後傳喚乙的配偶丙，丙聞之表示無所謂，不欲告訴。和誘有配偶之人脫離家庭罪（刑§§240Ⅱ、245）是告訴乃論之罪，且依§234Ⅱ規定，非配偶不得告訴；今丙不告訴，檢察官不能追訴甲和誘罪。不過，甲亦不能控告檢察官妨害自由，因為檢察官偵查無條件，不構成妨害自由。

（二）起訴條件

檢察官的起訴，即公訴的提起，必須具備可能條件、必要條件及處罰條件。也就是說，檢察官提起公訴應具備的條件有三：1.可能條件是§251Ⅰ，檢察官依偵查所得的證據，足認被告有犯罪嫌疑；倘若犯罪嫌

疑不足，依§252⑩，檢察官應為不起訴處分。2.起訴具有處罰可能性（§§252①～⑨、255Ⅰ）。3.起訴具有必要性（§§253、253-1、254）。

　　因檢察官提起公訴，主要在請求法院對於被告的特定事實，以確定刑罰權；如該案件具有某種情形，法院既無從確定刑罰權，即欠缺可能條件，故不應起訴；又縱其犯罪嫌疑具有確定刑罰權的可能條件，但並無起訴必要，即欠缺必要條件時，亦得不起訴。總之，公訴的提起，必須訴訟條件沒有欠缺，且具有必要及處罰的要件。應注意的是，即使檢察官不察而起訴，法院也可能把案件判決不受理、免訴或無罪。茲以簡圖表示如下：

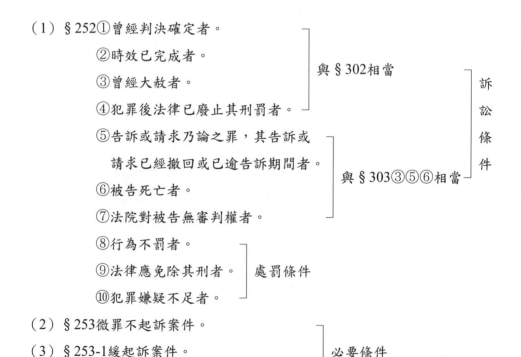

（1）§252①曾經判決確定者。

　　　　②時效已完成者。

　　　　③曾經大赦者。

　　　　④犯罪後法律已廢止其刑罰者。　　　　　　與§302相當

　　　　⑤告訴或請求乃論之罪，其告訴或

　　　　　請求已經撤回或已逾告訴期間者。

　　　　⑥被告死亡者。　　　　　　　　　　　與§303③⑤⑥相當　訴訟條件

　　　　⑦法院對被告無審判權者。

　　　　⑧行為不罰者。

　　　　⑨法律應免除其刑者。　　　　處罰條件

　　　　⑩犯罪嫌疑不足者。

（2）§253微罪不起訴案件。

（3）§253-1緩起訴案件。　　　　　　必要條件

（4）§254於執行刑並無實益之不起訴案件。

（三）審判條件

　　法院欲為實體判決所必備的條件，其內涵包含形式訴訟條件、實質訴訟條件。具體言：

1. 形式訴訟條件：法院對該案件有審判權及管轄權（§§303⑥、304）；同一案件未重複起訴（§§303②⑦）；告訴或請求乃論之罪已經告訴或請求，未經撤回或未逾告訴期間者（§303③）；雖曾為不起訴處分、撤回起訴或緩起訴期滿未經撤銷，而其再行起訴並無違背§260（§303④）；被告並未死亡，或為被告的法人仍存續者（§303⑤）；自訴人具有當事人能力（§319Ⅰ）。

2. 實體訴訟條件：未經判決確定（§302①）；時效未完成（§302②）；未經大赦（§302③）；犯罪後的法律並未廢止其刑罰者（§302④）。

（四）訴訟條件的存否及效果

　　上述的偵查條件、起訴條件有無欠缺，應由偵查機關依職權調查；但是訴訟條件，不僅於起訴時應具備，裁判時仍應存在，否則訴仍不適法。訴訟條件是否具備，以「起訴時」為準；倘若起訴後有變更，也不得指為欠缺。如土地管轄（§5）以起訴時為準，此與事物管轄不同，不因法院的設立、廢止及管轄區域的劃分，導致變更受理法院，而被指為欠缺。

　　至於審判條件的部分，其訴訟條件存否及效果如何，則分述如下：首先，法院不問訴訟程度如何，應依職權調查訴訟條件有無欠缺。易言之，第三審法院雖以上訴理由所指摘的事項為原則，但遇有涉及訴訟條件有無欠缺的事項時，亦可調查（§393），且依§398可自為判決。其次，當有欠缺訴訟條件，為何種形式判決，應依訴訟條件的程度而定；具體而言，欠缺形式的訴訟條件，應諭知不受理或管轄錯誤判決（§§303～305、334、335），欠缺實體的訴訟條件者，則應諭知免訴的判決（§302）。最後，同一訴訟欠缺訴訟條件有二種以上時，應以何種事由先考慮，可分二種情形，說明如下：

1. 不同一訴訟的競合（以訴合法存在為前提）：

　　A. 當二個公訴均合法存在時，在後的公訴應以§303②駁回。如重行起訴時，繫屬在後或不得為審判法院依§303②或⑦，應判決不受理。

　　B. 自訴經撤回後，（A）再自訴，依§§325IV、334（撤回自訴不得再行自訴，諭知不受理）。（B）再告訴，§255I依法不得告訴而告訴，檢察官應依其他法定理由為不起訴處分。（C）再公訴，發生§303①的事由，以§303①諭知不受理判決。

　　C. 已提起自訴的同一案件，依§324不得再行告訴，（A）依法不得告訴而告訴，檢察官依§255I的其他法定理由不起訴。（B）若再公訴，則以§303②諭知不受理判決為宜。

2. 同一訴訟的競合：又分異種訴訟條件的欠缺，

　　A. 異種訴訟條件的欠缺：因欠缺訴訟條件，致應為不同種的形式判決者，原則上，依形式判決的順序決定，即管轄錯誤判決優先，不受理判決次之，免訴判決再次之。不過，就管轄錯誤應優先不受理判決的原則而言，適用上有四個例外：（A）法院對被告並無審判權又無管轄權者，仍應諭知不受理判決，因法院受理案件必先有審判權，而後始得審查該案件是否屬其管轄範圍。（B）已經提起公訴或自訴之案件復重行起訴，先起訴之判決確定後，後起訴判決，亦應諭知免訴判決。因此案已判決確定，若為不受理判決可能再被起訴，故從既判力效力而言，應諭知免訴判決。（C）逾告訴期間，且追訴權時效已完成。從免訴判決具有既判力的觀點言，亦應依§302②諭知免訴判決。（D）訴訟條件與處罰條件同時欠缺。依程序優先於實體原則，以形式判決為優先考慮。如：同時欠缺不受理判決與無罪判決時，應優先諭知不受理判決；同時欠缺免訴判決與無罪判決時，應優先諭知免訴判決。

　　B. 同種訴訟條件的欠缺：因欠缺訴訟條件，致為同種的形式判決者。從理論言，這種情形應無前後關係存在，但實務仍按其規定順序定之。不過，如果不適法的程度較高，而有特別規定者仍然優先。

　　例如，新竹人甲3月8日在基隆傷害乙，乙遲至11月11日才向台北地檢署提告；台北地檢署檢察官粗心大意，未發現告訴期間已經過，也未發現該案台北地院並無管轄權，乃提起公訴。本案，同時發生§303不受理判決、§304管轄錯誤判決的情形，通常依形式判決的順序決定，即管轄錯誤判決優先，不受理判決次之，免訴判決再次之，所以此時應依§304諭知管轄錯誤判決。

　　又如，某甲傷害乙，乙向檢察官提出告訴，檢察官偵查後起訴甲；但是，乙隨即撤回告訴，翌日甲車禍身亡。此時，法院得依§303③「告訴或請求乃論之罪，未經告訴、請求或其告訴、請求經撤回或已逾告訴期間者」、§303⑤「被告死亡」諭知不受理判決。如果按照條款順序，應依§303③；但是，若可以發現存有不適法程度的高低之分，宜依不適法程度判斷，由於撤回告訴若有其他告訴權人時仍可再告，但被告死亡將永遠不可再告，故後者的不適法程度較高，故應依§303⑤為不受理判決。

第三節　訴訟行為

　　所謂訴訟行為，是構成訴訟程序所實施，合於訴訟法上定型的行為，且足以發生訴訟法效果者。訴訟行為與訴訟程序的關係，一如前者是個別、具體、動態的，後者則是全體、抽象、靜態的。

壹、訴訟行為的種類

　　訴訟行為的種類可分為，法院的訴訟行為、當事人的訴訟行為、第三人的訴訟行為。

一、法院的訴訟行為

　　法院的行為主要在審判，即審理與裁判。法院為達審判目的，所為的訴訟行為，如調查證據，被告的傳喚、拘提、逮捕、羈押等，均屬法院的

訴訟行為。

二、當事人的訴訟行為

當事人的訴訟行為，有聲請、立證、陳述、主張等。

（一）聲請

聲請，重在程序，乃請求法院審判長、受命法官或受託法官為一定處分的意思表示。例如，聲請指定或移轉管轄（§11），或當事人依聲請調查證據（§163-1 I）等。

應注意的是，聲請後法院一定要有處分。比如，當事人聲請調查證據，若法院認為有必要，則調查證據；若法院認為不必要，得以裁定駁回（§163-2）。某甲打傷乙，路人丙丁合力將甲扭送至派出所，警察將此案移送至檢察官。檢察官起訴甲傷乙，法院審理時甲承認傷乙，丙丁亦指證；甲又聲請法院再傳其他圍觀路人；但因本案「待證事實已臻明瞭無再調查之必要者」（§163-2 II ③），法院可以當場駁回甲的聲請。假如法院法院不為調查，不為駁回裁定，判決理由也不記載，則係「依本法應於審判期日調查之證據而未予調查者」，其判決違背法令，成為上訴第三審的理由（§379⑩）。

聲請有以言詞或書面作為提出方法；但應以書面聲請者，如以言詞方式行之，則不合法律上程序，除非程式可以補正，否則不生訴訟上效果。得以言詞為之者，須法律有明文規定。

聲請與聲明不同。聲請者，法院一定要有處分，重在程序；聲明者，則重在實體。例如上訴的範圍（§348），是聲明，而非聲請；意即上訴權人可以針對判決的一部範圍聲明上訴，「未聲明為一部者，視為全部上訴。」

又，聲請與請求不同。所謂請求，乃片面行為，係請求對方為一定行為；受請求者，以不得拒絕為原則，且不經裁判程序。例如，對於被告請

求對質其他共同被告，除非顯無必要，否則不得拒絕（§97Ⅱ）；告訴人或被害人對判決不服，得具備理由，請求檢察官上訴，除非顯無理由，不然檢察官不得拒絕告訴人或被害人的請求上訴（§344Ⅱ）。

（二）立證

　　立證，乃為證明事實所為的訴訟行為；其包括舉證及提出。例如，檢察官就被告犯罪事實，應負舉證責任（§161Ⅰ）；此舉證責任，即為立證行為，所以沒有聲請等其他訴訟行為的問題。又如，當事人得於審判期日前，提出證據（§275），也是立證行為，不須聲請，便可自行提出。

（三）陳述

　　陳述，乃關於事實的供述，依直接審理原則及言詞審理原則，應以言詞為之。應注意的是，應以言詞陳述者，如以書面陳述，並不生訴訟上效果；且陳述是因先有問、後有答。

　　又言詞陳述，可分為事實上陳述、法律上陳述。事實上陳述，例如訊問筆錄（§41），即記載對受訊問人的訊問及其陳述；至於法律上陳述，是被告為聾或啞或語言不通者，得用通譯，並得以文字訊問或命以文字陳述（§99），是法律所特別規定的陳述方法。

（四）主張

　　主張，為事實上或法律上意見的「陳述」，或稱辯論、意見；不過，主張不得為證據。

　　但是，究竟是陳述或主張，必須解釋方才得見。以§100為例，「被告對於犯罪之自白及其他不利之『陳述』，並其所『陳述』有利之事實與指出證明之方法，應於筆錄內記載明確。」該條中，第一個「不利之陳述」，解釋上包含不利的事實、不利的意見；第二個「陳述有利之事實」，則單指陳述有利的事實而已。當第一個「不利之陳述」是不利的事實時，無論是否為自白，可以為證據；若是不利的意見，則不可以為證據。至於

第二個「陳述有利之事實」，經指出證明方法，可以為證據。

　　同樣的，§96，「訊問被告，應與以辯明犯罪嫌疑之機會；如有辯明，應命就其始末連續『陳述』；其『陳述』有利之事實者，應命其指出證明之方法。」第一個被告欲辯明自身犯罪嫌疑的「始末連續陳述」，應包含陳述有利的事實、有利的意見；第二個「陳述有利之事實」，就是單指陳述有利的事實。如果第一個「始末連續陳述」，是陳述有利的意見時，則不可以為證據；反之，若「始末連續陳述」是陳述有利事實，以及第二個「陳述有利之事實」，經指出證明方法後，得為證據。

　　由此亦可知道，被告或共犯的自白，不得為有罪判決的唯一證據（§156Ⅱ）；然而條文中的「自白」均為陳述，若為事實，雖不可為唯一證據，但可為證據。又，§288-1Ⅰ規定「審判長每調查一證據完畢，應詢問當事人有無意見。」此為意見，而非陳述，不可為證據；又依§288-1Ⅱ，審判長應告知被告得提出有利的證據，提出證明方法後，可為證據。又例§289Ⅰ規定，「調查證據完畢後，應命依下列次序就事實及法律分別辯論」，即檢察官、被告、辯護人的次序。此辯論為意見的陳述，屬於主張，所以不能為證據，只是法官判斷時的參考。

　　又應注意的是，陳述有利的事實，必須提出證據證明，才有證據力。例如，檢察官起訴甲傷害乙，在法庭上，甲承認拿花瓶丟乙，此是自白不利的事實，是陳述而非主張，可為證據；但若甲抗辯，以花瓶丟乙是為正當防衛，此是陳述有利的事實，舉證後方可為證據。綜上所述，對於被告的主張或陳述：

```
┌ 主張—有利或不利意見：不可作證據，書記官記載與否，均無妨
└ 陳述 ┌ 不利陳述—為事實，可作證據
       └ 有利陳述—為事實，可為證據，但須指出證明方法
```

三、第三人的訴訟行為

　　關於第三人的訴訟行為，諸如，告訴人的告訴、告發人的告發、證人

的證言、鑑定人的鑑定、以及被害人訴訟參與等。

貳、訴訟行為的成立及效果

　　若從訴訟程序的確實性觀察，當訴訟行為，具備訴訟法上定型的構成要件時，該訴訟行為即已成立；反之，如未備此項定型，訴訟行為並未成立。

　　例如，§264Ⅰ，「提起公訴，應由檢察官向管轄法院提出起訴書為之。」立法者將公訴的提起，定型為檢察官為之；若非檢察官向管轄法院提出起訴書，則公訴自不成立。其他有如，司法警察官應將調查結果，移送該管檢察官（§229Ⅱ），即非不可移送給該管檢察官以外者；若移送至法院，此移送自不成立。又如，除「不得抗告之裁定當庭宣示者，得僅命記載於筆錄」之外，裁判應由法官制作裁判書（§50），自不可有書記官擅自製作裁判書；若有書記官自為判決，該判決自不成立。總之，訴訟行為必先成立，訴訟行為如未成立，不生訴訟法上的效果，法院當然可以置之不理，或以其他方法處理，也無所謂有效、無效的問題。

```
訴訟行為 ┌ 不成立 ── 不具備訴訟法上構成要件的定型
         │
         └ 成立 ┌ 無效 ── 訴訟行為不足以發生本來之效果
                │
                └ 有效 ┌ 不合法
                       └ 合法 ┌ 無理由（§368）
                              └ 有理由（§369）
```

　　當訴訟行為成立後，始生訴訟法上效果，因其價值不同而異其效果，分述如後：

一、訴訟行為的有效無效

　　訴訟行為雖已成立，但未必有效果。訴訟行為足以發生其本來的效果

者，為有效；反之，則為無效。無效的訴訟行為，又可分為無效的裁判，以及無效的其他行為：

1. 無效的裁判：未經起訴或上訴的判決。

2. 無效的其他行為：可能是（1）由於行為人的事由，使得訴訟行為無效。當行為人因欠缺某種能力，其所為未涉及實體認定的程序行為（形成程序行為），便成為無效；但其程序行為涉及實體認定（形成實體行為），則不因而失其效力。例如，§186 I 規定「證人應命具結」，但若無具結能力的人具結，其具結無效；不過，該人的證言仍可為證據，無效者只是具結。又例如被告陳述前後不一，在形成實體行為仍然有效，不得謂其先後不同即無效，有部分確實者仍有效；（2）由於訴訟行為內容，使得訴訟行為無效。訴訟行為以不准附條件或期限為原則，故附條件或期限的訴訟行為無效。例如，某甲向檢察官表示，要對乙提傷害的告訴；但若甲願賠償五萬元，就不告。對於甲的附條件告訴無效，因其告訴意思不確定。

二、訴訟行為的適法不適法

　　訴訟行為必須有效，才生適法或不適法的問題。某些訴訟行為設有一定的限制或條件（有為前提要件，或有為時間、場所或其他方式者），訴訟行為必須具備此規定的程式，才為適法；反之，則為不適法。訴訟行為是否適法，關係其訴訟行為的效力。不適法的訴訟行為，以不生效果為原則；但若僅係違反訓示規定的適法條件，則未必影響該訴訟行為的效力。

　　例如，於準備程序中，§273 VI規定，「起訴或其他訴訟行為，於法律上必備之程式有欠缺而其情形可補正者，法院應定期間，以裁定命其補正。」由此可知，前提要件的欠缺，可予以補正，但若係訴訟條件的欠缺，則不一定可以補正。因訴訟條件欠缺，訴不適法，如告訴乃論之罪未經合法告訴，則不能補正，而不生效力，此情形與§273 VI不同。訴的提起，如果欠缺前提要件，法院則不必審查是否具備訴訟條件；換言之，必

先具備前提要件，法院才審查其訴訟條件有無欠缺。

三、訴訟行為的有無理由

　　必須訴訟行為適法，才發生有無理由的問題。一定的訴訟行為，在訴訟程序面若合法時，即具有適法性；因生實體訴訟關係，始得從其實體面，審查其有無理由。理由的有無，是以訴訟行為適法為前提的一種法律價值判斷。

　　例如，起訴有無理由，應以其起訴為適法，具備訴訟條件時，才能加以審查。又例如，第二審中，§362規定，「原審法院認為上訴不合法律上之程式或法律上不應准許或其上訴權已經喪失者，應以裁定駁回之。但其不合法律上程式可補正者，應定期間先命補正。」§367規定，第二審法院認上訴有§362前段之情形者「應以判決駁回之。但其情形可以補正而未經原審法院命其補正者，審判長應先定期間命補正。」換言之，必須上訴合法後，始得為第二審有無理由的判決（§§368、369）；倘如其訴訟行為不合法，即無從就其有無理由，加以審查。

參、訴訟行為瑕疵的治癒

　　訴訟行為發生瑕疵，即是訴訟條件有欠缺。當訴訟條件有欠缺時，法院必須為形式判決；但是，形式判決的作成，並不符合訴訟經濟的要求，所以於部分情形，本法容許當事人治癒自己瑕疵的訴訟行為，即補正自己訴訟條件的欠缺，以期達到訴訟經濟的要求。

```
┌成立要素之瑕疵－不許除去瑕疵而治癒（如起訴條件的欠缺）
└成立要素以外之瑕疵－不妨礙程序法上安定性，能依§273Ⅵ加以治癒
```

　　關於訴訟行為瑕疵的治癒（訴訟條件補正）可能有：
1.瑕疵原因的除去，如辯護人的補行選任。

2. 瑕疵原因雖未除去，但訴訟已進至某種階段，無從再行主張時，瑕疵亦屬治癒，比如§19Ⅱ，雖當事人有足認法官執行職務有偏頗之虞，但是「已就該案件有所聲明或陳述後」，表示訴訟已經進入一定程序，除非聲請迴避的原因發生在後或知悉在後者，否則不得聲請法官迴避。

3. 有爭議的是，若檢察官以告訴乃論之罪起訴，雖未經告訴，如經審理結果為非告訴乃論之罪，法院的審判是否合法？肯定說認為，既然法院已經查明犯罪事實非屬告訴乃論之罪，其訴訟條件便無欠缺，訴訟行為並無任何瑕疵。否定說則認為，檢察官起訴的合法，是以起訴書所載的事實與罪名為斷，如果欠缺告訴，該起訴則根本不合法，當然必須補正其所欠缺的訴訟條件，治癒其所生的訴訟行為瑕疵。對此，應以否定說為當。法院應如何審理判決，必須視起訴是否適法，檢察官以告訴乃論之罪起訴，未經告訴，其訴即不合法，法院即無從為實質審理，不因訴訟的進行而治癒；故法院應先視其不適法能否補正，能補正應先令其補正，不能補正，應為不受理判決。又，不受理判決為非本案判決，仍得再行起訴。

肆、訴訟行為的方式

訴訟行為所以規定方式，主要在要求其形式的確實性，並以擔保裁判的公正。訴訟行為的方式，應就個別訴訟行為加以規定，主要為言詞及書面。

一、言詞方式

言詞方式重在明瞭表示人及其內容，屬於形成實體行為，以採言詞方式為原則，以實踐言詞辯論原則、直接審理原則。

例如證人的證言，就以言詞方式為原則，不可使證人只出具書面說明自身對於犯罪的見聞。為了讓證人以言詞表示，若有證人不能到場或有其他必要情形，得於聽取當事人及辯護人的意見後，就證人的所在或於其所

在地法院進行訊問，或使用影音傳送功能的科技設備訊問（§177）。

二、書面方式

　　書面方式利在使訴訟行為的內容及其程序，臻於確實，故有發生重要效果的形成程序行為，多採書面方式。何種訴訟行為應以書面方式為之，本法均設有明文規定，如§264起訴書、§320自訴狀、§350上訴書狀等，若以言詞為之者，即不生訴訟法上的法律效果。

（一）就文書意義而分類的文書

　　訴訟行為方式，應用書面者，本法稱之為文書。就文書意義而加以分類有，法定程式與意定程式的文書、表示與報告的文書，以及原本、正本、繕本、節本。

1.法定程式文書與意定程式文書

（1）法定程式文書（§§264Ⅱ、308～310、320Ⅱ）：文書的方式與其應記載事項，用法律規定者，稱為法定程式文書。例如：起訴書、判決書、自訴狀等，法定程式文書是否具備法定方式，是其訴訟行為是否適法的標準，若其法定程式有欠缺，應依§273Ⅵ先令補正，經補正者，訴訟行為仍應合法。

（2）意定程式文書（§350）：以文書為訴訟行為之表示，法律上並未規定其應記載之事項者，稱為意定程式文書。如：上訴書狀，無論採取何種方式，所為的訴訟行為，均屬適法；但仍須具備一般程式，如當事人簽名。

2.表示文書與報告文書

（1）表示文書：以意思表示為一定內容的文書。如起訴書，自訴狀，上訴書，裁判書狀。

（2）報告文書：以報告一定事實為內容的文書。如訊問、搜索、扣押、

勘驗筆錄等。

3.原本、正本、繕本、節本

（1）原本：由制作者所制作的文書；此為提出用，且必須簽名，當事人提出必須用原本，如§264起訴書、§320自訴狀、§350上訴書狀。

（2）正本：照錄原本文書全部內容的文書；送達用。例如，§255Ⅱ不起訴處分書，應以正本送達於告訴人、告發人、被告及辯護人。

（3）繕本：亦係照錄原本文書全部內容的文書；通知用。例如，§§320Ⅳ、328規定自訴狀應按被告人數，提出繕本；且法院接受自訴狀後，應速將繕本送達被告。§350Ⅱ規定上訴書狀應按他造當事人的人數，提出繕本。

（4）節本：節錄原本文書一部內容的文書；公示送達與執行用。例如依§60Ⅰ公示送達，應由書記官分別經法院或檢察官的許可，除將應送達的文書或其節本，張貼於法院牌示處外，並應以其繕本登載報紙，或以其他適當方法通知或公告。又如依§458，指揮執行時，應以指揮書附具裁判書或筆錄的繕本或節本；但執行刑罰或保安處分以外的指揮，毋庸作成指揮書者，不在此限。

（二）就本法規定而分類的文書

就本法的規定，文書的分類有：書狀、票、筆錄：

（1）書狀：又可分為書、狀、書狀。A.書：實施刑事訴訟程序公務員制作的文書。如§264起訴書、§255不起訴處分書。B.狀：由非公務員制作之文書。如§320自訴狀。C.書狀：公務員及非公務員均得制作的文書。如：§§11、68Ⅰ聲請書狀、§350上訴書狀、§407抗告書狀、§429再審書狀。不過，有時候因習慣用語，在書、狀或書狀的用法上，沒有這麼精準。例如，§374的上訴理由書，§383的補提理由書、答辯書；實際上均有兼「狀」，宜是上訴理由書狀、補提理由書狀、答辯書狀才是。

（2）票：或稱令狀。例如§7傳票、§77拘票、§102押票、§128搜索票。

（3）筆錄：例如§§41～43訊問筆錄、§§42、43搜索、扣押、勘驗筆錄、§§44～48審判筆錄。附帶一提的是，§49規定，辯護人經審判長許可，得於審判期日攜同速記到庭記錄；此「記錄」非筆錄，故其記載事項並不生審判筆錄的效力，不可據為審判期日訴訟程序的證據。

（三）文書的制作與更正

關於文書的制作與更正，在概念區分上，可以分為公務員制作、非公務員制作。

$$
\left\{
\begin{array}{l}
公務員制作者 \left\{
\begin{array}{l}
§§39\ 一般文書（特別文書－如§264）\\
§§41～49筆錄\\
§§50～52裁判書
\end{array}
\right.\\
非公務員制作者－§53－狀
\end{array}
\right.
$$

1.由公務員制作的文書

於本法中，實施刑事訴訟公務員制作的文書，有一般文書、筆錄、裁判。

（1）一般文書：這類文書的程式，除本法有特別規定外（如：起訴書、裁判書、傳票、拘票等）。不問其為法官、檢察官、書記官，均應記載制作年、月、日及其所屬機關，由制作人簽名，無庸蓋章（§39）。公務員制作的一般文書，為保持其正確性，無論其為筆錄或其他文書，均不得竄改或挖補。如有增加、刪除或附記者，除訊問筆錄，及審判筆錄，§§41、44有特別規定者外，應由公務員蓋章其上，並記明字數，且依§40其刪除處應留存字跡，俾得辨認。

（2）筆錄（§§41～49）：可以分為三類，分別是：訊問筆錄§§41、

43；勘驗筆錄§§42、43；審判筆錄§§44～48。特別說明的是，§41訊問筆錄與§44審判筆錄，除記載內容不同外，尚有以下不同之處：第一，審判筆錄應於每次開庭後三日內整理之（§45）；訊問筆錄無須整理。第二，依§44Ⅱ，審判筆錄，無須向受訊問人朗讀或令其閱覽，亦無庸命受訊問人簽名蓋章或按指印，惟受訊問人就審判筆錄中關於其陳述部分，得請求朗讀或交其閱覽，如請求將記載增刪或變更者，應附記陳述；訊問筆錄則應向受訊問人朗讀或令其閱覽，詢以記載有無錯誤，且應命受訊問人緊接其記載之末行簽名、蓋章或按指印。但受訊問人拒絕時，應附記其事由。第三，審判筆錄為認定審判期日訴訟程序上事實之證據，具有法定證據效力（§47），如有違背，依§379當然違背法令；訊問筆錄必須於審判筆錄內引用始發生同一效力。

（3）裁判書（§§50～52）：依§50規定，裁判書應由法官制作。裁判分有判決（§§299～304）、裁定（§121Ⅰ）；如果是不得抗告的裁定，得當庭宣示，命記載於筆錄，不另為裁判書。

　　然而，必須說明的是，如果裁判書發生誤寫誤算的問題，能否類推適用民事訴訟法§232以裁定更正？原則上，文書重在內容明確，藉以保持形式的確實性，並維持法的安定，如許隨時更正，對於法定期間的起算和判決確定力發生，均有影響。為解決這個問題，實務上曾經有下列見解：

（1）刑事判決正本送達後，發現原本錯誤時：依司法院院字1857號解釋前段所言，刑事判決正本送達後，發現原本錯誤，不得以裁定更正。

（2）刑事判決如正本記載的主文（包括主刑及從刑），與原本記載的主文不符時，則分為二種情形：

A.如影響全案情節及判決的本旨者，不得以裁定更正之。如釋字第43號，「原判決誤被告張三為張四，如全案關係人中別有張四其人，而未經起訴，其判決自屬違背法令，應分別情形依上訴、非常上訴及再審各程序糾正之。」（刑罰權對象不同，非同一案件。）故如判決原本，與送達

被告的判決正本所載刑期不符，應照原本重行繕印送達被告，另行起算上訴期間。

B. 如判決正本的記載僅係文字誤寫，而不影響全案情節與判決本旨者：對此，司法院院字1857號解釋後段認為，「至此錯誤如果確係文字誤寫，自可以通常方式更正之。」然而，釋字第43號：「顯係文字誤寫而不影響全案情節與判決之本旨，除判決宣示前，得依同法第四十條增刪予以訂正外，其經宣示或送達者，得參照民事訴訟法第二百三十二條，依第一百九十九條由原審法院依聲請或本職權以裁定更正以昭鄭重。」總的來說，文書重在內容的明確，藉以保持形式確實性，並維持法律安定，如准許隨時更正，對於法定期間的起算、判決確定力的發生，均有影響，故宜以裁定為之，比較慎重。

目前實務做法，可以參看最高法院72台抗518裁定：「刑事判決正本送達後，發現原本錯誤，不得以裁定更正。如係正本記載之主文（包括主刑及從刑）與原本記載之主文不符，而影響全案情節及判決之本旨者，不得以裁定更正，應重行繕印送達。上訴期間另行起算。至若正本與原本不符之情形，如僅『顯係文字誤寫而不影響於全案情節與判決本旨者』始得以裁定更正之。」

另外，§51Ⅰ規定，裁判書除本法有特別規定外（§§308～310-2）均應記載受裁判人。受裁判人，如為判決係指被告；如為裁定則指當事人與非當事人，因非當事人亦可抗告（§403）。例如被告在押中，依§110，辯護人、輔佐人均可具保聲請停止羈押；若被裁定駁回，可依§403Ⅱ抗告。又若裁判書是指判決書時，並應記載檢察官或自訴人並代理人、辯護人的姓名。

2.非公務員制作者

非公務員制作的文書（狀），可能是本人為之，也可以是本人委請他人代書。依§53，若非由本人制作者，應由本人簽名，若不能簽名者，應使他人代書姓名，由本人蓋章或按指印，但代書者應附記其事由並簽名。

（四）文書的送達

文書效力的發生，以經合法送達為前提。送達文書，除了本法§§55～61外，準用民事訴訟法規定（§62）。以下關於送達的內容，分別說明如次。

1.送達處所

送達的處所，可能是向檢察官的處所、被告的處所、被害人的處所等：

（1）檢察官：應向承辦檢察官為之，如承辦檢察官不在辦公處所時，向檢察長或檢察總長為之（§58）。

（2）被告：依§55，應送達至被告的住所居所或事務所，或由送達至代收人；若被告在監獄或看守所，依§56，送達至被告所在的監獄或看守所。

（3）被害人：文書應送達於被害人。依§55 I 規定，被害人應將其住所、居所、事務所或送達代收人向法院陳明，以便利法院將文書送達於被害人的處所；若被害人死亡，則由其配偶、子女、父母依序陳明。

2.送達方法

訴訟文書的送達，依其方法而可分為下列各種：

（1）送達人送達：送達文書（判決、裁定、不起訴或緩起訴處分書）由司法警察或郵政機構為之者，送達人應作收受證書，記載送達證書所列事項，並簽名交受領人（§61）。其向檢察官送達判決、裁定書者，亦應作收受證書，交與承辦檢察官，若承辦檢察官不在辦公處所時，則向檢察長或檢察總長為之（§58）。至於向在監獄、看守所、少年觀護所或保安處分處所之人為送達時，囑託典獄長、看守所長、少年觀護所主任或保安處分場所長官代為送達（§56 II）。不能僅送達於監所，或保安處分場所而以其收文印章為憑。

（2）代收送達：被告、自訴人、告訴人、附帶民事訴訟當事人、代理人、辯護人或輔佐人為接受文書之送達，應將其住、居所或事務所向法院或檢察官陳明；如在法院所在地，無住居所或事務所者，應陳明以在該地有住居所或事務所的人為送達代收人。此陳明的效力及於同地的各級法院。送達向送達代收人為之者，視為送達於本人（§55）。

（3）郵務送達：應受送達人雖未為§55的陳明，而其住居所或事務所為書記官所知者，亦得向該處所送達（§57）。受送達者應陳明送達處所，應為陳明而不陳明，則不能無變通方法，郵務送達實係此種變通辦法的一種。

（4）公示送達：利用公示通告的方法，進行訴訟文書的送達（§§59、60）。公示送達實際上多未盡送達作用，以致有害被告利益，所以若干國家在刑事訴訟上不採取公示送達。惟於訴訟文書無法用其他正當途徑交付被告時，公示送達不失為一種不得已的變通辦法。換言之，當收受文書人，可能係住居所、事務所及所在地不明；掛號郵寄而不能達到；或因住居於治外法權所不及的地方，而不能以其他方法送達（民訴§§144～146）等情形，便以公示送達為之。又，公示送達應由書記官分別經法院或檢察官的許可，除將應送達的文書或其節本，張貼於法院牌示處之外，並應以其繕本登載報紙，或以其他適當方法通知或公告（§60Ⅰ）。所謂其他適當方法，如推定受送達人所在地，任意以郵信通知，或於車站埠頭及交通孔道張貼布告之類。公示送達，自最後登載報紙或通知公告日起，經三十日發生效力（§60Ⅱ）。

（5）留置送達與寄存送達：所謂留置送達，指應受送達人拒絕收領而無法律上理由者，應將文書置於送達處所，以為送達。如有難達成留置送達的情形時，則可以寄存送達的方式為之，也就是將文書寄存於送達地的自治或警察機關，並作送達通知書二份，黏貼於應受送達人住居所、事務所或營業所門首和信箱（§62，此乃準用民訴規定）。

伍、訴訟行為的時間

訴訟行為的時間，有期日、期間之別。

一、期日

期日，乃法官與檢察官會合當事人及其他訴訟關係人，於一定場所為訴訟行為的時間。所謂訴訟關係人，除了辯護人、輔佐人、代理人之外，尚包含告訴人、告發人、證人、鑑定人等。

期日以日時為準，無始期終期的區別。期日係由法官或檢察官指定而來（§63）；且因所實施訴訟行為的性質不同，而異其名稱，如審判期日、勘驗期日、訊問期日。

期日應以訴訟行為的開始為開始，與日時之屆至無關，並非時間一到就開始。例如：§285的審判期日，以朗讀案由為始；訊問期日，以點呼為始。期日的終了，則係該期日應為的訴訟行為終了而終了，與辦公時間無關。比如，審判非一次期日所能終結者，除有特別情形者外，依§293規定，應於次日連續開庭。另外，原則上，期日不能變更或延展；但有重大理由或特別規定時，可變更或延展。期日的變更，指於期日開始前，以新期日代替舊期日；期日的延展，則是指期日開始後，停止其在該期日所應為的訴訟行為，延至另一期日。

二、期間

期間，乃應為訴訟行為的人，分別為訴訟行為的時間。與期日不同，期間有始期與終期之分。例如，§349規定，上訴期間為二十日，自送達判決後起算；例如，3月8日判決送達，上訴期間至同月28日（若遇週日，再順延一天）。期間可分下列諸類：

1. 法定期間與裁定期間：（1）法定期間，是法律規定的期間。例如§256的再議期間為十日；§406的抗告期間為十日；§349的上訴期間為二十

日。（2）裁定期間，是法官裁定的期間。例如§273Ⅵ程式欠缺的補正期間。

2. 失權期間與訓示期間：（1）失權期間，指因遲誤期間，致失其為訴訟行為的權利。例如§256的再議期間，一旦逾期，便不得聲請再議。（2）訓示期間，指法院為訴訟行為而設者，遲誤此項期間，僅生廢弛職務問題，於裁判效力不生影響。例如§226的交付裁判原本期間。

3. 行為期間、不行為期間、限制期間：（1）行為期間，包括失權期間及訓示期間，指一定期間內為訴訟行為之期間。例如，§§65～70所稱期間，均為行為期間。（2）不行為期間，是不得於某期間為一定行為，亦稱猶豫期間。例如，§272的第一次審判期日前猶豫期間，或稱就審期間，「第一次審判期日之傳票，至遲應於七日前送達；刑法第六十一條所列各罪之案件至遲應於五日前送達。」是要使被告有充分的時間準備實行其防禦權，不因被告身受羈押或因他案在監執行而可任意剝奪。原則上，違背不行為期間的規定，其行為即非合法。（3）限制期間，是指訴訟行為的效力，限於在一定期間；若超過限制期間，則生訴訟行為是否有效或應否撤銷的問題。例如，§108Ⅰ的羈押期間；§93被告因拘提或逮捕到場，應即時訊問，至遲不得超過二十四小時。

4. 在途期間的扣除：應於法定期間內為訴訟行為之人，其住居所或事務所不在法院所在地者，為使應為訴訟行為之人的機會對等，乃於§66Ⅰ規定，「應於法定期間內為訴訟行為之人，其住、居所或事務所不在法院所在地者，計算該期間時，應扣除其在途之期間。」又，依大法官釋字第130號，憲法§8Ⅱ所定「至遲於二十四小時內移送」的時效，不包括因交通障礙或其他不可抗力的事由，所生不得已的遲滯，以及在途解送等時間在內，惟其期間不得有不必要的遲延，亦不適用訴訟法上關於扣除在途期間。因此，§93Ⅱ所定的時限，亦與§66無關，「偵查中經檢察官訊問後，認有羈押之必要者，應自拘提或逮捕之時起二十四小時內，敘明羈押之理由，聲請該管法院羈押之。」

三、回復原狀

　　回復原狀，乃回復為訴訟行為的一種方法，但並非期間回復，而是回復為該訴訟行為的權利，即准許其為訴訟行為。回復原狀有幾個重點：

1. 可回復的期間：僅有行為期間可以回復，不行為期間、限制期間則不得回復。依§§67 I、70規定，回復期間有五種：（1）上訴期間；（2）抗告期間；（3）聲請再審期間，向原審法院為之；（4）聲請撤銷、變更法官裁定或檢察官命令的期間，向管轄法院為之；（5）聲請再議期間，像原處分檢察官為之。

2. 回復的條件：必須是造成遲誤是「非因過失」；且遲誤原因消滅後，十日內聲請回復原狀（§67 I）。如果是（1）上訴期間；（2）抗告期間；（3）聲請再審期間遲誤的回復原狀聲請，必須以書狀向原審法院為之，並釋明「非因過失遲誤期間之原因及其消滅時期」，且應同時補行期間內應為的訴訟行為（§68）。

3. 回復的內容：回復該訴訟行為的權利。例如，上訴期間因遲誤而不能上訴，但非因上訴權人過失，故上訴權人依法聲請回復原狀，若有理由自得回復提起上訴的權利。

4. 回復原狀的裁判或處分：對於回復原狀的聲請，若認為不合法或無理由者，以裁定或命令駁回其聲請。反之，對之認為有理由，若是（1）上訴期間；（2）抗告期間的回復原狀聲請，應繕具意見書，將案件送由上級法院合併裁判（§69）；（3）聲請再審期間；（4）聲請撤銷、變更法官裁定或檢察官命令的期間，由受聲請法院與補行訴訟行為合併裁判；（5）再議期間，則由原檢察官准予回復原狀（§70）。

5. 另，2024年新增§70-1。立法者著眼於，當被處分人對於檢察事務官、司法警察官、司法警察所為的處分不服，依法得向該管法院聲請撤銷或變更者，亦應給予聲請回復原狀的權利，以周延檢察事務官等處分的救濟程序，故「於遲誤聲請撤銷或變更檢察事務官、司法警察官或司法警察處分之期間者」，準用§§67～69。

❖ **實例講座** ❖

＊送達問題數則＊

（一）甲地檢察署管轄之刑案，經其上級檢察長，命令移轉乙地檢察署偵查後，由乙地檢署檢察官逕向甲地方法院起訴，並由甲地檢察署檢察官蒞庭實行公訴，業已宣判。試問，本案判決書應送何地檢察官收受？

➲解析

　　應送甲地檢署檢察官收受。因本案原屬甲地檢署管轄之案件，乙地檢署本無管轄權，其奉上級檢察長命令移轉管轄偵查，其管轄範圍自應以命令之偵查為限，從而案經偵查終結，提起公訴後，乙地檢署對本案已無管轄權，故改由管轄法院之甲地檢署派檢察官蒞庭實行公訴，實行公訴者既為甲地檢署檢察官，則刑事判決書自應送達甲地檢署檢察官收受。

（二）管轄法院對於其他無管轄權法院所判決確定移送案件之送達，究應由管轄法院檢察署之蒞庭檢察官，抑應由無管轄權之他法院檢察署之原起訴之檢察官收受，方為合法？如有不服，應由何者提起上訴？

➲解析

　　對於檢察官之送達，固應向承辦檢察官為之，但承辦檢察官前後不同，當向最後之承辦檢察官為之。偵查起訴之檢察官與蒞庭實行公訴之檢察官如非同一人，似應向蒞庭檢察官送達。蓋現行刑事訴訟法原則上採取言詞辯論主義，參與言詞辯論之蒞庭檢察官，當應認為即屬刑事訴訟法所指之承辦檢察官；故如有不服，亦應由蒞庭檢察官提起上訴，因

此，為調卷方便，應由管轄法院檢察署之蒞庭檢察官收受該判決；如有不服，亦應由該蒞庭檢察官上訴。

（三）被告逃匿，如其戶籍並未遷出，關於刑事訴訟之文書，是否仍得對該被告為公示送達？

➲解析

　　按住居所是否不明，並非以戶籍為唯一依據，被告逃匿後，苟其實際住所、居所、事務所及所在地均屬不明，自得適用§59①之規定為公示送達。因為，被告逃匿後，其實際住所，居所所在地均屬不明，依§59①規定，得為公示送達。

（四）張三犯罪，經檢察官提起公訴，其戶籍原設在甲縣，審判中被告向甲縣戶政機關申請辦理遷出，其遷入之新址為乙縣，但遷出後並沒有向乙縣戶政機關辦理遷入，法院按其申請遷入之新址送達傳票無著，乃予以公示送達後，逕行判處罰金刑，嗣又以同樣方法送達該判決書，經過上訴期間，試問，該判決能否認為合法確定？

➲解析

　　審判中被告雖已向甲戶政機關申請辦理遷出，但於其正式向新址之乙縣戶政機關辦妥遷入手續之前，尚不得以新址為送達處所，仍須向甲縣戶籍地送達傳票無著後為公示送達，且判決前之程序亦須符合§306之規定，該判決始能認為合法確定。因被告雖然曾辦理遷出，但實際上並未遷入乙縣新址，即仍應認為其戶籍在甲縣，必須向甲縣戶籍地送達傳票及判決無著後，方能為公示送達，否則難認為判決合法確定。

（五）甲於起訴前即已死亡，經提起公訴後，法院未發現甲已死亡，經依法送達傳票，亦經其同居人乙收受，法院乃依為實體判決，該判決正本並由乙收受。嗣檢察官亦未提起上訴，法院即移送檢察官執行。執行檢察官發覺甲已於起訴前死亡，而將該案退回。試問，法

院應如何處理？該判決是否確定？

⊃解析

　　被告死亡，其訴訟主體即已失其存在，其訴訟程序之效力本不應發生，法院既未發現被告死亡，而為實體上判決，該判決自無從確定，移送檢察官執行，經檢察官發覺被告已於起訴前死亡，將案卷退回，法院可逕行歸檔。因為，送達係一種訴訟行為，應由送達機關依法定方式將其交付於應送達人，應送達之文書經合法送達，文書之效力始發生。

　　本案應受文書送達的甲既已死亡，則該文書即無法交付於應受送達之被告，從而該文書之效力始終未發生。因此，本件傳票及判決正本之送達皆不生效，該判決無從確定，因而無法移送執行，法院宜將之歸檔存查。

第六章

強制處分

【目次】

第一節 強制處分的基本原則與分類 217

　壹、強制處分的基本原則 217

　　一、法律保留原則 217

　　二、法官保留原則（令狀原則） 218

　　三、比例原則 220

　貳、強制處分的分類 221

　　一、廣義與狹義的強制處分 221

　　二、對人與對物的強制處分 221

　　三、直接與間接的強制處分 222

　　四、要式與不要式的強制處分 222

實例講座 223

第二節 傳喚與通知 225

　壹、傳喚 225

　　一、傳喚的意義 225

　　二、傳喚的方式 225

　　三、傳喚的效力 226

　貳、通知 227

　　一、通知的意義 227

　　二、通知的機關 227

　　三、通知的方式 227

　　四、通知的效果 228

第三節 拘提逮捕與即時訊問 228

　壹、拘提 229

一、拘提的類型 229

二、拘提的程序 232

三、緊急拘提與逕行拘提的區分 232

貳、逮捕 232

一、逮捕通緝犯 233

二、逮捕現行犯 233

參、拘捕後的即時訊問 234

一、即時訊問 234

二、法定障礙事由 235

實例講座 237

第四節　限制出境、出海 241

壹、發動原因 241

貳、發動主體 241

參、發動程序 242

肆、限制時間 242

伍、陳述意見 243

陸、期限延長 243

柒、限制出境、出海之撤銷 244

一、視為撤銷 244

二、被告聲請撤銷或變更 244

捌、羈押之替代處分 245

第五節　羈押 245

壹、羈押的意義與基本理念 245

貳、羈押的目的 246

參、羈押的要件 246

一、形式要件 247

二、實質要件 247

肆、羈押的種類 253

一、偵查中的羈押 253

二、審判中的羈押 256

伍、羈押期間 257

一、偵查中的羈押期間 257

二、審判中的羈押期間 258

三、羈押期間規定的疑慮 258

陸、羈押中被告自由的回復 260

一、羈押的撤銷 260

二、羈押的停止 265

柒、羈押的執行 270

一、執行羈押應用押票 270

二、羈押執行的處所 271

三、羈押被告的管束 272

實例講座 273

第六節 暫行安置 276

壹、暫行安置的目的 277

貳、暫行安置的要件 278

一、形式要件 278

二、實質要件 279

參、暫行安置的延長 279

肆、暫行安置的撤銷 280

第七節 搜索與扣押 281

壹、搜索 281

一、搜索的意義 281

二、搜索的分類 282

三、搜索的機關 282

四、搜索的事由..283

五、搜索的要件..284

六、無搜索票的搜索..285

七、搜索的程序..288

八、搜索的事後審查..290

貳、扣　押..291

一、扣押的意義..291

二、保全追徵的扣押..291

三、扣押的機關..293

四、扣押的客體..293

五、扣押的程序..294

實例講座..297

參、通訊監察..305

一、通訊監察的要件..305

二、違法通訊監察的證據能力..............................307

肆、警察的盤查..308

第八節　特殊強制處分....................................310

壹、定位追蹤系統之偵查....................................310

一、為調查犯罪情形或蒐集證據之必要..................311

二、GPS或非個人生物特徵辨識科技手段為限.........311

三、定位追蹤之條件及時間限制...........................312

貳、M化網路系統之偵查....................................312

一、為調查犯罪情形或蒐集證據...........................313

二、僅限於獲取手機、手錶位置和IMEI與IMSI

之科技方法..314

三、法官保留及使用時間限制..............................314

四、資料之使用及刪除.......................................314

參、非實體侵入性科技方法 315

　　一、五年以上有期徒刑之罪 315

　　二、犯罪嫌疑人或被告及第三人 315

　　三、對該空間內之人或物監看及攝錄影像之科技方法 316

　　四、使用時間限制以及法官保留 316

　　五、對軍事處所之秘密 317

肆、情況急迫之科技偵查使用 317

伍、許可書之記載及核發 317

陸、受調查人之通知及資料之後續處理 318

　　一、通知受調查人 318

　　二、所蒐集之資料處理 319

柒、刑事裁判之執行之準用 320

捌、救濟 320

玖、違法取得證據之處理 321

第九節　強制處分的文書 322

壹、傳　票 322

　　一、刑事傳票 323

　　二、刑事證人傳票 326

　　三、通知書 328

貳、拘　票 330

參、限制出境（海）通知書 332

肆、押　票 334

伍、搜索票 337

陸、通訊監察書 339

柒、鑑定許可書 341

　　刑事訴訟程序中，國家為發現真實，有必要蒐集與保全證據，以及確保被告於訴訟程序中能到場。畢竟，在訴訟程序中，要求被告自願配合提交證據或到場受審，本於人性，難免困難。為了追訴犯罪，實現國家刑罰權，本法有必要制定強制處分，借助國家的強制力，作為獲取並保全證據，以及確保被告到庭的方式。此外，為了避免被告保有犯罪所得，而造成社會不公，亦可利用強制處分確保未來實現沒收的可能。

　　由於強制處分具有強制力，客觀上已干預人民基本權利，自然須經周延的法定程序，方能啟動與執行。例如，羈押處分則是為了確保受處分人（被告）能確實到庭接受審判，但也直接侵害人民的人身與行動自由；所以得否羈押，必須由法官決定，並有押票。以下，先說明強制處分的基本原則與分類，再逐一就個別強制處分的內涵，加以討論。不過，必須先行說明的是，涉及「鑑定」的強制處分，本書將於第七章第四節說明。

第一節　強制處分的基本原則與分類

　　強制處分的基本原則有，法律保留原則、法官保留原則、比例原則；基本分類則是，依強制處分的廣狹意義、對人對物、直接間接、要式與否等，進行概念上的區別。

壹、強制處分的基本原則

一、法律保留原則

　　刑事訴訟法既是追訴與審判的程序法，實際運作上難免會侵犯或干擾人民憲法上的基本權利，尤其是強制處分的執行，對於人民的自由、隱私或財產等權利的侵害更為顯著。在美國許多刑事訴訟教科書，直接稱為「憲法上的刑事訴訟法」，其內容幾乎只討論強制處分，這樣的安排自有道理。美國憲法增修案所列舉的基本權利，有一半與刑事訴訟的運作有

關，可見憲法與刑事訴訟的密切關係。

　　憲法§23揭示人民受憲法保障的基本權利，除為防止妨礙他人自由、避免緊急危難、維持社會秩序或增進公共利益所必要者外，國家不得以法律限制之。相對的，國家對於人民基本權利的限制，就須在維護秩序或追求公益等前提下，以明文的法律為之。刑事訴訟程序中，國家實施侵害人民基本權利的強制處分時，自然也應踐行憲法§23保護基本權利的要求。亦即，必須有立法者的明確授權，於刑事訴訟法中規定處分的意義與發動的程序與要件，此即所謂的「法律保留原則」

　　基於上述，強制處分實施的結果，使受處分者意思遭到妨害，或使其身體自由受到拘束，或使其秘密受到侵害，故從剝奪法益的觀點言，強制處分無異於刑罰。因此強制處分的行使，時常會有基本權的侵犯，應遵循「法律保留原則」。此外，對於不當或違法強制處分的實施，基於有權利就有救濟的法理精神，人民對於強制處分造成侵害的救濟方法如下：

1. 得提起抗告：對於判決前關於管轄或訴訟程序的裁定不得提起抗告，關於羈押、具保、責付、限制住居、限制出境、限制出海、搜索、扣押或扣押物發還、因鑑定將被告送入醫院或其他處所的裁定及依§105Ⅲ、Ⅳ所為禁止或扣押的裁定，得提起抗告（§404②）。判決前有關強制處分的裁定，之所以許其提起抗告，乃鑑於強制處分對於人權容易造成侵害，故為保障人權，對於為處分法院的裁定有不服者，許其得抗告於直接上級法院。
2. 論處瀆職罪：刑法§125對於違法實施強制處分的公務員，特別規定有濫用職權追訴，用以處罰違法的公務員。

二、法官保留原則（令狀原則）

　　本法為求憲法人權保障精神的落實，絕大部分強制處分，皆須遵守「決定機關不兼執行，執行機關不兼決定」的原則。具體來說，對於本原則，大陸法系著重於發動強制處分主體的中立性，稱之為「法官保留原

則」；英美法系著重於強制處分的令狀審查，則稱為「令狀原則」。但無論是法官保留原則或令狀原則，本質上都是要求國家發動強制處分時，有必要建立一套防止濫權的權力制衡機制。換言之，執行強制處分前，必須事先交由具超然中立性質的「法院」（法官保留原則）審查處分的合法性與必要性，執行機關則須持有法院核發的「許可書」（令狀原則），方能為之。

　　不過，法官保留原則的落實，恐有違反法官中立原則的疑慮。偵查中的強制處分（如羈押、搜索等）幾乎都由法官決定，故凡於偵查中曾為簽發令狀的法官，為避免「裁判法官偵查化」，對同一案件為強制處分的裁定者，應迴避為本案處理，所以可以考慮§17中增訂一款：「法官對同一案件於偵查中曾為強制處分之裁定者」，作為法官迴避事由之一，以確保審判的公平性。

（一）本法採取相對法官保留原則

　　法官保留原則，雖能事先避免或預防偵查機關可能不法或不當的強制處分，保障人民的基本權利；但是，若徹底落實事先核發令狀的處分審查制度，也會招致妨礙偵查效率的問題。因此，目前的強制處分規定，不全然採取絕對的法官保留原則，立法者在考量偵查效率之後，部分強制處分，能在事先發動後，讓法官「事後」進行合法性的審查，或者讓偵查主體檢察官自行發動，而不用法官的審查。此即為相對法官保留原則的立法模式。

　　換言之，本法強制處分的發動，可能由檢察官或法官專斷，也可能由法官進行事後審查。例如，強制當事人到場的拘提處分，偵查中為檢察官、審判中由法官，依法簽發拘票為之（§§71Ⅳ、77Ⅲ），此為以偵查與審判階段為區分的二分模式，偵查程序由檢察官主導，審判程序由法官主導；又如搜索、扣押等強制處分，無論是偵查或審判階段，除有立法明文的緊急狀況外，原則仍須有法官核發的令狀方能執行，此為典型的相對法官保留原則；最後，由於羈押處分屬於干預人身自由最為嚴重的強制處

分，毫無例外地，須經法院審查核發押票後，才能為之，是絕對法官保留原則的體現。

（二）審查專庭的設計

　　法官保留原則的重要理念，除了發揮制衡以檢察官為主的偵查權力外，實務運作上，也希望能借助職業法官的法律專業，居於超然中立第三人的角度，慎重審查與判斷個案中有無核發強制處分令狀的必要性，以達有效的真實發現與人權保障的目的。目前實務上，無論對於偵查中的搜索扣押或羈押等強制處分的審查，原則都是由各地方法院編制內的所有法官輪值為之。換言之，縱然強制處分的核發，期盼能借助具豐富經驗的法官為之，但基於現行業務分配的模式，甚至是民事庭法官也有機會經手審查，故難免面臨專業度不足的質疑。

　　是故，2016年5月，增訂法院組織法§14-1，對於偵查中強制處分聲請案件的審查，規定地方法院與高等法院分設「刑事強制處分庭」，專門辦理偵查中強制處分聲請案件令狀的審查與核發；但司法院得視法院員額及事務繁簡，指定不設刑事強制處分庭的法院。同時，承辦審核強制處分案件的法官，基於公平法院下法官迴避的精神，事後不得辦理同一案件的審判事務。

三、比例原則

　　強制處分，是對受處分者行使強制力或使其負擔法律上的義務，故會造成人權侵害。為了保障人權，國家必然需要節制處分執行的力道，凡是強制處分的發動到執行，須在達成目的之前提下，遵守「比例原則」的要求，須為侵害人民權利最小的必要性手段。茲將其有關規定列舉於次：

1. 不得逾越必要程度。例如，被告抗拒拘提、逮捕或脫逃者，得用強制力拘提或逮捕之，但不得逾必要之程度（§90）。倘若抗拒搜索者，得用強制力搜索之，但不得逾必要的程度（§132）。此外，於管束羈押的被

告，應以維持羈押之目的及押所秩序所必要者為限（§105 I）。

2. 無必要時應即撤銷。例如，通緝於其原因消滅或已顯無必要時，應即撤銷（§87Ⅲ）。又案件經上訴者，被告羈押期間如已逾原審判決的刑期者，應即撤銷羈押，將被告釋放（§109）。

3. 注意被告的身體及名譽。例如，執行拘提或逮捕，應注意被告的身體及名譽（§89）。又搜索應保守秘密，並應注意受搜索人的名譽（§124）。且羈押的被告非有事實足認為有暴行或逃亡、自殺之虞者，不得束縛其身體（§105 V）。

貳、強制處分的分類

一、廣義與狹義的強制處分

廣義強制處分包括調查證據及狹義強制處分。例如，§178Ⅳ拘提證人準用§§77～83、89～91的規定，此一拘提為調查證據的強制處分，屬於廣義的強制處分。

狹義強制處分專指直接對人或對物，為排除事實上可能的妨害或反抗所實施的強制處分。例如，§178 I 證人經合法傳喚，無正當理由而不到場者，得拘提之。

二、對人與對物的強制處分

對人強制處分：傳喚、拘提、逮捕、羈押、對身體搜索、通訊監察、鑑定留置、鑑定處分、限制住居、出境、出海。例如，對於犯罪嫌疑人的拘提、逮捕與羈押，就是為了確保其能到庭受審。

對物強制處分：命令提出、搜索、扣押。例如，警方經搜索與扣押處分取得的毒品，可為證明被告販毒罪名的證物。

三、直接與間接的強制處分

直接強制處分：直接強制處分是直接干預基本權的處分。處分本身即具有強制效力，如拘提、羈押、搜索、扣押。

間接強制處分：是在受處分人不履行義務時，基本權才會受到干預。例如，經傳喚或通知而不到場者，即可拘提直接強制其到場。

四、要式與不要式的強制處分

要式強制處分，指強制處分實施時有一定的程式；例如，傳喚用傳票、拘提用拘票、通緝用通知書、羈押用押票、搜索用搜索票、鑑定留置用鑑定處分許可書。

不要式強制處分，指因事出緊急，強制處分無須一定程式，例如現行犯的逮捕（§88）、緊急逮捕（§88-1）、附帶搜索（§130）、同意搜索（§131-1）、急迫搜索（§§131Ⅰ、Ⅱ）、附帶扣押（§137）、另案扣押（§152）。

❖ 實例講座 ❖

＊強制處分的手段＊

　　甲得罪檢察官乙。乙於是開始羅織罪名與犯罪嫌疑，對甲實行各種強制處分，讓甲不堪其擾。試問：我國刑事訴訟法中，檢察官乙於實施強制處分有哪些限制規範？

⇨解析

　　刑事訴訟程序中的強制處分，是對受處分者行使物理強制力或使其負擔法律義務的處分。大部分的強制處分皆屬偵查手段的一種（如搜索、扣押、拘提與逮捕等），另外，在審判中對被告所為的羈押處分，則是為確保訴訟程序的順利進行，避免真實發現的目的受到妨礙的措施。不過，由於強制處分伴隨而來的是對被告人身自由與財產權益的嚴重侵犯。為保障人權，刑事訴訟法對強制處分就有設計相當的規範限制來防止濫用的可能。以下是乙應注意的事項：

（一）法官保留原則（令狀原則）

　　為了確保偵查機關實行的強制處分有符合比例原則，並遵守法定程序，本法特別規定強制處分的實施，必須先向中立的法院申請，待審查通過，簽發令狀後，使得進行。例如，拘提被告必須簽發拘票（§76）、羈押須簽發押票（§102）、搜索扣押須要搜索票（§128）等。

（二）實施強制處分時須注意事項

　　由於本處分干預人民的人身自由權力甚深，故執行時務必注意受處分人的身體與名譽由無遭受不當的侵害。例如，執行拘提與逮捕時或有使用戒具時，應注意被告的身體、名譽（§89、§89-1）、搜索中應注意被告名譽，保守秘密（§124）。另外，必須利用物理強制力的強制處

分，必須注意手段的必要性與相當性（比例原則）。換言之，如拘提被告時，若其無任何反抗趨向，就不能採取強制力來進行逮捕（§§90、132、138）。

第二節　傳喚與通知

壹、傳喚

一、傳喚的意義

法院（審判中）或檢察官（偵查中）命被告於一定日時，到達一定場所，稱為傳喚。傳喚被告的目的，主要在於：被告接受訊問（§71）、接受審理（§281）、接受刑罰的執行（§469）。傳喚的對象不限於被告，對於證人、鑑定人、自訴人等，亦可傳喚。不過，應分辨的是，審判期日對於檢察官、辯護人、自訴代理人與輔佐人的出庭，係使用「通知」一語，而非傳喚（§§271 I 後段、327 I）。

被告經傳喚後到場訊問時，司法機關應盡告知義務（§95）；應予以辯明犯罪嫌疑的機會（§96）；訊問態度應懇切，不能強暴、脅迫、利誘、詐欺、疲勞訊問或出以其他不正的方法（§98）；被告陳述的有利或不利的事實，應於筆錄內記載明確（§100）；應全程連續錄音，必要時，全程連續錄影（§100-1）。

另外，少年事件處理法§21規定，對於少年事件的調查，「必要時得傳喚少年」，但此傳喚是用「通知書」為之（少事§21 III）；當少年被告經合法傳喚，無正當理由不到場，得發「同行書」強制到場（少事§22）；若少年行蹤不明，得通知少年法院、檢警以「協尋書」協尋少年，但不得公告（少事§23-1）。這是基於保護少年的目的，而使之與成年犯有所區隔，通知就是傳喚；同行、協尋的概念，分別接近於拘提、通緝。

二、傳喚的方式

傳喚被告，原則應送達傳票（§71）。傳票的應載事項有：被告姓名、性別、出生年月日、身分證明文件編號及住、居所等，如被告姓名不詳，或因其他情形認為有必要者，應記載足資辨別的特徵；案由；應到之

日時及處所；以及「無正當理由不到場者，得命拘提」的告知。

若共同被告不止一人，仍應作成傳票分別傳喚，方才合法。如僅向其中一人送達傳票，縱令該傳票內載有其他被告的姓名，但對於未受送達的被告，並不生合法送達的效力。傳喚報告原則應有書面傳票，但也有下述的例外情況，依法規定視為與傳票送達有同一效力。

除了送達傳票之外，例外情形也得以面告到場、陳明到場的方式，進行傳喚（§72）。所謂面告到場，是對於到場的被告，經面告下次應到之時日、處所，以及如不到場得命拘提，並記明筆錄者，與已送達傳票有同一之效力；但必須被告業已到場始有適用，若被告並未到場，對到場的訴訟關係人加以面告，並不拘束未到場的被告。所謂陳明到場，是被告以書狀陳明屆期到場者，與已送達傳票有同一效力。

三、傳喚的效力

傳喚的原因不同，效果也不同。區分實益在於，若被傳喚人的到場為義務，無正當理由不到，可拘提之；反之，被傳喚人的到場是權利，如不到場，則不能拘提。茲分述之：

1. 因訊問、鑑定或勘驗而傳喚被告，被告負有到場義務，如無正當理由不到場，得命拘提之（§75），到場後，除確有不得已事故外，並應按時訊問（§74）。

2. 犯罪被害人，可為告訴人或自訴人，若為告訴人同時也是證人的身分，而司法機關依證人的身分傳喚者，依§178傳喚不到者可拘提之。但若為自訴人，依據§§37、319Ⅱ的規定，自訴既已改採強制委任律師代理制度，期日自應通知自訴代理人到場，惟如有命自訴人本人到場必要者，應傳喚之；不過，既以通知代理人到場為原則，自無拘提自訴人的必要。

貳、通知

一、通知的意義

　　依§71-1，司法警察官或司法警察，因調查犯罪嫌疑人犯罪情形及蒐集證據的必要，得使用通知書，通知犯罪嫌疑人到場，接受詢問，此警察的通知，亦稱約談。司法警察機關，依§§229～231，應協助檢察官，或聽檢察官指揮命令偵查犯罪，但亦得不待檢察官指揮命令，逕行調查犯罪嫌疑人犯罪情形及蒐集證據。事實上犯罪的調查，多先由司法警察機關為之，待獲有相當證據後，再行移送檢察官偵辦。是故，司法警察機關亦應有通知犯罪嫌疑人，使之到場詢問的權限。

　　必須留意者，依據§196-1，司法警察官或司法警察因調查犯罪嫌疑人犯罪情形及蒐集證據的必要，也得使用通知書通知證人到場詢問；所以，目前司法警察能通知的對象除了犯罪嫌疑人外，也包括證人。

二、通知的機關

　　司法警察機關雖有通知犯罪嫌疑人到場接受詢問的權限，但此項通知書，依法應由司法警察機關主管長官簽名（§71-1Ⅱ），可見詢問通知書須由司法警察機關主管長官簽發，非一般司法警察所能簽發。例如，警察局長可簽發詢問通知書；但警察或巡官非主管長官，自不得簽發此項通知書。

三、通知的方式

　　對犯罪嫌疑人的詢問通知，應用通知書，其應記載的事項有：被告的姓名、性別、出生年月日、身分證明文件編號及住居所等，如被告姓名不詳，或因其他情形認為有必要者，應記載足資辨別的特徵；案由；應到之日時及處所（§71-1Ⅱ）。

　　通知後就須進行詢問。司法警察詢問犯罪嫌疑人，準用上述訊問被告

的相關規定（§100-2）；且司法警察的詢問，本於刑事司法機關的客觀義務（§2），對於被告有利或不利的事項，也應一律注意。但是，司法警察原則不得於夜間詢問犯罪嫌疑人（§100-3），如若違反這項規定所取得的被告自白，原則沒有證據能力（§158-2）。

四、通知的效果

警察機關主管長官所簽發的詢問通知書，不記載「無正當理由不到場者，得命拘提」的文字，與傳票不同，故其不具強制力，人民收到詢問通知書後不到場，苟非報請檢察官核發拘票，不得拘提（§71-1 I）。即使警察機關報請檢察官核發拘票，但因檢察官依法仍有實質審酌的空間，並非依其申請就須核發拘票，故通知對於人民並無明顯的間接強制力。理論上，人民仍可自由決定是否回應警察機關的通知。

有論者認為，若要妥當區分傳喚與通知的法律地位與效果，犯罪嫌疑人經司法警察合法通知，卻無正當理由不到場時，在陳報檢察官後，檢察官並非直接判斷是否拘提，而應先行傳喚，如仍不到場，方才拘提。

第三節　拘提逮捕與即時訊問

拘提與逮捕是國家拘束人身自由的典型強制處分。2019年修法，針對國家為發生真實而拘提逮捕以及人權保障間，有了更為衡平的具體規範，除了有助於訴訟當事人權益之維護，也能促使台灣成為能與國際接軌，人權立國的法治國家。

上述主要的具體規範，無論拘提或逮捕都一併適用，其一為§89規定，除了舊法時期要求執行拘提或逮捕需注意其身體及名譽外，新法進一步新增了應當場告知被告或犯罪嫌疑人拘提或逮捕之因及§95所列事項，同時也須將拘捕之原因以書面將拘提或逮捕之原因通知被告或犯罪嫌疑人及其指定之親友。再者，新增§89-1，要求執法人員執行拘提 、逮捕或

解送，得使用戒具。但不得逾必要之程度。前項情形，應注意被告或犯罪嫌疑人之身體及名譽，避免公然暴露其戒具；認已無繼續使用之必時，應即解除。

　　總之，拘提與逮捕在傳統實務上屬於普遍使用但也同時容易遭到濫用的強制處分，為了保障人權，除了上述之新法規定外，個別規範於拘提或逮捕之新法規定，本文將分別與後為說明。

壹、拘提

　　拘提係強制被告、犯罪嫌疑人或證人到指定處所的強制處分，是以短時間內拘束被告人身自由，使其就訊或保全證據為目的。

一、拘提的類型

　　拘提須具備法定原因，本法規定的類型如下：

（一）一般拘提

　　§75規定，被告經合法傳喚無正當理由不到場者，得拘提之：被告經合法傳喚，無正當理由不到場，即可構成拘提的理由，與被告所犯罪名輕重無關，但仍應注意比例原則的適用。

（二）逕行拘提

　　§76規定，被告犯罪嫌疑重大，而有下列情形之一者，必要時，得不經傳喚逕行拘提。
1. 無一定之住、居所者。
2. 逃亡或有事實足認為有逃亡之虞者。
3. 有事實足認為有湮滅、偽造、變造證據或勾串共犯或證人之虞者。
4. 所犯為死刑、無期徒刑或最輕本刑為五年以上有期徒刑之罪者。
　　必須留意者，從逕行拘提的法定要件可知，逕行拘提除為確保訴訟程

序得以順利進行外（保全被告），也能避免犯罪嫌疑人或被告於湮滅或偽造證據，徒增偵查證據保全的困難，故僅得對犯罪嫌疑人與被告為之。

附帶說明的是，2019年刑事訴訟法修正，於本文新增「必要時」方能不經傳喚而逕行拘提之要件，主要考量是為提醒執法人員逕行拘提仍應合乎比例原則，並非具備本條各款事由就能直接為之。

（三）緊急拘提

1.緊急拘提的意義

對於現行犯，任何人均得依法逮捕；但在犯罪偵查實務中，難免發生犯罪嫌疑人非屬現行犯，但有脫逃或串供等急迫情形。當遭遇此等急迫情形，若來不及簽發拘票，而不得拘提非屬現行犯的犯罪嫌疑人，將不利真實發現。為因應偵查實務的實際需要，檢察官、司法警察或司法警察官於情況急迫時，在一定條件下，得對於非現行犯先予以無拘票的拘提；但司法警察與司法警察官執行時，事後必須再向檢察官簽發拘票，以完成法定程序，稱為「緊急拘提」。

緊急拘提的不要式性，有別於先取得拘票，方可拘提的通常拘提態樣，實具有逮捕性質，故學理上也有將其稱為緊急拘捕。不過，由於條文用語仍稱此為「逕行拘提」，故本書將之列為法定拘提的類型之一，並酌其急迫情形，稱為緊急拘提。

2.緊急拘提的機關

緊急拘提的機關可分為，執行緊急拘提與補發拘票的不同機關：

（1）執行拘提的機關：執行緊急拘提的機關，限於犯罪偵查機關（檢察官、司法警察官、司法警察），不包括法院。檢察官為犯罪的偵查機關，親自執行緊急拘提後，依條文規定似乎不須補發拘票；但實務的作法均有補發。另外，司法警察官或司法警察為犯罪偵查的輔助機關，緊急狀況下亦得逕行拘提。

（2）補發拘票的機關：由司法警察官或司法警察執行時，以其急迫情況

不及報告檢察官者為限，於執行後，應即報請檢察官補簽發拘票。如檢察官不簽發拘票者，應即將被拘提人釋放（§88-1Ⅱ）。

3.緊急拘提的理由

刑事訴訟法所規定的緊急拘提的理由，除了情況急迫外，尚須有下列四種法定情況之一，方能為之：

（1）因現行犯的供述，且有事實足認為共犯嫌疑重大者：此時不問所犯何罪，只要共犯嫌疑重大，即可對尚未到案的共犯實施緊急拘提。

（2）在執行或在押中的脫逃者：自監獄或看守所脫逃者，本可予以通緝（§84），但尚未經通緝前，應予緊急拘提。

（3）有事實足認犯罪嫌疑重大，經被盤查而逃逸者，得為緊急拘提的對象；但所犯顯係最重本刑為一年以下有期徒刑、拘役或專科罰金的輕罪者，不在此限。

（4）所犯為死刑、無期徒刑或最輕本刑為五年以上有期徒刑之罪，嫌疑重大，有事實足認有逃亡之虞者。

4.緊急拘提的執行

檢警於緊急拘提時，雖無搜索票，仍得逕行搜索受緊急拘提者的身體（§130）。如有§131的情形，並有事實足認被告（現行犯）或犯罪嫌疑人（脫逃人）確實在內者，檢察官、檢察事務官、司法警察官或司法警察，雖無搜索票，亦得逕行搜索受緊急拘提者的住宅或其他處所，惟此為無令狀的搜索，事後不論有無發現應即呈報檢察官。必須注意的是，此搜索目的是在於，發現應受緊急拘提者，而非發現犯罪證據，一旦發現應受緊急拘提者，即應停止搜索，不可繼續。

5.緊急拘提的義務

（1）告知犯罪嫌疑人得選任辯護人到場：檢警實施緊急拘提時，「必須告知」犯罪嫌疑人及其家屬，得選任辯護人到場（§88-1Ⅲ）。

（2）立刻報告檢察官：實施緊急拘提的司法警察，可以附帶搜索被逮捕

人的身體與住宅（§§130、131），但必須注意，如果司法警察搜索者為住宅或其他處所，必須立刻報告檢察官（§131Ⅲ）。

二、拘提的程序

拘提除了§88-1的緊急拘提外，拘提被告應用拘票，因拘提為法定要式行為，被告因拘提到場者，應即時訊問，至遲不得逾二十四小時（§93）。

三、緊急拘提與逕行拘提的區分

緊急拘提與逕行拘提類似，法條也稱之為「逕行拘提」。不過，緊急拘提是指，情況急迫，司法警察不及報告檢察官，先拘提再報請檢察官簽發拘票（先斬後奏）。拘提後，如檢察官不簽發拘票，必須放人。此緊急拘提與§76的逕行拘提不同，逕行拘提是抓人的時候就必須有拘票，只是不須經過傳喚的手續。

緊急拘提是令狀原則的例外，照理說，考量緊急拘提的事前不要式性（執行時不需出示拘票），拘提時仍應合乎憲法§8：「人民因犯罪嫌疑被逮捕拘禁時，其逮捕拘禁機關應將逮捕拘禁原因，以書面告知本人及其本人指定之親友」的要求，檢警實施緊急拘提都「必須告知」犯罪嫌疑人及其家屬被拘提的原因，以及得選任辯護人到場（§88-1Ⅲ）；緊急拘提後，也須立即補發拘票，方能符合書面告知的要式性要求。

貳、逮捕

逮捕，乃不要式逕行拘捕被告至一定處所的強制處分。逮捕的情形有二：一為逮捕通緝犯，二為逮捕現行犯。逮捕不要式（不用令狀），與拘提要式（令狀，即拘票）不同，可以直接拘束現行犯或通緝犯的人身自由；惟就強制被告到場就訊的效果來看，並無二致。

一、逮捕通緝犯

通緝乃以通知或公告方式，表示其決定拘捕被告的意思。通緝的原因，依§84有二，即逃亡和藏匿。但是，依§76②，逃亡亦為逕行拘提的原因，所以當被告逃亡時，應使用逕行拘提或通緝逮捕，就須視被告的所在而定。一般來說，逕行拘提適用於確實知悉逃亡被告所在之處，故拘票仍須有記載被告的住居所；通緝則適用於逃匿無蹤、傳拘無處的情形。

通常來說，通緝是拘提不到的後續行動，具有公告周知的性質，加上逮捕無須令狀，不但重大影響被告名譽，對於被告人身自由的保障也甚為不利，因此通緝的法定要件必然須較拘提嚴格。也因為如此，通緝僅能針對被告，不能用於證人。

通緝的決定機關，層級較高。偵查中須由檢察首長決定，審判中為法院院長（§85Ⅲ）。通緝應用「通緝書」；通緝書的記載事項，規定於§85Ⅱ，且應將通緝書通知附近或各處檢察官、司法警察機關，並得登載報紙或以其他方法公告（§86）。公告通緝後，檢察官或司法警察官得逕行逮捕被告。其他如「利害關係人（如被害人、告訴人、自訴人）」亦得逕行逮捕通緝的被告，送交檢察官或司法警察官（§87）。通緝原因消滅時，應即撤銷（§87Ⅲ）。

二、逮捕現行犯

現行犯，不問何人均得逕行逮捕（§88Ⅰ）；此不同於通緝犯的逮捕，僅限於檢察官、司法警察官或利害關係人始得為之。現行犯的情形有二：

1. 現行犯（§88Ⅱ）：犯罪在實施中或實施後，即時發覺者。縱然是告訴乃論之罪的現行犯，亦得逕行逮捕。
2. 準現行犯（§88Ⅲ）：被追呼為犯罪人者，或因持有兇器贓物或其他物件或於身體、衣服等處露有犯罪痕跡，顯可疑為犯罪人者。惟準現行犯所指的持有「贓物」，依大法官釋字第90號的看法，犯瀆職罪收受的賄

賂，也是準現行犯所指的贓物，顯然該贓物的概念，非僅限於普通刑法贓物罪的贓物概念。須注意者，準現行犯的逮捕，在時間上須與犯罪行為終了有相當的密接性，始足擔保犯人與犯罪事實的明確性，而與現行犯同視，以契合憲法保障的正當法律程序。（最高法院102台上447號判決參照）

由於人民並非真正的逮捕執行機關，故逮捕現行犯後，應立即送交檢察官或司法警察，使其接受訊問（§92Ⅰ）。司法警察官、司法警察逮捕或接受現行犯者，應即解送檢察官。但所犯最重本刑為一年以下有期徒刑、拘役或專科罰金之罪、告訴或請求乃論之罪，其告訴或請求已經撤回或已逾告訴期間者，得經檢察官的許可，不予解送（§92Ⅱ）。

參、拘捕後的即時訊問

一、即時訊問

依§93Ⅰ規定，被告或犯罪嫌疑人，凡經拘提（一般拘提、逕行拘提、緊急拘提）或逮捕（通緝犯逮捕、現行犯逮捕）到場者，應即時訊問。

偵查中，依§93Ⅱ規定，經檢察官訊問後，認有羈押之必要者，應自拘捕之時起二十四小時內，向法院聲請羈押。對於偵查中的檢察官即時訊問，一般學理認為，重點在於，判斷是否向法院聲請羈押受拘捕的被告或犯罪嫌疑人，所以訊問內容應重在有無羈押原因、有無羈押必要性，以及拘捕合法性等，而非與本案犯罪事實有關的調查。

2017年，立法者參酌司法院釋字第737號意旨，修正§93Ⅱ，若檢察官向法院聲請羈押，必須「以聲請書敘明犯罪事實並所犯法條及證據與羈押之理由，備具繕本並檢附卷宗及證物」，但若「有事實足認有湮滅、偽造、變造證據或勾串共犯或證人等危害偵查目的或危害他人生命、身體之虞之卷證，應另行分卷敘明理由，請求法院以適當之方式限制或禁止被告

及其辯護人獲知。」也就是說，視個案情況，若有限制或禁止被告及其辯護人獲知完整的聲請書及卷證的必要，檢察官在送交法院的聲明書及卷證以外，必須另行準備提供被告及其辯護人獲知的聲請書及卷證，且依§101Ⅲ但書規定，若按§93Ⅱ但書另行分卷，「經法院禁止被告及其辯護人獲知之卷證，不得作為羈押審查之依據。」此規範的出發點是人權保障，但恐造成檢察官的壓力，對於實務會產生如何影響，是否不利真實發現，有待觀察。

至於檢察官訊問後，未向法院聲請羈押，原則上應將被告釋放；但檢察官認為，雖有羈押原因，但無必要者，得逕命具保、責付或限制住居、出境或出海，以替代羈押；倘若不能具保、責付或限制住居，而有必要情形，仍得聲請法院羈押。換言之，對犯罪嫌疑人為具保、責付或限制住居等處分，必須是以有羈押原因為前提。近期實務見解也與學理一致，例如台北地院103聲1226裁定認為，承辦檢察官訊問完畢後，雖然認為犯罪嫌疑人涉嫌重大，但未就有無羈押原因進行調查，也未在諭知限制住居的同時，說明該罪嫌有何羈押原因，故不得逕為限制住居的處分。從前開裁定可知，偵查中檢察官的即時訊問，是對犯罪嫌疑人有無羈押原因的調查；若檢察官無從認定犯罪嫌疑人的羈押原因時，就不得對當事人作出如具保、責付、限制住居等替代羈押的其他強制處分。

二、法定障礙事由

偵查中，檢察官對於拘提或逮捕的被告進行訊問後，若認為有羈押的必要時，須在二十四小時內，向法院聲請；但考量實務執行的需求，§93-1明訂「法定障礙事由」，即在障礙事由的情況下，不得訊問，但也不得算入二十四小時的法定期間。這些§93-1的法定障礙事由，依序有：
1. 因交通障礙或其他不可抗力事由所生不得已的遲滯。
2. 在途解送時間。
3. 依§100-3，不得夜間詢問者。

4. 因被告或犯罪嫌疑人身體健康突發的事由，事實上不能訊問者；等候被告或犯罪嫌疑人選任的辯護人到場，致未予訊問者，但等候時間不得逾四小時。又，其等候§31V的律師到場致未予訊問，或因身心障礙致無法為完全陳述，因等候§35Ⅲ經通知陪同在場之人到場致未予訊問者，亦同。

5. 被告或犯罪嫌疑人須由通譯傳譯，因等候其通譯到場致未予訊問者，但等候時間不得逾六小時。

6. 經檢察官命具保或責付的被告，在候保或候責付中者。但候保或候責付時間不得逾四小時。

7. 犯罪嫌疑人經法院提審的期間。所謂「提審」是，依提審法的規定，當人民遭受法院以外的機關限制人身自由時，得聲請面見法官，要求法院及時審查國家限制人身自由的處分是否適法，是以司法救濟的權利。當犯罪嫌疑人被偵查機關拘捕，自得主動聲請法院提審，而此經法院提審的期間，亦屬法定障礙事由。

　　法定障礙事由的立法，係因釋字第130號而生。因為憲法§8Ⅱ要求「至遲於二十四小時內移送該管法院審問」，此「二十四小時」，係指其客觀上確得為偵查的進行而言，但若有障礙而無法偵查，自不應將之計入二十四小時；所以該號解釋表示，「因交通障礙或其他不可抗力之事由所生不得已之遲滯及在途解送之時間得不予計入」。其實，大法官的解釋已經足以涵蓋不計入的時限，而不應再列入其他的障礙事由；立法者設計的一系列法定障礙事由，是否有必要就特別值得深思。

❖ 實例講座 ❖

＊一網打盡＊

甲乙丙組成強盜犯罪集團。甲為集團首腦，平常負責進行幕後策劃與銷贓，從不參與犯罪行動，乙丙二人則為實際執行強盜計畫者。經甲的縝密規劃，該集團準備搶劫銀行。計畫進行當日，甲同樣居於幕後，待在總部搖控指揮，乙丙則進入銀行中，持槍吆喝行員交出現金。不料，恰巧當時有巡邏員警丁經過，乙隨即遭到逮捕；丙則趁機逃出銀行。丁見狀，立即從乙口中問出丙的身分特徵，並聯絡亦在銀行附近巡邏的員警戊，不久，戊逮捕到丙。試問：

（一）若檢察官經乙丙的供述得知幕後策劃人為甲，得否直接未經傳喚，逕行拘提甲到案說明？

➲解析

所謂拘提，指必須事先申請拘票始能進行拘束人身自由的強制處分。包括：（1）一般拘提：依§§71-1、175、178的規定，對象為被告或證人，此需以合法傳喚無正當理由不到場為前提；（2）逕行拘提：依§76條規定，被告符合其所列四款情形，且犯罪嫌疑重大，無須先經傳喚即得持拘票逕行拘提。

本案中，透過乙丙的供述可知，整起犯罪計畫的主謀為甲所觸犯者為刑法§328的強盜罪，由於該者犯罪嫌疑重大且為五年以上重罪，故依§76④規定，檢察官得不待傳喚。逕行拘提甲到案說明案情。

（二）員警對丙的逮捕行為是否符合「緊急拘提」的要件？又緊急拘提後的處理方式為何？

●解析

　　所謂緊急拘提，指偵查中的被告依§88-1 I 所列四款事由，司法警察（官）情況急迫不及報告檢察官之情形時，係由檢察官或司法警察（官）未經傳喚程序且事前未具拘票，緊急拘捕被告。§88-1 I 的四款事由是指：當檢察官、司法警察官或司法警察偵查犯罪，發現有符合其所列四款情形且情況急迫者，得逕行拘提之。

　　本案，乙是現行犯遭到員警丁逮捕後，從其口中得知丙是在逃共犯。因此，戊獲知上述事實並將丙逮捕的行為，應符合§88-1 I ①規定：「依現行犯供述，且有事實足認有共犯重大嫌疑」的要件。另外，員警戊緊急拘提丙之後的處置如下：應踐行憲法§8規定之法定程序：（1）應即解送指定處所，依§93規定，如聲押應受二十四小時限制。然而，如未能於二十四小時內到達指定處所，則依§91條規定，先行解送至較近的檢察機關或法院，訊問其人有無錯誤（2）即時訊問、聲請羈押、釋放或具保，此應依的規定處理，並注意§93-1所列法定障礙事由。

＊OHYAA拍賣＊

　　甲涉嫌在網路OHYAA拍賣詐騙買家，不法獲利數十萬元。經被害者向當地檢察署檢舉，檢察官乙即多次傳喚甲到案說明，但甲皆未予以理會。隨後，乙遂簽發拘票交由轄區派出所員警對甲執行拘提。不料，甲早已收到風聲而潛逃，乙拘提未果後，又報請檢察長對甲發布全國通緝，終於由刑事調查人員在基隆外港逮捕準備偷渡前往大陸的甲。試問：現行法規定拘提與逮捕的種類為何？本案的檢調機關對甲應採取何種類型的處分？

●解析

　　拘提與逮捕同屬對人所為的強制處分，兩者皆是運用強制性的公權力在一定時間內拘束受處分者的人身自由，對象大多為被告、犯罪嫌疑人或證人。其目的則為保全被告與證據。以下分別說明拘提與逮捕的不

同類型：

一、拘提，運用拘票（令狀）對被告或證人所為限制人身自由的強制 處分

1. 一般拘提：本類型拘提的對象可為被告或證人（§§71-1、75、178）。 行使一般拘提的前提，必須先有合法的傳喚而無正當理有不到者使得為 之。此係為符合比例原則主要精神，若無先行傳喚而逕行拘提者，將會 欠缺強制處分的必要性要求。

2. 逕行拘提：本類型的對象僅限於刑事被告或犯罪嫌疑人（§76）。不 過，由於逕行拘提的發動，不須經過傳喚先行，故針對拘提的被告，必 須具有犯罪嫌疑重大的情況特徵，且可能居無定所、有逃亡之虞、煙滅 證據之嫌或犯重罪者（§76①～④）得為之。

3. 緊急拘提：對象與逕行拘提相同，皆為偵查中的刑事被告（§88-1）。本 類型與前兩者不同的者在於，檢察官或司法警察實施緊急拘提時，由於 情況急迫，在無法先行傳喚，亦不能事前申請拘票的情況下對被告進行 限制人身自由的強制措施。不過，在拘捕之後仍需申請補發令狀，該處 分始得合法。

綜上所述，本題中檢察官乙已先行傳喚被告甲到場說明，經甲無正 當理由屢傳不到，乙才簽發拘票對其進行拘提。由此可知，乙仍有先行 實施傳喚處分，故對甲所為者，應屬一般拘提的類型。

二、逮捕，是無令狀或簽發通緝書所為拘束被告或犯罪嫌疑者人身自由 的強制處分。又分為：

1. 逮捕通緝犯：對象限於刑事被告。由於被告犯案而逃亡隱匿，為求偵查 或審判的順利進行，遂於偵查中由檢察長、審判中由法官決定通緝書的 簽發，並交由檢察官或司法警察一旦發現通緝之被告即得逕行逮捕 （§§84、87Ⅰ、Ⅱ）。

2. 逮捕現行犯：按現行犯者除司法單位外，一般民眾皆可無令狀逮捕之。 所謂的現行犯，係為犯罪行為實施中或實施後立即被發覺者；立法上另 有準現行犯的擴張規定，認為被追乎為犯罪人或持有凶器、贓物、身體

衣物顯露犯罪痕跡而顯可疑為犯罪人者，皆得列為眾人得逕行逮捕的現行犯（§88）。

本案甲潛逃後，乙即刻報請上級檢察長發布通緝，並經管轄基隆當地的調查人員逕行逮捕，故應屬逮捕通緝犯的類型。

第四節　限制出境、出海

由於「限制出境、出海」對於人民入出國境之權利影響甚鉅，但以往刑事訴訟法中卻未有明確規範，而僅仰賴司法實務透過判決及司法解釋來說明限制出境、出海為執行限制住居方法之一種，長久以來也不斷受到各界質疑。故為落實防逃機制之建立，並平衡兼顧人民權益保障及偵審實務需求，2019年5月本法增訂了「限制出境、出海」專章，以符合強制處分嚴守法律保留與法律明確性原則之要求。

新法增訂後，限制出境、出海，已非以往得以完全依循執法人員主觀心證為之，除須依法發動外，本處分不僅為停止羈押的替代措施，亦得作為獨立的強制處分為之。以下將依序對新法增訂的重點依序說明。

壹、發動原因

限制出境、出海係為保全被告到案，避免逃匿國外，致妨礙國家刑罰權行使之不得已措施，且涉及憲法§10居住及遷徙自由權之限制，自屬於強制處分範疇，故僅有在嚴謹的符合規範及比例原則情狀下始能發動，否則難認其合法性。故依新法§93-2規定，被告必須犯罪嫌疑重大，並「無一定之住、居所者」、「有相當理由足認有逃亡之虞者」、「有相當理由足認有湮滅、偽造、變造證據或勾串共犯或證人之虞者」，否則無限制出境出海之必要。

貳、發動主體

依新法§93-2Ⅰ，對被告限制出境、出海等，除得由法官為之外，檢察官亦得發動，但法官為之，應是指審判中應由法官為之，以尊重當事人對等；偵查中自然應由檢察官為之，以分明審檢分立。此外，於個案衡量上仍應注重比例原則，亦即應於必要時即綜合考量下，並合乎比例原則之

情形下才可以發動，否則有違憲法§23之疑慮。

參、發動程序

依新法§93-2 II限制出境、出海，應以書面記載下列事項：一、被告之姓名、性別、出生年月日、住所或居所、身分證明文件編號或其他足資辨別之特徵。二、案由及觸犯之法條。三、限制出境、出海之理由及期間。四、執行機關。五、不服限制出境、出海處分之救濟方法。另外，因為偵查中避免被告過早知悉遭受偵查，反而因洩漏偵查先機，或導致被告立即逃匿，致國家刑罰權無法實現，然又基於為保障被告得適時提起救濟之權利，並兼顧檢察官偵查犯罪之實際需要，故§93-2 III法官或檢察官得於限制出境、出海後，至遲六個月內通知。

但若被告於收受書面通知前獲知經限制出境、出海者，亦得請求交付。例如，在未獲通知前，即藉由境管機關通知等方式，獲知受限制出境、出海，此時雖未至§93-2 III六個月期限，但仍得提前要求檢察官或法官書面通知，以得及早依法提出救濟。

另外，若被告住、居所不明而不能通知者情形則得以免去六個月內通知之期限限制。§93-2 III但書規定，被告如經檢察官或法官為訊問者，既已無過早通知恐致偵查先機洩漏或被告逃匿之疑慮，且基於有權利即有救濟之原則，人民權利遭受侵害時，應使其獲得及時有效救濟之機會，此時檢察官或法官即應當庭告知被告業經限制出境、出海之旨，並付與§93-2 II之書面，以利救濟，以周全被告訴訟權之保障。

肆、限制時間

依§93-3 I本文規定，偵查中檢察官本即可逕行對被告限制出境及出海，但不得逾八個月。此係因藉由直接限制出境、出海以達保全被告之目的者，自應先許在一定期間內之限制，得由檢察官逕為處分，而無庸一

律必須進行羈押審查程序後，再由法官作成限制出境、出海之替代處分。但是為免偵查中過度侵害被告之居住及遷徙自由，依§93-3Ⅰ但書規定若檢察官認為有延長被告出境、出海期限之必要者，應附具體理由，至遲於期間屆滿之二十日前，以書面記載§93-2Ⅱ第一款至第四款所定之事項，聲請該管法院裁定之，並同時以聲請書繕本通知被告及其辯護人。再者，限制人民出境、出海期間，亦應考量所涉犯罪情節與所犯罪名之輕重，而定其最長期間（強制處分依循比例原則的要求），故依§93-3Ⅱ，偵查中檢察官聲請延長限制出境、出海，第一次不得逾四月，第二次不得逾二月，以延長二次為限。審判中限制出境、出海每次不得逾八月，犯最重本刑為有期徒刑十年以下之罪者，累計不得逾五年；其餘之罪，累計不得逾十年。另，§93-3Ⅲ規定偵查或審判中限制出境、出海之期間，因被告逃匿而通緝之期間，不予計入。

伍、陳述意見

　　延長限制出境、出海可事前審查，且不具有急迫性，則是否有延長之必要，法官除應視偵查及審判程序之實際需要，依職權審酌外，適度賦予被告及其辯護人意見陳述權，亦可避免偏斷，並符干涉人民基本權利前，原則上應給予相對人陳述意見機會之正當法律程序原則，故§93-3Ⅳ明定，法院延長限制出境、出海裁定前，應給予被告及其辯護人陳述意見之機會。

陸、期限延長

　　考量案件經提起公訴或法院裁判後，受理起訴或上訴之法院未及審查前，如原限制出境、出海之期間即將屆滿或已屆滿，可能致被告有逃匿國外之空窗期。為兼顧國家刑罰權之行使，與現行訴訟制度及實務運作之需要，爰增訂§93-3Ⅴ，明定於起訴後案件繫屬法院時，或案件經提起上訴

而卷宗及證物送交上訴審法院時，如原限制出境、出海所餘期間未滿一個月者，一律延長為一個月，並由訴訟繫屬之法院或上訴審法院逕行通知入出境、出海之主管機關。故§93-3 V規定，起訴或判決後案件繫屬法院或上訴審時，原限制出境、出海所餘期間未滿一月者，延長為一月。至於期間屆滿後，是否有延長限制出境、出海之必要，則由法院視訴訟進行之程度及限制之必要性，依職權審酌之，爰增訂§93-3 VI，前項起訴後繫屬法院之法定延長期間及偵查中所餘限制出境、出海之期間，算入審判中之期間。

柒、限制出境、出海之撤銷

一、視為撤銷

依§93-4，被告受不起訴處分、緩起訴處分，或經諭知無罪、免訴、免刑、緩刑、罰金或易以訓誡或§303③、④不受理之判決者，視為撤銷限制出境、出海。此係因被告受不起訴處分、緩起訴處分，或經諭知無罪、免訴、免刑、緩刑、罰金或易以訓誡或§303③、④不受理之判決者，既已無限制出境、出海之必要性，自應視為撤銷，分別由檢察官或法院通知入出境、出海之主管機關解除限制。惟§93-4但書規定，上訴期間內或上訴中，如有必要，得繼續限制出境、出海。係因案件在上訴期間內或上訴中，基於現行訴訟制度第二審仍採覆審制，上訴後仍可能改判有罪，如僅因第一審曾判決無罪即應撤銷限制出境、出海，而不能再繼續限制，自非妥適。故立法時參考§§259 I、316之規定，增訂本條及其但書規定。至於繼續限制之期間，仍應受審判中最長限制期間之限制，自屬當然。

二、被告聲請撤銷或變更

被告或辯護人若認為限制出境出海已經無必要或不合法之處，均得依

§93-5Ⅰ，偵查中向檢察官，若屬於§93-3Ⅰ但書繼續限制出境出海者，則裁定之主體係由法院為之，故應向法院提出撤銷或變更限制出境、出海。不過，§93-5Ⅰ更進一步規定，檢察官於偵查中對於被告有利之情形，亦有一併注意之義務，故偵查中經法院裁定之限制出境、出海，自應許檢察官得為被告之利益聲請撤銷。§93-5Ⅱ偵查中之撤銷限制出境、出海，除依檢察官聲請者外，應徵詢檢察官之意見。此係因偵查中之撤銷限制出境、出海，法院除應審酌限制出境、出海之原因是否已經消滅及其必要性外，由於偵查不公開，事實是否已經查明或尚待釐清，檢察官知之甚詳。是除依檢察官聲請者外，法院自應於裁定前徵詢檢察官之意見，再為妥適決定。

捌、羈押之替代處分

限制出境出海除屬獨立之強制處分外，亦得作為羈押替代之理由之一，故依§93-6規定，依本章以外規定得命具保、責付或限制住居者，亦得命限制出境、出海，並準用§§93-2Ⅱ、93-3～93-5之規定。此外，依本條規定，羈押替代處分類型之限制出境、出海，係當庭諭知，自應當庭給予書面通知。偵查中檢察官聲請羈押，法院裁定限制出境、出海後，仍屬偵查中之限制出境、出海，期間仍不得逾八月，期間屆滿前如有延長需要，仍應由檢察官聲請延長，而非法院依職權延長。

第五節　羈押

壹、羈押的意義與基本理念

羈押，是以確保偵查、審判與執行程序，被告能確實到場接受國家刑事程序追訴，而剝奪人身自由，以保全程序為目的強制處分；同時，防止被告於偵查階段與他人串供、湮滅事證，也是以保全證據為目的的強制

處分。

　　在所有的強制處分中，羈押對人身自由干預最深，國家在論斷被告有罪判決確定前，利用近似刑罰的手段侵犯其人身自由等基本權利，實與無罪推定原則存有相當衝突。然而，為發現真實，並確保訴訟程序的進行等公共利益，世界上並沒有任何國家的訴訟制度願意放棄羈押制度。是故，羈押在發現真實、保障人權之間，呈現出最尖銳的對立型態，也因為如此，羈押的規範要件與現實的合理性，常被認為是一個國家法治文化的測震儀。

貳、羈押的目的

　　羈押的主要目的有二，一是保全程序，即確保被告到場，二是保全證據。不過，1997年本法修正後，防止再犯危險，也成為羈押的目的之一。

　　防止再犯危險成為羈押的目的，即所謂的預防性羈押，主要是參考德國的立法例。早期的德國刑事訴訟法，只對於有逃亡或有隱匿證據之虞者，方得為羈押的客體，其目的也是在於確保被告到場，以及保全證據。不過，1970年代，德國與許多其他國家一樣，額外增列「犯行重大及再犯危險」的羈押原因。以犯行重大作為羈押原因，論者有稱為沸騰國民精神的羈押原因，因為此種羈押原因，對於駭人聽聞的重大犯罪，有安撫社會大眾情緒的作用。至於羈押有再犯危險者，最初僅限於性犯罪者，但後來擴張到重傷害、竊盜、強盜、詐欺、縱火等犯罪。

參、羈押的要件

　　被告經法官訊問後，認為犯罪嫌疑重大，於必要時得羈押之。羈押的要件，可分為形式要件及實質要件（§§101、101-1、102），這二要件必須同時具備，始得羈押被告。

一、形式要件

羈押的形式要件，首先是押票（§102）；押票中必須記載，被告的姓名、性別、年齡、出生地及住居所；案由及觸犯的法條；羈押理由及其所依據的事實；應羈押的處所；羈押期間及其起算日；如不服羈押處分之救濟方法等。

其次，在偵查程序中，犯罪嫌疑人或被告經過拘捕訊問後，方得羈押，稱之為「拘捕前置原則」。此原則源於憲法§8正當法律程序的要求，凡是國家對人民的監禁措施，都須符合法定程序；因為法官對於檢察官的聲請羈押，形式上就須先行審查檢警先前的拘捕程序是否合法，再對羈押原因與羈押必要性，進行審究。若犯罪嫌疑人經檢察官的傳喚就自行到案說明，經檢察官訊問後，發現有羈押的理由；但檢察官不得直接向法院聲請羈押，仍應先行拘捕。為了避免任意到場無法符合拘捕前置的問題，§228規定，被告經傳喚、自首或自行到場，檢察官訊問後，認有羈押原因及必要行，得予直接逮捕，然後再聲請法院羈押。

二、實質要件

羈押的實質要件有四，即：犯罪嫌疑重大、具備羈押原因、有羈押必要，以及羈押理由的開示。當犯罪嫌疑人或被告的犯罪嫌疑重大，且具備羈押原因及其必要性時，方為有羈押理由；為顧及犯罪嫌疑人或被告的防禦權，自應向其開示。

犯罪嫌疑人或被告有無符合實質要件，必須經法官訊問。依§101規定，審判中被告需經法官訊問，或偵查中依§93Ⅱ經檢察官訊問後認有羈押必要，即得聲請該管法院羈押。法院於受理檢察官的羈押聲請後，也應即時訊問，但若至深夜（午後11時至翌日午前8時）仍未訊問完畢，被告、辯護人及得為被告輔佐人之人得請求法院於翌日日間訊問，法院非有正當理由，不得拒絕；若深夜始受理聲請，則應於翌日日間訊問（§93Ⅳ、Ⅴ）。此為保障人權，防止深夜疲勞訊問的立法設計。此外，應當注

意的是，為落實辯護的功能，依§101Ⅳ，被告或辯護人得於法官訊問前，請求法官給予適當時間為答辯準備。

（一）犯罪嫌疑重大

犯罪嫌疑人或被告必須犯罪嫌疑重大者，始可能加以羈押。所謂犯罪嫌疑重大乃指，犯罪嫌疑人或被告依程序所顯現的情況與事實，可認定為有參與或違反犯罪的高可能性。必須注意的是，由於犯罪嫌疑人或被告享有緘默權（§95②），故不得以犯罪嫌疑人或被告保持緘默，逕自斷定其犯罪嫌疑重大。

（二）具羈押原因

犯罪嫌疑重大的犯罪嫌疑人或被告，必須兼具下列法定的羈押原因之一者，始可能加以羈押。

1.逃亡或逃亡之虞

「逃亡或有事實足認為有逃亡之虞者」（§101Ⅰ①），得羈押之。所謂逃亡，係指犯罪嫌疑人或被告業已逃亡，如被告已逃至國外拒不到案。所謂有事實足認有逃亡之虞則是指，基於事實情況，可推測犯罪嫌疑人或被告有意逃避刑事追訴、審判或避免接受刑罰執行的高度可能性。判斷有無逃亡之虞，不能只按照抽象的標準決定，應按照法律所規定的明確文義根據具體情況作判斷，因此不能只根據責任的輕重或預計刑罰的輕重來斷定。

此外，無論為逃亡或有逃亡之虞，必須犯罪嫌疑人或被告在主觀上具有逃避刑事程序的意圖，始足認定具有羈押理由；否則，如犯罪嫌疑人或被告雖有正當理由身處異地，未能及時到案，且有客觀事實，足證其主觀上並無逃避接受刑事追訴的意圖者，即不具逃亡或逃亡之虞。被告如受罪刑的宣告，應確保其受執行，假設被告逃亡將使所宣告的罪刑無法執行，因而對於有逃亡或虞逃的嫌犯或被告應以羈押。

2.使案情陷於昏暗之虞

「有事實足認為有湮滅、偽造、變造證據或勾串共犯或證人之虞者」（§101 I ②），得羈押之。此原因乃在於避免案件陷於昏暗；但其判斷必須基於特定事實，足以妨礙偵查工作，使真實的發現陷於困難，才會構成。例如，從犯罪嫌疑人或被告的行為，或其他客觀事實判斷，足以認定有湮滅、偽造、隱匿或變造刑事證據的高度危險時，或有與共犯或證人串通的情形，為保全證據，自得作為羈押原因。

3.涉嫌犯重罪且可能逃亡或使案情陷於昏暗

當犯罪嫌疑人或被告「所犯為死刑、無期徒刑或最輕本刑為五年以上有期徒刑之罪」，且「有相當理由認為有逃亡、湮滅、偽造、變造證據或勾串共犯或證人之虞」，亦得作為羈押原因（§101 I ③）。

值得說明的是，在2017年修法以前，§101 I ③的羈押理由僅限於「所犯為死刑、無期徒刑或最輕本刑為五年以上有期徒刑之罪」，而有違背無罪推定原則、牴觸羈押保全程序目的的疑慮。當時，釋字第665號對於§101 I ③規定採取合憲限縮解釋，認為該款規定的適用，必須同時符合「有相當理由認為有逃亡、湮滅、偽造、變造證據或勾串共犯或證人之虞」、「非予羈押，顯難進行追訴、審判或執行。」及「無刑事訴訟法第114條不得羈押被告情形。」等要件。簡言之，不可單以§101 I ③為羈押原因，必須是以§101 I ①③，或§101 I ②③連用，方可以重罪為羈押的原因之一。

可是，釋字第665號恐怕不符合法律解釋的基本規則。因為，§101 I 各款規定，就條文安排而言，分明為擇一要件；同時，只要被告涉嫌犯死刑、無期徒刑或最輕本刑為五年以上有期徒刑之罪者，實務多會以經驗法則推定被告有逃亡、湮滅證據或串證之虞，且無須再有其他佐證釋明被告有逃亡或湮滅證據之虞。事實上，為貫徹羈押目的，以及保障人權，同時避免發生突兀的法律解釋，宜將§101 I ③刪除才是。

不過，由2017年的修法可知，立法者認為涉嫌犯重罪，依然是作為羈

押原因的重要內涵，其理由在於，立法者認為涉嫌犯重罪的犯罪嫌疑人或被告，預期判決的刑度既重，為規避刑罰之執行而妨礙追訴、審判程序進行之可能性增加，國家刑罰權有難以實現的危險。基此，在原本的§101 I ③規定之上，增加「有相當理由認為有逃亡、湮滅、偽造、變造證據或勾串共犯或證人之虞者。」等文字限縮。同時，應留意的是，§101 I ①②的逃亡或使案情陷於昏暗之虞，必須達到「有事實足認」的程度；§101 I ③則是「有相當理由」便足。

4.再犯危險

再犯危險，主要是預防性羈押（§101-1）的法定事由；也就是「被告經法官訊問後，認為犯下列各款之罪，其嫌疑重大，有事實足認為有反覆實施同一犯罪之虞，而有羈押必要者」，得羈押之。

依據§101-1 I 各款：①刑法§§173 I 、Ⅲ、174 I 、Ⅱ、Ⅳ、175 I 、Ⅱ放火罪、§176準放火罪、§185-1劫持交通工具罪。②刑法§221強制性交罪、§224強制猥褻罪、§224-1加重強制猥褻罪、§225乘機性交猥褻罪、§226-1強制性交猥褻之結合罪、§227與幼年男女性交或猥褻罪、§271 I 、Ⅱ殺人罪、§272殺直系血親尊親屬罪、§277 I 傷害罪、§278 I 重傷罪、性騷擾防治法§25 I 之罪。但其須告訴乃論，而未經告訴或其告訴已經撤回或已逾告訴期間者Ⅲ不在此限。③刑法§296-1之買賣人口罪、§299之移送被略誘人出國罪、刑法§302私行拘禁罪。④刑法§304強制罪、§305恐嚇危害安全罪。⑤刑法§§320、321竊盜罪。⑥刑法§§325、326搶奪罪。⑦刑法§§339、339-3、339-4詐欺罪。⑧刑法§346恐嚇取財罪、§§347 I 、Ⅲ、348擄人勒贖罪、§348-1準擄人勒贖罪⑨槍砲彈藥刀械管制條例§§7、8之罪。⑩毒品危害防制條例§4 I ～Ⅳ之罪。⑪人口販運防制法§34之罪。

立法者增訂§101-1預防性羈押時，特別強調，當前治安敗壞，當被告有繼續或反覆實施同一個犯罪的傾向，如犯家庭暴力、恐嚇取財、詐欺等罪行，將犯人放出去，很可能再次實施，如此將對社會安全造成威脅，

又此類型犯罪，不屬於重罪羈押原因（§101Ⅰ③）的範疇，所以有增訂本條的必要；但為免流於浮濫而侵害人權，明確列舉出適用預防性羈押的犯罪規定。

事實上，以有再犯危險作為羈押原因，與羈押的原始目的不符，是否妥當，存在疑義。預防性羈押涉及者，已經不是保全程序或保全證據，而是在判決確定前，以此作為預防犯罪的工具，此明顯已經逾越本法的規範目的，也違反無罪推定原則。此外，以不確定是否會發生的再犯危險，作為羈押原因，不僅不利犯罪嫌疑人或被告，也難取信於民；何況，羈押並不利犯罪嫌疑人或被告的再社會化，反而可能使之被貼上負面標籤，而更難在社會重新生活。

防衛社會及預防將來犯罪的思維，應是行政警察的作用及權能，並非刑事訴訟法確定國家刑罰權的任務。將防衛思想作為羈押的目的，如遭不當濫用，犯罪嫌疑人與被告的人身自由，將會陷入國家恣意侵害的風險當中，國家應審慎為之。

（三）有羈押的必要（羈押的相當性原則）

羈押的必要性，是指具備§§101Ⅰ、101-1Ⅰ羈押原因，且達必需羈押的程度。有無羈押必要，偵查中由羈押庭的輪值法官，審判中由審判長或受命法官，斟酌訴訟進行程序，以及客觀一切情形，決定有無羈押必要（§101-2）。換言之，縱然犯罪嫌疑人或被告嫌疑重大，且具羈押原因者，若無羈押必要，也可以決定不羈押，而得逕命具保、責付或限制住居、限制出海、出境。

所謂有羈押的必要，乃指犯罪嫌疑人或被告如非加以羈押，即無法繼續進行追訴與審判，或無法確保宣告刑的執行（§101Ⅰ）；或依預防性羈押有事實足認有慣犯之虞，也就是有再犯危險，則有羈押必要（§101-1Ⅰ）。應注意的是，如果其他措施，如具保、責付、限制住居、限制出海、出境等，已經足以確保訴訟的進行，便毋庸執行羈押，因其侵害人身自由甚大，在運用上，不得與案情或刑罰重要性不相當。

（四）羈押理由的告知

羈押所依據的事實理由及有關證據，應告知被告及其辯護人，並記載於筆錄（§§ 101Ⅲ、101-1Ⅱ）。羈押事由的告知，是為落實憲法§ 8Ⅱ的要求，即「逮捕拘禁原因的告知」，使被告或犯罪嫌疑人或選任的辯護人能知悉羈押的理由，給予其防禦與救濟的機會。

必須留意的是，在進行偵查中的羈押審查時，依§§ 101Ⅱ、101-1Ⅱ規定，「檢察官得到場陳述聲請羈押之理由及提出必要之證據。但第九十三條第二項但書之情形，檢察官應到場敘明理由，並指明限制或禁止之範圍。」且依§§ 101Ⅲ但書、101-1Ⅱ，「依第九十三條第二項但書規定，經法院禁止被告及其辯護人獲知之卷證，不得作為羈押審查之依據。」當檢察官聲請羈押時，若另行分卷，便有到場說明義務，且被告及其辯護人無法知悉的卷證，不得作為羈押的理由。

（五）羈押的競合

羈押的競合，可能有羈押原因的競合，以及羈押執行的競合。

所謂羈押原因的競合，是指同一次羈押中，具備數個羈押的法定原因。羈押原因競合所生的問題乃在於，檢察官先以某羈押原因向法院聲請羈押，但遭法院裁定駁回時，檢察官可否以另一原因再次聲押？對此，判斷準據應該在於，第二次聲押的羈押原因，於第一次聲押時，檢察官是否知悉。如果第二次聲押的羈押原因，檢察官在第一次聲押時已知卻不提出，就不得以此在作為羈押原因而再度聲押，因為該原因屬於檢察官得調查並提出法院審酌的範圍，若許檢察官以此作為再度聲押的羈押原因，將侵害被告防禦權利，且浪費司法資源；反之，如第二次聲押的羈押原因，是檢察官第一次聲押後，方才發生或發現，則檢察官得以之作為再度聲請羈押的羈押原因。

此外，執行羈押時，也可能發生羈押的競合。這是指對同一被告施以二次以上的羈押。因被告可能犯數罪，而予以重複羈押，但實際上仍僅執

行其一,其他的羈押則處於附停止條件執行的狀態。例如,某人犯甲罪、乙罪,且均被施以羈押,今若實際上僅執行犯甲罪案件的羈押,則犯乙罪案件的羈押便處於附停止條件的狀態;今若法院判決不成立甲罪,則犯甲罪案件的羈押應予撤銷(§107),此時犯乙罪案件的羈押停止條件成就,犯乙罪案件的羈押程序將得繼續作用。

肆、羈押的種類

羈押,依階段可分為,偵查中的羈押、審判中的羈押。

一、偵查中的羈押

(一)偵查中羈押的審查

偵查中的羈押,則須經檢察官聲請,再交由法院決定。偵查中羈押的聲請,須是拘提或逮捕的被告(拘捕前置原則),經即時訊問後,認有羈押必要者,並於拘捕時起二十四小時內,向該管法院聲請羈押。

1.拘捕前置原則

拘捕前置原則,全稱應是「拘提逮捕前置(或先行)於羈押聲請的程序原則」;此目的在於保障人權,即檢察官不得未經拘提或逮捕程序,即逕行向法院聲請羈押被告。具體的規定上,§229Ⅲ規定,非經拘提或逮捕到案的人犯,司法警察官不得解送檢察官處理;又,§228Ⅳ但書規定,被告經傳喚、自首或自行到場者,檢察官於訊問後,認為有羈押的必要者,得予逮捕,並將逮捕所依據的事實告知被告後,聲請法院羈押。

拘捕前置原則,是憲法§8Ⅱ規定「人民因犯罪嫌疑被逮捕拘禁時,其逮捕拘禁機關應至遲於二十四小時內移送該管法院審問」的具體實踐,因為,經拘捕的人犯,始有移送法院審查其拘捕是否合法,以及有無羈押的必要。拘捕前置原則的目的是,採取二階段的審查模式,先確立犯罪嫌疑人的羈押,應以犯罪嫌疑人經拘提或逮捕為前提,先經判斷有無拘提逮

捕的事由及執行逮捕拘提後（第一階段），倘若認為有羈押必要，檢察官始得聲請法官核發押票予以羈押（第二階段），方能確保國家羈押權能慎重行使。

又，憲法§8Ⅱ規定，逮捕拘禁機關應移送該管法院；所謂的逮捕拘禁機關，應指法院以外的機關。換言之，憲法§8Ⅰ中所謂的「司法機關」雖包括檢察官及法院，惟憲法§8Ⅱ的限期移送規定，則係要求執行逮捕拘禁的檢警，至遲應於二十四小時內移送法院訊問，以決定是否有羈押的必要。是故，拘捕前置原則在偵查中始有適用，審判中於法院決定羈押被告時，得逕命司法警察執行羈押，不受拘捕前置原則的約束。因此，審判中未設有拘捕前置程序，並不違反憲法§8Ⅱ。

2.二十四小時的聲請時限

同樣為配合憲法§8Ⅱ規定，限期二十四小時內迅速解送，以達到保障人身自由的本旨。如不能解送到達指定處所者，應分別其命拘提或因通緝者為法院或檢察官，先行解送較近的法院或檢察機關，訊問人別有無錯誤（§91）。訊問結果若有錯誤，應立即釋放；若無錯誤，則交由司法警察機關解送至指定的處所。應注意的是，對於拘捕的被告，依§§91、93Ⅱ規定，應自拘捕時起二十四小時，移送至指定處所，以及決定是否聲請法院羈押。

不過，§91的規定，也有適用§93-1的法定障礙事由，反而可能使經過得期間超過二十四小時，造成本條的立法美意完全喪盡。其實，憲法§8Ⅱ的「至遲應於二十四小時內移送法院審問」的用意在於，法院可以盡快審查偵查機關的逮捕拘禁是否合法，以及決定有無羈押必要。偵查機關在此二十四小時內，應儘快移送法院的準備工作，並非利用這段猶豫期間來調查證據準備起訴，因此為了落實人權的真正維護，應將§91的期間排除在§93-1「法定障礙事由」的情形外。

另外，司法警察機關逮捕或接受的現行犯，若所犯為最重本刑一年以下有期徒刑、拘役或專科罰金之罪、告訴或請求乃論之罪，其告訴或請求

已經撤回或已逾告訴期間者，得經檢察官的許可，不予解送，以節省警力並兼顧人權的保障（§92Ⅱ但書）。

3.羈押訊問

　　偵查中，在檢察官聲請羈押後，法院受理後，除非違反深夜禁止訊問的規定，否則應即時訊問（§93Ⅴ）；此即羈押訊問。法院在進行羈押訊問前，應向犯罪嫌疑人進行§95的告知義務，且被告或辯護人得請求法官給予準備答辯的適當時間（§101Ⅳ）；於進行訊問時，檢察官到場陳述聲請羈押理由、提出必要證據等（§§101ⅡⅢ、101-1Ⅱ）。羈押審查所應踐行的程序，宜採言詞審理原則；但基於偵查不公開，法院不應准許其他人在場。當法院裁定羈押時，應將其所依據的事由告知嫌犯及其辯護人，使之有提出救濟的機會。

（二）偵查中羈押的裁定

　　法院裁定羈押所憑的證據及調查程序，不受嚴格證明法則拘束，只要達到自由證明的程度便足。因為羈押審查並非犯罪事實能否證明的判斷，不需適用嚴格證明的程序。也就是說，檢察官向法院聲押理由的說明，只要達到法院信有高度可能為已足，而非無可懷疑地確信有犯罪事實。法院審理結果所為的決定，可能是裁定准予羈押，或逕命具保、責付、限制住居、限制出海、出境，或駁回羈押聲請。

1.裁定准予羈押

　　對於檢察官聲請羈押的案件，法院訊問被告後，認為具有羈押理由，即應為許可羈押的裁定，並由法院簽發押票（§102Ⅰ）。

2.逕命具保、責付或限制住居、限制出海、出境

　　被告經訊問後，法院認為有§101Ⅰ或§101-1Ⅰ的羈押原因，但無羈押的必要者，方得逕命具保、責付或限制住居；但如不能具保、責付或限制住居，而有必要情形者，仍得聲請法院羈押（§101-2）。

應注意的是，若法院訊問後，認為無羈押的原因，應直接駁回羈押的聲請，而非仍得逕命具保、責付或限制住居。例如，台北地院103聲1086裁定曾明確指出：「具保、責付、限制住居與羈押同為刑事訴訟法所明定對於被告之強制處分甚明，且無論羈押、具保、責付、限制住居處分之前提要件，均係必須具有刑事訴訟法第101條第1項或第101條之1第1項所列各款羈押之原因，若無上述法定羈押之原因存在者，即不得對於被告為任何強制處分手段。」

3.駁回羈押的聲請

法院於收受檢察官羈押的聲請，應先審查程序上是否有程序不合法之處，諸如超過二十四小時聲請而無法定障礙事由，或顯有法定障礙事由但釋明不足（§93-1Ⅲ）、或未經合法拘捕，或未符合拘捕前置原則等。若聲押程序不合法，應駁回羈押的聲請。

若聲押程序合法，進入羈押訊問階段，被告經法官訊問後，犯罪嫌疑並不重大，或欠缺羈押理由者，均應駁回羈押的聲請。

二、審判中的羈押

審判中的羈押，法院得不待聲請逕予羈押被告，且不適用拘捕前置原則，也不受二十四小時時限的拘束。只要審判中，具備法官訊問的形式要件，且被告犯罪嫌疑重大，具有羈押原因，以及羈押必要性等實質要件，便可直接羈押被告。

比較特別的是，§121Ⅱ，「案件在第三審上訴中，而卷宗及證物已送交該法院者，前項處分、羈押、其他關於羈押事項及第九十三條之二至第九十三條之五關於限制出境、出海之處分，由第二審法院裁定之。」此乃因為，第三審為法律審，不為事實調查；被告是否羈押涉及羈押原因事實的判斷，應由事實審法院為之。也就是說，案件已上訴於第三審，且卷證也已經送交時，為避免違背第三審為法律審的原則，被告是否羈押，由事實審的第二審法院為之。至於「羈押及其他關於羈押事項的處分」，比如

上訴中是否羈押，或延長羈押即屬之。

伍、羈押期間

偵查中的羈押期間為二個月，得延長一次（不得逾二個月），最多可達四個月；審判中不得逾三個月。但審判中最重本刑為十年以下有期徒刑者，一審：得延長三次（每次不得逾二月），最多可達九個月；二審：得延長三次（每次不得逾二月），最多可達九個月；三審：得延長一次（每次不得逾二月）：最多可達五個月（§108 V）。

在偵查中延長羈押期間，應由檢察官附具體理由，至遲於期間屆滿的五日前聲請法院裁定（§108 I 但書）。審判中，如有繼續羈押的必要者，得於期間未滿前，經法院依§101或§101-1訊問被告後，以裁定延長之。另外，羈押期間的起算點，自簽發押票之日起算。但羈押前的逮捕、拘提期間，以一日折算裁判確定前的羈押日數一日（§108 IV）。

一、偵查中的羈押期間

偵查中的羈押期間係指自檢察官執行羈押之日起，至偵查終結之期間。例如，甲竊盜，2月2日被羈押，應於4月2日之前偵查終結；若有延長必要，4月2日以前由檢察官聲請所屬法院裁定。延長裁定的告知，除當庭宣示者外，依§108 II，於期間未滿前以正本送達被告者，發生延長羈押的效力。羈押期滿，延長羈押之裁定未經合法送達者，視為撤銷羈押。

延長以一次為限，且不得逾二個月，故對於前述甲竊盜案，必須在6月2日之前偵查終結；若未偵查終結，依§108 VII規定，羈押期間已滿未經起訴者，視為撤銷羈押。若為不起訴或緩起訴處分時，依§259規定視為撤銷羈押。對不起訴處分聲請再議，原檢察官認為無理由者，依§257 II應即將該案卷宗及證物送交上級法院檢察署檢察長或檢察總長。

上級法院檢察署檢察長或檢察總長認為再議的聲請有理由者，且偵查未完備者，依§258應命令原法院檢察官續行偵查，發回續行偵查的羈押

期間，應另行起算。然而此一發回與§108Ⅵ的發回無關，§108Ⅵ的「發回」係指「審判中發回」，而非「偵查中發回」。然既是偵查中發回，則應是前偵查程序的繼續，故應合併計算較妥。由於§258①偵查中發回與§108Ⅲ審判中發回不同，延長羈押期間的次數，依§108Ⅵ的規定，其延長羈押期間的次數，應更新計算，然此一規定，對被告甚為不利。

二、審判中的羈押期間

每一審級的羈押期間均自卷宗及證物送交該審法院之日起算，起訴或裁判後送交前之羈押期間則算入偵查中或原審法院的羈押期間（§108Ⅲ），以避免上述空白羈押期間之產生。又停止羈押後再執行羈押時，應與停止羈押前已經過之羈押期間合併計算（§117Ⅲ）。

三、羈押期間規定的疑慮

1.法條用語未精確區分何種羈押時期

未明確區分偵查中羈押與審判中羈押，將偵查中的羈押與審判中的羈押都規定在總則編的「被告之羈押」章中，容易產生混淆。因為，犯罪嫌疑人並不是被告，雖然某些條文有特別將被告或犯罪嫌疑人同列（如§93Ⅰ），或標明「偵查中」（如§93Ⅱ）的字樣，但是，仍未精確區分犯罪嫌疑人與被告，因此，如能在條文當中明白指出犯罪嫌疑人與被告的區別，應較不會產生疑義。

2.羈押期間的規定過長

依§108規定，羈押期間自簽發押票之日起算。但羈押前的逮捕、拘提期間，以一日折算裁判確定前的羈押日數一日。羈押當中的犯罪嫌疑人，於提起公訴或上訴時，自卷宗及證物送交法院之日起算。此一規定使得過去一直有疑義的偵查中與審判中羈押期間的起算點，及實務上空白羈押期間的不予計入，劃上句點，更加落實人權的保障。

但是，有關羈押期間、延長羈押的期間及次數的規定，卻仍沿用舊制

而未更動。本來在司法院及行政院會所提的草案，原擬分別縮短偵查與審判的羈押期間，以及偵查中延長羈押的期間；但是，進入院會審議時，卻遭到否決。究其原因可能是因為較為複雜及重大的案件，偵查時間較長，尤其有些必須送鑑定的煙毒犯，只有一個月的時間太短。羈押期間的長短，攸關犯罪嫌疑人的基本權利，不應僅是考慮個案的特殊性，偵查中的檢察官應迅速結案決定是否起訴，不宜拖久造成犯嫌重大的心理負擔。

從比較法的觀點言，德國的偵查與審判的羈押期間，合併計算以六月為原則上限，只有因為偵查特別困難、案情特別複雜或因其他重要理由而無法宣判者，羈押期間始得逾六個月（德國刑事訴訟法§ 121 I）。另外，日本的刑事訴訟法也規定，起訴前的羈押期間為十日，且聲請羈押之日起十日內未提起公訴者，檢察官應立即釋放犯罪人，法官認為有不得已的情形，因檢察官的聲請得延長羈押期間，但羈押期間的延長總計不得超過十日，因此起訴前的羈押期間最長不得超過二十日。

相較於德國與日本的羈押期限，我國光是偵查中的羈押期間為二月，並可聲請延長一次，最多就有四個月的羈押時間，至於審判中的羈押期間是三個月，並可聲請延長羈押兩個月，一般第一、二審各三次，而且如被告所犯之罪最重本刑若逾十年，延長羈押的次數毫無限制，這種羈押期間的規定就顯得很不合理，未來縮短羈押期間，是不可忽略的課題。

對此，刑事妥速審判法§ 5 II、III規定：「審判中之延長羈押，如所犯最重本刑為死刑、無期徒刑或逾有期徒刑十年者，第一審、第二審以六次為限，第三審以一次為限。審判中的羈押期間，累計不得逾八年。」因此，若犯最重本刑為死刑、無期徒刑或逾有期徒刑十年者，其延長羈押次數的限制，§ 108原無規定，而得無限制延長。然於刑事妥速審判法§ 5施行後，應即適用該法第2項的規定。又，刑事妥速審判法§ 5 III規定審判中的羈押總期限，累計不得逾五年，係指各審級（包含更審）實際因各案件羈押被告，剝奪其人身自由的期間，合計不得超過八年。透過羈押期限的限制，防止被告因多次更審，羈押次數重新計算，而遭無限期羈押之情，以保護人權，並促進訴訟進行。此部分亦屬羈押的特別規定，於刑事妥速

審判法§5施行後，應予適用。

　　其餘§108有關羈押期間的規定，刑事妥速審判法未規定者，依同法§1Ⅱ的規定：「本法未規定者，適用其他法律之規定。」亦適用之。例如：§108Ⅵ規定，案件經發回者，延長羈押期間的次數應更新計算，仍應適用之。倘若在押被告所犯為最重本刑為死刑、無期徒刑或逾有期徒刑十年的案件者，經高等法院判決，上訴後經最高法院撤銷發回，其於更一審延長羈押的次數重新計算。至於重新計算的次數，則以刑事妥速審判法§5Ⅱ規定，以六次為限，且羈押的總期間亦依刑事妥速審判法§5Ⅲ規定，累計不得逾五年。

陸、羈押中被告自由的回復

　　羈押中被告自由的回復，可能是撤銷羈押，或停止羈押。不過，撤銷羈押後，可能繼續羈押；停止羈押後，可能再執行羈押。

一、羈押的撤銷

（一）羈押撤銷的類型

　　詳細的說，撤銷羈押的類型，依據現行法的規定，有七：

1.羈押的原因消滅

　　羈押於其原因消滅時，應即撤銷，將被告釋放（§107Ⅰ），此乃指犯罪嫌疑已消失，或據以羈押犯罪嫌疑人或被告的羈押理由已不復存在時，無再予羈押的必要，故應予釋放。所謂原因消滅，係指羈押要件中的任何一項有所改變或滅失。

　　又依§§107Ⅱ～Ⅴ規定，被告、辯護人及得為被告輔佐人之人，認為羈押原因消滅時，有聲請法院撤銷羈押的權利。聲請撤銷羈押時，法院得聽取其陳述意見，偵查中並應徵詢檢察官的意見。另外，檢察官於偵查中亦得為撤銷羈押的聲請，法院經檢察官聲請後應即撤銷羈押，檢察官並

得於聲請時先行釋放被告。偵查中的卷證都在檢察官手中，檢察官最清楚羈押原因是否消滅，撤銷羈押是恢復被告自由的處分，不會破壞法官保留原則，也不違憲。本來釋放被告與法院撤銷羈押，應該一致，這裡例外允許檢察官得先行釋放被告，主要彰顯本法對於人權的保障，使被告得儘早回復自由。

2.羈押期滿而未經延長羈押

羈押期間如已屆滿，延長羈押的裁定未經合法送達者，視為撤銷羈押（§108 II 後段）。

3.羈押期間已滿未經起訴或裁判

羈押期間已滿未經起訴或裁判者，視為撤銷羈押，檢察官或法院應將被告釋放。由檢察官釋放被告者，並應及時通知法院（§108 VII）。此條於1997年修正前內容尚有「但得命具保、責付或限制住居之規定」，修法時將之刪除，藉以更加充分保障被告的權益。

4.羈押期間逾判決的刑期

案件經上訴者，被告羈押期間如已逾原審判決之刑期者，應即撤銷羈押，將被告釋放。但案件如屬檢察官為被告的不利益而上訴者，得命具保、責付或限制住居、限制出海、出境（§109）。

5.受不起訴或緩起訴處分

羈押的被告受不起訴或緩起訴處分者，視為撤銷羈押。檢察官應即將被告釋放，應即時通知法院。為不起訴或緩起訴處分者，扣押物應即發還。但是，法律另有規定、再議期間內或聲請再議中或聲請法院准許提起自訴中或法院裁定准許提起自訴所定期間內遇有必要的情形或應沒收或為偵查他罪或他被告之用應留存者，不在此限（§259）。此條於1997年修正前內容尚有「但再議期間內或聲請再議中，得命具保、責付或限制住居，遇有必要情形，並得命繼續羈押之」，因為，已經做成不起訴處分的案件，當然不能命被告具保或甚至繼續羈押，所以修法時將的刪除，此種由

檢察官釋放被告的例外情形（原則應由法院決定釋放），藉以更加充分保障被告的權益。

6.諭知無罪等判決

羈押的被告，經諭知無罪、免訴、緩刑、罰金或易以訓誡或§§303③④不受理判決者，視為撤銷羈押。但上訴期間內或上訴中，得命具保、責付或限制住居，並準用§116-2之規定，如不能具保、責付或限制住居，而有必要情形者，並得繼續羈押之（§316）。

具備上述原因時的處理方法，除有§316但書的規定外，應將被告釋放。除羈押的原因消滅之外，上述所述撤銷羈押的原因不需要經過聲請與裁定。另外，撤銷羈押的程序，依§121規定，應以法院的裁定行之。換言之，案件如在第三審上訴，而卷宗及證物已送交該法院者，前項處分由第二審法院裁定之。第二審法院於為前項裁定前，得向第三審法院調取卷宗及證物。檢察官依§118Ⅱ的沒入保證金、§119Ⅱ的退保及§93Ⅲ但書、§228Ⅳ命具保、責付或限制住居，於偵查中以檢察官的命令行之。

7.審判中累計羈押期間逾五年但判決尚未確定

依刑事妥速審判法§5Ⅲ、Ⅳ規定，審判中的羈押期間，累計不得逾五年，期間已滿仍未判決確定者，視為撤銷羈押，法院應將被告釋放。

（二）撤銷羈押後的繼續羈押

§108Ⅷ規定，「依第二項及前項視為撤銷羈押者，於釋放前，偵查中，檢察官得聲請法院命被告具保、責付或限制住居。如認為不能具保、責付或限制住居，而有必要者，並得附具體理由一併聲請法院依第一百零一條或第一百零一條之一之規定訊問被告後繼續羈押之。審判中，法院得命具保、責付或限制住居；如不能具保、責付或限制住居，而有必要者，並得依第一百零一條或第一百零一條之一之規定訊問被告後繼續羈押之。但所犯為死刑、無期徒刑或最輕本刑為七年以上有期徒刑之罪者，法院就偵查中案件，得依檢察官之聲請；就審判中案件，得依職權，逕依第一百

零一條之規定訊問被告後繼續羈押之。」

　　從上開條文分析，繼續羈押可以分為偵查中的繼續羈押、審判中的繼續羈押，以及重罪的逕行繼續羈押。關於繼續羈押的內容，分別說明如次。

1.偵查中的繼續羈押

　　在偵查中，如羈押期滿未經合法延長，本應立即將被告釋放，然依§108 Ⅷ前段規定，檢察官如認有具保、責付、限制住居或繼續羈押的必要者，自應聲請法院裁定。又被告因不能具保、責付或限制住居，而有繼續羈押必要的情形，事所恆有，關於視為撤銷羈押後，由檢察官為此聲請之案件，如有不能具保、責付或限制住居而須繼續羈押者，為避免程序的周折，應許檢察官得附具體理由，一併聲請羈押。

2.審判中的繼續羈押

　　由於審判中的羈押係法院的權限，是否有羈押的必要、有否有繼續延長羈押的必要，悉由法院依職權的認定。審判中延長羈押並無類似偵查中「至遲應於期間屆滿之五日前聲請法院裁定」規定，只要係在羈押期間期滿之前，由法院依§101或§101-1的規定訊問被告後，即可以裁定延長羈押。

　　簡言之，§108 Ⅷ後段規定，審判中的繼續羈押與偵查中並無不同，其相異處在於，在偵查中應由檢察官向法院提出聲請為前提，審判中可由法院依職權直接裁量之。

3.重罪的逕行繼續羈押

　　被告所犯為死刑、無期徒刑或最輕本刑為七年以上有期徒刑之罪者，例如殺人、製造手槍、販賣第一級毒品、加重強制性交、傷害致死、妨害自由致死、搶奪致死、強盜致重傷、加重強盜、擄人勒贖等等，均屬重大危害社會治安之罪，如僅因人為疏失而予交保、責付或限制住居在外，對社會治安及後續偵查、審判及執行程序的進行，將有重大不利影響，審理

中發生上述視為撤銷羈押事由，不以先命具保、責付或限制住居為必要，對於偵查中案件，法院得依檢察官聲請；對於審判中案件，得依職權逕依§101的規定訊問被告後繼續羈押之。

是以，§108 Ⅷ但書規定，此種類型的繼續羈押與一般繼續羈押所不同的是，不以先命具保、責付或限制住居為必要，得逕依§101的規定，訊問被告後繼續羈押之。

4.繼續羈押期間的計算

關於繼續羈押期間計算，§108Ⅸ規定，「前項繼續羈押之期間自視為撤銷羈押之日起算，以二月為限，不得延長。」若繼續羈押期間屆滿者，應即釋放被告。且§§111、113、115、116、116-2、117、118Ⅰ、119之規定，於第8項的具保、責付或限制住居準用之（§108Ⅹ）。

5.繼續羈押制度的檢討

繼續羈押制度，與原本羈押制度的設計有扞格之處。蓋立法理由雖謂「按羈押期滿，延長羈押的裁定未經合法送達，或延長羈押期間的裁定未經宣示，而未於期間屆滿前送達被告；或羈押期滿未經起訴或裁判，依第2項、第7項規定視為撤銷羈押者，多有出於人為的疏失者，若因此造成重大刑事案件的被告得以無條件釋放，致生社會治安的重大危害，殊非妥適，允宜在法制上謀求補救之道。」

但繼續羈押的要件，須「以不能具保、責付或限制住居，而有必要者」為前提，惟現行法並不存在「不能具保、責付或限制住居」的情形，故此一增訂實與原本羈押之設計相互矛盾。且忽略此種情形即應視為當然撤銷羈押的立法，純為實務便宜運作設計，實有疑問。例如，就「羈押期滿，延長羈押之裁定未經合法送者」而言，被告在羈押中，延押裁定送達被告應無特殊困難之事，多係法院對於被告羈押的日期有疏忽，才會導致未能及時做出延押的裁定，此外，於「羈押期間已滿未經起訴或裁判」亦同，多係檢察官或法官就被告羈押日期有所忽略，致未能於羈押期限內將被告起訴或裁判，而發生羈押期滿須立即釋放被告的情形，惟此種院檢人

為上的疏失，若一概由被告承擔，恐有疑問。

　　蓋無論係法官或檢察官，對於被告何時受羈押，以及案件應於何時起訴及裁判，均應有高度的注意義務，且上開因素皆非受羈押中的被告所能掌控，如僅以「法院人為之疏失可能造成社會負擔」為由，即修法規定，得繼續羈押被告，此一修法理由實有不當侵犯人權之嫌。另外，重罪的逕行繼續羈押，僅以重罪即為正當性的前提，不必附任何條件，完全喪失羈押為保全之主要目的，並讓撤銷羈押制度形同虛設。

二、羈押的停止

　　羈押的原因已經消滅，必須撤銷羈押；但如果羈押的原因仍在，但沒有羈押必要性時，可以中斷羈押，並以具保等處分替代，此為停止羈押。

　　依§110Ⅰ、Ⅱ規定，「被告及得為其輔佐人之人或辯護人，得隨時具保，向法院聲請停止羈押。」「檢察官於偵查中得聲請法院命被告具保停止羈押。」一旦有人提出停押聲請，法院得聽取被告、辯護人或得為被告輔佐人之人陳述意見；若偵查中，法院為具保停止羈押的決定時，除有§114不得駁回的情形或由檢察官聲請者外，應徵詢檢察官的意見（§110Ⅲ準用§§107Ⅲ、110Ⅳ）。

　　又依§114規定，在押的被告，若有下列情形，「如經具保聲請停止羈押，不得駁回」：1.所犯最重本刑為三年以下有期徒刑、拘役或專科罰金之罪者。但是，累犯、有犯罪習慣、假釋中更犯罪，或依§101-1Ⅰ預防性羈押者，不在此限。2.懷胎五月以上或生產後二月未滿者。3.現罹疾病，非保外治療顯難痊癒者。

（一）停止羈押的替代措施

　　停止羈押的替代措施有三。首先，是「具保而停止羈押（錢保）」，乃命提出保證書，並指定相當保證金額，而停止其羈押，保證金額的指定，法院或檢察官有權斟酌，但一般應斟酌其犯罪的性質、案件的情節及

被告的身分、性格、資產，並足以保證被告會應傳到場而定相當金額。惟依§111Ⅲ繳納保證金額後，可免提出保證書。其次，是「責付而停止羈押（人保）」，乃是將被告交付一定之人，而停止羈押。法院得將受押者責付於得為輔佐人之人或該管區域內其他適當之人，停止羈押（§115Ⅰ）。受責付者，應出具證書，載明如經傳喚命被告隨時到場。

　　值得特別留意者，是所謂的「限制住居、出海、出境而停止羈押（自保）」，傳統上皆是透過檢察官或法官的裁量判斷為之，避免被告潛逃海外。但在去年刑事訴訟法修正後，已將限制出境、出海視明文化為獨立的強制處分類型。除了得以作為停止羈押或羈押的替代措施外，也有防逃機制的功效，有關於新法的重要內容，本書將於第五節以專章說明之。

（二）停止羈押的種類

　　停止羈押的種類可分為：聲請停止與職權停止、任意停止與必要停止、羈押後停止與羈押前停止。

1.聲請停止與職權停止

　　停止羈押可依聲請，亦可依職權。實務上做法，較富彈性，不因條文規定依職權就必須依職權，或規定依聲請就必須依聲請。

2.任意停止與必要停止

　　聲請停止羈押的場合，法院或檢察官若有裁量的餘地者，為任意停止；例如§§109但書、110中均有「得」字，反之，法官、檢察官若無裁量之餘地，必須停止者，則謂必要停止；例如§114的條文中有「不得」的規定，該條規定羈押的被告，有下列情形之一者，如經具保聲請停止羈押，不得駁回：①所犯最重本刑為三年以下有期徒刑、拘役或專科罰金之罪者。（擴張輕罪必要停止羈押的理由，由一年改為三年）但累犯、有犯罪的習慣、假釋中更犯罪，或依§101-1Ⅰ羈押者，不在此限。②懷胎五月以上或生產後二月未滿者。③現罹疾病，非保外治療顯難痊癒者。

3.羈押後停止與羈押前停止

羈押後停止，規定於§§110～119。所謂「羈押前停止」，則是指檢察官依§§93Ⅲ但書、228Ⅳ，訊問被告後發現無羈押的必要，卻有具保、責付、限制住居、限制出海、出境的需求，而由檢察官直接核准具保、責付及限制住居的情形。羈押前停止，是學理上的未相對應於羈押後停止所產生的分類，就實際而言，既然尚未羈押（羈押前），何來停止之有；所以羈押前停止，也可直接稱為「檢察官逕命具保等處分」。

更具體的說，羈押前的停止有二種情形。其一是§93Ⅲ但書，拘捕到案的犯罪嫌疑人，檢察官有§101Ⅰ或§101-1Ⅰ的羈押原因，但無羈押必要，得逕命具保、責付或限制住居；惟若不能具保、責付或限制住居，而有必要情形者，檢察官仍得聲請法院羈押。其二是§228Ⅳ，當被告經傳喚、自首或自行到場者，檢察官於訊問後認有§101Ⅰ或§101-1Ⅰ的羈押原因，但無羈押必要，得命具保、責付或限制住居。

對於檢察官有逕命具保等處分的權限，學理上可能存有疑義。過去，偵查程序中檢察官有羈押權，但在1997年修法時，已經將羈押權回歸法法院，不過仍保留檢察官得逕命犯罪嫌疑人具保等處分的權限（§§93Ⅲ但書、228Ⅳ）。論者認為，具保等處分，是有羈押原因而無羈押必要時，作為替代羈押的處分，既然檢察官已無羈押權，何來替代羈押的具保等處分權。

對此，立法院有表示，是基於實務運作的考量；法務部更是認為應保有檢察官的具保等處分權。法務部的主要理由是：（1）1997年修法前檢察實務上，警察機關移送人犯案件中，約有61%的案件，檢察官是以具保或責付釋放，若檢察官無具保權，這些原以具保方式釋放的大量案件，勢必均須向法院聲請羈押後，再由法院准予具保釋放，此不僅對犯罪嫌疑人不利，也會造成人犯移送的勞費，以及法院的負擔；（2）檢察官的命具保、責付或限制住居處分，並非羈押的代替，故賦與檢察官核准具保權限，並不違反憲法§8Ⅱ，亦無牴觸釋字第392號的意旨。

簡言之，官方的立場是，拘捕到案的犯罪嫌疑人，檢察官認為有羈押

必要者，始須於二十四小時內移送法院聲請羈押；至於檢察官命具保、責付或限制住居而釋放犯罪嫌疑人，並非直接剝奪人身自由的處分，不在憲法§8Ⅱ規範之列。再者，檢察官既然仍擁有傳喚、拘提及逮捕等強制處分的權限，兩相權衡之下，限制犯罪嫌疑人權益色彩較低的具保、責付或限制住居的處分，維持由檢察官實施，亦無不妥。

但是，仔細檢視可以發現，如果僅以實務運作的需要，或具保等處分並非羈押的代替，以及檢察官得有如同傳喚等妨害人權較低的強制處分權等，作為檢察官保留逕命具保等權限的立論基礎，恐怕並不充足。因為，（1）1997年修法前，61%以具保等方式釋放的大量案件，於修法後，檢察官未必均會向法院聲請羈押，就算檢察官聲押而由法院准予具保釋放，也未必對犯罪嫌疑人不利；（2）具保是羈押的一種補充手段，應無疑問，在操作上，必先先有羈押的原因，才決定有無必要具保，而非先決定具保，再決定有無聲請羈押的必要。況且，對於拘捕到場的犯罪嫌疑人，於訊問後認為無須向法院聲羈時，即應立即釋放；若認為有羈押必要，亦應於逮捕或拘提後二十四小時內移送法院審查，由法院審查是否有具保之必要。總之，保留檢察官的具保權，解釋上將讓人質疑檢察官似仍保有部分的羈押權，非常不妥。

（三）停止羈押的應遵守事項

停止羈押的被告，其羈押原因仍然存在，僅因無羈押必要或不適宜羈押，而以具保、責付、限制住居、限制出海、出境等處分替代羈押，所以應准其於保釋期間的行為，仍受到一定限制，以符合具保、責付、限制住居替代羈押的目的，同時強化具保、責付、限制住居處分的約束力。

法院停止羈押時，經審酌人權保障及公共利益之均衡維護，認有必要者，得定相當期間，得命被告遵守特定事項（§116-2），諸如：應遵守報到；不得對被害人、證人等實施危害或恐嚇行為；因§114③保外就醫者，未經許可，不得從事與治療目的顯然無關的活動；又為顧及個案具體情形不同，設有「法院認為適當之事項」的概括規定，如不得與被害人，

證人或鑑定人為非必要的聯絡，或命接受適當的治療等，以切實保護相關人或防衛社會安全。

對於檢察官或法院於羈押前逕命具保、責付、限制住居的情形，為強化羈押前逕命被告具保、責付、限制住居的約束力，遂比照停止羈押的規定，賦予檢察官依§93 Ⅲ但書或§228 Ⅳ逕命具保、責付、限制住居，或法院依§101-2逕命具保、責付、限制住居的情形，準用§116-2（§117-1）。

（四）停止羈押後的再執行羈押

當停止羈押後，依§117規定，有下列情形之一者，得命再執行羈押：1.經合法傳喚無正常理由不到場者；2.受住居的限制而違背者；3.本案新發生§101 Ⅰ、101-1 Ⅰ的羈押原因；4.違背法院依§116-2的應遵守事項者；5.所犯為死刑、無期徒刑或最輕本刑為五年以上有期徒刑之罪，被告因§114③的情形停止羈押後，其停止羈押的原因已消滅，而仍有羈押的必要者。

需要說明的是，由於所犯為死刑、無期徒刑或最輕本刑為五年以上有期徒刑的重罪者，僅因§114③的情形（罹病保外治療）停止羈押者，於停止羈押原因消滅後，如所罹疾病已經治療痊癒或雖未痊癒者，如任令仍能保釋在外，不無違反原停止羈押目的，基於國人情感及政策考量，而有§117 Ⅰ⑤的規定。另外，§117 Ⅰ⑤再執行羈押限於重罪始得適用，立法技術上，具有宣示我國立法基於仁政考慮的意味。至於罹病保外治療的被告，所犯若非§117 Ⅰ⑤所列重罪，若於停止羈押原因消滅後，從事不符其交保原因的社會活動，傷及司法正義及國民感情，依§116-2③的規定，法院於告知不得從事與治療目的無關的活動，若被告有所違背，依§117 Ⅰ④，亦得命再執行羈押。

若偵查中，有§117 Ⅰ的情形，由檢察官聲請法院再執行羈押（§117 Ⅱ）。再執行羈押的期間，應與停止羈押前已經經過的期間合併計算，以保障被羈押之人的權益（§117Ⅲ）。法院依§117 Ⅰ命再執行羈押時，準

用§103 I，即關於羈押執行應注意事項，於再執行羈押準用之。

柒、羈押的執行

有關羈押的執行，除了本法規定外，尚有羈押法的詳細規定，茲分下述說明：

一、執行羈押應用押票

羈押犯罪嫌疑人或被告必須有簽發的押票。押票應按犯罪嫌疑人或被告的指印，並記載下列事項：1.姓名、性別、年齡、籍貫及住居所。如姓名不明或因其他情形有必要時，應記載其足資辨別的特徵。被告之出生年月日、身分證明文件編號、住、居所不明者，得免記載（§71 III規定的準用）。至如年齡、籍貫、住居所不明者，則得免記載；2.案由及觸犯的法條；3.羈押的理由及其所依據的事實；4.應羈押的處所；5.羈押期間及其起算日；6.如不服羈押處分的救濟方法。此外，押票並由決定羈押的法官簽名（§102）。

押票程式的記載，除明訂押票由法官簽名外，於記載事項部分除原先規定的事項外，又增列「觸犯之法條」、「所依據之事實」、「羈押期間及其起算日」以及「如不服羈押處分之救濟方法」。同時依新法規定，押票應分別送交檢察官、看守所、辯護人、被告及其指定的親友（§§102、103）。

關於第三審法院對於羈押的被告應否行訊問程序併另行簽發押票？最高法院95第3次刑庭決議認為，第三審為法律審，不為事實的調查。被告是否有羈押的原因及必要，自應由事實審調查審認。被告如經事實審調查訊問，認有羈押的原因及必要而予羈押。上訴第三審後，為免違背第三審為法律審的原則，第三審法院就第二審已羈押的被告接續羈押，應免經訊問的程序，此為法律的當然解釋。因此§121 II規定，「案件在第三審上訴中，而卷宗及證物已送交該法院者，前項處分、羈押、其他關於羈押事

項及第九十三條之二至第九十三條之五關於限制出境、出海之處分,由第二審法院裁定之。」

二、羈押執行的處所

羈押被告處所,檢察官應勤加視察,按旬將視察情形陳報主管長官,並通知法院(§106)。另外,亦需注意羈押法的相關規定(如羈押§§1、2、3、14)。管束羈押的被告,應以維持羈押之目的及押所的秩序所必要者為限。換言之,管束羈押的被告也必須出於必要時方得為之。

執行羈押,偵查中依檢察官的指揮;審判中依審判長或受命法官之指揮,由司法警察將被告解送指定之看守所,該所長官查驗人別無誤後,應於押票附記解到的年、月、日、時並簽名。執行羈押時,押票應分別送交檢察官、看守所、辯護人、被告及其指定的親友。§§81、89、90的規定,於執行羈押準用之(§103)。

§103-1規定,偵查中的檢察官、被告或其辯護人認有維護看守所及在押被告安全或其他正當事由者,得聲請法院變更在押被告的羈押處所,法院依前項聲請變更被告的羈押處所時,應即通知檢察官、看守所、辯護人、被告及其指定的親友。由於,羈押處所涉及被告防禦、看守所管理等問題,依§102規定,當然是屬於法院為羈押處分的審酌內容,故§102 I明定羈押處所變更係屬法院的職權,避免法務部所屬檢察機關於執行掃黑時,繼續逕行將犯罪嫌疑人變更羈押處所,改押至其他地方。

再者,為強化被告防禦權的保障,被告或其辯護人得向法院聲請變更羈押處所,且為保障犯罪嫌疑人或被告防禦權益並能盡速與辯護人或親友接見通信,法院同意變更羈押處所時,應立即通知相關人員。本規定的立法意旨在於,政府無法在每個縣市的羈押處所都能設置醫療機構,提供被告醫療服務。例如,只有少數幾個地方能夠進行性犯罪、精神病的治療;在此情況下,就必須變更羈押處所。可見羈押處所的變更,目的是為保障犯罪嫌疑人或被告的防禦權或疾病治療權,非供檢察官偵查上的便利性。

本條是為防止濫行羈押任意變更羈押處所的保障條款，應無疑義。

三、羈押被告的管束

在押之犯罪嫌疑人或被告為等待參與偵查或審判程序之人非受刑人，故對其自由不能做不必要的限制，必須保障被告正當防禦的權利（§105 IV）。因此，§105 I 規定，管束羈押的被告應以維持羈押之目的及押所的秩序所必要者為限。

另外，依照§105 II、III規定，被告得自備飲食及日用必需物品，並與外人接見、通信、受授書籍及其他物件。但押所得監視或檢閱之。法院認被告為前項的接見、通信、受授物件有足致其脫逃或湮滅、偽造、變造證據或勾串共犯或證人之虞者，得依檢察官的聲請或依職權命禁止或扣押之。但檢察官或押所遇有急迫情形時，得先為必要的處分，並應即時呈報法院核准。

至於羈押被告不服看守所處遇或處分事件所設的申訴制度，羈押法§6及羈押法施行細則§14 I 的規定，不許受羈押被告向法院提起訴訟請求救濟的部分，與憲法§16保障人民訴訟權的意旨有違，蓋基於無罪推定原則，受羈押被告的憲法權利保障與一般人民原則上並無不同。因此釋字第653號認為，該申訴制度使執行羈押機關有自我省察、檢討改正其所為決定的機會，並提供受羈押被告即時的權利救濟，其設計固屬立法形成的自由，惟仍不得因此剝奪受羈押被告向法院提起訴訟請求救濟的權利。

❖ 實例講座 ❖

＊無羈押必要＊

搶案發生，警方調查結果發現甲涉嫌重大，將甲移送地檢署。檢察官認為甲有羈押的原因，但無羈押的必要，可以做何種處置？又檢察官可否不經傳喚逕行拘提甲？

⊃解析

檢察官認為甲雖有羈押之原因，但無羈押之必要，依據§93Ⅲ但書，檢察官應逕命甲具保、責付或限制住居、限制出海、出境，如果不能具保、責付或限制住居的話，當有必要情形時，仍得聲請法院羈押之。所謂羈押的原因是指§101Ⅰ所指：有逃亡或逃亡之虞；使案情陷於昏暗之虞；重大犯罪者而有逃亡或串供之虞者，還有§101-1所指具有再犯危險性者；所謂有羈押之必要，乃指犯罪嫌疑人或被告如非加以羈押，即無法繼續進行追訴與審判或無法確保宣告刑之執行。

此外，檢察官可不經傳喚逕行拘提甲。因為依據§75規定：「被告經合法傳喚，無正當理由不到場者，得拘提之。」原則上，被告須經合法傳喚，無正當理由不到場始可構成拘提的理由，惟§76設有例外規定。本案檢察官已認為甲有羈押之原因，而§76②③④所指情形又同時為羈押之原因，故檢察官得逕行拘提。

＊檢察官的任務＊

檢調偵辦企業負責人甲涉嫌掏空公司資產案，檢察官乙偵訊後發現疑點重重，為免相關事證遭湮滅或勾串，乃當庭逮捕聲請羈押甲。試問：

（一）法院審查羈押時，檢察官乙請求蒞庭，但法官丙裁定拒絕檢察官之請求，是否有理？

⊃解析

依§101Ⅱ規定，法官為羈押訊問時，檢察官得到場陳述聲請羈押之理由及提出必要之證據。本條的規範目的在於，檢察官在法官為羈押訊問時在場，對於法官決定是否羈押的心證有所助益。

刑事訴訟法雖僅規定檢察官得到場說明，但為使檢察官與被告就有無羈押的理由與必要，有充分陳述意見的機會。法官對案情有立體而動態的了解，得以做出做最恰當的裁定。偵查中羈押審查之程序，應能讓檢察官、被告及其辯護人均得在場行言詞辯論為宜。

不過，為維護犯罪嫌疑人名譽、避免洩露偵查情資，妨礙檢察單位的調查，基於偵查不公開的理由，法院不應准許其他可能實現上述風險之人在場。不過，由於檢察官本身就是偵查主體，理當不存有自陷風險的可能性，且檢察官到場陳述理由的性質，應是一種本於追訴犯罪而生的職權義務。換言之，法院應要求檢察官到場陳述或提出具體證據，檢察官當然亦能主動要求到場說明。

綜上，本案檢察官要求法官審查羈押時，請求到場陳述理由，目的無非輔助法官形成心證，了解案情。此無論從立法意旨看，從事理的合宜看，或從消除疑慮看，法官都應欣然接受。故地院裁定拒絕檢察官的請求蒞庭，雖未違法但與事理有違，並因而布下各界揣測的疑雲。不過，值得留意的是，2017年修正之刑事訴訟法規定中，針對羈押審理程序，賦予被告享有偵查中之閱卷權利。作為本項權利賦予的配套，依新法§101Ⅱ但書規定，檢察官若向法院請求禁止被告閱覽相關事證時，應到場敘明理由。本項規定可視為偵查中檢察官之到場義務，若檢察官據此要求到場說明，法院更加不得拒絕。

（二）檢察官主張：羈押審查的法官丙，與甲的辯護人丁有師生情誼（辯護人丁係法官丙的研究所碩士論文指導教授），應該迴避，是否有理？

⊃解析

刑事訴訟法關於法院職員迴避的規定，適用於訴訟程序的任何階

段。偵查或審判中，判決或裁定一律適用。迴避事由，有法定（自行迴避）與聲請迴避兩大類。本案涉及的，是聲請迴避的事由，依§18②規定，「法官有自行迴避事由以外的情形，足認其執行職務有偏頗之虞。」

　　本案檢方抗告，提及辯護人與法官有師生情誼，認為法官的裁定有偏頗之虞，是一亟需價值判斷的用語。這用語是立法者有意留給實務做彈性判斷；生活經驗與人情世故等，都在彈性判斷之內。例如：擔任考選部的司法特考口試委員，考選部特別提醒，凡與考生有論文指導老師的關係者，必須迴避，而這類規定與要求，都為了評分的公正客觀。裁判的客觀公正，其重要性不會低於考試。考試可以重來，可是訴訟程序一旦失誤，就可能帶來當事人的災難，或者正義不能實現，再回頭可能為時已晚。考場上的師生關係，可能使教師評分有偏頗之虞，何以法庭內的師生關係不會使法官執行職務有偏頗之虞？因此，檢察官主張丙應迴避的理由應為合理。

（三）設該聲請經法院駁回並釋放甲，檢察官向第二審法院提出抗告，經第二審法院裁定抗告成立發回原審重為裁定，更審裁定時檢察官補強事證並追加事由主張甲另外涉嫌偽造文書及洗錢等罪名，經法院審酌認被告甲雖有逃亡之虞，但無羈押之必要，則法院應如何為更審之審查及裁定？

◐解析

　　法院審查的範圍如何？有無羈押的必要，在偵查中既由檢察官聲請，法院應以聲請內容而審查，裁定內容不能超出聲請範圍。法院不得就未經起訴之犯罪審判（§268）。裁定雖非審判，但畢竟是裁判的一種，所以應與判決的精神互通。否則，就是訴外裁判，裁定與聲請豈不各說各話。當法院認為有羈押理由時，應可裁定具保與限制住居、限制出海、出境。因具保與限制住居應該是對於有羈押理由的被告而發，因為沒有羈押的必要，所以採取其他措施以代羈押。因為，雖有逃亡之虞的羈押原因，但無羈押的必要時法院可裁定具保與限制住居後，仍得駁回羈押聲請並當庭釋放被告。

第六節　暫行安置

　　2019年，發生震驚全台的鐵路殺警案，當時第一審的嘉義地方法院認為被告無罪責能力，判決無罪，乃具保釋放被告；嘉義地方檢察署不服，旋即抗告，後經台灣高等法院台南分院裁定撤銷原具保裁定，發回嘉義地方法院；嘉義地方法院更裁，維持具保裁定，加上限制住居，以及應遵守事項。當時，事經媒體披露，輿論譁然，民眾恐慌。由此可見，對於精神障礙觸法者，若有不符合羈押情形，欠缺程序上的暫時保全機制。也因為如此，2022年初，刑事訴訟法修正，增訂第十章之一「暫行安置」，以彌補法制缺失。暫行安置上路後，第一起新制施行的案件為橋頭地方法院111易71刑事裁定，該案被告持刀恐嚇被害人，檢察官提起公訴。法院經訊問被告後，職權裁定被告令入司法精神醫院，施以暫行安置三個月。依§121-2 Ⅲ規定，由臺灣橋頭地方檢察署檢察官開立執行指揮書，將被告送至凱旋醫院執行暫行安置。值得關注的是，本案件在暫行安置期間即將屆滿時，因被告暫行安置原因仍然存在，有危害公共安全之虞及緊急必要性，有延長暫行安置之必要，橋頭地院裁定延長羈押三個月。

　　另一案件，是由羈押改為暫行安置，是新北地方法院111易411刑事裁定，被告原是羈押在案，後經法院訊問，足認刑法§19 Ⅰ、Ⅱ之原因可能存在，有危害公共安全之虞，並有緊急必要。新北地院認為，羈押係以保全被告到案或保全證據為目的，與暫行安置制度完善社會安全網之用意不同。本案既已裁定暫行安置，自無羈押之必要性，故裁定被告撤銷羈押，令入司法精神醫院、醫院、精神醫療機構或其他適當處所，施以暫行安置，期間為三個月。此外，臺灣新北地方法院111聲1082刑事裁定，該案被告辯護人聲請暫行安置，法院裁定駁回，該院認為現行法並未賦予被告或辯護人聲請暫行安置之權限，且暫行安置亦非如具保、責付或限制住居等為羈押之替代手段，被告自無聲請以暫行安置代替羈押之權限。因此，暫行安置新制的施行雖然才短短四個月，但已經能證明其必要性以及其與羈押顯然不同之處。

壹、暫行安置的目的

刑事訴訟法增訂暫行安置，立法者稱，「為兼顧被告醫療、訴訟權益之保障及社會安全防護之需求，並與我國既有法制接軌」。刑事訴訟法增訂暫行安置專章，起因於近年台灣發生數件精神障礙觸法者的攻擊事件，造成民眾恐慌，基於社會安全網的需求，如何避免這些精神障礙觸法者，可能在訴訟期間危害他人，或有拘束其人身自由，以顧及社會安全；然而，若在訴訟期間，拘束精神障礙觸法者的人身自由，恐使其病情惡化，並可能侵害訴訟權益，在制度設計上，亦應顧及精神障礙觸法者的病況，以及其作為犯罪嫌疑人或被告的程序權利。

簡言之，暫行安置的制度設計，必須兼顧社會安全，以及被告醫療、訴訟權益保障。也因為如此，暫行安置是，具有拘束人身自由性質的強制處分，與監護處分不同。監護處分作為保安處分的類型之一，於2022年修法後，與過去屬於拘束人身自由的保安處分性質不同，成為多元處遇的保安處分，執行監護的場所可能是機構內，也可能是機構外。惟同時，暫行安置為了兼顧醫療目的，故暫行安置的處所，是「司法精神醫院、醫院、精神醫療機構或其他適當處所」，這些地方均有精神醫學專業人士，能夠提供精神障礙觸法者，適當的醫療幫助。

又，精神障礙觸法者作為犯罪嫌疑人或被告，雖然可能辨識能力或控制能力有欠缺或喪失，仍因保障其訴訟權利，除非精神障礙觸法者有妨害真實發現的行為，不得禁止其接見通信權利。是故，§121-6規定，當「執行暫行安置期間，有事實足認被告與外人接見、通信、受授書籍及其他物件，有湮滅、偽造、變造證據或勾串共犯或證人之虞，且情形急迫者，檢察官或執行處所之戒護人員得為限制、扣押或其他必要之處分」；且該必要處分，應即時陳報法院，若法院認為不妥當而不准許，應於陳報三日內撤銷，倘若未撤銷，該處分自處分之日起算七日有效。

貳、暫行安置的要件

　　裁定暫行安置的要件，可以分為形式與實質要件。形式上，係指暫行安置作為強制處分，於程序上應行的事項，如令狀原則、法官應踐行訊問程序；實質上，則是法官應判斷，該犯罪嫌疑人或被告，是否犯罪嫌疑重大，有無事實足認有刑法§19Ⅰ、Ⅱ的原因存在，有無危害公共安全的可能，以及有無緊急必要性。倘若暫行安置，是由檢察官聲請，法院裁定暫行安置，或裁定駁回暫行安置的聲請，被告或檢察官均得相應提起抗告，以為救濟。此外，暫行安置的裁定，應由事實審法院為之，故依§121-4規定，若案件在第三審上訴中，關於暫行安置事項，由第二審法院裁定，若第二審法院為了裁定暫行安置事項，得向第三審法院調取卷證。

一、形式要件

　　暫行安置，是強制處分，故形式上，應符合令狀原則，法院以裁定作成；且法院作成暫行安置裁定，必須經訊問後方得為之，不得僅憑書面作成。又，偵查中的暫行安置，是法官依檢察官聲請為之；審判中的暫行安置，則是法官依檢察官聲請或職權為之。

　　偵查中，檢察官聲請暫行安置時，依§121-1Ⅱ，「第三十一條之一、第三十三條之一、第九十三條第二項前段、第五項、第六項、第九十三條之一及第二百二十八條第四項之規定，於偵查中檢察官聲請暫行安置之情形準用之。」§31-1，是偵查中羈押審查程序的強制辯護規定，所以偵查中的暫行安置審查，若犯罪嫌疑人沒有選任辯護人，法官應指定辯護人；§33-1，是羈押審查程序的檢閱卷證規定；§93Ⅱ前段、Ⅴ、Ⅵ，分別是聲請暫行安置，應在拘捕後二十四小時內進行，且深夜不得訊問的規定；§93-1，是法定障礙時間的計算；§228Ⅳ之規定，則是拘捕前置原則。這些規定，與偵查中的羈押聲請，有高度適用，可見暫行安置的性質，與羈押相近，都是拘束人身自由的強制處分。

　　此外，依§§121-1、121-2，無論是檢察官聲請，或法官依職權裁定

暫行安置，都必須經由法官訊問，且法官訊問時，「檢察官得到場陳述意見」，但若是檢察官聲請暫行安置時，檢察官「應到場陳述聲請理由及提出必要之證據」；且在法官訊問前，檢察官、被告及辯護人得請求法官給予適當的準備時間，使檢察官能夠充分準備意見陳述，被告及辯護人可以充分準備答辯。

二、實質要件

法官依檢察官聲請或職權，判斷要否暫行安置時，必須判斷以下幾點實質要件：犯罪嫌疑人或被告的（1）犯罪嫌疑重大，且（2）有事實足認有刑法§19Ⅰ、Ⅱ的原因存在，（3）有危害公共安全的可能，以及（4）緊急必要性。易言之，當法官認為犯罪嫌疑人或被告，「犯罪嫌疑重大，且有事實足認為刑法§19Ⅰ、Ⅱ之原因可能存在，而有危害公共安全之虞，並有緊急必要者」，得以裁定令該名高度可能有精神障礙的觸法者，至司法精神醫院、醫院、精神醫療機構或其他適當處所，接受六月以下期間的暫行安置。

暫行安置，是刑事訴訟程序上的強制處分，與監護處分不同。監護處分的判決宣告，是於審判程序，經嚴格證據法則，調查被告罪責能力有無，以及有無「再犯或有危害公共安全之虞」，法院所作成的慎重判斷；相形之下，暫行安置的裁定，可能在偵查或審判中作成，犯罪嫌疑人或被告的嫌疑是否重大，罪責能力有無，是否有危害公共安全，是否存在緊急必要性的判斷，毋庸達到嚴格證明的程度。

參、暫行安置的延長

暫行安置的期間是六月以內，但若個案上，精神障礙觸法者的犯罪嫌疑人或被告，可能有延長暫行安置的需要，故刑事訴訟法設有相應的機制。§121-1Ⅲ規定，「暫行安置期間屆滿前，被告經法官訊問後，認有延長之必要者，得於偵查中依檢察官聲請，或於審判中依檢察官聲請或依職

權，以裁定延長之，每次延長不得逾六月，並準用第一百零八條第二項之規定。但暫行安置期間，累計不得逾五年。」

也就是說，若偵查或審判中，檢察官認為有延長暫行安置的必要，得提出延長暫行安置的聲請，或審判中法官認為有延長暫行安置的必要，得依職權裁定延長暫行安置。在程序上，受暫行安置的犯罪嫌疑人或被告，仍應接受法官訊問，經法官判斷有延長必要者，方得裁定延長。至於延長的期間，每次延長不得超過六月，總計不得超過五年。惟應注意的是，§121-1 IV，暫行安置的延長聲請，「應至遲於期間屆滿之五日前為之」；且暫行安置的裁定，除非當庭宣示外，應於期滿前以正本送達犯罪嫌疑人或被告，方才發生延長暫行安置的效力；倘若暫行安置期滿，延長暫行安置的裁定未經合法送達，則視為撤銷暫行安置。

同樣地，依§§121-1、121-2，無論是檢察官聲請，或法官依職權裁定延長暫行安置，都必須經由法官訊問，且法官訊問時，「檢察官得到場陳述意見」，但檢察官聲請延長暫行安置時，檢察官「應到場陳述聲請理由及提出必要之證據」；且在法官訊問前，檢察官、被告及辯護人得請求法官給予適當的準備時間，使檢察官能夠充分準備意見陳述，被告及辯護人可以充分準備答辯。

肆、暫行安置的撤銷

在規範上，暫行安置的撤銷，有二類，分別是裁定撤銷、視為撤銷。所謂裁定撤銷暫行安置，依§121-3 I規定，當「暫行安置之原因或必要性消滅或不存在」時為之；至於視為撤銷暫行安置，則是依§121-5 I，「暫行安置後，法院判決未宣告監護者」。另，除了撤銷暫行安置之外，若有「判決宣告監護開始執行時，暫行安置或延長暫行安置之裁定尚未執行完畢者」，依§121-5 II，免予執行未執行完畢的暫行安置。

在撤銷暫行安置的規定中，裁定撤銷的部分，較為複雜。首先，依§121-3 II、IV，在刑事訴訟上，檢察官、被告，以及被告的辯護人、輔

佐人，均得聲請法院為撤銷暫行安置的裁定；面對聲請，法院得聽取被告及其辯護人、輔佐人的意見，但若非檢察官聲請時，應聽取檢察官的意見。至於偵查中，若是檢察官主動聲請撤銷暫行安置，依§121-3 Ⅲ，法院應撤銷之，且檢察官可以在聲請之時，就先行釋放受暫行安置人。對於聲請裁定撤銷，法院可能依聲請裁定撤銷，也可能裁定駁回聲請，對於法院的裁定，得依法抗告。

第七節　搜索與扣押

搜索與扣押，分別是對人民隱私權與財產權有所侵害的強制處分。二者在偵查實務的運用上十分普遍，目的除了緊急情況下，搜索找犯罪嫌疑人或通緝犯外，一般而言，搜索與扣押是一個緊接的連動過程，基於保全證據為目的，搜索是為取得物證的手段，扣押則是物證保全的方式。以下將分別說明之。

壹、搜索

一、搜索的意義

對於一定處所，例如住宅、物件或人的身體為之，為發現被告或犯罪證據為目的所實施的強制處分，稱為「搜索」。因本法採廣義搜索的立法模式，搜索目的不僅是發現物，亦得發現人，但發現人的搜索則僅限於發現應受拘提或逮捕之人。搜索，一般來說就是為了發現物證，進而扣押保全之。故無論搜索的對象是人或物，如是基於發現物證為目的，就稱為「偵查搜索」，此種搜索與扣押連成一氣，也是搜索學習的重點。

搜索的對象，包括被告或第三人的身體、物件、住宅或其他處所。對第三人的搜索，必須更加嚴謹，故須有「相當理由」方能為之（§122 Ⅱ）。相當理由是指令人相信的程度高過「合理懷疑」。

二、搜索的分類

本法所規定的搜索，依對象區分，有下述的分類：

1.對「被告」或「犯罪嫌疑人」所為的搜索

即對於被告或犯罪嫌疑人的身體、物件、電磁紀錄、住宅或其他處所，所為的搜索（§122 I）。

2.對「第三人」所為的搜索

即對於第三人的身體、物件、電磁紀錄、住宅或其他處所，所為的搜索（§122 II）。

3.對「政府機關或公務員持有保管物」的搜索

即對於政府機關或公務員所持有或保管的文書及其他物件，所為的搜索（§126）。

4.對「軍事上應秘密處所」的搜索

所謂軍事上應秘密的處所，如軍事工廠、部隊的營房、要塞、軍港、軍用船艦、航空器及其他軍用處所建築物所為的搜索（§127）。

三、搜索的機關

搜索的機關，可分為決定機關與執行機關，說明於次：

1.決定機關

搜索是嚴重干預人民隱私權的強制處分，原則必須受到法官保留原則與令狀原則的制約。原則來說，無論是偵查中或審判中，發動搜索的決定機關依§128 III，是由法官為之。例外在法定的特殊考量或緊急情況下，依§130附帶搜索、§131緊急搜索、§131-1同意搜索等，可由偵查機關決定為之。故，搜索的決定機制，目前係採相對法官保留原則的規範設計。

2.聲請機關

偵查中檢察官認有搜索的必要時，皆應以書面記載§128Ⅱ各款事項，並敘述理由，聲請該管法院核發搜索票（§128-1Ⅰ）。值得特別注意者，除了規定偵查中檢察官，得聲請該管法院核發搜索票外；另賦予「司法警察官」（不包括司法警察）因調查犯罪嫌疑人犯罪及蒐集證據認有搜索必要時，得報請檢察官許可後，直接向該管法院聲請核發搜索票（§128-1Ⅱ）。換言之，就聲請權人而言，採「有條件雙軌聲請體系」的制度。

採有條件雙軌制主要理由在於，每年司法警察官向檢察官聲請搜索票的件數太多，檢察官實無力負荷此一大量聲請案，不過，顧及檢察官仍為偵查程序的主導者，司法警察官如欲發動強制處分，仍有先行知會檢察官許可，以發揮檢察官對司法警察官的監督功能。在實務操作上，僅由檢察官在司法警察官的聲請書上批示，即交由原聲請人持向法院聲請，手續上甚為簡便，應不致影響司法警察的辦案效率。

3.執行機關

為配合法院組織法關於檢察事務官增訂規定，本法於§128-2明定，搜索的執行機關為檢察事務官、司法警察官或司法警察（§128-2Ⅰ），且檢察事務官為執行搜索，必要時得請求司法警察官或司法警察輔助。

四、搜索的事由

搜索必需於「必要時」或「有相當理由」，才可發動搜索（比例原則），由於需要合理的依據，故法院決定是否簽發搜索票，必須慎重考慮。

對於被告或犯罪嫌疑人的身體、物件、電磁紀錄及住宅或其他處所進行搜索，須於有必要時，始可為之（§122Ⅰ）。也就是說，是否對被告或犯罪嫌疑人的搜索發動搜索，係基於必要性的考量，也就是對被告或犯罪嫌疑人的合理懷疑。

　　對於第三人的身體、物件、電磁紀錄及住宅或其他處所進行搜索，「以有相當理由可信為被告或犯罪嫌疑人或應扣押之物或電磁紀錄存在時為限」，方可為之（§122Ⅱ）。所謂相當理由是指，發動搜索的必要程度，高過合理懷疑；換言之，對於第三人搜索的判斷，應當更加嚴謹。雖然第三人可能與犯罪無關，但既然搜索的目的在於發現被告或犯罪嫌疑人，或應扣押之物或電磁紀錄，則被搜索的第三人實有容忍義務。

　　在此之中，值得注意的是「媒體搜索」。在當前社會，媒體相當重要，媒體自由深受重視，其與國民知情權利、民主政治的建構，都有密切關係。基本上，對媒體進行搜索，是屬於對第三人的搜索，可是在思辨上，似乎宜更細緻地看待。德國刑事訴訟法§§97、53Ⅰ⑤規定，享有拒絕證言權的人所持有之物，不應該扣押，也就不能成為搜索的對象；所以面對媒體搜索的問題，首先應區分媒體是否有拒絕證言權：（1）如果媒體的消息來源，來自特定人，此提供消息者信賴媒體不會揭露來源，故媒體享有拒絕證言權，持有物不能扣押，也不能成為搜索對象；（2）媒體如果透露消息來源，將間接使提供消息者曝光，也享有拒絕證言權（BGH36，298）；相反的，（3）如果媒體持有的資訊是自己查訪所得，就沒有拒絕證言權，在此情況下，媒體持有的文件資料就可以搜索扣押。可是，實際操作上，媒體可能主張任何消息來源曝光都將揭露提供者的身分，而使媒體搜索難以進行，所以德國有欲修法，完全排除媒體搜索；不過，全然排除媒體搜索恐怕不宜，而應個案判斷，當搜索帶來真實發現的利益，顯然大於媒體自由、國民知情利益時，仍應搜索。

五、搜索的要件

　　搜索須符合一定的要件始可為之，茲將搜索的要件分述於次：

1. 須有搜索事由。
2. 搜索原則須用搜索票；搜索票應記載下列事項（§128）：

　　（1）案由。

（2）應搜索的被告、犯罪嫌疑人或應扣押的物：但被告或犯罪嫌疑人不明時，得不予記載。蓋搜索之目的在於發見被告、犯罪嫌疑人或應扣押之物，因此記載應搜索的被告、犯罪嫌疑人或應扣押之物，以表示搜索之目的。

（3）應加搜索的處所、身體、物件或電磁紀錄：應加搜索的處所必須予以特定，亦即應加搜索的處所何在，其為身體、物件或電磁紀錄均須一一記載明確。至於應加搜索的處所、物件或電磁紀錄的所有人或占有人，不必記載；亦即只要對應加搜索的處所、身體、物件或電磁紀錄能予以特定即足，其所有人或占有人的姓名，非屬必須記載的事項。

（4）有效期間，逾期不得執行搜索及搜索後應將搜索票交還。

3. 搜索票，由法官簽名。法官並得於搜索票上，對執行人員為適當的指示。不過，應特別注意者，除了核發搜索票的程序，不公開外（§128 Ⅲ、Ⅳ）。審查的標準並不適用嚴格證據法則，因為強制處分的決定與否攸關的只是「程序問題」，不是證明被告有無犯罪的「實體問題」，故只要經過自由證明程序審查後有「合理依據」即能簽發搜索票。須注意者，2001年修法時將修法前§129檢察官或法官親自搜索時，得不用搜索票的規定刪除。目的是為配合令狀原則建立書面紀錄以供事後審查的依據。目前，縱是法官職權搜索，也應當持搜索票進行。

4. 對於有人住居或看守的住宅或其他處所，不得於夜間入內搜索或扣押，但經住居人、看守人或可為其代表的人承諾，或有急迫的情形者，不在此限。於夜間搜索或扣押者，應記明其事由於筆錄。日間已開始搜索或扣押者，得繼續至夜間（§146）。

六、無搜索票的搜索

搜索應用搜索票，此為原則。本法尚規定若干情形，允許無搜索票的搜索。茲分述於次：

（一）附帶搜索

檢察官、檢察事務官、司法警察官或司法警察逮捕被告、犯罪嫌疑人或執行拘提、羈押時，雖無搜索票，得逕行搜索其身體、隨身攜帶物件，所使用的交通工具及其立即可觸及的處所。本法允許無搜索票而逕行搜索被告或犯罪嫌疑身體與等的處所，旨在避免被告湮滅隨身證據，及維護執法人員人身安全，預防其暗藏兇器，抗拒逮捕、拘提或羈押的執行。必須留意者，所謂「立即可觸及的處所」自與§131的「住宅」「其他處所」不同，前者必須是緊接在合法逮捕、拘提或羈押被告或犯罪嫌疑人所在地附近，而可立即搜索的處所；後者則無此限制。

（二）緊急搜索

緊急搜索，又稱逕行搜索。依§131規定，視搜索對象是人或物，區分為二種緊急搜索的類型；且由於緊急搜索出於急迫，不可能事先向法院聲請搜索票，故設計程序補正機制，即執行緊急搜索完畢後，必須事後向法院陳報，讓法院監督。

第一種緊急搜索，通常稱為「對人的緊急搜索」。依§131Ⅰ，檢察官、檢察事務官、司法警察官或司法警察，雖無搜索票，但有下列情形時，仍得逕行搜索住宅或其他處所：

（1）因逮捕被告、犯罪嫌疑人或執行拘提、羈押，有事實足認被告或犯罪嫌疑人確實在內者。

（2）因追躡現行犯或逮捕脫逃人，有事實足認現行犯或脫逃人確實在內者。

（3）有明顯事實足信有人在內犯罪而情形急迫者。

應予區分的是：§131Ⅰ①②的緊急搜索，是否具有急迫性及必要性，於實施前，自應依客觀的事實判斷，足認被告（現行犯）或犯罪嫌疑人（脫逃人）確實在內，始得為之，避免發生不必要的、過度廣泛的地毯式搜索。至於§131Ⅰ③的緊急搜索，是有人在內犯罪而情形急迫的緊急

搜索，為避免濫用，應限於有「明顯事實」足信有此情況始得為之。

　　此外，§131 I 的緊急搜索，與§130的附帶搜索，二者的主要差異之處在於，後者搜索之目的是為防止執法人員遭被拘捕人攻擊，防止其湮滅隨身證據，而對「發現應扣押物」（找物），因此對於受搜索人所得「立即控制」的範圍及場所，包括對被拘捕人身體、隨身攜帶物件，所使用的機動性汽、機車等交通工具均得實施搜索，並於搜索過程中就所發現的物為扣押處分；而前者的搜索則著重在「發現應受拘捕之人」（找人），其執行方式應受拘捕目的的限制，除於搜索進行過程中意外發現應扣押的物得予扣押外，不得從事脫逸拘捕目的的搜索行為，並應於拘捕目的達成後立即終止。

　　第二種緊急搜索，通常稱為「對物的緊急搜索」。依§131 II，檢察官於偵查中確有相當理由認為情況急迫，非迅速搜索，二十四小時內證據有偽造、變造、湮滅或隱匿之虞者，得逕行搜索，或指揮檢察事務官、司法警察官或司法警察執行搜索。

　　無論是對人或對物的緊急搜索，待執行完畢後，均應依§131 III，向法院陳報，由法院進行事後監督。緊急搜索由檢察官為之者，應於實施後三日內陳報該管法院；由檢察事務官、司法警察官或司法警察為之者，應於執行後三日內報告該管檢察署檢察官及法院。法院認為不應准許者，應予撤銷，以維護程序正義。不過，法院的撤銷應於受陳報後五日內為之，如逾五日即不得再行撤銷，以免逕行搜索的效力久懸不決，用以維護法律程序的安定。另外，由於緊急搜索事先未向法官聲請核發搜索票，為期慎重，檢察官應於實施後，向所屬檢察署主任檢察官、檢察長報告，以貫徹檢察一體的內部監督機制。

　　同時，§131 IV規定，緊急搜索執行後未陳報該管法院或經法院撤銷者，審判時法院得宣告所扣得的物，不得作為證據。所謂法院「得」宣告不得作為的證據的理由，係因刑事訴訟除須追求實體真實外，也須兼顧程序正義，對於違背法定程序搜索所得的證據（專指物證），不應不分情節，一概強制排除其證據能力，應依比例原則及法益權衡原則加以權衡，

以避免僅因程序上微小瑕疵，致使許多與事實相符的證據，無例外地被排除。§416Ⅱ即已採納上開精神，規定搜索經撤銷者，審判時法院得宣告所扣得的物，不得作為證據。換言之，由法官於審判中，依§158-4規定來斟酌人權保障及公共利益的均衡維護，作為認定證據能力有無的標準，以兼顧理論與實際需要。

然應注意的是，由於實際運作上檢察官可能會擔心，緊急搜索事後被法院撤銷，使得扣押物被宣告為無證據能力的情形，而造成行使緊急搜索有所退卻，不過，有效追訴犯罪與人權保障之間，本來就立於衝突的情境，故欲解決此種困境的方法，惟賴院檢雙方於認定緊急搜索時的謹慎處理。

（三）同意搜索

若經受搜索人出於自願性同意者，得不使用搜索票。但執行人員應出示證件，並將其同意的意旨記載於筆錄（§131-1）。蓋依美國實務經驗，若出於被告同意，不用聲請核發搜索票得逕行搜索，因同意搜索為有效率的執行方法，且為憲法所容許的合法行為，且被搜索與否，屬於能夠捨棄的基本權，故只要有同意被干預的前提，即能容許搜索。

不過，仍須注意，基於同意所為的搜索，必須出於自願性且有效性，尤其在範圍上要有限縮，否則有可能演變為以「同意名義」卻行違法搜索的情形，即非立法的本意，所以宜於行使同意搜索前，先告知被搜索人得拒絕之。又本條乃是基於被處分人自由意願的同意搜索，故未如§131有應受事後監督的規定，如此同意搜索的執行過程是否符合比例原則，均無從審查監督，顯然違反法治國原則與正當法律程序的精神，故亦宜準用§131關於事後審查程序的規定。

七、搜索的程序

搜索的目的在於發見被告及應扣押的物，搜索的程序亦莫不與此目的有關。茲將搜索的程序分述於次：

1. 搜索應保守秘密，並應注意受搜索人的名譽（§124）。

2. 搜索婦女的身體，應命婦女行之。但不能由婦女行之者，不在此限（§123）。

3. 政府機關或公務員所持有或保管的文書或其他物件應扣押者，應請求交付。但於必要時得搜索之（§126）。

4. 軍事上應秘密的處所，非得該管長官的允許，不得搜索。又前項情形，除有防害國家重大利益者外，不得拒絕（§127）。

5. 經搜索而未發見應扣押之物者，應付與證明書於受搜索人（§125）。

6. 抗拒搜索者，得用強制力搜索之。但不得逾必要的程度（§132）。此乃執行搜索時所應恪守的「比例原則」。

7. 檢察官或司法警察官於聲請核發的搜索票執行後，應將執行結果陳報核發搜索票的法院，如未能執行者，應敘明其事由（§132-1）。

8. 因搜索及扣押得開啟鎖扃、封緘或為其他必要的處分。執行扣押時，得封鎖現場，禁止在場人員離去，或禁止§143所定的被告、犯罪嫌疑人或第三人以外的人進入該處所。又對於違反前項禁止命令者，得命其離開或交由適當的人看守至執行終了（§144）。

9. 法官、檢察官、檢察事務官、司法警察官或司法警察執行搜索及扣押，除依法得不用搜索票的情形外，應以搜索票示§148在場之人（§145）。

10. 在有人住居或看守的住宅或其他處所，不得於夜間入內搜索或扣押，但經住居人、看守人或可為其代表之人承諾或有急迫的情形者，不在此限（§146 I）。惟下列處所，夜間亦得入內搜索或扣押（§147）：（1）假釋人住居或使用者；（2）旅店、飲食店或其他於夜間公眾可以出入的處所，仍在公開時間內者；（3）常用為賭博，妨害性自主或妨害風化的行為者。

11. 搜索的在場：由於執行搜索容易產生爭端，故命一定之人會同在場及令其於搜索筆錄簽名，可避免發生違法搜索情形。其情形有如下述：（1）在有人住居或看守的住宅或其他處所內行搜索或扣押者，應命住

居人、看守人或可為其代表之人在場；但若是無此等人在場時，得命鄰居之人或就近自治團體的職員在場（§148）。

（2）在政府機關、軍營、軍艦或軍事上秘密處所內行搜索或扣押者，應通知該管長官或可為其代表之人在場（§149）。

（3）當事人及審判中的辯護人得於搜索或扣押時在場。但被告受拘禁，或認其在場於搜索或扣押妨害者，不在此限。搜索或扣押時，如認有必要，得命被告在場。行搜索或扣押之日、時及處所，應通知前二項得在場之人。但有急迫情形時，不在此限（§150）。

12.囑託搜索：搜索得由審判長或檢察官囑託應行搜索地的法官或檢察官行之。受託法官或檢察官發現應在他地行搜索，該法官或檢察官得轉囑託該地的法官或檢察官（§153Ⅱ）。

八、搜索的事後審查

搜索有三種事後救濟程序：

1.抗告救濟

對於法院的裁定，原則上得提起抗告救濟，不過，法院的搜索「裁定」，屬於判決前關於訴訟程序的裁定，本來不得抗告（§404）。新法特別明定「搜索裁定」得提起抗告（§404但書）。由於本條僅能救濟「法院裁定准許」的搜索，因此僅適用於有令狀搜索，並不適用於無令狀搜索；其次，檢警聲請搜索經「法院裁定駁回」者，亦不得抗告救濟（§128-1Ⅲ）。

2.準抗告救濟

對於審判長、受命法官、受託法官或檢察官的特定處分有不服者，得聲請其所屬法院撤銷或變更之（§416），一般稱為準抗告。新法將搜索明列為得提起準抗告的處分，此所稱的搜索，包括受託法官受命法官所簽發

的有令狀搜索，以及檢察官所為的無令狀搜索（§§130、131Ⅱ、131-1），但不包括檢察事務官、司法警察官所為無令狀搜索（§§130、131Ⅰ、131-1）。

3.特別救濟

　　本法特別就緊急搜索，課予實施者主動陳報法院的義務，陳報法院之後，「法院認為不應准許者，應於五日內撤銷之。」（§131Ⅲ）。故法院認為緊急搜索係違法者，得撤銷之；但法院認為逕行搜索係合法時，則無庸為任何的回應。又§131的緊急搜索後未陳報該管法院或經法院撤銷者，審判時法院得宣告所扣得的物不得作為證據（§131Ⅳ）。

貳、扣　押

一、扣押的意義

　　為保全證據物件，以取得物之占有而實施之強制處分，稱為「扣押」。又為保全沒收物，亦得對於沒收物實施扣押處份（§133）。關於扣押，本法規定四種不同方式，即：1.直接以強制力為之（§138），此乃所有人、持有人、保管人無正當理由而拒絕交付時用之，通常所謂扣押指此等情形而言。2.命令交付（§133Ⅲ），此乃命令所有人、持有人、保管人為物之提出或交付，如因而提出或交付者，亦發生扣押的效力。3.經任意提出或交付（§143），此乃所有人、持有人、保管人未經命令由其自動提出或交付。4.被告、犯罪嫌疑人或第三人遺留在犯罪現場之物（§143）。扣押係純粹對物的強制處分，然而扣押物應使雙方當事人均可予以利用；亦即扣押物為證據時，應作為證明有罪或無罪的證據，而非祇作為證明有罪的證據而已。

二、保全追徵的扣押

　　現行偵查與審判中的案件，未來判決確定後有需要沒收相關犯罪所得

時，可能會發生被告早已脫產或處分殆盡而無從執行沒收程序的窘境。為了確保剝奪犯罪所得的目的，本法於2016年5月配合刑法沒收新制的完善，於扣押規範中有增訂了追徵的扣押配套規定。

依§133的修正，為保全追徵，必要時得酌量扣押犯罪嫌疑人、被告或第三人的財產。如扣押標的為不動產、船舶、航空器，得以通知主管機關為扣押登記的方法為之。而扣押者為債權時，得以發扣押命令禁止向債務人收取或為其他處分，並禁止向被告或第三人清償的方法為之。同時，本本規定所為的追徵扣押，具有禁止處分的效力，不妨礙民事假扣押、假處分及終局執行的查封、扣押。

保全追徵的扣押，依§133-1屬於非附隨於搜索的扣押模式，除受扣押標的權利人同意者外，原則仍屬法官保留的設計，必須經由法官裁定為之。權利人的同意，必須是由執行人員示證件，先行告知受扣押標的權利人得拒絕扣押，無須違背自己的意思者，並將其同意的意旨記載於筆錄。

關於法院的裁定程序，依法不得公開，裁定應有書面記載：1.案由；2.應受扣押裁定的人及扣押標的。但應受扣押裁定的人不明時，得不予記載；3.得執行的有效期間及逾期不得執行的意旨；法官並得於裁定中，對執行人員為適當的指示。關於聲請保全追徵扣押的權責機關，依§133-2，偵查中檢察官認有聲請保全追徵扣押裁定的必要時，應以書面記載前條1.案由；2.應受扣押裁定的人及扣押標後，並敘述理由，聲請該管法院裁定。司法警察官認有為扣押的必要時，得依前項規定報請檢察官許可後，向該管法院聲請核發扣押裁定。

然為因應司法實務的實際運作，檢察官、檢察事務官、司法警察官或司法警察於偵查中有相當理由認為情況急迫，有立即扣押的必要時，得逕行扣押；檢察官亦得指揮檢察事務官、司法警察官或司法警察執行。但此種急迫情形的扣押，仍應於事後陳報法院，由檢察官為之者，應於實施後三日內陳報；由檢察事務官、司法警察官或司法警察為之者，應於執行後三日內報告該管檢察署檢察官及法院。法院認為不應准許者，應於五日內撤銷之（§133-2）。

三、扣押的機關

決定扣押的機關：與搜索同採「法官保留原則」，扣押的決定機關為法院；執行扣押的機關：原則上由檢察事務官、司法警察官或司法警察執行。惟法官、檢察官亦可親自實施（§136），但仍須有搜索票始可。

四、扣押的客體

可為證據或得沒收之物，得扣押之（§133 Ⅰ）。應扣押物可為下列的分類：

（一）一般客體

對於應扣押物，刑事訴訟法別無任何限制的客體，如：證據物件，亦即，在主觀上可視為證據的物，包括有罪證據與無罪證據。亦即不限於有罪證據；另如，得沒收的物，依刑法的規定，沒收物包括：違禁物、犯罪所用或供犯罪預備的物及因犯罪所生的物（刑法§38）。又此不限於本案應扣押的物，即對於另案應扣押的物亦得予以扣押，惟須注意有關另案扣押情形，過去修法並未對此予以修正，仍依§152處理。

此外，若在搜索時發現本案應扣押的物，惟搜索票卻未記載時，其為附帶扣押的情形。附帶扣押屬於「急迫性的暫時扣押」，雖非本案搜索的標的，不屬於本次搜索的範圍，但附帶扣押並非法所不許。換言之，搜索票雖未記載，但其為本案應扣押的物，搜索人員自無法予以忽視。但由於其未記載於搜索票中，與搜索的令狀原則有所違背。是故，應比照緊急搜索的處理程序（§137 Ⅱ 準用 §131 Ⅲ 的規定），換言之，由檢察官為之者，應於實施後三日內陳報該管法院。由檢察事務官、司法警察官或司法警察為之者，應於執行後三日內報告該管檢察署檢察官及法院。法院認為不應准許者，應於五日內撤銷之。

（二）特別客體

即對於應扣押物，刑事訴訟法設有特別規定者，茲分述於次：

1.公務上應秘密之物

政府機關、公務員或曾為公務員之人所持有或保管的文書及其他物件，如為其職務上應守秘密者，非經該管監督機關或公務員允許不得扣押。前項允許，除有妨害國家的利益者外，不得拒絕（§134）。

2.郵件電報

郵政或電信機關，或執行郵電事務之人員所持有或保管之郵件、電報，有下列情形之一者，得扣押之：（1）有相當理由可信其與本案有關係者；（2）為被告所發或寄交被告者，但與辯護人往來的郵件、電報，以可認為犯罪證據或有湮滅、偽造、變造證據或勾串共犯或證人之虞或被告已逃亡者為限。為郵件電報的扣押者，應即通知郵件、電報的發送人或收受人。但於訴訟程序有妨害者，不在此限（§135）。

五、扣押的程序

搜索時發現應扣押物者，得為扣押。茲將扣押的程序分述於次：

1. 命檢察事務官、司法警察官或司法警察執行扣押者，應於搜索票或扣押裁定內，記載其事由（§136Ⅱ）。

2. 檢察官、檢察事務官、司法警察官或司法警察執行搜索或扣押時，發見本案應扣押的物為搜索票或扣押裁定所未記載者，亦得扣押之（§137Ⅰ）。允許附帶扣押或另案扣押，主要是因為偶然發現的重要證據，例如：屍體、槍枝、毒品，如果另行聲請搜索票可能緩不濟急，證據恐將滅失。惟須注意者，此種附帶扣押與無搜索票之搜索情形無異，故準用緊急搜索之事後審查規定，就該扣押物品仍應讓簽發搜索票之法院知悉（§137Ⅱ，準用§131Ⅲ）。換言之，關於附帶扣押之情形，由檢察官為之者，應於實施後三日內陳報該管法院。由檢察事務官、司法警察官

或司法警察為之者，應於執行後三日內報告該管檢察署檢察官及法院。法院認為不應准許者，應於五日內撤銷之。

3. 扣押，應制作收據，詳記扣押物之名目，付與所有人、持有人或保管人（§139Ⅰ）。執行扣押時，應先命提出或交付，不成再予以強制扣押。

4. 扣押物應加封緘或其他標識，且由扣押之機關或公務員蓋印（§139Ⅱ）。

5. 扣押物，因防其喪失或毀損，應為適當之處置（§140Ⅰ），至於如何始可稱為適當之處置，由扣押機關，依物之性質認定之。例如妥慎保管玻璃器皿或瓷器是。

6. 不便搬運或保管之扣押物，得命人看守，或所有人或其他適當之人保管（§140Ⅱ）。

7. 易生危險之扣押物，得毀棄之（§140Ⅲ）。

8. 得沒收或追徵之扣押物，有喪失毀損、減低價值之虞或不便保管、保管需費過鉅者，得變價之，保管其價金。扣押物的變價，偵查中由檢察官為之，審理中法院得囑託地方法院民事執行處代為執行（§141）。另外，得沒收或追徵之扣押物，法院或檢察官依所有人或權利人之聲請，認為適當者，得以裁定或命令定相當之擔保金，於繳納後，撤銷扣押（§142-1）。

9. 扣押物若無留存之必要者，不待案件終結，應以法院之裁定或檢察官命令發還之，其係贓物而無第三人主張權利者，應發還被害人。扣押物因所有人、持有人或保管人之請求，得命其負保管之責，暫行發還。扣押物之所有人、持有人或保管人，有正當理由者，於審判中得預納費用請求付與扣押物之影本（§142）。

10. 搜索及扣押得開啟鎖扃、封緘或為其他必要之處分。執行扣押時，得封鎖現場，禁止在場人員離去，或禁止§143所定之被告、犯罪嫌疑人、第三人或所有人、持有人或保管人以外之人進入該處所。又對於違反前項禁止命令者，得命其離開或交由適當之人看守至執行終了（§144）。

11.囑託扣押：扣押，得由審判長或檢察官囑託應行扣押地之法官或檢察官行之。受託法官或檢察官發現應在他地行搜索、扣押者，該法官或檢察官得轉囑託該地之法官或檢察官（§153）。

❖ 實例講座 ❖

＊遭竊的檢察官＊

檢察官甲家中失竊，損失甚大，甲認為鄰居乙涉有重大嫌疑，便於該日親自前往乙家搜索，並扣押若干可疑物品，帶回處理。

⇒解析

搜索之對象原則為被告或犯罪嫌疑人之身體、物件、電磁紀錄、住宅或其他處所，例外為第三人之身體、物件、電磁紀錄及住宅或其他處所（§122）。既曰「被告」，則必須偵查已經開始，否則無被告可言。對於尚未開始偵查之案件，根本無被告存在，自不應進行搜索。

搜索分為要式與不要式二者，前者稱有搜索票之搜索，後者稱無搜索票之搜索；檢察官於偵查中確有相當理由認為情況急迫，非迅速搜索，二十四小時內證據有偽造、變造、湮滅或隱匿之虞者，得逕行搜索，或指揮檢察事務官、司法警察官或司法警察執行搜索，並層報檢察長（§131Ⅱ），即屬於不要式搜索之一種。本例，檢察官甲前往乙家搜索，因其有檢察官之身分，故只要符合§131Ⅱ所定，非迅速搜索，證據有偽造、變造、湮滅或隱匿之虞之急迫情況，非不得逕行搜索。

惟檢察官對其承辦之案件始可為不要式之搜索，不是對於任何案件均可實施不要式之搜索。又依§17之規定，法官為被害人者，應自行迴避，不得執行職務，此一規定亦準用於檢察官（§26Ⅰ）。本例甲雖係檢察官，但對其本人為被害人之案件，不得執行檢察官職務，因之，不得對此為不要式之搜索。所以甲所為之搜索於法無據，甲依其情形可能成立刑法§307之違法搜索罪。

＊抗拒搜索的後果＊

　　司法警察甲持搜索票前往乙家搜索，事前依法通知乙。當乙知甲之來意，竟拒絕甲進入其屋內，甲不得已強行進入搜索。乙為制止甲之搜索，竟又持刀威脅甲。

⊃解析

　　搜索的執行宜公開，以免侵害受搜索者之權利，故刑事訴訟法規定，行搜索之日、時及處所，原則上應通知當事人及辯護人，使其便於到場，但有急迫情形時，則毋庸通知。所謂通知，法律並未規定必以書面，故也能利用電話以言詞通知。惟除通知之外，執行搜索，應出示搜索票於在場之人，使其認識前來搜索者（§145）。

　　對於有人住居或看守之住宅或其他處所之搜索，毋庸先獲得其住居人、看守人或可為其代表之人的同意。惟如於夜間入內搜索，除非急迫情形，否則應經住居人、看守人或可為其代表之人的同意。本例司法警察甲持搜索票前往乙家搜索，如非夜間，則不必獲得乙之同意，得逕行進去搜索。乙不僅拒絕甲進入其家，且抗拒搜索，則某乙之所為已相當於妨害公務（刑法§135Ⅰ），甲當然可以用強制力搜索之，但是不得逾必要之程度（§132），因此司法警察甲得用強制力搜索，但不得逾必要之程度。

＊借屍還魂＊

　　甲將行竊而來之汽車引擎號碼磨掉，購得車輛不堪用或失竊未報廢之來源證件，將贓車偽刻該合法之引擎號碼向監理機關申請變更車主，於是贓車變成形式上之合法車輛，再以高價轉售第三人乙。試問：

（一）警察機關追贓時是否可將變更過之車輛起回？

➲解析

　　依§133Ⅱ規定，對於應扣押物之所有人，持有人或保管人得命其提出或交付，本案竊嫌甲雖將贓車變更引擎號碼，仍為贓物，為竊案之證據，故無論何人持有，均得將之起回，命其提出。

（二）出售來源證件者有無刑責？

➲解析

　　車輛因不堪使用或失竊，出售來源證件者，係處分其所有物，至於購用者，苟無向出售者言明作何用途，則購用者移作非法使用，出售者既不知情，自無負刑責。

（三）警察機關對於應發還之贓車，倘無人認領應如何處理？

➲解析

　　該車輛如已扣押，應受發還人所在不明或無人認領，警察機關應隨案移送檢察官，由檢察官依§475規定公告之，自公告之日起滿六個月無人聲請發還者，該車輛應歸屬國庫，在前述期間內，該車輛如無價值，得廢棄之；不便保管者，得命拍賣而保管其價金。

＊搶劫案疑雲＊

　　檢察官甲偵辦一件搶劫案，甲由於另一共犯之供述及在現場發現的指紋，甲認為乙是嫌疑犯。但甲並不知乙及贓物在何處？試問：

（一）檢察官甲可否逕行搜索乙居住之房屋及贓物？

➲解析

　　偵查必須已經開始，否則無被告可言，參酌§122規定，對於被告住宅必要時得搜索之。根據犯罪偵查經驗顯示，被告會把贓物藏在家裡，

故檢察官甲可逕行搜索乙居住的房屋。

（二）甲可否搜索乙家中放有鈔票的衣服？及可否搜索乙的女朋友丙居住之房屋？如乙與父母同住，可否搜索？

◯解析

　　題幹所指的範圍，亦應屬§122住宅範圍內的搜索。依§122Ⅱ規定，對第三人之搜索，必須有具體事實並顯露出跡象，或事實上贓物在丙家中時，始得搜索丙的房屋。只要是乙確實所居住之住所即可，乙雖與父母同住，亦無妨於搜索（§122）。

（三）乙家中有一大行李，但乙宣稱該行李係朋友丁所寄放者，可否搜索？設甲遍巡屋內各處，並無找到任何與搶案有關之證據，卻在屋內找到一支手槍，便把該槍帶回，則對於該槍之扣押在程序上是否合法？

◯解析

　　搜索被告或犯罪嫌疑人的物件時，不以該物件為被告或犯罪嫌疑人所有為限。故乙宣稱該行李為丁寄放，但是在乙占有狀態中，仍可搜索。

　　依照§152實施搜索或扣押時，發現另案應扣押之物，亦得扣押之，分別送交該管法院或檢察官。故甲將該槍帶回，乃屬另案應扣押之物，對於該槍之扣押在程序上，應屬合法。惟另案扣押，可謂屬於「急迫性之暫時扣押」，並非本案搜索之標的，是故關於另案扣押，雖非法所不許，但仍應比照附帶扣押之處理程序（§137Ⅱ準用§131Ⅲ）。

＊意外的發現＊

　　司法警察甲因乙涉嫌販毒，持搜索票前往乙家進行搜索毒品，意外發現有槍枝二把。甲除為扣押毒品外，應否對於槍枝，亦予以扣押？

○解析

　　扣押係指因保全證據或得沒收之物，自該物所有人、持有人或保管人，暫時予以占有之強制處分。扣押的種類除扣押票上所記載之本案扣押外，還包括有本案的附帶扣押（§137）及另案扣押（§152）。依照通說見解，均認為對於本案的附帶扣押及另案扣押，均以合法的搜索為前提，始得為之。

　　另案扣押是指，實施搜索或扣押時，發現另案應扣押之物，亦得扣押之，分別送交該管法院或檢察官。所謂「另案」，係相對於發動搜索、扣押之本案而言，該另案只需為本案以外之刑事犯罪案件即可，是否為偵查機關所發現，是否已經進入偵查程序或審判程序，均非所問。此外，另案扣押應符合一目瞭然法則，亦即限於警方於搜索時，落入警方所目視範圍之違禁物或證物，不是翻箱倒櫃而得；且§152所謂的「發現」，必須限於意外、偶然的發現，如果是刻意的製造，即非法之所許。回到本案，若甲意外發現二把槍枝，是合乎一目瞭然法則的情況下，便可將該槍之扣押；反之，則不得為之。

＊未載名的重要證據＊

　　甲涉嫌殺害張三，司法警察官乙得到檢察官同意向法院聲請並取得搜索票。乙持搜索票（搜索票記載應搜索及扣押之物為：槍枝或武器）前往甲住家搜索，未發現甲行蹤，只找到一把與命案有關的槍枝，不過，卻意外發現甲準備寄給情人的信，信中提到殺害張三的計畫，乙扣押該書信。此外，警方在甲的住處還扣押了一些文件，透露甲多年來行賄稅務人員，以便逃稅。這些扣押的書信與文件，有無證據能力？

○解析

1.附帶扣押與另案扣押

　　所謂「本案的附帶扣押」，是檢察官、檢察事務官、司法警察官或司法警察執行搜索或扣押時，發現本案應扣押之物為搜索票所未記載者，

亦得扣押之（§137）。本案之中，搜索票僅有槍支或武器，但是乙於搜索時發現，甲與情人的情書中有提及殺害張三的計畫，遂扣押之。

「另案扣押」，則是於執行搜索，也可能發現與本案無關的證物，對於這種不期而遇的證物，也可以扣押（§152）。本案之中，搜索命案的證物，卻意外發現行賄的文件證據，將該文件扣押就是另案扣押。

附帶扣押與另案扣押，無異於「無令狀扣押」，亦即性質上均屬於事前未經法官令狀審查的「急迫性暫時扣押」，而我國刑事訴訟法對於兩者在何種情況或條件下得以行使又完全未做規定，恐怕太過寬鬆。換言之，執法人員在執行合法的搜索扣押時，可能無節制地任意翻動被搜索人的住處或物件，當獲得與本案或另案可疑證物時，再行主張附帶扣押或另案扣押來讓該未經事前許可的強制處分合理化。如果這樣，強制處分的令狀原則將被破壞殆盡，人民權利的保障也將受到嚴重挑戰。

2.一目瞭然法則

由前述可知，附帶扣押與另案扣押必須有其要件來保障被搜索人的權益，而在我國法律未清楚規定要件之前，本文認為，美國聯邦最高法院所創用的「一目瞭然法則」可以補充我國規定的不足。依該法則，警察在合法搜索時，違禁物或證據落入警察目視的範圍內，警察得無令狀扣押該物。不過，施行該法則時，應嚴守兩個前提要件：第一，必須因為合法的搜索、扣押，或其他合法行為，而發現應扣押之證物。第二，必須立即明顯可以認定，所扣押之物為證據。所謂「立即明顯」，即是指「有相當理由」。

3.小結

本案司法警察官乙意外發現甲準備寄給情人的信，信中提到殺害張三的計畫。乙能否將之扣押，依照嚴格的法理解釋，必須分別判斷。如果信件攤開，目視即可得知與犯罪有關，得附帶扣押。如果信件彌封，無法單純目測判斷其證據性質，即不得扣押。如要扣押，必須另外聲請搜索票，否則扣押物沒有證據能力。本題的另案扣押部分，警察應無相當理由可以扣押行賄文件。蓋文件必須經過翻動檢視，才可能知道內容

為何，不可能單純目測即可得知是否為另案行賄的犯罪證據。

＊麵包店凶殺案＊

　　2009年12月6日清晨，麵包店老闆甲，被發現死於辦公室。依據現場重建，甲應該是邀兇手入室，遭兇手從後方開槍射殺，現場並無打鬥跡象。警方於2010年1月9日接獲密報，麵粉商人乙在最近與甲常有嚴重爭執。警方於是對乙展開調查，乙矢口否認與案情有何關係，可是無法提出不在場證明。辦案警官丙因而請乙不要離開所在地，以便調查。警官丙稍後得悉，乙極可能於2月11日至同月13日之間出境。試問：

（一）丙可否直接先將乙逮捕，並向檢察官聲請對乙住居所搜索扣押，以確定乙行蹤並發現行兇槍枝？法官是否該核發搜索票？

➲解析

　　搜索必須由法官決定，故偵查中檢察官認有搜索之必要者，除有急迫情形外（指§131Ⅱ的急迫搜索情形），應以書面記載前條第2項各款之事項，並敘述理由，聲請該管法院核發搜索票。司法警察官因調查犯罪嫌疑人犯罪情形及蒐集證據，認有搜索之必要時，亦得依前項規定，報請檢察官許可後，向該管法院聲請核發搜索票。

　　本案警官丙向檢察官提出聲請對乙的住居所搜索扣押，以確定行蹤並期發現行兇槍枝時，應報請檢察官許可後，向該管法院聲請核發搜索票，檢察官不可以直接核發搜索票。法院於審核是否准許搜索時應注意：是否有具體的事實足認有犯罪嫌疑存在，搜索的事由與犯罪嫌疑間有足夠的關聯性，並於告知搜索義務的履行後，得核發搜索票；設若丙之聲請經法院駁回時，不得聲明不服（§128-1）。

（二）由於乙行蹤成謎，不久之後，雙週刊有甲命案的深入報導，許多細節為警方所不知。警方可否向檢察官聲請搜索該週刊編輯室，以便了解命案細節？

⊃解析

　　搜索目的在發現被告或犯罪證據，搜索目標包括被告或第三人的身體、物件、住宅或其他處所。搜索雙週刊的編輯室，涉及「搜索第三人」的問題。依刑訴法的規定，對於第三人的搜索，由於可能牽連甚廣，所以發動的要件比起搜索嫌犯、被告更為嚴格。對第三人的搜索，必須「有相當理由」（§122Ⅱ）。相當理由是指，令人相信的程度高過「合理的懷疑」。

　　搜索媒體，屬於「搜索第三人」的問題，其要件應該嚴格，尤其要特別注意「拒絕證言權」與比例原則。享有拒絕證言權的人所持有之物，不應該扣押（參照德刑訴§§53Ⅰ⑤、97）。由於保障新聞媒體的自由，也是保障國民知的權利。對於媒體取材來源物件的搜索，應限於扣押該物件以作為證據使用的利益，顯然大於媒體的自由與國民知的利益。由於本案媒體所掌握的資訊與命案有關，而非輕微的刑事案件，破獲命案的訴訟利益應該大於一般的媒體自由的利益，所以對於電視台編輯室所可能持有的物件，得搜索扣押之。

參、通訊監察

　　我國於1999年通過「通訊保障及監察法（通保法）」，該法除了涉及犯罪偵查以外，也涉及國家安全情報的蒐集。2014年，通保法有較大幅度的修正，最後一次修法則是2018年5月。

　　通訊監察對於人民的通訊自由、隱私等侵害極大，故立法者在通保法§2規定，通訊監察的運用，限於「確保國家安全、維持社會秩序所必要」，且「不得逾越所欲達成目的之必要限度，且應以侵害最少之適當方法為之」。此外，應遵行最後手段性原則（不能或難以其他方法蒐集或調查證據；通保§5）、合理性原則、最小侵害原則、令狀原則、期間限制原則（通保§12）以及事後通知原則（通保§15）。

一、通訊監察的要件

　　通保法所保障的客體，包含：（1）通訊（通保§3），即「利用電信設備發送、儲存、傳輸或接收符號、文字、影像、聲音或其他信息之有線及無線電信。二、郵件及書信。三、言論及談話。」不過，必須是這些通訊內容，「有事實足認受監察人對其通訊內容有隱私或秘密之合理期待者」。（2）通信紀錄、通訊使用者資料（通保§3-1），即「電信使用人使用電信服務後，電信系統所產生之發送方、接收方之電信號碼、通信時間、使用長度、位址、服務型態、信箱或位置資訊等紀錄」，以及「電信使用者姓名或名稱、身分證明文件字號、地址、電信號碼及申請各項電信服務所填列之資料」。

　　在通訊監察上，可以區分為通訊內容監察，以及通訊紀錄及使用者資料調取。通訊內容監察，又可分為犯罪通訊內容監察（通保§§5、6）及國安通訊內容監察（通保§7）；國安通訊內容監察，係為了避免國家安全遭受危害，運用於有必要蒐集外國勢力或境外敵對勢力情報的情形，與刑事訴訟無干係，故本書不加介紹。

（一）通訊內容監察

為保障人民秘密通訊自由及隱私權（參照釋字第631號），通訊監察的執行，原則上必須依令狀而為，即通訊監察書，以落實法官保留原則；例外有急迫情形，方得進行無令狀的緊急通訊監察，但必須依法於事後補正程序，陳報法院補發通訊監察書。

具體言，依通保法§5規定，通訊監察書的核發，於偵查中，由檢察官依司法警察機關聲請或職權，以書面聲請該管法院決定；於審判中，則由法官依職權核發。必須說明的是，通訊監察書核發的前提是，有事實足認被告或犯罪嫌疑人犯通保法§5Ⅰ所列的各款罪名，並危害國家安全、經濟秩序或社會秩序的情節重大，有相當理由可信其通訊內容與本案有關，且不能或難以其他方法蒐集或調查證據。

至於緊急通訊監察，規定在通保法§6，也就是：當有事實足認被告或犯罪嫌疑人有犯通保法§6Ⅰ所列之罪，為防止他人生命、身體或財產的急迫危險者，或有事實足信有其他通訊作為通保法§5Ⅰ犯罪連絡而情形急迫者，得依法先執行通訊監察，再於二十四小時之內向法院聲請補發通訊監察書。

（二）通訊紀錄及使用者資料調取

關於通訊紀錄及使用者資料的調取，於審判中由法官行之，當然沒有疑問；至於偵查中，則視偵辦犯罪的類型而有所不同（通保§11-1）。

偵查中，當檢警偵辦「最輕本刑十年以上有期徒刑之罪、強盜、搶奪、詐欺、恐嚇、擄人勒贖，及違反人口販運防制法、槍砲彈藥刀械管制條例、懲治走私條例、毒品危害防制條例、組織犯罪防制條例等罪」時，若有需要，檢察官得依職權，或司法警察官向檢察官聲請同意後，調取通信紀錄。

反之，當檢警偵辦「最重本刑三年以上有期徒刑之罪」，有事實足認通信紀錄及通信使用者資料，於本案的偵查有必要性及關連性時，原則上

應向法院聲請核發令狀，即調取書；若有急迫情形，方才例外不經聲請，先行調取通訊紀錄及通訊使用者資料，但亦必須事後補正程序。

二、違法通訊監察的證據能力

通保法§18-1，對於違法通訊監察所得到的通訊內容，究竟有無證據能力，設有規範。以此觀察，概念上可以區分為狹義者、廣義者。狹義的違法通訊監察，即通訊監察的發動，違反通保法規定；廣義的違法通訊監察，則是立在合法的通訊監察之上，但通訊監察內容不合乎監察目的，或涉及其他案件。

狹義的違法通訊監察，係違反通保法§§5、6規定所發動的通訊監察，此當然無證據能力。依通保法§18-1Ⅲ規定，此種違法通訊監察「所取得之內容或所衍生之證據，於司法偵查、審判或其他程序中，均不得採為證據或其他用途」，且應依通保法§17Ⅱ將之銷燬。

合法的通訊監察執行過程中，可能獲得另案的通訊內容（另案監聽；越案監聽），依通保法§18-1Ⅰ規定，原則沒有證據能力，但「發現後七日內補行陳報法院，並經法院審查認可該案件與實施通訊監察之案件具有關連性或為第五條第一項所列各款之罪者，不在此限。」如果通訊監察所獲得的通訊內容，非本案，亦非他案，而是與通訊監察目的無關者，或因而衍生的證據與通訊監察目的無關，依通保法§18-1Ⅱ規定，「不得作為司法偵查、審判、其他程序之證據或其他用途」，且應依通保法§17Ⅱ將之銷毀。

除了通保法§18-1的規範以外，具有討論價值的，應該是「得一方同意之監聽」的狀況。對此，最高法院的早先判決曾謂：「司法警察機關縱徵得通訊之一方事先同意而監察他人通訊，其所取得之證據有無證據能力，仍應依刑事訴訟法第一百五十八條之四規定，審酌人權保障及公共利益之均衡維護，以為判斷。否則，豈不發生得以迂迴方式徵得通訊之一方之同意，即可規避應由檢察官、法官核發通訊監察書之不當結果。」（最

高法院93台上2949判決）從該判決來看，最高法院似乎否定「得一方同意的監聽」為合法的偵查方法。

不過，近期實務見解卻有不同看法。最高法院的晚近判決表示，「電話通訊談話人對受話人而言，『並無隱私期待』，警員係獲得受話人同意始實施電話錄音，此與員警在雙方談話人不知情狀況下截聽或截錄電話談話內容的情形有別，不得逕認係非法取得證據。」（最高法院97台上2743判決）由此觀之，似是認為「得一方同意的監聽」非祕密，而得作為證據。

在學說上，雖也曾認為，雙方秘密通訊應屬憲法隱私權所保障，非當事人一方所能代為同意，從而通訊他方的隱私期待、當事人間瞬間性的對話也應受到保護。但是，若受話者事後轉述給執法人員，對談話人來說，似乎已「無合理隱私期待」可言，因此如認「事後」轉述給執法人員未侵犯談話人隱私權，則可反推「事先」得一方同意的監聽，應非違法監聽。

由於通訊談話的他方所為的秘密錄音，常是一種自衛手段。故當嫌犯已將訊息通知相對人，就算嫌犯主觀上期待受話人不得對他人揭露，但這種期待並不符合社會通念，欠缺「合理隱私期待」，自非通保法規範的範圍。

肆、警察的盤查

警察維護社會治安的工作包含事前的危害預防以及事後的犯罪偵查，前者未直接涉及人民基本權利，所以並無特別以法律約束的必要；後者則是刑事訴訟法中所規範的逮捕、搜索以及扣押等。惟，在此二者之間有一灰色地帶，即是警察的盤查行為。警察的盤查行為不只是介於事前的危害預防以及事後的犯罪偵查之間，更是介於行政法（警察法）的行政行為與刑事訴訟法的強制處分之間。

警察的盤查行為分有攔阻（命相對人停止向前行動）、盤詰（詢問相對人的身分及相關事項）、檢視檢查（檢查相對人的身體、座車以及其持有物品）、路檢（路邊檢查）、臨檢（臨場檢查）以及集體盤查（檢查特定

區域內的人）等，這些行為在實務上都很常見，其雖然行政權的運作，但是皆有涉及刑事程序，且亦有強制處分的色彩，影響人民行動自由、財產權以及隱私權皆甚鉅。

此些可能侵害人民基本權利的警察行為皆應受法律保留所約束，但是在我國一直並無具體的授權規定，所以大法官作成大法官釋字第535號指出：「警察勤務條例規定警察機關執行勤務之編組及分工，並對執行勤務得採取的方式加以列舉，已非單純的組織法，實兼有行為法的性質。依該條例第十一條第三款，臨檢自屬警察執行勤務方式之一種。臨檢實施的手段：檢查、路檢、取締或盤查等不問其名稱為何，均屬對人或物的查驗、干預，影響人民行動自由、財產權及隱私權等甚鉅，應恪遵法治國家警察執勤的原則。實施臨檢的要件、程序及對違法臨檢行為的救濟，均應有法律的明確規範，方符憲法保障人民自由權利的意旨。」

上開條例有關臨檢的規定，並無授權警察人員得不顧時間、地點及對象任意臨檢、取締或隨機檢查、盤查的立法本意。除法律另有規定外，警察人員執行場所的臨檢勤務，應限於已發生危害或依客觀、合理判斷易生危害的處所、交通工具或公共場所為之，其中處所為私人居住的空間者，並應受住宅相同的保障。

對人實施之臨檢則須以有「相當理由」足認其行為已構成或即將發生危害者為限，且均應遵守比例原則，不得逾越必要程度。臨檢進行前應對在場者告以實施的事由，並出示證件表明其為執行人員的身分。臨檢應於現場實施，非經受臨檢人同意或無從確定其身分或現場為的對該受臨檢人將有不利影響或妨礙交通、安寧者，不得要求其同行至警察局、所進行盤查。其因發現違法事實，應依法定程序處理者外，身分一經查明，即應任其離去，不得稽延。

第八節　特殊強制處分

　　科技日新月異，犯罪者利用科技犯罪，檢警也運用科技從事偵查活動。傳統的偵查方式多以人力進行，如檢警對犯罪嫌疑人或被告進行人力的跟監或通訊監察等，此不僅消耗人力物力，偵查效率也十分有限。然而，檢警貿然採用科技偵查，卻未必於法有據，因以一般偵查作為法源的依據（§228），顯然不符合法治國原則，有國家濫用科技的疑慮。畢竟，科技偵查的秘密性高，被調查者不易察覺，且恐進行長時間、大規模的監控，涉及人權干預的層面更大，個人的行動自由、隱私及資料自決權等都會出現問題。

　　基此，2024年7月的修法顯示我國對於科技偵查的重視，將科技偵查視為一種特殊強制處分，並增設第十一章之一章節明訂其相關要件、程序及救濟。本次增修特殊強制處分的情形：（1）使用全球衛星定位系統或其他非以辨識個人生物特徵之科技方法追蹤位置；（2）使用M化偵查網路系統調查行動通訊設備之位置、設備號碼或使用之卡片號碼；（3）從具隱私或秘密合理期待之空間外，使用非實體侵入性之科技方法，對空間內之人或物監看及攝影錄像。這些特殊強制處分應遵循的程序，均有明文規範，使犯罪調查的手段隨科技發展而日益精進，並兼顧人權保障。以下針對這三種科技手段類型分別說明。

壹、定位追蹤系統之偵查

　　修法前，偵查機關曾使用GPS來對被告進行追蹤，但被最高法院106台上3788判決認為侵害憲法§22隱私權，且無法律任何法源依據，被判定違法。面對此情境，立法者認為，有立法明文規定的必要，乃將GPS科技偵查措施明文規範於§153-1。以下分述本條適用情形：

一、為調查犯罪情形或蒐集證據之必要

「為調查犯罪情形或蒐集證據認有必要時，得使用全球衛星定位系統或其他非以辨識個人生物特徵之科技方法對被告或犯罪嫌疑人追蹤位置。」（§153-1 I）使用該手段必須是出於調查犯罪情形或蒐集證據目的，才能對被告或者犯罪嫌疑人來進行追蹤定位。又為了符合比例原則之考量，也必須要有其「必要」的情形才能發動。不過，立法者並沒有詳細說明「必要」的意涵，宜理解為若透過人力跟監，就能達成對被告或犯罪嫌疑人的調查，則不需要發動此追蹤定位系統。此種技術應限縮於對於被告或犯罪嫌疑人追蹤有困難情形，或其正進行追捕後的逃匿且無其他有效方式等，才能使用。此外，必要性應為偵查機關對於被告或犯罪嫌疑人已經有一定的事實或已有犯罪跡象作為發動門檻，不得僅有偵查機關之臆測就發動此追蹤定位科技。

對於第三人即非屬於被告者，亦能對其發動追蹤定位科技（§153-1 II），但發動要件較為嚴格。換言之，必須有「相當理由」可信與被告、犯罪嫌疑人、證人或應扣押之物或電磁紀錄有所關連時才能對第三人來發動追蹤定位科技。

二、GPS或非個人生物特徵辨識科技手段為限

依§153-1規定，允許全球衛星定位系統（GPS）或其他非以辨識個人生物特徵之科技方法，例如車牌辨識系統，對被告或犯罪嫌疑人進行位置追蹤。但應注意的是，行動通訊設備之位置追蹤，非依據§153-1，而是適用§153-2，因基於層級化規範架構，該手段措施已經於§153-2有詳細規定。

本法不許採用具有個人生物特徵辨識的手段。本書贊同這樣的修法，理由是，透過生物特徵之科技方法（如人臉辨識系統）涉及到的爭議過大，且所影響層面不僅止於當事人，可能會對於第三人人臉資料來進行廣泛分析，甚至於涉及到人工智慧運用於犯罪追訴問題，且更大的問題爭議

是涉及到國家監控問題，故應將此技術加以排除。

三、定位追蹤之條件及時間限制

因追蹤定位系統會知悉受處分人相關位置資訊，如果將長期蒐集的位置資訊加以拼湊，容易窺得受監控者之個人生活軌跡，此時等同國家得以掌控個人隱私。基於避免長期追蹤導致之「圖像效果」，此次修法將實施期間分為短期和長期之限制規範。

對於短期之實施期間，係指檢察官、檢察事務官、司法警察官或司法警察不得逾連續二十四小時或累計逾二日，實施當日不足二十四小時，以一日計。此發動機關沒有過度限制之理由是因為短期的監視對於基本權的干預較輕微，且也不容易拼湊個人生活軌跡，故限制條件較為寬鬆。

不過，逾連續二十四小時或累計逾二日之長期監控，因干預隱私權程度提高，則需有法官保留。故偵查機關若有再次或繼續實施，則至遲應於再次實施前或期間屆滿前，由檢察官依職權或由司法警察官報請檢察官許可後，以書面記載§153-5 I 各款之事項與實施調查之必要性及其理由向該管法院聲請核發許可書（§153-2Ⅲ）。又依據§153-2Ⅳ若偵查機關已可預期實施期間將逾連續二十四小時或將累計逾二日，當然地得事先得依據§153-2Ⅲ向法院先行聲請核發許可書。

又為了避免過度侵害受監控者基本人權，以符合比例原則。法院對於檢察官所聲請使用之許可期間，每次不得逾三十日。若有繼續實施之必要者，至遲應於期間屆滿之二日前，由檢察官依職權或由司法警察官報請檢察官許可後，以書面記載具體理由向該管法院聲請核發許可書。

貳、M化網路系統之偵查

「M化偵查網路系統」又稱M化車，其外觀如同一般休旅車，惟內建虛擬基地台，並使功率可達範圍內的手機向它註冊，並同時截取手機之設備號碼（InternationalMobileEquipmentIdentity, IMEI，即國際行動設備識別

碼、手機序號）、使用卡片之號碼（International Mobile Subscriber Identity, IMSI，即國際標準識別碼、SIM卡號碼）等資訊，並且進一步取得被告或犯罪嫌疑人所持有手機之位置。修法前，最高法院110台上4549刑事判決認為，偵查機關使用該網路偵查系統會侵害個人隱私及資訊自主權，又無任何法源授權偵查機關得採用M化偵查網路系統作為強制處分的基礎，故認為違法；也因而促成此次修法。

此調查方式，係因個人對隨身行動通訊設備本有較高之隱私期待，且調查行動通訊設備位置，將可精確定位及追蹤受調查人位置，對隱私權的干預程度較高，於調查過程中亦可能蒐集虛擬基地台內其他非受調查人之設備號碼或卡片號碼加以比對，對非受調查人之資訊自主權亦造成一定程度干預，故採更嚴格的程序保障並明文規範於§153-2。以下分述適用之情形：。

一、為調查犯罪情形或蒐集證據

使用M偵查網路系統仍然必須是出於調查犯罪情形或蒐集證據目的，才能使用該科技進行犯罪偵查。另外，就必要性而言，不僅要符合比例原則之要求，在使用前提上，應以受偵查者已有一定事實或已有犯罪跡象，作為發動的最低門檻，不得僅因偵查機關臆測而任意發動。

另外，依照立法理由可以得知，M化偵查網路系統的干預基本權門檻顯然高於GPS科技追蹤門檻，這是因為M化偵查網路系統不僅會蒐集到受偵查者的相關資訊，還會蒐集到許多不相關者之資訊，故所涉及的基本權干預會比GPS科技追蹤來得高。也因此，這裡的必要性要件應當如此理解，即當偵查機關已然對被告或犯罪嫌疑人得採以GPS科技追蹤者，就不應當認為M化偵查網路系統的使用有其必要性。

對第三人發動M化網路偵查系統之要件應當再更為嚴格，僅得在有相當理由可信第三人管領或使用之行動通訊設備之位置、設備號碼或使用之卡片號碼與被告、犯罪嫌疑人、證人或應扣押之物或電磁紀錄有所關連時

才得以發動。

二、僅限於獲取手機、手錶位置和IMEI與IMSI之科技方法

　　使用之科技方法應當僅限於調查手機、手錶位置、IMEI、IMSI。若偵查機關要對於此手機來進行監聽，則不得依據§153-2的規範為之，因為§153-2僅及於蒐集被告或者犯罪嫌疑人及第三人之位置和IMEI與IMSI識別碼，而未規範得以使偵查機關對於對話內容進行監聽，故監聽的授權規範仍然應當依據通訊保障監察法來進行。

三、法官保留及使用時間限制

　　相較於定位偵查系統，M化網路偵查系統所涉及之干預更為強烈，故規範上更為嚴格，必須由檢察官依職權或由司法警察官報請檢察官許可後，以書面記載§153-5I各款之事項與實施調查之必要性及其理由向該管法院聲請核發許可書，於取得許可書之後才能使用該科技來進行偵查。

　　使用M化網路偵查系統也有時間上的限制，即法院在裁定許可使用之期間，每次不得超過三十日。又因為隨著時間的增加，法院在審理使用此科技偵查之合理性就應當越為嚴格，故若有繼續實施之必要者，至遲應於期間屆滿之二日前，由檢察官依職權或由司法警察官報請檢察官許可後，以書面記載具體理由向該管法院聲請核發許可書。

四、資料之使用及刪除

　　由於實施M化網路偵查系統無可避免地會蒐集到非受調查人個人資料，故為保障非受調查人之資訊自主權不受過度干預，除為供比對目的外，否則不得使用，且於調查實施結束後也應即刪除。

　　關於資料使用及刪除必須合乎§153-8的規定。例如，實施§§153-1～153-3、153-6調查所得資料，與本案有關者，除法律另有規定外，應留存該案卷宗，供本案偵查、審判使用，不得作為其他程序之證據或其他用

途。實施§§153-1～153-3，以及§153-6調查所得其他案件資料，不得作為證據。但於實施期間屆滿後三十日內補行陳報法院，並經法院審查認可該案件與本案具有關連性或為最重本刑五年以上之罪者，不在此限。實施§§153-1～153-3、153-6調查所得資料，除符合前二項情形外，應即銷燬或刪除之，不得作為司法偵查、審判、其他程序之證據或其他用途。但已供另案偵辦使用者，不在此限。

參、非實體侵入性科技方法

「非實體侵入性科技方法」係指使用非實體侵入性之科技方法，對具隱私或秘密合理期待之空間內之人或物監看及攝錄影像。由於實體空間內的個人生活隱私可謂人類的最後防護堡壘，也因此若國家可以透過科技設備來進行觀看，等同侵入他人生活核心最為隱私之處，故不但有規範之必要，同時也應當有更為嚴格之適用要件。因此，必須限制「為調查最重本刑五年以上有期徒刑之罪，有相當理由可信被告或犯罪嫌疑人管領或使用具隱私或秘密合理期待之空間內之人或物與本案有關，得從該空間外，使用非實體侵入性之科技方法對該空間內之人或物監看及攝錄影像」（§153-3Ⅰ）。

一、五年以上有期徒刑之罪

僅限於五年以上有期徒刑之重罪，理由是殊難想像僅為了輕微犯罪就發動此一強烈干預基本權之科技手段。例如，被告偷幾張衛生紙的竊盜罪，應不得發動此科技方法來進行調查。

二、犯罪嫌疑人或被告及第三人

必須「相當理由」可信被告或犯罪嫌疑人所犯管領或使用具隱私或秘密合理期待之空間內之人或物為限，而此人或物也必須與本案有所關聯，

並能得從空間外使用非侵入性之科技方法來進行。又此處之相當理由並非僅是臆測，必需要有一定客觀事證作為認定基礎，例如該被告或者犯罪嫌疑人之住所。

對於第三人也得以使用該科技，但是其發動門檻則更高，不得僅有相當理由而已，而是必須有「事實」足認與被告、犯罪嫌疑人、證人或應扣押之物或電磁紀錄有所關連時為限，才得以對第三人管領或使用具隱私或秘密合理期待之空間內之人或物進行此科技調查。

三、對該空間內之人或物監看及攝錄影像之科技方法

該科技方法僅限於從外對目標空間以非實體侵入性之方式進行調查，例如以高倍數攝影機或照相機，透過窗戶拍攝屋內，或透過熱顯像設備探知內部溫度等。至於實質之調查設備或人員進入隱私空間之行為，例如開門入屋拍照、在屋內裝置攝影機等方式，並非屬於許可範圍。

該規範的偵查目標僅限於實體空間，故應排除虛擬空間。此外，實施調查的手段不得以入侵受調查人的資訊系統或設備。例如，偵查機關駭入受調查人家中的數位冰箱，待開啟冰箱門時，偵查機關就可以開啟內建於冰箱的攝錄鏡頭，再透過遠端操作方式對屋內進行錄影，即非法所許可。另應注意的是，該調查方式不包含錄音，故不及於監控空間內的言論與談話，或任何有關的通訊內容，而僅限於實施監看及攝錄影像的調查。

四、使用時間限制以及法官保留

為保障隱私權，使用該科技方法採以法官保留原則。檢察官必須依職權或由司法警察官報請檢察官許可後，以書面記載§153-5 I 各款事項，與實施調查的必要性，以及其理由向該管法院聲請核發許可書。

對於許可之期間也有限制，每次不得逾三十日。有繼續實施之必要者，至遲應於期間屆滿之二日前，由檢察官依職權或由司法警察官報請檢察官許可後，再次以書面記載具體理由向該管法院聲請核發許可書。

五、對軍事處所之秘密

使用§153-3之科技方法對軍事上應秘密之處所進行調查，將有探得軍事機密之可能，故考量維護機密之必要，僅能在得到該管長官之允許才得為之。又該管長官僅得以妨害國家重大利益為理由拒絕，否則不得拒絕執行機關之調查。

肆、情況急迫之科技偵查使用

為因應偵查犯罪之時效性及緊急狀況等急迫情形，如偵辦毒品犯罪有時須立即向上溯源，或被告或犯罪嫌疑人正在湮滅證據等，此時則有必要立即保全相關證據之迫切需要。故對於§§153-1～153-3原屬法官保留部分，為了避免證據資料無法即時取得，§153-6Ⅰ規定檢察官、檢察事務官、司法警察官或司法警察認為有相當理由屬於情況急迫，而認有立即實施之必要者，可逕行實施§§153-1～153-3之科技調查。但是，必須事後立即補正，即應於實施後三日內依§§153-1～153-3規定以書面向法院聲請補發許可書（§153-6Ⅰ）。

此外，於事後補正階段，若檢察官不許可或法院不核准，或逾三日未為許可之決定或補發許可書，應停止實施調查（§153-6Ⅱ）。法院若補發許可書，期間的計算則是以實施之日起算（§153-6Ⅲ）。另外該補正經法院駁回者，不得聲明不服（§153-6Ⅳ）。

伍、許可書之記載及核發

關於§§153-1～153-3許可書是由法院核發，並且應記載下列事項，即：

一、案由及涉犯之法條。此案由即所涉犯法條之記載，則有助於未來審核發動科技偵查之必要性。

二、受調查人或物應當具體且特定。例如受調查人之基本資料或受調

查車輛之車牌號碼。但受調查人不明者，得不予記載。不過，本書認為即便受調查人不明，除應敘明理由也應當具體說明調查誰和調查什麼物品。

三、使用之調查方法及使用該方法調查得取得之標的。此係基於避免機關濫用科技取得證據。

四、前述之調查方法裝設或實施方式。藉此可限制執行機關使用科技之方式。

五、執行機關。

六、實施期間。以符合§§153-1～153-3執行期間之規定。

核發許可書的程序不公開，且法官得於許可書上對執行人員為適當之指示，以因應個案需求。惟此處的「指示」，基於審檢分立原則，並非是允許法院指示偵查機關應如何偵辦犯罪，而是法院對執行機關說明，如何使用§§153-1～153-3規範下之科技手段，或對使用手段限縮等，以免偵查機關過度濫用科技偵查手段。許可書具有限制偵查機關發動§§153-1～153-3科技偵查的範圍，同時也得以作為未來審查後續使用該科技偵查的合法性憑據。

又為了強化監督，於§153-5Ⅳ規定檢察官或核發許可書之法官，得命執行機關提出執行情形之報告。且執行機關應於執行期間內，依檢察官或法官指示作成報告書，並說明執行行為之進行情形，以及有無繼續執行之需要。核發許可書之法官發現有不應繼續執行的情狀時，得撤銷原核發的許可。

陸、受調查人之通知及資料之後續處理

一、通知受調查人

由於§§153-1～153-3科技偵查對個人的隱私侵害巨大，故有必要通知受調查人。又因上述的偵查具有秘密性，如果受調查人未被通知，可能也無法得知自己權利受損，更無法提出救濟，故§153-7規定於實行

§§153-1～153-3之科技偵查結束後，或停止實行後，執行機關應敘明受調查人之姓名、住所或居所、許可書核發機關文號、實際調查期間、有無獲得符合調查目的的資料及其救濟程序，並陳報該管檢察官及法院。

此外，如認為通知受調查者有妨害調查目的之虞、通知顯有困難或不能通知者，也應一併陳報。例如，利用M化車之虛擬基地台實施§153-2之調查，短暫取得非受調查人之手機序號資料，因人數眾多且難以特定身分，且如為特定該等非受調查人之身分以進行通知，反而造成不必要之隱私干預，或有其他不能通知之情形者，亦應准許延後通知或不通知。

法院對於執行機關之陳報，除有具體理由足認通知有妨害調查目的之虞、通知顯有困難或不能通知之情形外，應通知受調查人（§153-7Ⅲ）。如若調查結束或停止實施後，執行機關逾一個月未為陳報，法院應於十四日內主動通知受調查人。但通知顯有困難或不能通知者，法院得不通知受調查人（§153-7Ⅱ）。

不過，對於不通知原因消滅後，執行機關應補行通知。如果原因未消滅者，應於§153-7Ⅰ陳報後每三個月向法院陳報未消滅之情形。逾期未陳報者，法院應於十四日內主動通知受調查人（§153-7Ⅳ）。另外，依§153-1進行短期定位追蹤者，因未經法院核發許可書，故§153-7Ⅴ規定，應由執行機關於調查結束後一個月內通知受調查人。如有不通知或延後通知之情形，亦應每三個月定期檢視原因是否消滅，如果消滅就應立即通知受調查者，進以保障受調查人權益。

二、所蒐集之資料處理

對於依§§153-1～153-3、153-6科技偵查所取得的證據或資料，僅能作為與本案有關之偵查或審理之證據資料，而得以留存於本案卷宗，而不得作為其他程序如民事程序或行政程序之證據或其他用途，且即使同一被告而非屬於本案事實者也不得使用（§153-8Ⅰ）。

另外，依§153-8Ⅱ規定，原則上，對於調查過程所取得的其他案件

資料並不得作為證據；然有其例外，即實施期間屆滿後三十日內補行陳報法院，並經法院審查認可該案件與本案具有關連性或為最重本刑五年以上之罪者，則例外得作為證據使用。又此陳報受駁回者，不得聲明不服（§153-8Ⅳ）。

若不合乎§153-8Ⅰ、Ⅱ得使用之資料者，應即銷燬或刪除之，並且不得作為司法偵查、審判、其他程序之證據或其他用途。但已供已立案偵辦調查，則例外允許。

柒、刑事裁判之執行之準用

使用科技方法防止人犯逃匿、搜尋應執行之人或物等需求，不僅只有偵查時需要，審判時也有其必要。例如，被告不到庭而故意逃匿的情形，此時在審判程序上亦得授權法院得裁定使用科技方法來對他人或物進行搜尋。不過，科技設備的監控如對停止羈押程序之電子監控，則必須依§116-2Ⅰ規定執行，而無此科技偵查之適用（§153-9）。

捌、救濟

救濟程序是不僅有確保受調查人及被告或犯罪嫌疑人權利之機能，同時也可以督促執行機關的執行過程之合法性。§153-10Ⅰ規定受調查人及被告或犯罪嫌疑人之辯護人，對於法官、檢察官依本章所為之裁定或處分，得自通知送達後十日內，向該管法院提起抗告或聲請撤銷或變更之。另關於抗告程序則是準用§§409～414、417、418Ⅱ之規定，且此抗告不得聲明不服。又法院不得以已執行終結而無實益為由駁回抗告（§153-10）。

玖、違法取得證據之處理

　　面對特殊強制處分新制，也可能發生執行機關沒有符合§§153-1～153-3等規定而違法取得證據的情形，此時應當如何認定其證據能力？又如果對於此違法取得之證據，事後又進一步合法地向法院聲請搜索票並進行搜索，此後續所扣押之物是否具有證據能力？此有探究之必要。

　　首先，對於違反§§153-1～153-3科技偵查之規定所取得之證據，此次修法並沒有明文解決，依照過往實務慣例，在沒有法律明文規範證據之絕對排除時，法院會依§158-4進行權衡。然而，未來應有必要修法明文規定，違背科技偵查所取得的證據應絕對排除其證據能力。理由是，科技偵查所涉及的基本人權深且廣，甚至於會涉及到非相關人之資料。此種國家高權行為造成的權利侵害，並不亞於監聽造成的侵害，既然違法監聽依通訊保障監察法§18-1Ⅲ排除證據能力，侵害基本人權更深、更廣的科技偵查，亦應受到限制。何況，若沒有絕對排除法則的適用，則無法有效防止執行機關濫權。是故，本書認為未來有必要修法增訂證據排除的規定。

　　其次，依科技偵查而違法取得的證據，後續又經合法程序取得證據（如合法搜索與扣押），該後取得證據的證據能力判斷，非無爭議。最高法院112台上2060刑事判決認為，「然以目前科技日新月異，犯罪者利用現代科技工具實施犯罪，其犯罪軌跡稍縱即逝；警方出動「M化車」，使警方提前鎖定搜索目標，係加速偵查速度之偵查方法之一。故倘若警方使用「M化車」進行蒐證，除取得手機識別碼及位置資料等直接證據外，並另有將其他偵查方法所得資訊（如依法調取通聯紀錄、使用者資料、基地台位址，以及依定位地址前往現場埋伏、觀察所得犯罪相關情狀及有關車輛資訊與車主前案紀錄），向法院聲請搜索核准後所取得之證據，因核發搜索票係適用自由證明程序，不適用直接審理原則，蓋聲請搜索票所提出資以證明搜索合乎門檻的證據，本不需有證據能力，且警方因經檢察官指揮、聲請法院核發搜索票，據此而搜索查扣取得之相關證據，就證據使用禁止之放射效力而言，與「M化車」之連結已相對薄弱，是應認警方其後

經合法搜索所獲得之證據，均具有證據能力。」可見法院認為，原本科技偵查違法部分之放射性已然薄弱，不至於影響後續搜索所扣押之證據能力。

　　然而，最高法院的過往看法值得商榷。理由是，現已對§§153-1～153-3科技偵查種類進行明文規範，如果仍然採以實務見解，認為合法取得搜索票後就會治癒前述違法科技偵查行為，則難以避免日後執行機關故意規避原有規範，即先行透過§§153-1～153-3等科技手法取得相關資料後，再向法院聲請搜索票，如此一來等同規避本次修法的美意，進而引發對於基本權利侵害的可能。本書認為，應當排除其證據能力，較為妥適。

第九節　強制處分的文書

　　本章所述強制處分可能使用的文書，包括有傳票、拘票、押票、搜索票、通訊監察書、鑑定處分許可書等，這些文書在偵查階段及審判階段都有可能使用。

　　為了使強制處分的實施更能遵守正當的法律程序，本法多數強制處分皆採法官保留原則（令狀原則），亦即，非經法院許可所發出的令狀，檢察官或司法警察官員等人，不得對人民實施強制處分。以下說明強制處分程序中所可能使用的相關文書。

壹、傳　票

　　檢察官於偵查中傳喚被告、告訴人、證人、鑑定人時，原則上應制作傳票依法送達，傳票應由檢察官及書記官簽名。由於檢察官在偵查中所傳喚的對象包括被告、告訴人、證人及鑑定人，所使用的傳票則大致分為二種：一為刑事傳票：即「臺灣○○地方法院檢察署刑事傳票」，適用於傳喚被告及告訴人；二為刑事證人傳票：即「臺灣○○地方法院檢察署刑事

證人傳票」，適用於傳喚證人或鑑定人。另外，在「他案」的案件，則以「通知」傳喚。偵辦案件分為二種，如檢察官偵查結果認為被告的犯罪事實均明確時以偵案處理；但在被告及所告犯罪事實不十分明確時，使用通知書，通知犯罪嫌疑人到場，接受詢問。以下說明刑事傳票、刑事證人傳票及通知書使用的情形：

一、刑事傳票

說明如下：

1. 案號案由：表示本件案件的類型及其在檢察署的編號。如民國80年度偵字第003號竊盜案件，表示本件案件是有關於竊盜的案件，而「80年度偵字的003號」則指本件案件於民國80年為檢察署受理偵辦，並經編為偵案第003號；其中「偵字」，如係填載「少年偵字」，則表示本件案件另有未滿十八歲的少年牽涉在內（該部分則另由少年法庭處理中）；如係「少偵字」，則表示本件案件被告為未滿十八歲的少年，經少年法庭裁定移送由檢察署檢察官偵辦者而言。

2. 被傳人姓名、性別、出生年月日、籍貫（出生地）、地址等，通常在被傳人姓名欄內會註明該人在本案件中的地位，即「被告」或「告訴人」。

3. 應到日期：記載被傳人應予報到的時間。

4. 應到處所：記載被傳人應予報到的地點，通常為各檢察署的法警室，再經法警指引至偵查庭受訊。

5. 下次應到日期：檢察官於訊問後，當庭表示下次應到的時間，經書記官或法警當庭記載，此時即發生傳喚的效力，而不需再另以傳票通知。

6. 注意事項：一般記載下列各項：

　（1）被告無正當理由不到場者得命拘提，以促被告如期報到。

　（2）此票不收取任何費用。以避免他人藉故斂財，保障當事人權益。

　（3）被傳人報到時應帶的文件，通常為國民身分證及本傳票，用以確

　　定被傳人的身分。

（4）遞送書狀應記案號及股別，如被傳人另以書狀向檢察官表達意見，應於書狀上記明案號，俾能迅送交承辦檢察官處理；其中案號，即指案由欄內的編號，如80年度偵字第003號。

（5）當事人如有證物提供調查，請攜帶到庭；如為書證，併請備妥影本一份到庭；如有證人請求調查，請偕同到庭或查明姓名住址，以利傳訊。

（6）訴訟案件應靜候檢察署公平處理，勿聽信不法分子招搖撞騙。如果遭到行騙，傳票上亦提供服務電話。

（7）鼓勵人民使用大眾運輸系統。

7. 傳票制作的日期。

8. 本傳票應經檢察官及書記官蓋章或簽名，否則無效。另外，司法警察則表示送達本傳票的司法警察而言。且於傳票最後標有「財團法人法律扶助基金會」的電話，使得經濟狀況不佳且有申請法律扶助的需要者有其詢問的途徑。

　　茲附刑事被告傳票於後：

臺灣○○地方檢察署刑事傳票								
被 傳 人	地　　址			籍　　貫 (出生地)				
	姓　　名		先生 女士	性　　別				
				出　　生 年　月　日				
案　　號								
案　　由								
應到日期								
應　　到 處　　所	○○市○○區○○路○○號 由本署法警室指引至第　　　偵查室／訊問室							
下次應 到日期	年	月	日	午		時	分	
	年	月	日	午		時	分	
備 註	請務必到庭。 本案聯絡人電話：　　　　分機：							
注 意 事 項	一、被告無正當理由不到場者，得命拘提。 二、此傳票不收取任何費用。 三、被傳人應攜帶此票及國民身分證向法警室報到。 四、遞送書狀應記名案號及股別。 五、當事人如有證物提供調查，請攜帶到庭；如為書證，併 　　請備妥影本一份到庭；如有證人請求調查，請偕同到庭 　　或查明姓名、住址，以利傳訊。 六、訴訟案件應靜候檢察署公平處理，不要聽信不法份子招 　　搖撞騙。 七、如遭行騙，請即電話（○○）○○○○○○政風室檢 　　舉。 八、訴訟有不明瞭之處，可向本署「為民服務中心」詢問。 九、停車不便，請搭大眾運輸系統。					附 記		本件被傳人係
書記官　　　　　　　　　檢察官								
中　華　民　國　　　　　年　　　　　月　　　　　日								

（本傳票無本署檢察官及書記官簽名或蓋章者無效）

經濟狀況不佳而有申請法律扶助之需要者，可向『財團法人法律扶助基金會』洽詢，
電話：（○○）○○○○○○○○。

二、刑事證人傳票

說明如下：

1. 案由：與前述刑事被告傳票相同。

2. 證人姓名、性別、籍貫（出生地）以及地址的記載。

3. 應到日期：與前述刑事被告傳票相同。

4. 應到處所：與前述刑事被告傳票相同。

5. 待證事由：指證人在本件案件中所要證明的事項，但有時候為了避免證人與被告串證，僅簡單記載所要證明的事項。

6. 注意事項：一般包括下列幾點：

（1）被傳人應攜帶國民身分證及本傳票準時向指定處所報到。

（2）此傳票不收取任何費用。

（3）證人經合法傳喚，無正當理由而不到場者，檢察官得聲請法院裁定科以新台幣三萬以下的罰鍰，並得拘提，再傳不到者亦同。

（4）如向本署遞送書狀應記名案號、案由及股別。

（5）證人於受訊完畢後，得請求規定的日費及旅費，由書記官當場發予日費及旅費申請書，持向本署出納室領款，但被拘提或無正當理由拒絕具結或證言者，不在此限。

（6）被傳證人如有疑問，證人傳票上會提供洽詢電話。

（7）本傳票應經檢察官及書記官的蓋章或簽名，否則無效。

（8）傳票制作的日期。

茲附刑事證人傳票於後：

臺灣○○地方檢察署刑事證人傳票

被傳人	地址		籍貫(出生地)	
			性別	
	姓名	先生 女士	出生年月日	
案	案號 案由			
應到	日期			
應到	處所			
待證	事由			
備	註			

注意事項	一、被傳人應攜帶國民身分證及本傳票準時向指定處所報到。 二、此傳票不收取任何費用。 三、證人經合法傳喚，無正當理由而不到場者，檢察官得聲請法院裁定科以新台幣3萬元以下之罰鍰，並得拘提、再傳不到者亦同。 四、如向本署遞送書狀應記明案號、案由及股別。 五、證人於受訊問完畢後，得請求規定之日費及旅費，由書記官當場發予日費及旅費申請者，持向本署出納室領款，但被拘提或無正當理由拒絕具結或證言者，不在此限。 六、如有疑問，請向本署為民服務中心洽詢。電話：（○○）○○○-○○○

三、通知書

通知書原則上是司法警察（官）所發（§71-1），但實務上在身分及事實不明確的情況下，為偵查案件檢察官亦有以通知書通知關係人或他案之關係人到案說明。對此說明如下：

1.記載本通知制作的日期及股別。

2.受通知人：記載被傳人的姓名、地址。

3.主旨：記載本通知的目的。另外，記載本通知發出的依據應注意事項，前者如係因某某事件而須與台端會談，或請台端前來說明；後者如台端應帶本通知向法警室聯繫等語。

4.應到日期與應到處所。

5.本通知應經檢察官蓋章或簽名，否則無效。

茲附通知書格式於下：

	臺灣○○地方檢察署通知
地　址	
姓　名	先生 女士
案　號 案　由	股　　　年度　字第　　　　號　　　　　案件
應　到 日　期	中華民國　　　年　　　月　　　日
應　到 處　所	市　　　區　　　路　　　號 由本署法警室指引至第　　　　偵查庭／訊問室
主 旨	一、本署因上開案件，認有請　台端來署說明之必要。 二、請攜帶本通知及身分證準時向本署法警室聯繫，以便引導洽談。
	書記官　　　　　　　　檢察官
中　華　民　國　　　　年　　　　月　　　　日	

貳、拘　票

被告或證人經合法傳喚，無正當理由不到場者，法院得予以拘提。但對於鑑定人則不得拘提。若犯罪嫌疑人受司法警察機關主管長官的合法通知，無正當理由不到場者，亦得報請檢察官核發拘票拘提。

拘提應使用拘票，交由司法警察或司法警察官執行，拘票應由檢察官簽名，並應備三聯，其第一聯應繳回原簽發機關，第二聯交付被拘人，第三聯則交付被拘人指定之親友或家屬，其於收領時應載明與被拘人的關係及國民身分證統一編號，並由收領人簽名蓋章或按捺指印。

又拘票得同時制作數份，分別交由司法警察或司法警察官各別執行。執行拘提時，應注意被拘人的身體及名譽，如無必要，不可任意使用手鐐，但如被告抗拒拘提或脫逃者，得用強制力拘提，但是仍不得逾越一定的限度。

說明如下：

1. 案由：註明本件被告所涉及之案件事由及編號。
2. 記載被拘人的姓名、性別、出生年月日、籍貫（出生地）、住居所以及國民身分證統一號碼。應注意是否與實際相符。
3. 拘提之理由，如經合法傳喚無正當理由不到庭，或有§76所定情形之一者。
4. 拘提期限：拘票得限制執行期間，通常以一星期至十日為宜，不可過長，以免發生流弊。
5. 應解送處所：指地方法院檢察署。
6. 備註欄可註明被告之職業。
7. 檢察官簽發拘票的日期，拘票應經檢察官之簽名或蓋章，否則無效。
8. 執行拘提處所：指司法警察實際執行拘提的所在。
9. 執行拘提時間：指司法警察執行拘提的時間。
10.註明被拘人的地位，如被告、證人、自訴人字樣。

茲附拘票格式於後：

臺灣○○地方檢察署檢察官拘票						○股
案　號　案　由						
被　拘　人　姓　名	性別	出生年月日		籍　　貫 （出生地）	國民身分證統一編號 護照號碼	
		年　月　日				
住　　居　　所						
拘　提　理　由						
應　解　送　處　所						
拘　提　期　限	限於　　年　　月　　日以前拘提到案					
備　　註	稱　　謂：○○					
中華民國　　　　年　　　　月　　　　日 　　　　　　檢察官						
執 行 拘 提 處 所						
執行 拘提 時日	實 施 拘 提 時 日					
	解 到 時 日					

本拘票第二聯交付被拘人本人　　　　　　　　收領人　　　　　（蓋章）

　第三聯交付被拘人之　　　　　　　　　　收領人　　　　　（蓋章）

　　　　　　　　　檢察事務官　　　　　（簽名）　　月　　　日

　　　　　　　　　司法警察　　　　　　（簽名）

1.執行拘提時應注意被拘人之身體及名譽。 2.被拘人抗拒時得強制拘提，但不得逾必要程度。 3.執行拘提得搜索被拘人身體、隨身攜帶之物件、所使用之交通工具及其立即可觸及之處所。 4.被拘提至應解送處所應即時訊問。 5.執行拘提時以第二聯交付被拘人。	6.第三聯交付被拘人指定之親友或家屬，收領時應載明與被拘人之關係及國民身分證統一編號，併由收領人簽名、蓋章或按指紋。 7.備註欄內，應註明被拘人係被告、證人或受刑人。 8.被拘人為現役軍人者，其拘提應以拘票知照該管長官協助執行。

參、限制出境（海）通知書

　　為了明確規範限制出境（出海）法制，維護人民居住及遷徙自由的權利。依§93-2Ⅱ限制出境（出海），應以書面記載下列事項：一、被告之姓名、性別、出生年月日、住所或居所、身分證明文件編號或其他足資辨別之特徵。二、案由及觸犯之法條。三、限制出境、出海之理由及期間。四、執行機關。五、不服限制出境、出海處分之救濟方法。且為保障被告得適時提起救濟之權利，並兼顧檢察官偵查犯罪之實際需要，依照§93-2Ⅲ法官或檢察官得於限制出境、出海後，至遲應於六個月內通知。

　　茲附限制出境（海）通知書如後：

股別：

臺灣○○地方法院限制出境（海）通知書						
被　　告姓　　名		性別		出生年月　日	民國　　年　　月　　日生	
身份證明文件編號		其 他 足 資辨 別 之 特 徵				
住 所 或居　　所						
案 號、案由及觸犯 法 條	案　　號				案由	
	觸犯之法條					
限 制 種 類及 限 制理　　由	1.□限制出境 　□限制出海 2.限制理由： 　　　　（適用刑事訴訟法第 93 條之 2） 　□無一定之住、居所 　□有相當理由足認有逃亡之虞 　□有相當理由足認有煙滅、偽、變造證據或勾串共犯或證人之虞 　-- 　-- 　　　　（適用刑事訴訟法第 93 條之 6） 　□逃亡或有事實足認逃亡之虞 　□有事實足認為有湮滅、偽造、變造證據或勾串共犯或證人之虞 　□所犯為死刑、無期徒刑或最輕本刑為五年以上有期徒刑之罪，有 　　相當理由認為有逃亡、湮滅、偽造、變造證據或勾串共犯或證人 　　之虞 　□犯刑事訴訟法第 101 條之 1 第 1 項各款之罪，嫌疑重大，有事實 　　足認為有反覆實施同一犯罪之虞					
限 制 期 間	年　　　　月　　　　日至　　　年　　　　月　　　　日					
執　　行機　　關	□內政部移民署 □海洋委員會海巡署偵防分署					
不服限制之 救 濟方　　式	□得於五日內以書狀敘述理由，向法院提起抗告。 □得於五日內以書狀敘述理由，向法院聲請撤銷或變更					
其他記載						
上列被告，執行機關應限制其出境（海）。						
中　華　民　國　　　　　　　年　　　　　　月　　　　　　日						

肆、押　票

　　羈押應用押票，載明被告之姓名、性別、年齡、籍貫、住居所、案由、羈押之理由及應羈押之處所等事項，並由法官簽名，交由法警將被告解送指定之看守所。執行羈押，應注意被告之身體及名譽，並得許辯護人接見在押的被告及互通書信。

　　說明如下：

1. 押票應備五聯，執行羈押時，第一聯送檢察官，第二聯交被告，第三聯送辯護人，第四聯送被告指定之親友，第五聯送看守所。現行押票雖區別審判中及偵查中，惟其內容格式均相同。

2. 案由：記載被告所牽涉的案件。

3. 記載被告姓名、性別、年齡、籍貫、住居所及特徵，應注意是否與被告身分相符。

4. 羈押理由及所犯法條：包括下列各項：

　　（1）被告經法官訊問後，認為犯罪嫌疑重大，而有下列情形之一，非予羈押，顯難進行追訴、審判或執行者，得羈押之：

　　A.逃亡或有事實足認為有逃亡之虞者。

　　B.有事實足認為有湮滅、偽造、變造證據或勾串共犯或證人之虞者。

　　C.所犯為死刑、無期徒刑或最輕本刑為五年以上有期徒刑之罪（§101 I）。

　　（2）預防性羈押（§101-1）：被告經法官訊問後，認為犯§101-1 I各款之罪，犯罪嫌疑重大，有事實足認為有反覆實施同一犯罪之虞，而有羈押之必要者。

　　（3）犯罪嫌疑人或被告所觸犯之法條，亦應記載明確。

　　　通常法官於項目上打「✓」以表示本件被告因何種原因受羈押。又羈押被告如以有湮滅、偽造、變造證據或勾串共犯或證人之虞為理由者，通常於押票下註明「禁止接見通訊」，俾看守所知悉，予以防止。

5. 羈押理由所依據之事實：對於羈押理由所依據的事實，應記載明確，俾

犯罪嫌疑人或被告等知悉其所犯之事實為何。

6. 羈押處所：指各地方法院看守所。

7. 羈押期間及起算日：本項記載攸關期間之長短及計算，故應記載明確，以免造成期間已過而仍在押之違法情事。

8. 不服羈押處分之救濟方法：應告知被處分人不服時，得向法院提出抗告或聲請撤銷或變更之救濟方法。

9. 由被告按捺指印，以防止他人冒名或同名同姓，致押錯人。

10.押票應由法官簽名或蓋章，否則無效。

　茲附押票格式於後：

（偵查中羈押一般被告押票）第一聯送檢察官　　　　　　　　股別：　　股

臺灣○○地方法院押票

案　　　　由	中華民國　　　年度　　　字第　　號　　案件				
被　　　　告 姓　　　　名		年　　齡	歲　民國　年　月　日		
		性　　別		特　徵	
住　居　所					
羈　押 理　由 及 所　犯 法　條	一、羈押理由：被告犯罪嫌疑重大，而有下列情形，非予羈押顯難進行追訴、審判或執行。 （　）逃亡或有事實足認為有逃亡之虞。 （　）有事實足認為有湮滅、偽造、變造證據或勾串共犯或證人之虞。 （　）所犯為死刑、無期徒刑或最輕本刑為五年以上有期徒刑之罪，有相當理由認為有逃亡、湮滅、偽造、變造證據或勾串共犯或證人之虞者。 二、觸犯之法條： 　　刑事訴訟法第101條第1項第　　款				
	一、被告犯下列之罪，其嫌疑重大，有事實足認為有反覆實施同一犯罪之虞，而有羈押之必要。 二、觸犯之法條： 　　刑事訴訟法第101條之1第1項第　　款				
羈押理由 所依據 之事實		羈　　押 期　　間	偵查中不得逾2月，必要時，得延長2月，以延長一次為限。		
應羈押 之處所	臺灣○○看守所				
羈押期間 起算日	年　　月　　日	不服羈 押處分 之救濟 方法	（　）得於5日內以書狀敘述理由，向法院提出抗告。 （　）得於5日內以書狀敘述理由，向法院聲請撤銷或變更。		
上列被告一人應行羈押 　　此致 臺灣○○看守所					
其他 記載	（　）禁止接見通信。	被　告 指　印			
中華民國　　　年　　　　月　　　　日					
法官　　　　　　　　法警					
本案被告經檢察官指揮法警於中華民國　年　月　日　午　時解到本處所查驗無誤。					
臺灣○○看守所　　所長					

伍、搜索票

　　檢察官於偵查中為了發現被告或證據，往往須對人的身體、物件或住宅或其他處所，施以搜查檢查。依§122規定，對於被告之身體、物件、電磁紀錄及住宅或其他處所，必要時得搜索之。對於第三人之身體、物件、電磁紀錄及住宅或其他住處，以有相當理由可信為被告或應扣押之物存在時為限，始得搜索。又檢察官對於尚未確知的被告，僅因其他情事知有犯罪嫌疑者，亦得聲請搜索。搜索票須由法官簽名為有效，且搜索應使用適當的方法，如檢查、開啟、進入房屋察看、打撈、翻閱、開箱及其他達到搜索目的之一切方法；但搜索婦女之身體，應令婦女行之，惟不能婦女行之者，不在此限。說明如下：

1. 記載本件搜索所牽涉之案號案由。
2. 搜索聲請人。
3. 受搜索人的姓名、住所、性別、出生年月日及身分證字號。
4. 所搜索的處所、身體、物件或電磁紀錄。
5. 限定搜索的日期：應在限定日期內搜索始為合法。
6. 應扣押之物：指與本件案件有關之證物均包括在內。
7. 命司法警察官員執行扣押之事由：如違禁物、犯罪所用物。
8. 注意事項。諸如：軍事上應秘密之處所，必須經得該管長官允許，惟除有妨害國家重大利益者外，該管長官不得拒絕；搜索婦女的身體應由婦女行之；有人居住或看守的住宅或其他場所，不得於夜間入內搜索或扣押，但是經過住居人或可為其代表者承諾或有急迫的情形，則例外可以等。
9. 記載簽發搜索票的日期，並應經法官簽名或蓋章，否則無效。
10.記載執行搜索之司法警察官員職稱及姓名。

　　茲附搜索票格式於後：

股別：　　　股

臺灣○○地方法院搜索票

案　　　　號	
案　　　　由	
搜　索　票 聲　　請　人	
有　　　限 期　　　間	起至　　　　止逾期不得執行但清點扣押物時間不受搜索票有效期間之限制

受　搜　索　人	姓　　名		性　別	
	身分證字號		出生年月日	

住　　　　所	
應　扣　押　之　物	

搜　索 範　圍	□處所： □身體： □物件： □電磁紀錄：

中華民國　　　年　　　月　　　日

法　官

注意事項	一、執行搜索後，應於搜索完畢3日內，將搜索結果連同搜索票一併送繳法院。 二、搜索實應保守秘密並注意受搜索人之名譽。搜索婦女之身體，應命婦女行之。但不能由婦女行之者，不在此限。 三、軍事上應秘密之處所，非得該管長官允許，不得搜索；除有妨害國家重大利益者外，該管長官不得拒絕。 四、抗拒搜索者，得用強制力搜索之，但不得逾必要之程度。 五、執行搜索及扣押，得開啟鎖扃、封緘或為其他必要之處分，並得封鎖現場，禁止在場人員離去，或禁止第三人進入現場。對於違反禁止命令者，得命其離開或交由適當之人看管至執行終了。 六、有人居住或看守之住宅或其他場所，不得逾夜間入內搜索或扣押。但經住居人、看守人或可為其代表之人承諾或有急迫之情形者，不在此限。 七、搜索上開住宅、處所或船艦，應命住居人或看守或可為其代表之人在場，其不能在場者，得命該住宅、處所或船艦內之人或其鄰居之人或就近自治團體之職員在場，並將搜索票出示在場之人。 八、對於政府機關、公務員或曾為公務員之人所持有或保管之文書及其他物件，如為其職務上應守秘密者，非經該管監督機關或公務員允許，不得扣押；除有妨害國家之利益者外，該管監督機關或公務員不得拒絕。 九、搜索時發現本案應扣押之誤為搜索票所未記載或發現另案應扣押之物，亦得扣押之。 十、經搜索而未發現應扣押之物者，應付與記載此旨之證明書於受搜索人。 十一、其他指示事項：

陸、通訊監察書

　　檢察官於偵查犯罪之時，有相當理由可信其通訊內容與本案有關，且不能或難以其他方法蒐集或調查證據者，又被告或犯罪嫌疑人犯通訊保障監察法§5 I 所列的共18款中的罪，並可認為危害國家安全或社會秩序情節重大，便可在偵查之中由檢察官依司法警察機關聲請或依職權核發通訊監察書。關於通訊監察書的內容，說明如下：

1. 特定監聽的對象、處所以及監聽的通訊種類以及號碼或其他足以識別的特徵，以免侵害其他與本案無關者的隱私權。

2. 監聽的理由、期間、方法以及所適用的法條（通訊保障及監察法§5 I ①）。

3. 執行的機關、處所。

4. 通訊監察結果的報告。此報告應於通訊監察結束或停止時提出。

5. 核發通訊監察書者的職銜章。

　　茲附通訊監察書如後：

機密　　　股

臺灣○○地方檢察署通訊監察書

中華民國　　年　　月　　日

95年○檢大　聲監（續）字第　　號

案由及涉嫌觸犯之法條	
監 察 對 象	
監察之通訊種類及號碼足資識別之特徵	
監 察 處 所	
監 察 理 由	
監 察 期 間	
監 察 方 法	
聲請機關依職權核發	
執 行 機 關	
執 行 處 所	
適 用 法 條	依通訊保障及監察法第5條第1項第1款
監 察 結 果 報 告	應於通訊監察結束或停止監察時提出監察通訊結果報告

為蒐集調查犯罪證據之必要，應依法核發通訊監察書，請據以辦理。

　　此致

聲請機關、執行機關及協助執行機關（構）

核發人職銜章

註：一、本通訊監察書應分別交付聲請機關，執行機關及協助執行機關（構）。
　　二、通訊監察之《執行處所》團寫單純提供機房設備執行監察而未接觸通訊內容之機關（構）。

柒、鑑定許可書

　　鑑定人因鑑定之必要，須進入有人住居或看守之住宅或其他處所為鑑定之情形時，得經審判長、受命法官或檢察官之許可，檢查身體、解剖屍體、毀壞物體或進入有人住居或看守之住宅或其他處所（§204Ⅰ）。由於上述鑑定的行為對於人民權益的侵害皆鉅，例如檢查身體對於侵害人身自由與資訊自決權的侵害重大，侵入有住居的住宅對於隱私權有所侵害，所以在為上述鑑定行為的時候，必須有許可書。對於鑑定許可書的要點，說明如下。

1. 受鑑定人的姓名、性別以及所行鑑定的事項。

2. 執行的期間、處所。

3. 鑑定處分的內容必須特定，許可書中採取勾選的方式，對於所要為鑑定的內容勾選，便可清楚知道所為的鑑定內容為何。如檢查身體應寫明部位及方式、解剖屍體、毀壞之物體、欲進入之住宅或處所、採取分泌物或聲調筆跡等。

4. 注意事項：檢查身體附加之適當條件；行鑑定時有必要通知到場之人，究為犯罪嫌疑人、被告、代理人或辯護人；鑑定人（鑑定機關實施鑑定之人）為鑑定之處分時，應出示本許可書及可證明其身分之文件；其他指示事項。

5. 檢察官簽章。

　　鑑定許可書如後圖所示：

臺灣○○地方檢察署鑑定許可書								
案號：	年度	聲 相 他 偵		字第		號		
鑑定人 鑑定機關			案由					
受鑑定人		□男 □女	執行 期間	民國　年　月　日　　時起 至　年　月　日　　時止 （逾期不得執行）				
執行處所								
鑑定事項								
鑑定之處分	□檢查身體（部位及方式）： □解剖屍體： □毀壞之物體： □欲進入之住宅或處所： 採取：□分泌物□排泄物□血液□毛髮□其他出自或附著身體之物： 採取：□指紋□腳印□聲調□筆跡□照相□其他相類之行為： （依實際需要具體填載）							
	中華民國　　　　年　　　　月　　　　日 檢　察　官							
注意事項	一、檢查身體附加之適當條件： 二、行鑑定時有必要通知到場之人：□犯罪嫌疑人 　　□被告□代理人□辯護人 三、鑑定人（鑑定機關實施鑑定之人）為鑑定之處分時，應出示本許 　　可書及可證明其身分之文件 四、其他指示事項							

附記：刑事訴訟法第二百零四條之三第一項規定：被告以外之人無正當理由拒絕第二百零四條第一項之檢查身體處分者，得處以新臺幣三萬元以下之罰鍰。

第七章

刑事證據

【目次】

第一節　證據的意義與分類 347

　壹、證據的意義 347

　　一、證據方法 347

　　二、證據資料 347

　貳、證據的分類 348

　　一、直接證據與間接證據 348

　　二、本證與反證 349

　　三、人證、物證與書證 349

第二節　刑事證據的重要法則 350

　壹、證據裁判原則 350

　貳、自由心證原則與證據證明力 350

　　一、自由心證原則 350

　　二、證據證明力 351

　參、自白法則 352

　　一、自白的意義 353

　　二、自白任意性的根據 354

　　三、自白法則的重要規定 355

　　四、自白與測謊 357

　肆、傳聞證據排除法則 359

　　一、排除傳聞的法理依據——保障對質詰問權 359

　　二、傳聞法則的不適用 360

　　三、傳聞法則的例外 361

　伍、意見排除法則 367

　陸、違法取證排除法則 367

一、外國立法例的說明..................................368

二、強制排除主義與相對排除主義............369

三、毒樹果實理論......................................373

第三節　證據調查......................................375

壹、調查證據的意義與分類....................375

一、人證的調查......................................377

二、物證、文書與音像等的調查............377

三、書證的調查......................................378

貳、調查證據的聲請與決定....................378

一、聲請駁回的裁定..............................378

二、踐行調查程序..................................378

第四節　人證的調查..................................379

壹、被　告..379

一、人別訊問與踐行告知義務............379

二、訊問方式..380

三、共同被告的審判程序....................381

貳、證　人..383

一、證人的意義......................................383

二、證人的特徵......................................383

三、證人的義務......................................384

四、證人的權利......................................384

五、證人的訊問......................................389

六、證人的詰問......................................389

七、證人的指認......................................395

參、鑑定人..397

一、鑑定人的特徵..................................397

二、鑑定的程序 399

三、鑑定的種類 403

四、鑑定人角色的爭議 409

五、法律專家之鑑定意見 413

第五節　勘驗與相驗 414

壹、勘驗與相驗的關係 414

貳、勘驗的對象 414

參、勘驗的程序 415

第六節　證據保全 416

壹、聲請主體 416

貳、聲請程序 417

參、檢察官的處分 417

肆、法院的裁定 417

伍、保全證據時的在場權 418

陸、保全證據的保管 419

實例講座 420

第一節　證據的意義與分類

壹、證據的意義

在訴訟上用以認定事實之一般資料，稱為「證據」，因為刑事訴訟的主要目的是追訴審判犯罪人。追訴審判的前提是，犯罪事實必須澄清。足以證明犯罪成立的種種資料，就是證據。證據資料必須藉由一定的方法取得，而且必須符合正當法律程序。比較關鍵的訴訟行為，幾乎都指向證據的蒐集、調查與保全。傳喚、通知、拘提、逮捕被告之後，都要訊問；經由訊問所得的被告自白，是證據的一種（供述證據）。搜索扣押原則也是為了取得證據（非供述證據）。傳喚目擊證人到法庭上陳述自己見聞，是為了取證據（供述證據）。請鑑定專家提供專業上的意見，是為了證據（供述證據）。勘驗屍體、勘驗被害人的身體、勘驗現場等等，也是為了證據。審判筆錄是另一種證據（書證）。

無論證明犯罪或反證沒有犯罪，皆有賴於證據提出，從而對於認定事實所可利用之物件，均可視為證據。學理上所謂的證據，尚可區別為二，即證據方法與證據資料。茲分述於次：

一、證據方法

證據方法是為發現某一事實，供推理的各種有物體，均屬於證據方法。其中人證、文書、鑑定、勘驗、被告（自白），是五種調查證據資料並證明犯罪事實的法定證據方法。例如，被害人或告訴人居於證人地位，陳述關於犯罪事實的內容，屬於證人的證據方法。

二、證據資料

對於證據方法予以調查後所得到內容，稱為證據資料。例如對於證人的調查而獲得的證言，或對於證物的調查而了解該物的性質等。證據資

料為引起法官確信的原因,屬於無形物。

在概念上,證據資料可以分類,如直接證據、間接證據、輔助證據、傳聞證據(原始證據的對照概念)等。與犯罪直接有關的證據資料,例如目擊證人的陳述,證稱被告殺人,是直接證據;與犯罪間接有關的證據資料,用於推論犯罪事實者,如凶器上的被告指紋,得用於推論被告曾經接觸凶器,是間接證據。有關目擊證人的精神狀況、人品高下、有無犯罪前科、與當事人的交情等等,是輔助證據(這些輔助證據可以反應目擊者的陳述是否可信,可信的程度有多高)。證人在法庭外所說的話、街頭巷議、媒體的報導,都是傳聞證據。

證據資料必須經合法程序的取得,才有充當證據的能力,即證據能力(§155 II)。在具有證據能力的證據中,法官必須判斷何種證據最重要或同樣重要,這是所謂的證據評價,即證據證明力。

貳、證據的分類

刑事訴訟的證據,得依各種觀點加以分類。茲列舉一般常見的分類:

一、直接證據與間接證據

就證據與待證事實的關係加以分類,證據可分為直接證據與間接證據。可用以直接證明待證事實的證據,稱為「直接證據」。通常以人證為直接證據,因其不僅為直接經驗犯罪之人,且可直接報告犯罪事實。例如目擊證人或犯罪現場所出現的物證。

為推測待證事實而間接證明事實存在的證據,稱為「間接證據」或「情況證據」。通常指物證而言,因其所證明者僅為他項事實,再藉此事項本於推理作用,以證明待證事實。故其對於待證事實的認定,僅有間接作用而已。例如犯罪現場所存留的指紋、被告持有贓物的事實、被告湮滅證據或勾串證人的事實、被告購買凶器的事實、被告賠償被害人損害的事

實等。間接證據的證明力有高低之分，但因其僅間接證明待證事實之存在，故須有多數的間接證據，方可證明犯罪的存在。故認定犯罪事實所憑的證據，並不以直接證據為限，即綜合各種間接證據，本於推理作用，為認定犯罪事實的基礎，如無違背一般經驗法則，尚非法所不許。

二、本證與反證

依是否由負有舉證責任者所提出的證據，而將證據分為本證與反證。檢察官就被告犯罪事實，應負舉證責任並指出證明方法（§161 I）。又檢察官於審判期日所得為的訴訟行為，於自訴程序§329，由自訴代理人為之；自訴人未委任代理人，法院應定期間以裁定命其委任代理人，逾期仍不委任者，應諭知不受理判決。從而由原告之檢察官或自訴人所提出的證據，稱為「本證」。原告所提出的證據，通常在於證明其所主張的要證事實成立或存在，故屬於有罪證據或攻擊性證據。本證既證明被告犯罪，故必須先提出，但不限於審判前提出，即在審判中陸續提出，亦無不可。

對於本證所證明的事實予以否定，而由被告所提出的證據，稱為「反證」。反證為無罪證據或防禦性證據，反證可能否定本證所證明事實的全部，亦可能否定本證所證明事實的一部分。認定犯罪事實，須依證據，不得僅以被告的反證不能成立，就判定被告有罪。

三、人證、物證與書證

依證據方法的物理性質不同而為的分類，證據又可分為人證、物證與書證。以人為證據者，稱為「人證」。此係以人的知識經驗為材料的證據方法，但必須經過人的言語陳述，故又稱為「口頭證據」。人證可視為聽覺證據，但有時包括視覺證據。例如，以人的表情為其陳述方法，亦即以人的表情代替陳述，則此仍係人證。

另外，若以物的存在或狀態為證據方法者，稱為「物證」。此必須經

過以感覺的實驗，作為證據的物理的存在。人的身體亦屬於物理的存在可成為事實認定的資料。例如人的創傷或紋身是。又文書書面的物理存在，作為事實認定資料，亦為「物證」。例如，誣告狀、自白狀、猥褻物品或恐嚇信亦為物證。其次，以文書的書面意義作為證據方法者，稱為「書證」。刑事訴訟法所謂「書證」，狹義見解，例如證人在審判期日外所作成的陳述，經記載於訊問筆錄者，即成為證據書類，亦即書證。

第二節　刑事證據的重要法則

壹、證據裁判原則

　　無證據則無法進行裁判，法院的裁判必須使用證據以認定事實，稱為「證據裁判原則」。在刑事訴訟，凡屬有爭執的事項，必須提出證據加以證明，又法官必須依據證據而對爭執的事實予以判斷，並形成其心證，最後依其所形成的心證而為裁判。故刑事訴訟法規定，犯罪事實應依證據認定之，無證據不得認定其犯罪事實（§154Ⅱ）。

　　檢察官對被告犯罪事實負有舉證責任，檢察官既起訴，必有證明犯罪事實的證據存在，但為使裁判正確起見，法院應促使兩造當事人儘量提出證據，尤其是在認定被告是否犯罪上，不僅應鼓勵被告提出證據，法院更應予當事人、辯護人、代理人或輔佐人以辯論證明力的適當機會（§288-2）。且審判長每調查一證據完畢應訊問當事人有無意見（§288-1Ⅰ），使被告充分提出對其有利的證據或意見，以供法院採用。

貳、自由心證原則與證據證明力

一、自由心證原則

　　證據的證明力應由法院判斷，而對於證據的判斷，由法院自由為

之，稱為「自由心證原則」。§155 I 規定「證據之證明力，由法院本於確信自由判斷。但不得違背經驗法則及論理法則。」這表示所採者為自由心證原則。為發現實體真實，法律遂賦予法官廣泛範圍之證據價值判斷，不加以拘束、限制或干涉。然而證據的判斷並非任意的自由憑空取捨。仍應依一般經驗法則而為公平的判斷。又法院對於事實證據的判斷，固有自由裁量之權，但必須保持其合理性，如其採用的證據與事理顯然矛盾，即屬違背證據法則。

經由合法手段取得並依法調查的證據，如果顯與事理有違，與認定事實不符，都必須在自由心證時加以排除。例如，法官不能違背科學法則，自行推翻鑑定專家的報告。這是在約束自由心證，而不是在規範證據能力。自由心證除了受科學法則與經驗法則的約束外，還受其他限制，包括：不能推翻審判筆錄的記載（§47）、被告自白必須有補強證據（§156 II）、被告緘默不能評價為有罪（§156 IV）。

二、證據證明力

證據對於待證事實的認定，具有實質價值，稱為「證據證明力」或「證明力」。證據證明力與證據能力有別。當證據具有證據能力，且經過合法調查，即可供為認定犯罪事實的依據；得供為認定犯罪事實的證據，其證明力則有強弱之分。證明力強者，可單獨用以證明犯罪；證明力較弱者，就須與其他證據綜合判斷，方能作為有罪無罪的心證。例如，幼少者或老齡者的陳述，精神病人或精神薄弱者的陳述，縱然經過合法人證的詰問調查，得到的供述證據資料，證明力通常仍被認為較低。

申言之，證據能力與證據證明力主要差別在於：前者乃指立證資料得為證據的法律「資格」；後者則指該證據於證明某種事實，具有何等實質的「價值」。故證據能力乃資格的有無，證據證明力則為效力強弱的問題。有證據能力，非必仍有證據證明力。例如，被告以外之人於審判外的陳述，是否具有證據能力，應依本法有關傳聞法則例外規定的情形評斷

之。倘認有證據能力，其證明力如何，則由法院於不違背經驗法則及論理法則，本於確信自由判斷之。並非有證據能力，即當然認其證明力無疑，而就待證事實認均具有證明力，亦不能以證明力不足而否定其證據能力。是故，縱認證人於警詢的陳述具有證據能力，亦不當然即能排除其於審判中陳述的證明力，而證人的陳述有部分前後不符，究竟何者可採，法院本得依其自由心證予以斟酌，若其基本事實的陳述與真實性無礙時，仍非不得予以採信，非謂一有不符，即認其全部均為不可採納（最高法院102台上1062判決參照）。

簡言之，有證據能力的證據，在證明犯罪是否成立的價值上不等，這是證據證明力的問題。證據證明力，由法院依照生活經驗，依照科學準則，綜合的自由評價。這叫做「自由心證」。證據資料、證據能力（證據資格）、證據證明力（自由心證），是評價證據的三個層次。

然而，由此觀之，§155的項次設計不妥，因為現行法上證據能力（嚴格證明法則）的規定在§155Ⅱ，而證據證明力（自由心證原則）的規定在§155Ⅰ，未合於證據評價的層次，故宜將§155Ⅰ、Ⅱ的規定順序對調，先規定嚴格證明法則，再規定自由心證原則，比較合乎證據法則體系的法理。

此外，從英美法的觀點，由於陪審團制度之故，會盡量避免審判中的陪審員接觸有瑕疵的證據資訊，以免汙染陪審員的心證。因此，所謂的證據能力，是指某項證據能否進入法庭中調查的問題，即證據有無「資格」或「容許性」的問題。證據能力具備後，始得提出於法院依法定程序進行調查。無證據能力的證據，即應予以排除，不容許再提出法庭中作為認定犯罪事實的證據予以調查，因此無證據能力的證據，即使在法庭上已踐行法定調查程序，也不能溯及取得證據能力。

參、自白法則

§156規定：「被告之自白，非出於強暴、脅迫、利誘、詐欺、疲勞

訊問、違法羈押或其他不正之方法，且與事實相符者，得為證據（Ⅰ）。被告或共犯之自白，不得作為有罪判決之唯一證據，仍應調查其他必要之證據，以察其是否與事實相符（Ⅱ）。被告陳述其自白係出於不正之方法者，應先於其他事證而為調查。該自白如係經檢察官提出者，法院應命檢察官就自白之出於自由意志，指出證明之方法（Ⅲ）。被告未經自白又無證據，不得僅因其拒絕陳述或保持緘默，而推斷其罪行（Ⅳ）。」本條規定對於自白採為犯罪證據，設各種限制，故可視為規範實務處理自白證據的重要法則。

　　§156Ⅰ、Ⅱ係分別就自白的任意性與自白的補強性設其規定，前者係以保障被告的自由意志，具有否定自白證據適格性的機能，後者則重在排斥虛偽的自白，藉補強證據的擔保來限制自白在證據證明力上的價值，並作為擔保其真實性之程序上要件。所謂補強證據，係指除該自白本身外，其他足資以證明自白的犯罪事實具有相當程度真實性的證據而言，是以自白補強的範圍限定為與犯罪構成要件事實有關係者。至關於犯罪構成要件的主觀要素，如故意、過失、知情、目的犯之目的（意圖），以及犯罪構成事實以外的事實，如處罰條件、法律上刑罰加重減免原因的事實等，通說認為其於此之自白，無須補強證據，但得提出反證，主張其此等任意性之自白並非事實。（最高法院102台上551判決參照）

一、自白的意義

　　被告的自白，乃指被告就犯罪事實的全部或一部承認自己有罪。而自白係違反人類自己保護的本能，是以被告的自白多在不得已的情況下為之，完全出於任意自動的情形較少。基於人權的保護，對於非任意性的自白不能不予以排除。檢察官對於非任意性的自白負舉證責任、法院對於違法取得的證據應加以排除、出於不正態度訊問所得的證據不具證據能力。都是§156所規定精神的具體實踐，司法制度上必須嚴加遵守。

　　應注意者，自白與「自認」不同，與「依認罪協商所為的有罪承

認」性質互異，但與「就被訴事實為有罪之陳述」性質應相同。因自白係對犯罪事實全部或主要部分承認自己有罪，若被告於承認自己犯罪事實外，另又主張阻卻責任或阻卻違法事由時，其僅係為不利於己的供述，並未承認自己有罪，屬於自認的概念，與自覺犯罪而有所承認的自白，顯不相同。又，被告依認罪協商所為的有罪承認，與自白犯罪的性質並不相同，不得據此認定是被告自白犯罪，因認罪協商所為的有罪判決，並不適用自白補強法則，故有罪答辯應是自白補強法則的例外。

對此，亦可參考最高108台上3886判決，其表示「被告不利於己之供述，有『自白』及『其他不利之陳述』之分」，又「自白係被告不利於己陳述之一種。狹義自白專指對自己犯罪事實全部或主要部分為承認之肯定供述；而其他不利之陳述，則指狹義自白以外僅就犯罪事實一部或其間接事實為明示或默示之承認，因與事實之立證相結合足以認定犯罪成立者而言，學理上稱之為『自認』或『不完全自白』。」

不過，§273-1 I 所定的「被告先就被訴事實為有罪之陳述」，性質上與自白相同，仍應符合自白任意性法則與補強法則，故被告若就被訴事實為虛偽的有罪陳述（虛偽自白）或其就被訴事實為有罪的陳述欠缺任意性（自白欠缺任意性），即不得或「不宜」為簡式審判程序。最後應注意，被告事後於法院或檢察官履勘犯罪現場所為的犯罪現場的模擬，不可視為案發當時的實際情形，此亦屬於被告的自白的範圍（最高法院94台上5265判決）。

二、自白任意性的根據

自白最重要的就是其乃出於「任意性」，其理論依據則有下述不同的見解：

1. **虛偽排除說**：因為基於強制拷問或疲勞訊問所得到的自白，可能有內容缺乏真實的疑慮，若此則會造成誤判。
2. **人權擁護說**：任意性的自白乃禁止以強迫的手段取得被告不利於己的

證言，所以有保護人權的效果。

3. **違法排除說**：保障自白的取得必須正當合法，所以違法手段取證必須加以排除。

　　§156的規定可謂包含了上述三個不同的理由，且基於正當法律程序的要求，自白當然必須是出於自由意志。此由大法官釋字第384號解釋理由書中可看出：「實質正當之法律程序，兼指實體法及程序法規定之內容，就實體法而言，如須遵守罪刑法定主義；就程序法而言，如犯罪嫌疑人除現行犯外，其逮捕應踐行必要之司法程序、被告自白須出於自由意志、犯罪事實應依證據認定、同一行為不得重覆處罰、當事人有與證人對質或詰問證人之權利、審判與檢察之分離、審判過程以公開為原則及對裁判不服提供審級救濟等為其要者。」

三、自白法則的重要規定

（一）被告自白不得出於疲勞訊問

　　為配合§98設有「疲勞訊問」的規定，2003年將§156 I修正為：「被告之自白，非出於強暴、脅迫、利誘、詐欺、『疲勞訊問』、違法羈押或其他不正之方法，且與事實相符者，得為證據。」故被告自白係出於疲勞訊問時，亦無證據能力。

（二）共犯自白的證明力

　　實務見解向來認為，除被告的自白外，共犯的自白，亦不得作為有罪判決的唯一證據，仍應調查其他必要的證據，以察其是否與事實相符（參照最高法院91台上4082判決要旨）。§156 II：「被告或共犯之自白，不得作為有罪判決之唯一證據，仍應調查其他必要之證據，以察其是否與事實相符。」故共犯自白的證明力，並非百分之百，仍須有其他補強證據以擔保之。而所謂共犯的自白，係指共犯中之一人，對於自己及其他共犯所為具備構成犯罪要件的事實向職司偵查、審判的公務員坦白陳述而言。

至於共同被告中之一人，就其所知悉僅關於其他共同被告的事項作證，而其所陳述的內容與其本身有無共同參與犯罪無關者，自非共犯的自白。前者應依自白法則定其得否為證據；後者，即係資為證明他人被告案件的證據，自應依人證的證據方法處理，否則其陳述因欠缺法定的程序要件，即難認為係合法的證據資料（最高法院102台上880判決參照）。

茲有疑義者，改列證人後的共犯，其證言得否為補強證據？對此，實務意見分歧：有認為「若供述一致者得為補強證據」（最高法院100台上5502判決、100台上5857判決參照）；但亦有認為，此仍屬自白本身，縱使相符，亦不能逕以共犯兩者的自白相互間作為證明其中一共犯所自白犯罪事實的補強證據（最高法院100台上6592判決、最高法院100台上572判決、99台上4209判決參照）。

不過，社工人員、輔導人員、醫師及心理師等專業人士，依性侵害犯罪防制法§15介入性侵害案件的偵查、審判程序，兼負有協助偵審機關發見真實的義務與功能。因此，社工或輔導人員就其所介入輔導個案經過的直接觀察以及實際經驗為基礎，所為的書面或言詞陳述，即屬於見聞經過的證人性質，屬於與被害人陳述不具同一性的「獨立」法定證據方法，亦屬於判斷被害人陳述憑信性的「補強證據」（最高法院106台上1629判決參照）。

（三）被告自白任意性抗辯須優先調查

自白是否出於任意，係自白是否具有證據能力的要件，如有疑義，宜先予查明，以免造成法官因具瑕疵的自白而產生不利於被告心證的結果。§156Ⅲ前段就有明確規定為：「被告陳述其自白係出於不正之方法者，應先於其他事證而為調查。」之規定，將實務見解予以明文化，以保障被告人權。

本項規定係呼應§156Ⅰ，乃針對控方取得被告自白的方法，究竟有無違反法律的規定進行調查，以決定該項自白有無作為證據的能力，屬於自白的「證據能力」問題。

（四）被告自白任意性的舉證責任

有關非任意性自白爭執的舉證責任歸屬問題，本法立於人權保障以及當事人進行主義原則的立場，於§156Ⅲ後段規定：「該自白如係經檢察官提出者，法院應命檢察官就自白之出於自由意志，指出證明之方法。」明白規範檢察官應就自白任意性的爭執應負舉證責任，配合時代趨勢及國情需要。由於審判實務上，被告經常抗辯自白出於刑求，故現行法勢必加重實行公訴檢察官的舉證責任。

（五）被告自白的調查

刑事訴訟法關於調查證據次序的限制於§161-3規定：「法院對於得為證據之被告自白，除有特別規定外，非於有關犯罪事實之其他證據調查完畢後，不得調查。」本條所謂特別規定是指：「簡易判決處刑程序」與「簡式審判程序」。

§161-3是對於已認定具有證據能力的自白（已經調查具任意性），規定其調查次序，係調查其自白的內容「證明力」高低的問題。因就證據調查言，必先有「證據能力」後，始有「證據證明力」的問題，兩者規範內容不同。換言之，§156Ⅲ是對自白有無出於不正方法的調查，屬於能否直接排除其證據能力的問題；而§161-3是對為排除的自白陳述，進行可信性與實在與否的調查，涉及的是法官的心證是否採信的問題。

四、自白與測謊

測謊係利用科學儀器去測試是否有說謊，因為人在下意識試圖說謊時，會因為心理的變化而產生生理變化（諸如：呼吸、心跳等），透過生理的變化來判斷是否有說謊。

測謊的性質在學說上有區分為「供述說」與「心理檢查說」，前者認為測謊非以其生理變化作為獨立的證據，而是藉由受測者回答的內容與測謊的關係對照而得；後者則非以受測者回答的內容作為證據，而是僅以其

回答時的心理變化作為非供述證據使用。實務上採後說。

　　最高法院95台上1797判決認為：「刑事程序上之測謊，屬於心理檢查，具有直接對人之內心實施測驗之本質，涉及人格之侵害問題，基於正當法律程序之要求，實施測謊檢查應符合事先告知、說明程序、取得真摯之同意等程序，未獲受測者真摯之同意下所實施之測謊檢查，屬侵害人格權之違法處分，即便有檢察官或法院之許可，亦不得強制實施；至於合法之測謊檢查結果，可信賴至何種程度，由法院以自由心證判斷之，但因測謊係以人的內心作為檢查對象，其結果之正確性擔保仍有困難，故不能使用檢查結果作為證明犯罪事實存在之實質證據，而僅能作為彈劾或增強證據證明力之用，法院仍應調查其他證據，以察受測謊人所述事實是否與事實相符。」

　　因而，被告測謊的證據能力：應「事先告知」受測者在法律上無接受測謊的義務；應向受測者說明測謊機器操作的原理及檢測進行的程序、目的、用途、效果；並且「徵得受測者真摯的同意」；於測謊過程中，各個質問不能以「強制或誘導方式」為之。亦即測謊鑑定，對被告而言具有「供述或溝通」，應受不自證己罪原則的保護。此外雙方當事人對於測謊「結果」表示同意也是必須斟酌的要件。當然「測謊員須良好之專業訓練與相當之經驗、測謊儀器品質良好且運作正常、受測人身心及意識狀態正常且測謊環境良好」（最高法院98台上4790判決參照）。

　　總之，測謊程序須具備上述前提要件，始賦予證據能力，非謂機關之測謊鑑定報告書當然具有證據能力。且其鑑定結果僅能供為審判上之參酌，其證明力如何，法院仍有自由判斷之權限。亦即，測謊鑑定結果，固可作為補強證據，以供裁判之佐證，但不足以據為認定犯罪事實有無之唯一證據，否則將犯罪嫌疑人或被告一律實施測謊鑑定即可，何必調查其他證據。

肆、傳聞證據排除法則

所謂傳聞證據，乃指將證人在法庭外的供述內容以書面方式，或藉非原證人的證人的供述，在法庭上以供證明要證事實的證據。例如，將報章雜誌文章、記載證陳述的書面或流言等提出於法院中。

「傳聞法則」乃排除傳聞證據能力的法理，亦即「傳聞證據排除法則」，由於法院無法針對傳聞證據的真實與否，依據反對訊問直接予以調查，故原則上傳聞證據無證據能力，不得採為證據。我國因採直接審理原則，亦不採用傳聞證據，而祇能採用原始證據，以免傳聞失實而引起刑事司法的錯誤。

本法§159以下是有關傳聞證據與其例外的規定。2003年本法修正理由中，對於§159：「證人於審判外之陳述，除法律有規定者外，不得作為證據。」的規範定位就有明確說明：英美法系的當事人進行主義，重視當事人與證據的關係，排斥傳聞證據，以保障被告的反對詰問權；採大陸法系職權進行主義者，重視法院與證據的關係，其排斥傳聞證據者，乃因該證據非在法院直接調查之故。而本法修正後採改良式當事人進行主義，證據調查的取捨，尊重當事人的意見，並以之為重心，降低法院依職權調查證據的比重。且為配合§166交互詰問的制度功能以求實體真實的發現，保障人權，因此明文採取「傳聞法則」的規定，用以保障被告反對詰問權；並增設「傳聞法則之例外」情形於§§159-1～159-5。此外，亦修正§196的文字為「證人已由法官合法訊問」，明白揭示證人唯有在法官已經合法訊問的前提下，始得不再行傳喚，以與傳聞法則的理論相符。

一、排除傳聞的法理依據──保障對質詰問權

傳聞法則原則必須排除傳聞證據的法理，主要是因為被告在法庭上無法對傳聞證據所指證內容，依反對詰問的方式加以調查，進而擔保其內容真實性，對發現真實將會造成一大阻礙。因此，傳聞法則的主要精神，就是要求法院不得使用二手證據，且擁有一手資訊的證人，亦須進入法院

接受被告的詰問質疑與檢驗。換言之，探討傳聞法則的運用前，就有必要針對被告享有的**「對質詰問權」**內涵作清楚的理解與掌握。

　　源於憲法§16訴訟權、§8正當法律程序所保障的「對質詰問權」，主要目的是在發現真實，允許被告對不利證人當面進行反詰問權。此種藉由當事人詰問證人以發現瑕疵的作法，非法官訊問所能取代。因為當事人對案件的始末最為清楚，最能發現證人陳述過程所衍生的風險，可能形成證言與事實不一的窘境。亦即，詰問者最有能力針對人證正確認知事實的知覺、依據案發實際情況陳述的記憶、表達能力是否存在瑕疵等提出適當的質疑，使證人無法自圓其說。就發現真實的層面而言，當事人對案件的始末最為清楚，最有能力提出適當的問題，並且發現證人陳述與事實不一之處。

　　因此，若能徹底的排除無法接受檢驗的傳聞證據，就可迫使檢院雙方傳喚獲得一手資訊的證人到庭接受被告反對詰問，經由與受詰問人的對話而發現真實，進而保障程序正義、擔保敘述內容的真實性。且在詰問的過程中，不論是詰問證人或者是鑑定人，都可觀察其在法庭上的表現，保障被告的對質詰問權，藉以落實刑事訴訟真實發現的目的。

　　總之，「傳聞法則」是排除傳聞證據能力的規則，否定傳聞具有證據能力的目的，是為保障被告的對質詰問權。對質詰問權在刑事訴訟法規範中，是透過交互詰問程序，藉由被告與證人面對面的反對詰問來予以落實。換言之，由於傳聞證據本質具有**高度虛偽**的風險，為求真實的發現，就需以確保被告對質詰問權的角度思考，對於無法經過對質詰問檢驗的傳聞證據，原則不得賦予其證據能力。

二、傳聞法則的不適用

　　值得注意的是，傳聞法則並非於所有程序均適用，因為傳聞法則與直接審理主義關係密切，兩者同為嚴格證明程序所採，所以相對的自由證明程序與非採行直接審理的書面審理則無採行的必要。

　　依§159Ⅱ規定，法院依§161Ⅱ所為裁定定期通知檢察官補正，或裁定駁回起訴的情形，及法院以簡式審判程序或簡易判決處刑者，不適用傳聞法則。此外，關於羈押、搜索、鑑定留置、許可證據保全及其他依法所為強制處分的審查，亦不適用傳聞法則；依§455-11Ⅱ規定，於協商程序中亦不適用。

三、傳聞法則的例外

　　憲法就對質詰問權的保障並非沒有任何限制，在一定合理的範圍內，傳聞證據將例外擁有證據能力，容許其進入法院供法官認定事實時使用。

　　因為傳聞例外會直接侵害被告的對質詰問權利；因此，例外賦予傳聞證據能力的前提，就需審慎的思考衡量開啟例外的價值，必須高於憲法針對被告對質詰問的保障。亦即，能作為傳聞例外而進入法院使用的證據，需該證據的外觀具有「**特別可信的情況保證**」，不需透過被告的反對詰問就可達到真實發現；另外，原陳述者本身因客觀障礙無法以證人的身分蒞庭時，基於該傳聞可能擁有高度的證據價值，法院有使用的必要性，故應例外賦予其證據能力。以下對於傳聞例外的情形予以說明：

（一）法官面前的訊問筆錄

　　被告以外之人於法官面前所為的陳述，因其陳述係在法官面前為之，屬任意陳述的信用性已受確定保障的情況下所為，因此該陳述得為證據（§159-1Ⅰ）。本條所指的法官，應限於普通法院法官，不包含軍事法院法官。

　　§159-1Ⅰ顯示不問處於何種訴訟程序之下，只要在任意陳述的信用性已受到確定保障的情況，便得為證據。不過法官前所為的陳述並不等於可信度較高，更不表示詰問權獲得保障，所以§159-1Ⅰ使得我國傳聞證據雖有其名，卻因廣泛的承認例外得為證據的情況，而讓傳聞證據立法的

美意大打折扣。所以,在現行法下,於法官面前的訊問筆錄,縱然有經具結且有可信性,仍應賦予被告詰問的機會,除非有不能供述的情形。

換言之,為保障被告的反對詰問權,本條文字有修正的必要,在條文修正前,參酌釋字第582號的解釋意旨,應限縮解釋,於先前的程序中並未行使反對詰問權詰問證人的被告,於適用本條項時,應加上「傳喚不能」(客觀不能)或「被告放棄」此權利等要件,否則仍應盡可能傳喚該陳述人到庭。

至於其他訴訟程的法官調查證人時,亦應為同一解釋,倘未賦予本案被告或其辯護人行使詰問的機會,而被告有爭執而主張聲請傳訊該證人時,除非該證人有因死亡等傳喚不能的情形,仍應傳喚該證人出庭作證。

(二)檢察官面前所為的訊問筆錄

偵查中對被告以外之人所為之偵查筆錄,或被告以外之人向檢察官所提的書面陳述,性質上均屬傳聞證據。然偵查中檢察官向被告以外之人所取得的陳述,原則上均能遵守法律規定,因此除顯有不可信的情況外,得為證據(§159-1Ⅱ)。同樣地,於檢察官面前所為的陳述並不等於可信度較高,更不表示詰問權獲得保障,同樣使得傳聞證據的立法產生缺憾。所以,於檢察官面前所為的訊問筆錄應限於證人供述不能、供述矛盾或是經過反詰問,方有適用。該訊問筆錄究竟有無可信性應由檢察官證明之。

是以,本條項應本於與§159-1Ⅰ相同的法理,一樣限縮解釋,以「傳喚不能」(客觀不能)或被告放棄此權利為適用的前提。

近來實務更肯定,未經詰問的檢察官前陳述,法院有補足詰問程序的義務(最高法院97台上1276判決)。此外,最高法院98台上5478判決謂「為保障被告之反對詰問權,復對證人採交互詰問制度,其未經詰問者,僅屬未經合法調查之證據,並非無證據能力,而禁止證據之使用。此項詰問權之欠缺,非不得於審判中由被告行使以資補正,而完足為經合法調查之證據。」申言之,為保障對被告的反對詰問權,若於偵查中未經詰問的陳述,亦須於審判中補足,完足合法調查證據程序。

（三）警訊筆錄與審判中的陳述前後不符

被告以外之人於檢察事務官、司法警察官或司法警察調查中所為的陳述，與審判中不符時，其先前的陳述具有較可信的特別情況，且為證明犯罪事實存否所必要者，得為證據（§159-2）。也就是說，僅有於「證人供述前後矛盾」之時，若於前所供述者具有可信性以及證據必要性時（最高法院98台上5503判決），方有本條的適用，則警訊筆錄例外有證據能力。

§159-2的適用應限於有犯罪嫌疑後所以展開的調查行動，所以一般警察執行行政職務（如調查戶口）所為的詢問均不可視為本條中所謂調查中所為的供述。此外，審判中若證人的供述雖非前後矛盾，但是卻宣稱忘記、不知道或無正當理由拒絕陳述時，則仍屬於調查中所為的陳述與審判中不符的情況，所以仍有本條的適用。

誠然，本規定賦予審判外的陳述為傳聞例外的關鍵在於該陳述必須較為可信。換言之，法官應就兩者矛盾陳述時的外部情況與陳述時的內心狀態進行比較。例如，審判外陳述者的驚駭或興奮表述。常人內心持續此種狀態時，通常無瑕思考，故陳述應無虛偽可能，可作為傳聞之例外。不過，應注意的是，興奮或驚嚇後的陳述，必需於短暫時間內所為者方才屬之。

另外，「**審判外的指認**」亦可視為較具可信性的陳述。蓋審判外指認的時間點較接近案發時，證人的記憶尚屬新鮮，隨著時間經過，不僅記憶會受影響，且常有許多干擾因素，例如來自被告的脅迫或誘惑，或證人對於冗長訴訟程序已產生倦怠且記憶模糊，又或證人為免自招麻煩而打算置身事外。相較之下，故「審判外指認」的可信性與證據價值常較「審判內」指認為高。

值得注意者，近來實務認為，此傳聞例外的可信性要件，尚包括被告以外之人先前之陳述係出於「自然之發言」。例如，被告以外的人在警局應詢時，被告尚未緝獲或到案，並無任何人情壓力，而審判中則有同時

在庭、未行隔別訊問之情形，經審酌比較其審判外與審判中陳述的情況，乃認其先前的陳述係出於「自然之發言」，審判階段則受到被告或外力干擾，而認其先前的陳述反而比較可信，則應歸類為傳聞例外的可信性要件的範疇，而非純屬於任意性的要件。（最高法院102台上81判決參照）

（四）不能到庭的警訊筆錄

被告以外之人於司法警察機關調查中所為的陳述，性質上屬傳聞證據，然該證據為證明犯罪事實的存否所必要，且具有可信的情況，又被告以外之人於審判時已經死亡者、身心障礙致記憶喪失或無法陳述者、滯留國外者或所在不明而無法傳喚或傳喚不到者、到庭後無正當理由拒絕陳述，則經詢問的司法警察官、司法警察到場證明，得為證據（§159-3）。

不過，§159-3①②③，只因為證人死亡、無法記憶或傳喚，則可成為證據，對於被告是相當不公平的，因為警訊筆錄並未經具結，亦未賦予被告對質詰問的權利。就本條的解釋，應當對於「經證明具有可信之特別情況」的要件作嚴格的解釋，以免不能到庭的警訊筆錄在認定上過於浮濫。

因此所謂「傳喚不到」應限縮解釋「滯留國外或所在不明所無法傳喚或傳喚不到」而言，並非謂「一經傳喚未到」，不問其是否「滯留國外或所在不明」，均得依該條款規定處理。亦即，法院不得僅因證人經合法傳喚不到，即逕行認有符合§159-3所謂傳喚不能的要件，仍應調查究明證人有無因「滯留國外或所在不明」而無法傳喚或傳喚不到的情形，例如查詢入出境資料及出國原因等。

至於被告以外之人於審判中到庭具結所為的陳述，如非其本人所親自聞見或經歷的事實，而係「轉述」其他被告以外之人親自聞見或經歷的供述為其內容，應如何適用？最高法院97台上2464判決認為：「其證據能力的有無，現行刑事訴訟法就此並未規定。此傳聞供述，能否成為傳聞的例外，賦予其證據能力，宜解為『應類推適用』刑事訴訟法第一百五十九條之三的規定，以原供述的其他被告以外之人，已供述不能或傳喚不能或

不為供述為前提，並以其具有可信的特別情況，且為證明犯罪事實的存否所必要者，始得為證據。」（最高法院96台上4064判決同旨），該項見解符合英美法上固有傳聞的例外，應予認同。

另外，基於「人之將死，其言也善」的觀念。在有關命案的追訴程序中，陳述人自信即將死亡，而就有關其所信死亡原因或情況所為的陳述，由於虛偽可能性極低，具有特別可信的情況保證，應可視為傳聞例外。關於此種臨終陳述的情形，在我國實定法中，雖可類推適用§159-3規定來作為傳聞法則的例外。不過，這畢竟限制了被告反對詰問權的行使，故宜另修法明文較無違憲疑慮。

（五）特信文書

公務員職務上製作的記錄文書、證明文書；或從事業務之人於業務上或通常業務過程所需製作的記錄文書、證明文書；或其他於可信的特別情況下所製作的文書，可為證據（§159-4）。上述各種文書皆具有高度的客觀性、例行性、公示性，所以能夠成為傳聞證據的例外。諸如：股東會或董事會的會議記錄、專利證書、戶口名簿、土地謄本等。

反之，若是個案性的文書，或是預料該文書可能提出於刑事程序上而作，則便具有虛假可能，則無證據能力。例如，為提告訴而向醫院請求出具的驗傷單，因為具有個案性質，所以並非特信文書；司法警察人員針對個別案件所製作的調查報告，欠缺例行性，也非特信文書。其他諸如：結婚證書、離婚證書、臨檢紀錄表、違反道路交通管理事件通知單等，因為具有個案性，皆非特信文書，故不屬於傳聞證據的例外。

又，當被告以外之人在外國（該國未與我國簽訂司法互助協議），經該國的司法警察機關調查，並作成警詢筆錄，因不具例行性，亦難期待有高度信用性，應非屬§159-4的特信文書。被告以外之人在「域外」所為之警詢陳述，應類推適用§§159-2、159-3，據以定其證據能力之有無。（最高法院107年第1次刑庭決議）

學理上有認為，若審判中的證人作證時，完全無法記得當時情況，

但在待證事實發生當時或發生之後，曾記錄待證事實者，亦即**「已記錄之回憶」**，應得作為傳聞的例外。蓋此種記錄回憶的文書，乃第一手資訊，是記綠者親自見聞的事實。且紀錄時間與待證事實發生時點必須具有密切關係，始能讓記錄者在記憶清晰的情況下，精確的將回憶紀錄於文書之中。換言之，此種記錄文書，性質上應與§159-4的特信文書具有相同的可信性。

本條之特信文書應以立法理由所指「隨時得受公開檢查之狀態，若有錯誤，甚易發現而予以及時糾正者」為限。依釋字第582號的解釋意旨，除非有「客觀上不能受詰問」的情形，否則「於審判中，仍應依法踐行詰問程序」，故§159-4的特信文書，在適用上應更加為從嚴解釋。

（六）當事人同意作為證據的陳述

傳聞法則的重要依據，在於傳聞證據未經當事人的反對詰問，予以檢證，故予以排斥。若當事人已放棄對原供述人的反對詰問權，於審判程序表明同意該傳聞證據作為證據，基於有助於發現真實的理念，法院認為適當者，亦得為證據（§159-5Ⅰ）。須注意者，此處同意權人應僅限於當事人，其他諸如代理人、辯護人或是輔佐人皆不可以同意傳聞證據作為證據。不過，為保障被告的權益，若被告並無選任辯護人時，法院應告知被告同意傳聞作為證據的不利效果，以盡法院訴訟的照料義務。

由於§159-5的立法意旨，在於確認當事人對於傳聞證據有處分權，得捨棄反對詰問的權利，同意傳聞證據可作為證據。惟因刑事訴訟制度尚非採徹底的當事人進行主義，乃又限制以法院認為適當者，始得為證據。而當事人同意或依法視為同意某項傳聞證據作為證據使用者，實質上即表示有反對詰問權的當事人已捨棄其權利，如法院認為適當者，不論該傳聞證據是否具備§§159-1～159-4所定情形，均容許作為證據（最高法院102台上979判決參照）。

因此本條適用的前提是，應建立在當事人充分明瞭或有辯護人協助下後所為的同意決定。而對被告以外的第三人所做的測謊鑑定報告書，依

§206得成為傳聞例外，有證據能力。但畢竟剝奪被告的反對詰問權，原則上應不容許，除非符合本條項的「同意」，方許例外成為證據。

此外基於訴訟程序安定性、確實性的要求，實務上認為若當事人已於準備程序或審判期日同意以被告以外之人於審判外的陳述作為證據，而其意思表示又無瑕疵者，不宜准許當事人撤回同意（參照最高法院98台上3167判決；最高法院100台上6246判決）。但亦有認為，以下三種情形得例外允許當事人撤回：1.尚未進行該證據之調查；2.他造當事人未提出異議；3.法院認為撤回同意係屬適當者，應生准予撤回之效力（最高法院99台上717判決參照）。

伍、意見排除法則

證人的證言可採為證據，雖無問題，但此限於其報告知覺的結果，倘其所陳述者純為主觀意見，則不能採為證據，蓋證人意見非來自證人的經驗，故無證據能力。因此，§160規定，證人個人意見或推測之詞，除以實際經驗為基礎者外，不得作為證據。

原則上證人的個人意見或推測之詞，不得作為證據。然證人非以專家證人身分作證時，其意見或推論形式的證言，以該項意見或推論係合理的基於證人的認知，並有助於其證言的清楚瞭解或爭執事實的決定者為限，亦得為證據。

宜特別注意的是，意見排除法則只適用於證人，如係鑑定人則不適用之。因鑑定人非報告知覺的結果，而係報告判斷的結果，其所報告者係主觀的判斷意見。

陸、違法取證排除法則

刑事訴訟重在發見實體真實，使刑法得以正確適用，形成公正的裁判，是以認定事實、蒐集證據即成為刑事裁判最基本課題之一。然而，違

背法定程序蒐集、調查而得的證據，是否亦認其有證據能力，素有爭議。例如，違法搜索扣押取得的犯罪物證，得否作為日後審判中使用，端看有無必要排除該違法取證的證據能力。該排除與否的標準一般會稱為「違法證據排除法則」

　　所謂違法證據排除法則，是指若取得證據的程序違法，縱使所得的證據真實，甚至極為關鍵，該證據亦可能在審判中被放棄使用。然這樣的理論卻與刑事訴訟發現真實的基本治安要求及現實需要相衝突，於是，英美、德國與日本發展出對證據排除法則的修正。

　　由外國立法例觀察，日本在戰後受美國影響，採「相對排除理論」，德國的「權衡理論」亦為多數主張，亦即法院在裁判時應就個案利益與刑事追訴利益彼此間權衡評估。

一、外國立法例的說明

（一）英美法制的演變

　　英美早年的自由主義思想家，並不贊同證據可以在審判中排除。例如，邊沁（J. Bentham）在1827年說過這樣的話：「排除證據就等於排除正義」。二十世紀初，美國大法官卡多羅（B. N. Cardozo）在任紐約州最高法院法官時，於一項判決中指出：「證據不得任意排除，否則，警察的一時疏忽將使罪犯逍遙法外。」美國的聯邦最高法院在二十世紀初，就已作成證據排除法則的判決，但證據排除法則的豎立權威，是在二十世紀中葉以後的事。美國聯邦最高法院於1961年的一項判決指出，排除違法取證的法則應適用於全美各州。在審判中排除違法取得的證據（證據使用禁止），主要在嚇阻警察的違法行動（嚇阻理論），除去政府的違憲動機，限制政府權力的不正當行使；其次，法官如果採用違法取得的證據，司法機關將形同不義政府的幫兇，所以證據排除法則也有護衛「司法正潔」的作用。

　　對於不依法定程序取得的證物，要一律排除證據能力（強制排除），

或由法官依個案判斷（裁量排除）？美國實務是，基本上強制排除；少數例外裁量排除，如「善意誠實之例外」（Good Faith Exception）。1984年，美國聯邦最高法院判決創立善意例外的概念。事實背景為，治安法官沒有正當理由卻簽發搜索票，警察持的搜索，聯邦最高法院認為所扣押的證物有證據能力。因為證據排除法則主要在嚇阻警察的違法行動，在法官錯發搜索票的案例中，即使將證據排除，也無助於嚇阻警察的違法行動，警察也無法督促法官謹慎將事。另外，「不可避免之發現」（inevitable discovery）也是一種例外。這是因若使用合法的手段照樣可以發現證據，那麼違法取證即不應排除。例如，未持搜索票發現住宅內的屍體，即使不違法搜索，此屍體遲早也會被發現。

（二）德國的裁量排除與日本的相對排除

德國的「權衡理論」為該國的多數主張，亦即法院在裁判時應就個案利益與刑事追訴利益彼此間權衡評估，以決定是否有證據能力。

日本對於違法取得的證據，認為只要沒有超越必要性和緊急性程度所獲得的證據，仍可採用，但如果被評價為重大違法取得時，則必須被排除使用，其所主張的態度為「相對排除法則」的法理。

二、強制排除主義與相對排除主義

為維護人權以及司法的正潔，通說認為違法取得的證據應當沒有證據能力，否則將變成不許人民違法，但是國家卻帶頭違法的不合理現象。不過，為了治安的要求及現實的需要，對於違法取得的證據是否應在例外的情形下仍得以適用，仍有爭議。對於此一爭議，如同前述外國立法例的運作，可分為「強制排除主義」與「裁量排除主義」的不同看法。前者則認為若取證過程違法，一律加以排除；後者認為違法取得的證據是否應該排除，必須透過個案裁量。

（一）強制排除主義的規定

關於供述證據的取得若違反正當法定程序應絕對排除，因為供述證據與非供述證據的性質不同，一般認為供述證據的採取過程如果違法，即係侵害了個人自由意思，故應嚴格禁止，而蒐集非供述證據的過程如果違背法定程序，則因證物的型態並未改變，尚不生不可信的問題。

本法就違背法定障礙事由及禁止夜間訊問，與告知義務等規定暨違法未經具結，所取得供述證據的證據能力，應採取強制排除主義，是故增訂§§158-2、158-3，以資規範。換言之，違背「法定障礙事由經過時間內不得詰問」的規定而取得的陳述，違背「夜間不得訊問」的規定而取得的陳述（§158-2 I）；違反「告知義務」而取得的陳述（§158-2 II）、違反具結的規定所為證言或鑑定意見（§158-3）等，均不得作為證據。

（二）裁量排除主義的規定

在裁量排除主義與強制排除主義之間，本法除採取強制排除主義（§§158-2、158-3）外，亦有採裁量排除主義。此乃為求兼顧人權保障及公共利益的維護，使其他違背法定程序所取得的證據，有無證據能力相互衡平。例如，最高法院88台上233判決「違反法定程序取得之證據，應否予以排除，必須考量容許其作為認定事實之依據，是否有害於公平正義。倘依憲法所揭示之基本精神，就個案違反法定程序情節、犯罪所生危害等事項綜合考量，認以容許其作為認定事實之依據，始符合審判之公平正義，而不予排除，於法尚無不合。原判決考量查獲之安非他命數量龐大，且為政府公告查禁之違禁物，依比例原則，認扣押之安非他命有證據能力，於法尚無不合。」

§416 II即已採納上開精神，規定搜索經撤銷者，審判時法院得宣告所扣押之物，不得作為證據。此外，2003年增訂§158-4規定：「除法律另有規定外，實施刑事訴訟程序之公務員因違背法定程序取得的證據，其有無證據能力之認定，應審酌人權保障及公共利益之均衡維護。」本條的立

法可以避免因為排除法則的普遍適用，致使許多與事實相符的證據，無可例外地被排除的窘境。

依我國實務所見（最高法院93台上644判決），一般而言，違背法定程序取得證據的情形，常因個案的型態、情節、方法而有差異，法官於個案權衡時，允宜斟酌：1.違背法定程序之情節；2.違背法定程序時之主觀意圖；3.侵害犯罪嫌疑人或被告權益之種類及輕重；4.犯罪所生之危險或實害；5.禁止使用證據對於預防將來違法取得證據之效果；6.偵審人員如依法定程序有無發現該證據之必然性，以及7.證據取得之違法對被告訴訟上防禦不利益的程度等各種情形，以為認定證據能力有無的標準，俾能兼顧理論與實際，而應需要。

由此可知，當前證據法則的發展，係朝基本人權保障與社會安全保障兩個理念相調和的方向進行，期能保障個人基本人權，又能兼顧真實發現，而達社會安全的維護。因此，探討違背法定程序取得的證據，是否具有證據能力，自亦不能悖離此一方向。

（三）裁量排除主義的妥善運用

本書認為§158-4採取裁量排除主義，適用上仍須謹慎。因為強制排除主義提供較為明確的操作標準，不似在裁量排除主義須經實務於個案中進行極不明確的裁量。再者，在§158-4的操作下，於衡量被告犯罪的嚴重性與警察違法的情節，往往會使得違法取得的證據並不被排除，若此則無法達到嚇阻國家機關的效果。因此，在保障人權、司法正潔的維持以及正當法律程序的要求下，如違法取得的證據屬於憲法層次上所保障的權利時，仍應當被強制排除。只有在違反者屬於刑事訴訟程序上的要件，不涉及基本權的實質侵害時，才得斟酌採取權衡原則，審查是否具有證據能力。

「權衡理論」的效力僅及於非供述證據而不包含供述證據。蓋供述證據中，是否排除其證據能力，是在判斷「有無」危害當事人的自由意志，凡是以不正方法取得的供述證據，按理都已嚴重侵害了人民的基本權

利，應直接排除其證據能力；而非供述證據中，以判斷違法「輕重」為判斷標準。故「權衡理論」就成為取證時，是否嚴重違背法定程序取的「概括判斷條款」，而違法取得供述證據的法律效果，既已有特別規定，自然毋庸再適用「概括條款」。此外，違法取得供述證據，多屬對人權的重大侵害，例如，刑求逼供。縱使偵查機關不使用強暴脅迫手段，如故意不為§95的權利告知或拐騙手段取得自白均應一律排除。因為§158-4乃賦予證據能力的「例外」規定，適用上應予限縮，以免偵查機關有僥倖心理，而使合法取得證據的誡命規範，成為具文。

當然若違法取得供述證據係出於「急迫」且無其他合法手段取證時，可考慮「例外」適用權衡理論，不必一律排除。例如，逮到一名綁票案的共犯，問出肉票的下落；或使恐怖分子供出炸彈放置何處。在此種急迫情況，被告自由陳述的任意性與不特定多數人的生命財產安全法益相權衡，自由陳述的任意性應予退讓。換言之，§158-4最常被詬病的是其標準含糊籠統不夠明確，但若能兼顧以「急迫」及「其他合法手段取供的可能性」，適用標準較為具體客觀。

不過，應注意的是，證據排除法則在於規範國家的蒐證活動，而非私人的蒐證活動，所以私人違法蒐證（如竊錄）未必排除。最高法院98台上5539判決謂：「私人監聽行為，並無如國家機關的執行通訊監察，應依通訊保障及監察法規定聲請核發或補發通訊監察書等的法定程序及方式；通訊保障監察法第二十九條第三款並明文規定，監察者為通訊的一方，而非出於不法之目的者，不罰。因此私人為保全證據所為的錄音，如非出於不法之目及以違法手段取證，即難謂係非法取得的證據，應無非法證據排除法則的適用。」此號判決，基本上否認證據排除法則適用於私人不法取證行為。

另外，較新的實務意見，如最高法院108台上4094判決認為，「刑事訴訟法上證據排除法則等相關規定，係為防止國家機關以違法侵害人民基本權方式取得證據，故其規範對象係以國家機關為限，並不及於私人。不可歸責於國家機關之私人違法錄音（影）所取得之證據，既非因國家機關

對私人基本權之侵害，自無證據排除法則之適用或類推適用可能，如其內容具備任意性者，自可為證據。且刑事訴訟法與刑事實體法各有不同之功能，因私人違法錄音（影）而受法益侵害之私人，已因刑事實體法之設而受有保護，不能謂法院仍須片面犧牲發現真實之功能，完全不能使用該錄音（影）內容作為證據，始已完全履行國家保護基本權之義務或不致成為私人違法取證之窩贓者。惟為避免法院因調查該證據結果，過度限制他人之隱私權或資訊隱私權，應視該證據內容是否屬於隱私權之核心領域、法院調查該證據之手段造成隱私權或資訊隱私權受侵害之程度，與所欲達成發現真實之公益目的，依適合性、必要性及相當性原則妥為權衡審查。如非隱私權核心領域內容，法院為達成發現真實之公益目的要求，自得使用最小侵害之法定調查方式（例如，以不公開審理方式勘驗，並禁止勘驗結果對外公開，或裁判書遮隱直接或間接足資識別權利人之相關個資或隱私內容），在待證事實之必要範圍內，限制私人之隱私權或資訊隱私權。」

三、毒樹果實理論

違法取得的證據，基於違法取證排除法則，應將之排除，不得作為證據；同樣地，基於違法取得的證據，再透過合法程序所取得的證據，亦不可作為證據，此即所謂「毒樹果實理論」。

換言之，凡經由非法方式所取得的證據，即是「毒樹」；進而獲得的其他衍生證據，縱然是合法取得，亦為「毒果」。在我國法下，成為毒樹的對象包含：非任意性自白的供述證據，以及違法取得的非供述（如違法搜索扣押及勘驗所取得）證據；成為毒果的對象有：基於非任意性自白所取的衍生證據及違法搜索扣押及勘驗所取得的衍生證據。

例如，自白與不正方法之間並沒有因果關係，則表示自白乃非因不正方法所取得，自然合於任意性。惟，若檢警先以強暴脅迫取得自白，之後訊問時，被告所為的自白是否亦受先次不正方法的影響，而必須加以排除？一般而言，被告的自由意志受威脅的情況可能會持續一段時間，倘若

偵訊的環境沒有重大改變的情況之下更是如此。被告於後次所為的自白或許有受前次不正方法的影響，但是如果認為僅一次的不正方法會擴散至所有的自白，將使得國家機關的訴追行為受到莫大的影響，是故此一不正方法的延伸效力應有所限制。所以，被告精神上有受壓迫，足證已經延伸至後次不正方法的時候，後次的自白應不具有證據能力（最高法院95台上1365判決參照）。

　　近期，司法實務對於毒樹果實理論的運用，大概以「鄭性澤案」最為知名。鄭某被控槍殺員警，一度被法院判決死刑；但該案的審理存有瑕疵，引發各界關注。經再審後，法院認為，「若被告第一次自白係出於偵（調）查人員以不正方法取得，該次自白因欠缺任意性即不得為證據，嗣後由不同偵（調）查人員再次為訊（詢）問，並未使用不正方法而取得被告第二次之自白，則其第一次自白是否加以排除，須視第二次自白能否隔絕第一次非任意性自白之影響而定，此即學理上所指非任意性自白之延續效力問題，亦即以第一次自白之不正方法為『因』，第二次自白為『果』，依具體個案客觀情狀加以觀察認定，倘兩者具有因果關係，則第二次自白應予排除，否則，即具有證據能力」，此為該案改判被告無罪的重要理由之一（臺中高分105再3判決參照）。

　　不過，毒樹果實理論仍有例外的規定，必須具體衡量衍生證據與違法取證行為間的關聯，以決定是否排除。這些例外如下：

1. **獨立來源法理**：如果衍生證據可以從獨立的來源獲得時，則該證據不需要加以排除。

2. **稀釋法理**：違法取得的證據與衍生證據之間，若有其他合法的偵查行為介入，則產生稀釋的現象，則衍生證據可以使用（如最高法院93台上6656判決）。

3. **不可避免發現法理**：若該證據縱然不經違法行為亦可發現，則無須加以排除。

4. **誠實善意法理**：偵查機關非惡意違法取證（例如誤以為無效的搜索票為有效，進而為搜索行為），則其所取得的衍生證據無須排除。

第三節　證據調查

壹、調查證據的意義與分類

就證據方法予以調查，藉以獲得證據資料的訴訟行為，稱為「證據調查」。故證據的提出或舉證，原則上由當事人為之，但對於提出的證據予以調查，則應由法院為之。在需要嚴格證明的情形，被認為有證據能力的證據，苟非依法律所定的一定程序予以調查，實不得作為事實認定的資料。

換言之，刑事訴訟上關於犯罪成立（實體爭點）的證明，必須嚴格遵循形式上的法定程序，叫做「嚴格證明」。必須嚴格證明的事項，只能以法定的證據方法證明，並且嚴守法定的調查程序，所得證據才有證據能力。例如，證人是法定的證據方法，證人必須在法庭上陳述，而且必須具結，具結的證言必須受詰問（§166），這樣的證言才具備證據能力。嚴格證明的要求，規定在§155 II：「無證據能力，未經合法調查，不得作為判斷之依據。」所謂「合法調查」，即指必須「嚴格證明」。

證據調查與刑事訴訟的構造有相當程度的關聯性，亦即，在適用當事人原則的國家，證據調查有待於當事人聲請，法院不能自動為證據的調查。但在採用職權原則的國家，即使當事人未為證據調查的聲請，法院仍可自動調查證據。

依§163 I，證據的調查原則應由當事人、代理人、輔佐人、辯護人聲請。然而，告訴人可能相當接近犯罪事實，所以§163 IV規定「告訴人得就證據調查事項向檢察官陳述意見，並請求檢察官向法院聲請調查證據」。又，法院僅於發現真實的必要時，得依職權調查證據。但於公平正義的維護或對被告利益有重大關係事項時，法院應依職權調查證據（§163 II）。其中「公平正義的維護」所指為何，有甲、乙二說，甲說：並非專指有利被告之事項；乙說：應指對被告利益而攸關公平正義的事項。最高法院101第2次刑事庭決議（一）採乙說。此決議公布後引發學

者與實務界熱烈討論，意見頗為分歧。

　　贊成本決議結論者略以：立法上既已採取事當事人進行的對抗模式，則從體系解釋而言，法院只能追求「寧縱毋枉」選擇職權調查對被告有利事項。況且，重點不在於對被告有利或與否，而是法官何時可以介入，以及介入時的態度是否中立客觀。

　　持反對意見者則以：1.決議違反立法解釋，以司法決議凌駕立法意旨；其認為，本法第163條第2項但書並非立法的「隱藏漏洞」，此決議「目的性限縮」的法律解釋，造成規範體系的混淆；2.如此解釋第163條第2項法官應依職權調查證據的意義，將有違「證據預先評價禁止原則」；3.就公平法院而言，法院僅對被告有利事項負調查義務，已違反法官的客觀中立性，最高法院不能以立法者的姿態違反憲法上權力分立原則。

　　此外，最高法院101第2次刑庭決議（二）指出，若檢察官未盡其舉證責任，法院仍得曉諭檢察官聲請調查「案內」存在形式上不利於被告的證據，並須斟酌「卷內」查得的各項直接、間接證據資料而為判斷。學說上認為，如此一來，前段決議對第163條第2項但書之目的性限縮解釋的美意，恐怕將會大打折扣。蓋未能落實檢察官舉證責任時，最後仍然落入法院職權調查的範圍。

　　最高法院101第2次刑庭決議（一）做成後，最高法院101台上2966判決謂：「倘檢察官竟不詳實預作準備，無法說服法官，自應受類似於民事訴訟敗訴之判決結果，以落實無罪推定原則，實現公平法院理念，……。」可知，實務見解有淡化職權原則，朝當事人進行主義傾斜的趨勢。眾所矚目蘇建和案的再審判決（臺灣高等法院100矚再更1判決），亦採相同看法。

　　須注意者，最高法院102台上204判決認為：「不須事前確信對被告有利的證據始得調查，蓋該項證據於調查前，於被告有利或不利，尚不明確，不得因調查之結果對於被告不利，即謂法院違法調查證據；亦非謂一〇一年一月十七日本院一〇一年度第二次刑事庭會議關於刑事訴訟法第一百六十三條第二項但書所指法院應依職權調查之『公平正義之維護』事

項，依目的性限縮之解釋，應以利益被告之事項為限之決議後，法院均不得依刑事訴訟法第一百六十三條第二項前段規定，依職權調查證據。」換言之，該判決認為，即便101年第二次刑事庭會議已修正關於「公平正義的維護」的認定，但在證據調查前，有利與否難以認定，法院為發現真實，仍得「依職權」調查，不能據此認定法院的調查逕屬違法。由此可知，法院職權調查的發動，實務上的認定仍值得觀察。

　　以下是必須經由嚴格證明程序的法定證據方法（包括人的證據方法及物的證據方法）。這些法定的證據方法必須經過法定的調查程序（合法調查）後才有證據能力。

一、人證的調查

　　人證係以人的知識經驗為材料的證據方法，因以人的知識經驗為證據，故須以人口頭陳述。然而人證調查的目的，不僅在於探知證人的經驗內容，且須判斷其思想經驗陳述是否正確，所以對人證的調查不僅要取得其陳述，尚須觀察其陳述態度。此點與物證的調查，僅調查證物本身，可以不考慮證物以外的因素不同。又人證調查的範圍，包括被告、證人與鑑定人（詳述於下節）。

二、物證、文書與音像等的調查

　　物證可供辨識事實，亦即可藉物證推定所發生的犯罪事實，故物證可謂為與犯罪有關的物體。物證通常為有體物，只有與該案有關的物體，始可作為物證，本身注重與案件的關聯性。由於自然科學的發達，使用科學方法檢驗物證推定犯罪事實的可能性提高，故在刑事訴訟程序，物證有愈來愈受重視的趨勢。

　　物證調查的範圍有證據物與證據物的文書等。此外，關於文書以外的證物，具有與文書相同的效用，如錄音、錄影、電磁紀錄或其他相類的證物可為證據者，審判長應以適當的設備，顯示聲音、影像、符號或資

料，使當事人、代理人、辯護人或輔佐人辨認或告以要旨（§165-1）。

三、書證的調查

書證必須在法院或法官之面前，依照法定程序制作後，始可作為證據。偵查機關所作成的文書，如屬於各種強制處分的筆錄，因與法官所作成者無異，故亦可視為書證。法院採為判決基礎的證據，固得援用起訴前或另案的訴訟記錄，但為發現真實起見，除有特別規定及不須調查或不易調查的情形外，法院仍應詳予調查，以為認定事實。書證的範圍包括：訊問、搜索、扣押筆錄、民事、刑事判決、告訴狀、診斷書、鑑定書等。

貳、調查證據的聲請與決定

當事人在第一次審判期日前或審判期日，得聲請法院為調查證據的處分，此外辯護人亦得聲請調查證據（§275），告訴人得就證據調查事項向檢察官陳述意見，並請求檢察官向法院聲請調查證據。惟調查證據以必要者為限，如法院認為無調查的必要，得以裁定駁回其聲請（§163-2Ⅰ）；倘未以裁定駁回時，均應予以調查。故對於證據調查的聲請，法院的處分可分為下列二種情形：

一、聲請駁回的裁定

§163-2Ⅰ的裁定駁回，屬於訴訟指揮，依§404規定，不得抗告。蓋刑事證據的調查，由法院決定，不受聲請的拘束，故不得抗告，只許聲明異議（§288-3）。

二、踐行調查程序

法院如認為當事人或辯護人聲請調查的證據有予以調查的必要，即應逕行調查。一旦認為有調查的必要，嗣後當事人撤回其聲請，仍不受其

影響。又調查證據的範圍、順序、方法等，均由法院自由裁量，不受聲請人意思的拘束。

第四節　人證的調查

壹、被　告

　　被告的自白或其他不利的陳述，得為證據，屬人的法定證據方法，但為保障其人權，確保其陳述自由，如其陳述係出於不正方法取得不得作為證據，就訊問被告而言有一定的順序，先作「人別訊問」、其次「踐行告知義務」、再作事物訊問（本案訊問）。以下說明取得被告供述的程序：

一、人別訊問與踐行告知義務

　　首先，應為人別訊問，即訊問被告的姓名、年齡、籍貫、職業、住所或居所，以查驗其人有無錯誤，如係錯誤，應即釋放（§94）。

　　訊問被告時應先告知下列事項：1.犯罪嫌疑及所犯所有罪名。罪名經告知後，認為應變更者，應再告知；2.得保持緘默，無須違背自己的意思而為陳述；3.得選任辯護人。如為低收入戶、中低收入戶、原住民或其他依法令得請求法律扶助者，得請求之；4.得請求調查有利之證據（§95）。此項告知義務的踐行是對被告訴訟上照顧義務所必須，不可忽略。

　　有疑問的是，違反本條告知義務的法律效果為何？如實務與學理上時常討論者，若檢警違反應告知被告或犯罪嫌疑人得選任辯護人的事項時，所得的自白有無證據能力？最高法院早年認為（例如最高法院72台上1332判決；嗣後經最高法院92第5次刑庭決議不再援用）：如經法院「調查與事實相符，自得資為裁判之基礎。」近期實務看則與學說相同，例如台北地院88訴826判決：「刑事訴訟法第95條的告知義務等等，旨在落實當事人於憲法所保障正當法律程序下，以享有告知及聽聞之權利為前提，並

得以基於其自由意志行使防禦權之權利。從而，實施刑事訴訟之公務員，於訊問被告程序中未遵守上開規定，即屬剝奪被告所享有之正當法律程序保障，其因此取得之被告自白，自不具備證據能力。」另外，最高法院的判決，例如：最高法院87台上4342判決、最高法院87台上4140判決、最高法院86台上3768判決等也與台北地院意見相同。

2003年修法為使檢察事務官、司法警察（官），確實遵守§95②③的權利告知義務，若其等詢問受拘提，逮捕的被告或犯罪嫌疑人時，違反§95②③規定者，所取得的自白或其他不利之陳述，不得作為證據，但經證明其違背非出於惡意，且該自白或陳述係出於自由意志者則不受證據強制排除的限制（§158-2）。

二、訊問方式

訊問被告，應與以辯明犯罪嫌疑的機會；如有辯明，應命就其始末連續陳述；其陳述有利的事實者，應命其指出證明的方法（§96）。若被告有數人時，應分別訊問之；其未經訊問者，不得在場。但因發見真實的必要，得命其對質。被告亦得請求對質。對於被告之請求對質，除顯無必要者外，不得拒絕（§97）。此外，訊問被告應出以懇切之態度，不得用強暴、脅迫、利誘、詐欺、疲勞訊問或其他不正之方法（§98）。被告為聾或啞或語言不通者，得用通譯，並得以文字訊問或命以文字陳述（§99）。被告對於犯罪之自白及其他不利之陳述，並其所陳述有利之事實與指出證明之方法，應於筆錄內記載明確（§100）。

訊問被告應全程連續錄音，必要時並應全程連續錄影；但有急迫情況且經記明筆錄者，不在此限（§100-1）。筆錄內所載的被告陳述與錄音或錄影的內容不符者，除非係有急迫情況且經記明筆錄，否則不符之部分不得作為證據。這樣，可以建立訊問筆錄之公信力，並擔保程序之合法性。至於，違反§100-1Ⅰ所得的自白，實務見解認為，違反全程連續錄音（影）的規定時，先推定被告自白不具任意性，而無證據能力，但是例

外容許檢察官舉反證推翻（最高法院98台上5182判決參照）。另依§100-2規定，被告的訊問規定，於司法警察（官）詢問犯罪嫌疑人時準用之。

依§100-3Ⅰ規定，司法警察官或司法警察詢問犯罪嫌疑人，不得於夜間行之；但是，有下列情形則不在此限：（1）經受詢問人明示同意者；（2）於夜間經拘提或逮捕到場而查驗其人有無錯誤者；（3）經檢察官或法官許可者；（4）有急迫之情形者。犯罪嫌疑人請求立即詢問者，應即時為之。所謂「夜間」是指日出前，日沒後。

關於本法的批評，如「受詢問人明示同意」的規定有所疑義，因一般人民見警察皆有畏懼之心，況且是在夜間，所以應明文規定警察詢問時應事先告知受詢問人有不同意的權利，否則殊難想像常人有勇氣拒絕警察於深夜間的詢問。此外，本條的規範目的，在於消極的防止疲勞訊問；同時兼具積極的權利保護性質。因此，本條目的在保障被告人權及避免違法取供，故不論有無檢察官亦或法官的許可，原則上皆應不允夜間詢問方為妥適。又本法規定，「有急迫之情形」者得於夜間訊問。但是否存有急迫之情形，應嚴格限縮，以避免「例外變成原則」使本條的規範意旨落空。例如，僅限於「重大犯罪」方得例外容許行使夜間訊問；且必須存有必要性及急迫性之情形，因為倘不於夜間訊問將導致立即危險，例如：擄人勒贖案件，為營救被控制的肉票。

三、共同被告的審判程序

由於詰問權係源自憲法§16訴訟權，為被告刑事審判的防禦權。因此，「對質詰問權」在我國有等同基本權的憲法位階，為憲法所保障的訴訟權之一。

§287-2規定，「法院就被告本人之案件調查共同被告時，該共同被告準用有關人證之規定。」規範目的是因法院就被告本人的案件調查共同被告的時候，該共同被告對於被告本人的案件具證人的適格，是故當然應準用人證的規定。如此得以保障被告對質與詰問的權利，共同被告於具結之

後，卻為虛偽的陳述，仍應受偽證罪的處罰。

過去實務上曾認為共同被告不利於己的陳述得採為其他共同被告犯罪的證據（如最高法院31上2423判決、最高法院46台上419判決，後經最高法院95第9次刑庭決議不再援用）；但是，新增§287-2之後，共同被告的陳述對於被告而言，必須準用人證規定；又基於人民訴訟權利的保護，釋字第582號指出，「憲法第十六條保障人民之訴訟權，就刑事被告而言，包含其在訴訟上應享有充分之防禦權。刑事被告詰問證人之權利，即屬該等權利之一，且屬憲法第八條第一項規定『非由法院依法定程序不得審問處罰』之正當法律程序所保障之權利。為確保被告對證人之詰問權，證人於審判中，應依法定程序，到場具結陳述，並接受被告之詰問，其陳述始得作為認定被告犯罪事實之判斷依據。刑事審判上之共同被告，係為訴訟經濟等原因，由檢察官或自訴人合併或追加起訴，或由法院合併審判所形成，其間各別被告及犯罪事實仍獨立存在。故共同被告對其他共同被告之案件而言，為被告以外之第三人，本質上屬於證人，自不能因案件合併關係而影響其他共同被告原享有之上開憲法上權利。」

是故，共同被告於審判上的陳述，皆應依照§287-2適用關於人證的規定，且刑事審判基於憲法正當法律程序原則，對於犯罪事實的認定，為避免偏重於自白，所以無論共同被告於審判上的自白無論對於其他被告是否有利，仍需要其他必要的證據，以使得罪證確鑿無疑。因此共同被告或共犯具備證人適格要件的前提是：共同被告自白具有任意性，且必須分離審判，應該命其具結，且非屬傳聞證據，並保障被告的對質詰問權。故此時法院應先命具結，再行交互詰問的程序。

至於具結前是否應先分離程序，再命其具結，我國實務認為，以立法本旨及文義解釋而言，只要法院就被告本人的案件調查共同被告時，該共同被告即具證人適格，應準用人證規定，「不須」由法院依§287-1的規定，以裁定將共同被告的證據調查程序分離（2003年8月1日刑事訴訟新制法律問題研討會提案第14號研討結果），但未經審判程序分離前，乃共同被告自己的程序，不得命其具結，即令其自願也與法有違，況不經分離程

序，在操作上亦窒礙難行。須注意者，本條適用上同時須搭配§181-1：「被告以外之人於反詰問時，就主詰問所陳述有關被告本人之事項，不得拒絕證言。」才能周全保障被告的對質詰問權。

貳、證　人

一、證人的意義

　　證人是在刑事程序中陳述自己對於犯罪事實所見所聞之人。關於證人，主要的問題大致是：誰可以充當證人（證人資格）？證人的義務與權利是什麼？訊問證人的程序是什麼。訊問證人有什麼限制。關於證人的資格，原則上沒有限制，任何人皆可為證人。目擊者、告訴人、告發人、偵查本案的司法警察均可以是證人。法官、檢察官若為證人，則須迴避（§§17、26）。

　　共同被告在程序分離的情況下可以充當證人。被害人若提自訴，在自訴程序上不可為證人。不過，如為公訴程序，確認被害人屬於證人時，其陳述應具結，依照最高法院93台上6578判決指出：「被害人乃被告以外之人，事實上屬證人，其陳述被害經過，亦應依證人的法定偵查、審判具結，方得作為證據。」鑑定人與證人的角色不同，「鑑定證人」則為證人與鑑定人的重疊角色。

二、證人的特徵

　　為法院或檢察官所命，對自己過去所經驗的事實加以陳述的第三人，稱為「證人」。證人的陳述，稱為「證言」；證人有下列各種特徵：

1. 證人無代替性：證人須由經驗事實的人擔任，經驗事實的人限於一定的人，故除非親自經驗事實，不得為證人，故證人無代替性。
2. 證人有不得拒卻性：經驗事實的人本不甚多，如多數人同時經驗事實，亦應使其都出庭作證為宜。因此，對於證人不得以任何理由予以

拒卻，但證人符合法律所規定的情形者，得拒絕證言（§180）。

3. **無資格的限制**：任何人均可為證人，即使器官有缺損的人、不通中國語言者，皆得為證人。但證人以自然人為限，法人不得為之。

三、證人的義務

任何人，於他人之案件，有為證人之義務（§176）。故證人必須是當事人以外的第三人。其對於待證事實親自見聞事實的人，且依照他的陳述來證明待證事實。

證人有到場義務。傳票至遲應於到場期日「24小時前」送達（§175 IV），如果經上述合法傳喚，不到場得科罰鍰或拘提（§178）。證人也有據實陳述及具結之義務（§186），如於執行審判職務之機關審判時，或於檢察官偵查時，就案情有重要關係之事項，供前或供後具結，不具結或具結後不陳述得科罰鍰（§193）。

另外，證人與被告不同，被告有緘默權，證人不但必須陳述，而且應據實陳述（§§187、189），如果虛偽陳述，成立偽證罪（刑法§168）。但應注意，有些人不得令具結（§186 I）。這些「不得」令具結的人，即使對於案情有重要關係的事項說謊，也不成立偽證罪。

原則上為了確保證人據實陳述意見，依據§186之規定法官應命證人具結；但未滿十六歲之人和因精神或其他心智障礙，致不解具結意義及效果者，法院「不得」命其具結。又此處值得說明的是證人雖然屬於精神或其他心智障礙，但若未達到不理解具結意義及效果者，法院仍應命其具結。此項規範與§§27、31、35、93-1係對身心障礙者訴訟照料從寬之規範意旨有別，此係因避免真實發現的訴訟法原則遭受破壞，故其例外情形不宜過寬。

四、證人的權利

證人有特定的權利。證人可以請求日費或旅費（但被拘提，或無正

當理由，拒絕具結或證言者，不在此限§194 I）。不過，證人最重要的權利應屬「拒絕證言權」（§§179～182）。基於四種原因，特定人可以享有拒絕證言權。第一、公務關係（§179）；第二、身分關係（§180）；第三、證人不自證己罪（§181）；第四、業務關係（§182）。

關於拒絕證言權，宜注意的是，最高法院109台上251判決有謂，「證人，係陳述自己觀察過去事實之第三人，具有不可代替性；因此，凡住居中華民國領域內，應服從我國法權之人民，無分國籍、身分，均有作證之義務。申言之，證人經合法傳喚，即有到場陳述其所觀察事實之義務，此為原則；然衡諸某些特殊之人情義理考量，證人因具有特定關係或就特定事項，為保障其自身重大利益或確保其必要之秘密性，認其有拒絕證言之特權（非絕對性）者，為例外」。

（一）公務關係

依照§179規定，公務員或曾為公務員者為證人，對於職務上應守祕密的事項被訊問時，應得上級長官允許，除涉及國家利益者外，上級長官不得拒絕。然而總統並無上級機關，應如何行使拒絕證言權？釋字第627號認為，總統依憲法及憲法增修條文所賦予的行政權範圍內，就有關國家安全、國防及外交的資訊，認為其公開可能影響國家安全與國家利益而應屬國家機密者，有決定不予公開的權力。總統依其**國家機密特權**，就國家機密事項於刑事訴訟程序應享有拒絕證言權，並於拒絕證言權範圍內，有拒絕提交相關證物之權。至於，所謂「妨害國家的利益」的認定，應由法院來裁量。而總統對於駁回的處分或裁定如有不服，得聲明異議或抗告，由高等法院或其分院以資深庭長為審判長的法官五人組成特別合議庭審理之。特別合議庭裁定前，原處分或裁定應停止執行（釋字第627號解釋理由書）。足見總統拒絕證言或拒交證物是否有理，須受司法審查，非可自行認定之。

（二）身分關係

　　證人與被告或自訴人有特殊關係的人，若強求作證，恐將有損證人與被告或自訴人的親密關係。法律不強人所難，因此免除作證義務。配偶、五親等內的血親或三親等內的姻親，若協助依法逮捕拘禁的人脫逃、藏匿人犯或使之隱避、或是偽造、變造、湮滅或隱匿刑事案件的證據，減輕或免除其刑（刑法§§164、167、165）。拒絕證言權的規定與前述刑法的寬免規定，都基於法律不強人所難的基本道理。因此本法§180Ⅰ規定，證人有下列情形之一者，得拒絕證言：1.現為或曾為被告或自訴人之配偶、直系血親、三親等內之旁系血親、二親等內之姻親或家長、家屬者；2.與被告或自訴人訂有婚約者；3.現為或曾為被告或自訴人之法定代理人或現由或曾由被告或自訴人為其法定代理人者。

　　拒絕證言權的規定，非我國獨有。如德國刑事訴訟法有相同的規定（例如被告近親的拒絕證言權，德國刑訴法§52Ⅰ）。近親有拒絕證言權，但若自願放棄這項權利，仍可以作證（§180Ⅰ）；如果虛偽陳述，也不成立偽證罪。

　　由於我國重視親屬與倫常關係，故在制訂拒絕證言權時，無法如同美國僅限於夫妻之間始可保有。但是，參酌同樣講求親族關係的日本，其所承認的拒絕證言權，亦較我國狹窄。尤其，現代社會親屬關係已不如從前農業社會那般親密，若親屬拒絕證言權範圍過寬反而不妥，未來修法有加以限縮的必要。

（三）證人不自證己罪

　　因害怕作證陳述而使自己受刑事追訴的人，有拒絕證言權（§181），若自願作證，法院可以許其陳述，但應告以得拒絕證言（§186Ⅱ）。此種情況的拒絕作證，不必敘述原因，因為敘明拒絕的原因等於交代自己的犯罪事實，檢察官或審判長「得命具結以代釋明」（§183Ⅰ但書）。此外，同一程序中證人不得僅就一部事實主張拒絕證

言；相異程序時，雖然前程序未主張拒絕證言，於後程序仍可主張之。又，「證人之陳述是否因揭露犯行而有自陷入罪之虞，得以行使刑事訴訟法第181條之拒絕證言權，必須到場接受訊問後，針對所訊問之個別具體問題，逐一分別為主張，不得以陳述可能致其受刑事訴追或處罰為理由，而概括拒絕回答一切問題，以致妨害真實之發現。」（最高法院109台上598判決）

　　值得注意的是，這裡可能存有一立法疏漏，那就是司法警察詢問證人時的§196-1未準用，證人於司法警察調查詢問時，就應該有被告知拒絕證言權的權利，故宜增訂司法警察於詢問之時，亦需告知證人有得拒絕證言權的權利。

　　基於不自證已罪的拒絕證言權，屬於證人的權利，並非當事人可以主張，所以有違反§§181、186Ⅱ時，雖不可以此為追訴審判該證人的不利證據，但是仍得為本案被告的證據。實務見解如最高法院101台上字641判決認為：「拒絕證言權，專屬證人的權利，非當事人所得主張，證人拒絕證言權及法院告知義務的規定，皆為保護證人而設，非為保護被告，法院或檢察官違反告知義務所生的法律效果，僅對證人生效，故違反告知義務的證人證詞，對訴訟當事人仍具證據能力。」此說乃係基於「權利領域理論」而來。

　　須注意者，並非證人一主張行使拒絕證言權時，法院或檢察官就會准許，依§183Ⅱ規定：「拒絕證言之許可或駁回，偵查中由檢察官命令之，審判中由審判長或受命法官裁定之。」由此可知，對於證人可否行使拒絕證言權，仍需法官或檢察官的裁量准許，始可為之。

　　不過，關於檢察官前的具結程式，顯然與證據法則運作有違，因為在偵查中經具結後的鑑定結果，於審判中可能會以書證的方式將其列為傳聞法則的例外，剝奪了被告防禦機會與權利。因此，為了確立法官與檢察官屬性不同的觀點，有關檢察官前的具結程式宜予廢除，方能落實法庭中當事人實質對等的訴訟構造。

　　另外，為保障共同被告原有的被告權利，不因§287-2而受影響，所

以程序依§287-1分離審判之前，共同被告得行使緘默權；分離審判之後，其身分轉換為證人，其所行使則為拒絕證言權。由於本法並沒有就檢察官或法院若未踐行§186 II的「告知義務」的法律效果設有明文的規定，而學說上有認為，該告知規定僅有具訓示的效果，若有違反告知義務，其所得之證言仍為有效。

不過，最高法院94台上51判決則認為此告知義務的規定，並非僅具有訓示的效果。故若未告知等於藉具結程式強迫證人必須為真實陳述，違反「不自證己罪原則」，應依§156 I規定，其所為陳述不得成為對該證人不利證據。

（四）業務關係

因特殊的業務關係而享有拒絕證言權的人（§182），如果願意作證陳述，法院得許其陳述，並令具結（§186）。若虛偽陳述，成立偽證罪。至於執行特殊業務的人，如果就業務祕密在法庭上作證陳述，是否成立刑法§316洩漏業務知悉祕密罪？容有爭執。

特別值得一提的是，「**新聞從業人員之拒絕證言權**」，由於現行法並未將之納入規定，殊值探討。依據釋字第364號解釋：「為滿足社會大眾知的權利，對於消息來源有予保密的必要；然而，新聞自由雖為憲法言論自由所保障的範圍，仍非不可依法律保留的方式，由法律予以限制。」

本書認為，新聞從業人員是否有拒絕證言權，可以分從兩方面來看。若媒體的消息來源得自特定人，此提供消息者信賴媒體不會揭露來源，則新聞從業人員享有拒絕證言權；假如媒體如果透露消息來源，將間接使提供消息者曝光，也享有拒絕證言權（德國聯邦最高法院也採這個意見）。反之，媒體所持有的資訊是自己查訪所得，就沒有拒絕證言權，在此情況下，媒體持有的檔案資料就可以被搜索扣押。但是，如果自己所研析找出的事實與獲得的資訊有不可分予的關係，一旦公布該項事實將可能使得提供消息者曝光時，則此時應允以拒絕證言權，故宜修改§182，將記者拒絕證言權及其限制明文規定。換言之，新聞記者的拒絕證言權應非

絕對之權利。亦即，如有更重大的社會利益時，其拒絕證權應退讓。如新聞記者掌握足以影響判決結果的重要資訊，卻仍容其拒絕證言，誤判的可能性即大為增加，故為了避免誤判的重大社會利益與新聞媒體拒絕證言權的利益發生衝突，如新聞媒體所掌握者，確實為審判中不可或缺、足以改變判決結果的訊息，且無法以其他方式得到此一訊息時，應得對強迫媒體陳述，以避免誤判。

五、證人的訊問

證人因傳喚到場者，除確有不得已的事故外，應按時訊問之（§192準用§74，但有例外）。對於證人之訊問應出以懇切之態度，不得用強暴、脅迫、利誘、詐欺、疲勞訊問或其他不正之方法（§192準用§98）。證人如果聾啞或語言不通，得用通譯（§192準用§99）。訊問證人，應全程錄音錄影，筆錄內容與之不相符者，除急迫情形之筆錄外，不符之部分不得作為證據（§192準用§101-1Ⅰ、Ⅱ）。

為使證人的陳述臻於真確，回憶不致於發生問題，應對證人予以適當的訊問，訊問證人之目的不僅在於了解犯罪事實，且在於了解證人與被告的關係，藉以判斷證言證明力的高低。為了解犯罪事實，遂須對證人為事的訊問，稱為「本案訊問」。為了解證人與被告的關係，則須調查其人有無錯誤，及證人與被告有無親屬、婚約或法定的代理人關係等，稱為「人別訊問」。

六、證人的詰問

審判長對證人為人別訊問後，當事人、代理人或辯護人得直接「詰問」證人，或聲請審判長詰問之（§166Ⅰ）。證人如果是當事人聲請傳喚者，先由該當事人或辯護人詰問，然後由他造的當事人或辯護人詰問；再其次，由聲請傳喚的當事人或辯護人「覆問」（§166Ⅱ）。

（一）證人詰問之目的

交互詰問的意義在保障被告直接面對面，詰問不利於己的證人的權利，此項詰問權的重點在於保障被告，亦有稱為交叉詢問，就是刑事案件在法院開庭調查證據時，可以由被告（或辯護律師）、檢察官分別對證人直接問話，使證人講出對自己一方有利的證據；或是發現對方所舉的證人為不實的虛偽陳述遂而不被採信。

因為進行交互詰問，必須遵守一定的順序，一方問完才輪到另一方發問，所以才稱交互詰問。交互詰問乃發現真實的最佳的方法，其基於兩點原理：第一、各造當事人對於己方「有利」之所在以及他造「不利」之所在，最為關切或熟悉，故委由兩造當事人「提出證據」，最能全盤托出而無遺漏；第二、透過反詰問「質問證人」揭露出潛藏在證據內部的謬誤訊息，最能檢驗證言的憑信性。

（二）詰問的分類

詰問可分為偵查中的詰問與審判中的詰問二種：

1.偵查中的詰問

檢察官訊問證人、鑑定人時，如被告在場者，被告得親自詰問；詰問有不當者，檢察官得禁止之（§248 I）。然而被告在偵查程序中被檢察官就其所涉嫌的犯罪予以調查而詰問證人時，無法獲得辯護人的協助，故在此情況之下，被告對證人能予以適當的詰問，並不容易。

另外，如有偵訊被害人之必要時，得有人陪同在場陳述意見。由於被害人受害後心理、生理、工作等極待重建的特殊性，§248-1規定，被害人於偵查中受訊問或詢問時，其法定代理人、配偶、直系或三親等內旁系血親、家長、家屬、醫師、心理師、輔導人員、社工人員或其信賴之人，經被害人同意後，得陪同在場，並得陳述意見，以減少二度傷害。

2.審判中的詰問

偵查中對證人所為的詰問，因偵查不公開之故（§245 I），所以對證人的詰問亦在不公開的情況進行。但審判原則上公開進行，故對證人的詰問亦公開為之，且被告對證人的詰問，尚可獲得辯護人的協助，因此審判中被告較為自由，是以審判中的詰問較易進行。茲將審判中所進行的詰問，分述於次：

（1）主詰問：證人、鑑定人，由審判長為人別訊問後，應命當事人、代理人、辯護人或輔佐人直接詰問之，被告如無辯護人，而不欲行詰問時，審判長仍應予詢問證人、鑑定人的適當機會（§166 I），證人如係當事人聲請傳喚者，先由該聲請傳喚之當事人、代理人或辯護人為主詰問。若兩造同時聲請傳喚之證人、鑑定人，其主詰問次序由兩造合意決定，如不能決定時由審判長定之（§166 VI）。如係法院依職權傳喚之證人或鑑定人，經審判長訊問後，當事人、代理人或辯護人得詰問之，其詰問次序由審判長定之（§166-6）。

主詰問應就待證事項及其相關事項為之（§166-1 I），亦即，主詰問的範圍應依**「關連性法則」**定之，而行主詰問時，不得為誘導詰問。所謂「誘導詰問」是指詰問者對供述者暗示其所希望的供述內容，而於問話中含有答話的詰問方式，例如詰問者詰問證人：「你是否於某年某月某日下午，於某處看見被告拿刀殺人？」此即屬誘導詰問。就實務經驗而言，若行主詰問者為誘導詰問，證人極有可能迎合主詰問者的意思，而做非真實的供述，因此原則上於主詰問時不得為誘導詰問。

但是，為發現真實的必要，或無導出虛偽供述危險時，則例外於下列情形，允許行主詰問時為誘導詰問（§166-1 III但書）：①未為實體事項的詰問前，有關證人、鑑定人的身分、學歷、經歷與其交遊所關的必要準備事項。②當事人顯無爭執的事項。③關於證人、鑑定人記憶不清的事項，為喚起其記憶所必要者。④證人、鑑定人對詰問者顯示敵意或反感者。⑤證人、鑑定人故為規避的事

項。⑥證人、鑑定人為與先前不符的陳述時，其先前的陳述。⑦其他認有誘導詰問必要的特別情事者。

（2）反詰問：證人被主詰問後，次由他造的當事人、代理人或辯護人為反詰問。反詰問之目的在於彈劾證人、鑑定人供述的憑信性，及引出在主詰問時未揭露或被隱瞞的另一部份事實，而達發現真實之目的。反詰問的範圍應就主詰問所顯現的事項及其相關事項或為辨明證人、鑑定人的陳述證明力所必要的事項為之（§166-2Ⅰ）。此外行反詰問時，為發現真實，就支持自己主張的新事項經審判長許可後，亦得為詰問（§166-3Ⅰ）。不過此種詰問，性質上為主詰問，而非反詰問，因此對造的當事人、辯護人對該新事項自然取得反對詰問權。

　　行反詰問時，因證人、鑑定人通常非屬行反詰問一造的友性證人，較不易發生證人、鑑定人附和詰問者而為非真實供述的情形，且經由反對詰問程序而發現證人、鑑定人於主詰問時的供述是否真實，經由誘導詰問，更能發揮推敲真實的效果。故於反詰問時允許為誘導詰問（§166-2Ⅱ），然為防止證人、鑑定人亦有迎合或屈服於詰問者意思的可能，或招致羞辱的危險，誘導詰問應於必要時始得為之。

（3）覆主詰問：由聲請傳喚的當事人、代理人或辯護人為之。亦即首先為主詰問的一造覆問。覆主詰問的範圍應就反詰問所顯現的事項及其相關事項為之。此外行覆主詰問，應依主詰問方式為之（§166-4ⅠⅡ）。亦即，原則上不得為誘導詰問，且為發現真實，經審判長許可後，就支持自己主張的新事項，亦得為詰問。

（4）覆反詰問：由他造當事人、代理人或辯護人為之。覆反詰問應就辨明覆主詰問所顯現證據證明力必要的事項為之，行覆反詰問，應依循反詰問的方式為之（§166-5）。

（三）詰問時審判長的職權

詰問雖係當事人、代理人或辯護人的權利，原則上不得禁止，但為期正當的詰問，使法庭審判程序順利進行，審判長為維持法庭秩序、有效發現真實，仍得適當限制、禁止詰問的方式、時間。茲分述如下：

1.禁止詰問

當事人、代理人或辯護人詰問證人、鑑定人時，審判長除認其有不當者外，不得限制或禁止之（§167）。審判長訴訟指揮權的行使，原則上需尊重當事人的詰問權，僅於防止詰問權的濫用，造成不必要及不當的詰問，致使審判程序遲滯時，始可限制或禁止之。

§166-7規定，詰問證人、鑑定人及證人、鑑定人的回答，均應就個別問題具體為之。如有下列的情形者，屬不當的詰問，不得為之；但§166-7⑤～⑧的情形，於有正當理由時，不在此限。§166-7所列的十款規定，分述如下：（1）與本案及因詰問所顯現的事項無關者；（2）以恫嚇、侮辱、利誘、詐欺或其他不正的方法者；（3）抽象不明確的詰問；（4）為不合法的誘導者；（5）對假設性事項或無證據支持的事實為之者；（6）重覆的詰問；（7）要求證人陳述個人意見或推測、評論者；（8）恐證言於證人或與其有§180 I 關係之人的名譽、信用或財產有重大損害者；（9）對證人未親身經歷事項或鑑定人未行鑑定事項為之者；（10）其他為法令禁止者。

2.補充或續行訊問

證人、鑑定人經當事人、代理人或辯護人詰問完畢後，審判長得為補充或續行訊問（§§166 IV、166-6 II）。在當事人進行原則的色彩下，法院依職權調查證據居於補充性、輔佐性的地位，及因發現真實的必要而為之。因此，證人、鑑定人，經當事人、代理人或辯護人詰問完畢後，審判長得為補充性地訊問證人、鑑定人。如係法院依職權傳喚的證人或鑑定人，經當事人、代理人或辯護人詰問完畢後，審判長得為續行訊問。

3.異議裁定

詰問制度的設計，在於使當事人、代理人或辯護人於審判程序中積極介入。然而詰問中，當事人兩造的攻擊、防禦，難免會有偏離證據法則的常軌，為使訴訟程序合法、妥適，當事人、代理人或辯護人對於他造向證人、鑑定人所為的詰問及證人、鑑定人的回答，均得「聲明異議」以防止不當或違法的詰問及證人、鑑定人恣意的回答，影響審判的公平、公正，或誤導事實。茲就聲明異議及法院的裁定，分述之。

（1）聲明異議：聲明異議有三個基本原則：A.針對各個特定行為。B.附簡要理由。C.即時為之（§167-2 I）。當事人、代理人、辯護人或輔佐人聲明異議後，詰問程序應即停止，因此證人、鑑定人於當事人、代理人或辯護人聲明異議後法院做出裁定前，應停止陳述（§167-2 IV）。此時法院應與相對人陳述對於該異議的意見（§167-2 III）。於一造聲明異議後，兩造均應遵守審判長的訴訟指揮，不宜出現相互「搶話」的情形，以免影響訴訟程序的進行。

（2）法院處分：當事人、代理人或辯護人聲明異議時，法院應立即處分（§167-2 II）。對於聲明異議的處分得分成兩種情形：

A. 處分駁回：法院認異議無理由，或有遲誤時機、意圖延滯訴訟或其他不合法的情形者，應以處分駁回之。但若遲誤時機的聲明異議事項，與案情有重要關係，顯足以影響判決的內容或審判的公平時，則不受提出時機的限制（§§167-3、167-4）。至於法院的處分以當場宣示或製作文書送達，均無不可，但應由書記官記明筆錄以便審查。

B. 分別為中止、撤回、撤銷、變更或其他必要的處分：法院認異議有理由者，應視其情形，立即分別為中止、撤回、撤銷、變更或其他必要的處分（§167-5）。例如對於主詰問者為誘導詰問時，命其撤回，或修正問題後再為詰問。另外，為免訴訟遲延且有害於程序的安定，對於法院就聲明異議所為的處分，不得再聲明異議或抗告（§167-6）。

七、證人的指認

指認是實務常使用的人證調查方式，乃對於人別的辨認，其證據方法僅係令指認人就指認對象的全體形貌、膚色、體型及其他身體狀況做綜合觀察而為辨認。一般人對於人別的認知，通常較欠缺相關幫助記憶的資訊，但案發時記憶較深刻，故調查此項證據，宜掌握時效，不能適用審判外陳述的排除法則。（參照最高法院98台上5532判決）。除非有拒絕證言權，證人有參與指認程序的義務。由於證人的記憶可能模糊，司法實務上認為應有一套嚴謹的指認程序法則。

（一）一對一指認

此項程序，大都將犯罪嫌疑人或被告一人帶至證人面前，或向證人提示犯罪嫌疑人或被告的卡片或相片，令證人指證；此等由證人與犯罪嫌疑人或被告一對一、或向證人提示犯罪嫌疑人或被告單一照片或卡片的指證方式，雖未違反現行法律的規定，但因其具有被指證者即為犯罪行為人的強烈暗示，以致指證錯誤的情形屢屢發生，甚至造成無辜者被誤判有罪的情形（參照最高法院94台上478判決）。

（二）真人列隊指認

鑑於一對一、單一相片指認的瑕疵，最近實務認為除非有例外情形，否則應採「真人列隊指認」，如最高法院97台上2238判決謂：「刑事訴訟實務上對人的指認，係由被害人或目擊證人指出實行犯罪行為之人，鑑於其正確性常受指認人本身觀察力、記憶力及真誠程度等因素所影響，且案發後的初次指認對案件偵查的方向、甚或審判心證的形成，甚為重要，當力求慎重無訛，固以『真人列隊指認』方式為宜，不應由單獨一人，或僅提供單一照片或陳舊相片，以供指認，但若犯罪嫌疑人曾與指認人長期且近距接觸而無誤認之虞者，自仍得單獨指認。因而實務有認為單一相片指認在審判中應排除其證據能力，如最高法院97台上6822判決謂：「僅提

供上訴人等人的相片供指認，並未提供其他與本案無關之人之相片，供上開證人分辨、比對，顯與『列隊指認』的實質效果有別，其指證即有瑕疵，應無證據能力。」

值得注意的是，由於我國現行刑事訴訟法對於指認沒有相關的規定，僅有法務部及內政部詳盡規定指認規則及標準，例如，偵查過程中指認犯罪嫌疑人，係採取「選擇式」列則隊指認，而非一對一「是非式的單一指認」。設置單面鏡指認室；供選擇指認下之數人在外形上不得有重大的差異；實施照片指認時，不得以單一相片提供指判認時，並避免提供老舊照片指認：指認前應由指認人先陳述嫌疑人的特徵、不得試圖對指認人進行誘導或暗示；指認前提示指認人犯罪嫌疑人可能不在其中，或其外貌已經改變；多人指認時應分開實施，並禁止互相討論（參照檢察機關辦理刑事訴訟案件應行注意事項§99）。

不過，近來實務見解不認為指認程序未符指認規則及標準，即當然無證據能力而與前述最高法院97台上6822判決的見解迥異。如最高法院100台上925判決謂：「內政部警政署訂有『警察機關實施指認犯罪嫌疑人程序要領』，要求司法警察、司法警察官於調查犯罪嫌疑人所為之指認，應採取選擇式的真人列隊指認，並不得有任何可能暗示、誘導的安排出現。惟該指認要領的規範，旨在避免指認人於指認過程中所可能形成的記憶污染或判斷誤導，致為不正確的指認。但指認的程序，除須注重人權的保障外，亦需兼顧真實的發現，以確保社會正義的實現，故未依上開要領而為指認，苟指認人係基於其親歷事實的知覺記憶而為指認，並無受不當暗示或誘導介入的影響，就其於目睹犯罪事實時所處的環境，確能對犯罪行為人觀察明白、認知犯罪行為人行為的內容，且該事後依憑其個人知覺及記憶所為的指認，復未違背經驗法則或論理法則，即難僅因指認人的指認程序與上開要領規範未盡相符，而遽認其無證據能力。」

學說上認為此一判決符合美國法上的「門山指認法則」理論，蓋審判外指認程序正當與否，並非以「單一指認」或「排列指認」作為唯一的區別標準，而在於指認人對於被告的印象，係存在於警方指認程序之前，

或係受警方的不當暗示或誘導始形成。若其於案發時所處的環境能明白觀察犯罪行為人，即令在警詢時係為單一指認，而與指認要領的規範未盡相符，但指認人依憑其個人親歷事實的知覺記憶所為的指認，尚無受誘導而為不正確指認的可能。因此，其庭外指認自應具證據能力。

參、鑑定人

　　鑑定人（§§197～209）與證人不同。鑑定人是具有專業知識之人，對於待證事項提供專業的「意見」，例如，遭槍擊的屍體有火藥味，鑑定意見認為兇手在貼近死者的情況下開槍；鑑定意見認為，被告殺人應該是在精神分裂病發作時所為。

一、鑑定人的特徵

　　為取得證據資料，指定因學識、技術、經驗、訓練或教育而就鑑定事項具有專業能力之第三人，就其無關親身經歷的特定專業事項報告其判斷意見，稱為「鑑定」。受法院或檢察官命為鑑定之人，稱為「鑑定人」。

　　雖然我國刑事訴訟法對於鑑定採任意鑑定制，不採強制鑑定制，故對於某一事項有無送付鑑定的必要，完全由審理事實的法院裁量決定。但是鑑定事項往往會涉及到重要法律事實判斷，故不難在實務上見到因為原審未為鑑定而遭上級法院駁回原審判決之例，例如上訴人於原審聲請函送法務部調查局鑑定該契約書上的簽名及印文是否真正，而上訴法院認為原判決未與鑑定，即遽為判決，有欠妥適。

　　鑑定人為人證之一種，其以陳述為證據，雖與證人同，但鑑定人有下列特徵：

（一）鑑定人有代替性

　　經政府機關委任有鑑定職務者，得為鑑定人。但鑑定人並不以此為限，即就鑑定事項因學識、技術、經驗、訓練或教育而就鑑定事項具有專

業能力者（§198），亦得擔任之。可見鑑定人不限於一定之人，凡有專業學識或經驗者均可為鑑定人，故鑑定人有代替性，反觀證人對於待證事項，陳述自己的所見所聞；證人陳述「事實」，而非提供意見。證人有不可替代性，鑑定人則有替代性，所以鑑定人經傳喚不到場，雖可以由法院裁定罰緩（§197準用§178 I），但不能拘提（§199）。鑑定人應具結，並據實提供專業意見（§202），如果故意提供虛偽的鑑定意見，可能成立偽證罪（刑法§168）。

（二）鑑定人有得拒卻性

鑑定人的意見可能影響當事人的利益，所以當事人可以依照聲請法官迴避的原因，拒卻鑑定人（§200 I）。拒卻鑑定人，應說明原因；許可或駁回，偵查中由檢察官命令之，審判中由審判長或受命法官裁定（§201）。故鑑定人有得拒卻性，以求鑑定的公平。

（三）鑑定人有資格的限制

鑑定人限於因學識、技術、經驗、訓練或教育而就鑑定事項具有專業能力，或經政府機關委任有鑑定職務，對被命為鑑定事項具有專業能力者；苟無此專業能力或經驗，不應任命其為鑑定人。因此，鑑定人有資格的限制。

（四）實際鑑定人有報告及說明義務

刑事訴訟法規定除選任自然人充當鑑定人外，另設有機關鑑定制度，即法院或檢察官得囑託醫院、學校或其他相當的機關為鑑定，或審查他人的鑑定，其鑑定程序並準用§§203～206-1的規定。

由於實務運作上，常有囑託法人或非法人的團體為鑑定的情形。例如，囑託職業公會為鑑定。有鑑於目前受囑託從事鑑定的機關或團體，常有採行合議制的情形，故為探求真實及究明鑑定經過，法院或檢察官應得命實際實施鑑定或審查的人到場報告或說明。前項實際實施鑑定或審查之

人以言詞報告或說明其鑑定經過或結果時，其身分與鑑定人相當，應有具結之義務，且當事人、代理人或辯護人亦得詢問或詰問之（§208）。

二、鑑定的程序

（一）鑑定程序的聲請者

偵查中，檢察官認為有必要時自得依據§198之規定來選任鑑定人並行鑑定程序。又因現行實務越來越藉助於鑑定結果，以利發現真實，故被告、辯護人及得為被告輔佐之人得向檢察官請求鑑定（§198-1 I）。而為了使偵查程序妥速及爭點明確，上述請求權人應向檢察官提出請求鑑定書狀，並載名人選、鑑定與待證事項（§198-1 II準用§163-1 I ①②）。不能提出此請求鑑定書狀者，若有正當理由或其情況急迫者得以言詞為之，除說明請求鑑定事項以外，亦須由書記官製作筆錄（§198-1 II準用§163-1 III、IV前段）。又此請求並非聲請，故檢察官自可依案件偵查之具體情形決定是否採納及其鑑定範圍，並適時以適當方式使請求人知悉。

審判中，除了法院得依職權來進行鑑定程序以外，當事人也得依§198-1 III向法院聲請選任自然人鑑定人進行鑑定，也可以依§208 IV向法院聲請囑託機關鑑定。

（二）原則於法院內為之

鑑定應於法院內為之，但必要時，審判長、受命法官或檢察官，得使鑑定人於法院外為鑑定。鑑定人於法院外鑑定時，得將關於鑑定的物交付鑑定人（§203 I、II）。

而鑑定人於鑑定的必要，得經審判長、受命法官或檢察官的許可，檢閱卷宗及證物，並得請求蒐集或調取之，亦得請求訊問被告、自訴人或證人，並許其在場及直接發問（§205）。此外，行鑑定時，如有必要，法官或檢察官得通知當事人、代理人或辯護人到場，但事先陳明不願到場者，不在此限（§206-1）。

（三）當事人陳述意見及在場權的保障

為了使檢察官在偵查中可以妥適選任鑑定人，故賦予被告、辯護人在選任程序中有陳述意見的機會。然而，因為偵查程序有時候涉及到急迫性、被告不明或偵查秘密洩漏情況，故檢察官對於被告、辯護人有關選任鑑定人之陳述意見有裁量權（§198-2 I）。審判中，為使法院就特定鑑定人之選任及如何實施鑑定更為完備，得使當事人、代理人、辯護人或輔佐人對此陳述意見，以利真實發現並促進訴訟（§198-2 II）。

鑑定時應保障「當事人之在場權」。因為，當法院或檢察官命行鑑定時，鑑定結果可能於事實的認定產生重大影響，故應賦予當事人、代理人或辯護人到場的機會，藉著鑑定程序的透明化及當事人適切的表達意見，可減少不必要的疑慮或澄清相關爭點。且為保障當事人在場的機會，鑑定的日時及處所，應預行通知，以方便當事人、代理人或辯護人到場。

不過，進行鑑定時，常因經常需要較長的時間，並涉及特殊的鑑定技術及方法，宜由法官、檢察官斟酌個案的具體情狀，於必要時，通知當事人、代理人或辯護人到場，但其事先陳明不願到場者，不在此限（§206-1 II）。

（四）鑑定人之資訊揭露

為確保鑑定人之中立性及公正性，鑑定人就案件之相關專業意見或資料之準備或提出，應揭露其與該案件被告、自訴人、代理人、辯護人、輔佐人或其他訴訟關係人等之分工或合作關係、有無金錢報酬或資助等相關資訊，以判斷實施鑑定之人是否有偏頗或足認有不能公正、獨立執行職務之虞（§198 II）。即使是當事人聲請法院囑託機關鑑定或自行委任機關鑑定者，受囑託或委任鑑定機關，均應揭露上述資訊（§208 IV、V準用§198 II）。

但若屬於檢察官囑託機關鑑定或法院非依當事人聲請，而依職權囑託機關鑑定者卻不需要揭露上述資訊，因§208 I 並未準用§198 II規

定，此部分是否有立法疏漏，恐值得關切。另此處的揭露也不包含其與所指之審判長、受命法官或檢察官之利益關係。此外，在機關鑑定的情形亦是如此，鑑定機關實施鑑定時主要仍是由自然人為之，故鑑定或審查之人也應由符合§198 I 規定之人充之，並準用§202規定即於鑑定前具結及應於書面報告內具名。即使是合議制的機關鑑定，也應當於鑑定報告書中實施鑑定或審查之人具名，就其內部分工部分也應具名且具結（§208 Ⅱ）。

（五）鑑定報告書應載事項

鑑定人之言詞或書面報告，在司法實務中，可能出現鑑定報告書內容不夠充實，而出現鑑定人專業能力、鑑定是否具有可靠的專業原理等質疑，故為了使鑑定事項有助於法院認定事實及保障被告得對此提出有效辯護，故依§206 Ⅱ 規定，鑑定報告書應當包括以下事項：「一、鑑定人之專業能力有助於事實認定。二、鑑定係以足夠之事實或資料為基礎。三、鑑定係以可靠之原理及方法作成。四、前款之原理及方法係以可靠方式適用於鑑定事項」。鑑定人或鑑定機關之書面報告如有欠缺前述所列事項或有不足之處，法院宜函請鑑定人、鑑定機關就欠缺或不足之處補正。

關於鑑定人、實施鑑定或審查之人之專業能力有助於事實認定，係指如，鑑定人、實施鑑定或審查之人之學經歷、曾參與鑑定事項相關之訓練及時數、取得之專業資格或證照、曾受選任、囑託或委任鑑定之案件類型、鑑定事項及件數。另，鑑定係以足夠之事實或資料為基礎：例如，實施鑑定或審查所參考之本案卷證及相關資料，包括特定領域專家於一般情形合理可信賴為鑑定基礎者，國民參與審判案件則不以經法院裁定於本案審判程序調查之證據為限。

又，鑑定係以可靠之原理及方法作成：例如，鑑定使用之鑑定方法、程序及設備、該鑑定方法能被檢驗及驗證、曾經同儕審查或公開發表、有已知或潛在的錯誤率及標準操作程序，並在相關領域獲得普遍接受。此外，鑑定之原理及方法係以可靠之方式適用於鑑定事項：鑑定人將

事實及資料套用於原理及方法的過程，應確實適用該原理及方法，使事實資料、原理方法及待證事實緊密結合。此等鑑定經過之相關事實，應載明於鑑定報告。

（六）鑑定人之到庭說明及受交互詰問

1.自然人的鑑定

2023年修法前鑑定人是否應到庭接受交互詰問，一直以來均有爭議，即使在司法實務中也存在不同的看法。實務認定鑑定報告書時還常以§159立法理由中所稱「本條所謂法律有規定者，係指第二百零六條」為理由，並認為鑑定報告書屬於法律特別規定而不屬於傳聞證據，故無需讓鑑定人到庭接受交互詰問。

不過，修法後已於§206立法理由中肯認鑑定的書面報告性質上屬於傳聞證據，並且不再援用§159之立法理由，故實施鑑定之人原則上必須於審判中以言詞來進行說明，才不會悖於直接審理主義、言詞審理主義。又為了保障當事人對質詰問權，審判中應使實施鑑定之人到庭，由當事人及辯護人透過交互詰問來充分檢驗實際實施鑑定之人之資格、專業與中立性、鑑定實施之經過及其結果（§206Ⅲ）。除非，當事人願意放棄其對質詰問之權利，故當當事人明示同意書面報告得為證據者，則得例外不用進行交互詰問程序，即得將鑑定報告作為證據。

2.機關鑑定

過去機關所出具的鑑定報告書是否屬於傳聞證據，也有許多爭議，尤其是實務普遍認為機關鑑定屬於特別可信之文書，亦屬於法律規定之傳法例外，故不適用§159。但修法後，原則上機關鑑定的報告書也屬於傳聞證據，故仍準用有關於自然人鑑定規定，換言之，實施鑑定或審查之人仍須到庭受交互詰問，以符合直接審理、言詞審理主義。

然而，有以下三個例外值得說明，第一個例外是當事人同意作為證據的情況，此係當事人自願放棄其對質詰問權利及尊重當事人處分權，故

得以例外作為證據。

另外，還有兩類例外，分別是（1）「依法令具有執掌鑑定、鑑識或檢驗等業務之機關所實施之鑑定」，例如：醫事審議委員會依據醫療法§98受法院和檢察官委託鑑定、內政部警政署刑事警察局、法務部調查局、衛生福利部食品藥物管理署等機關，就槍彈及爆裂物、指紋、去氧核醣核酸、筆跡、毒品及偽禁藥、尿液等鑑定等及（2）「經主管機關認證之機構或團體所實施之鑑定」情形，例如醫院、實驗室等機構或團體就藥毒物、毒品、尿液、偽鈔等鑑定。

此二種情形也屬於修法後例外得為證據的規定，立法理由認為此係考量，實際實施鑑定之人須具名且須具結，已有偽證罪擔保其真實性，並且基於鑑定量能、司法資源之合理分配，促進真實之發現並兼顧當事人程序利益之保障所規範之例外。

不過，基於保障被告對質詰問權，如遇當事人有爭執時，在個案的運作上仍應傳喚實際實施鑑定的人到場，於審判期日詰問，陳述係據實製作，始容許鑑定報告作為證據。不應以該報告書面已具有特別可信情況，且係經審判長或檢察官依法選任囑託鑑定的結果，即逕認其有證據能力。

三、鑑定的種類

（一）鑑定留置

鑑定留置是指因鑑定被告心神或身體的必要，得預定七日以下的期間，將被告送入醫院或其他適當的處所的鑑定程序（§203Ⅲ）。鑑定的內容雖包括對心神與身體的鑑定，不過，本條鑑定的對象應限於狹義的心神鑑定，身體檢查的鑑定應屬§204的鑑定內容。

由於鑑定留置為重大干預人身自由的強制措施，故鑑定留置的執行亦需特別慎重。以下說明鑑定留置的要件、期限及其執行。

1.鑑定留置的要件

（1）留置是為鑑定做準備：準備鑑定是指，為了確認被告是否符合刑法§19所規範的情形所做的留置準備。宜注意的是，對於目前精神狀況仍正常的被告也可以留置，以便瞭解犯罪當時的精神狀況，如果鑑定結果屬無罪責能力，即可依刑法§87加以監護。

（2）有重大犯罪嫌疑：有重大犯罪嫌疑是指被告有足夠的犯罪嫌疑。且鑑定留置的犯罪嫌疑程度應與羈押的嫌疑程度同一，因為，鑑定留置影響人身自由，與羈押同為對被告的一種強制處分，故§203-4規定，對被告鑑定留置者，其鑑定留置之日數，視為羈押之日數，被告於執行自由刑時，得折抵日數，這個規定也可以說明留置與羈押的犯罪嫌疑程度，應做相同程度的理解。

（3）有必要性且符合比例原則：由於鑑定留置是對於被告個人自由的基本權的重大干預，故只能在無可避免的情況下，方得為之。且鑑定留置必須遵守比例原則，如果留置的嚴厲性超過可能預期的刑罰或保安處分時即不得為之。

（4）必須具備鑑定留置令狀：鑑定留置應用鑑定留置票，記載§203-1Ⅱ各款所列事項。由於鑑定留置與羈押處分同屬對於人身自由的限制，因此，鑑定留置票應由法官簽名，檢察官認有鑑定留置必要時，應向法院聲請簽發之。但經拘提、逮捕到場，其期間未逾二十四小時者，依§§91～93規定，檢察官仍有留置被告予以偵訊的權力，故於二十四小時內，檢察官認有鑑定被告心神或身體之必要時，無庸聲請簽發鑑定留置票（§203-1）。且鑑定留置票應分別送交檢察官、鑑定人、辯護人、被告及其指定之親友（§203-2Ⅲ）。

2.鑑定留置的期間

　　鑑定留置期間，乃為達鑑定目的而必要之時間，為了避免留置期間漫無限制，立法者於立法之時，特別參考2007年7月修法前的精神衛生法

§21Ⅲ強制鑑定之規定，將留置之期間規定為以七日為限，以確保人權（§203Ⅲ）。補充說明的是，目前最新修正的精神衛生法已將原先的規定修正為「緊急安置期間為七日，並應注意嚴重病人權益之保護及進行必要之治療；強制鑑定，應自緊急安置之次日起三日內完成。」（精神衛生法§60Ⅰ）

　　不過，因鑑定事項之內容、檢查之方法、種類及難易程度等而有所不同，審判長、受命法官及檢察官初始所預定之時間，與實際所需之時間未必全然一致，為求彈性處理，因此留置之預定期間，法院得於審判中依職權或偵查中依檢察官之聲請裁定縮短或延長之。但延長之期間不得逾二月。

3.鑑定留置的執行

　　鑑定留置之執行，非全然或全程派有司法警察看守，若發生安全上之顧慮，或有其他正當事由之必要，自應許由法院斟酌情形，裁定變更鑑定留置處所。故留置之處所，因安全或其他正當事由之必要，法院得於審判中依職權或偵查中依檢察官之聲請裁定變更之。法院為鑑定留置預定期間之縮短或延長，與鑑定留置處所之變更，應通知檢察官、鑑定人、辯護人、被告及其指定之親友（§203-3）。

　　鑑定留置影響人身自由，與羈押同為對被告之一種強制處分，因而對被告執行鑑定留置者，其鑑定留置期間之日數，視為羈押之日數，被告於執行時得折抵日數（§203-4）。

　　執行鑑定留置，由司法警察將被告送入留置處所，又留置之日數視為羈押之日數，被告於執行時得折抵日數，因此該處所管理人員查驗人別無誤後，應於鑑定留置票附記送入之年月日時並簽名（§203-2Ⅰ）。執行留置時，為防止被告逃逸或有其他安全上之顧慮，法院或檢察官得依職權或依留置處所管理人員之聲請，命司法警察看守被告（§203-2Ⅳ）。

　　司法警察執行留置時，應注意被告之身體及名譽，免受不必要之損害，若被告抗拒留置之執行，為落實鑑定之目的，司法警察得使用強制

力，但以必要之程度為限（§203-2準用§§89、90）。

（二）檢查身體的鑑定處分

鑑定人因鑑定之必要，須進入有人住居或看守之住宅或其他處所為鑑定之情形時，得經審判長、受命法官或檢察官之許可，檢查身體、解剖屍體、毀壞物體或進入有人住居或看守之住宅或其他處所（§204 I）。

宜注意的是，該項身體檢查與前述鑑定留置之身體檢查有區別，因前者之身體檢查主要在輔助心神的鑑定，檢查之地點在醫院或其他適當處所，檢查期間較長，亦即，有七日到二個月時間的限制，所依據的令狀為「鑑定留置票」非本項所稱之「鑑定處分許可書」。關於本項之鑑定措施，應注意以下的重點：

1.檢查身體等措施是為鑑定做準備

檢查身體等措施是為了準備鑑定，亦即，為了鑑定目的所做的準備。換言之，為了發現犯罪真實，澄清事實真相，鑑定人因鑑定之必要，檢查身體、解剖屍體、毀壞物體或進入住居等處所為之鑑定準備。

2.鑑定處分的實施必須符合必要原則

這是指鑑定的措施具有必要性。換言之，當事人之個人關係及調查的種類及結果必須注意，破案的利益與關係人的人格間必須相互權衡，所以這個鑑定原則只能由醫生為之。對於婦女的鑑定亦應注意到婦女的羞恥感，只能由婦女或醫生實施，亦可經由被調查婦女的請求由其他婦女或其家屬為之。

3.具備鑑定處分許可書

鑑定人經審判長、受命法官或檢察官之許可，依§204-1的規定，必須於許可書記載：（1）案由；（2）應檢查之身體、解剖之屍體、毀壞之物體或進入有人住居或看守之住宅或其他處所；（3）應鑑定事項；（4）鑑定人之姓名；（5）執行之期間。另外，由於檢查身體對於人身尊嚴的侵害重

大，得於第一項許可書內附加認為適當之條件。許可書於偵查中由檢察官簽名，審判中由審判長或受命法官簽名。但若有「有權發許可書」之審判長、受命法官或檢察官在場時，得不用許可書。

　　鑑定人進入有人住居或看守之住宅或其他處所，應準用§§127、146～149之規定，以保障軍事處所之秘密及人民之居住安寧。鑑定人為§204 I 之處分時，應出示審判長、受命法官或檢察官所發之許可書，及可證明其身分之文件。許可書既記載執行期間，則鑑定應在有效期間內開始執行，一旦執行期間屆滿，無論是否已完成鑑定，均不得繼續執行，應即將許可書交還（§204-2）。特別注意的是，檢查婦女身體，應命醫師或婦女行之（§204準用§215 III）。

4.檢查身體鑑定處分的種類

（1）對第三人檢查身體之鑑定處分：對於第三人得違反其意願加以鑑定，主要是基於司法權之健全運作，須賴人民之配合，故對於鑑定人之鑑定處分無正當理由拒絕者，宜賦予強制力，俾使司法權得以適當行使，而實現正義。新法規定審判長、受命法官或檢察官得率同鑑定人實施之，並準用關於勘驗之規定，以達成執行鑑定之目的，並利認定事實資料之取得（§204-3）。

　　　宜注意的是，由於被告以外之人並非當事人，欲對其為檢查身體之鑑定措施，應有相當理由並有必要時，方得為之。被告以外之人無正當理由拒絕§204 I 之檢查身體、解剖屍體、毀壞物體或進入有人住居或看守之住宅或其他處所之鑑定措施處分者，得科以新台幣三萬元以下之罰鍰。科罰緩之裁定與救濟程序，準用§§178 II、III 證人無正當理由不到場處罰與救濟之規定。對於第三人的強制鑑定處分，本書認為須遵守下列原則：

A.必要原則的遵守：例如，既有的證據將會再度消滅（如行為人推翻之前的自白時），只要鑑定人基於鑑定之必要，即得為之。

B.可預期為證人的原則：第三人必須是可預期為證人之人；例如：能

期待證人可為陳述。不過,三人如享有拒絕證言權時,則應享有拒絕接受鑑定處分之權限。因為,該等受檢查之人將來都有可能被傳喚為證人,故得依與拒絕證言之同一法理,加以拒絕。

C. 跡證原則的要求:跡證原則是指,鑑定措施只能對犯罪後留下之跡證與遺留在證人身上之犯罪後果實施。「犯罪後留下之跡證」係指,身體上之變化得以推斷犯罪行為人及犯罪行為之實施。「遺留在證人身上之犯罪後果」指,一切因犯罪而產生之身體變化。

(2) 對嫌犯檢查身體的鑑定處分:依據§205-1規定,「鑑定人因鑑定之必要,經審判長、受命法官或檢察官之許可,並載明於依第二零四條之一所發之許可書,得採取分泌物、排泄物、血液、毛髮或其他出自或附著身體之物,並得採取指紋、腳印、聲調、筆跡、照像或其他相類之行為」。宜注意者,鑑定人採取此等身體上相關之物,目的在於鑑定。在有「鑑定處分許可書」的前提下,得對嫌犯實施相關的鑑定措施。

　　根據立法理由,本條係仿照德國刑訴法§81a I。該條的適用是指,基於確認犯罪事實的必要,雖無嫌犯同意,在對其身體健康沒有損害的情況下,且由醫生依據醫療規則,得對嫌犯抽血或為其他侵入身體的調查。這裡所指之嫌犯,並不是指已經開始發動偵查程序的對象,而是指具有犯罪嫌疑的人,包括偵查中的嫌疑人、審判中之被告、及受判決人。

　　由於強制鑑定措施是身體的干預與入侵,故必須無害於嫌犯的身體健康,如果是持續性或是對嫌犯的身體或精神狀態有傷害時,就不能實施。且必須符合強制鑑定措施之必要目的,因為這是指鑑定措施的目的主要在確認訴訟上之重要事實,這些事實包括:即使只能間接證明犯罪的參與,嫌犯的罪責,或只可能影響犯罪法律效果的判斷,均得為之。由於所確認的事實對訴訟上有重要關係,故鑑定措施是被允許的。且確認之必要性也包括嫌犯的訴訟能力,但並不包括為了確認可信性而做身體的鑑定措施。

（3）對拘捕的嫌犯或被告所為的強制採樣處分：為使偵查程序順利進行及有效取得認定事實之證據，修法增訂§205-2規定，檢察事務官、司法警察（官）如認為有必要或具有相當理由時，亦得對於經拘提或逮捕到案之犯罪嫌疑人或被告，違反其意思，予以照相、測量身高或類似之行為，並採取其指紋、掌紋、腳印；有相當理由，得採取毛髮、唾液、尿液、聲調或吐氣。

精確地說，本條規定的目的是讓檢察事務官等人，為了執行辨識職務所為的強制處分。故對於比較嚴重身體侵入的行為，如抽取血液或胃液等，不得為之。當然，這些強制措施的運用必須符合比例原則，亦即，如果有其他的輕微方法，也能達到辨識或取得證據之目的時，就不應該使用這些措施。

簡言之，對嫌犯檢查身體之鑑定處分，必須符合：A.對嫌犯之強制鑑定措施；B.必須具備鑑定措施許可書；C.沒有健康損害之危險；D.符合強制鑑定措施等要件。

四、鑑定人角色的爭議

鑑定人是否都一直扮演著「幫助者」的角色？為第二次世界大戰以後，刑事司法現實的困擾之一。

從刑事訴訟法的規定來看，法官負有相當大的責任。亦即，在自由心證的原則下法官必須對一切有問題的事實做自由的證據評價；但值得懷疑的是，如此高度的要求，法官根本無法實踐。因此我們推測法官裁判上會有不確定之情形是可理解的，尤其在眾所周知的複雜程序中，法律的規定及司法的實務上，有時對法官的期望都太深。此種期望既非法官的認知，亦非法官的心理上所可承擔，尤其當我們考慮到，法官在通常情形下，要從事一種外行人之審查工作時，對他而言，實在是過分的要求。

可是鑑定人應該代表何種科學上的確信？法律人應該如何描述鑑定人的角色？其中比較重要及基本的問題，便是鑑定人是否只是法官的「**輔助者**」。尤其鑑定人在現代訴訟程序中，所從事之科學上說明，常扮演一

個重要且具支配性的角色；對鑑定人任務的期待，實因社會的複雜化、技術化、專業化的結果，使得在訴訟上有專門知識的必要性，於是就增加了對鑑定重視的傾向。然而，鑑定人到底應具有何種功能的爭議，大都是針對其法律外影響的危險性而言。此種說法雖嫌主觀，但是由於越來越多的鑑定，才使得裁判變得合理及有根據，難怪有人要擔心鑑定人影響法官裁判。鑑定證據在法律上及科技整合上應如何加以正確的評價，就值得深入討論。鑑定人角色的爭議及如何評價鑑定證據，在此也意謂著，對真實的發現及對個人法律合法利益的一種分析。

　　刑事訴訟法並沒有規定，鑑定人是法官的輔助者；但法官於必要時，得援請鑑定人鑑定。由於越來越多的「鑑定人支配裁判」之情況，因此產生如下所要討論的爭議。

（一）輔助概念的支持者

　　明顯支持「輔助概念」的人以為，鑑定人在訴訟上應受法官的指揮。鑑定人乃「事實發現上的當然輔助者」，而非當事人的輔助者，即使鑑定人是由當事人所選任者，亦同。鑑定人只是在專業領域上補充法官知識及生活經驗的不足，且幫助法官處理事實上的問題而已，所以德國刑法學者Roxin即以為，鑑定人乃運用其專業知識，幫助法官對證據問題加以判斷之人；此種判斷，是依下列所述的三個方式來進行：

1. 依一般的經驗法則（科學上結果之經驗法則），告訴法官（例如：初生兒的胃及腸，在出生後約六小時是充滿空氣的）所不了解的專業知識。

2. 鑑定人認定事實，乃基於特別的專業知識，才能對事實加以掌握及充分理解，並進而加以判斷（例如，被殺害的嬰兒X，其腸中沒有空氣存在）。

3. 鑑定人本其所具有的專業知識，依據科學上的規則，從事實中加以推論及結論（承上述例子，如：新生兒X是在出生後六個小時以後才被殺的）。

　　如上所述，鑑定人只是法官的輔助者，鑑定人只是幫助法院做上述三個方式的事情。故有關被告有無責任能力的確認，即非只是事實上的陳述或經驗規則上的陳述所做之結論，而是已經跨入法律評價的領域，此種法律的評價，應是法院之權限，不屬於鑑定人。

　　故法院必須對鑑定人的報告，做獨立評估。在裁判上，不能對鑑定報告不加檢驗即予援用，且必須在裁判理由中說明鑑定報告，及鑑定證據評價的結果，那麼上訴審才有可能做法律上的再檢驗；另一方面，法官如果不採取人的鑑定結果，亦必須以一種可以檢驗的方式，及基於鑑定報告的分析來加以論理。

　　在實務上，認為如法官可以運用自己的專業知識時，可拒絕鑑定意見之援引。亦即，法官如果依其生活經驗及知識，即能發現真相時，就不必在訴訟程序中引用鑑定人。鑑定人應該只是法官之輔助人，用來補充法官所欠缺之專業知識，法官是否需要這個幫助，應該由法官自行決定之；法官對於在訴訟程序中所產生的書面鑑定與言詞鑑定上的矛盾，可以不加採用，而獨立審判，對事實掌握、充分理解並進而加以判斷，所以，鑑定人只是法官的輔助者。

（二）輔助概念的反對者

　　反對鑑定人只是法官的輔助者，主要針對具體裁判形成的情況。因為法官輔助人的概念，與實際情況不符合，法官在裁判上相當之不穩定及依賴鑑定人，如此在鑑定人內容影響的可能性下，法官獨立性的界限，即值得懷疑。

　　如德國學者Meyer則不使用輔助概念的說法，他認為此種說法是沒有價值且非常危險的，因為這種說法會產生誤導，以為鑑定人比其他證據方法更有用；而且輔助概念的說法是有問題的，因此應加以精確化，蓋鑑定人只有在受法官委託時，才能對事實加以調查，他並非是經常的輔助者。

　　由於法官從頭開始，就無法評估鑑定人的工作，或對鑑定人加以控制，所以再假設鑑定人是輔助法官的角色，是非常不恰當的。

　　綜觀上述，對鑑定人角色的爭議，主要是因理論與實際無法配合所致。因為重視現行法理念的支持者以為，法官應扮演裁判的主導者；反之，重視司法實際的反對者以為，鑑定人事實上是扮演裁判的主導者。前者的實際上困難是，法官無專門的知識，做事實上的判斷；後者的理論上困難是，鑑定乃是法律問題的判斷，此種法律問題的判斷，與現行法的本旨相違反。

　　我國司法改革之具體革新措施中的項目之一是「專業諮詢管道的建立」，這個制度的建立是新的科學知識及生活領域專業化所必行。專業知識諮詢的管道在刑事訴訟法中已有鑑定的相關規定，「鑑定人」在訴訟程序中所扮演的重要地位，是訴訟實務中所不可忽略的事實，在很多專門知識的認知上，法官必須得到鑑定人的協助來判斷，此時鑑定人就如同以「穿白衣的法官」之姿態站在法庭上，鑑定人是法官的輔助人。然而，由於我國刑事訴訟法規定：「鑑定準用人證之規定」（§197），使得訴訟實務上將證人與鑑定人同樣視為人證證據的謬誤，其實鑑定人是在彌補法官專業知識的不足，在程序中應有其不同於證人的地位。在訴訟制度設計上專業諮詢管道的建立所配合的制度可能是「參審」，當然，是否引進參審制度還必需經過審慎的評估。

　　我國在目前職權原則的訴訟制度下，參審制度的設計，應是比較可行的作法。將來參審制度可以設計，參審員應扮演對審判權控制的功能，主要的目的是讓專業法官的裁判可以受到牽制，並且讓審判程序更加透明化，藉由參審員的參與審判，讓職業法官在審判時更加小心，對於證據的調查及其他裁判上的主要事實謹慎其事。而且審判的過程要在一般人都可以理解的程序下進行，如此，刑事訴訟就不完全是以專業術語與法律用語來進行，而是用一種讓社會大眾和被告都可以理解的觀念來運作。

　　尤其重要的是，某些刑事案件的參審員應該是「專家法官」。因為，不少刑事案件都非常複雜，法官對於其他領域的專業知識，無法充分了解，例如，涉及精神醫學、交通鑑識、建築科技等案情時更倍覺困難。刑事訴訟法雖有規定，法官可以選任具有特別知識經驗的鑑定人提供鑑定意

見（§198），但是，如果法官本身具有與鑑定人相同的專業知識與經驗的話，除了可以避免完全依賴鑑定人的意見的情況外，還可以對案情作有意義且恰當的發問。完全依賴鑑定人所提供的鑑定意見，無法對鑑定意見的正確與否加以判斷，那無異就是鑑定人的裁判，而不是法官的認定。所以，援用具有專業知識的參審員，不但符合審判民主化的要求，也是改進現行鑑定人制度缺點的最佳選擇。

五、法律專家之鑑定意見

過往實務中常常因許多專業法律問題、外國法律、習慣法及已廢止法律等，非法院所能盡知，又如具體個案所涉法律爭議具有高度專業性、重要性及公益性，為期法學理論與實務結合，以促使法院能善用學術研究之成果，增訂§211-1規定，法院認有必要時，得依職權或依當事人、代理人、辯護人或輔佐人之聲請，就案件之專業法律問題選任專家學者，以書面或於審判期日到場陳述其法律上意見。

又所徵詢之法律意見可能作為未來裁判之基礎，故基於§289Ⅰ、Ⅱ規定法院應命檢察官、被告及辯護人就事實及法律分別辯論，法院就該法律上意見，自應於辯論終結前告知當事人及辯護人使為辯論，以盡攻擊及防禦之能事，並避免造成裁判突襲，所以關於法律專家的意見，應於辯論終結前告知當事人及辯護人並讓其辯論（§211-1Ⅱ）。

前述法律專家性質上並非完全屬於鑑定人，性質僅類似鑑定人。又法律往往涉及到學理、經驗之評價，此部分類似於鑑定，但其工作並非在於陳述案件事實及其認定，故除了不須具結以外，其餘規範應準用本節關於鑑定人之權利、義務及程序事項之規定，例如費用報酬之請求、利益資訊揭露及行交互詰問等之規定（§211-1Ⅲ）。

第五節　勘驗與相驗

壹、勘驗與相驗的關係

　　勘驗（§§212～217）與相驗（§218）不同。勘驗是指，法院或檢察官，直接以感官經驗對犯罪有關的人、地、物等證據資料加以調查的方法。相驗則專指檢察官對於死亡事件的檢驗工作，亦即，檢察官在管轄區域內遇有「非病死或可疑為非病死者」的情況應加以檢驗，如發現有犯罪嫌疑，必須繼續為勘驗。

　　需要相驗的情形很多，例如，上吊死亡、墜樓死亡、溺水死亡、火災死亡、車禍死亡、中毒死亡、地震死亡，或深山發現腐爛的無名屍體等等，檢察官都要相驗，判斷究竟為意外死亡、自殺或他殺（過失致死包括在內）。如果判斷為他殺，就要進一步的「勘驗」，如解剖屍體，以發現更詳細的跡證。至於病死的案件，由醫師開具死亡證明書加以證明，無須相驗。醫師如果對於非病死案件開具死亡證明書，成立「公務員登載不實事項於公文書罪」（刑法§213），或成立「從事業務者登載不實事項於業務上文書罪」（刑法§215）。

貳、勘驗的對象

　　勘驗是調查證據的一種方法，把證據內容呈顯出來的方法。是檢察官與法官的專屬權限，如果沒有檢察官或法官到場，只由書記官或司法警察會同法醫前往勘驗，不生勘驗的效力。勘驗的對象包括，被告或被害人的身體、屍體（包括解剖屍體或開棺驗屍）、犯罪現場或可疑的相關場所。因為，勘驗，可以進行身體檢查、屍體解剖、挖掘墳墓、破壞物品及其他必要處分（§213）。尤其，勘驗的對象是人的身體時叫檢查身體，2003年增訂§215Ⅱ對第三人為身體檢查的勘驗，經合法傳喚無正當理由不到者，得準用證人不到的科處罰鍰或拘提，並得使用強制力。其他錄音

帶的播聽、錄影帶的播放、食品的嗅聞、刀械的撫觸，都可以是勘驗。

　　嚴格地說，勘驗屬於「物的證據方法」，是依照感官經驗對於證據資料獲致初步印象（如死者疑遭下毒），至於進一步的更精微的判斷，只能藉助鑑定人的報告（如遭毒害的死者胃部，究竟殘留何種成分的毒劑）。鑑定人的報告，屬於「人的證據方法」。

　　警方破案後的「現場模擬」，沒有逾越檢察官的勘驗權限，可以視為增強被告自白的證據資料。不過，通知媒體在現場採訪直播，可能違反偵查不公開原則（§245Ⅰ）。

參、勘驗的程序

　　實施勘驗，準用搜索扣押的某些規定（§219）。軍事上應祕密之處所，非得該長官之允許，不得勘驗（準用§127搜索軍事處所的規定）。原則上，不得夜間勘驗（準用§146禁止夜間搜索的規定）。對於特定處所，可以夜間勘驗（準用§147）。在有人居住的住宅或其他處所勘驗，應命住居人或鄰人在場（準用§148）。在政府機關、軍營或軍事上祕密處所勘驗，應通知該管長官（準用§149）。當事人及審判中的辯護人得於勘驗時在場（準用§150）。勘驗中止時，於必要時應將該處所閉鎖，並命人看守（準用§151）。且可以囑託勘驗（準用§153）。

　　2003年有關勘驗之修正有二。一為對被告以外之人的檢查身體增訂§215Ⅱ：「對被告以外之人的身體檢查，得傳喚其人到場或指定之其他處所，並準用第七十二條、第七十三條、第一百七十五條及第一百七十八條之規定。」換言之，法官或檢察官欲檢查被告以外之人的身體時，可以對經合法傳喚，無正當理由而未到庭者，科處罰鍰或拘提。

　　二為對勘驗之檢查身體得使用強制力修正§219為：「第一百二十七條、第一百三十二條、第一百四十六條至第一百五十一條及第一百五十三條之規定，於勘驗準用之。」及抗拒檢查身體者，得用強制力檢查之，但不得逾必要之程度。最後，要注意的是勘驗筆錄雖然作成於法庭外，仍有

證據能力（傳聞法則的例外）。審判期日，法院以提示，朗讀勘驗筆錄為證據方法（§§164、165）。另外，關於文書外之證物有與文書相同之效用者，亦準用前條之規定。錄音、錄影、電磁紀錄或其他相類之證物可為證據者，審判長應以適當之設備，顯示聲音、影像、符號或資料，使當事人、代理人、辯護人或輔佐人辨認或告以要旨（§165-1）。

第六節　證據保全

「證據保全」，係指預定提出供調查之證據有湮滅、偽造、變造、藏匿或礙難使用之虞時，基於發見真實與保障被告防禦及答辯權之目的，按訴訟程序進行之階段，由告訴人、犯罪嫌疑人、被告或辯護人向檢察官，或由當事人、辯護人向法院提出聲請，使檢察官或法院為一定之保全處分。證據保全為防止證據滅失或發生礙難使用情形之預防措施，與調查證據之概念有別。

壹、聲請主體

為發見真實及保障告訴人、犯罪嫌疑人或被告之權益，依§219-1 I 規定，於證據有湮滅、偽造、變造、隱匿或礙難使用之虞時，告訴人、犯罪嫌疑人、被告或辯護人於偵查中得聲請檢察官為搜索、扣押、鑑定、勘驗、訊問證人或其他必要之保全處分。

又依§219-4規定，案件於第一審法院審判中，被告或辯護人認為證據有保全之必要者，得聲請法院或受命法官為保全證據處分。檢察官、自訴人於審判程序同為當事人，檢察官於起訴後，就本案無逕行決定實施強制處分之權力，自訴人亦同。因此，檢察官或自訴人於案件起訴後，第一次審判期日前，認有保全證據之必要者，亦得聲請法院或受命法官為保全證據處分。

貳、聲請程序

於起訴前如有保全證據之必要，其聲請應向偵查中之該管檢察官為之。但案件尚未移送或報告檢察官者，應向調查之司法警察官或司法警察所屬機關所在地之地方法院檢察署檢察官聲請（§219-3）。

起訴後，案件於第一審法院審判中，證據有保全之必要者，得在第一次審判期日前，聲請法院或受命法官為保全證據處分。遇有急迫情形時，亦得向受訊問人住居地或證物所在地之地方法院聲請之（§219-4Ⅰ）。

又為使檢察官或法院明悉案情及應保全證據之內容與方式，聲請保全證據應以書狀為之，書狀除應記載：案情概要、應保全證據及其保全之方法、依該證據應證之事實、應保全之理由等事項外，就聲請保全證據之理由亦應提出釋明（§219-5）。

參、檢察官的處分

證據保全均有一定時效或急迫性，檢察官受理聲請後，除認聲請為不合法或無理由予以駁回者外，應於五日內為保全之處分（§219-1Ⅱ）。而為確保告訴人、犯罪嫌疑人及被告之訴訟權益，檢察官受理證據保全之聲請後逾法定期間未為保全處分或駁回聲請時，聲請人得直接向該管法院聲請保全證據，以尋求救濟（§219-1Ⅲ）。

肆、法院的裁定

法院認為保全證據之聲請不合法律上的程式或法律上不應准許或無理由者，應即以裁定駁回之。但其不合法律上的程式可以補正者，應定期間先命補正（§§219-2Ⅰ、219-4Ⅳ）。如認為聲請有理由者，應為准許保全證據之裁定（§§219-2Ⅱ、219-4Ⅴ）。而法院對於證據保全聲請所為之

裁定，其性質上屬訴訟程序之裁定，為掌握時效，並使證據保全之法律效果儘速確定，就法院對於證據保全聲請所為之裁定，無論准駁，均不許提出抗告（§§219-2Ⅲ、219-4Ⅵ）。

又審判期日前的證據保全，固為防止證據滅失或發生難以使用情形之緊急措施，惟其仍具有於準備程序蒐集證據之性質。而準備程序依§279規定「行合議審判之案件，為準備審判起見，得以庭員一人為受命法官，使行準備程序，以處理第二百七十三條第一項、第二百七十四條、第二百七十六條至第二百七十八條規定之事項。」（Ⅰ）「受命法官行準備程序，除第一百二十一條之裁定外，與審判長或法院有同一之權限。」（Ⅱ）為有助於審判之進行，且因應實際需要，因此，§279Ⅱ之規定於受命法官為保全證據處分之情形應準用之（§219-4Ⅲ）。

此外，保全證據的聲請，如係因檢察官駁回聲請或期間內為保全處分，而聲請人逕向該管法院聲請者，因檢察官對於犯罪證據之蒐集及偵查之進展均知之甚詳，且負有對被告有利證據應一併注意之客觀義務，法院判斷告訴人、被告、犯罪嫌疑人或辯護人聲請保全證據是否合法及有無理由之前，應斟酌檢察官之意見（§219-2Ⅰ）。

伍、保全證據時的在場權

告訴人、犯罪嫌疑人、被告、辯護人或代理人於偵查中，除有妨害證據保全之虞者外，對於其聲請保全的證據，得於實施保全證據時在場（§219-6Ⅰ）。實施保全證據之日、時及處所，應預先通知前項得在場之人，以確保其等在場的權利。惟有時保全證據有其急迫性，或犯罪嫌疑人、被告於受拘禁中，如提訊到場難免有安全上顧慮，有時甚至須調派大批警力戒護，例如被告羈押在外島，需要派直昇機接送，因而大費周章，實有礙證據保全之實施。因此，有急迫情形致不能及時通知，或犯罪嫌疑人、被告受拘禁中者，得不通知使其到場（§219-6Ⅱ）。

陸、保全證據的保管

　　偵查中的案件因尚未繫屬於法院，且檢察官有蒐集及調查相關證據的權責，故不論在司法警察（官）先行調查階段或已由檢察官指揮偵查者，檢察官因實施保全處分所得的證據資料，均應由該檢察官保管之。而案件經司法警察機關移送、報告，或移轉管轄予他檢察官偵辦後，前開證據資料即應移交予承辦檢察官。

　　至於案件於檢察官偵查中，由法院裁定命為保全者，亦應由法院送交該管檢察官保管。但案件若於司法警察官或司法警察調查中，經法院裁定准許保全證據者，因尚無本案的承辦檢察官，法院實施保全所得的證據資料，應送交該司法警察官或司法警察所屬機關所在地的地方法院檢察署檢察官保管（§219-7Ⅰ）。至於審判中，法院實施保全所得的證據，則直接由命保全的法院保管。惟訴訟繫屬於他法院者，為保全的法院應不待受訴法院的調取，應即送交該法院（§219-7Ⅱ）。

　　此外，案件於偵查中或第一審的第一次審判期日前，由檢察官、法院或受命法官為搜索、扣押、鑑定、勘驗、訊問證人或其他必要的保全證據處分，仍具有蒐集證據的性質，故有關證據保全的程序，除有特別規定外，仍須依其實施的方法準用第一編第十一章「搜索及扣押」、第十二章「證據」，與§248關於訊問證人、鑑定人等證據調查方法的相關規定（§219-8）。

❖ 實例講座 ❖

＊未存證自白＊

司法警察乙在非急迫情況下，詢問犯罪嫌疑甲，並由司法警察丙製作詢問筆錄。甲自白犯罪，但於詢問時未全程連續錄音、錄影。試問，甲的自白有無證據能力？

⊃解析

依§43-1Ⅱ規定，司法警察對於犯罪嫌疑人甲之詢問，原則上不得由行詢問者自行製作筆錄，應由行詢問以外之人為之。由於對犯罪嫌疑人甲行詢問者為司法警察乙，製作筆錄者為另一司法警察丙，故符合刑事訴訟法的規定。

司法警察詢問犯罪嫌疑人甲時，未經全程錄音、錄影，其自白有無證據能力，應依§100-2準用§100-1Ⅰ規定，司法警察詢問犯罪嫌疑人時，除有急迫情形且經記明筆錄外，應全程連續錄音，必要時並應全程連續錄影。今司法警察詢問時未經全程連續錄音、錄影，有違反前揭規定之情形，然違反上開規定是否即導致被告之自白筆錄無證據能力，應依§158-4規定，「除法律另有規定外，實施刑事訴訟程序之公務員因違背法定程序取得之證據，其有無證據能力之認定，應審酌人權保障及公共利益之均衡維護。」由於司法警察詢問犯罪嫌疑人甲時，未經全程錄音、錄影，則該份自白筆錄屬於「實施刑事訴訟程序之公務員因違背法定程序取得之證據」，本案並無涉及關於其他證據能力問題之特別規定，故應由法院審酌有無證據能力。不過若從連續錄音錄影是為擔保被告自白係出於任意性的角度思考，若未全程錄音，是可以推定自白不具任意性，可能檢警容有不當取供之情事，除非檢警得舉反證證明被告之

自白是出於任意性，否則應當非經權衡而直接排除該項證據能力（參照：最高法院104年度台上183判決）。

＊致命雞爪凍＊

西海公司老闆甲素聞東海大學雞爪凍非常有名。某日至台中洽商時，特地前往購買。在雞爪凍的店面前，有蒙面機車騎士靠近甲，以手槍對甲連開數槍後，揚長而去。甲被送往台中榮總醫院急救，因失血過多宣告不治。檢察官偵查後認為被甲開除的公司員工乙犯罪嫌疑重大，乃將乙以殺人罪為由提起公訴，並於審判中向法院聲請調查以下證據，試問：

（一）警訊筆錄，內載有西海公司員工A所為陳述提及：「乙在案發兩天前，因被開除之事與甲爭執，並在離開公司時揚言甲出門要小心點。」

（二）證人B提出以下證詞：「我的鄰居看到乙於命案發生隔天，騎車到河邊丟了一包狀似手槍的東西。」

設若你是被告乙的律師，請附理由說明你對上述證據，有何法律意見。

⊃解析

依§159Ⅰ規定，被告以外之人於審判外之言詞或書面陳述，除法律有規定者外，不得作為證據，此為傳聞法則之立法，旨在保障被告之反對詰問權。本題中的警訊筆錄、及B的證詞均屬傳聞，原則上無證據能力。因此，若是被告乙的律師，應避免檢察官主張上述證據符合傳聞法則的例外，而獲得證據能力。

（一）警訊筆錄不得作為證據

警訊筆錄得作為證據，必須符合§159-3的規定，即證人因死亡、傳喚不到而無法出庭，又或出庭卻因身心障礙致記憶喪失或無法陳述、無正當理由拒絕陳述，且經證明具有可信之特別情況，且為證明犯罪事實

之存否所必要者，得為證據。但是，若檢察官並未傳喚證人A而逕以警訊筆錄為證據，將無法保障當事人的反對結問權，且違反直接審理法則，也不符合§159-3之規定，故應予以排除。

但若檢察官傳喚證人A出庭接受對質詰問，則無疑問。不過，若A法庭上陳述與警訊筆錄所載的內容不一致時，將符合§159-2，檢察官證明警訊筆錄可信性較高，且為證明犯罪事實所必要時，得具有證據能力。

（二）證人B之證詞應排除

證人B之證詞係屬轉述鄰居的陳述，應屬傳聞，依§159Ⅰ傳聞法則，應予以排除。此外，B的推測之詞，雖非傳聞，但是依§160規定，推測之詞必須以實際經驗為基礎，然B的推測之詞是基於丙的經驗內容，依法亦不得為證據。

＊被告應該知道的事＊

甲因涉嫌貪瀆接受訊問，刑事訴訟程序上，為了保障甲的權利，規定於人別訊問後，應先為那些事項之告知？如漏未踐行告知程序，對於案件有無影響？

⊃解析

刑事訴訟法對於被告甲正當程序的保障，乃自§95的告知義務開始。依照§95有關告知義務規定：「訊問被告應告知左列事項：一、犯罪嫌疑及所犯所有罪名，罪名經告知後，認為應變更者，應再告知。二、得保持緘默，無須違背自己之意思而為陳述。三、得選任辯護人。四、得請求調查有利之證據。」此等規定旨在使被告得以充分行使防禦權，以達刑事訴訟為發覺真實，並兼顧程序公正的目的。換言之，國家凡是訊問或詢問被告之前，皆應先踐行此法定義務，屬刑事訴訟之正當程序。

針對告知義務之違反，我國刑事訴訟法僅針對檢察事務官、司法警

察（官）詢問受拘提、逮捕之被告或犯罪嫌疑人時，違反緘默及選任辯護告知者，明定其無證據能力（§158-2Ⅱ）。如為檢察官或法官之違反，則依照§158-4規定：「除法律另有規定外，實施刑事訴訟程序之公務員因違背法定程序取得之證據的證據能力，其有無證據能力之認定，應審酌人權保障及公共利益之均衡維護。」，由於僅抽象規定「應審酌人權保障及公共利益之均衡維護」，故由法院依權衡原則，就個案認定之。

＊傳家寶玉觀音＊

甲夥同乙竊取丙的傳家寶「玉觀音」，潛入丙宅得手後，裝箱之際，丙返家，乙急速逃離，丙追捕甲，甲情急將皮箱藏入垃圾堆；逃跑時，乙的兄長丁恰巧路過，乃與丙協力將甲逮捕送警，移由該管檢察官偵辦。

偵查中，檢察官向甲表示，若甲能承認犯行表示悔過，來日當可減輕其刑，甲遂自白且由檢警循跡在垃圾堆中找到裝有玉觀音的皮箱。

其間，丁向弟弟乙炫耀自己行俠仗義的事蹟，沒想到乙向丁表示「當他經過丙宅時，也看到甲在偷玉觀音」。丁將此情報告檢察官，經檢察官傳訊乙，乙亦具結陳述看見甲竊取丙的玉菩薩。

檢察官因此以被告甲的自白，丙丁及乙的證言暨查獲的玉觀音，將甲以竊盜罪嫌提起公訴。審理中，乙丙丁三人亦到庭具結為如前之陳述。法庭上，甲聽到乙的證述，大罵乙沒有義氣，並且表示竊取玉觀音是和乙共同為之，只是乙先行逃跑。經過對質詰問，乙承認甲所言為真，經移送檢察官偵查後，乃以共同竊盜罪嫌將乙提起公訴，受訴法院則就甲、乙兩人分離調查及辯論。試問：

（一）甲抗辯：其於偵查時的自白，係出於檢察官的利誘，此項抗辯是否有理由？

●解析

　　按訊問被告應出以懇切之態度，不得用強暴、脅迫、利誘、詐欺、疲勞訊問或其他不正之方法；另按違反不正訊問取得之自白無證據能力，§§98、156Ⅰ分別定有明文。甲抗辯其偵查時的自白，是出於檢察官的利誘而無證據能力，惟本案檢察官曉諭若甲自白以示悔過，來日可減輕其刑之事，應尚無達到不正方法的程度，故甲的抗辯應無理由。

　　禁止以不正方法取得被告的自白，是為保障被告自白的任意性，即維護被告陳述的意思決定與意思活動之自由。本案中，檢察官雖有「利誘」，但檢察官的行為應未達破壞被告自白任意性的程度，應僅屬合法的偵訊技巧，而甲的自白亦出於任意性，故不得主張其自白非出於任意性。

（二）乙於其本人案件審理時，抗辯：丁是親兄，丁依法得拒絕證言，檢察官、法官均未予以告知，則該丁的證言應無證據能力，此一抗辯是否有理由？

●解析

　　依§§180、181規定，丁是乙的三親等內之旁系血親者，得拒絕證言；又依§§185Ⅱ、186Ⅱ，在訊問證人前，應告其得拒絕證言。若未告知證人得拒絕證言，該證人證詞是否具有證據能力，容有疑問，宜認為未告知得拒絕證言所取得的供述證據，應無證據能力較妥。

　　然而，本案中丁於偵查、審判中具結陳述時，本案被告僅有甲，乙當時亦是處於證人地位，故當時並無告知丁得拒絕證言的情況存在；此外，拒絕證言權係為保護證人而設，是證人的權利，乙是被告應不得主張。綜上，乙的抗辯應無理由。

（三）乙先前以證人身分所為的陳述，可否作為證明甲犯行的證據？

●解析

　　乙在未成為被告前，先以證人身分於偵查、審判中所為的證言，雖

然對自身恐有違反§181不自證己罪的拒絕證言權告知問題，但是對於乙以外之人則不生影響。換言之，乙先前以證人身分所為的證言，已經具結，並受被告甲的對質詰問，所以該陳述仍有證據能力。

惟應注意的是，依據§156Ⅱ規定，被告或共犯之自白，不得作為有罪判決之唯一證據，仍應調查其他必要之證據，以察其是否與事實相符。其後，乙成為共同被告，所以乙的證言雖有證據能力，但不可以作為認定甲有罪的唯一證據，仍須有補強證據方可認定甲有罪。

＊搶匪的自白＊

某銀行遭竊後，警察取得拘票，合法拘提甲。回警局途中，警察問甲：「銀行竊盜案是不是你幹的？」甲傲然回稱：「就是老子我」。警察又問相關犯罪細節，甲亦如實回答。待至警察局做筆錄時，警察於詢問前始告知§95的權利事項，並將過程錄音錄影。此時，甲又同樣為途中的陳述。試問：

一、甲在途中與警局的陳述是否有證據能力？

⊃解析

「自白」是指被告或犯罪嫌疑人在偵查或審判中，對於自己所為之犯罪事實的一部或全部作出承認之供述。本題中，甲是接受警察合法拘提的刑事犯罪嫌疑人，其在途中與警局自白是銀行竊盜案的犯罪人。其自白是否有證據能力，以下分述：

1. 甲在途中的自白：甲是被拘提逮捕的犯罪嫌疑人，依§91規定必須即時解送指定的偵察機關。又按§93-1Ⅰ、Ⅱ規定，警察拘提甲後，以警車載運甲至警局這段時間，應為在途解送期時間，在此時間內不得對甲進行訊問。因此，警察違反上述規定，在返回警局途中先詢問甲關於本案的犯罪事項，依§158-2規定，警察因違反法定障礙事由經過時間，其所取得的自白陳述應無證據能力。不過，若警察可證明該違背規定非出於惡意，且甲自白是出於自由意志者，例外不需排除該證據能力

（§158-2 I 但書）。

2. 甲在警局中的自白：由於解送途中已經違反法定程序，讓甲做了自白陳述，在警局中作的相同自白陳述，可能是因先前的違法訊問中衍生而來。因此，關於甲在警局中的自白是否有證據能力，學理上有認為應採取「毒樹果實理論」來處理。該理論認為，最初的證據取得，一旦被認定違反法定程序而必須排除（毒樹），則由該證據所衍生的第二次證據取得（與毒樹有因果關係的毒果），縱使一切程序合法，亦須一併排除。是故，本題中由警察在解送途中違反§§93-1、95規定，所取得的第一次自白應為毒樹，其所衍生至警局中的第二次自白就算已踐行必要的法定程序，然本質上仍是第一次違法取證的毒果，原則應無證據能力。

必須注意的是，警局中甲的自白可能在以下二種情況時，例外仍具有證據能力：（1）§158-2 I 但書：若警察能證明其在解送同中對被告甲的訊問，是出於善意且能擔保該自白陳述的任意性，則該自白的取得，例外有證據能力，此時甲在途中的自白已非毒樹；自然者，其在警局的自白亦非毒果，應有證據能力。（2）假若警察無法做出上述的證明，此時就須觀察甲在警局的自白是否符合「毒樹果實理論」所發展出的承認證據仍具容許性的例外，如：a.違法汙染狀態的例外；b.不可避免之發現的例外；c.獨立泉源之例外；d.善意、誠實的例外。換言之，若甲在警局中有具備上述例外的情事，則可認定該自白的取得已與先前的違法訊問沒有因果關係，應非毒樹之毒果，仍具有證據能力。

二、設若警察在途中動用私刑，迫使甲坦承自己的犯行，則甲在警察局的陳述是否有證據能力？

○解析

依§98規定，對於被告的訊問，應出於懇切的態度，不得使用強暴、脅迫、利誘、詐欺、疲勞訊問或其他不正的方法。換言之，警察在警車上對甲詢問時動用私刑，已違反該規定的意旨。其所取得的自白，

按§156規定反面推之，應自始絕對排除證據能力。

　　之後，甲在警局接受訊問時，警察已告知甲§95規定的權利事項，故該白白的任意性似已受到法定程序的擔保。惟如同前述，依毒樹果實理論，警察在解送途中動用私刑的不法取證行為，對於甲的心理強制效力勢必會持續影響至其在警察局中接受第二次合法的詢問期間。因此，為避免自白的虛偽阻礙真實之發現，並考量嚇阻違法偵察的需求，應認為甲在警局接受合法詢問所供述的自白為毒果，排除其證據能力。不過，若有符合上述毒樹果實理論的例外情況，則仍有證據能力。

＊戶政事務所醜聞＊

　　甲是戶政事務所承辦戶籍登記的公務員，其工作的戶政事務所傳聞集體收賄。檢察官對此展開偵查，認為甲涉嫌重大，為免甲聘請律師造成偵查上之困擾，檢察官先以關係人的名義約談甲，因此沒有踐行§95之權利告知。試問：檢察官所獲得之自白，其法律效果為何？若係因具體事實不明，檢察官只好以關係人的身分約談甲，因而未踐行§95之權利告知，其法律效果有無不同？

○解析

　　本題依實務或學說有不同的看法：

　　在實務運作上，偵查人員可能過失或惡意以「證人」身分傳喚之，於詢問之後再將之改列為被告而提起公訴，此即「證人與被告錯置」的問題。對此，在偵查中被告所陳述的內容究竟有無證據能力應從偵查人員錯置是善意或惡意加以區分。偵查人員如無惡意，則違反§95之規定，此時可依§§158-2Ⅱ、158-4加以判斷。依實務意見，若檢察官主觀上一開始即將甲視為被告，運用訴訟技巧，先以「關係人」傳喚，只是要騙取甲之自白，為不正之訊問，違反§156Ⅰ之規定，無證據能力。但是，若檢察官一開始並不認為甲涉嫌重大，只是以「關係人」的名義請其協助調查，身分等同證人。嗣後雖將其轉換為被告但未為任何權利

告知，不過由於並非「惡意」，其合法性與否依權衡法則判斷之。

　　然而，學理上認為所謂之「權衡理論」之效力僅及於非供述證據而不包含供述證據。蓋供述證據中，以有無證據能力之判斷係以「有無」危害任意性之違法行為存在與否為主;相對地，非供述證據中，以證物之蒐集為例，有無證據能力之判斷係以違法之「輕重」為主。簡言之，以「自白」例，其所保障的是被告的陳述「自由」（如緘默權），關鍵點重在供述是否具「任意性」），因而兩者的侵害性質不相同，其違反的效果自然相異。如果依照學說的意見，未告知權利等於影響被告自由陳述意願，其因此取得之自白，不論偵查機關善、惡意，必須依照§156Ⅰ的規定，一律排除。

＊整形診所的春天＊

　　甲是整型醫師，某日，被病患檢舉使用法令未通過的整型技術，造成病患乙毀容，向地檢署控告甲業務過失傷害。不過，甲醫師認為乙並未定期回診，因此導致傷口發炎潰爛，非手術失敗所造成。丙是整型外科的權威，在此醫療糾紛中，丙以專家參審的身分或是以鑑定人的身分，參與本訴訟較為理想？

●解析

　　丙以「專家參審」的身分參與本訴訟較為理想。

　　刑事訴訟的構造上，除了陪審制與參審制外，另有由專家參與審判的專家參審制度。這是指刑事訴訟程序的進行，依照個案需要，透過專家的專業知識以協助法官認定事實參與裁判。專家參審不是鑑定人在審判上單純的鑑定報告，也不僅僅是專家在審判上提供諮詢，而是專家實際上參與審判。對於極需要專業知識的案件（例如：複雜的公害、經濟犯罪或醫療糾紛），專家參審對案件的事實認定有決定權，法官因此不至於情緒性的排斥專家的意見，法官的適用法律亦因而受到拘束，判決結果比較可以讓當事人折服。

　　相較於鑑定人鑑定，由專家參審可以節省訴訟時間。因為可以避免公文的往返費時，以及等候鑑定、甚至鑑定人拒絕後再尋找其他鑑定人，時間的經過都難以掌握。如果專家參審，等候鑑定的不確定時間就可以排除。除了少數需要實驗室的鑑定報告之外，參與審判的專家可以對案件立即提供意見，與法官共同做成判斷，所以訴訟延宕的情形比較可以避免，因此，丙以專家參審的身分參與此一醫療糾紛案件，較為理想。

第八章

刑事裁判

【目次】

第一節　裁判的意義 435

第二節　裁判的種類 435

　　壹、終局裁判與中間裁判 435

　　　一、終局裁判 435

　　　二、中間裁判 436

　　貳、實體裁判與形式裁判 436

　　　一、實體裁判 436

　　　二、形式裁判 437

　　參、本案裁判與非本案裁判 437

　　　一、本案裁判 437

　　　二、非本案裁判 437

　　肆、判決與裁定 437

　　　一、判決 438

　　　二、裁定 438

第三節　裁判的成立 438

　　壹、意思的決定 438

　　貳、決定的表示 438

第四節　裁判的構成與裁判書制作 439

　　壹、裁判的構成 439

　　　一、裁判的主文 439

　　　二、裁判的理由 440

　　貳、裁判書制作 440

　　　一、裁判書的原本與正本 441

二、裁判書的記載內容 442

參、裁判書的錯誤 443

第五節　裁判的諭知 443

壹、宣示 443

貳、送達 443

參、諭知與裁判的關係 443

一、判決與諭知 443

二、裁定與諭知 444

第六節　裁判的效力 444

壹、拘束力 444

貳、執行力 445

參、證明力 445

肆、確定力 446

一、裁判確定的時期 446

二、裁判確定的效力 448

三、無效判決與瑕疵判決 449

四、實質確定力的效力 451

實例講座 456

第一節　裁判的意義

「裁判」是訴訟處分之一種，係法院、審判長、受命法官或受託法官，判斷事實適用法律所為之意思表示。乃審判機關判斷事實與法律規定，就刑事實體上或程序上所為之決定，此等決定對訴訟當事人或訴訟關係人均具有拘束力。

另裁判須為法院或法官之訴訟行為，其他司法人員，如書記官、執達員、檢察官、法警等所為的訴訟行為均非裁判。故檢察官為形成法律上狀態所為之「處分」，除起訴或不起訴或緩起訴外，僅具有命令性質，非裁判，如§121Ⅲ沒入保證金，及命具保、責付或限制住居之命令。另外，如§137附帶扣押、§151暫停搜索、扣押之處分、§152發現另案應扣押之物，並非裁判。

裁判須在於解決實體或程序問題所為之意思表示，故審判長行使訴訟指揮權（法院組織法§88）所為之意思表示並非裁判。故§24Ⅰ職權迴避、§25Ⅱ法院及通譯的迴避，由所屬法院院長裁定。§21Ⅰ聲請迴避的裁定、§504Ⅰ之裁定，僅具司法行政上處分之性質，並不適用關於裁判之規定。

第二節　裁判的種類

裁判有如下種類，分述如下：

壹、終局裁判與中間裁判

一、終局裁判

終局裁判，乃指其審級以終結該訴訟為目的所為之裁判，有罪、無罪、駁回之裁判、免訴、不受理、管轄錯誤，此類裁判得經上訴、抗告而

聲明不服，重在法的安定性，係以脫離某審級為目的。

二、中間裁判

中間裁判，指非以終結訴訟為目的之裁判，多以裁定之形式為之。如指定管轄之裁定、補正之裁定（§273Ⅵ）。此類裁定以不許獨立上訴或抗告為原則，但延長羈押之裁定得抗告。又中間裁判係在審理中間所為的裁判，為終局裁判之準備，不以脫離某個審級為目的。

貳、實體裁判與形式裁判

一、實體裁判

實體裁判係指關於實體法事項所為之裁判，案件具備訴訟條件時，即應為實體裁判以終結案件，實體裁判應經實體審理，如科刑、免刑判決或無罪判決等（§§299、301）。又撤銷緩刑宣告之裁定、更定其刑之裁定，及定應執行刑之裁定等（§§476、477），均以經當事人之言詞辯論為必要（§221）。

不過，下述情形則為例外，亦即；判決不經言詞辯論者，有下述六種情況：

1. §§302～304之判決（§307）。
2. 第二審法院對不合法上訴之判決，以及對於原審諭知管轄錯誤、免訴或不受理之判決上訴時，駁回或發回的判決（§372）。
3. 第三審之判決（§389Ⅰ前段）。
4. 非常上訴之判決（§444）。
5. 為受判決人之利益聲請再審之案件，而受判決人已死亡者（§437Ⅰ）。
6. 簡易判決（§449）。
7. 協商判決（§455-4Ⅱ）。

二、形式裁判

　　形式裁判為關於訴訟法上之事項所為的裁判，通常係對程序問題所為的裁判，故又稱為訴訟裁判，形式裁判僅須形式審理即足，如：免訴、不受理、管轄錯誤等判決，及羈押之裁定、科證人、鑑定人、通譯罰鍰等裁定；以不經言詞辯論為必要（得不經言詞辯論）。

參、本案裁判與非本案裁判

一、本案裁判

　　本案裁判係指關於訴訟目的之裁判，即藉以確定刑罰權之存在與否及其範圍的裁判。例如：科刑判決、免刑判決、無罪判決、免訴判決等（§§299～302）；這些判決具有形式確定力及實質確定力，有一事不再理原則之適用，一經本案判決，檢察官即不得再提起公訴，被害人亦不能再自訴，故係以「刑罰權」為對象。

二、非本案裁判

　　非本案裁判係指非關於訴訟目的之裁判，如：不受理判決、管轄錯誤判決（§§303～304）；此類裁判有形式確定力但無實質確定力，無一事不再理原則之適用，故係以「訴」為對象。

肆、判決與裁定

　　就裁判之形式言，判決與裁定兩者的區別在於：較為重大之決定多以「判決」為之，次要之決定則以「裁定」為之；又判決以經言詞辯論為原則。

一、判決

　　裁判，除依本法規定應以判決之方式行之者外，以裁定行之。又判決應由法院為之，除有特別規定外，應經當事人之言詞辯論（§221）故判決為法定程式的裁判。對於判決有所不服者，得聲明上訴請求救濟。

二、裁定

　　裁定由法院、審判長、受命法官、受託法官為之，並不以經當事人言詞辯論為必要。且裁定無一定之程式，通常由當事人依書面聲請，原則上不必經言詞辯論，但裁定因當庭之聲明而為之者，應經訴訟關係人之言詞陳述（§222）故裁定為意定程式之裁判。

第三節　裁判的成立

　　裁判既為意思表示，則可分為意思決定與表示行為兩個階段，裁判於有意思決定時為內部之成立，有表示行為時為外部之成立，茲分述如次：

壹、意思的決定

　　裁判的意思表示內容，已在審判機關內部達成共識，即為裁判的內部成立。裁判的內部成立時期，依法院構造而不同，獨任制由獨任法官自行決定，合議制則在評議定案時為裁判內部的成立。

貳、決定的表示

　　裁判意思表示的內容足以使受表示者認識其內容時，即為裁判外部之成立。裁判應以制作裁判書時為外部成立之時點，宣示或送達僅為對外發生效力之方法，故審判期日應由參與之法官始終出庭（§292），而宣示判

決則不以參與審判之法官為限（§313）。

不過，宣示時雖裁判書尚未制作，但其裁判於諭知時，仍屬成立（此時未參與審理之法官不得宣示，否則依§379⑬其判決當然違背法令）。由於裁判外部之成立非僅以作成裁判書才算成立，縱未做成裁判書，既已對外宣示裁判亦屬成立。例如，3月2日判被告有期徒刑2年，被告3月3日遞狀上訴，就算法官尚未制作判決書，但依§349的規定，判決宣示後送達前的上訴，亦為有效。且依§313規定「宣示判決，不以參與審判之法官為限」亦與§379並無不符，因為§313的情形係已作成裁判書（裁判已成立），故他人得據以宣示，而宣示只是對外發生效力的方法，故在制作之後，不須經參與審理之法官來宣示。

第四節　裁判的構成與裁判書制作

壹、裁判的構成

裁判係由主文與理由所構成，主文為一切裁判不可缺之要件，理由一定要記載。依§223規定，「判決應敘述理由，得為抗告或駁回聲明之裁定亦同。」主文之外所以應敘述理由，乃使受裁判者據理由聲明不服，並使上級法院據以審查裁判之當否，故主要的裁判應附理由，藉以說明主文之根據。有罪判決書，「應於主文內載明所犯之罪」，並依§309規定，分別情形記載下列事項：1.諭知之主刑、從刑、刑之免除或沒收；2.諭知六月以下有期徒刑或拘役者。如易科罰金，其折算標準；3.諭知罰金者，如易服勞役，其折算標準；4.諭知易以訓誡者，其諭知訓誡的內容；5.諭知緩刑者，其緩刑期間；6.諭知保安處分者，其處分及期間；7.適用的法律。

一、裁判的主文

有關裁判事項的最終結論，稱為「主文」。一切裁判都不可缺少主

文，無主文之裁判並無任何意義；因之，宣示判決應朗讀主文，說明其意義，並告以理由之要旨；宣示裁定，應告以裁定之意旨，其敘述理由者，並應告以理由（§225Ⅰ、Ⅱ）。主文一經宣示，判決即不可變更，朗讀主文，除可使當事人明瞭判決之主旨外，並表示了主文之不可變更。有罪判決書並應記載犯罪事實，且得與理由合併記載（§308）。

二、裁判的理由

主文所由來的具體根據稱為「理由」。裁判附理由之目的，在於防止審判機關之專擅，使裁判發揮保障機能；另外，使受裁判者可據以聲明不服，並使上訴審或抗告審得以審查原裁判是否妥當。因此，判決應敘述理由，得為抗告或駁回聲明之裁定亦同（§223）。判決不載理由或所載理由矛盾者，其判決當然為違背法令（§379⑭）。又上訴於第三審法院，如非以判決違背法令為理由，不得為之（§377）。故判決不載理由，無從提起上訴。判決既應附理由，則無論第一審、第二審或第三審判決皆相同。各種強制處分書，如拘票、通緝書、押票亦應記載理由（§§77Ⅱ③、85Ⅱ③、102Ⅱ③），則屬於命令應附理由的情形。

又依§310，有罪判決書，應於理由內分別情形記載左列事項：1.認定犯罪事實所憑之證據及其認定之理由；2.對於被告有利之證據不採納者，其理由；3.科刑時就刑法§§57、58規定事項所審酌的情形；4.刑罰有加重、減輕或免除者，其理由；5.易以訓誡或緩刑者，其理由；6.諭知沒收、保安處分者，其理由；7.適用的法律。

貳、裁判書制作

裁判書的制作，原則上應由法官為之；但不得抗告的裁定當庭宣示者，得僅命記載於筆錄（§50），故可不必制作裁判書。又，依裁判的不同，裁判書可分為判決書、裁定書。

關於裁判書的制作，基本上是趨簡化。2004年6月修正關於簡化判決

書的制作，其修正理由在於，因應第一審通常程序案件全面實施合議及交互詰問，減輕法官製作判決之負擔，法官將有更充裕時間審理重大繁雜案件。因為，2003年的刑事訴訟新制實施後，除適用簡式審判及簡易程序案件外，在第一審適用通常訴訟程序案件，均應行合議審判，並透過交互詰問程序之進行，以認定被告有無犯罪事實，俾使第一審成為堅強之事實審，進而為建立金字塔型訴訟架構奠定良好之基礎。而由於交互詰問程序之進行需時甚久，現行刑事訴訟法有罪判決書製作方式之相關規定修正後，有罪判決書之製作方式簡化，法官製作判決書之負擔有效減輕，將有更充裕時間與精神致力於重大繁雜案件之審理。

一、裁判書的原本與正本

（一）裁判書原本的交付

　　裁判書的原本，乃裁判官親自制作的裁判書，故「應由為裁判之法官簽名；審判長有事故不能簽名者，由資深法官附記其事由，法官有事故者，由審判長附記其事由。」（§51Ⅱ）。

　　為顧及當事人權益，使法院能夠早日將裁判正本送達當事人，故§226Ⅰ規定「法官應於裁判宣示之當天」，即須將裁判書原本交付書記官，以免法官拖延；但是，在辯論終結期日即宣示判決者，裁判書原本通常無法在當天作成，故可予五日的制作期間，所以「裁判應制作裁判書者，應於裁判宣示後，當日將原本交付書記官。但於辯論終結之期日宣示判決者，應於五日內交付之。」。不過，實務見解認為，縱然違反制作期限的規定，亦不致動搖判決效力。此外，為使交付期日明確，§226Ⅱ規定：「書記官應於裁判原本記明接受之年、月、日並簽名。」

（二）裁判書之正本

　　裁判書之正本係由書記官依照裁判法官制作之裁判書原本制作之裁判書，通常由書記官原本複繕，並在文書上註明「本件證明與原本無異」之

字樣，簽名蓋章並蓋用法院之印信（§226Ⅱ）。又裁判書之正本若與原本不符者，仍應以原本為準。

二、裁判書的記載內容

　　裁判書一般內容應記載受裁判人之姓名、性別、年齡、職業、住所或居所。如係判決書，並應記載檢察官或自訴人並代理人、辯護人之姓名（§51Ⅰ）。

　　裁判為判決者，依§308規定：「判決書應分別記載裁判之主文與理由；有罪之判決書並應記載犯罪事實。」；惟最高法院為法律審，故最高法院之判決書均不用事實欄。裁判為裁定者，依§223規定，若得為抗告或駁回聲明之裁定，除記載主文外，應另敘述理由。至於不得抗告之裁定，則僅記載主文，即為已足。

　　若有罪判決，僅諭知六月以下有期徒刑或拘役、罰金或免刑者，依§310-1，判決書僅得記載判決主文，犯罪事實及證據名稱，對於被告有利證據不採納的理由，以及適用的法條。

　　若有罪判決，係適用簡式審判程序，其判決書的制作，依§310-2規定，準用§454，應記載：§51Ⅰ之記載，犯罪之事實及證據，應適用之法條，§309各款所列事項。自簡易判決送達之日起二十日內，得提起上訴之曉示，但不得上訴者，不在此限。此判決書，得以簡略方式為之，如認定之犯罪事實、證據及應適用之法條，與檢察官聲請簡易判決處刑書或起訴書之記載相同者，得引用之。

　　另外，除於有罪判決諭知沒收的情形外，諭知沒收的判決，依§310-3規定，應記載其裁判主文、構成沒收的事實與理由；理由內應分別情形記載認定事實所憑的證據及理由，對於被告有利證據不採納的理由，以及應適用的法律。

參、裁判書的錯誤

對於裁判書的錯誤，若是顯係出於文字誤寫，而不影響於全案情節與判決本旨者，在判決宣示前發現，則得依§40增刪予以訂正；反之，如果判決已經宣示或送達者，則得參照民事訴訟法§232，依§220由原審法院依聲請或本職權以裁定更正。此等更正的裁定，不以原判決法官參與為必要。至於裁判書的錯誤並非文字誤寫，而足以影響全案情與判決本旨者，原審自不得以裁定將其更正，而應分別情形，依上訴、再審或非常上訴予以糾正。

第五節　裁判的諭知

裁判的諭知，主要是使受裁判者知悉其裁判內容方法；方法有二：宣示或送達。

壹、宣示

判決，除不經言詞辯論的判決者外，均應口頭宣示。

貳、送達

判決，未經宣示者，效力自送達時發生；法定期間自送達判決後起算。送達應以書面為之。

參、諭知與裁判的關係

一、判決與諭知

判決原則上要宣示，但不經言詞辯論者，無須宣示，惟仍須送達，因

為不經言詞辯論者未經送達，對外即不發生效力。而判決經宣示者之所以要送達，係因判決可上訴，其上訴期間自送達判決後起算；惟判決宣示後，送達前之上訴仍有效力（§349）。

二、裁定與諭知

裁定，除當庭所為要宣示外，原則上裁定無須宣示；未宣示之裁定，須送達才發生效力。至於當庭之裁定已宣示，如為得抗告之裁定，仍要送達（§406前段，抗告期間起算之標準）。如為不得抗告之裁定，無須送達（§50，僅命記載於筆錄即可）。對於無庸送達之裁定，當然亦無庸宣示（§24，僅內部行政上的裁定）。

第六節　裁判的效力

裁判經宣示或送達後，發生拘束力、執行力、證明力與確定力。

壹、拘束力

裁判，經宣示送達後，即生拘束力。裁判的拘束力意味著，縱然是裁判者，也不得逕行撤銷、變更或更正；此又稱為裁判的自縛性。受裁判者，則只得以上訴、抗告程序救濟。

例如，某法官判決被告成立偽證罪，判刑四個月有期徒刑，易科罰金，且已經宣示送達。但是，刑法§168的偽證罪是最重本刑為七年以下之罪，依刑法§41規定，不得易科罰金，但判決主文卻言易科罰金；此時判決已經宣示送達，即生拘束力，不得變更。此時，檢察官只得依上訴救濟之。又如，某甲於千禧年時，與乙口角並將其打傷；時至今日，乙才提起告訴。檢察官對於乙的告訴，應依§252⑤不起訴，但卻且不察而起訴；法院對於檢察官的起訴，應依§303③諭知不受理判決，但卻不察而

為實體判決。判決宣示送達後，即生拘束力；此時，就算原判決法院發現判決違法，也不得自行改判，必須有上訴權人提起上訴，再由上級法院更正。

不過，若屬程序上的裁定，原審法院認為抗告有理由者，可自行更正或另行裁定（§408Ⅱ），以求訴訟的圓滿進行，因為，程序上裁定對原審法院並無拘束力。例如，在押的被告甲女聲請交保停押，法官訊問時，甲卻說不出具體理由，法院只好將甲的聲請駁回；事實上，甲身懷六甲，但不好意思向法官開口。甲返回押所後，將此情與押所管理員討論；管理員表示，依§114規定，被告懷胎五月以上，如經具保聲請停押，法官不得駁回。經管理員鼓勵甲抗告，同時顧及腹中六月胎兒，乃提抗告；法院可依§408Ⅱ將宣示的裁定，予以變更。

貳、執行力

執行力，乃實現裁判內容的效力。依§456規定，「裁判除關於保安處分者外，於確定後執行之」。判決科刑者，自不待言；裁定者，則視其是涉及實體事項或程序事項的裁定，而有不同。裁定如係關於實體上事項，必須裁定確定始有執行力；關於程序上事項，裁定縱未確定亦可執行，此為唯一之例外。因§409Ⅰ規定，「抗告無停止執行裁判之效力。但原審法院於抗告法院之裁定前，得以裁定停止執行。」

例如，檢察官對甲，以殺人罪起訴，並認為其有逃亡可能而聲請羈押；法院經羈押訊問後，認為無羈押必要，乃命具保二十萬元後釋放。依§404Ⅰ但書規定，關於羈押、具保、責付的裁定，可提抗告。檢察官對於法院的前開裁定不服，提出抗告，但檢察官的抗告並無法停止裁定的效力（§409），甲得自由活動。

參、證明力

證明力，即裁判具有證據證明力，可以為其他案件認定事實的證據；

既然裁判有證據證明力，其證據能力自是具備。但是，應注意的是，裁判的證明力，應宜限於已確定的判決。例如，§295規定，「犯罪是否成立以他罪為斷，而他罪已經起訴者，得於其判決確定前，停止本罪之審判。」又如§500規定，「附帶民事訴訟之判決，應以刑事訴訟判決所認定之事實為據。」此均為確定判決具有證明力的適例。

肆、確定力

裁判的確定力，是裁判效力中，比較複雜者。其一，應釐清裁判何時確定，因裁判確定力生於裁判確定時；其二，裁判確定力又分為，形式確定力、實質確定力（既判力）。

一、裁判確定的時期

裁判依是否可以上訴或抗告，而異其確定的時期。裁判何時確定，本法並無明文規定，惟可從下述五個條文中看出：

1. §344 I 前段：當事人對下級法院判決有不服者，得上訴於上級法院。
2. §403 I 前段：當事人對於法院之裁定有不服者，除有特別規定外，得抗告於直接上級法院。
3. §416 I 前段：對於審判長、受命法官、受託法官或檢察官所為之處分有不服者，得聲請所屬法院撤銷或變更之。
4. §420前段：有罪之判決確定後，有下列情形之一者，為受判決人之利益，得聲請再審。
5. §441：判決確定後，發現該案件之審判係違背法令者，最高法院之檢察署檢察總長得向最高法院提起非常上訴。

由上可知，裁判確定的時點，於不可聲明不服時，裁判即告確定；在可能聲明不服之情況下，因裁判尚處於未確定的狀態，此時則未確定。

不得聲明不服的情形有二：

（一）裁判本不得聲明不服者，於裁判時確定

1. §376規定：下列各罪之案件（如最重本刑三年以下有期徒刑，拘役或專科罰金之罪）經第二審判決者，不得上訴於第三審法院。

2. 依據§§404前段、405，第三審法院之裁判，不得抗告之裁定。

3. §437Ⅲ，不得上訴之再審判決。

4. 不得上訴第三審的簡易判決。

5. 不得上訴的簡易判決（§455-1Ⅱ）和協商判決（§455-10）。

　　例如，刑法§277傷害罪為最重本刑三年以下之罪，屬§376Ⅰ①的案件。假設某甲涉犯傷害罪，經檢察官起訴，第一審法院判甲四個月有期徒刑，甲不服，提起上訴；第二審法院於3月8日判決駁回，並於判決書內註明「不得上訴」。甲於3月20日收到判決書，3月25日提出上訴，第三審法院於5月10日以判決駁回。事實上，本案在3月8日即已確定，而非5月10日確定，因本案本不該上訴第三審法院，是上訴不合法。

（二）裁判雖可聲明不服，但因下列原因變成不得聲明不服

1. 已逾法定期間者：例如，上訴期間10天、抗告期間5天（§§349、406），超過期間，即不得再上訴或抗告。

2. 捨棄權利：當事人得捨棄其上訴權（§353），一經捨棄上訴權者，則不得上訴（§359）。

3. 撤回：上訴，於判決前得撤回之（§354），撤回上訴即喪失其上訴權（§359）。

（三）被告死亡與判決確定的時期

　　若被告死亡時，裁判應何時確定，可分別下述情形論之：

1. 若被告之死亡在裁判確定後，除自由刑外，仍可執行。例如：§470Ⅲ罰金、沒收及追徵，得就受刑人之遺產執行之。

2. 若被告之死亡在裁判確定前（判決前或上訴期間內），則原判決並不確

定，而為事實上終結，此時不發生非常上訴之問題。惟不得上訴於第三審的案件，若被告於二審判決後死亡，於裁判時即行確定，則例外可以提起非常上訴。

於此，針對得上訴的案件，更具體地說明是：（1）判決後發現被告已死亡者：應即將判決附卷不送達，判決不確定，不得提起非常上訴；（2）判決且送達被告後，被告在上訴期間內死亡者：判決不確定，不得提起非常上訴。

二、裁判確定的效力

裁判的確定效力，可分為形式確定力、實質確定力。

（一）形式確定力

裁判於無聲明不服的方法時，即告確定。這種不得依通常方法聲明不服的狀態，稱為形式確定力，屬於程序面的確定，不問何種判決（本案與非本案判決）均有之。

因形式確定力而形成確定的法律關係，此時失去訴追利益，其訴訟關係因而消滅，不得對該訴訟再聲明不服。此時，乃是對於訴訟程序產生「無可爭論性」，而有終結刑事程序的效果，並且發生裁判的「可執行性」，而有執行的效果。由此可知，形式確定力可說是，刑罰執行的先決條件。

（二）實質確定力

裁判所確定者，若為具體的實體法律關係，即有實質確定力。換言之，只有確定的本案判決，會對於案件的實體法律關係予以確定，才有實質確定力，也因而該案件不得再為訴訟客體，應受一事不再理原則拘束。

由於形式確定為實質確定的先決條件。故形式確定力為程序法上的效力，實質確定力為實體法上的效力。不過，為達成確認實體法上法律關係的目的，以經訴訟程序為必要，所以實質確定力係以形式確定力存在為

必要。

　　例如，某甲傷害未成年的高中生乙，乙向檢察官提起告訴，但於法官審理時，甲乙達成民事和解，乙遂撤回告訴（§238 I），法官依§303③諭知不受理判決。對此，當事人均不得對該案件聲明不服，因此非本案判決；但也因此非本案判決，無實質拘束力，該案件所涉及的刑罰權並未消滅，不受一事不再理拘束。此時，依§233 I規定，乙的法定代理人丙，可以獨立提起告訴，檢察官仍可起訴，法官也可以對甲判決。後來，法院判決甲罰金80萬元，並且確定；此為本案的實體確定判決，有確定效力，自不能再行起訴。

三、無效判決與瑕疵判決

（一）無效判決

　　判決以訴訟存在為前提，如訴訟關係尚未發生或已消滅，其所為的判決，即屬無效判決。易言之，判決雖已成立，但因有明顯且重大之瑕疵，而當然、絕對地不發生本來之效力，即稱為無效判決。

　　判決於確定之後，均發生形式確定力。但是，是否發生實質確定力，須視判決是否有效而定。若訴訟關係尚未發生或已消滅而仍為判決者，其所為之判決無效。無效之判決雖不生實質確定力，但因其已經裁判，所以仍有形式之確定力，且訴訟關係已消滅，故必須依法定程序以為救濟。

1.無效判決的種類

　　實務上認為無效之判決有下：

（1）關於訴訟關係者　┌雙重判決　　　　　　┐訴訟關係已消滅
　　　　　　　　　　├撤回上訴之判決　　　┘
　　　　　　　　　　└未經起訴或上訴之判決－訴訟關係未發生

（2）關於訴訟客體者：如誤以商號為被告－無被告能力。

（3）關於訴訟主體者：軍法機關審理老百姓之竊盜案件－無審判權。

　　關於訴訟關係已消滅者（雙重判決、撤回上訴之判決、未經起訴或上訴之判決：訴訟關係未發生）所形成的無效判決，分別詳述如下：

A. **雙重判決（訴訟關係已消滅）**：為一個案一個訴而有二個判決的情形。例如，法官認為自己之判決有誤，再作一次變更判決，後之變更判決，即為無效判決。惟須注意此與免訴判決不同，因免訴判決為一個案二個訴，二個判決。例如，甲打傷乙，被判兩個月有期徒刑確定後，乙再自訴，法院依§302Ⅰ①諭知免訴判決，即為一個案兩個訴，二個判決的情形。

B. **撤回上訴後之判決（訴訟關係已消滅）**：若檢察官依§269，於第一審辯論終結前撤回起訴，依法與不起訴處分有同一之效力（§270）。若自訴人於一審辯論終結前，得撤回自訴（§325）。從上述條文可知沒有撤回起訴後之判決；僅有撤回上訴後判決。惟必須在判決前撤回（§354）。若被告人在監所，則依§358Ⅱ準用§351，被告只要向監所長官提出撤回書狀，即視為撤回上訴。

C. **未經起訴或上訴之判決**：其與雙重判決、撤回上訴之判決並不相同，其屬於訴訟關係尚未發生的形況。

2. 無效判決的救濟

　　上述之無效判決，依法定程序救濟時，祇應將該無效判決撤銷即可，毋庸另為判決。判決未確定者，如有合法之上訴，仍應予以撤銷，但不另為判決；已確定者，自得提起非常上訴（參照大法官釋字第135號說明）。

（二）瑕疵判決

　　瑕疵判決，裁判判斷的內容與抽象的實體或程序法有違背，其救濟方法可提非常上訴撤銷之。瑕疵判決的情形，例如，對於已死亡之被告為徒刑之宣告、不應諭知緩刑而諭知緩刑、不應諭知易科罰金而諭知易科罰金、宣告法定刑以外之刑罰。

　　瑕疵判決，如依非常上訴救濟時，其效力是否及於被告？應該依照

§§447Ⅰ①、448定之。原判決不利於被告，其效力及於被告，應就該案件另行判決；若原判決利於被告者，則非常上訴之效力不及於被告，對此僅具有論理效力，不發生改判作用。

例如，檢察官依刑法§234Ⅱ意圖營利公然猥褻罪，將甲起訴。刑法§234Ⅰ規定，公然猥褻罪，為單科罰金；但刑法§234Ⅱ意圖營利公然猥褻罪，則為得併科罰金。法院審理結果誤判甲單科罰金，被告與檢察官均未上訴，本案因而確定。若嗣後發現此法律適用的瑕疵，檢察總長依§441提起非常上訴，因§§447Ⅰ①但書、448，原判決利於被告，非常上訴判決效力仍不會及於被告。

四、實質確定力的效力

實質確定力的效力，又可再分為內部效力與外部效力，

（一）內部效力

內部效力，為內容的確定力，亦即裁判本身判斷內容的效力。內部效力因判決內容而有異：

1. 有罪判決
   - 科刑判決：有執行力（確認被告就該案件所犯罪應科刑罰，有拘束力、確定力和執行力）
   - 免刑判決：無執行力（確認被告就該案件所犯罪名，並免除其刑）
2. 無罪判決：犯罪不成立。
3. 免訴判決：公訴權不存在。

（二）外部效力

外部效力，為一事不再理的效力，即「既判力」。

1.既判力的意義

　　已經判決確定的刑事案件，不得再成為刑事訴訟的客體，稱為「既判力」。刑事裁判如發生前述效力時，基於法律安定性之要求，不得再為起訴；如誤為起訴者，即應予以免訴判決（§302①），故此亦稱為「一事不再理」或「再訴遮斷之效力」。既判力係實體判決確定時所發生之效力，故為判決之外部效力。裁判發生既判力，須該裁判為有效，如係無效或不存在之裁判，並不發生既判力。又該裁判須為本國之裁判始可，如係外國法院之裁判，依刑法§9規定，同一行為雖經外國確定裁判，仍得依本國刑法處斷，故不發生既判力。其次該裁判須為實體裁判，如係形式裁判也無實質確定力可言，自亦缺乏既判力。

　　實體裁定亦具有確定力，如果認為實體裁定有違誤，可提起非常上訴救濟之。如：撤銷緩刑宣告之裁定、定其應執行刑之裁定、減刑之裁定、單獨宣告沒收之裁定、更定其刑之裁定（§477）及保安處分之裁定，均為實體裁定，如有錯誤，可依非常上訴方法加以救濟。惟實體裁定與判決仍有不同，因再審依§§420～422僅有二種情形：一是有罪之判決確定後為受判決人之利益，得聲請再審，二是為受判決人之不利益，於有罪、無罪、免訴、不受理之判決確定後，得聲請再審。故可知聲請再審是對判決，而非裁定。但裁定之內容有關於實體事項者，有關於程序事項者；關於實體事項以裁定行之者，如依刑法§48更定其刑之裁定（§477）或依刑法§§53、54定其應執行刑之裁定，凡此均具有實體判決之效力，但因其並非判決，故不生再審之問題，如有違誤，僅能依§441提起非常上訴。

2.既判力的範圍

　　關於既判力的範圍可分為，時的範圍、物的範圍。

　　既判力的「時的範圍」，為既判力之延展，主要是指刑法上繼續犯之既判力之適用。刑法上的犯罪有三種情形，即單純一罪、實質一罪及裁判上一罪。有的一罪間有時間關係，如繼續犯。犯罪行為具有繼續之性質

者，其既判力應及於行為開始到結束。

　　既判力的「物的範圍」，為既判力擴張的問題，亦即，實質上一罪之既判力範圍。既判力在主觀上及於受確定判決之被告，在客觀上及於起訴事實之全體，亦即，既判力之範圍與案件之單一性、同一性範圍相同。故一事不再理之原則，或指同一案件曾經實體上之判決確定，其犯罪之起訴權業已消滅，不得再為訴訟之客體者而言；惟此項原則必須是同一訴訟客體，即被告及犯罪事實均屬同一時，始能適用，假使被告或犯罪事實有一不符，即非前案之判決效力所能拘束，自無一事不再理之可言。茲對既判力「物的範圍」，詳述如下：

（1）實質上一罪或裁判上一罪，一部經有罪判決確定

　　　　實體法的一罪，在訴訟法上不可分割，故檢察官雖僅就犯罪事實一部起訴，其效力及於全部。本其審判不可分原則，受一事不再理之拘束。若一部為告訴乃論之罪（未告訴），一部為非告訴乃論之罪，非告訴乃論部分有罪判決確定後，告訴乃論之罪縱未告訴，因係裁判上一罪，無從分割，自為確定判決效力所及，不得再行告訴，應受一事不再理拘束。

　　　　例如，某甲駕車不慎撞死乙（過失致死罪，非告訴乃論之罪）、撞傷丙（過失致傷罪，告訴乃論之罪）；若丙未提出告訴，當過失致死罪判決確定時，該確定判決的效力，及於撞傷丙的部分，此時丙提出告訴，法院只能依§302免訴判決。但有，部分說法則認為，既然過失傷害的部分，是告訴乃論之罪，被害人未曾告訴，法院無法審理，應非屬既判力所及，若被害人在告訴期間內提出告訴，檢察官仍得起訴，法院仍得審判。

（2）實質上一罪或裁判上一罪，一部經無罪或免訴判決確定

　　　　與前述一部有罪判決確定的情形不同，若實質上或裁判上一罪，一部經無罪或免訴之判決確定者，其效力是否及於全部，應依下列情形，分別判斷：

A.一行為一罪：如接續犯、繼續犯、加重結果犯等，經判決無罪，再為起

訴，法院應為免訴判決。例如，甲對於被乙以棍棒毆打之事，委請律師提起自訴；案經審理，乙否認犯罪，且甲所受傷實為刀傷，法院乃判決甲無罪。爾後甲因刀傷而死，甲的配偶丙乃以傷害致死罪，對乙提出告訴；對此，檢察官應為不起訴處分，若是起訴，法院應為§302免訴判決。

B. 一行為數罪：想像競合犯。雖然是一行為，但觸犯數罪，其之所以發生效力及於全部，乃係想像競合「從一重處斷」的結果；若想像競合犯的一部，經諭知為無罪，既判力並不及於未經判決的其他部分，如此方能符合完全評價，而能使國家刑罰權的充分行使。例如，檢察官起訴甲，認為甲在故意拋擲石塊破壞乙宅玻璃窗，且因而擊傷在家的乙，涉嫌觸犯毀損罪、過失傷害罪；但法院審理後，僅判決乙受傷的部分無罪，惟此效力不及於毀損乙宅玻璃窗的部分。

C. 數行為一罪：結合犯、集合犯等。然而，數行為的一部經無罪或免訴判決，而與其他部分並無論罪上不可分的關係，則審判並非不可分，故既判力不及於他部。例如，檢察官起訴甲刑法§332強盜殺人結合犯，經法院審理，若僅判決殺人部分無罪，該效力不及於強盜的部分。

3.既判力的排除

裁判一旦確定，即生裁判之確定力，經由裁判的確定力可建立裁判之權威性，並保護被告使其不致遭受雙重之刑事追訴與處罰。惟如裁判之確定力過分僵硬而毫無例外，則可能會妨害刑事訴訟目的之達成。故刑事訴訟法設有因錯誤或特殊情形，排除「裁判確定之效力」的規定：

（1）錯誤：A.提起非常上訴而原判決不利於被告，經另行判決者，原確定判決失其效力（§447 I ①但）（以有利於被告之判決為主）。B.聲請再審之案件，一經再審判決確定者，原確定判決失其效力（§§420～422）。

（2）特殊情形：A.法律變更不處罰其行為者（除罪化），免其刑之執行（刑§2 Ⅲ）。B.大赦、特赦、減刑（赦免§§2～4），除刑事訴訟法

本身規定既判力的排除外，依赦免法所為之赦免，亦得排除既判力，此為超訴訟法制度以排除既判力之情形。C.更定其刑或定其應執行之刑（刑§§48、53、54、51⑤⑥⑦）。

❖ 實例講座 ❖

＊錯誤判決＊

甲為刑事庭法官。審理案件時，往往反覆推敲、仔細斟酌。然而，過度要求完美的結果使得甲終日辛勞，專注能力衰退。某日，甲撰寫判決書時，由於疲累不堪，遂發生錯誤。試問：判決書送達之後，發現原本錯誤，是否可以裁定更正？假若甲撰寫無誤，但送達的正本記載主文與原本記載不符時，是否亦可更正？

➲解析

原本錯誤、正本記載主文與原本記載主文不符的情形，是否得以裁定更正，視其是否為文字誤寫而不影響全案情節與判決本旨。

1.原本錯誤（原本與正本同，但原本有誤）

若影響全案情節及判決本旨，不得以裁定更正，僅能循法定途徑救濟，即上訴、再審及非常上訴。相反的，若僅是文字誤寫，又不影響全案情節與判決本旨，則依大法官釋字第43號、第118號的解釋意旨，參照民事訴訟法§230規定，依§220由原審法院依聲請或本於職權裁定更正；且該裁定不以原判決法官參與為必要。本案若是原本錯誤，法官甲得依聲請或本於職權以裁定更正。

2.正本記載主文與原本記載主文不符（原本無誤，正本錯誤）

若影響全案情節及判決本旨，不得以裁定更正，依法定程序救濟；法院應立刻重新繕印送達，上訴期間應另行計算。相反的，若僅是文字誤寫，且不影響全案情節與判決本旨，則法院依聲請或本於職權裁定更正。本案若是正本記載主文與原本記載主文不符，則視是否影響全案情節與判決本旨，若無影響，法官甲得依聲請或本於職權以裁定更正；若生影響，則依法定程序救濟。

第三篇

各 論

第一章

偵　查

【目次】

第一節　偵查總論 463

　壹、偵查的概說 463

　　一、偵查的意義 463

　　二、偵查主體與輔助機關 463

　貳、偵查的類型 464

　　一、起訴前後的偵查 464

　　二、任意與強制偵查 464

　　三、誘捕偵查 465

　參、偵查目的與模式 466

　　一、偵查目的 466

　　二、偵查的模式 466

　肆、偵查的原因 468

　　一、告訴或請求 468

　　二、告　發 468

　　三、自　首 469

　　四、其他情事 469

　伍、偵查的程序 469

　　一、偵查不公開原則 469

　　二、偵查中的訊問 471

　　三、偵查的協助 471

　陸、偵查的終結 472

　　一、偵查終結的意義 472

　　二、偵查終結的例外 472

第二節　偵查各論 474

　壹、告　訴 474

　　一、告訴的意義 474

　　二、告訴乃論的意義 474

　　三、告訴權人 476

　　四、告訴權的種類 479

　　五、告訴的期間 482

　　六、告訴的方式 483

　　七、告訴的效力 484

　　八、告訴不可附條件 487

　　九、告訴欠缺的補正 488

　　十、告訴權的喪失 489

　貳、起　訴 493

　參、不起訴 494

　　一、絕對不起訴 495

　　二、相對不起訴 496

　肆、緩起訴 497

　　一、適用範圍 498

　　二、得為緩起訴的要件 498

　　三、緩起訴的期間 500

　　四、緩起訴的負擔或指示 500

　　五、緩起訴的效力 501

　　六、緩起訴的撤銷 502

　伍、不起訴與緩起訴的救濟 503

　　一、再議制度 504

二、准許提起自訴 508

三、再行起訴 510

四、不起訴與緩起訴救濟的異同 514

實例講座..515

第一節　偵查總論

壹、偵查的概說

一、偵查的意義

　　從本法條文體例觀之，公訴程序包含了偵查（§§228～263）、起訴（§§264～270）到審判（§§271～318）。從此安排可知，偵查屬於公訴程序的一部份，是起訴前的準備階段。偵查是一個持續性的發展過程，是偵查機關對某特定的犯罪事實與被告（案件）實行公訴前的準備工作，包含發現、特定犯罪嫌疑人、蒐集與保全人證、物證等各種活動，以及當這些蒐證程序完成後，判斷該案件得否提起公訴者，就稱為偵查。

　　「偵查」限由司法偵查機關實施，若非由偵查機關實施，如稽徵機關調查納稅義務人所得情況，非偵查。偵查程序的學習重點有：偵查主體（§§228～231）、偵查開始（§§228～232、244）、偵查程序（§§245～249）、及偵查終結（§§250～263）。

二、偵查主體與輔助機關

　　依偵查主體而分，偵查可分為檢察官的偵查與司法警察官員調查階段的偵查。依我國現制檢察官為偵查機關的主體（§228），司法警察官員係協助偵查主體的輔助機關（§229以下）。偵查主體與輔助機關間，時常存有緊張關係。檢察官對於司法警察移送的案件，有得退案審查權（§231-1）。§231-1規定：「檢察官對於司法警察官或司法警察移送或報告的案件，認為調查未完備者，得將卷證發回，命其補足，或發交其他司法警察官或司法警察調查。司法警察官或司法警察應於補足或調查後，再行移送或報告。對於前項之補足或調查，檢察官得限定時間。」

　　有鑑於此種以司法警察（官）的移送或報告案件為對象實施的退案審查制度成效頗佳。故於2001年修法時，為了能讓偵查輔助機關發揮更大的

功能，並明確其與偵查主體間的權責分配，進一步增訂了§228 II的「發交查證制度。凡偵查階段時檢察官得限期命檢察事務官、司法警察官或司法警察先行調查犯罪情形及蒐集證據，並提出報告；必要時，得將相關卷證一併發交供偵查輔助機關進行調查。同時，待司法警察等調查完畢後，方由檢察官分案偵查。

對於有犯罪嫌疑之人，檢察官無故不發動偵查，可能成立瀆職罪（濫權不追訴，刑法§125 I）。司法實務上，檢察官的發動偵查，主要由於警察機關的移送或報告，檢察官很少主動偵查。

貳、偵查的類型

偵查依其性質不同，有如下分類：

一、起訴前後的偵查

依偵查的時期而分，偵查可分為起訴前的偵查與起訴後的偵查。偵查機關提起公訴前的偵查，是為提起公訴所做的準備行為，為使其能發見實質真實，偵查機關被賦予極大的權限；但對於提起公訴後所為的偵查，僅以實行公訴為目的之必要調查。例如，向相關機關調閱相關資料、文件。故偵查機關的權限遂受限制。尤其，對於被告身體自由，已不得由偵查機關（檢察官）施以強制處分，如認為有必要時，亦應依§275規定，向法院聲請傳喚或調取或命提出相關證物。

二、任意與強制偵查

依偵查時得否實施強制處分，偵查可分為任意偵查與強制偵查。前者是指，偵查機關於實施偵查時，不得對犯罪嫌疑人使用強制力，犯罪嫌疑人亦無忍受義務，故犯罪嫌疑人的人權不致遭受不法侵害；後者則是，偵查機關於實施偵查時，得對於犯罪嫌疑人得使用強制力，被告負有服從義

務，如強制力使用不當，則易引起侵害人權的結果。簡言之，偵查而不發動強制處分，稱為任意偵查；反之，則是強制偵查。

值得留意的是，最近的實務見解認為，偵查機關實施的偵查方法，固有任意偵查與強制偵查之分，其界限在於，偵查手段是否有實質侵害或危害個人權利或利益之。倘有壓制或違反個人意思，而侵害憲法所保障重要之法律利益時，即屬強制偵查。例如，偵查機關非法安裝GPS追蹤器於他人車上，已違反他人意思，而屬於藉由公權力侵害私領域的偵查，且因必然持續而全面地掌握車輛使用人之行蹤，明顯已侵害憲法所保障的隱私權，自該當於強制偵查，倘無法律依據，自屬違法而不被允許（最高法院106台上3788判決參照）。

三、誘捕偵查

我國偵查實務經常使用誘捕偵查的手段，誘捕偵查可區分為犯意誘發型與機會提供型，前者乃指行為人本無犯意，後者則是行為人本身便有犯意。不過，偵查人員引誘行為人犯罪，可能有陷害教唆的爭議。

原則來說，誘捕偵查應被禁止，但機會提供型的誘捕偵查，考量行為人已有犯意，為求偵查犯罪的效益，應得利外允許，但仍須限於重大隱密的犯行，且不採用此方式極難取證時，方能為之。實務曾有認為1.若屬於犯意誘發型，則屬於陷害教唆，因為已經逾越了偵查必要且違憲法的基本人權，應無證據能力；2.若為機會提供型，則取證有證據能力（最高法院92台上4558判決）。

除實務主張的主觀判斷外，本書認為應進一步兼顧客觀標準的判斷，如：是否有客觀跡證證明被告有犯罪嫌疑。此外，誘捕偵查應針對重大、隱密、不易發現的犯行方得以實施，例如：毒品犯罪、組織犯罪、貪污、賄賂罪等。換言之，必須符合比例原則中的「必要性原則」（如果使用一般偵查方式無法偵破的重大犯罪）及考量手段與偵查目的間不能顯失均衡（衡平原則）。此外，犯意誘發型的誘補偵查等同是國家製造犯罪，屬違

法情節重大，利用該偵查手段取得的證據必須嚴格禁止並排除其證據能力，否則無法抑制警察人員的違法偵查行為。

參、偵查目的與模式

一、偵查目的

檢察官獲知犯罪嫌疑，即應展開偵查，藉以發見犯人與蒐集犯罪證據，故偵查之目的是為準備將來起訴與實行公訴。除此之外，偵查尚有二個附帶目的，其一為：「保全證據」，因犯罪事實應依證據認定之，無證據不得認定其犯罪事實，故為發現真實，有必要先於偵查階段蒐集並保全證據。其二為：「確保被告接受審判」，因被告不僅為偵查客體，在言詞辯論原則的審判制度下，審判期日苟非被告到場，原則上不得審判（§281），為確保被告能在審判期日到場，限制被告自由實屬必要，尤其對於無一定住居所或有逃亡之虞的被告，在偵查時即限制其身體自由（如羈押、限制住居等強制處分），實有利於嗣後審判的進行，故對犯罪嫌疑人適當限制其自由，亦可視為偵查的目的。

二、偵查的模式

對於審判期日，本法判訂有詳細的審判程序，但就偵查來說，卻未有行為或活動的具體規範。然而，偵查既係提起公訴不可缺的階段，為構成司法程序重要部分，偵查應受法律規範的控制，才能達到保障人權的目的。從審判機關與偵查機關的關係與被告當事人主體地位有無等來區分，偵查構造可分為「糾問偵查模式」與「彈劾偵查模式」。

（一）糾問偵查模式

所謂的糾問偵查模式，是從擁護國家權力與有效偵查的角度出發，並不承認被告具有當事人主體地位。偵查機關與審判機關基於審檢分立原

則，確實落實分工模式，由檢察官職司偵查階段的各種調查與處分；法官職司審判階段的事實澄清活動。由於檢察官會將調查的卷證資料直接交由法院作出最終裁判，兩者屬於一種分工合作共同發現真實與追訴犯罪的關係，故通常本模式也會稱為「接力制」。

在糾問偵查模式中，檢察官基於分工基本精神，擁有強制處分的發動權限，法官最多僅得審查其令狀的合法性，無法置喙必要性的判斷。諸如，檢察官得直接訊問被告取得其犯罪自白、搜索羈押等強制處分，非有違法濫用的情事，不須法院核發的令狀即能發動，同時檢察官也擁有終局終結偵查程序的權利。此外，由於本模式下，被告並無當事人主體地位，故凡是辯護權、接見通訊、閱覽卷宗等權限，都會受到嚴格的限制、甚至完全禁止。

（二）彈劾偵查模式

相對於糾問偵查模式，強調審檢對於犯罪事實的接力調查與審判，所謂的彈劾偵查模式，是指被告於訴訟程序中應具有當事人的主體性地位，於偵查階段中，與偵查機關應享有同等權利與義務。因此，無論是偵查機關或被告，原則都無強制處分的偵查權限，如有必要時，雙方皆應向中立第三方者如法院來聲請核發令狀後，方能發動。本偵查模式下，強調的是偵查階段的訴訟構造化，被告與檢察官同為訴訟程序中的當事人，基於武器平等原則，被告應當擁有辯護權、接見同訊權與閱覽卷宗等權限，除有相當理由，原則不得限制或禁止。

彈劾偵查模式與糾問模式最大的差異在於，彈劾模式中的審檢分立並非一種犯罪事實澄清義務的接力制。檢察官僅是代表國家行政權的公益代言人，其所作的偵查後的終結偵查處分並無終局的確定力；同時，被告屬於訴訟主體，除了法律上應享有必要的防禦權利外，也得主動向法院聲請證據的保全，維護自身權益。

肆、偵查的原因

　　依§228規定，檢察官因告訴、告發、自首或其他情事，知有犯罪嫌疑者，應即開始偵查。由條文可知，檢察官因下列原因而開始偵查：1.告訴或請求（§§232～239、242、243）；2.告發（§§240、241、242）；3.自首（§244）；4.其他情事（§§92、218、229～231、336 II）。

　　從上述規定得知，偵查的原因，是採偵查法定原則，換言之，檢察官知有犯嫌疑即應展開偵查，重點在於知有犯罪嫌疑此法定標準。

一、告訴或請求

　　告訴是告訴權人向偵查機關申告犯罪事實，請求訴追的意思表示。犯罪雖有告訴乃論與非告訴乃論之分，不過，犯罪的被害人或其他得為告訴之人，均得告訴（關於告訴的詳細說明，請參照本章第二節部分）。另外，對於請求乃論之罪，例如，刑法§116侵害友邦元首或外國代表罪，刑法§118侮辱外國國旗國章罪，外國政府得請求，經外交部長函請司法行政最高長官令知檢察官加以追訴。請求雖與告訴不同，但準用告訴乃論撤回及主觀不可分原則的規定（§§243、238、239）。檢察官於接受上述函請令，知有犯罪嫌疑時，應即展開偵查。

二、告　發

　　告發，乃第三人向偵查機關申告犯罪事實，請求訴追的意思表示。告發與告訴不同。告訴，乃告訴權人向偵查機關，申告犯罪事實所為的意思表示；告發，乃第三人知有犯罪嫌疑之舉發犯罪。

　　稱第三人指告訴權人、犯罪嫌疑人及偵查機關以外的人。告發可分為：

1. 私的告發：任意告發、權利告發（§240）。
2. 公的告發（義務告發）：公務員因執行職務，知有犯罪嫌疑者，應為

告發（§241）。少數情況下的上級公務員，如果知有犯罪嫌疑人而不告發，可能構成犯罪（貪污治罪條例§§13、14）。

3. 告發不發生撤回的問題，故告發後雖聲請撤回，於檢察官職權之行使，不生影響。

三、自　首

自首乃對於未發覺的犯罪，犯罪人主動向偵查機關陳述犯罪事實，聽候裁判的意思表示（刑法§62）。自首的程式與告訴、告發相同（§§244、242），偵查機關因自首知有犯罪嫌疑，應即展開調查。所謂未發覺犯罪，乃指有偵查犯罪職權的公務員尚未知悉犯罪事實或犯罪之人（最高法院75台上1634判決）。

四、其他情事

指因告訴、告發、自首以外之其他情事，而知有犯罪嫌疑者。例如，移送或報告（§§229～231）、現行犯的逮捕（§92）、相驗（§218）、接受自訴案件、諭知不受理判決或管轄錯誤判決書（§336Ⅱ）或其他情事，如報紙的登載或社會的傳說。

伍、偵查的程序

一、偵查不公開原則

偵查程序的進行原則不得公開（§245Ⅰ），此與「審判必須公開」形成強烈對比。偵查不公開應指，關於偵查內容，不向訴訟當事人與關係人以外之人公開。偵查如果公開，可能造成何種侵害？違反偵查不公開原則，偵查機關任意公開偵查消息，容易形成媒體審判或大眾審判的現象，尤其使被告受無罪推定原則的保護破壞殆盡除，偵查人員除可能成立洩密罪（刑法§132）之外，更使得證據遭受破壞與犯嫌逃逸。此外，偵查不

公開能保障訴訟關係人的權益。因為不論告訴人、告發人或證人或其他關係人，因向偵察機關提供案情資訊，為保障其隱私、身家與性命的安全，故偵查資訊應嚴格予以守密。

宜注意者，偵查不公開，並非指絕對排除被告或其辯護人於偵查階段時的權利。偵查階段，被告得隨時選任辯護人（§27Ⅰ）訊問被告時應告知其此項權利（§95③），且辯護人於偵查中，有在場權以及筆記與陳述意見之權利（§245Ⅱ）。訊問機關，於偵查中訊問被告時，應通知辯護人（§245Ⅵ）。

關於上述之在場、筆記與陳述意見等權利，乃偵查程序中被告辯護權之重要內涵，故檢察官、檢察事務官、司法警察官或司法警察等如欲限制或禁止辯護人在場、筆記或陳述意見時，除依§245Ⅲ應將限制與禁止事由（包含限制或禁止之原因事實、理由、方式等）記明於筆錄以利被告與辯護人等事後提起救濟程序外，§245Ⅳ進一步明定，如因禁止辯護人在場致被告或犯罪嫌疑人無其他辯護人在場陪同，應再行告知§95Ⅰ②③等事項。再者，訊問機關限制或禁止被告或辯護人之在場、筆記與陳述意見等權利時，如對其限制或禁止處置不服者，則得依§245-1向法院聲請撤銷或變更。

此外，不公開的內涵是指偵查程序與偵查內容不公開，§245Ⅴ是本原則的具體規定：「檢察官、檢察事務官、司法警察官、司法警察、辯護人、告訴代理人或其他於偵查程序依法執行職務的人員，除依法令或為維護公共利益或保護合法權益有必要者外，偵查中因執行職務知悉的事項，不得公開或揭露予執行法定職務必要範圍以外之人員。」不過，本法所稱的例外情形，實務運用上應須從嚴認定並從客觀判斷，否則例外成為原則，偵查不公開之目的始終無法達成。此外，學說上認為所謂「為維護公共利益或保護合法權益有必要者」，規範用語文字仍嫌抽象。

例如，曾經轟動一時的「搞軌案」（發生於2006年5月間之屏東火車翻覆事件），原承辦案件的屏東地檢署檢察官多次將執行偵查職務所知悉事項洩漏給媒體報導，除了影響某特定人的名譽（當時該人的身分仍不能稱

為犯罪嫌疑人或被告）及其家人的生命安全（由於媒體的渲染，該人的胞弟數日後上吊自殺）外，設若該人真正犯罪，也有可能導致其他共犯湮滅證據或畏罪潛逃；荒謬的是，後續承辦的高雄地檢署檢察官於傳喚該人前，不但對其限制出境並指揮司法警察進行全天候的監控，此舉更造成媒體全天候的SNG現場連線報導，尤其在傳喚該人到案說明時，竟以不具有刑事訴訟法任何地位的「關係人」傳喚，完全規避被告在訴訟法上所應享有的任何權利，嚴重違背偵查不公開原則與對被告應盡的照顧義務。

二、偵查中的訊問

　　偵查中的訊問，有必要時得先行傳訊被告（§228 Ⅲ），對於被告（犯罪嫌疑人）的訊問程序，應踐行人別訊問，告知義務及給予辯明犯罪嫌疑的機會，並不得為不正之訊問。不過，偵查案件，並不以被告到場為必要，如遇被告不能到場或有其他必要情形，亦得就其所在訊問之（§246）。在訊問證人或鑑定人時，如被告在場者，被告得親自詰問，詰問不當者，檢察官得禁止（§248 Ⅰ）。預料證人、鑑定人於審判時不能訊問者，應命被告在場。但恐證人、鑑定人於被告前不能自由陳述者，不在此限（§248 Ⅱ）。

　　至於偵查中訊問被害人時，被害人的「法定代理人、配偶、直系或三親等內旁系血親、家長、家屬、醫師、心理師、社工人員或其信賴之人，經被害人同意後，得陪同在場，並得陳述意見。」（§248-1），主要保護被害人的利益。同時，應注意被害人及其家屬的隱私保護（§248-3）。

　　此外，值得注意的是，2020年修法時，基於修復式司法的考量，讓檢察官於偵查中，得將案件移付調解，「得將案件移付調解；或依被告及被害人之聲請，轉介適當機關、機構或團體進行修復。」（§248-2）。

三、偵查的協助

　　關於偵查事項，檢察官得請求該管機關為必要之報告（§247）。另

外，實施偵查遇有急迫情形，得命在場或附近之人為相當的輔助。檢察官於必要時，並得請附近軍事官長派遣軍隊輔助（§249）。

陸、偵查的終結

一、偵查終結的意義

　　偵查機關結束其偵查活動，謂偵查終結。由於偵查機關分別為檢察官與司法警察官員，故終結其所從事偵查活動，非別有不同意義。例如，司法警察官將其偵查結果，移送該檢察官（§229Ⅱ）後，其偵查即告終結；檢察官，接受司法警察官移送的案件，反倒是偵查的開始。不過，司法警察機關將刑事案件移送檢察官辦理後，如認尚有偵查必要者，或由檢察官委託偵查時，得對原案繼續偵查，惟應將偵查所得情形，隨時告知該檢察官。檢察官的偵查終結，多在檢察官對於所查案件，已獲得相當的心證後決定做出起訴或不起訴的處分。

　　檢察官終結偵查一旦對外表示即為生效，偵查終結的效果，除得起訴啟動法院審判程序，或不起訴賦予同一案件不得重複偵查的實質確定力外，同一案件經偵查終結後也不得再行提起「自訴」（§323Ⅰ）。此外，實務上，允許檢察官以簽呈或簽報檢察長核定，將案件終結並為適當處理的「行政簽結」。此種處分屬於行政處理，本法並無明文規定，為便宜的結案方式，可減輕檢察官工作量。例如，自始無法構成犯罪的濫訴，檢察官受理後即可迅速分他字案並簽結偵查程序。

二、偵查終結的例外

　　檢察官偵查刑事案件，除不屬管轄者、以民事法律關係為斷者、犯人不明者外，應依其偵查結果，就該案件分別為起訴、不起訴或緩起訴處分，以終結之；由此可知，偵查終結必須為起訴、不起訴或緩起訴。偵查終結的四個例外是指§§250、261、262規定的情形，茲分述如下：

（一）移轉偵查

依§250規定：檢察官知有犯罪嫌疑而不屬其管轄，或於開始偵查後，認為案件不屬其管轄者，應即分別通知或移送該管檢察官，但有急迫情形者，應為必要處分。處理方式可區分為下列兩種情況。

1. 偵查開始前，檢察官知有犯罪嫌疑而不屬其管轄，應通知該管檢察官（§241義務告發）。

2. 偵查開始後，檢察官知有犯罪嫌疑，應依§250移送管轄檢察官。

例如，甲竊盜，丙收受贓物，犯罪地點均在台北。檢察官開始偵查，發現丙持有的機車偽造證件，係甲委託在基隆的丁所偽造，因此知丁有偽造文書之嫌，但無管轄權，遂依§250移送基隆地檢署。於通知移送後本案並未終結，因為，檢察官還在偵查中。

（二）停止偵查

依§261規定：犯罪是否成立或刑罰應否免除，以民事法律關係為斷者，檢察官應於民事訴訟終結前，停止偵查。例如，甲乙結婚，丙自稱為甲的配偶，故告甲和乙重婚。甲於偵查程序中，否認與丙有婚姻關係，此時不論民事訴訟是否起訴，檢察官均須停止偵查。

（三）繼續偵查

依§262規定：犯人不明者，除認有§252所規定的應不起訴處分等情況外（曾經判決確定者、時效已完成者、曾經大赦者、犯罪後的法律已廢止其刑罰者、告訴或請求乃論之罪，其告訴或請求已經撤回或已逾告訴期間者、被告死亡者、法院對於被告無審判權者、行為不罰者、法律應免除其刑者、犯罪嫌疑不足者），不得終結偵查。

蓋犯人不明，檢察官縱然提起公訴，亦無法特定起訴的被告，故必須繼續偵查，直到水落石出。不過，若被告身分已有特定，僅是所在不明，此即非停止偵查的條件；被告行蹤不明，偵查終結後仍可提起公訴。

第二節　偵查各論

壹、告　訴

　　犯罪的被害人或與被害人有特定關係之人，向偵查機關申告犯罪事實，請求追訴的意思表示，稱為告訴。本法規定犯罪的被害人得為告訴（§232），其所謂被害人，指因犯罪行為直接受害之人，其他因犯罪間接或附帶受害人，在民事上雖不失有請求損害賠償之權，但既非因犯罪直接受其侵害，即不得認為被害人，因此陳告他人的犯罪事實請求究辦，僅可謂為第三人向偵查機關申告犯罪事實而請求訴追的意思表示，是告發而非告訴。告訴與告發的區別實益在於：不服檢察官的不起訴處分或緩起訴處分，只有告訴人可以聲請再議（§256 I），告發人無權聲請再議。以下說明告訴的相關問題。

一、告訴的意義

　　告訴，乃告訴權人向偵查機關申告犯罪事實所為的意思表示。是開始偵查的原因之一，與偵查終結後的處分的起訴不同。告訴的內涵主要有三：
1. 告訴權人：指§§232～236所規定的告訴權人。
2. 偵查機關：指告訴權人必須向檢察官、司法警察官提起告訴。
3. 申告犯罪事實：只須申告事實與請求追訴犯罪。

二、告訴乃論的意義

　　告訴乃論是指，告訴權人的告訴是法院進行審判的訴訟條件之一。是否為告訴乃論之罪的判斷，是以犯罪事實為準，而非檢察官所引用的起訴法條。故§303③所指「未經告訴」包括二種情形：一是，檢察官對於告訴乃論罪起訴，但未有告訴權人的告訴。二是，檢察官對非告訴乃論之罪

起訴，經法院審理結果認係告訴乃論之罪，而尚未經告訴權人合法告訴。例如，檢察官以非告訴乃論的殺人未遂罪起訴，經法院審理變更為傷害罪後，倘未經合法告訴權人告訴，其訴仍非適法，應依§303③諭知不受理判決。

以下進一步說明告訴乃論與非告訴乃論的意義。

（一）非告訴乃論之罪

非告訴乃論之罪的告訴僅是偵查開始原因，只要告訴犯罪事實即可。且不以告訴為訴追條件。縱未提起告訴，檢察官知有犯罪嫌疑者，仍可逕行偵查起訴。例如，甲殺害乙未成功，獲乙原諒後，並向甲保證不會提起告訴。未料，檢察官由其他管道知悉甲的犯罪事實，且殺人未遂罪屬非告訴乃論之罪，檢察官仍得對甲偵查與起訴。

（二）告訴乃論之罪

告訴乃論之罪未經告訴不得偵查，告訴為偵查的起因，為訴追條件。又可依絕對告訴乃論之罪與相對告訴乃論之罪而有不同。

1. 絕對告訴乃論之罪：重在事實，凡觸犯各該罪者，不問其身份如何，均須告訴乃論。如刑法§277傷害罪。告訴條件是，須申告犯罪事實及須表明訴追之意思，但並不以指明犯人為必要。

2. 相對告訴乃論之罪：重在犯人，必須具有一定身分者，方為告訴乃論。其告訴條件為，須申告犯罪事實，且須表明訴追之意思，尤其要指明犯人。相對告訴乃論之罪有：刑法§324Ⅱ親屬間竊盜罪、刑法§343親屬間詐欺與背信罪等。例如，乙向法院申告被竊，並表明希望訴追的意思，但未指明犯人。經調查結果，發現是其親生兒子甲所為，屬於親屬間竊盜。但乙告訴時尚未指明犯人，故訴追條件尚未具備，須待乙表明決定對甲提的竊盜犯行提起告訴時，方得成就訴訟條件。

告訴於告訴乃論之罪與非告訴乃論之罪的比較圖示：

```
               ┌告訴乃論之罪─┬絕對告訴乃論─申告犯罪事實，表示訴追意思
               │            └相對告訴乃論─申告犯罪事實，表示訴追意思尚須指明犯人
犯罪 ─────┤
               └非告訴乃論之罪─只要申告犯罪事實即可
```

三、告訴權人

　　告訴權人與告訴人的觀念有別，告訴權人依§§232～236，為被害人、配偶、親屬、代行告訴人。§§232～236的「得為告訴之人」均係指一定資格，故§237Ⅱ始規定「得為告訴人之人有數人」，而§238所指「告訴人」則係指已為告訴之人。故稱告訴權人係指「得為告訴之人」，即有權告訴且得為告訴者而言。依本法規定，告訴權人有下列種類與條件：

（一）犯罪的被害人

　　§232所指的被害人係指因犯罪直接受有損害之人，包含自然人與法人。有權利能力的自然人被害，不管有無行為能力或訴訟能力，只要有意思能力都可以告訴（最高法院72台上629判決）；法人則以公司代表人或負責人提出告訴。

　　若係間接或附帶受有損害之人，雖在民法上可能有損害賠償請求權，但非§232所指的被害人。惟間接被害人雖不可告訴，但可告發。例如，乙被甲撞成傷殘致無法工作，丙為乙之子，無謀生能力，衣食無著，此時乙為直接受害人，丙為間接受害人。須留意者，§487前段：因犯罪受損害之人，於刑事訴訟程序得附帶提起民事訴訟。依該條規定「受損害之人」，包括直接或間接受有損害之人，此與§232規定不同。

　　此外，並非所有刑法規定的犯罪，皆有得為告訴的直接被害人。如國家社會法益遭侵害時，其被害者為國家社會，而非自然人或法人等個體。

故就解釋而論，對於國家、社會等超個人法益的犯罪類型，個人得否同時視為被害人，必須從法益保護的內容來判斷之，茲分述如下：

1. 單純性法益：此類犯罪單純保護國家社會法益，如偽證、湮滅證據等罪，個人縱因他人的犯罪行為受有損害，惟並非因犯罪直接受有損害之人，故非此之被害人，不得告訴。例如，甲本未偷竊，乙卻誣告甲竊盜，並請丙作偽證，杜撰甲竊盜的犯行。甲明知丙偽證，但不能告訴。因甲非直接受損害之人，縱因法院誤判甲，亦只受間接損害（損害來自誤判），故甲不能告訴，只能告發。

2. 關聯性法益：此類犯罪行為，有數法益同時被侵害，且其中互相關連，實體法上雖僅擇一保護，但在程序法上，仍為犯罪被害人，個人得依§319自訴或依§232告訴。雖然個人同時被害，但實體法上僅擇一保護，或保護國家法益或保護社會法益，是僅論以一罪，惟個人名譽或財產仍受有損害，故可自訴或告訴。例如，公共危險罪所保障的社會法益，多為不特定人民的生命、身體與財產利益的集合，故一把火燒毀數棟住宅，住宅所有人或遭火燒傷者都得能成為放火罪的直接被害人，可提起告訴。

（二）配　偶

配偶的告訴權，區分有獨立告訴權、專屬告訴權。

獨立告訴權，如§233，告訴權的有無，以告訴時判斷。例如，甲和丙為夫妻，乙打傷甲後，縱然甲不願提告，依§233Ⅰ，丙為甲配偶有告訴權，仍可告乙。專屬告訴權，如§234Ⅰ、Ⅱ，告訴權的有無，以犯罪時判斷。例如，甲和誘已婚的乙脫離家庭，成立刑法§240和誘罪；乙的配偶丙為被害人，依§234Ⅱ，非配偶不得告訴的規定，僅有丙有「專屬告訴權」。

（三）親　屬

親屬具有告訴權的情形，有如下述：

1. 被害人的法定代理人（§233 I），以「告訴時」及「被害人已否死亡」為準，如告訴時被害人已有行為能力或被害人已死亡者，法定代理人均無告訴權。

2. 血親相姦的告訴權人限於：本人的直系血親尊親屬，配偶或其直系血親尊親屬（§234 I）。

3. 略誘婦女結婚罪的告訴權人為：被略誘人的直系血親、三親等內旁系血親、二親等內姻親、家長、家屬（§234Ⅲ）。

4. 侮辱誹謗已死之人的告訴權人：死者的配偶、直系血親、三親等內旁系血親、二親等內姻親、家長、家屬（§234 Ⅳ）。

5. 特定情況下的親屬有獨立告訴權（§235）。假若被害人的法定代理人是被告，或此一法定代理人的配偶、四親等內血親、三親等內姻親、家長、家屬為被告，被害人的直系血親、三親等內旁系血親、二親等內的姻親、家長、家屬得獨立告訴。例如，未成年養女，遭養父及養父的近親強制性交（非告訴乃論）或傷害（告訴乃論），養父是養女的法定代理人，亦是被告，該養女的直系血親（身生父母）得獨立告訴。這樣被害人即使不敢對法定代理人告訴，被害人的其他親屬也可以「反於被害人的意思」而提出告訴，被害人因此可以得到更多的保護。

（四）代行告訴人

告訴乃論之罪，無得為告訴之人或得為告訴之人不能行使告訴權者，該管檢察官得依利害關係人的聲請或依職權指定代行告訴人。但告訴乃論之罪，不得與被害人明示的意思相反（§236）。例如，甲打傷乙，乙被送至醫院治療，乙在醫院附近散步時不幸被車撞斃。由於乙尚未對甲提起告訴，此時檢察官可指定代行告訴人對甲提出告訴，以利後續乙生前醫療費用的求償。

另，§234 I、Ⅱ告訴權專屬於特定人的情況時，若無此等得為告訴之人，亦不得指定代行告訴人。例如，甲乙為父女，二人卻性交；丙得知怒斥甲，甲打傷配偶丙，丙一時想不開自殺死亡。丙是甲血親性交罪的專

屬告訴權人，死亡後不得由他人代行丙為告訴。

四、告訴權的種類

（一）固有告訴權與代理告訴權

因告訴權源不同分為固有告訴權與代理告訴權。所謂固有權，係指權利人所行使者為自己的權利，不受他人拘束。代理權則須受他人意思的拘束。因此告訴權的取得，因其權源的不同，得分為固有權與代理權二種。

1.固有告訴權

本其身分而原始取得告訴權，得以其本人名義獨立行之，其告訴與否不受被害人的意思拘束。例如§§232、233Ⅰ、234、235等均屬於原始取得。又如甲罵乙，罵時乙已經死亡多年，甲構成刑法§312之罪，因被害人無法告訴，此時無§232之適用，依§234Ⅳ規定由死者乙的配偶、直系血親、三親等內之旁系血親、二親等內之姻親或家長、家屬提起告訴。

2.代理告訴權

屬於傳來取得，係代被害人行使告訴權，如告訴乃論之罪，其告訴權的行使不得與被害人明示意思相反，例如§§233Ⅱ但書、236Ⅱ。例如：甲於公共場所罵乙「孬種、王八蛋」，甲構成刑法§309公然侮辱罪（告訴乃論之罪），乙表示不願告訴，不久乙死亡，其配偶依§233Ⅱ可告訴，然依該條項但書規定，不得與乙明示的意思相反，故其配偶不得告訴。故被害人如果死亡，其配偶、直系血親、三親等內旁系血親、二親等內之姻親、家長家屬有告訴權；但告訴乃論之罪，不得與被害人明示的意思相反（§233）。

實務上常見的典型案例是車禍事故，例如被害人生前遭駕駛者駕車過失傷害，明白表示不願對肇事者追究，配偶等人不得提出告訴。不過，如果車禍被害人因傷重身亡，行為人可能該當的是過失致死罪，已非告訴乃論之罪，被害人生前捨棄過失傷害罪的告訴，也無礙其他告訴權人提起告

訴，偵查機關也可以知悉犯罪嫌疑為由直接發動偵查。

另外，依§233Ⅰ（固有權）及§233Ⅱ但書（代理權）的規定，配偶均有告訴權，但兩者的區別在於：被害人若未死亡，配偶有固有告訴權；被害人若已死亡，面對告訴乃論之罪，配偶僅有代理權。此一規定不甚合理，曾有案例如下：丙傷害乙，其夫甲在國外，乙表示不願告訴，後因生產住院，甲趕往醫院前，乙因難產而亡。甲發現乙被丙傷害的痕跡，甲欲告丙，但依§233Ⅱ但書規定，不得與被害人明示的意思相反。此規定太不合理，甲若早一天返回，縱然妻子不告，甲仍能違背其意思獨立告訴，晚一天卻須尊重乙的意思，似無可奈何。

（二）一般告訴權與限定告訴權

依告訴作用的不同，分為一般告訴權與限定告訴權。

一般告訴權：一般告訴乃論之罪所賦予的告訴權，如§§232、233、235。限定告訴權：特定告訴乃論之罪賦與的告訴權，如§234。二者區別在於如無得為告訴之人或得告訴之人不能行使告訴權時，一般告訴權得依利害關係人的聲請或依職權指定代行告訴人（§236），而限定告訴權專屬於特定之人，無適用§236代行告訴人的餘地。

（三）本來告訴權與補充告訴權

因告訴性質不同，分為本來告訴權與補充告訴權。

1.本來告訴權

本來告訴權乃因犯罪而原始取得的告訴權，例如：§§232、233、234Ⅰ、Ⅱ、235。無此項告訴權人或不能行使告訴權者，除係限定性質外，即得依§236指定代行告訴人。

2.補充告訴權

補充告訴權係因特定犯罪之本來告訴權人不便或不能行使其告訴權，設其補充規定，如§§234Ⅲ、Ⅳ。刑法§§298、240、241均為略誘、和

誘罪，何以僅刑法§298有補充告訴權的規定？因為，刑法§§240、241
的被害人有二，即被略誘人及家庭監督權人，但是刑法§298被害人只有
被略誘人，故§234Ⅲ規定補充告訴權人（其親屬非被害人，僅因補充規
定始有告訴權）。進一步可知，刑法§§240、241的被害人雖有二，但權
限不同：（1）被誘人的法定代理人，可自訴亦可告訴（§319但書）。由於
被誘人係未成年人，依§319Ⅰ規定，其法定代理人有自訴權，亦有告訴
權。（2）刑法§298被誘人的相關親屬，僅依§234Ⅲ有補充告訴權，而
無自訴權，因為被誘人已經成年，故僅有被誘人依§§319、232有自訴權
及告訴權。

最後，要注意的是，於適用§233Ⅱ及§234Ⅳ的情形有所不同：
§233Ⅱ係本來的代理權，§234Ⅳ係固有的補充權，若在被害人均已死
亡，的情況下，有何區別？本書試就下列二案例說明。

例1

甲
｜
乙 ── 丁（甲父）
丙（甲母）

生前侮辱（§233Ⅱ係指犯罪事實發生在被害人死亡前）

甲為高齡老母丙作壽，乙於宴飲中公然侮辱甲之父丁，丁不以為忤，未告訴，三天後丁死亡。此時甲雖然依照§233Ⅱ有本來告訴權，但不得違反被害人丁之意思，因係代理權性質，故仍不得告訴。

例2

死後侮辱（§234Ⅳ係指犯罪事實發生在被害人死亡後）

如謗韓案（誹謗韓愈得到性病），觸犯刑法§312，依照刑法§314須告訴乃論，告訴權人則依刑事訴訟法§234Ⅳ定之。

五、告訴的期間

關於告訴的期間，依§237規定，自得為告訴之人「知悉」犯人之時起，於六個月內為之；若得為告訴之人有數人，其一人遲誤期間者，其效力不及於他人。

從上述二條文，歸納起來有以下重點：

1. 告訴乃論之罪始有六個月期間的限制，若非告訴乃論之罪，則無期間效力的問題。

2. 期間的計算以知悉犯人之時起算，並非自犯罪成立之時起算。又知悉犯人之時，因犯罪性質而異：（1）即成犯：自知悉時起算；（2）繼續性犯罪：知悉犯人最後行為或行為終了之時起算（釋字第108號），否則可能犯罪行為尚未完畢，而告訴期間業已經過。

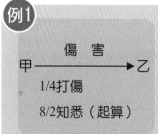

甲於1/4從背後襲擊乙，乙不知為甲所打，直至8/2始知其為甲所打，於是在8/4告甲，如期間之起算自犯罪成立時1/4起算，則乙告訴時，告訴期間已過，對被害人未免不公平，故採知悉犯人時8/2起算，此時乙提起告訴之時為8/4，告訴期間仍未屆滿。

甲愛慕乙女，欲與之結婚，乙女不答應，甲乃於2/4略誘乙至其住處，而將乙關在住處迫乙答應，直至9/10始將乙女放回，甲犯刑法§298 I 之罪，若以知悉犯人起算，則犯罪行為尚未完畢，告訴期間已過，故應以行為終了時9/10起算。

3. 告訴權人有數人者，其告訴權各別行使，告訴期間各別起算。例如，甲於3月8日打傷乙女，並奪乙女的錶。甲威脅乙告訴期間（六個月）不提

告就還其手錶，乙聽從之。甲食髓知味，重施故技，又將丁女打傷，不料丁女的父親戊知悉此次後，立即在12月8日向檢察署提告，戊亦知乙被甲所傷，並將此事告知乙父丙，丙及連同乙在12月9日告甲傷害。但，乙自3月8日知悉甲犯罪時起，至12月9日才對甲提告，已過告訴前間，乙告訴無效；惟丙是在12月8日始知悉乙為甲所傷，丙的告訴權自該日起算，仍得獨立向甲提告。

4. 非告訴乃論之罪的告訴期間，則依照刑法§80追訴權時效計算。告訴權人在告訴期間內，隨時可以提出告訴，不須宣稱保留告訴權；不提告訴，只對媒體宣稱保留告訴權，告訴期間經過，仍沒有告訴權。

5. 刑法§80的追訴權時效期間，原則上自犯罪成立的日起算。而告訴期間自知悉犯人時起算，且追訴權有時效的停止。而告訴權無時效的停止，此二期間及其起算點均不相同，故發生下列問題：

（1）追訴權時效已屆滿，無論告訴權是否屆滿→依據§252②處分不起訴，或依§302②諭知免訴判決。

（2）追訴權時效未屆滿，告訴期間已滿→依據§252⑤處分不起訴，或依§303③諭知不受理判決。

例

甲────────→乙
68/3/11打傷
81/2/8（知悉）

甲於68/3/11暗中打乙，乙不知為何人所打，告訴期間未起算，而追訴期間已起算，經過13年，至81/2/8乙知悉其為甲所打，乃於81/2/9向檢察官告甲，告訴期間雖未屆滿，但追訴權期間已滿，檢察官應依§252②為不起訴處分。本例追訴權之時效期間，依刑法§80Ⅰ③一年以上三年未滿有期徒刑者，為十年。

六、告訴的方式

告訴應以書狀或言詞向檢察官或司法警察官為之。另外，法院告訴得委任代理人行之。但依§236-1檢察官或司法警察官認為必要時，得命本

人到場，其委任應提出委任書狀於檢察官或司法警察官，並準用§§28、32的規定。惟告訴得委任代理人的規定，於指定代行告訴人的情形不適用之（§236-2）。如發見犯罪事實全部或一部係告訴乃論之罪，而未經告訴者，於被害人或其他得為告訴之人到案陳述時，應訊問其是否告訴，並記明筆錄。

七、告訴的效力

告訴，原則上僅是犯罪事實的申告，不須特別指定犯罪行為人。相較於§266「起訴之效力，不及於檢察官所指被告以外之人」不同，蓋§266是檢察官起訴效力的規範說明。起訴，是指檢察官經國家權力的授權，藉由起訴將偵查中的案件繫屬於法院。但，告訴的效力，在非告訴乃論之罪中，是敦促檢察官開啟偵查程序的原因；於告訴乃論之罪則是審判進行的訴訟條件之一，但皆無法發揮案件繫屬法院審判的效果。因此，起訴的效力，不會擴及於檢察官所指被告以外之人（主觀可分），與告訴的效力可分為主觀不可分與客觀不可分等兩種情況，不得類比或等同視之者。關於告訴的效力，詳細分述如下：

（一）主觀不可分

數人共犯一罪或數罪，依§7②規定為相牽連案件，其性質為數案，原非不可分，但共犯間對於犯罪本有互相利用的關係，為求偵查便利、訴追條件充實，故告訴權人僅就該犯罪事實是否告訴有自由決定之權，非有選擇告訴犯人的權利，故告訴權人不可分開告訴。

所以，基於同一原理，告訴乃論之罪中，告訴是法院為實質裁判的訴訟條件，故本法特別規定，告訴乃論之罪，對於「共犯」的一人提出告訴或撤回告訴，效力及於其他共犯。（§239），此即所謂「告訴不可分原則」。本原則的適用，必須具備二個條件：1.被告與共犯所犯之罪，須皆是告訴乃論之罪；2.共犯包括刑法的共同正犯、幫助犯與教唆犯等。

根據上述兩個條件的要求，操作§239的告訴不可分原則時，必須留

意下列問題的處理方式。

1.絕對告訴乃論之罪

犯罪主體不以具有特定關係為必要，重在犯罪事實的申告。例如，甲、乙聯手打傷丙，丙向檢察官告乙。依§239告訴不可分的規定，甲乙為共同正犯，且對丙所犯之罪為須告訴乃論的傷害罪，故丙告乙的效力會及於甲，檢察官得同時對甲、乙提起公訴。

2.相對告訴乃論之罪

除了申告犯罪事實，必須表明訴追意思，還須指明犯罪嫌疑人。本類犯罪是指，犯罪主體與被害人之間，必須具有特定的身分關係，例如，刑法§§324、338、343親屬間竊盜、侵占、詐欺、背信等罪。不過，當共犯二人中，僅有一人與被害人間有特定關係時，又該如何處理？主要可分為下列兩種情況。

（1）對無特定關係之人告訴，其效力不及有特定關係之人。例如，甲和乙同竊取丙的財物，丙為甲的父親。此時，甲和乙為竊盜罪的共同正犯，但甲與丙有特定身分關係（親屬）成立刑法§324（親告罪）；乙僅成立刑法§320（非告訴乃論之罪）。若丙事後僅對乙提起告訴，其效力不及於甲。甲、乙並非共犯告訴乃論之罪，無§239的適用。

（2）對有特定關係之人告訴，其效力不及於無特定關係之人。承上例，如丙僅對甲提起告訴，其效力自然也不及於乙。但，必須注意的是，由於竊盜罪為非告訴乃論之罪，縱然對甲提起告訴，並非告訴不可分的效力所及，但檢察官仍得在知悉乙的犯罪事實後逕行偵查訴追。

綜上所述，§239告訴不可分的適用應限於絕對告訴乃論之罪，倘係相對告訴乃論之罪，必須共犯同時與被害人間具有特定關係，方能適用。

（二）客觀不可分

　　客觀不可分是指告訴對於「犯罪事實」的效力。必須注意的是，告訴與起訴不同，告訴效力若未及於單一案件犯罪事實的全部時，未經告訴的部分，若為告訴乃論之罪，檢察官仍得起訴，差別僅在於法院須為不受理判決。由此可知，客觀不可分的效力問題，是在「單一犯罪事實（單一案件）」與「告訴乃論之罪」的前提下，方具探討實益。對非告訴乃論之罪的告訴，僅為犯罪事實的申告與開啟偵查的原因，無論有無告訴，檢察官知悉犯罪後，皆須對全部的犯罪事實進行偵查與提起公訴。

　　是故，告訴乃論之罪，其犯罪事實係屬「單一事實（單一案件）」時，對於犯罪事實一部告訴者，其效力是否及於全部。分別情形討論如下：

1. 犯罪事實一部為告訴乃論之罪，他部為非告訴乃論之罪：須分兩種情況說明：（1）告訴權人如只對他部非告訴乃論之罪提起告訴，由於告訴乃論之罪的「告訴」屬於訴訟進行的條件，故就告訴乃論之罪的部分，法院必須尊重告訴權人不願告訴的意思，法院不得實質審理，須為不受理判決（無不可分效力）；（2）告訴權人如只對告訴乃論之罪提起告訴，由於非告訴乃論之罪的審判本不須他人提起告訴，全部案件法院皆得審理裁判（有不可分效力）。

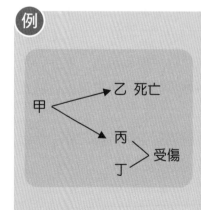

例

告訴乃論之罪未經告訴時，其效力不及之（可分）

甲一過失行為觸犯過失傷害、過失致死二個罪名，過失傷害罪依刑法§287係告訴乃論之罪。

倘丙、丁未告訴，而乙死亡後，其家屬經合法告訴，法院僅得就過失致死審理，而不得及於丙、丁傷害部分，如予以起訴，應依§303③諭知不受理。

2. 犯罪事實全部均為告訴乃論之罪：

（1）被害人為數人者（無不可分效力）：數被害人的告訴權各自獨立，單一被害人是否告訴不會影響其他被害人。例如，甲一行為打傷乙、丙，為傷害罪（告訴乃論之罪）的想像競合犯，為裁判上一罪（單一案件）。丁為丙的父親，欲告甲傷害丙，其效力不及於乙被傷害部分。如告訴部分判決確定者，則乙不能再行告訴，因此罪經判決確定，效力及於全部，此為既判力的問題。

（2）被害人單一，行為單一時，以下分為法律上一罪與裁判上一罪分別說明。（按：自刑法總則刪除牽連犯與連續犯後，目前本法單一案件與刑法競合罪數論間的關係，僅剩想像競合犯尚有探討的餘地。否則其他數行為，數罪名的情況，目前都以數罪併罰來處理，沒有案件單一與不可分的問題）。

A. 法律上一罪：如接續犯、繼續犯，其告訴的效力及於全部（客觀不可分）。例如：接續犯甲拳打腳踢致乙臉部2處、身體8處受傷，乙若僅就身體傷害部分告訴時，其效力仍及於臉部之傷。

B. 裁判上一罪：告訴不及於被害人未告訴的部分（無不可分效力）。例如，甲用乙所有的花瓶擊傷乙，結果乙被打傷，花瓶也破裂（想像競合）。兩者依刑法§§277、287、354、357皆為告訴乃論之罪。乙如僅選擇傷害罪其告，效力不會及於毀損罪的部分；反之亦然。

八、告訴不可附條件

　　告訴不可附條件，告訴權也不可捨棄。告訴人只能決定告或不告，附條件的告訴，是告訴意思不確定，應當無效。例如，甲毆傷乙，乙向檢察官表示，「若甲賠償五萬元就不提告，不賠償就提告」；如此，因乙的告訴意思不確定，告訴不可以附條件，故其告訴無效。又如，車禍發生後，在和解書上寫「因雙方達成和解，所以放棄告訴」，倘事後提出告訴，仍為有效。

九、告訴欠缺的補正

告訴欠缺的補正有三種情形，分述如下：

1. 檢察官以被告犯告訴乃論之罪起訴，未經合法告訴者，不能於起訴後補正。告訴乃論之罪未經合法告訴者，是形式訴訟條件的欠缺，非起訴的程序違背規定，無法依§273 VI補正，只能依§303③諭知不受理判決，由於其非本案判決，故仍可再行起訴。例如，甲至乙宅竊盜，被乙發現，怒而打傷甲。檢察官將甲以犯竊盜罪起訴，將乙以犯傷害罪起訴，惟乙的傷害罪是告訴乃論，若檢察官未詢問甲是否告訴，審判中法院不可命甲補正其告訴。

2. 檢察官以非告訴乃論之罪起訴，經審理結果，認為係告訴乃論罪或是裁判上一罪且犯罪事實一部是告訴乃論之罪，而未經告訴者。應於起訴後補正。此項補正於辯論終結前補正即可。例如，檢察官以甲殺人未遂罪起訴，法院審理結果認為係傷害罪，則法院可於二審辯論終結前，問乙是否要告訴。倘乙表示不欲告訴，則依§303③諭知不受理判決。

3. 檢察官以告訴乃論之罪起訴，未經合法告訴，但經法院實體審理結果，認其所犯是非告訴乃論之罪，此時不能認為訴訟條件欠缺，法官可逕行依§300變更起訴法條，直接審判。

由上可知，§303③告訴乃論之罪未經告訴之諭知不受理判決，應包括二種情形：（1）檢察官以告訴乃論之罪起訴，未經合法告訴者；（2）檢察官以非告訴乃論之罪起訴，經審理結果為告訴乃論之罪，而當事人於二審辯論終結前表示不欲補正，而檢察官仍予起訴者。

此外，原則來說，訴的不適法僅生形式訴訟關係，法院無從為實體審理與裁判，但下列三種情形則有例外，分述如下：

1. 法院就起訴事實為形式審查，足認起訴書記載法條與事實不符，屬於起訴於法律上必備程式欠缺，但其情形是可補正者，依§273 IV法院定期間命補正後，係以非告訴乃論之罪起訴，此時訴訟條件並無欠缺，不生

訴訟條件欠缺的問題。例如，起訴書記載為刑法§240Ⅱ和誘有配偶之人脫離家庭（告訴乃論之罪）起訴，但實際犯罪事實顯然為刑法§241Ⅱ意圖營利或意圖使被誘人為猥褻或性交而略誘的非告訴乃論之罪，可能是檢察官筆誤，法官得命其補正（更正）起訴書的內容。

2. 以告訴乃論之罪起訴而未經告訴者，在訴訟程序進行中不久，變為非告訴論之罪，其訴不合法的事由消滅，法官得為實體審理。例：如以傷害罪起訴未經合法告訴，但被害人於程序進行中不久死亡，變為傷害致死罪，因事實改變，使得程序進行轉為合法。

3. 檢察官以實質上或裁判上一罪起訴，雖其一部須告訴乃論，而未經告訴者，如經審理結果，認該部分事實亦非告訴乃論之罪，法官亦得直接為實體判決。例如，甲意圖姦淫並和誘乙離家，觸犯刑法§240Ⅲ（非告論之罪）。但是，檢察官誤寫為以刑法§240Ⅱ（告訴乃論之罪）起訴沒有告訴，似屬於未經合法告訴案件。但如經審理結果，確認該部分事實係刑法§240Ⅲ的犯罪事實時，此時不生補正問題。

十、告訴權的喪失

訴訟法上的權利喪失的原因有二：（1）**捨棄－行使權利前喪失**；（2）**撤回－權利行使後喪失**。

惟訴訟法上權利，如告訴權、上訴權、抗告權、聲請再審權，是否同時因捨棄、撤回而喪失，必須視法律的規定。例如，上訴權依§359規定，捨棄、撤回均為喪失上訴權的原因。抗告權依§419準用§359之故，捨棄、撤回亦同為喪失抗告權的原因。但是，聲請再審權依§431其喪失的原因僅有撤回一種。茲以簡圖表示各項權限能否捨棄或撤回的情形：（Ｖ：表示有此權利）

權　　　　　限	捨　棄	撤　回
上訴權（§359）	V	V
抗告權（§419）	V	V
再審權（§431）		V
告訴權（§238）		V

　　關於告訴權的喪失，依§238告訴乃論之罪，告訴人於第一審辯論終結前，得撤回其告訴，撤回告訴之人，不得再行告訴。因此，告訴權人曾否捨棄其告訴權，與告訴的合法與否，不生影響。

　　例如，甲打傷乙後，甲於事後至乙處道歉，雙方和解。和解書中明白約定：甲方約定賠償乙二萬元，乙保證不再告訴。事後，乙將二萬元用光，再找甲索賠二萬元，甲不願再賠，乙向檢察官提出告訴，此一告訴仍然有效，因捨棄不影響告訴合法與否，惟甲若再賠償二萬元，由乙撤回告訴後，依§238規定，乙即不得再行告訴。但是，乙的妻子丙，依§233 I有獨立告訴權，若僅乙撤回，丙仍有可能再告訴，故必須讓丙告訴後，一併表示撤回，始能免除後患，否則甲在六個月內仍有再遭丙告訴的可能。

　　以下說明告訴權撤回的相關問題：

（一）撤回主體

　　依§238 I規定：告訴乃論之罪，告訴人於第一審辯論終結前，得撤回其告訴。故告訴權撤回主體為告訴人。「告訴人」係指有告訴權且已為告訴者而言，若未為告訴，則非告訴人。又§236的「指定代行告訴人」，並無撤回權。例如，甲打傷乙，乙對甲提起傷害告訴，丁為乙的配偶，雖依§233 I對乙有獨立告訴權，但丁如未告訴，就非告訴人，不得為§238 I的撤回主體，故本例中僅乙有權撤回。

（二）撤回範圍

　　撤回範圍僅限於告訴乃論之罪，故非告訴乃論之罪，告訴人雖撤回其

告訴，法院並不受其拘束，仍應繼續審判。

（三）撤回時期

1.撤回的時期立法例上有三種

（1）公訴提起前（如日本刑事訴訟法§237 I）。
（2）二審辯論終結前（舊法§267 I）。
（3）一審辯論終結前（現行法§238 I）。

2.本法目前採第三說，但於學理上認為值得商榷

（1）告訴與否乃訴追條件，而非處罰條件。而告訴乃論之罪其訴追條件
　　有無欠缺，本屬起訴前的問題，如起訴後仍許告訴人撤回，則案件
　　雖經合法起訴，而其起訴條件有無欠缺，仍受告訴人的意思影響，
　　使得訴權之行使將不甚完整。如此司法作用繫於個人之意思，將使
　　得告訴權可能產生濫用的情事。
（2）由於是否為告訴乃論之罪，乃事實問題。第一、二審均為事實審，
　　是以檢察官以非告訴乃論之罪起訴，經審理結果係告訴乃論之罪，
　　或裁判上一罪，而犯罪事實之一部，係告訴乃論之罪未經告訴者，
　　應許其於起訴後補正。此一補正，在第二審前均得為之，因此若在
　　一審審理前發現經補正後，尚可撤回。反之，若在第二審終結前發
　　現經補正後，即不得撤回，二者顯不平衡。
（3）例如：乙嗜賭，不事家務，其夫甲警告其不得再賭博，否則將拿刀
　　子殺傷她，給予教訓；乙仍舊賭博，甲憤而拿菜刀，在乙的小腿處
　　劃一刀，警察乃移送甲至檢察官處，檢察官問：「是你砍了你的太太
　　嗎？」甲承認，於是以殺人罪起訴。第一審法院判甲五年有期徒
　　刑，上訴至高等法院審理，結果發現乙只是皮膚割傷，甲並無殺人
　　之意思，只是要教訓太太，而將其輕輕的劃傷，所以應為傷害罪而
　　非殺人罪。此時即為告訴乃論之罪，應經補正告訴後，始具備追訴
　　條件，否則法院應諭知不受理判決（§303③），但是，如乙此時不

願再告其丈夫甲，依§238規定，須於第一審辯論終結前，始得撤回，現第一審辯論既已終結，已不能撤回告訴。所以在理論上，此種情形仍應許其在第二審辯論終結前可以撤回較妥。

另外，由於§238 I規定「第一審言詞辯論終結前」，是否包含發回更審？通說認為應不包含發回更審的情形，因為§238 I的立法目的乃是限制撤回的期間，以避免訴訟程序遭受告訴人操控，案件既然已經被第二審發回第一審更審，便不許告訴人再撤回告訴。

（四）撤回程序

撤回必須在一審辯論終結前以書狀或言詞為之，有下列二種情形：

1. 起訴前撤回：起訴前撤回者，準用§242以口頭或書面向檢察官或司法警察官為之。學說上有認為偵查中撤回告訴後，偵查機關不須再為任何處分，但實務的做法是會由檢察官因其撤回告訴而依§252⑤予以不起訴處分。

2. 起訴後撤回：起訴後始撤回，應於第一審辯論終結前向繫屬法院為之，若向檢察官為之，則可依§§269、270撤回起訴，惟若撤回的意思表示到達法院係在一審辯論終結後者，則不生撤回的效力。但，實務上也曾於第一審中，告訴人向檢察官表示撤回告訴後，檢察官未予理會，直到第一審辯論終結後，方向法院表示撤回告訴，此時的補救辦法是：法院可依§291再開辯論，然後依§303③諭知不受理判決。

（五）撤回的效力

依§239規定：告訴乃論之罪，對於共犯之一人撤回告訴者，其效力及於其他共犯。

1. 所稱「共犯」，係指共犯告訴乃論之罪者，故其撤回效力，不及於相對告訴乃論之罪無特定身分關係之人。在絕對的告訴乃論之罪，其撤回效力應及於其他共犯。

2. 最高法院74第6次刑庭決議認為，撤回告訴乃撤回所告訴的犯罪事實，

只對審判中的一人因撤回告訴諭知不受理，而仍就偵查中其他共犯追訴，情法亦難持平，自不能因其係在偵查中或審判中撤回其告訴而異其效果。故在第一審辯論終結前撤回告訴者，其效力亦應及於偵查中的其他共犯。不過，依本書見解，撤回效力及於其他共犯，必須在起訴前「偵查中」，始有適用。起訴後的撤回，效力不及於其他共犯。此與§238告訴人得於第一審辯論終結前撤回其告訴，係屬二事。因此共犯倘繫屬於不同級法院，或一共犯在偵查中，一共犯在法院繫屬中者，對第一審繫屬的共犯或偵查中的共犯撤回時，其效力不及於其他共犯。例如，甲乙共同毆打丙，丙僅告訴乙傷害，檢察官於偵查中發現甲為共犯，遂將乙起訴。不久，丙也對甲提起告訴，偵查期間丙主動與甲和解並撤回對其之告訴。此時該撤回告訴的效力仍不得及於審判中的乙。

貳、起　訴

　　國家公訴權由檢察官行使之，然檢察官對於公訴權的行使，就其是否有裁量權而言，可分為「法定原則」與「裁量原則」（又稱便宜原則）二種。「法定原則」，即犯罪事實如經查明，並已具備追訴條件，檢察官必須提起公訴。易言之，檢察官負有訴追義務。在此原則下，既無濫訴之虞，且符合有罪必罰的原則。但法定原則終究非毫無缺點，有時犯罪的情節輕微，對犯罪者可加以宥恕，從刑事政策與訴訟資源妥善分配等觀點，本可不必起訴。若僅因檢察官負有法定義務而不得不提起公訴，未免過於苛酷，故有「裁量原則」的出現。裁量原則是指，縱令起訴的法定條件已經具備，檢察官仍得斟酌案情，擁有決定是否起訴的裁量權限。

　　本法§251 I規定：「檢察官依偵查所得之證據，足認被告有犯罪嫌疑者，應提起公訴」；同條II又規定：「被告所在不明者，亦應提起公訴。」故本法起訴原則顯然是採法定主義。但本法也有所為的裁量不起訴的配套措施，如§253就本法§376所規定的案件，檢察官參酌刑法§57所列事項，認為以不起訴處分為適當者；或§254被告犯數罪時，其一罪已受重

刑之確定判決，檢察官認為他罪雖行起訴，於應執行之刑，並無重大關係者，前者是所謂的微罪不舉、後者則為執行無實益的案件等，檢察官皆得經裁量後，為不起訴之處分；另外，§253-1的緩起訴制度，也是賦予檢察官裁量權限，符合一定條件後能暫緩起訴的便宜措施。

　　總之，本法對於檢察官起訴的基本門檻與要求，首先是依§251，要求檢察官依偵查所得的證據，足認被告有犯罪嫌疑者，應提起公訴（法定原則）；犯罪嫌疑不足者，依據§252⑩應予不起訴處分。因此，公訴的提起必須具備三個條件：1.檢察官依偵查所得的證據，足認被告有犯罪嫌疑即可對之提起公訴§§251、252⑩）。2.起訴具有處罰可能性（§§252①～⑩、255Ⅰ其他法定理由）。3.起訴具有必要性（裁量原則的配套：§§253、253-1、254）。又檢察官的起訴書或不起訴處分書，應以正本送達於告訴人、被告、告發人及辯護人（§§255Ⅱ、263），此項送達是由檢察官送達，非由法院送達。且檢察官的起訴處分，只要對外公告，自公告時起即發生終結偵查的效力，與書記官已否制作起訴書正本無關。

參、不起訴

　　檢察官依法規定或依法裁量認定案件不須起訴的表示，稱為不起訴處分。此種處分係為終結偵查所為的處分，與公訴提起的情形相似；不起訴處分是表示不為公訴的提起，一旦為不起訴處分，對於同一案件不得提起公訴。起訴雖表示被告有高度的犯罪嫌疑，但不起訴也不代表被告完全無犯罪嫌疑，因可能是訴訟條件的不具備，對於有犯罪嫌疑的案件不能予以起訴而已。故檢察官的不起訴處分，並非相當於法院的無罪判決，而是相當於法院的免訴或不受理判決的情形。

　　由於公訴權的行使，以具有訴訟條件、處罰條件（法院欲為實體判決的必備條件）為前提，具體案件如欠缺訴訟條件或處罰條件者，則不應起訴。然何者為訴訟條件？何者為處罰條件？立法例上有採概括規定者，如日本。亦有採列舉規定者，如本法現行制採列舉原則，以下是不起訴的原

因有二：

一、絕對不起訴

案件欠缺訴訟條件或處罰條件者，法院無從確定其刑罰權，應為不起訴處分。

（一）訴訟條件的欠缺

此項訴訟條件有屬於程序關係者，有屬於實體關係者。屬於程序面者為形式訴訟條件，屬於實體面的，則為實體訴訟條件。分述如下：

1.形式訴訟條件（§§252⑤～⑦、255Ⅰ其他法定理由）

（1）§252⑤告訴或請求乃論之罪，其告訴或請求已經撤回或已逾告訴期間者（§§237、238）。

（2）§252⑥被告死亡者，且須是在起訴前已死亡，且不包括死亡宣告在內。

（3）§252⑦法院對被告無審判權者。

（4）§255Ⅰ其他法定理由。是指程序法上的其他理由，不包括實體法上的理由。如告訴不合法（沒有告訴權的告訴或附條件的告訴）、依法不得告訴而告訴（例如刑法§245Ⅱ）。在依法不得告訴而告訴的情形，計有三種：A.撤回自訴之人再行告訴或請求（§325Ⅳ）；B.無§260情形而再行告訴（在不起訴處分確定後或撤回起訴後）；C.同一案件經提起自訴後，再行告訴或請求（§324）。其不規定在§252，而另行以條文規定的理由，是因為我國採列舉原則，為防止遺漏事項，故另以條文為彌補漏洞的適用。例如，甲打傷乙，乙提起自訴，甲願賠償二萬元，二人和解。依§325Ⅰ：告訴乃論之罪，自訴人於第一審辯論終結前，得撤回自訴。乙因和解而撤回。嗣後，甲拒付醫藥費，乙再行告訴，依照§325Ⅳ：撤回自訴之人，不得再行自訴或告訴。則此時檢察官必須依§255Ⅰ為不起訴處分。

因§252並無適當條文可資引用。像此種情形不應起訴而檢察官起訴者，乃起訴違背程序，法院應依§303③諭知不受理判決。

2.實體訴訟條件

（1）§252①曾經判決確定者（依一事不再理原則，不得再為刑事訴訟之客體）。

（2）§252②時效已完成者（無從確定刑罰權）。

（3）§252③曾經大赦者（追訴權消滅，赦免法§2②）。

（4）§252④犯罪後之法律已廢止其刑罰者（舊法之刑罰已經廢止）。

（二）處罰條件不具備

處罰條件為實體條件，為§252⑧～⑩的規定，說明如下：

1.§252⑧行為不罰者（行為具有阻卻構成要件該當性、違法性或有責性的事由）。

2.§252⑨法律應免除其刑者（指絕對免除的情形，例如刑法§288Ⅲ）。

3.§252⑩犯罪嫌疑不足者（欠缺處罰的可能性）。

二、相對不起訴

檢察官依其偵查所得的證據，足認被告有犯罪嫌疑，且無§§252①～⑩、255Ⅰ其他法定理由者，檢察官仍得酌斟情形而為不起訴處分，此即相對不起訴，亦稱「起訴裁量原則」。這主要是基於刑事政策上的考量。如果起訴無助於刑罰的預防犯罪功能如威嚇社會大眾、使犯罪人悔改向上，起訴不但多餘，又浪費國家司法資源。從相對不起訴的制度可以清楚看出，刑事訴訟的目的不完全在於有效追訴審判犯罪人，讓國家機關「勝訴」。其情形有二：

（一）輕微案件

輕微案件，以不起訴為適當，此即所謂微罪不舉，其要件有三

（§253）：

1. 屬於§376 I各款規定的案件。

2. 參酌刑法§57所列事項。

3. 以不起訴為適當者。

　　該輕微案件屬不能上訴第三審的案件，如果被告事後態度良好，犯罪動機可以憫恕、被告知識程度低微等等（刑法§57），檢察官可以不起訴處分。這是國家對於犯罪人「哀矜勿喜」的態度。

（二）於執行刑無實益的案件

　　於應執行刑並無重大關係的案件（§254，無起訴必要），要件有三：

1. 被告犯數罪，即數罪併罰的案件。

2. 其中一罪已受重刑判決確定。

3. 他罪雖行起訴，於應執行刑並無重大關係。

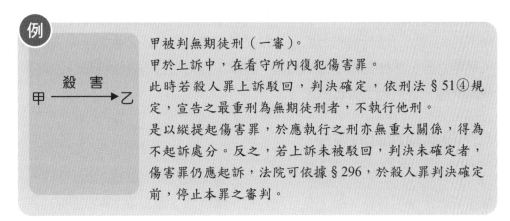

例

甲 ——殺害→ 乙

甲被判無期徒刑（一審）。
甲於上訴中，在看守所內復犯傷害罪。
此時若殺人罪上訴駁回，判決確定，依刑法§51④規定，宣告之最重刑為無期徒刑者，不執行他刑。
是以縱提起傷害罪，於應執行之刑亦無重大關係，得為不起訴處分。反之，若上訴未被駁回，判決未確定者，傷害罪仍應起訴，法院可依據§296，於殺人罪判決確定前，停止本罪之審判。

肆、緩起訴

　　刑事訴訟的主要目的在於「人權保障」及「有效追訴犯罪」，只是這兩個目的經常無法找到平衡點。例如，被告本來應有直接審理、公開審理、集中審理與言詞辯論的機會，才能真正洗刷冤情或發現事實真相。不

過，如果每個案件的追訴都經過如此繁複的程序，司法機關將陷於癱瘓，所以，刑事訴訟法對於輕罪的被告或勇於認錯的被告，設有微罪不舉（§253）與簡易程序（§449以下，主要是§451-1）。但是，只有上述兩種制度的運用，也難以消化當事人進行主義制度下的訟源。這也是「緩起訴制度」的主要目的。因為，緩起訴制度被認為是考量訴訟經濟的目的，及作為刑事訴訟制度走向當事人進行主義應有的配套措施。

一、適用範圍

依§253-1規定，被告所犯為死刑、無期徒刑或最輕本刑三年以上有期徒刑「以外」之罪，檢察官得為緩起訴處分。關於緩起訴案件之適用範圍，主要是參考日本刑事訴訟法§248無範圍的限制，及德國刑事訴訟法§153a僅適用於輕罪的折衷立法例。故§253-1排除「極重大」的犯罪，規定得為緩起訴處分的案件，限於被告所犯為死刑、無期徒刑或最輕本刑為三年以上有期徒刑「以外」之罪。易言之，除了極少數犯罪之外，幾乎所有的犯罪都可能受緩起訴處分。以財產犯罪為例，除了強盜、海盜、擄人勒贖之外，其他財產犯罪如竊盜、詐欺、侵占及背信等實務常見的財產犯罪型態，皆可能受緩起訴處分。

二、得為緩起訴的要件

在得為緩起訴的適用範圍內，並不意味檢察官均需為緩起訴的決定。檢察官決定緩起訴時，除了有足夠的犯罪嫌疑外，還必須「斟酌刑法§57所列事項」及「公共利益的維護」，認以「緩起訴為適當」者，方得為緩起訴處分。

（一）犯罪嫌疑充足

刑事訴訟法雖未明白規定，檢察官必須足認犯罪嫌疑時，才可緩起訴，但基於犯罪事實明確性原則，應為如此解釋，且緩起訴處分必須參照

刑法§57的事由，有此可知此處所指的犯罪嫌疑，也必須達到與§251所規定的起訴程度相同。

（二）刑法§57所列事項的斟酌

檢察官為緩起訴之前，必須就具體案件審酌刑法§57所列事項，該項要件係指就犯罪人本身的事項、犯罪的事項及犯罪後情況所作的綜合考量，換言之，如認被告的罪責很輕，即應緩起訴；不過，如認被告罪責並非輕微，但經由緩起訴處分仍可達到刑事政策之目的時，檢察官仍得為緩起訴處分。

（三）公共利益的維護

關於「公共利益的維護」係指有無起訴的公共利益，必須從法政策的觀點去了解，非僅考慮特別預防的問題，尚須兼顧一般預防的觀點。例如，商店竊盜或交通事故所造成的輕微傷害，如果這些犯罪有顯著升高的跡象，可認為有公共的起訴利益。

有些犯罪為告訴乃論之罪，但是，如果涉有公共利益，檢察官仍得加以追訴。例如，意圖營利略誘婦女罪，刑法規定為告訴乃論，但如果刑事追訴機關認為，案件具有特殊的公共利益並有追訴的必要，仍得依職權追訴。故告訴乃論之罪在具有特別訴追條件的情形時（涉有公共利益），這時反而沒有變動國家的訴追權限，這種規定在彌補因告訴乃論之罪不具備訴追條件而無法追訴的缺失。

所以，所謂特殊的公共利益，更精確地說係指是否違反追訴的公共利益，主要是考慮一般民眾對該緩起訴處分的觀感，如緩起訴處分讓一般民眾產生嚴重違反正義的觀感，則其與刑罰的一般預防效果將有所矛盾，即不應為緩起訴，也就是說，特殊公共利益必須是檢察官已瞭解個案的內容，在認定有公共利益存在，才用起訴的手段確保公共利益，這時又有法定原則的適用。

（四）緩起訴處分具適當性

適當性是指，緩起訴處分可以達到起訴便宜原則之目的，及表現預防的綜合思想。換言之，若緩起訴符合訴訟經濟及刑事政策之目的，也能達到以特別預防為主的刑罰目的思想時，該緩起訴處分應屬適當。

三、緩起訴的期間

關於緩起訴的期間為「一年以上三年以下」，緩起訴猶豫期間內，最後是否仍會被檢察官提起公訴，懸而未定。由於檢察官為緩起訴時，應製作處分書敘述其處分的理由，並命被告遵守一定的條件或事項，命被告於一定期間內向被害人道歉、悔過、填補損害、支付金額、提供義務勞務、完成適當處遇措施、保護被害人安全及預防再犯等的規定（§253-2）。

自此角度言，該期間規定有惕勵被告應遵守檢察官命令，並改過遷善的效果，然而，如果期間不明確或過於漫長，亦有害人權保障。故明定「緩起訴」的猶豫期間為一年以上三年以下。另由於部分緩起訴的案件有得提起再議的情形，為免發生於案件再議程序中猶豫期間已開始計算，可能導致期間屆滿，但再議程序仍在進行的兩歧結果，故明定期間自緩起訴「確定」之日起算（§253-1Ⅰ後段），亦即，需至聲請再議及准許提起自訴皆被駁回後，緩起訴處分始確定，緩起訴期間才開始計算。

由上可知緩起訴期間有三個時點：首先是，檢察官為緩起訴的決定時；第二是，緩起訴的確定時，因為緩起訴後可能還有再議或准許提起自訴後才能確定；最後是，緩起訴形式確定，所課予的負擔或指示履行完成，在緩起訴期間經過前未被撤銷所有條件成就時才發生最終的實質確定力（§260）。

四、緩起訴的負擔或指示

緩起訴制度的一大特色，是對被告課予負擔與指示。負擔，是讓被告透過一定金錢之支付或為一定行為，彌補其對被害人或社會所為的侵害，

藉以回復法律和平（§253-2 I ①③④⑤）。指示，是為達特殊預防功能，要求被告遵照指示行事，藉此幫助被告早日回歸社會（§253-2 I ②⑥⑧）；同時，為了保護被害人，檢察官得指示被告不得為任何危害被害人的行為（§253-2 I ⑦）。此等負擔或指示，應附記於緩起訴處分書內（§253-2 III）。

　　刑事訴訟法對於課予負擔、指示，只規定「得」為，亦即，檢察官有裁量決定負擔、指示與否的權利。若檢察官決定不為任何負擔、指示，只單純為緩起訴處分，則該緩起訴處只有預防再犯的功能，亦即，於緩起訴期間內，犯罪嫌疑人不得再犯，否則緩起訴處分得被撤銷。反之，若檢察官決定為負擔、指示，其緩起訴的指示與負擔，不是刑罰，屬於附條件的便宜不起訴處分，故經緩起訴處分確定，得適用行政罰法§26 II，依違反行政法上義務規定裁處（釋字第751號）。再者，指示或負擔的內容，可能對被告產生財產減少、自由受限的影響，且具有未經裁判即終局處理案件的實質效果，所以應顧及被告的意願（§253-2 II）。

五、緩起訴的效力

（一）追訴權時效停止

　　依刑法§83 I 規定，案件因偵查、起訴或審判的程序不能開始或繼續時，時效期間即停止進行。緩起訴所定猶豫期間，亦產生偵查或審判程序無法開始或進行的效果，基於同一法理，為避免緩起訴期間尚未屆滿，追訴權時效已完成，導致緩起訴嗣後經撤銷時，對被告已無法追訴的問題，爰明定緩起訴處分期間時效停止進行（§253-1 II）。

　　參酌緩起訴案件的適用範圍，以及緩起訴所定的猶豫期間為一至三年，如果一律依刑法§83 III 適用有關時效停止原因視為消滅的規定，則於緩起訴的情形下，停止原因將極易被視為消滅，而與停止前已經過之期間一併計算追訴權時效，如此一來§253-1 II 的規定將失其意義，故明定不適用刑法§83 III 的規定（§253-1 III）。

（二）排除自訴

　　為貫徹緩起訴制度的意旨及公訴優先的立法政策，於§253-1 IV明定§323 I但書的規定，於緩起訴的情形不適用之。因此，告訴乃論之罪經被害人訴請偵查，檢察官作出緩起訴處分後，於猶豫期間內被害人不得依§323 I但書改提自訴，以免檢察官的緩起訴處分失其意義。該項的緩起訴期間，應指「檢察官為緩起訴處分決定後至發生禁止再訴效力前」的廣義緩起訴期間，非指「緩起訴處分確定後（緩起訴期間開始）為起點至發生禁止再訴效力前」的狹義緩起訴期間。

（三）禁止再行起訴

　　依§260的規定緩起訴確定後，並非即生實質確定力，而須經緩起訴期間屆滿，且緩起訴處分未經撤銷，始生禁止再行起訴之效力。亦即於緩起訴期間內，緩起訴處分雖有執行力，然係處於得撤銷的效力未定狀態。而已生實質確定力的緩起訴處分，如發見有不應為緩起訴處分的事由，應予以改變。對於確定的判決尚得經再審（§420以下）加以平反，則緩起訴處分雖已確定，自得再行起訴，以資救濟。

　　再行起訴，必須參酌再審的原因，如無再審的原因，不起訴處分或緩起訴處分應受處分確定力的拘束，不得再行起訴。關於再審原因，刑事訴訟法分別列舉為受判決人的利益聲請再審的原因（§420）及為受判決人的不利益聲請再審的原因（§422），緩起訴處分確定後的再行起訴，對於緩起訴處分言，當係不利益，故所準用的再審原因，應為受判決人的不利益聲請的再審原因。

六、緩起訴的撤銷

　　緩起訴處分於猶豫期間內，尚未具有實質的確定力，檢察官於期間內，可對被告繼續觀察，使被告知所警惕，以改過遷善，達到個別預防之目的。若於緩起訴期間內，被告故意更犯有期徒刑以上之刑之罪經檢察官

提起公訴，或前犯他罪，於期間內經法院判處有期徒刑以上之罪，或未遵守檢察官所命應遵守的事項，此時被告顯無反省之情或根本欠缺反省能力，檢察官得依職權或依告訴人的聲請，撤銷緩起訴的處分（§253-3）。至於被告對檢察官所命應遵守的事項已履行全部或部分後，其緩起訴的處分才經依法撤銷者，該已履行的部分，被告不得要求返還或賠償（§253-3Ⅱ）。

另外，就緩起訴處分撤銷的事由而言，實際上與刑法撤銷緩刑宣告的事由並無不同，所異者在於，緩起訴處分撤銷事由不考慮被告的違背是否有惡意或不可抗力、情事變更等原因，一律皆認為具備撤銷事由，面對如此嚴厲的撤銷事由，檢察官為撤銷緩起訴處分時，理應更為慎重。故對於緩起訴處分的撤銷，為了保障被告權益，如能給予被告有陳述意見的機會，似較妥當。

緩起訴處分經撤銷確定後，回復到未為緩起訴處分前的偵查階段，因而於緩起訴處分前所為的偵查，並不因該緩起訴處分的撤銷而失效，檢察官可以繼續先前所為的偵查程序而直接就該案件予以起訴或為不起訴處分，甚而再為緩起訴處分。§253-1Ⅱ、Ⅲ追訴權時效停止進行的規定，使緩起訴處分經撤銷，該案件不會因罹於追訴權時效而無法起訴，亦即，從緩起訴處分撤銷之時起，追訴權時效又恢復開始計算，而與停止前已經過的期間一併計算。

伍、不起訴與緩起訴的救濟

檢察官為不起訴處分、緩起訴處分及撤銷緩起訴處分後，尚未確定前，其救濟方式有再議、准許提起自訴及再行起訴。

一、再議制度

（一）聲請再議的主體

　　告訴人接受不起訴或緩起訴處分書後，得於十日內以書狀敘述不服之理由，經原檢察官向直接上級法院檢察署檢察長或檢察總長聲請再議。但§§253、253-1的處分曾經告訴人同意者，不得聲請再議（§256 I）。所謂「告訴人」，指已有告訴權人，並實行告訴之人。不過，有實務見解曾指出：「雖謂對於不起訴處分的聲請再議，限於有告訴權人，且實行告訴者，方得為之；但告訴人對於原檢察官以其無告訴權，因認告訴為不合法，而為不起訴處分者，若該告訴人就此聲請再議時，原檢察官不宜以其無聲請權逕予駁回，而應由上級法院檢察署檢察長或檢察總長就其聲請是否合法加以審查，否則告訴人之權益難以救濟」（院字1576解釋）。

　　另外，再議原則必須經由原檢察官為之。按原檢察官雖為不起訴或緩起訴處分的決定者，但若能給予原檢察自我審查的機會（最熟悉案情者），將能提升再議的效率，故仍須經由原檢察官為之（§257）。又檢察官為撤銷緩起訴的處分時，因事關被告權益，應予其救濟機會。鑑於撤銷緩起訴處分性質上與不起訴及緩起訴處分相同，均屬檢察官處分行為，故明定「被告」如有不服亦得以聲請再議方式予以救濟之（§256-1 I）。

（二）職權再議

　　案件經檢察官因犯罪嫌疑不足為不起訴處分或依§253-1 I 為緩起訴處分者，如有告訴人得聲請再議，本當尊重其意見決定是否再議，惟如屬告發案件，因無得聲請再議之人，為免一經檢察官為不起訴或緩起訴處分即告確定，乃於§256 III增訂原檢察官應依職權逕送上級法院檢察署檢察長或檢察總長再議的規定，以昭慎重。

　　惟告發案件經不起訴處分者，如一律職權送再議，範圍似嫌過寬，宜依法定刑之輕重予以適當限制。故§256 III前段規定僅有死刑、無期徒刑或最輕本刑三年以上有期徒刑之案件，因犯罪嫌疑不足，經檢察官為不起

訴之處分，或§253-1的案件經檢察官為緩起訴之處分者，如無得聲請再議之人時，原檢察官才能依職權再議，並通知告發人。

（三）再議程序的情形

再議程序分為三種情形（§§257、258），說明如下：

1.經由原檢察官審酌

（1）再議不合法駁回聲請（§257Ⅲ）：§257Ⅲ原檢察官認其聲請再議逾法定期間，應駁回其聲請。本項只規定一種原因，得將聲請駁回，但其聲請如有其他不合法情形，亦得駁回。例如：無聲請權人聲請再議，或聲請違背法律程式，如未敘述理由或以口頭為之時，均可駁回。

（2）再議有理由撤銷原處分（§257Ⅰ）：再議的聲請，原檢察官認為有理由者，應撤銷其處分，除§256-1情形外應繼續偵查或起訴。如繼續偵查的結果，仍認為不應起訴或應為緩起訴處分者，因為原處分已撤銷，故須再制作不起訴處分書或緩起訴處分書，依法送達告訴人。對此不起訴處分或緩起訴處分，仍得聲請再議。又如告訴人聲請再議前，檢察官發現錯誤，能否不經再議程序自行撤銷原處分，繼續偵查？按不起訴及緩起訴處分一經送達，對外即發生效力，檢察官應受其拘束，不得自行撤銷。故如逾再議期間，無告訴人為再議的聲請時，其處分即因而確定。

（3）送交上級法院檢察長或檢察總長（§257Ⅱ）：原檢察官認聲請再議為無理由者，應將該案卷宗及證物送交上級法院檢察署檢察長或檢察總長。

2.原法院檢察署檢察長

依§257Ⅳ規定，原法院檢察署檢察長認為必要時，於依同條第2項規定送交前，得親自（職務承繼權）或命令他檢察官（職務移轉權）再行偵查或審核。分別為撤銷原處分（起訴、移送或回復緩起訴處分），但若

欲維持原處分，就須將案件送交上級法院檢察長或檢察總長。

3.上級法院檢察署檢察長或檢察總長

（1）再議無理由駁回聲請：上級法院檢察署檢察長或檢察總長認再議無理由（包括不合法）應駁回之（§258），且因本法並無上級檢察署再議駁回的救濟規定，故告訴人不服地方法院檢察官不起訴或緩起訴處分，或被告不服撤銷緩起訴處分聲請再議，經上級法院檢察長駁回其聲請者，不得向最高法院檢察總長聲請再議，其不服高等法院管轄第一審案件的檢察官不起訴、緩起訴處分或撤銷緩起訴處分，經檢察總長駁回者亦同。又告訴人對無效的不起訴處分聲請再議，應如何處理？依照釋字第140號，案經起訴繫屬於法院後，復由檢察官違法從實體上予以不起訴處分，經告訴人合法聲請再議，上級法院檢察長或檢察總長，應將原不起訴處分撤銷。因該項處分顯係重大違背法令，應屬無效。

（2）再議有理由撤銷被告的「緩起訴撤銷處分」（針對被告的聲請）：上級法院檢察署檢察長或檢察總長如認被告對於「撤銷緩起訴處分」的再議聲請為有理由，應撤銷原處分，使其回復至原來「緩起訴」的狀態，此時並無續行偵查或起訴的問題。

（3）再議有理由撤銷原不起訴或緩起訴處分（針對告訴人的聲請）：上級法院檢察署檢察長或檢察總長認「不起訴處分或緩起訴處分」的再議有理由者，應分別為下列處分：若偵查已完備者，命令原法院檢察署檢察官起訴；偵查未完備者，得親自或命令他檢察官再行偵查，或命令原法院檢察署檢察官續行偵查，以減少案件多次發回續行偵查之累，並且避免案件久懸未決。又偵查未完備，原法院檢察官續行偵查，倘偵查結果認為應行起訴者，固無問題；如仍認為不應起訴或應為緩起訴時，仍應再制作不起訴處分書或緩起訴處分書，送達告訴人，告訴人對該不起訴處分或緩起訴處分，仍得聲請再議。

最後，以一綜合體系圖呈現再議程序的情形：

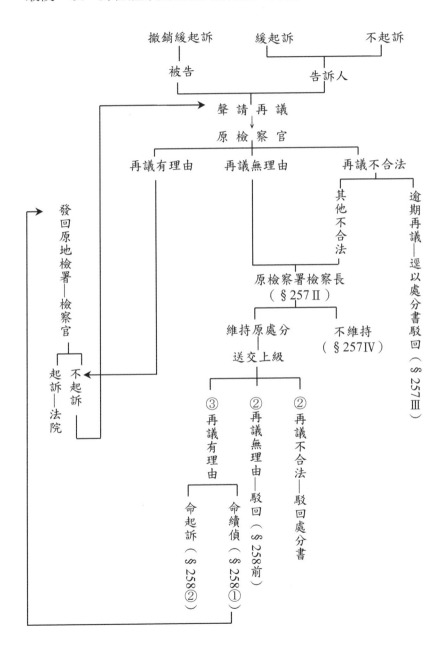

二、准許提起自訴

對於檢察官起訴裁量權的制衡，除貫徹檢察機關內部檢察一體原則所含有的內部監督機制外，亦宜有檢察機關外的外部監督機制。以往告訴人如不服檢察官所為的不起訴處分，固得聲請再議，惟若經上級法院檢察署檢察長、檢察總長駁回再議者，則缺乏進一步的救濟管道。2002年修法參考德國及日本規定，增訂告訴人於不服上級檢察署的駁回處分者，得向法院聲請交付審判，由法院介入審查，以提供告訴人多一層救濟途徑，

舊法§258-3 Ⅳ規定「法院為交付審判之裁定時，視為案件已提起公訴」，可能顛覆了「控訴原則」的基本架構，因審判者必須接續犯罪偵查工作而兼負追訴者的角色，且視為提起公訴後，原來不欲起訴的檢察官又如何於審判程序中善盡§161的舉證責任，是矛盾之處，故如將准予交付審判後的程序視為自訴程序，比較符合舉證責任的法理及刑事訴訟的基本精神。2023年6月，立法院三讀通過§258-1等及刑事訴訟法施行法§7-17修正草案，對於不起訴處分、緩起訴處分之外部監督機制的「交付審判」制度，從原本的法院准許交付審判「視為提起公訴」，轉軌為「准許提起自訴」制度，同時修正施行前已繫屬於法院之聲請交付審判案件之程序適用規定。此次修法完善了對於檢察官不起訴或緩起訴處分之外部監督機制，並去除現行制度可能違反審檢分立、控訴原則之質疑。

（一）聲請主體

依§258-1規定，聲請權人限於告訴人。稱告訴人，即得為告訴之人，且已經提出告訴者而言。且須由告訴人「接受處分書後十日內委任律師提出理由狀」（§258-1 Ⅰ），處分書係指上級檢察署檢察長或檢察總長依§258駁回再議的處分書而言，而非不起訴處分書或緩起訴處分書。但若為依法不得提起自訴者，除有§§321前段、323 Ⅰ前段之情形外，不得聲請准許提起自訴（§258-1 Ⅱ）。強制委任律師，則係基於防止告訴人濫行提出聲請，虛耗訴訟資源的考量。律師於准許提起自訴程序，接受委任

得檢閱偵查卷宗及證物並得抄錄或攝影。但涉及另案偵查不公開或其他依法應予保密的事項，得限制或禁止之（§258-1Ⅲ）。又律師接受委任或檢閱卷宗、證物，應依§30Ⅰ的規定，提出委任書狀（§258-1XI）。

（二）管轄法院

§258-1明定應向該管第一審法院聲請准許提起自訴，亦即第一審由地方法院管轄的案件交地方法院審查，第一審由高等法院管轄的案件，則交高等法院審查。

（三）審查程序與決定

為求慎重起見，依據§258-3的規定，聲請准許提起自訴的裁定，法院應以合議方式為之；且法院為明再議駁回的案件是否確有裁定准許提起自訴的必要，得為證據的調查。法院認告訴人的聲請係不合法或無理由者，應以裁定駁回；若認告訴人的聲請係有理由者，則應定相當期間，為准許提起自訴的裁定，並均應將裁定書正本送達聲請人、檢察官及被告。若聲請人未於該期間內提起自訴者，不得再行自訴（§258-4Ⅰ）。

此外，為利法院妥適決定是否裁定「准許提起自訴」，保障告訴人及被告之權益，法院於必要時可予聲請人、代理人、檢察官、被告或辯護人以言詞或書面陳述意見之機會，強化當事人程序保障（§258-3Ⅲ）。參與准許提起自訴裁定之法官，不得參與其後自訴之審判，以防止預斷（§258-4Ⅱ）。

（四）撤回聲請

告訴人聲請准許提起自訴後，於法院裁定前，得撤回之。撤回准許提起自訴之聲請，書記官應速通知被告。撤回准許提起自訴聲請之人，不得再行聲請准許提起自訴（§258-2）。

（五）救濟途徑

案件准許提起自訴因攸關被告權益，自應許被告對准許提起自訴的裁定提起抗告，惟法院裁定駁回准許提起自訴的聲請者，為免訴訟關係久懸未決，則不得抗告（§258-3Ⅴ）。又法院為准許提起自訴的裁定者，既視為該案件已提起自訴，故有關准許提起自訴後的訴訟程序，宜與自訴程序相同，故§258-4明定適用本法第二編（第一審）第二章（自訴）的規定。

三、再行起訴

不起訴處分或緩起訴處分除非因再議而撤銷，否則原則上不得再行起訴。已確定的不起訴處分或緩起訴處分，如發見有不應為不起訴處分或不應為緩起訴處分的事由存在，如無法予以改變，實不妥當。對於確定的判決尚得經再審（§420以下）加以平反，則不起訴處分或緩起訴處分雖已確定，自得再行起訴，以資救濟。

依§260規定不起訴處分已確定者，非有發現新事實或新證據，或有§420Ⅰ①②④或⑤所定得為再審原因的情形者，不得對於同一案件，再行起訴。以下說明本條適用的相關內容：

（一）不起訴處分與緩起訴處分的確定

不起訴或緩起訴處分的確定，其情形有三：

1. 本不得聲明不服的案件（即無告訴人的案件，依法不得再議的案件），除職權再議的情形外，一經檢察官為不起訴處分後即屬確定，即於處分時確定，縱有告發人聲請再議，亦不因此而阻止原不起訴處分的確定。
2. 本得聲明不服，但不起訴處因下列情形而確定：（1）依法不得再議的案件；（2）得再議的案件再議期間未聲請再議；（3）再議案件經駁回為聲請法院准許提起自訴；（4）聲請法院准許提起自訴復經駁回等情形。
3. 緩起訴部分，其期間自緩起訴處分確定時起算（緩起訴確定與否之判斷

與不起訴處分相同），期滿未經撤銷者，該緩起訴處分，亦賦予實質的確定力。

（二）不起訴或緩起訴確定後的再行起訴

　　非有§260情形所列情形，不得再行起訴，否則法院應依§303④諭知不受理判決，至於何種情形才發生§260的實質確定效果？必須先從不起訴處分的效力探討。所謂不起訴處分的效力，一般會分為形式效力與實質效力。當不起訴處分確定者，首先會發生形式的確定效力，不得再議或准許提起自訴。再者，實質確定效力的發生，則須進一步判斷該不起訴處分，依法得否再行起訴，若無法再行起訴者，該處分即發生了實質確定的效力。關於實質效力的有無，必須是下列情況而定：

1.絕對不起訴的案件（欠缺訴訟條件）

　　案件因欠缺訴訟條件而為不起訴處分者，係屬程序上處分。

（1）欠缺形式訴訟條件，形式訴訟條件有四：A.告訴或請求乃論之罪，其告訴或請求已經撤回或已逾告訴期間者（§252⑤）。B.被告死亡者（§252⑥）。C.法院對被告無審判權者（§252⑦）。D.其他法定理由（§255 I）。倘經合法告訴或有告訴權人的告訴，仍得再行起訴，不生實質確定力，亦不受§260的限制。故非告訴乃論之罪，誤為告訴乃論之罪，經告訴人撤回告訴，而為不起訴處分確定後，經有告訴權人再行告訴時，不受§260的限制。例如，甲傷害乙，乙提出告訴後，又撤回告訴，檢察官依§252⑤不起訴處分後，乙不能再告，乙的父親丙依§233 I獨立告訴，因訴追條件具備，檢察官仍可再起訴，不適用§260，因其無實質確定力，可再起訴。

（2）欠缺實質訴訟條件者如§252①～④：其公訴權已不存在，具有實質確定力，不得再行起訴，有§260的適用。

（3）欠缺處罰條件（實體條件）：因有§252⑧～⑩情形，而為不起訴處分，乃實體上處分，具有實質確定力，故非有§260列舉情形，不得

　　　　對同一案件再行自訴。

2.相對不起訴的案件

　　本法兼採起訴便宜原則，認為無訴追必要而是依§§253、254為不起訴處分者，亦不失為實質處分，具有實質確定力。故縱其處分違法，一經確定，非有§260情形，不得對同一案件再行起訴，重在法的安定性。

3.無效不起訴處分

　　若為無效的不起訴處分時，即無確定的效力，實務上發生無效不起訴處分的情形大致如下列十三種：

（1）一部起訴他部不起訴，經法院審理結果，二者具有§267之單一性，不起訴部分，為起訴部分效力所及。

（2）一部不起訴後，復又全部起訴，原不起訴的處分，即為無效之處分。

（3）一案件在偵查終結前已提起自訴，如再為不起訴處分，則該不起訴處分無效（§323 Ⅱ）。

（4）起訴後又予以不起訴。

（5）雙重不起訴。

（6）告訴乃論之罪，未經告訴而處分不起訴。

（7）原不起訴處分已確定後誤遭撤銷續行偵查又處分。

（8）對於無刑事被告當事人能力者所為錯誤的不起訴處分。

（9）對於刑事被告死亡誤以其他事由的不起訴處分。

（10）　欠缺事務管轄的不起訴處分。

（11）　對於無審判權的被告誤為其他事由的不起訴處分。

（12）　誤案件為曾經判決確定而依§252①處分不起訴。

（13）　上級法院檢察署檢察長誤再議逾期而駁回再議。

　　無效不起訴處分的救濟方法，依釋字第140號：「案經起訴繫屬法院後，復由檢察官違法從實體上予以不起訴處分，經告訴人合法聲請再議，上級法院首席檢察官或檢察長，應將原不起訴處分撤銷。」認為聲請再議

有理由，而撤銷該無效的不起訴處分。

（三）再行起訴應注意的事項

1.事實上同一的案件

§260的「同一案件」，是指被告、犯罪事實相同之義，亦即事實上為同一的案件，並不包括法律上同一案件，主要原因是，偵查中的不起訴效力應無可分或不可的效力問題，故應以檢察官實際偵查做出不起訴的犯罪事實內容，作為實質確定力的拘束範圍。例如，乙向檢察官告訴甲打傷其的犯罪事實，但偵查中卻無法順利證明是否真正有傷，故檢察官予以不起訴處分。乙如欲再為告訴，由於甲傷害的事實已經檢察官審酌為不起訴的處分，在同一事實的案件關係下，除非有§260規定發現新事實或新證據的情形，不得再行起訴。

2.發現新事實或新證據

所謂新事實或新證據，只須為不起訴處分以前未經發現，且足認被告有犯罪嫌疑為已足，並不以其確能證明犯罪為要件，既經檢察官就其發現者據以提起公訴，法院即應予以受理，為實體上的裁判。若不起訴處分前，已經提出的證據，經檢察官調查斟酌者，即非該條款所謂發見的新證據，不得據以再行起訴。此之所謂新證據，並不以發生於原處分確定後者為限，如不起訴處分確定後，因傳訊證人而發現新證據，仍屬於本款規定的新證據。

3.有§420 I ①、②、④或⑤所定得為再審原因的情形者

這是指有罪判決確定後，有下述情形，得為受判決人的利益聲請再審的事由，亦得成為再行起訴的原因。例如：原判決所憑之證物，已證明其為偽造或變造者。又如原判決所憑的證言、鑑定或通譯已證明其為虛偽者。或如原判決所憑之通常法院或特別法院的裁判已經確定裁判變更者。亦或是，參與原判決或前審判決或判決前所行調查的法官，或參與偵查或起訴的檢察官，因該案件犯職務上之罪已經證明者，或因該案件違法失職

已受懲戒處分，足以影響原判決者。

四、不起訴與緩起訴救濟的異同

總上所述，不起訴與緩起訴雖為兩不同的制度，但其仍有相同之處，即告訴人均得聲請再議（§256）及准許提起自訴（§258-1），兩者不同之處則是：

1. 犯情較重者處以緩起訴，較輕者則不起訴。緩起訴尚有可能因法定情形撤銷（§253-3）；而不起訴處分，除非發現新事證，或有§420 I ①②④或⑤所定得為再審原因的情形者（§260），則不得再行起訴。

2. 職權再議於不起訴處分僅限於死刑、無期徒刑或最輕本刑三年以上有期徒刑的案件，但是犯罪嫌疑不足者（§256Ⅲ）；至於緩起訴則皆有適用。

3. 不起訴處分的形式確定力與實質確定力發生的時點相同；但是緩起訴則非，因為緩起訴處分確定之後，雖然具有形式確定力，但是須經一至三年的猶豫期間，若猶豫期間屆滿，緩起訴未被撤銷則有實質確定力。至於，若發現本不應緩起訴而但卻為緩起訴者，檢察官得否未經撤銷緩起訴處分，即再行起訴？對此，最高法院94台非215判決謂：「在緩起訴期間內，尚無實質確定力可言。且依第二百六十條第一款規定，於不起訴處分確定或緩起訴處分期滿未經撤銷者，仍得以發現新事實或新證據為由，對於同一案件再行起訴。本於同一法理，在緩起訴期間內，倘發現新事實或新證據，而認已不宜緩起訴，又無同法第二百五十三條之三第一項所列得撤銷緩起訴處分的事由者，自得就同一案件逕行起訴，原緩起訴處分並因此失其效力。復因與同法第二百六十條所定應受實質確定力拘束情形不同，當無所謂起訴程序違背規定之可言。」

❖ 實例講座 ❖

＊機車搶匪＊

甲騎機車尾隨妙齡女子，出其不意奪走手提袋，加速離去。見義勇為的汽車駕駛人乙，將甲攔下，逮捕送警。警方調查發現，甲以同樣手法在該地區犯案多次，造成人心惶惶，尤以妙齡女子為甚。試問：

（一）偵查終結，檢察官得否對甲為緩起訴處分？

●解析

檢察官不得對甲為緩起訴處分。依§253-1規定：「被告所犯為死刑、無期徒刑或最輕本刑三年以上有期徒刑『以外』之罪，檢察官得為緩起訴處分。」本案例甲所犯之罪為刑法§325之搶奪罪，其最輕本刑為六月以上之有期徒刑，檢察官似得斟酌為緩起訴之處分。不過，檢察官決定緩起訴時，除須考量特別預防的功能外，尚必須斟酌一般預防的目的，亦即「刑法§57所列事項」及「公共利益之維護」。若綜合被告相關事證判斷，認以緩起訴為適當者，方得為該處分。例如，輕微的犯罪有顯著升高的跡象時，檢察官對於緩起訴行使，即可著重一般預防的目的，認為有公共的起訴利益。

本件甲以同樣手法在該地區犯案多次，造成人心惶惶，為了嚇阻該類案件的層升，故有公共的起訴利益，應以起訴的手段確保公共利益，是檢察官不得對甲為緩起訴處分。

（二）假設檢察官已對甲為緩起訴處分，經再議、准許提起自訴期間過後，若發現新事證，得否再對甲起訴？

●解析

檢察官得再對甲為起訴處分。緩起訴處分後，是否得再行起訴，必

須參酌再審之原因，如無再審之原因，緩起訴處分應受處分確定力之拘束，不得再行起訴。依§260 I 規定，緩起訴處分期滿未經撤銷者，除有發現新事實或新證據，不得再行起訴。

是以，經再議、准許提起自訴期間過後，僅發生緩起訴處分之形式確定力，只是禁止當事人再對該結果進行爭執。而緩起訴處分須待期滿未經撤銷者，方產生實質確定力、禁止再訴的效力，故本件檢察官由於已發現新的事證，縱使緩起訴處分已發生形式確定力，但仍得再對甲為起訴處分。

＊女子天團＊

甲乙丙三人是廣受歡迎的流行音樂女子天團。三人之中，最受粉絲愛戴的丙，多次向經紀人提出單飛的要求。消息傳到甲乙耳中，二人甚為不悅，遂趁丙如廁時，由甲用布袋套住丙的身體，乙則動手毆打，造成丙雙眼失明，無法繼續演藝事業。

丙向甲乙提出共同傷害罪的告訴，經檢察官調查，由於當天廁所外的監視器碰巧故障，甲乙二人又極力否認犯罪事實，因而認為甲乙嫌疑不足，為不起訴之處分。丙接到不起訴處分書後，單獨對甲聲請再議。案件發回續行偵查後，試問：檢察官可否改為認定甲乙成立共同重傷害罪，並將兩人一併提起公訴？若有證人出面指證目擊甲乙毆打丙的事實，是否會有不同結果？

⊃解析

本案甲乙兩人為重傷害罪的共同被告（刑法§28），依§258①再議有理由而發回續行偵查後，是否得再行對甲乙二人共同提起公訴，分為以下二種情況：

1. 由於檢察官先前認定甲乙的犯罪嫌疑不足，為不起訴處分是依據§252⑩規定，屬於欠缺實體處罰條件的絕對不起訴處分。因此，告訴人丙若未於再議期間內，依§256對被告提出再議，則該不起訴處分將會同時

發生形式與實質的確定效力（§260）。本題中，由於丙未對乙提出再議聲請，主觀上其對甲提出再議的效力應不及於乙的部分（再議無主觀不可分的問題），故乙傷害丙的部分，除非有§260各款事由存在，檢察官應不得一併對乙提起公訴。

2. 若有證人出面指證乙確實與甲共同毆打丙，依據§260規定，該證言應屬事前即已存在但未經調查斟酌的新證據，縱使丙未對乙提出再議聲請，檢察官亦可藉由該新證據的發現，逕行再對乙提起公訴。

＊三人共竊＊

　　甲乙丙三人共同竊丁之財物，法院於檢察官提起公訴後，依下述不同情況，能否對該三人為實體判決？

（一）甲為丁之子，丁對甲提起告訴。

◯解析

　　甲乙丙三人共同竊盜丁之財物，因甲為丁之子，故甲所犯刑法§324之親屬竊盜罪，依同條Ⅱ規定須告訴乃論，今丁已對甲提告訴，故法院得對甲為實體判決，而告訴效力不及乙丙，惟因乙丙二人所犯為刑法§320Ⅰ之非告訴乃論之普通竊盜罪，故縱未經丁告訴，法院仍得對該二人為實體判決。法院對甲乙丙三人均得為實體判決。

（二）甲為丁之子，丁對丙提起告訴。

◯解析

　　甲為丁之子而丁僅對丙提告訴時，該告訴效力不及甲乙二人（因丙所犯為非告訴乃論之罪，無告訴不可分原則適用），則甲所犯既為相對告訴乃論之罪而未經告訴，法院不得對之為實體判決，另乙雖未經告訴，然所犯為非告訴乃論之罪，法院仍得對乙及丙為實體判決。

（三）甲乙兩人均爲丁之子，丁只對甲提起告訴。

⮑解析

　　甲乙均為丁之子，則所犯均為相對告訴乃論之罪，有告訴不可分原則適用，亦即丁對甲告訴之效力及於乙，又雖不及於丙，但丙所犯既為非告訴乃論，法院對甲乙丙三人均得為實體判決。

（四）甲乙均爲丁之子，丁對丙提起告訴。

⮑解析

　　甲乙均為丁之子，丙所犯為非告訴乃論之罪，無告訴不可分原則適用，則丁對丙之告訴效力不及甲乙二人，法院僅得對丙為實體判決，對未經告訴之甲乙僅得為不受理之形式判決。

公 訴

【目次】

第一節　提起公訴的原則..521

　壹、國家訴追原則...521

　貳、起訴裁量原則與起訴法定原則.......................................521

第二節　公訴提起的方式..521

　壹、提起公訴..522

　貳、提出起訴書...522

　參、起訴狀一本主義與卷證併送..523

　　一、起訴狀一本主義...523

　　二、卷證併送...524

　肆、起訴審查..525

　　一、起訴審查的意義與目的...525

　　二、審查的時點與管轄法院...526

　　三、起訴審查的標準...526

　　四、起訴審查的結果...526

　伍、管轄法院與所屬法院有別...527

第三節　公訴的變更與追加...528

　壹、被告的追加...528

　貳、犯罪事實的追加..529

　參、案件的追加...529

第四節　公訴的效力...531

　壹、被告的範圍...531

　貳、犯罪事實的範圍..533

第五節　公訴的撤回...534

　壹、公訴撤回的意義..534

　貳、公訴撤回的程式..534

　參、公訴撤回的效力..535

實例講座...536

第一節　提起公訴的原則

提起公訴之基本原則，可分述如下：

壹、國家訴追原則

檢察官為公訴提起的機關，代表國家對於刑事案件提起公訴及實行公訴。不許一般人民提起刑事訴訟者，稱為「國家訴追原則」。從刑罰權的觀點而言，犯罪的法律效果為刑罰，刑罰權的行使，以追訴權的行使為前提。而刑罰權須與公訴相結合，方得行使，因此國家訴追原則的情形頗為流行。另外，私人訴追原則是被害人得對刑事案件提起自訴，本法亦兼採之，故本法為起訴二元制。

貳、起訴裁量原則與起訴法定原則

偵查終結後如有提起公訴的充分犯罪嫌疑，且具備訴訟條件者，檢察官固應起訴，對犯罪加以處罰。法律上對於本應起訴的案件，任由檢察官決定起訴或不起訴者，稱為「起訴裁量原則」。相對的，對於有充分嫌疑且符合訴訟條件必須予以起訴，無選擇餘地者，稱為「起訴法定原則」。

上述二種原則，起訴裁量原則較能符合刑事政策的彈性特性；不過，起訴法定原則，頗能符合公平的要求。本法目前採折衷制，依據起訴裁量原則，檢察官如認為對於犯罪以不起訴為適當者，得為不起訴處分（§253）或緩起訴處分（§253-1），對於已起訴的犯罪，亦得撤回（§269）。

第二節　公訴提起的方式

檢察官依偵查所得的證據，足認被告有犯罪嫌疑，同時具備處罰可能

性及必要性者，應提起公訴，其要點如下：

壹、提起公訴

依§§251、264規定，須用書面，若以口頭為之，則不合法（但§265Ⅱ規定追加起訴可用言詞），若違背此項程序，依§303①起訴不合程式，應諭知不受理判決。

另外，提起自訴（§320）與提出上訴（§350）亦必須以書面為之。

貳、提出起訴書

起訴書記載事項由§264Ⅱ可知有：1.被告姓名、性別、年齡、籍貫、職業、住所或居所或其他足資辨別的特徵；2.犯罪事實及證據並所犯法條。起訴係以案件為對象，案件包括被告及犯罪事實。若記載事項有遺漏時，能否補正？應視情形分別論之：

1. 若起訴書漏列被告的姓名，亦無其他足資辨別的特徵或欠缺犯罪事實，此時不能補正，但漏列被告姓名，而有其他足資辨別的特徵則仍可予以補正，因欠缺被告及犯罪事實，其起訴程式違背規定，應依§303①諭知不受理判決，因欠缺被告§266無法適用，欠缺犯罪事實則§268不告不理原則亦無法確定。

2. 起訴書漏列被告年齡、籍貫、職業、住居所等項，無須令其補正，因為依§281除有特別規定外，被告須到庭才能審判，且審判長依§286須依§94訊問被告姓名、年齡、職業、住居所等項，以辨別是否當事人。如被告之「所在不明」依§251Ⅱ亦應提起公訴，但「犯人不明」者，依§262規定不得終結偵查，自不得提起公訴，因所在不明與犯人不明不同。

3. 若遺漏證據並所犯法條時，因為欠缺證據，不符合§161檢察官就犯罪事實負舉證責任的規定；漏列法條，而無記載法條，§300的規定亦無

法適用。是故法院應該依據§273 Ⅵ以裁定定期間命其補正，逾期不補正者，其程序違背規定，依§303①諭知不受理判決。

參、起訴狀一本主義與卷證併送

起訴時，關於偵查中的卷證，是否應當連同起訴書一同送交繫屬法院。這問題涉及的是，英美法與歐洲大陸法國家刑事訴訟制度思維的基本差異。在英美法系國家普遍採取陪審制，未免陪審員提前接觸偵查中未經法院調查的證據事實，汙染心證造成偏頗，故會希望採取起訴狀一本主義，禁止檢察官於起訴時就將證據一同帶進法院，此為起訴狀一本主義的根本精神。此外，當檢察官起訴時僅准許提交起訴書時，目的是讓「新鮮」的證據，得在第一次審判程序中，藉由合法嚴格的調查程序，陸續呈現在陪審員的眼前，確保陪審員能保持公平的態度進行判斷。

對於這些欠缺法律專業的裁判者來說，起訴狀一本主義就是一種無法充分信賴陪審員專業能力情況下所衍生的擔保機制；相對者，由於多數歐陸國家的法院，多以職業法官組成與擔任發現真實的審判工作。而對於這些具備專業素養的法官，必然有相當賴基礎的前提下，法官與證據間的關係，制度設計上就偏重於所謂的直接審理原則。換言之，檢察官偵查中蒐集的一切證據資料，起訴後應毫無保留的攤開於法官面前，供其檢視。主要的考量是，唯有居於超然中立第三者地位的職業法官，方能確保證據的適格性與犯罪事實的關聯性。因此，從制度設計的不同思維脈絡可知，很能果斷的評價兩者不同制度的優劣與勝敗。無論選擇和者，僅僅是不同國家思索何者符合自身訴訟體例後的答案而已。

一、起訴狀一本主義

起訴狀一本主義是指，檢察官提起公訴時，在起訴書上只記載犯罪事實，不引述被告所犯的罪名與法條，更重要的是，證據與卷宗一概不併送法院。證據等物只有在審判期日才提出。這樣，法官在開庭審理前，不至

於事先接觸犯罪證據與卷宗，也因而不對被告產生偏見。所以，檢察官不是寫「一本」起訴書，而是三言兩語寫「一頁」起訴狀。簡略說，實踐「起訴狀一頁」的原則，是為了避免法官產生偏見，是要排除法官的預斷。故起訴狀只能寫告何人、何事，不得記載證據，以排除預斷，故又稱為「排除預斷原則」。

　　其實，起訴狀一本主義為日本法律術語，日本於第二次世界大戰後，在美國壓力下，模仿美國刑事訴訟制度修改其刑事訴訟法，修改的重要目的在使審判與偵查絕緣，以便排除法官對被告持有不利偏見。換言之，起訴狀依日本刑事訴訟法§256規定：「一、被告。二、公訴事實並載明訴因。三、罪名及法條外，凡足以使法官產生預斷之虞的事項，即有預先判斷、先入為主之可能的事項，一律不得添附或引用其內容。」同條Ⅵ規定：「起訴狀不得添加具有使法官就案件產生預斷之虞的書類，或其他物件或引用其內容。」此使檢察官起訴僅具有主張其起訴事實的意義，不具影響法官的效力，讓法官以空白心態蒞臨公判庭，並於公判庭中依調查證據的結果形成心證後為判決。故如果真正踐行該條的規範精神時，對於整個刑事制度理論及運作應可滿足公平法院的理念及象徵當事人原則的精神。

　　基於公平法院理念，法院開始審判，起訴狀只能記載必要限度事項，以免尚未審判之前，法官已對於被告的犯罪發生偏見；又除了起訴書之外，將偵查卷宗及證物一併送交法院，則法官於檢閱卷宗與查看證物之後，不難因此而獲得被告有罪的心證，使在公判庭進行的當事人彼此間的攻擊防禦流於形式，已無法對於法官的裁判發生影響。故為貫徹公判中心原則及維持當事人辯論原則的訴訟構造，採取起訴狀一本主義，不失為正確途徑。

二、卷證併送

　　起訴時，§264Ⅱ②規定：「起訴書須記載犯罪事實及證據並所犯法

條」；§264 Ⅲ規定：「起訴時應將卷宗及證物一併送交法院。」本規定與起訴狀一本主義顯有不同，蓋起訴狀一本主義不得記載證據，並將有關證物一併送交法院。換言之，檢察官提起公訴，應向管轄法院提出起訴書。起訴書除了記載被告的「人別資料」外，並應記載犯罪事實及證據並所犯法條，起訴時應將卷宗及證物一併送交法院（§264）；法院的審判不受起訴書所引法條的拘束，法院可以變更起訴法條（§300，可以變更起訴法條的情形僅限於同一案件）。從這規定看，我國雖然改採當事人進行主義模式，但是並未採起訴狀一本主義，而仍然採「起訴卷證併送制度」。

　　支持起訴狀一本主義的人認為，這會造成法院對於被告有先入為主的成見。不過，即使起訴時卷證不併送，而是審判時才提出，法官也必然要先閱讀卷證，否則如何指揮訴訟的進行。因此，法官是否會有先入為主的情形，並不一定與起訴狀一本主義有關。

　　以日本實施當事人進行原則當作借鏡，可以發現日本訴訟實務運作上，由於國民特性緣故，僅形式上有當事人進行原則的軀殼，實質上卻缺乏當事人進行原則的辯論精神，大多數的案件仍以書面證據作為審判的對象，辯論只是行禮如儀；尤其，檢察官高達99.8%的起訴有罪維持率，更是所謂可以防止法官先入為主判斷的「起訴狀一本主義」的最大諷刺，故在清楚得知日本實施起訴狀一本主義的實情後，應該無庸將起訴狀一本主義奉為唯一聖典。

肆、起訴審查

一、起訴審查的意義與目的

　　為確實促使檢察官負舉證責任及防止其濫行起訴，基於保障人權之立場，允宜慎重起訴，以免被告遭受不必要的訟累，並節約司法資源的使用，參考§231-1有關檢察官對於司法警察（官）移送案件的退案審查制度精神，以及德國刑事訴訟法規定的「中間程序」與美國聯邦刑事訴訟規

則中「Arraignment」程序「Motion to dismiss」制的立法宗旨，增設起訴審查機制，規定法院於第一次審判期日前，經審查檢察官所指出的證明方法，如認為顯不足以認為被告有成立犯罪的可能時，應以裁定定期通知檢察官補正。

二、審查的時點與管轄法院

依§161 Ⅱ規定起訴審查的程序時點為「法院第一次審判期日前」，其雖未規定起訴審查的管轄法院，但因我國起訴審查的機制，係直接由本案管轄法院負責審查，故應回歸§§4、5一般法院管轄的規定。

三、起訴審查的標準

就法院得於何種情形予以駁回起訴，§161 Ⅱ規定「檢察官指出之證明方法顯不足認定被告有成立犯罪之可能時」依法條文義及規範目的的解釋應指「依起訴之事實，可明顯判斷不足以認定被告有犯罪之事實」。

四、起訴審查的結果

關於起訴審查的法律效果，應區分開啟審判程序與拒絕開啟審判程序兩種情形。

（一）開啟審判程序

依德國刑事訴訟法的規定，如法院認依偵查所得的證據判斷，被告很可能犯下遭行起訴的罪刑，並且日後將遭受有罪的判決，而認可起訴者，法院應為准予開啟主要審理程序的決定。然依我國新法的規定，法院認可進入審理程序者，並無庸為任何意思表示，亦即欠缺明顯的外觀可判斷是否進入正式審理程序，而使被告處於不確定的地位。

（二）拒絕開啟審判程序

法院認為起訴的案件，檢察官指出的證明方法顯不足認定被告有成立犯罪的可能時，應分成兩階段處理：

1.裁定定期通知檢察官補正

法院於第一次審判期日前，經審查檢察官所指出的證明方法，如認為顯不足以認為被告有成立犯罪的可能時，應以裁定定期通知檢察官補正。

2.逾期未補正者，得以裁定駁回起訴

檢察官如逾期未補正證明方法時，參考§326 Ⅲ關於法院依訊問及調查結果，認為自訴案件有被告犯罪嫌疑不足的情形得以裁定駁回自訴的立法例，增訂檢察官逾期未補正者，法院得以裁定駁回起訴（§161 Ⅱ）。

又法院於裁定駁回起訴前，既曾賦予檢察官補正證明方法的機會，檢察官若不服該裁定者，亦得提起抗告請求上級法院糾正之，是以檢察官的公訴權能已獲充分保障，此時為維護被告基本人權，避免被告有受二次追訴的危險，參考§§326 Ⅳ、334以及德國立法例，規定駁回起訴的裁定已確定者非有§260各款情形之一，不得對於同一案件再行起訴（§161 Ⅲ），若違反前項規定再行起訴者，則法院應諭知不受理的判決（§161 Ⅳ）。

伍、管轄法院與所屬法院有別

因所屬法院不一定有管轄權，若無管轄權之時，則依§250為通知或移送，故所屬即管轄法院時，就無§250的適用。由此可知，§264 Ⅰ規定為「管轄法院」，乃因「所屬法院不一定有管轄權」，一般檢察官係配置於各級法院，通常其所配置法院，稱為「所屬法院」，亦即有管轄權的法院；若其所屬法院係無管轄權的法院，檢察官應依§250的規定將案件移送管轄法院。故若向所屬法院起訴，而所屬法院無管轄權，法院亦會依

§304移送於管轄法院（管轄錯誤判決）。§264 I所以定為「管轄法院」，因有時所屬法院並不一定有管轄權。

例如，台北地院檢察官甲的妻乙與書記官丙吵架，乙打傷丙。丙提出告訴，台北地院檢察官基於人情難不願偵查，由上級法院檢察長行使職務移轉權，指定基隆地院的檢察官丁偵查，丁偵查後認為應起訴時，不得向其所屬法院起訴（基隆），應向有管轄權的台北地院為之。

第三節　公訴的變更與追加

訴之變更，係指變更起訴案件的內容。訴之內容包括被告及犯罪事實。本法並無訴的變更規定，故檢察官起訴被告及犯罪事實後，除具有另一訴訟情形，應分別辦理外，其聲請變更並不生訴訟法上效力，法院亦不受其拘束。

訴之追加，係指追加新訴而擴張舊訴的範圍者。本法允許訴之追加，但須具備二個要件：1.依§265 I規定，必於第一審辯論終結前，且2.追加的新訴，是與本案相牽連的犯罪或本罪的誣告罪。所謂相牽連犯罪，依§7規定，包括犯罪事實追加與被告追加。如數罪併罰的情況下，是人同事不同，為追加犯罪事實；共犯關係的情況，是事同人不同，追加者為犯罪人。關於訴之追加方法有三，茲以案例說明如下：

壹、被告的追加

例

甲
乙 → 竊盜丙

甲和乙共同偷丙的東西，檢察官僅起訴甲，甲於審判中供出共犯乙，檢察官追加乙為共同被告，此時原告仍為相同，僅為被告的追加。

貳、犯罪事實的追加

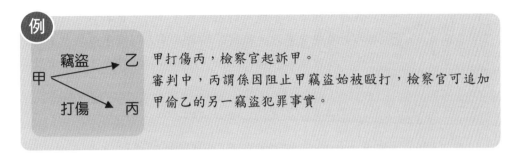

甲打傷丙，檢察官起訴甲。

審判中，丙謂係因阻止甲竊盜始被毆打，檢察官可追加甲偷乙的另一竊盜犯罪事實。

參、案件的追加

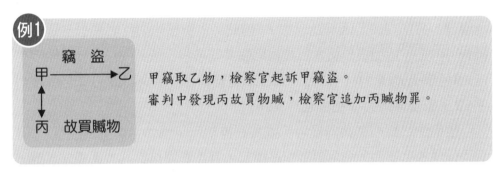

甲竊取乙物，檢察官起訴甲竊盜。

審判中發現丙故買物贓，檢察官追加丙贓物罪。

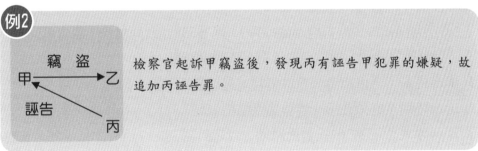

檢察官起訴甲竊盜後，發現丙有誣告甲犯罪的嫌疑，故追加丙誣告罪。

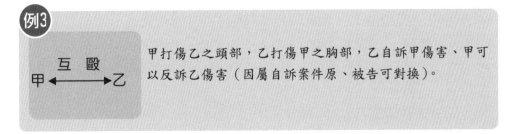

甲打傷乙之頭部，乙打傷甲之胸部，乙自訴甲傷害、甲可以反訴乙傷害（因屬自訴案件原、被告可對換）。

例4

甲 ——打——傷→ 乙
　　　?

乙告甲傷害，檢察官起訴甲，甲於審判中發現乙之傷係偽造，此時甲不能反訴乙誣告罪。因乙係告訴人（第三人）並非當事人，檢察官始為當事人，故甲必須經由告訴方式由檢察官追加起訴（此為公訴案件原、被告無法對換）。

　　由上可知，訴之追加均以舊訴存在為前提，其所追加者是「另一案件」，故為訴的合併。且訴的追加是利用舊訴程序提起，以符合訴訟經濟之要求，因此追加新訴須與舊訴得依同一訴訟程序進行為必要，但仍應分別審理、分別判決（因其為二案）。因此，本訴被告與反訴被告不是共同被告；但是，追加被告與本訴被告則屬共同被告。按共同被告發生原因有三：1.合併起訴§§6Ⅰ、7②、15（牽連管轄合併偵查起訴）；2.合併審判§6Ⅱ（牽連管轄）。3.追加起訴§265。

　　故追加起訴亦為共同被告，雖其利害相反（例如：追加誣告罪），但只是程序法上關係，利用自訴程序提起，其性質與自訴同，係獨立之訴。雖與自訴同時審理，但為二案二訴，互相對立，且異其當事人地位。故§265為共同被告（原告均為檢察官）；而§338非共同被告（原告不同）。

　　對於訴之追加，總結而言，有以下幾個要點：
1. 訴之追加：合併起訴、合併審判、追加起訴三種。
2. 追加時間：必須在第一審辯論終結前。
3. 追加方式：依§264採書面原則，以起訴書為之；例外才依§265Ⅱ於審判期日追加時，以言詞為之。但法院依§273Ⅰ於審判期日前訊問被告時，不能追加被告，因此時是準備程序而非審判期日。
4. 追加起訴後：二個案二個訴，雖然合併仍應分別審理、分別判決。

第四節　公訴的效力

　　檢察官起訴之後，除非撤回起訴，否則法院與當事人之檢察官發生一種訴訟法上的法律關係，即對於法院發生訴訟繫屬。在此情況之下，法院負有審理與判決的權利義務，兩造當事人亦就該案件的訴追有受法院審判的權利義務。故起訴以後所引起一連串的訴訟程序，實與檢察官行使公訴權有關，故由於檢察官公訴權的行使，促使審判權因而發動，此為起訴之主要效力。

　　在「無訴即無裁判」的原則（不告不理原則）下，如案件未經起訴，其訴訟關係尚未發生，法院不得就未經起訴的犯罪加以審判，如竟予判決，即屬未經請求事項予以判決的情形。反之，若經起訴或為起訴效力所及的犯罪事實，其訴訟關係已經發生，如未予判決，乃屬已受請求事項未予判決，依§379⑫為判決違背法令。

　　起訴，應以「案件」為其對象，故起訴書應記載被告及犯罪事實，起訴的效力亦應就此二方面分別以論：

壹、被告的範圍

　　依§266規定：起訴的效力，不及於檢察官所指被告以外之人。是故，如何區別「檢察官所指被告」最為重要。

　　被告係指「人」而非指起訴書上被告姓名，被告是否同一，完全以刑罰權的對象是否同一為準，而與起訴書狀所記載的被告姓名是否同一無關。亦即，實際上犯人是誰，亦非區別的唯一標準，故應以起訴書上的被告為準，與是否具有共犯或其他相牽連關係無關，至於判斷是否檢察官所指被告之人，其標準在學說上有三：即表示說、行為說、意思說。通說是以表示說及行為說併用，故§266所指被告，為檢察官所特定之人，係以限定其審判的範圍，並非限定其為犯罪之人，亦非限定刑罰權對象，因此須注意下列幾點：

1. 以偽名、變名起訴：如甲謊報其名為乙，實際上甲始為其真名，仍係檢察官所指為被告之人甲，縱在審判中始發現其真名為甲，法院亦得對之加以審判，該案件並非未經起訴。

2. 真正犯罪之人，如非檢察官所指為被告之人，自不得以其係真正犯罪人，就取代起訴的被告（冒名頂替）。例如，甲打傷乙，檢察官偵查時，丙頂替甲，自認犯罪。檢察官起訴丙，審判中發現甲係真正犯罪人，檢察官應重新偵查，再起訴甲。此時法院應本審理結果分別判決。不得指為同一事件。反之，如檢察官未起訴甲，縱其係真正犯罪之人，法院亦不得加以審判。至於丙是否觸犯刑法§164Ⅱ頂替罪名係另一問題。

3. 他人頂替檢察官所指被告之人到案應訊，致使法院對頂替者為判決時，檢察官所指的被告未經到庭即逕行判決，其判決違背法令（§§281、379⑥），應由上級審撤銷改判，但並非未經起訴案件。甲開車撞到乙，致乙死亡。丙頂替甲，以甲名字應訊，經偵查後，檢察官以甲名起訴丙，檢察官起訴的對象是甲的犯罪事實，對象也是甲。若第一審法院判丙有期徒刑六個月，第二審審理中，丙供出實情係頂替甲。本案對甲言，屬被告未經到庭而逕行審判。此時依§§281、379⑥規定撤銷原判決，另行判決。至於丙犯罪部分，逕送該管檢察官另行偵查起訴。

4. 被告為一人，但檢察官誤以為有二人是甲與乙，分別起訴。此時法院應分別審判，但仍不失為已經提起公訴的案件再行起訴，此時應就一訴為有罪判決，對他訴應諭知免訴或不受理判決。甲行竊，A地的A檢察官偵查中，甲逃脫至B地，再由B地的B檢察官以乙名偵查，其實甲就是乙。只是分屬兩地致A、B檢察官，誤認為二人，分別起訴。事後發現時，應分別就一訴判決有罪，對另一訴諭知免訴（如裁判確定時）或不受理（重行起訴時）。

5. 被告為一人，檢察官誤以為甲、乙二人，將甲處分不起訴，而起訴乙，乙既經檢察官指為被告，法院仍應就乙為實體審判，非§303④曾為不起訴處分而違背§260的規定再經起訴的案件。例如，甲即為傷害案件

之乙。檢察官對甲不起訴，對乙起訴，法院仍應就乙被訴的犯罪事實加以審判。

6. 被告是否已經起訴，應以檢察官所指為審判對象的被告為主，亦即以刑罰權的對象為區別標準。例如，甲開車撞到乙，致乙死亡。甲以丙的名應訊出庭，此時檢察官雖以丙名起訴，但甲仍為檢察官所指被告，丙非檢察官所指的被告。

7. 數人共犯一罪，依§7②為相牽連案件，但其刑罰權仍分別存在，故檢察官僅起訴一人，其效力不及於其他共犯，自訴案件亦同，因§343準用§266，此與§239告訴不可分原則不同。例如，檢察官只對具有共同正犯關係的甲乙起訴，漏未起訴同樣具有共同正犯關係的丙；此一起訴的效力不及於丙，對於丙，檢察官只能追加起訴。

貳、犯罪事實的範圍

　　起訴對人的效力可分，但對於事的效力不可分。所以，對犯罪事實的效力為起訴的客觀方面效力，即起訴的效力及於單一案件或同一案件的全體，亦即檢察官就犯罪事實之一部起訴者，其效力及於全部（§267），學說上稱為「公訴不可分原則」，亦即，刑法上的想像競合犯與繼續犯，檢察官雖僅指明一部事實而起訴，應以一罪處斷，包括全部犯罪事實。如為數罪併罰案件，法院不得就未經起訴的犯罪審判，因其犯罪事實本屬數個，各有獨立刑罰權，並非不可分，不發生§267的效力，故僅就一個犯罪事實起訴者，起訴的效力不及於其他，縱於審判程序中發現其他犯罪事實，依不告不理原則，非經另行起訴亦不得審判（§268）。

　　反之，如為實質上或裁判上一罪，檢察官就同一案件已經起訴者，不得再行起訴，稱為「雙重起訴禁止原則」，故如對於已經起訴的案件再行起訴，受訴法院應對於後來的起訴為不受理的判決（§303②）。因就全部事實起訴者，效力及於全部。若僅就一部事實起訴者，因其為單一案件，起訴的效力及於全部事實，此時不得就其他部分另行起訴，法院對全部事

實均得加以審判，不得指其未經起訴。

第五節　公訴的撤回

壹、公訴撤回的意義

　　「公訴的撤回」係因本法對於起訴酌採變更原則，亦即，對於一定案件的起訴，准許檢察官於起訴後第一審辯論終結前，如發現有「應不起訴」或「以不起訴為適當」的情形，得撤回起訴（§269 I）。所謂「以不起訴為適當」的情形，係指§376所列各罪案件為限，故起訴的撤回與刑事訴訟法所採的起訴裁量原則，同時兼採變更原則。故檢察官於有§252情形時應不起訴，有§§253、254時得不起訴，係採起訴裁量原則，准許檢察官於偵查中（起訴前）得不起訴，亦准許於起訴後撤回起訴，亦係採便宜原則。不過，為了避免流弊，仍設有相當限制，如：1.檢察官必須於一審辯論終結前，始得撤回起訴；2.須限於有§§252、253的情形始可撤回，但不以告訴乃論之罪為限。例如，甲乙互毆互告傷害，檢察官勸乙和解，乙不同意，經過一週後，檢察官起訴甲，但在第十天時，乙表示撤回。此時檢察官可以依據§§269、252⑤撤回起訴。

貳、公訴撤回的程式

　　撤回起訴，應提出撤回書敘述理由（§269 II）。該撤回書的正本應送達告訴人、告發人、被告及其辯護人。檢察官撤回公訴不須製作不起訴處分書再行送達，但應告知告訴人，告訴人受告知後十日內，得聲請再議，如認為再議有理由，得依另一事實再行起訴。

參、公訴撤回的效力

公訴撤回後，發生如下的效力：

1. 撤回公訴與不起訴處分有同一效力，以撤回書視為不起訴處分書。故檢察官須敘述理由，以正本送達告訴人及被告（§270準用§255 II）。告訴人接受撤回書後，準用§§256～258再議規定，故撤回起訴必待確定後（再議被駁回或無再議的人）始生效力。

2. 公訴撤回確定後，如有§260發現新事實或新證據，或有再審的情形，仍可再行起訴，故§303④將「曾為不起訴處分」與「撤回起訴」二者並列，乃因§270之故。

3. 訴之撤回與告訴不可分有別，故檢察官僅對被告一人撤回者，其效力不及於其他共同被告，檢察官若僅為一部分的撤回，不發生與不起訴處分同一的效力。

❖ 實例講座 ❖

＊汽車旅館雙屍案＊

甲乙二人被發現雙雙死於知名汽車旅館。檢察官偵查，認為女性死者的前男友丙涉嫌重大，遂對丙提起公訴。法院卻認為檢察官所指出的證明方法，顯不足認定被告有罪，欲將起訴駁回，試問：法院應如何為之？又檢察官依法補正後，法院仍認為不足證明被告有罪，是否可以直接駁回起訴？

⊃解析

為敦促檢察官確實負擔舉證責任，以及避免檢察官濫行起訴，故有§161Ⅱ「起訴審查制」規定：「法院於第一次審判期日前，認為檢察官指出之證明方法顯不足認定被告有成立犯罪之可能時，應以裁定定期通知檢察官補正；逾期未補正者，得以裁定駁回起訴。」故法院欲將檢察官的起訴駁回，應於第一次審判期日前為之，若第一次審判期日前未通知檢察官補正，則起訴合法；至於檢察官指出的證明方法，顯不足認定被告有成立犯罪之可能，此為審查檢察官起訴的卷證資料，法院僅須從形式上判斷是否被告顯無成立犯罪的可能即足。

另外，若檢察官依法補正後，法院仍認為檢察官指出的證明方法，顯不足認定被告有成立犯罪之可能，法院可否直接駁回起訴，存有爭議。實務上認為，經檢察官補正後，若檢察官的舉證不足以證明被告犯罪時，即非所謂「顯」不足以認定被告有成立犯罪可能之情形，此時法院應以實體判決終結訴訟，不宜以裁定駁回檢察官之起訴（法院辦理刑事訴訟案件應行注意事項第95點參照）。不過，亦有論者認為解釋上應類推§161Ⅱ後段，將之視同逾期未補正，直接以裁定駁回起訴。為避免法院藉由起訴審查制逃避責任，解釋上學者看法為妥，為杜絕爭議，未來

立法應予以修正。

＊三百暢飲小吃店＊

　　甲於2005年1月14日晚間，在乙宅前，因細故與乙互毆，並分別受傷。乙左側第三掌骨骨折、左肩皮下瘀血，業經彰化地院判處甲有期徒刑五月。其後，乙又向台中地院檢察署提出告訴，稱甲對其心生不滿，於同年月13日下午，持木棍至其所經營之三百暢飲小吃店毆打之，致其左側第三掌骨骨折、左肩皮下瘀血。台中地院認為該案與彰化地院之刑事判決認定被告甲傷害乙的犯罪事實並不相同，判處甲有期徒刑三月（兩案均經判決確定，簡易庭判決先行確定）。嗣最高法院檢察署檢察總長認為上揭兩案完全相同，顯係同一傷害行為所造成，雖二判決所認定之犯罪時間不同、地點不同，惟甲所犯係連續犯（按：當時尚未廢除連續犯），應為同一案件，台中地院未諭知免訴之判決為違背法令，而提起非常上訴。試問：

（一）依案例事實，本件甲所涉犯者，係一案抑或是數案？

⊃解析

　　甲所涉犯者係數案件。所謂單一案件係指被告單一與犯罪事實單一；若為一個犯罪事實，則在實體法上為一個刑罰權，在訴訟法上則作為一個訴訟客體，無從分割。然而本件甲兩次傷害乙之行為，由於其犯罪時間、行為地點有所歧異，顯見其並非基於概括犯意，自非傷害罪的連續犯，亦即非為裁判上之一罪，是本件甲所涉犯者，係數案件。

（二）2006年7月前後對於本案是否屬案件同一性的認定標準有無不同？

⊃解析

　　2006年7月前後，對於本案是否屬案件同一性的認定標準並無不同。所謂「案件同一性」，係指原告先後起訴之彼此兩案，均為同一被告；而

且被訴之犯罪事實，亦屬同一。依題示，本件被告同一，固無疑問；惟就事實上是否同一之認定而言，近來實務上認定案件是否具事實上同一，應從「訴之目的及侵害性行為之內容」是否同一來決定，亦即侵害行為的時間、地點、行為客體及侵害目的是否同一來決定。

　　換言之，2006年7月連續犯及牽連犯廢除後，由於多數的案例，還是可以歸納出幾個判斷基準：（1）犯罪行為地點；（2）犯罪行為時間；（3）犯罪行為之對象；（4）侵害之目的等四者，藉此確定審判的範圍，此即是有論者主張的新案件同一說，認為應從自然生活觀點的單一生活事實進行同一性的判斷。本案若採新案件同一性說判斷，在時間上分別是1月13日、14日；犯罪行為地點上，一為乙宅前，一為小吃店前，均不相同。是故，不能因為乙所受之傷相同，即無視犯罪行為時侵害間與地點之歧異，認為屬同一案件。惟應注意的是，事實上，新同一案件說與實務的「訴之目的及侵害性行為之內容」認定標準，並無不同。

第三章

自　訴

【目次】

第一節　自訴的意義...543

第二節　自訴權人...544

　壹、犯罪的被害人...544

　貳、法定代理人、直系血親或配偶...546

第三節　自訴的提起...547

　壹、以書狀提起...547

　貳、委任律師行之...548

第四節　自訴的限制...549

　壹、直系尊親屬或配偶的限制...549

　貳、告訴或請求乃論之罪的限制...551

　參、同一案件的限制...552

　肆、科刑上一罪的重罪限制...554

　伍、少年刑事案件的限制...555

第五節　自訴的承受與擔當...556

　壹、承受自訴...556

　　一、承受自訴的意義...556

　　二、承受自訴的原因...556

　　三、訴訟主體改變...557

　貳、擔當自訴...557

　　一、擔當自訴的意義...557

　　二、擔當自訴的原因...557

　　三、擔當自訴的效果...559

第六節　自訴的撤回 559

壹、撤回自訴的意義 559

貳、撤回自訴的方式 560

參、撤回自訴的效力 561

第七節　自訴的反訴 561

壹、提起反訴的意義 561

貳、提起反訴的限制 562

參、提起反訴的方式 563

肆、提起反訴的效力 563

實例講座 565

第一節 自訴的意義

　　被害人向法院聲請就被告之犯罪確定國家對其有無刑罰權之訴，稱為「自訴」。依自訴而進行的訴訟程序，稱為「自訴程序」。自訴程序異於公訴訟程序者，乃在檢察官於審判期日所得為的訴訟行為，於自訴程序，由自訴代理人為之（§329Ⅰ）。另外，自訴省去偵查程序，故不經偵查而向法院起訴，亦與公訴不同。但自訴程序有時仍有檢察官的參與，為此法院應將自訴案件的審判期日通知檢察官。檢察官對於自訴案件，得於審判期日出庭陳述意見（§330）。

　　自訴是國家訴追原則的例外，雖公訴獨占主義屬於大陸法系的傳統，但對於犯罪的起訴，只限於由檢察官為之，不准由私人為之，有時無法保護被害人的利益。故在一定範圍之內，亦承認私人亦得提起刑事訴訟，追訴犯人。是以自訴制度的承認，可謂為國家訴追原則的例外，是刑事訴訟法兼採私人訴追原則的產物。

　　自訴程序依照§343規定，除有特別規定外，準用§§246、249及公訴程序起訴及審判的規定。故關於自訴程序準用公訴程序（第二節部分）可分析得知：「**起訴程式**（§264）／自訴程式（§320）」；「**公訴撤回**（§§269、270）／自訴撤回（§§325、331）」，皆有特別規定，不能準用；至於**公訴追加**（§265）、**公訴效力**（§§266～268）、自訴沒有規定，須準用之。

　　故從§343規定得知，自訴程序準用公訴程序者，僅訴的追加及訴的效力二種情形。除此之外，關於自訴已有規定者，歸納言之，有下述幾點必須說明：何人可以提出自訴（§319）、自訴程式（§320）、自訴限制（§§321～323）、自訴的承受與擔當（§332）、自訴撤回（§325）與反訴（§§338～342）等。

第二節 自訴權人

依德國法，可以自訴的案件限於輕罪：無故侵入住宅、侮辱、妨害書信秘密、傷害、恐嚇、營業上賄賂、毀損、違反不正當營業競爭法的行為、違反專利法、商標法或半導體法等的行為（德刑事訴訟法§374）。但本法規定，只要是犯罪的直接被害人都可以自訴（§319 I）。換言之，凡是犯罪被告人，無論是告訴乃論或非告訴乃論之罪，皆能提起自訴，造成案件範圍廣泛，這與德國法有很大不同。另，依§319規定自訴權人若為無行為能力或限制行為能力或死亡者，得由其法定代理人、直系血親或配偶代為提起之。

壹、犯罪的被害人

犯罪被害人，係指犯罪當時法益的「直接」被害之人，至有無當事人適格，應依據實體法的規定。

對於犯罪被害人的認定，早期實務見解曾認為：提起自訴者，只須所訴被告犯罪事實，在實體法上足認其為被害人已足。至於該自訴人實際曾否被害或被告有無加害行為，乃屬犯罪成立與否的問題，並非開啟自訴的要件（最高法院46台上1305判決）；但是，晚近實務則認為被害人必須以實際被害為必要，若無實際被害而提起自訴，依§334為不受理判決（最高法院80第3次刑庭決議）。

依照早期實務的看法，若自訴人訴稱被告犯罪情事，自係以被害人資格提起自訴，審理結果縱認其所訴不實，只屬被告不成立犯罪，並非不具備自訴人的適格。若採取實務晚近的見解，則認為被害人必須以實際被害為必要，以財產犯罪為例，法院若已查明自訴人並非該物的所有權人，亦非有管領權之人時，應直接認定其並非因犯罪，而對直接被害人逕行諭知不受理判決即可（最高法院68台上214判決）。

被害人包括法人，法人自訴時由代表人為之，非法人團體雖設有代表

人或管理人，但不得由代表人或管理人以團體名義提起自訴。因法人於法令限制內，有享受權利、負擔義務之能力（民法§26），則法人亦應有當事人能力。惟所謂「法人」，須係依法成立者（民法§25）。未依法登記之法人，其代表人或管理人不得以非法人的團體名義提起自訴。例如，非法人之商店並不具有法律上人格，如財產被侵害，不得以商店名義起訴。故對於未經依法註冊的外國公司，既無法人資格，以公司名義委任代理人提起自訴，應諭知不受理。

至於「公法人的法益被侵害時，公法人可否提起自訴？」採否定見解者認為，稅捐稽徵處乃國家的機關，既非自然人，又非有行為能力的法人，自不得提起自訴。採折衷見解者認為，國營事業機構如係依公司法組織，當可提起自訴，至非依公司法成立的國營事業機構，應認為國家的機關，不得提起自訴。本書認為，由於對公法人的法益可由代表國家的檢察官為其保護，不必由國家機關自己實施刑事訴追，對於公法人應不必賦予提起自訴的權利。

對於侵害國家、社會法益之罪，同時具有侵害個人法益的情形時，被害之個人亦得提起自訴，如：誣告罪、放火罪、偽造文書罪，惟其個人之被害與國家社會的被害須為同一犯罪行為所致始可，否則個人雖受有損害，若非由於他人行為所直接受害者，亦無提出自訴之權，如：偽證罪、湮滅證據罪、枉法裁判罪。

至於實質上或裁判上一罪若被害人有數人，即使是單純一罪，因其所侵害法益不同，亦有數被害人。如甲偷乙等四人共有的電腦，是同一行為有數被害人的法益被侵害。各共有人對共有物的被害，均為直接被害人，各有自訴權。但被害人雖有數人，與民事訴訟法上的區別公同共有與分別共有不同，故不發生一同起訴，一同被訴的問題，故可由其中一人或二人自訴，無須全體為之。

貳、法定代理人、直系血親或配偶

§319 I 但書:「被害人無行為能力、限制行為能力或死亡,得由法定代理人、直系血親或配偶為之。」以下分述得提起自訴之人:

1. 法定代理人:係指自然人的法定代理人。如父母為未成年子女的法定代理人(民法§1086),監護人為受監護人的法定代理人(民法§1098),故犯罪被害人因未成年或因受禁治產的宣告,成為無行為能力或限制行為能力,得由其法定代理人獨立提起自訴。

2. 直系血親:乃己身所從出或從己身所出的血親,且不分尊卑,得為犯罪被害人提出自訴。

3. 配偶:未成年人雖因結婚而有行為能力,但如因受禁治產宣告失去行為能力或死亡者,一方的配偶得為被害的配偶提起自訴。

依§319 I 但書的規定,被害人如無行為能力或限制行為能力,究竟能否自己提起自訴?實務認為不可(最高法院65第5次刑庭決議);但是,推敲文義但書中之「得」字,似非如此,故被害人無行為能力或限制行為能力,應是「不宜」而非喪失自訴權利。

最後說明,得為提起自訴之人在訴訟法上具有下列權限:

1. 起訴前,有提起自訴之權(§319 I):例如,起訴前乙有自訴權,丙為乙配偶,若乙死亡,則丙有自訴權(§319 I 但)。

2. 起訴後,辯論終結前,有承受訴訟之權(§332):例如,乙提起自訴後死亡,此時訴訟的被告及犯罪事實,均仍存在,乙的配偶丙不得自訴,如提起自訴,法院應依§303②諭知不受理判決,此時丙僅能依§332承受訴訟。

3. 辯論終結後,判決確定前,有提起上訴權(§344 I):例如,甲傷害乙,經乙自訴後一審判決甲無罪,乙若未死亡有上訴權,反之,乙若於辯論終結後死亡,法院依法仍得為判決。設若判甲無罪,應由何人上訴?依§344 II,乙的配偶丙可上訴。

4. 判決確定後,聲請再審前,有聲請再審之權(§428 II):例如,甲傷

害乙。乙若於判決確定後死亡，有再審理由時，乙的配偶丙可依§428
Ⅱ聲請再審。

5. 聲請再審後，再審判決前，有承受再審之權（§437 I 但）：例如，甲傷
害乙，乙聲請再審後死亡，丙依§437 I 但書規定，於一個月內聲請承
受訴訟。

第三節　自訴的提起

自訴的提起須以提出自訴狀且應委任律師行之，茲分述如下：

壹、以書狀提起

提起自訴須提出書狀，故法律規定，自訴應向管轄法院提出自訴狀為
之（§320），應記載下列事項：1.被告之姓名、性別、年齡、住所或居
所，或其他足資辨別之特徵。2.犯罪事實及證據並所犯法條。至於犯罪事
實，應記載構成犯罪之具體事實及其犯罪之日、時、處所、方法。

另外，提起自訴時，除了提出自訴狀之外，另外應提出：1.有關證
物，如有證明自訴犯罪事實存在的證物，應與自訴狀一併提出於該管法院
（§§343、264Ⅲ）；2.自訴狀繕本，自訴狀應按被告的人數提出繕本
（§320Ⅳ）。其未提出而可以補正者，法院應以裁定限期補正，此係以
書狀提起自訴的法定程序，如逾期不補正，應諭知不受理的判決（§303
①）。惟法院雖未將自訴狀繕本送達於被告，而被告已受法院告知自訴內
容，且經合法的言詞辯論時，即不得以自訴狀的繕本未送達而認為判決違
法（釋字第134號）。不過，為了使被告於期日前先行作防禦的準備，法院
於接受自訴狀後，自應速將繕本送達於被告，俾其得悉被訴內容，從事防
禦（§328）較妥。

貳、委任律師行之

　　早期，有鑑於自訴人常未具備法律的專業知識，每因誤解法律（例如誤認違反民事約定，不履行債務為背信）或任意將機關首長及相關官員一併列為被告，而提起自訴，亦有利用自訴程序恫嚇被告或以的作為解決民事爭議的手段等情事，不僅增加法院工作負擔，影響裁判品質，尤足令被告深受不必要的訟累，2003年修法就自訴，改採強制委任律師為代理人制度。

　　採強制委任律師為代理人的自訴制度，主要目的亦係在保護被害人權益，因§§161、163等條文修正施行後，本法改以「改良式當事人進行主義」為原則，在強調自訴人舉證責任的同時，若任由無相當法律知識的被害人自行提起自訴，無法為適當的陳述，極易敗訴，是立於平等及保障人權的出發點，自訴採強制律師代理制度，自有其意義。

　　何況我國憲法所保障的平等，應指實質的機會平等，於此當指任何人均可利用司法資源以尋求正義實現的機會平等，而非賦予得濫用訴訟制度以遂個人私慾的形式上齊頭平等，近來，法務部已漸次規劃檢察官專組辦案制度，提高偵查品質，並要求檢察官確實到庭實行公訴，發揮打擊犯罪、追訴犯罪的功能，公訴制度已趨健全。因此，以公訴制度為主軸，自訴制度退為輔助地位，當為正確妥適的設計。

　　不過，若自訴人本身具有律師資格者，則另當別論。最高法院94第6、7次刑庭決議認為，自訴人若具有律師資格者，無須委任律師為代理人，蓋因刑事訴訟法雖無如民事訴訟法§466-1 I規定「於第三審上訴採強制律師代理制，但上訴人或其法定代理人具有律師資格者，不在此限規定」的明文。不過根據相同法理的精神，亦應為同一解釋。

　　觀諸德國刑事訴訟法，規定提起自訴必須先經調解程序，並須就被告預期所生的費用提供保證，另外尚須依該國的訴訟費用法預繳訴訟費用，且僅限於侵入住宅、侮辱、妨害秘密、傷害、恐嚇、毀損、違反不正競業、智慧財產權的輕微且純屬個人私法益被侵害之罪。可見德國刑事訴訟

法也在層層限制自訴，避免浮濫。我國修法限制自訴，雖採行不同方式，但目的相同，確有必要。

第四節　自訴的限制

　　自訴人在自訴程序上必須扮演檢察官的角色，自行蒐證，出庭陳述意見，這需要一些法律專業素養，所以自訴程序最好有律師的參與。這會有助於法院真實的發現，並且加速訴訟程序的進行。不過，強行規定律師的參與，也須有國家義務律師制度的配合，否則可能會又造成剝奪無資力人的自訴權，因此，自訴改採強制律師代理制度，但卻未同時考量義務律師制度的配合，即有剝奪無資力人自訴權的疑慮。

　　其次，為了避免被害人濫行自訴，應該限制得提出自訴的犯罪，這可以仿效德國刑事訴訟法§374規定，由被害人提起自訴的案件限於：侵入住宅罪、侮辱罪、妨害書信秘密罪、傷害罪、恐嚇罪、毀損罪等輕微犯罪，亦即，原則上只對於輕罪才能自訴。

　　對於不得提起自訴而提起自訴時，法院應諭知不受理判決（§334）。但自訴因不合程式被諭知不受理判決後，即已回復未自訴前的狀態，被害人仍得依法告訴。總之，本法得自訴範圍雖然廣泛，但仍有下述的限制。

壹、直系尊親屬或配偶的限制

　　在自訴程序，自訴人與被告雙方為當事人，互相為攻擊防禦。因為直系尊卑親屬間或配偶間，對簿公堂，可能違背家庭和諧。故為維持固有倫常，不許對於直系血親尊親屬或配偶提起自訴；但直系尊親屬對於直系卑親屬提起自訴，不在此限。

　　首先，關於不得對配偶提起自訴，但對於與其配偶共犯告訴乃論罪之人，得依法提起自訴。釋字第569號見解認為，§321規定對於配偶不得提

起自訴，係為防止配偶之間，因自訴而對簿公堂，致影響夫妻和睦及家庭和諧，乃為維護人倫關係所為的合理限制，尚未逾越立法機關自由形成的範圍；且人民依刑事訴訟法相關規定，並非不得對其配偶提出告訴，其憲法所保障的訴訟權並未受到侵害，與憲法§§16、23的意旨尚無牴觸。但對於與其配偶共犯告訴乃論罪之人，得依法提起自訴。蓋其非為維持家庭和諧及人倫關係所必要，故許其提起自訴。

然而，早期實務認為，對於與其配偶共犯告訴乃論罪之人，亦不得提起自訴。例如最高法院29上2333判決稱，於告訴乃論之罪時，「對於共犯中之一人告訴，其效力及於其他共犯，故共同被告之一人為被害人之配偶時，被害人既不得對之提起自訴，則依告訴不可分之原則，對於其他被告亦即不得自訴。」釋字第569號指出，此等看法並非為了維持家庭和諧及人倫關係所必要，有違憲法保障人民訴訟權的意旨。爾後，最高法院95第19次刑庭決議認為，對於最高法院29上2333判決，於釋字第569號的解釋範圍內，不再援用。

不過，本書認為，以限制人民對配偶提起自訴，作為維持夫妻和睦及家庭和諧的手段，似乎過於理想。縱然被害人不能對配偶自訴，仍得透過告訴，將配偶推上法庭；被害人可能以證人身分出庭，夫妻依舊對簿公堂。又若§321的立法目的是為了家庭和諧，對於與其配偶共犯告訴乃論罪之人，亦應不許其自訴才是，否則難以發揮該條的立法目的。

其次，§321限制人民對直系尊親屬提起自訴，則直系卑親屬以他人與直系尊親屬為共同被告，而提起自訴時是否合法？對此，最高法院29上2333判決認為，應區別所告是否為告訴乃論之罪，而判定是否合法。若為告訴乃論之罪，依告訴不可分原則，既然不得對共同被告之一方提起自訴，則不得對共同被告另一方提起自訴；但若是非告訴乃論之罪，「縱係數人共犯一罪，要不過為一種相牽連案件，並不適用告訴不可分之原則，自得對於共犯中之一人單獨起訴。」

例如，甲為乙子，乙與外人丙聯手毆打甲。依據前述實務看法，依§321規定，甲不得對乙自訴；因普通傷害罪為告訴乃論之罪，適用告訴

不可分原則，甲亦不得對丙自訴，只能循告訴途徑救濟。

　　然而，上述的實務見解不無可議。本書認為，自訴並無適用告訴不可分原則的餘地。因為，告訴非對特定人而係針對犯罪事實請求訴追，故有告訴不可分原則的適用；但是，自訴係針對特定之人及犯罪事實請求訴追，應不適用告訴不可分的原則。實務見解僅注重告訴與自訴在表象上的相同卻忽略兩者在基本上的差異，實存有矛盾。

　　由人民訴訟權保障的角度來看，以§321限制人民對於直系尊親屬的自訴權，亦無道理。無論是傳統的尊卑觀念、孝道思維，或者家庭和諧的維持，都不能妥當說明§321的立法目的。當犯罪行為人是直系尊親屬或配偶，縱然抑制被害人的自訴空間，其仍能循告訴途徑救濟，家庭成員之間的對抗依舊發生；況且，站在平等觀點，更不宜以身分限制人民訴訟權利。§321的功能，大概只剩下限制自訴而已。

貳、告訴或請求乃論之罪的限制

　　所謂的限制，在本法中有三種情形，依序為：1.告訴或請求已經撤回（§238Ⅱ）；2.得為告訴期間未經合法告訴（§237）。前述的1.的適用較無問題，但是2.的適用則可細分為三種情形，但只有一種情形可以適用§322，分述如下：

例1

2/1打傷
甲────→乙

乙當時即知犯人為甲，因此必須於8/1前提出告訴（§237），若乙於9/2提出自訴，則應適用§322，不得提出自訴（只有這種情形適用§322）。

例2

乙於4/5向檢察官提出告訴（告訴期間內），惟檢察官拖至10月中尚未偵查終結，乙火大於10/15向法院提起自訴，此時自訴期間六個月雖已經過，但期間已有合法告訴，故不生逾期問題，乙之自訴仍為合法。（這種情形應適用§323Ⅱ，在偵查終結前檢察官知有自訴者，應即停止偵查將案件移送法院）。

例3

乙於4/5自訴甲傷害，於10/15法院依§§321、334諭知不受理判決，但判決書送達檢察官後，檢察官發現係重傷害，於10/20再傳甲開始偵查，雖然已超過六個月期間仍得再行起訴，此時非§322情形，而係適用§336Ⅱ檢察官接受不受理之判決書後，認為應提起公訴者，應即開始或繼行偵查。

另外，自訴案件區別告訴乃論與非告訴乃論之罪，其實益在：

1. 依§325Ⅰ，告訴乃論之罪，自訴人於第一審辯論終結前，得撤回自訴，而非告訴乃論之罪則否。
2. 告訴乃論之罪，依§331，告訴或請求乃論之罪，自訴代理人經合法傳喚，無正當理由不到庭應再行通知，並告訴自訴人，以撤回自訴論。非告訴乃論之罪，自訴代理人不到庭或到庭不為陳述，法院應諭知不受理判決。

參、同一案件的限制

§323在2000年2月修正前，規定「同一案件經檢察官終結偵查者，不得再行自訴」，這是「自訴優先於公訴」的原則；修正後，改為「公訴優先於自訴」的原則。修法主要是為了避免有心人利用自訴干擾檢察官偵查犯罪或利用告訴，再改提自訴，以恫嚇被告，故改採「公訴優先原則」。

因為，同一案件既「經檢察官依法開始偵查」，告訴人或被害人的權益當可獲保障，由檢察官處理已足，無使用自訴制度的必要。換言之，係將原條文中的「經檢察官終結偵查者，不得再行自訴」的時點提前至「經檢察官依§228規定開始偵查者，不得再行自訴」。簡言之，一旦案件經檢察官開始偵查，除非案件為告訴乃論之罪而得由犯罪直接被害人自訴外，均不得再行自訴，此乃為了限制自訴之故。

從上述規定得知，原則上檢察官開始偵查後所為的自訴不合法，應依§§323Ⅰ、334諭知不受理判決；反之，若自訴係在偵查開始前提起，因被害人已先提起自訴，而檢察官才開始偵查者，為尊重被害人的意願，檢察官應停止偵查，將案件移送法院。至自訴是否合法，仍須由法院認定。

另外，如案件為告訴乃論之罪者，經犯罪的直接被害人於檢察官開始偵查後始提起自訴者，檢察官均應即停止偵查，將案件移送法院（§323Ⅱ）。「開始偵查」，均依§228的規定決之。若檢察官仍為處分時，如為不起訴處分，其處分無效；如為起訴處分，則法院應依§303②諭知不受理判決。

由於自訴程序進行中，不能同時進行公訴，所以，同一案件經提起自訴者，不得再行公訴程序開始原因的告訴或請求（§324）。對此，詳細說明如下：

1. 所謂同一案件，兼指「事實上同一」與「法律上同一」：例如，甲一行為同時傷害乙和丙，乙向檢察官告訴甲傷害，檢察官偵查終結並起訴，依§267起訴的效力及於丙被傷害部分（事實上同一）。若乙與甲和解成立撤回告訴，依理丙可自訴，不生§267效力的問題，但實務為限制自訴，認為丙也不能再行自訴（因為想像競合屬法律上同一），故丙只能選擇向檢察官提起告訴。

2. 實質上或裁判上一罪，其犯罪事實的一部業經檢察官處分不起訴者，除具有§260所載情形，得由檢察官再行起訴外，為限制自訴，其他部分亦不得再行自訴。此並非案件單一性問題，因§260的「同一案件」，係指事實上同一，並不包括法律上同一，主要係為限制自訴之故。例如，

甲和乙丙吵架後，一行為同時傷害了乙頭與丙腿，乙依§232告訴後，復依§238撤回告訴，檢察官依§252⑤不起訴後，丙不得自訴（§323Ⅰ），若丙依據§319Ⅰ自訴，依§323：不得自訴，如提起自訴，法院應依§334諭知不受理判決，此主要係限制自訴之故。

3. 檢察官終結偵查，若為不起訴處分，縱已聲請再議，仍不得自訴，且發現新事實、新證據（§260）再行起訴，係檢察官的權限，自訴人不得以之為由，向法院再行自訴。

4. 犯罪的被害人就同一案件依§§232、319有固有告訴權及自訴權，然此二者應互為消長，不得同時行使。依§324同一案件經提起自訴者，不得再行告訴或為§243的請求。本條規定並非限制自訴而係限制告訴，如再經告訴，檢察官應依§255Ⅰ其他法定理由，予以不起訴處分，若檢察官不知有自訴再起訴，則係§303②的問題。

5. 自訴的被害人與公訴的告訴人並非同一人時，其撤回自訴並不足以拘束告訴人時，自訴雖經撤回，法院仍應就公訴辦理。例如，乙和丙為夫妻，甲打傷乙後，於2/1乙提起自訴，經雙方和解撤回自訴，2/5乙之夫丙，向檢察官告訴，檢察官4/1提起公訴，此時自訴被害人與公訴告訴人並非同一人，乙撤回自訴並不足以拘束告訴人丙，故法院仍得就公訴加以處理。

肆、科刑上一罪的重罪限制

　　同一案件涉及數個罪名，無論其為實質一罪或科刑一罪，其中犯罪事實的一部分得提起自訴者，雖他部分屬於應經公訴的罪名，本不得自訴，亦以得提自訴論，但不得提自訴部分屬於較重的罪者不在此限（§319Ⅲ但書）。故如不得自訴之罪較得自訴之罪為輕或輕重相等時，自得提起自訴。反之，如不得自訴之罪較得自訴之罪為重時，則不得提起自訴。例如，公務員圖利罪係侵害國家法益之罪，私人不得提起自訴；登載不實事項於職務所掌的公文書罪雖得提起自訴，但與較重的公務員圖利罪有方法

結果關係，較重的公務員圖利罪既不得提起自訴，則依§319 Ⅲ但書規定，全部即均不得提起自訴。另外，依§319 Ⅲ本文規定，犯罪事實的一部提起自訴者，他部雖不得自訴，亦以得提起自訴論。因為單一性犯罪事實，有得提起自訴者，有不得提起自訴者，無法分割為一部依自訴程序辦理，一部依公訴程序辦理，故他部雖不得自訴，亦以得提起自訴論，此即，「自訴不可分」原則。

例1

甲────→乙
債務人　債權人

法院查封房屋

甲向乙借錢不還，乙遂告甲，第一審判乙勝訴，其後乙向民庭請求強制執行，要求查封甲倉庫之機器設備，法院將鎖貼以封條（此鎖為乙所換新之鎖），甲盛怒之下，以石頭將鎖毀壞，而封條也因而破損，乙告甲刑法§354毀損罪，但封條亦毀損，依刑法§139為妨害公務罪，此為一行為觸犯二罪名。但是，毀壞封條係侵害國家法益，不能自訴，毀損罪則得自訴，依§319 Ⅲ本文，乙對毀損罪提起自訴，其效力及於妨害公務罪。因甲所犯之罪係裁判上一罪，為單一犯罪事實，無從分割為一部依自訴程序一部依公訴程序，故有§319 Ⅲ規定妨害公務部分，亦以提起自訴論，因若准妨害公務部分，亦得提起公訴，將造成一罪兩判，故擴張自訴之效力，於§319 Ⅲ本文規定准許自訴之效力及於不得自訴之部分。

伍、少年刑事案件的限制

依少年事件處理法§65 Ⅱ規定，刑事訴訟法關於自訴的規定，於少年刑事案件不適用之。依同法§2規定，本法稱少年者，謂十二歲以上十八歲未滿之人。此項年齡對於少年刑事案件的處理，略有修正，即少年犯罪時，其年齡未滿十四歲，不視為少年刑事案件（少年事件處理法§27

Ⅲ），故所謂少年刑事案件，指少年所實施的犯罪，其行為時的年齡已滿十四歲的情形。例如，檢察官乙欲至殺人案現場驗屍，甲欲使之難堪，對檢察官丟石頭，甲係一行為觸犯傷害罪（刑法§277Ⅰ）及妨害一般公務罪（刑法§135Ⅰ），乙如對傷害罪提起自訴，依§319Ⅲ本文規定，其效力及於妨害一般公務罪。

第五節　自訴的承受與擔當

壹、承受自訴

一、承受自訴的意義

　　犯罪被害人提起自訴，限於其有行為能力（§319Ⅰ前段），如自訴人於辯論終結前，喪失行為能力或死亡者，則自訴主體消滅或喪失行為能力，不合於自訴要件。故得由§319Ⅰ所列得提起自訴之人，於一個月內向法院聲請承受訴訟，如無承受訴訟之人或逾期不為承受者，法院應分別情形，逕行判決或通知檢察官擔當訴訟（§332）。至於自訴是由被害人的法定代理人、直系血親或配偶等得提起自訴之人所提起者，若提起自訴之人於辯論終結前，喪失行為能力或死亡者，其他得提起自訴人亦得承受訴訟，如無承受訴訟之人或逾期不為承受者，法院應分別情形，逕行判決或通知檢察官擔當訴訟。

二、承受自訴的原因

　　依本法的規定，承受自訴的原因，有下列二種情形：

1. 自訴人喪失行為能力：依民法規定禁治產人無行為能力，故自訴人受禁治產的宣告者，喪失行為能力。
2. 自訴人死亡：所謂死亡，限於自然的死亡，不包括法律上的死亡，即死亡宣告的情形。如自訴人失蹤而生死不明者，不得謂為死亡。

三、訴訟主體改變

依§332規定自訴人於辯論終結前喪失行為能力或死亡者，得由§319 I所列得提起自訴之人於一個月內聲請承受訴訟。承受訴訟，原訴訟關係並未消滅，僅為訴訟主體更易並非案件的變更。例如，甲傷乙，乙對甲提傷害自訴，於辯論終結前乙死亡，乙的配偶丙依§319 I為「得提起自訴之人」自得承受訴訟，承受後取代乙的地位，故判決書應記載為：自訴人：丙；被告：甲。

貳、擔當自訴

一、擔當自訴的意義

自訴程序，雖由自訴人代替檢察官而為原告，然而自訴事關犯罪的追訴，對公益至有影響，是以在自訴程序，基於一定事由，檢察官得以當事人之地位繼續未完的訴訟程序。惟檢察官擔當自訴，是受法院的通知，始得為之。又依法院組織法§60檢察官雖有擔當訴訟的職權與義務，但擔當訴訟時，不因此具有當事人的地位。因此，自訴案件不因檢察官擔當訴訟而變為公訴，亦非代替自訴人而為當事人。是以檢察官在自訴程序中擔當訴訟，法院判決書欄，除列自訴人外，應併列擔當訴訟人。例如，自訴人：乙○○；擔當訴訟人：台灣○○地方法院檢察署檢察官。

二、擔當自訴的原因

（一）自訴人於辯論終結前喪失行為能力

無行為能力的犯罪被害人不得提起自訴，如提起自訴之後，始喪失行為能力者，亦即，自訴人於辯論終結前喪失行為能力者（§332），由得為提起自訴之人承受訴訟，如無承受訴訟之人或逾期不為承受者，法院應分別情形逕行判決或通知檢察官擔當自訴。

至於在何種情形不待其陳述而為判決，何種情形通知檢察官擔當訴訟，解析如下：依§221規定判決除有特別規定外，應經當事人的言詞辯論為之，所謂「特別規定」係指三種情形：

1.第一審的情形

（1）§307規定：「§161 IV、§§302～304的判決，得不經言詞辯論為之；係指原被告均未到庭，均未言詞辯論，即可判決。」

（2）§305規定：「被告拒絕陳述者，得不待其陳述逕行判決。」又依照§306規定：「法院認為應科拘役、罰金或應諭知免刑或無罪之案件，被告經合法傳喚無正當理由不到庭者，得不待其陳述逕行判決。」係指被告未到庭或未言詞辯論，而原告已到庭為言詞辯論始可判決。

2.第二審的情形

（1）§371：「被告經合法傳喚，無正當之理由不到庭者，得不待其陳述，逕行判決。」此係§306的特別規定，得不待被告到庭逕行判決，但必須待原告到庭。

（2）§372：「§367之判決（上訴不合法判決）及對於原審諭知管轄錯誤、免訴或不受理之判決上訴時（亦即，對§§302～304判決上訴），第二審法院認其為無理由而駁回上訴，或認為有理由而發回該案件之判決，得不經言詞辯論」；此係指原被告均未到庭亦可逕行判決。

3.第三審的情形

§389 I規定：第三審法院之判決，不經言詞辯論為之，但法院認為必要者，得命辯論。因第三審為法律審，故無「不待到庭逕行判決」的問題，僅在例外情形，依§389 II由律師辯論。

綜上述得知，所謂「得不待其陳述逕行判決」（§§305、306、371），必須要有一造當事人到庭已為辯論；所謂得不經言詞辯論判決

（§§307、372、389），係指兩造均未到庭亦可判決，二者有別，應加以區分。

（二）自訴人於辯論終結前死亡

自訴人於辯論終結前死亡（§332），法院應於無人承受訴訟或逾期不為承受後，分別情形逕行判決或通知檢察官擔當訴訟。至於法院逕行判決或擔當訴訟應如何區別？例如，甲乙互殺，乙自訴後不久，甲與乙均死亡，依§303⑤諭知不受理判決，而且依§307無須言詞辯論，故法院得逕行判決。此外，若案件須經言詞辯論，如甲殺乙，乙提自訴後不久死亡，又無人承受訴訟，法院應通知檢察官擔當訴訟。

三、擔當自訴的效果

擔當自訴後，法院應將自訴案件的審判期日通知檢察官，檢察官得出庭陳述意見（§330）由於自訴人不失其為當事人地位，故本案判決仍應向自訴人送達，自訴人仍可依§344Ⅰ上訴。自訴人上訴，非得檢察官的同意，不得撤回。同時，檢察官依據§347規定得獨立上訴。另外，若檢察官接受不受理或管轄錯誤的判決書後，認為應提起公訴者，應即開始或續行偵查（§336Ⅱ）。

第六節　自訴的撤回

壹、撤回自訴的意義

自訴人提起自訴之後，表示其不願訴追的意思者，稱為「自訴之撤回」。由於公訴可以撤回（§269），則自訴亦可准許其撤回。然而現行刑事訴訟法對於自訴擴張其範圍，若許於自訴後任意撤回，由於撤回之後，即生失權的效果，對於同一案件不得再為自訴，易生流弊。故對於自訴的

撤回不能不在法律上予以限制，此與對於公訴的撤回，法律上的限制較少者不同。

（一）自訴的撤回與公訴的撤回，不同點如下

1. 公訴撤回，依§269規定，限於應不起訴（§252）或以不起訴為適當的情形（§253），而不問是否告訴或請求乃論之罪。但自訴的撤回依§325必須限於告訴或請求乃論之罪始可撤回，而撤回原因並無限制。
2. 自訴撤回，依§325規定，自動撤回係指告訴或請求乃論之罪，自訴人於第一審辯論終結前，得撤回其自訴。

（二）自訴的撤回與公訴的撤回，相同點如下

1. 二者一經撤回，其訴訟關係消滅，法院無審判的義務。但告訴的撤回，其訴訟關係未消滅，僅係訴訟條件有欠缺應依§303③諭知不受理判決。
2. 書記官應該盡速將撤回自訴的事由通知被告（§325 Ⅲ）；公訴的撤回，書記官應該以正本送達被告（§§270、255 Ⅲ）。
3. 撤回自訴之人不得再行自訴、告訴或請求（§325 Ⅳ）；公訴的撤回除有§§255～260情形外，不得再行起訴（§270）。

貳、撤回自訴的方式

撤回自訴的方式應以書狀為之，但於審判期日或受訊問時，得以言詞為之（§325Ⅱ）。藉此以觀，撤回自訴可分為二種方式：

1. 以書狀撤回：即向該管法院提出撤回自訴書狀，但必須原來提起自訴之人，方可撤回；未提起自訴之人，雖有自訴權，但不得對於他人所提起的自訴予以撤回。例如共同被害人未提起自訴者，不得撤回其他共同被害人所提起的自訴。
2. 以言詞撤回：限於在審判期日或自訴人受訊問時，即法院或受命法官於

第一次審判期日前訊問自訴人時（§326 I），始可以言詞撤回。自訴人以言詞撤回時，應記載於審判筆錄（§44）或訊問筆錄（§41）。書記官應該盡速將撤回自訴的事由，通知被告（§325 III）。

參、撤回自訴的效力

撤回自訴，訴訟關係消滅，法院無須作任何判決，此與檢察官撤回起訴的情形相同。自訴撤回限於告訴或請求乃論之罪，可否適用告訴不可分原則，依§343規定，除§§246、249外，自訴程序並不準用第一節規定，故自訴撤回效力不適用告訴不可分原則。易言之，自訴人對共犯中一人撤回自訴者，其效力不及於其他共同被告。另外，撤回自訴之人，已經不得再行自訴、告訴或請求（§325 IV），此規定乃在維持刑事訴訟程序的安定性。惟應注意下列情形：

1. 自訴撤回到達法院前，自訴人死亡。例如，乙自訴甲傷害（告訴乃論之罪），隨後乙撤回自訴，但是撤回尚未到達法院前，乙便死亡，此時成為傷害致死（非告訴乃論之罪），因此法院仍得依§332規定加以審判。
2. 自訴撤回到達法院，法院已將撤回事由通知被告，自訴人才死亡，此時已由告訴乃論之罪變為非告訴乃論之罪，檢察官仍得偵查起訴，不受§325 IV限制。因撤回自訴與確定判決不同，其效力僅及於撤回部分，撤回後若發生新事實，為非告訴乃論之罪，檢察官仍得偵查起訴。

第七節　自訴的反訴

壹、提起反訴的意義

自訴被告對於自訴人所提起的自訴，利用其程序，以自訴人為被告而提起的訴訟，稱為反訴。本法規定提起自訴的被害人犯罪與自訴事實直接相關，而被告為其被害人者，被告得於第一審辯論終結前，提起反訴

（§338）。

　　為了防止濫訴，§339規定應以「與自訴事實直接相關」為限。反訴則可準用自訴的規定，故反訴性質與自訴無異，不過自訴當事人互換了原被告的地位而已。因此，凡自訴所應具備的要件，反訴亦應具備。例如，反訴人須有行為能力，此與自訴人須有行為能力的情形同，惟被告就法人所提起的自訴，不得對法人的法定代理人提起反訴。另外，反訴本質既然與自訴相當，故不得提起自訴的犯罪或對自訴所設的限制，在反訴情形下亦有適用，例如，對於直系尊親屬或配偶不得提起自訴（§321），亦不得提起反訴。

貳、提起反訴的限制

　　提起反訴，除具備自訴的要件外，仍應遵守法律對於反訴所設的限制，茲將此限制分述於次：

（一）須於第一審辯論終結前提起

　　反訴原為利用自訴程序而設，若自訴案件已經第一審辯論終結，其訴訟程序既已完成，自無法再予以利用，無合併審判的餘地，不得提起反訴。

（二）須自訴尚在法院繫屬中

　　自訴因被害人的起訴而繫屬於法院，因自訴不合法被駁回或被害人撤回時，繫屬不存在，故須在自訴繫屬中始可提起反訴，如繫屬已消滅，則不得提起自訴。惟在自訴繫屬中提起反訴，嗣後自訴的繫屬不存在時，反訴仍然有效，不因自訴的繫屬不再繼續而受影響。

參、提起反訴的方式

自訴制度已採強制律師代理，而依§339的規定，反訴係準用自訴的規定，故提起反訴的方式，準用自訴規定的結果，應提出書狀為之，而且亦以提出反訴狀為提起反訴的原則。

肆、提起反訴的效力

反訴與自訴為二個案件二個訴訟關係，應分別審理分別判決，因而應注意下列問題：

1. 自訴人與反訴人同時為原告，也同時為被告，原則上，自訴應與反訴同時判決，但自訴也可先於反訴而判決。

2. 自訴、反訴可以同時存在，自訴的撤回，不影響反訴的存在；反訴的撤回，不影響自訴的存在，故其訴若有限制應分別以觀。因反訴被認為是變相的自訴，其性質與自訴無異，自訴既可撤回，自無不許反訴撤回之理。然而自訴的撤回不影響反訴（§342）。易言之，自訴的撤回僅影響於自訴的訴訟關係，對於反訴並無影響。蓋自訴與反訴均不失為二個獨立的訴訟，後者自不因前者的撤回，而使其訴訟關係亦受影響。例如，甲子與其父乙互毆各自成傷，乙自訴甲傷害，甲反訴乙傷害，此時乙的自訴合法，甲的反訴，應諭知不受理判決（§§321、334），但對乙自訴不生影響。

3. 自訴案件如係§376所列的情形，雖不得上訴第三審，但反訴並非§376所列的案件時仍得上訴第三審。例如，乙自訴甲傷害，甲反訴乙誣告，一、二審甲均敗訴，此時傷害案件因不得上訴第三審因而確定。但誣告案件不受影響，仍得上訴第三審。第三審仍應審理，如第三審判甲反訴乙的誣告罪勝訴，因傷害罪業已判決確定，成為具有§420 I ③的原因，可以聲請再審。

4. 必先有自訴程序才有反訴程序開始，故不可向原告以外的第三人提起反

訴的程序。例如，甲分別與丙互毆，乙自訴甲傷害罪，甲可向乙提起傷害罪的反訴。但因甲丙間無自訴存在，故不得對丙提起反訴，只能對丙提起自訴，丙再利用甲的自訴對甲提起反訴，此三人在訴訟上之地位互不相同。詳言之，甲對乙來說，是被訴人兼反訴人；對丙來說是自訴人兼被反訴人。乙對甲來說，是自訴人兼被反訴人。丙對甲來說，則是被訴人兼反訴人。

❖ **實例講座** ❖

＊性無能風波＊

　　甲乙丙三人是大學同學，一起參加同學會，席間乙丙二人聲稱甲是性無能，甲阻止發言，乙丙卻出言恐嚇甲，從此甲與乙丙交惡。某日，甲駕車見乙丙騎協力車，基於傷害故意，將乙丙撞倒，乙因而受輕傷，丙則倒地昏迷；甲見狀與乙共同將丙送醫急救，丙因腦部受傷不治死亡。檢察官相驗、訊問後，認甲有殺人之未必故意，簽分殺人案件，但事隔二月均未開庭，乙遂對甲提起傷害自訴，第一審言詞辯論終結前，甲對乙提起恐嚇之反訴。試問，檢察官及法院應如何處置？

◗解析

　　依§323Ⅰ公訴優先原則的規定，同一案件經檢察官依§228規定開始偵查者，不得再行自訴；但告訴乃論之罪，經犯罪之直接被害人提起自訴者，不在此限。甲一行為撞傷乙丙二人，依刑法§55為想像競合犯，是實體法上一罪，故檢察官簽紛殺人案件的部分與乙自訴甲傷害的部分為同一案件，故受§323Ⅰ的拘束。

　　所謂開始偵查，係指「受理之時點」或「分案之時點」，作為不得自訴之時點，避免分案後未著手偵查時，自訴人仍得提起自訴，有違公訴優先原則。本案，檢察官已簽分殺人案件，應屬開始偵查，故本案乙原則不得再提自訴。但是，§323Ⅰ但書指出，告訴乃論之罪，犯罪直接被害人縱於檢察官開始偵查後，仍得提起自訴。然依§319Ⅲ規定，犯罪事實一部提起自訴，他部雖不得自訴，亦以得提起自訴論；因此，若不得提起自訴部分是較重之罪，則不可提起自訴。依此法理比較，倘不得自訴部分係較重罪之部分，則全部不得自訴，本案甲撞丙導致丙死亡的部分為較重之罪，已開始偵查而不得自訴，則乙受輕傷之部分不得自訴。

另外，依§338之規定：「提起自訴之被害人犯罪，與自訴事實直接相關，而被告為其被害人者，被告得於第一審言詞辯論終結前，提起反訴」。本案甲得否於自訴程序中提起反訴，端視恐嚇知犯罪事實是否與自訴事實（甲撞傷乙丙）直接相關而定。按乙丙恐嚇甲之事實，雖為甲故意撞傷乙丙之原因，惟兩者事實判斷基礎與證據調查均不相同，並無相牽連的利害關係，故不許甲於自訴程序中提起反訴。法院應依§339準用§334諭知不受理判決。

第四章

審 判

【目次】

第一節　審判的概念 573

第二節　審判的準備程序 577

　壹、程式欠缺的補正 577

　貳、自訴的駁回 578

　　一、自訴案件是民事或利用自訴恫嚇被告 578

　　二、裁定駁回自訴程序不公開 578

　　三、犯罪是否成立以民事法律關係為斷 579

　參、準備程序 580

　　一、確定起訴範圍 581

　　二、簡式審判或簡易審判的選擇 581

　　三、整理案件爭點 582

　　四、篩選無證據能力的證據 582

　　五、決定排棒順序 583

　　六、命提出證物 583

　　七、指定審判期日 583

　　八、會合訴訟關係人 584

　　九、準備程序新制實施後的爭議 584

第三節　審判期日 586

　壹、公判庭組織 587

　　一、法官 587

　　二、原告 587

　　三、被告或其代理人 587

　　四、辯護人 588

　　五、法院書記官 588

　　六、被害人或訴訟參加人 588

貳、審判期日進行的程序 589

　　一、開始程序 589

　　二、調查證據程序 591

　　三、結辯及科刑辯論程序 595

　　四、再開辯論 598

　　五、判決的宣示 599

第四節　審判的更新 599

壹、審判更新的意義 599

貳、審判更新的事由 600

　　一、辯論終結前法官更易 600

　　二、下次開庭因事故間隔至十五日以上 601

參、審判更新的程序 601

　　一、檢察官陳述起訴要旨 601

　　二、審判長應調查證據 601

　　三、審判長應命為言詞辯論 602

第五節　審判的停止 602

壹、審判停止的意義 602

貳、審判停止的原因 602

　　一、具有精神或其他心智障礙，致不解訴訟行為意義

　　　　或欠缺依其理解而為訴訟行為之能力 603

　　二、被告因疾病不能到庭 603

　　三、犯罪的成立以他罪為斷 603

　　四、被告因犯他罪應受重刑的判決 604

　　五、犯罪的成立以民事法律關係為斷 604

　　六、法官被聲請迴避 604

參、停止審判的回復 604

第六節　通常判決 605

　壹、審理形式 605

　　一、到席判決 605

　　二、缺席判決 605

　貳、判決的種類 606

　　一、有罪判決 607

　　二、無罪判決 609

　　三、免訴判決 611

　　四、不受理判決 612

　　五、管轄錯誤判決 615

第七節　簡式審判程序 616

　壹、簡式審判的意義 617

　貳、簡式審判的轉換 618

　參、簡式審判的證據調查 618

第八節　簡易程序 619

　壹、簡易程序的立法理由 619

　貳、適用簡易程序的情形 619

　參、簡易程序的聲請及轉換 621

　肆、簡易程序的審理與救濟 622

　　一、簡易程序的審理 622

　　二、簡易判決書的記載 622

　　三、簡易判決書的簡化 623

　　四、簡易判決書的送達 623

　　五、簡易程序的救濟 624

第九節　協商程序 625

　壹、協商程序的意義 626

　貳、協商程序的開啟 627

一、允許協商的案件 627

二、聲請協商的時期 627

三、檢察官聲請及被告認罪 628

四、法院同意協商程序 629

參、協商程序的進行 629

一、得協商的內容及期間 629

二、法院的告知義務 630

三、辯護權的保障 631

四、禁止使用不利陳述 631

五、協商的調查 632

肆、協商合意的撤銷與協商判決聲請的撤回 633

一、協商合意的撤銷 633

二、協商判決聲請的撤回 633

伍、法院的裁判 633

一、裁定駁回聲請 633

二、為協商的判決 635

陸、對協商判決的上訴 636

一、限制上訴為原則 636

二、上訴審的調查與決定 636

第十節　沒收特別程序 636

壹、第三人參與沒收程序 637

一、程序開啟 637

二、參與程序 640

三、救濟程序 642

貳、單獨宣告沒收程序 646

第十一節　被害人訴訟參與程序 647

　壹、被害人訴訟參與程序 648

　　一、聲請訴訟參加之程式與要件 648

　　二、聲請訴訟參加之准駁及救濟 652

　貳、參加人之程序權利 655

　　一、參加人得行使之權利 655

　　二、參加人之代理人及選定代表人 658

第十二節　國民參與審判程序 660

　壹、適用國民參與審判之案件類型 660

　貳、國民法官之資格與選任 661

　　一、國民法官之資格 661

　　二、國民法官之選任 662

　參、國民參與審判之特別程序規定 663

　　一、起訴與準備程序 664

　　二、審判長的說明與釋疑 664

　　三、審理程序與判決宣示 665

　　四、上訴與再審之救濟 666

實例講座 668

第一節　審判的概念

　　狹義的刑事訴訟，專指起訴與審判。是故，審判是狹義刑事訴訟的一部分，係指案件起訴後的審理程序、判決宣示程序等。詳言之，審判就是訴訟主體就起訴案件以確定國家有無具體刑罰權之一切程序。

　　依現行法的規定，審判一詞有廣義、狹義之分：「狹義之審判」，係專指因形成心證所為之審理及因確定刑罰權有無所為之裁判程序。如§§281、284等之審判；「廣義的審判」除上述狹義之審判外，並兼指達成狹義審判所須的一切準備程序，以及有關形式裁判程序在內。所謂「準備程序」，如指定審判期日、審判期日前訊問被告及蒐集或調查證據等。所謂「形式裁判程序」，如諭知免訴、不受理或管轄錯誤的判決程序。

　　在審判程序的進行上，原則上，必須按照法庭審判原則進行。法庭審判原則，主要可以分為四個主要意涵：直接審判、繼續審判、言詞審判及公開審判。直接審判原則，是要求由法官直接審判，不可假他人之手，期待法官本於專業經驗，於直接調查證據後，根據所獲得的心證，認定被告有無犯罪；繼續審判原則，是希望法官可以連續開庭，以免審判中斷，而有害於心證的形成，或影響被告的救濟；言詞審判原則，是要求法院必須依當事人言詞辯論的攻擊防禦內容進行審判，例外才得以書面審判；公開審判原則，則是要求法院的審判程序，除有妨害公共秩序或善良風俗等正當理由，應將法庭公開，供人民旁聽，以昭公信。

　　此外，應注意的是，審判程序在調查證據方面，採改良式當事人進行原則，由當事人主導證據調查，法院依職權調查為輔助，期對於事實能發現實質的真實。對於證據證明力，則採自由心證原則，除須經法定調查程序外，任由法院自由判斷。

　　案件若一審即告定讞，不免因一時之疏誤而無以回復。故現制以三級三審為原則，三級二審為例外。案件經第一審判決後，如有不服，便可上訴於第二審法院。對第二審法院判決不服，又得上訴於第三審法院；因此法院分地方法院、高等法院及最高法院三級，刑事訴訟之審判經第一審，

並以最高法院為終審；另外§376所列各罪之案件經第二審判決者不得上訴於第三審法院，是為例外三級二審之規定。

除此通常審級程序以外，確定判決如發見認定事實係錯誤者，並得以再審程序為救濟（本法第五編）；如發見其審判係違背法令者，得以非常上訴程序以為救濟（本法第六編），為對於審判認事用法有誤之特別救濟程序。然就減輕訟累或確保肯認情事之真實，仍應著重於初審，故初審程序，應為刑事訴訟之基礎，立法之精神，亦應以第一審為重心，至第二審、第三審為不服第一審判決之通常救濟程序，而非案件所必經之程序。

蓋以訴訟結構的「金字塔化」，係以堅實的第一審作為基礎，提昇第一審之審判品質，乃為其重要前提，尤其第一審特別接近犯罪事實發生之時點，若第一審未能查明事實，上級審往往因時間經過而證據不存在，導致事實真相更難澄清，為強化第一審之審判功能，以收集思廣益之效，依§284-1之規定除「簡式審判程序」及「簡易案件」外，第一審應採行合議制，並落實合議制度，使第一審之審判確實成為事實審重心。

本章所言審判，係專指第一審判決程序而言，惟其含義視情形而定，則廣義、狹義兼或有之。茲就刑事訴訟法上有關審判之條文的安排，說明如下：

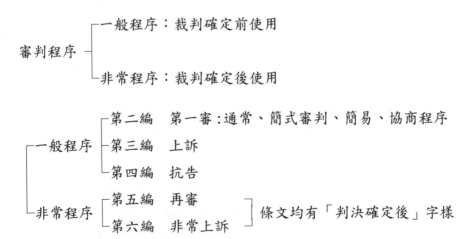

　　一般程序為判決確定前的救濟程序；非常程序為判決確定後的救濟程序；特別程序則是，立法者有特別考量，例如：因應2016年刑法沒收制度的變革，於同年，本法新增「特別沒收程序」（第七編之二，§§455-12～455-37）；另為保障被害人訴訟參加權利，於2020年增訂第七編之三「被害人訴訟參加」制度（第七編之三，§§455-38～455-47）。

　　一般程序分二部分，即第一審、上訴審。第一審在第二編、第七編、第七編之一；上訴審在第三編。審判程序的主要規定均在第一審；若上訴審未有特別規定者，準用第一審的規定（§§364、387）。第一審，又可分為：通常程序（第二編第一章第三節，§§271～318）、簡式審判程序（第二編第一章第三節，§§273-1、273-2）、簡易程序（第七編，§§449～455-1）、協商程序（第七編之一，§§455-2～455-11）。上級審裁判分為：對判決不服所提出的「上訴」（第三編，§§344～402），其中包含第二審、第三審；對裁定不服所提的「抗告」（第四編，§§403～419）。抗告程序的部分，若無特別規定，則準用第三編第一章關於上訴的規定（§419）。

　　至於非常程序則分為再審（第五編，§§420～440）、非常上訴（第六編，§§441～448）。再審，係確定判決所認定的事實有錯誤的救濟程序；非常上訴，則是糾正原確定判決違背法令的救濟程序。

刑事訴訟審判體系表

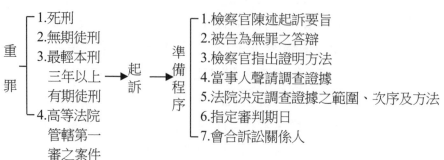

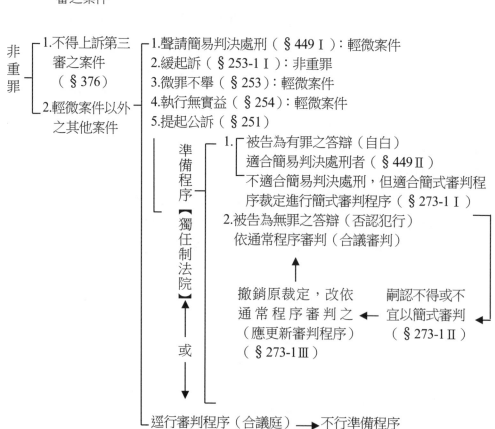

第二節　審判的準備程序

　　審判程序，可分為審理及裁判兩階段。「審理程序」之實施，旨在獲取心證以認定事實。「裁判程序」則重在法院對於訴訟之判斷及其意思表示，其行為之實施，是就認定之事實適用法律以形成判斷，進而表示其所形成之判斷意思於訴訟當事人。由於立法者採取直接審理及言詞審理原則，故審理程序之進行及裁判判斷意思之表示，須指定期日以會同訴訟關係人於一定處所為之；該項期日稱為「審判期日」。應於審判期日所進行之訴訟程序，在直接及言詞審理原則下之第一、二審，是為狹義的審判。

　　欲使狹義之審判得以順利進行，事前須為種種之準備；諸如期日之指定、訴訟關係人之會合或行準備程序，關於準備程序為2003年修法的重點之一。準備程序的規定是為了符合刑事審判之集中審理制與審判程序密集而順暢。為了便利審判期日之審理能迅速有效進行，必須在審判期日前準備各種程序，以下分別說明。

壹、程式欠缺的補正

　　為使訴訟程序得以公正形成，要有一定之形式的具備，故如其法律上必備程式有欠缺而不可補正者，應逕行諭知不受理判決，無庸令其補正，例如：非犯罪之被害人而提起自訴、以商號法人或機關為刑事被告、非於審判期日以言詞追加起訴等。若其情形不須補正者，則不必令其補正，例如：起訴書狀漏未記載被告年齡、職業等。但倘其程式欠缺係可補正者，應定期間命補正，逾期不補正者，法院才可依§303①諭知不受理判決，如：起訴書漏未記載所犯法條、自訴狀未按被告人數提出繕本等。

貳、自訴的駁回

一、自訴案件是民事或利用自訴恫嚇被告

　　法院或受命法官於第一次審判期日前，得訊問自訴人；於訊問被告時，遇被告因故不能到場或有其他必要情形時，得就其所在訊問之。實施訊問及蒐集或調查證據而遇有急迫情形，除得命在場或附近之人，為相當輔助外；法院或受命法官於必要時，並得請附近軍事官長派遣軍隊輔助（§§343、249）。

　　惟其訊問自訴人被告及蒐集或調查證據之結果，若發見案件係民事或利用自訴程序恫嚇被告者，如屬告訴或請求乃論之罪，法院得曉諭自訴人撤回自訴（§326Ⅰ）；如果認為案件有§252應不起訴，或§§253、254得不起訴之情形，得以裁定駁回自訴。其基於§253-1的情形而駁回自訴者，於裁定駁回前並得命被告：1.向被害人道歉；2.立悔過書；3.向被害人支付相當數額之財產或非財產上之損害賠償；4.向指定之公益團體、地方自治團體支付一定之金額。並附記所命事項於駁回自訴之裁定書內，其向被害人支付相當數額之財產、非財產上之損害賠償或向指定之公益團體、地方自治團體支付一定之金額等事項，並得為民事強制執行名義（§326Ⅲ）。駁回自訴之裁定，自訴人得依法抗告，但自訴人於裁定前同意命被告道歉、立悔過書或支付相當數額慰撫金者，應視為捨棄抗告而喪失其抗告權。至裁定確定者，非有§260各款所列再行起訴情形之一，不得對於同一案件再行自訴；是以駁回自訴之效力與不起訴處分相似。

二、裁定駁回自訴程序不公開

　　自訴案件法院或受命法官於第一次審判期日前之訊問及蒐集或調查證據，就本法而論，其性質亦與偵查頗為相當，故訴訟法明文規定，非有必要不得先行傳訊被告；且法院或受命法官於第一次審判期日前訊問自訴人或被告應不公開（§326Ⅱ），以便與§§228、245之規定相互呼應。惟上

述自訴係指訊問程序不公開，至於其他程序仍屬公開，例如辯護人得依§33檢閱卷宗及證物，並得抄錄或攝影；而代理人亦同（§§37、38、33）。公訴案件則不可，申言之，自訴案件之預審制度與公訴案件之偵查程序有二點相同、二點不同，亦即：自訴訊問不公開；公訴偵查亦不公開。且非有必要均不得先行傳訊被告。此外，訊問的不公開係在起訴後，不同於偵查的不公開係在起訴前。惟自訴案件除訊問不公開外，其他仍應公開，如§33；而偵查則無此規定。

　　法院審酌案件，結果發現自訴人不是被害人，依§334諭知不受理判決或其他免訴、管轄錯誤判決，而自訴人上訴，高等法院認自訴人係被害人，轉依§369Ⅰ但書發回原審法院者，此時原審法院不能依§326Ⅰ的規定，因為條文明定「第一次審判期日前」案件雖經發回，回復第一審審判程序，但已非第一次審判期日前，故不宜依§326Ⅲ裁定駁回。

三、犯罪是否成立以民事法律關係為斷

　　根據§333規定，犯罪是否成立或刑罰應否免除，以民事法律關係為斷，而民事未起訴者，停止審判，並限期命自訴人提起民事訴訟，逾期不提起者，應以裁定駁回自訴因如以民事為先決問題，民事不起訴無法對刑事加以認定，故逾期不提起民事訴訟者，以裁定駁回其自訴。

　　另外，§297規定，犯罪是否成立或刑罰應否免除，以民事法律關係為斷，而民事已經起訴者，得於其程序終結前停止審判。比較分析§§333、297可知，§333為民事未起訴，停止審判，裁定駁回；§297為民事已起訴，停止審判。故自訴較公訴更進一步，在公訴案件必須民事已經起訴始可停止審判；而自訴案件若民事程序已提起，則可依§343準用§297之規定，於程序終結前停止審判；縱在未起訴之場合，亦可依§333限期命自訴人提起民事訴訟，逾期不提起者，以裁定駁回其自訴。

　　惟此一裁定駁回，並非如§326Ⅳ須受§260之限制，因其只是形式裁定，並無確定力。所以自訴人於民事判決確定後，雖然曾被駁回，並不

適用§326 IV。另外，§§261、297、333也不相同，因§261規定「犯罪是否成立或刑罰應否免除，以民事法律關係為斷者，檢察官應於民事訴訟終結前，停止偵查」，此項民事訴訟包括已起訴、未起訴二種情形。

參、準備程序

準備程序（審前會議），係指法院或受命法官為準備審判起見，於第一次審判期日前，傳喚被告或其代理人，並通知檢察官、被害人、辯護人、輔佐人到庭，就起訴效力所及之範圍與有無應變更檢察官所引應適用法條之情形經由訊問或闡明之方式，先使之明確。並訊問被告、代理人及辯護人對檢察官起訴事實是否為認罪之答辯，決定可否適用簡式審判程序或簡易程序。此外，就當事人或辯護人提出之證據及聲請調查之證據，決定審判期日調查證據之順序、範圍、與方法及整理並告知爭點的程序。

準備程序是否屬於「應」進行之程序，實務見解認為，以文義解釋而言，準備程序式係得進行而非應進行；此外，若合議庭全員因案件之繁簡、難易、參與訴訟人員認知、及被告有無自白等因素，捨準備程序而不為，並逕行審判程序，並不生程序違法或剝奪、妨害被告訴訟權（103年台上3633判決）。

宜注意的是，由於準備程序係基於直接審理原則及言詞審理原則，故在準備程序原則上，僅限於訴訟資料之聚集與彙整（最高法院93台上2033判決參照），並不從事審判期日始得進行之調查證據程序，即使受命法官於準備程序已然進行實質調查並於審判其日提示審判程序筆錄，亦不得作為判決基礎。亦即，準備程序僅能準備不能審判。不過，刑事審判係以審判期日為重心，而審判期日又以調查證據為中心，故內容充實的準備程序應是促使審判期日法庭活動能有效率進行的前置工作（§§271～279）。須注意者係，「準備程序」之進行「必須在無違審判期日採行直接審理原則與言詞審理原則之大前提下，而進行準備程序，始合目的，不能因進行準備程序，致使審判程序空洞化或破壞直接審理原則之精神，換言之，且

準備程序之行為應僅有「準備性」而非「替代性」。

　　審判的準備程序，不需要公開（法院組織法§86）。參與審判準備程序的法官如果有更易，不需要更新審判程序（§292Ⅱ）。依§273修正之新規定，審判之準備程序得分述如下：

一、確定起訴範圍

　　§273Ⅰ①：「起訴效力所及之範圍與有無變更檢察官所引應適用法條之情形。」依§264Ⅱ②規定，檢察官之起訴書固應記載被告之犯罪事實及所犯法條，惟如記載不明確或有疑義，事關法院審判之範圍及被告防禦權之行使，自應於準備程序中，經由訊問或闡明之方式，先使之明確，故首先於§273Ⅰ①定之。惟此一規定，其目的僅在釐清法院審判之範圍，並便於被告防禦權之行使，故無礙於法院依本法§267規定對於案件起訴效力所為之判斷。

二、簡式審判或簡易審判的選擇

　　§273Ⅰ②：「訊問被告、代理人及辯護人對檢察官起訴事實是否為認罪之答辯，及決定可否適用簡式審判程序或簡易程序。」

　　「簡式審判」規定於§273-1，即除被告所犯為死刑、無期徒刑、最輕本刑為三年以上有期徒刑之罪或高等法院管轄第一審案件者外，於準備程序程序進行中，檢察官陳述起訴要旨後，若被告先就被訴事實為有罪之陳述，因案情已臻明確，審判長可以於告知被告簡式審判之旨後，聽取當事人、代理人、辯護人及輔佐人之意見後，裁定進行簡式審判程序之程序。其係針對輕微案件賦予被告有先就被訴事實為有罪之陳述的機會，由於案情已臻明確，證據調查無行使交互詰問程序之必要，故關於證據調查之次序、方法之預定、證據調查請求之限制、證據調查之方法，證人、鑑定人詰問之方式等，均不須強制適用，有關傳聞證據之證據能力限制規定亦無庸適用（§273-2）。這是本法對輕微案件的處理，另外一項簡單審判

案件的處理方式。

可否適用簡易程序是指，案件如符合§449 II規定時，即可嘗試瞭解有無適用簡易程序之可能，以便儘早開啟適用的契機，避免耗費不必要的審判程序。換言之，訊問被告及其辯護人對檢察官起訴之犯罪事實及移請併案審理之犯罪事實是否為認罪之答辯。被告如認罪，且被告願放棄就審期間時，法院於徵詢檢察官、辯護人及告訴人之意見後，得於該次期日改以審理程序終結該案件。若被告未放棄就審期間或僅有受命法官到庭，則法院應另擇期進行審理程序。如被告否認檢察官起訴之犯罪事實及移請併案審理之犯罪事實，法院應與被告及辯護人陳述其答辯意旨。

三、整理案件爭點

§273 I ③：「案件及證據之重要爭點。」當事人於準備程序中，經由起訴而提出答辯意旨，必能使案件及證據重點浮現，此時再加以整理，當有助於案情釐清。

四、篩選無證據能力的證據

§273 I ④：「有關證據能力或證明力之意見，當事人對於卷內已經存在之證據或證物，其證據能力或證明力如無爭執，即可先予排除，而專就有爭執之證據進行調查，以節省勞費。」

被告及辯護人陳述其答辯意旨後，檢察官應提出證明被告犯罪之證據，並陳述各項證據所證明之待證事實。證據如為物證，法院應向被告及辯護人提示，並詢問其有無意見。如被告或辯護人對該項物證有爭執，檢察官應於審理期日證明該物證與本案確有關聯或有證據能力。

證據如為書證，法院應向被告及辯護人朗讀，或告以要旨，並詢問有無意見。如被告或辯護人對於書證表示非真正時，檢察官應於審理期日證明該書證為真正。

證據如為人證，法院應將證人之筆錄、鑑定人之鑑定報告，向被告及

辯護人朗讀或告以要旨。並詢問有無意見。如被告或辯護人對於該筆錄或鑑定報告表示爭執，檢察官應聲請法院於審理期日傳喚該證人、鑑定人到庭為詰問。檢察官未聲請法院於審理期日傳喚該證人、鑑定人到庭為詰問，法院得依職權傳喚之。

證據如為被告之自白，法院應將被告之自白筆錄，向被告及辯護人朗讀或告以要旨，並詢問其有無意見。如被告或辯護人對於該筆錄表示爭執，法院應就被告自白之任意性及真實性進行調查。

五、決定排棒順序

§273 I ⑤⑥：「曉喻為調查證據之聲請。」「證據調查之範圍、次序及方法。」該規定於曉諭當事人或辯護人為調查證據之聲請時，於整理證據後，就證據之調查範圍、次序及方法為之規定。亦即，決定訊問、詢問被告之順序及物證、書證及人證之調查順序、範圍、方法。

於卷證併送下，法院若發現檢察官所提形式證據資料，有顯然不利亦於被告且影響未來審判結果之虞，且亦非不能調查之情形，受命法官應當依§273 I ⑤於準備程序中曉諭檢察官為此證據調查之聲請，以善盡法院依本法§2之客觀性義務責任。

六、命提出證物

§273 I ⑦：「命提出證物或可為證據之文書。」當有提出證物或可為證據之文書必要時，即應命其提出，俾供調查、審判之用，以免臨時無法提出，影響審判之進行。

七、指定審判期日

審判期日之指定，由審判長依職權為之（§63）；獨任制則由行使審判長職權之獨任法官指定。

八、會合訴訟關係人

　　審判期日經指定後，應即傳喚被告或其代理人到庭，並通知檢察官、辯護人、輔佐人（§271）、被害人出庭或到庭。此外，也應當通知已訴訟參加之被害人到庭，但被害人為有權利到庭而非義務，故法院不應以傳喚方式使被害人到庭（§455-44）。自訴案件並應通知自訴代理人到庭。至於案內所應傳喚或應通知之訴訟關係人，通常由審判長於指定審判期日時一併指定後，由書記官分別通知或填發傳票。

　　而準備程序既為案件重要事項之處理，亦應予當事人或辯護人適當之準備期間，故其傳喚或通知應於期日前相當時間送達，以利程序之進行（§273 Ⅲ準用§272）。且經合法傳喚或通知，無正當理由不到庭者，法院得對到庭之人行準備程序，以免訴訟程序之延宕（§273Ⅴ）。準備程序之處理，攸關案件程序之進行，於準備程序中處理之事項，應由書記官製作筆錄，並由到庭之人緊接其記載之末行簽名、蓋章或按指印（§273Ⅳ）。

九、準備程序新制實施後的爭議

（一）法院得否於準備程序中訊問被告或證人

　　準備程序的進行，例如傳喚、拘提等與訴訟指揮暨法庭秩序之維持，凡法院或審判長可以為之者，受命法官亦得為之，但§121所定撤銷羈押、命具保責付或限制住居、停止羈押、沒入保證金等之裁定，則不在受命法官權限之內。

　　至於法院能否於準備程序中訊問被告或證人？依最高法院93台上2033判決見解認為，關於證人、鑑定人之調查、詰問，尤為當事人間攻擊、防禦最重要之法庭活動，亦為法院形成心證之所繫，除依同法§276Ⅰ規定，法院預料證人不能於審判期日到場之情形者外，不得於準備程序訊問證人，致使審判程序空洞化，破壞直接審理原則與言詞審理原則。亦即，

法院於準備程序不得訊問與直接審理原則有關的「實體爭點事項」證人，但是與直接審理原則無關的「程序爭點事項」證人，因無破壞直接審理原則，故無禁止必要。

另，§276 I 所謂預料證人不能於審判期日到庭，於參照§178 I 之法理，此必須要有限於「正當理由」始得為之，亦即須有一定之客觀事實，可認期於審判期日不能到場並不違背證人到場之義務，例如：因疾病即將住院、即將出國，短期無法回國，或路途遙遠，路途恐將阻礙等等。

總之，法院（原則上包含受命法官）關於「實體上爭點事項」不得於對準備程序中被告或證人訊問，至於程序事實上之爭點則不在此限。例如關於準備程序中對於證據能力之爭執，其搜索扣押是否合法，是否應調查，法院自有裁量權。

（二）受命法官宜能篩選排除無證據能力的證據

基本上，準備程序之中，受命法官應對證據是否具備證據能力先為形式上調查，一旦發現證據無證據能力即應加以排除，使得該證據不得於審判期日主張，以避免無證據能力的證據進入法院後，造成訴訟程序浪費，並陷被告於不利的地位。

由於受命法官調查有無證據能力的爭執事項，係為了發揮「篩選無證據能力之證據」的功能，因此，若不允許受命法官對於調查出來的無證據能力者予以排除，那麼準備程序所能發揮刑事集中審理的效果，勢必相當有限。若經準備程序調查後，仍容許無證據能力的證據進入審判庭，則準備程序的案件及證據爭點調查整理功能，顯得徒具形式意義而無實際意義，同時徒增法院、當事人間訟累，使得檢察官、自訴人、被告及其辯護人忽視準備程序，而無法達到準備程序修法之目的。

是以，準備程序的詮釋，自不宜純粹從字面上觀察，強調僅係在「準備」，而「準備程序」中之「法院」自不必囿於文字上的理解，非限縮在「合議庭」或「獨任制法官」不可。亦即，雖§279規定受命法官於準備程序所得調查者為§273 I 之事實，未包括§273 II 之證據能力的認定，但

從如何發揮「使審判程序密集、順暢」之功能的立法目的而言，受命法官宜能具有篩選排除沒有證據能力的證據較為妥適。

（三）審判期日與準備程序之轉換

實務曾發生被告經傳喚而無正當理由不到庭，故請代理人代為無理之請假，然當天相關人等均已到庭，亦包刮被告之辯護人，此時法院得否繼續進行審判？最高法院認為（最高97年台上6088判決）：其一，被告經合法傳喚而無理由不到庭，足認其自願放棄反對詰問權，且被告辯護人在場亦足以替被告行使該權利，並無礙防禦權及真實之發現；其二，法院認為有必要，比如：防免被告利用訴訟技巧遲延訴訟；有逃匿可能；或其他保全證據之必要等；其三，為免該次期日浪費，期使審判進行順暢，並減少證人一再往返法院之勞累，節約國家重複支付證人日、旅費，故於參照本法§273V意旨，即非不可改行準備審判程序，於到庭之證人具結後，由檢察官及被告之辯護人進行交互詰問。又此種進行方式不但合於直接審理及言詞審理原則，屬於行準備程序之形式，實質進行審判程序調查證據，亦不生§276Ⅰ之違法。

第三節　審判期日

審判期日係法院會合當事人及其他訴訟關係人為訴訟行為之期日，稱為審判期日或言詞辯論期日。審判程序之進行或訴訟之辯論，皆在審判期日為之，故在全部刑事訴訟程序中，以審判期日為最重要。審判期日的訴訟行為主要是，審判庭如何組成，被告的義務是什麼、審判程序如何進行、審判程序在何種情況下要更新、何種情況要停止審判。有關判決的規定，主要是判決的種類有哪些、何種情況可以一造缺席判決、何種情況可以不經言詞辯論判決、判決書如何記載、判決如何宣示與送達、判決後對羈押與扣押物贓物的效力，此即廣義審判異於狹義審判之部分。

　　簡言之，廣義之審判期日，乃指案件繫屬於法院後，開始審查其內容之期日；狹義之審判期日，乃指審判長指定行審判之期日，故未經指定時，則無審判期日可言。

壹、公判庭組織

　　公判庭應出席的人員，主要包括下列六人：

一、法官

　　指參與審判之法官，如其法院組織不合法，或未經參與審理之法官參與判決者，依§379①或⑬其判決當然違背法令，故§280所稱之法官係指員額內之法官，必須始終參與審理、參與判決。§284-1除簡式審判程序及簡易案件外，第一審應行合議審判。

二、原告

　　公訴案件之原告為檢察官，自訴案件則指自訴人，所以依據§329檢察官於審判期日所得為之訴訟行為，於自訴程序，由自訴代理人為之。又自訴人未委任代理人，法院應定期間以裁定命其委任代理人，逾期仍不委任者，應諭知不受理之判決。

三、被告或其代理人

　　審判期日被告不到庭者，不得審判（§281 I）；但下列情形本法設有特別規定者，依其規定；如許被告用代理人之案件，得由代理人到庭（§36），此時被告得不到庭。另外在得不待其陳述逕行判決的情形，被告亦可不到庭，例如：被告心神喪失或因疾病不能到庭，而顯有應諭知無罪或免刑判決之情形者（§294 III）、被告未受許可而退庭者（§305）、法院認為應科拘役、罰金或應諭知免刑或無罪之案件，被告經合法傳喚無

正當理由不到庭（§306）等是。又許用代理人案件，經委任代理人，如代理人未到庭仍有§306之適用。

四、辯護人

強制辯護案件，無辯護人到庭，不得審判；而依§31Ⅰ的規定，強制辯護之案件指最輕本刑為三年以上有期徒刑的案件，或其他案件，低收入戶被告未選任辯護人而聲請指定或高等法院管轄第一審之案件，及其他經審判長指定辯護之案件，均為強制辯護案件。強制辯護案件依§379⑦之規定，如未經辯護人到庭而逕行審判者，其判決當然違背法令，為上訴第三審之理由。

五、法院書記官

依§280規定，審判期日應由書記官出庭製作筆錄。因審判筆錄，依§44之規定必須由書記官製作，故審判期日書記官必須出庭；惟書記官具有代替性，故不必始終由同一人出庭。

六、被害人或訴訟參加人

審判時應傳喚被害人陳述意見。且§271Ⅱ規定，審判期日應傳喚被害人或其家屬，並予陳述意見之機會。但經合法傳喚無正當理由不到場或陳明不願到場，或法院認為不必要或不適宜者，不在此限。

§455-44規定，審判期日也應當通知訴訟參加人即其代理人到場，但經合法傳喚無正當理由不到場或陳明不願到場，不在此限。

值得進一步說明的是，被害人可以選擇是否以訴訟參加之形式進入訴訟，即使被害人未聲請訴訟參加進入訴訟，法院仍必須依照§271Ⅱ進行通知到庭。另關於§271Ⅱ明文法院係以「傳喚」方式使被害人到庭，惟被害人依據§271Ⅱ可知，其僅係有權利到庭，而非義務，故未來是否應比照§455-44改以「通知」方式讓被害人到庭而非傳喚。但被害人如係以

證人身分到庭接受訊問，則此時應適用之條文並非§271 II，而應係§178之規定較為恰當。

貳、審判期日進行的程序

審判期日之程序，係依一定之順序進行並告終結。刑事訴訟法採直接審理原則及言詞辯論原則，案件繫屬於法院後，必經審理始能為實體判決，故對於被告之訊問及證據之調查，亦應於審判期日為之。法院在遇有案情複雜時，雖得於第一次審判期日前預行訊問被告，但只不過為審判之準備，非審判之本體，亦非審判之必要條件；審判期日前之調查，法院視案情如無必要時，自可逕行指定審判期日訊問被告及調查證據。依刑事訴訟法規定，審判期日以朗讀案由為始（§285），以宣示辯論終結為終（§290）；其中尚可細分為開始程序、調查證據程序與言詞辯論程序。三種程序有一定之順序，未進行前一程序，則不能進行後一程序，更不能僅進行其中一個程序，而將其他程序予以省略。茲就此三程序說明如下：

一、開始程序

（一）朗讀案由

刑事審判於朗讀案由以後，即進入開始程序（§285）；此一程序乃審判期日最初之程序，其目的在於被告與犯罪事實之確定。茲分別將其所進行之程序敘述於次：

（二）審判長關於被告本人的訊問

審判長依§94訊問被告，此項訊問稱為「對人訊問」或「本案前訊問」，以別於本案訊問。審判長訊問被告時，應先問其姓名、年齡、籍貫、職業、住居所，以查驗其人有無錯誤；如係錯誤，應即釋放。因必須先確定其為被起訴之被告，否則對非被起訴之被告，為本案之訊問，實徒

勞無益。為查驗其人有無錯誤，除詢問姓名、年齡、籍貫、職業、住居所之外，亦可檢查其身分證明。在確定被告身分後，須告知被告§95規定之事項，以利被告主張其權利。

（三）檢察官陳述起訴要旨

查驗被告有無錯誤後，應由檢察官陳述起訴書之綱領，此項陳述稱為「開頭陳述」，在此陳述之內，不僅應提出起訴之構成要件事實，即對於社會事實亦須予以詳細分析，無論直接事實或間接事實均須一併涉及，但僅限於行為事實，若係與犯罪無關之人格事實，例如被告之惡性，則不應在開始陳述內予以提起。此項陳述亦可視為檢察官之攻擊性陳述，被告以後之防禦，乃基於此項陳述而來，故檢察官之開頭陳述，不失為審判之基礎。

（四）審判長的告知義務

為加強當事人進行主義之色彩，審判程序之進行應由當事人扮演積極主動之角色，而以當事人間之攻擊、防禦為主軸，舊法規定檢察官陳述起訴要旨後，審判長即應就被訴事實訊問被告，與改良式當事人進行主義的精神不合，且與交互詰問之訴訟程序進行亦有扞格之處，故檢察官陳述起訴要旨後，審判長就被訴事實訊問被告之次序應予調整。

2003年修法為充分保障被告之防禦權，§287規定檢察官陳述起訴要旨後，審判長應告知被告§95規定之事項。又§96規定，審判長之訊問應給予被告以辯明犯罪嫌疑的機會，如經辯明，應命其就始末連續陳述，其陳述有利之事實者，並應命其指出證明方法。審判長予以辯明犯罪嫌疑之機會後，被告可利用此一機會而提出各種聲請或主張，如：主張起訴欠缺訴訟條件，其起訴違法（§§303③④）、或主張追訴權時效業已完成，刑罰權已經消滅（§302②）、聲請指定、移轉管轄（§11）或法官迴避（§20）等。

二、調查證據程序

　　法官之心證來自於證據的調查，故證據調查程序可謂為刑事審判的中心，因此開始程序舉行之後，即應進入調查證據程序。現分別將其所進行之程序說明於次：

（一）聲請證據調查的權利

　　當事人、代理人、辯護人或輔佐人得聲請調查證據，並得於調查證據時，詢問證人、鑑定人或被告。審判長除認為有不當者外，不得禁止之（§163 I）。又檢察官既係當事人，當然亦得聲請證據之調查。惟從檢察官就被告犯罪事實，負有舉證責任（§161）言，檢察官聲請調查證據，不僅為其權利，且亦屬於其義務。

　　告訴人得否直接請求法院調查證據？係因告訴人係向偵查機關申告犯罪事實並請求追訴犯人之人，原則上係最接近犯罪事實之人，然告訴人並非當事人，其並無權利可以直接請求法院調查證據，故向來實務作法均係由告訴人請求檢察官代其陳述意見，為了明文該規定以讓告訴人有必要之參與程序機會，故於§163 IV增訂告訴人得就證據調查事項向檢察官陳述意見，並請求檢察官向法院聲請調查證據。

（二）法院有關證據的裁定

　　當事人、代理人、辯護人或輔佐人聲請調查之證據，法院認為不必要者，得以裁定駁回之，無庸為無益之調查。依§163-2 II規定聲請調查之證據有下列情形，應認為不必要：「一、不能調查者。二、與待證事實無重要關係者。三、待證事實已臻明瞭無再調查之必要者。四、同一證據再行聲請者。所謂「同一證據再行聲請調查者。」係指在待證事實同一之情形下，就同一證據重複聲請調查，如因待證事實不同，而有取得不同證據資料之必要時，自不在此限。

　　若於證明事實確有重要關係，而又非不易或不能調查者，為明瞭案情

起見，應踐行調查之程序。但因法院從事證據調查時，不必特別為調查之裁定，故法院所為之證據裁定，僅限於駁回聲請證據調查之情形。

（三）證據調查的方式

有關訴訟程序之進行，以採當事人間互為攻擊、防禦之型態為基本原則，法院不立於絕對主導地位，亦即法院依職權調查證據，退居於補充、輔助性質。因此，在通常情形下，法院應係在當事人聲請調查之證據全部或主要部分均已調查完畢後，始補充進行，故調查證據，應於審判長依§287告知被告§95規定事項之程序完畢後行之（§288）。

在審判期日所踐行之調查之證據程序，依證據種類之不同而異其證據調查之方式：

1.物證之調查

依§164規定，審判長應將證物提示當事人、代理人、辯護人或輔佐人，使其辨認；證物如係文書，而被告不解其意義者，審判長仍應告以要旨。

另外，目前有問題者在於，是否應當實物提示？若依照文義解釋而言，此一問題應係肯定，惟有些物證在實務上較難提示，例如：該證物具有高度危險性（如爆裂物），或依法令應集中保管（如：毒品），或依其性質不適於當庭提示（如飛機、船艦），此時又應當如何提示，不免產生諸多程序進行之不便，更可能耗費過多訴訟資源，故實務認為法院可以使用與上開難以提示之證物具有同一性之替代物品，如爆裂物之照片、飛機、船艦之照片或毒品鑑定報告，若足以擔保原證物之真實性，且被告證物存在及證物同一性無爭執時，始可利用替代品代為提示，以確保直接審理原則及被告防禦權。

2.書證之調查

§165規定卷宗內之筆錄及其他文書可為證據者，審判長應向當事人、代理人、辯護人或輔佐人宣讀或告以要旨；如該文書有關風化、公安

或有毀損他人名譽之虞者，應交當事人、代理人、辯護人或輔佐人閱覽，不得宣讀，如被告不解其意義者，仍應告以要旨，以維護被告權益。

於審判期日，法院就犯罪證據之調查，直接分批為三類卷宗內筆錄、物證及文書證據，按類別踐行提示，使當事人與辯護人表示意見，此是否構成包裹式證據提示而違法？

實務向來認為§164、§165規定，審判長於審判期日調查證據時，應將卷宗內之筆錄、文書或物證等證據之提示或告以要旨，在使當事人明瞭卷內證據所在及內容，俾於此項證據調查時，能夠互為辯明、陳述意見，以發現真實。審判長在兼顧當事人與辯護人對證據表示意見及訴訟進行順暢情形下，就卷宗內筆錄、物證及文書證據，按類別踐行提示，使當事人與辯護人表示意見，倘於被告防禦權及其辯護人辯護權之行使俱無影響，自屬審判長指揮訴訟職權之適法行使，非可概視為包裹式證據提示而指為違法。如若法院於審判期日係就供述證據之筆錄，非供述證據之文書、物證等證據，分類提示或告以要旨，均使上訴人及其辯護人得以逐一表示意見，上訴人及其辯護人就訴訟程序之進行未當庭聲明異議，且就相關證據之證據能力或證明力表示意見，此有審判筆錄可稽，自無礙其訴訟權之行使，核屬審判長指揮訴訟職權之適法行使，不得指為違法。

3.文書以外之證物調查

§165-1Ⅱ則表示錄音、錄影、電磁紀錄或其他相類之證物可為證據者，審判長應以適當之設備，顯示聲音、影像、符號或資料，使當事人、代理人、辯護人或輔佐人辨認或告以要旨。

（四）法院予以辯論證據證明力的機會

證據之證明力雖由法院本於確信自由判斷，但不得違背經驗法則及論理法則（§155Ⅰ），但法院應予當事人、辯護人、代理人或輔佐人，以辯論證據證明力之適當機會（§288-2）。此外，法院每調查一證據完畢，也應當給予訴訟參加人及其代理人表示意見之機會，並且給予辯論證據證明

力之適當機會（§455-46）。故審判長應在調查時，向當事人、辯護人、代理人或輔佐人，告以得聲請或提出反證或爭執證據之證明力，例如促使當事人、辯護人、代理人或輔佐人詢問證人、鑑定人或被告（§163 I）。又法院予以辯論證據證明力之機會，應不限於人證，物證或書證亦包括在內。

（五）審判長詢問當事人及訴訟參加人關於證據的意見

審判長每調查一證據畢，應詢問當事人有無意見（§288-1 I）。詢問被告關於證據之意見，在於瞭解其對證據之觀點，以聽取其辯解或防禦，故此項詢問應於每一證據調查完畢為之，不可於全部證據調查完畢後，始為概括之詢問。惟若數項證據相互之間有所關連，且不宜強行分割陳述意見，則法院得本於訴訟指揮權命被告等相關人等合併表示意見。

此外，為了加強被害人為訴訟參加人地位，故於每調查一證據完畢後，亦應給予訴訟參加人及其代理人表示意見之機會（§455-46）。另訴訟參加人有補強檢察官於訴訟程序進行之功能，其角色又類似於控方，故原則上每調查一證據畢後，應先由法院詢問訴訟參加人及其代理人後，再詢問被告是否對證據予以最終表示意見。

（六）審判長對於被告提出有利證據的告知

審判長應告知被告得提出有利之證據（§288-1 II），此項告知為闡明權之行使，然必須案內之證據可認為被告犯罪，才有此項告知之必要。設案內之證據不能證明被告犯罪，即不必再命被告提出有利之證據。

（七）當事人或辯護人向法院聲明異議

當事人、代理人、辯護人或輔佐人對於審判長或受命法官有關證據調查或訴訟指揮之處分不服者，除有特別規定外，得向法院聲明異議。法院應就前項異議裁定之。（§288-3）。所謂審判長之處分，自係關於證據調查之處分，如禁止當事人詰問證人、鑑定人之處分，此時可由當事人或辯

護人向法院聲明異議。

三、結辯及科刑辯論程序

言詞辯論亦是為了形成法官的心證，主要是辯論證據的證明力與法律意見的爭點，所以，調查證據完畢後的言詞辯論得以再區分為對於事實及法律的言詞辯論（§289 I）以及科刑的言詞辯論（§289 II）。為避免科刑資料影響法院認定犯罪事實之心證，故事實及法律論罪之言詞辯，論應先於科刑的言詞辯論（§289 II）。言詞辯論之順序是檢察官、被告、辯護人（§289 I）。

在事實及法律辯論後，再按同依順序進行科刑辯論於科刑「辯論」之前應當給予到場之告訴人、被害人或其家屬或其他依法得陳述意見之人就科刑範圍表示意見之機會。已辯論者得再為辯論，審判長亦得命再行辯論（§289）。

調查證據完畢後之辯論，稱為「最終辯論」或「結辯」；一般的辯論則稱為「言詞辯論」或簡稱為「辯論」，2020年新法修正後，將科刑辯論明文規範於最終辯論之後。茲將結辯及科刑辯論之次序述之於次：

（一）檢察官

調查證據完畢後，檢察官應即就事實及法律之適用陳述意見，稱為「論告」。論告雖係檢察官之義務，但非訴訟上之義務，而係職務上之義務，故檢察官不為辯論，雖不免被認為違反其所負之義務，但不能指其所進行之訴訟程序違法。

（二）被告

被告之辯論係行使防禦的權利，故為保護其利益計，應利用此一機會防衛。然被告之辯論，既屬於權利，則被告亦可放棄此權利而不為辯論，尤其被告有選任辯護人時，被告多不欲自己辯論，而任由辯護人為其辯

護；惟被告如欲為自己的利益防禦，則其所為之辯論應先於辯護人。

（三）辯護人

除在調查證據程序協助被告防禦外，辯護人另有一重要任務，即「為被告之利益辯論」。辯護人的辯論須依據公判庭調查證據之結果，對於事實及法律之適用陳述其意見。若被告有數辯護人（§28），各辯護人之辯論應依照一定之順序為被告辯論。

（四）科刑辯論

整個審判過程有兩大重點，第一，就現有證據資料架構被告犯罪事實及該犯罪事實所應受評價的法律規範，此部分在證據調查完畢後，就必須針對此部分來進行事實及法律的言詞辯論；第二，在確認犯罪事實以及所相應的規範條文後進行被告的科刑，此部分學理上又有稱之為量刑程序。

量刑程序將決定被告未來所應受刑罰之高低，且科刑的認定也必須與罪責相當，故舉凡有任何科刑的加重、減輕或免除其刑等事實（刑法§§47 I、59～62）及其他科刑資料（刑法§§57、58）都應當在量刑程序當中一併考量。

量刑程序，是對犯罪行為人及其所犯各罪之總檢視，其裁量權之行使，應兼衡罪責相當及特別預防之刑罰目的，具體審酌行為人所犯各罪反應出之人格、犯罪傾向，並審酌整體犯罪間之關聯性（數罪間時間、空間、法益之異同性）、所侵害法益之專屬性或同一性、數罪對法益侵害之加重效應等情狀綜合判斷。

然而，犯罪事實認定程序與量刑程序是否應當分離，此部分在各國的作法也不盡相同，要能避犯罪事實所認定的證據影響科刑程序的量刑，最佳的作法應當是採以兩程序分離之作法。目前觀察世界各國的作法，可以分為兩種型態：其一，實質性程序區分：將犯罪事實認定程序與科刑程序隸屬於兩個不同的審判程序，換言之先認定犯罪事實及條文審判程序後，再開啟另外一個量刑審判程序。前者僅就事實進行嚴格證據調查、辯論以

及罪責認定，而後者僅對科刑來進行衡量；其二，形式性程序區分：就如同我國目前作法，僅在一個審判程序中之言詞辯論階段區分為犯罪事實的言詞辯論以及科刑的言詞辯論。然而，此作法是否真能避免兩個辯論程序不相互影響而真正能對罪責之量刑進行判斷，不無疑問。例如當法院在事實辯論程序看到被告過去的犯罪紀錄時，可能會對被告產生不信任印象，進而影響其自白可信度等；又或者在科刑過程，因為同屬於一個審判程序，故法院也可能在先前程序中就對被告產生厭惡的心態，故而在科刑過程中產生不利被告的心證。換言之，當程序沒有確實分離時，又應當如何確保科刑程序僅是針對量刑事項來進行審酌。

科刑辯論程序（量刑程序）於修法前§288以及§289規定僅就規定該科刑資料應於罪責資料調查後進行以及給予當事人之科刑範圍表示意見之機會。由於受到大法官釋字第775號認為，由於對於科刑資料應如何進行調查及就科刑部分獨立進行辯論均付闕如，而有違罪刑相當性原則，故2023年12月修正§288規定，審判長就被告科刑資料調查，應於事實訊問後行之，此外應先曉諭當事人就科刑資料，指出證明之方法。

此處之科刑資料依據大法官釋字第775號解釋又區分為「加重、減輕或免除其刑等事實之科刑資料（刑法§§47Ⅰ、59～62）」以及「其他科刑資料（刑法§§57、58）」。而「加重、減輕或免除其刑等事實之科刑資料（刑法§§47Ⅰ、59～62）」涉及到刑罰權範圍，屬於調查證據之嚴格證明事項（§288Ⅰ～Ⅲ），既然該事項已經於前程序經過嚴格證明程序，即不須再經過科刑之調查。故§288Ⅳ之科刑調查應僅指「其他科刑資料（刑法§§57、58）」例如關於被告經濟狀況之證明文件、其與被害人之和解書等。

總結而言，審判長於科刑調查程序，應先曉諭當事人就科刑資料（刑法§§57、58）指出證明之方法。且依據§288-1Ⅱ審判長也應告知被告得提出有利之科刑證據後再進行科刑辯論。

對於科刑辯論議題，於修法前§289僅給予當事人等就科刑表示意見之機會，並未就如何科刑進行辯論，故大法官釋字第775號解釋意旨中提

及，如此恐將使被告最終之量刑不符合於罪刑相當性原則，故修正§289除當事人應進行科刑辯論以外，亦應於科刑辯論之前，讓到場之告訴人、被害人或其家屬或其他依法得陳述意見之人就科刑範圍表示意見之機會。

科刑辯論之順序應先行讓到場之告訴人、被害人或其家屬或其他依法得陳述意見之人及訴訟參加人及其代理人或陪同人員就科刑範圍表示意見；之後再進行「科刑辯論」，而科刑辯論依序應由檢察官、被告、辯護人提出對於被告科刑之意見及其理由，並且相互辯論及再為辯論。

（五）審判長詢問被告有無最後陳述

審判長於宣示辯論終結之前，最後應詢問被告有無最後陳述（§290），俾予以最後陳述之機會，以便充分行使防禦權，即使被告無罪後陳述意見，也應當將其無陳述意見之意旨記載於筆錄內，以作為審判之依據，若不為此記載，即與未經給予被告最後陳述意見之機會同，其訴訟程序之踐行即非適法。因一經宣示辯論終結，被告即不得再為陳述。又被告陳述後，檢察官可對被告所陳述之意見予以反駁；如被告不願陳述，亦可由其辯護人代為陳述。倘審判長未命被告為最後之陳述，其所踐行之訴訟程序顯然違背法令，基此而產生之判決，即屬違法之判決，得為第三審上訴的理由（§379⑪）。

四、再開辯論

依§291規定，辯論終結後，遇有必要情形，法院得命再開辯論。一旦再開辯論，則訴訟程序恢復辯論終結前之同一狀態，法院必須調查證據，調查證據完畢後應命辯論，且審判長於宣示辯論終結前，最後仍應詢問被告有無陳述等。再開辯論，原則上由審判長以職權命令為之，但亦得由檢察官、被告或辯護人聲請審判長再開辯論。至於再開辯論之原因，乃基於證據調查尚未完備，心證無由形成或由於新證據（物證或人證）之發現，需要予以調查等。然而再開辯論須在判決之宣示前，如裁判對內業已

成立，且已對外宣示，則不可再開辯論。

五、判決的宣示

依§311規定，「行獨立審判之案件宣示判決，應自辯論終結之日起二星期內為之；行合議審判者，應於三星期內為之。但案情繁雜或有特殊情形者，不在此限。」又，裁判書應於判決宣示後當日將原本交予書記官；於辯論終結之期日宣示判決者，應於五日內交付之（§226）。

不過，應自辯論終結之日起十四日內宣示判決的期間規定（§311），僅為訓示期間，如果發生遲至十四日後始為判決之宣示者，僅生違反職務之問題，對於判決之效力不生影響。又法律規定須於辯論終結之日起十四日內為之，即僅規定最遲為十四日，但未規定最早為何時。故在辯論終結後，可當庭為判決之宣示，為使被告瞭解判決之內容，應使被告出庭聆聽判決。判決須在公判庭宣示，俾將判決之內容公開於大眾（法院組織法§86），惟宣示判決，不以參與審判之法官為限（§313），蓋判決之宣示，僅係對於已成立之判決加以宣示，故不必由參與審判之法官親自為之。

第四節　審判的更新

壹、審判更新的意義

更新審判程序是指，審判程序從頭再來，以朗讀案由為始，宣示辯論終結為終，換言之，審判在法律上不能繼續進行時，之前所進行的程序，以歸於無效為原則。故審判之更新乃使審判重新開始，使訴訟程序恢復未審判前之狀態，廢棄以前之訴訟程序，以符合直接原則之要求。

然而更新前之訴訟程序雖被廢棄，並非完全無效，即雖經更新之程序，以前所得之訴訟資料，仍得作為裁判之基礎。審判所以需要更新，係因刑事訴訟法採用繼續審理原則，即審理程序始終應保持連續之狀態，以

利於法官之記憶；且為促使審判之迅速，應繼續審理，不可中斷，是以非一次期日所能終結之審判，應於翌日連續開庭，如審判中斷過久，即應更新其程序。故審判之更新與審判之正確與迅速，實關係密切。須注意者，此所謂更新審判程序，係指審判期日所應進行之法定訴訟程序，須重新踐行；倘前審判期日因故未進行法定訴訟程序，即不生更新審判程序之問題（最高法院101台上167判決）。

至於更新審判程序後，得否逕行援引前次審判筆錄，採為判決之證據，實務見解不一。曾有判決指出：「更新前所為供述，既經記明筆錄，該筆錄即視為書證，審判長向當事人、辯護人宣讀或告以要旨後，採為判決之證據，自屬合法。」（最高法院94台上2979判決）。但較近的實務見解認為：「更新審判程序後，應命上訴人陳述上訴要旨，及依法調查證據，倘未踐行上開程序即命辯論終結，逕行判決，即屬違法。」（最高法院100台上2029判決）。

貳、審判更新的事由

對於審判之更新，刑事訴訟法規定有一定之事由。茲將其事由分別列舉於次：

一、辯論終結前法官更易

審判期日應由參與之法官始終出庭，如有更易者，應更新審判程序。但參與審判期日前準備程序之法官若有更易者，則毋庸更新其程序（§292）。法官更易之原因係由於法官調職、退休或死亡。在獨任審判，法官更易，即由另一法官替代；若是合議審判，三個法官中如有一人更易，即須有人接替。然而若是參與準備審判程序之法官更易，則毋庸更新程序，因其所參與者僅為準備程序，與審判程序有別，故不必更新。

二、下次開庭因事故間隔至十五日以上

審判非一次期日所能終結者，除有特別情形外，應於次日連續開庭；如下次開庭因事故間隔至十五日以上者，應更新審判程序（§293）。為期審判之經過一貫，免有遺忘，如非一次期日所能終結，應於次日再開庭，若開庭後間隔太久已超過十五日，則必須更新審判程序。不過「除有特別情形應於次日連續開庭」屬於訓示規定，法院如未照此辦理，當事人不得執為上訴之理由。至於「因事故間隔至十五日以上」其「事故」，包括一般及個人事故，如天災地變、孕婦臨蓐不能出庭等。至於審判停止（§§294～297）後，於停止審判之原因消滅時法院應繼續審判（§298），此時如停止後與繼續審判之期間，相間隔十五日以上者，則應更新審判程序。

參、審判更新的程序

刑事訴訟法對於審判更新之程序，別無特別規定。惟既曰「更新其程序」，即指廢棄以前所為之程序，重為新的審判程序；然事實上並不必將一切訴訟程序重複，不過若干重要程序必須重新為之而已，如：

一、檢察官陳述起訴要旨

檢察官必須重新陳述起訴要旨，如以前所為之程序曾經為訴之追加，亦應同時陳述；又前此所為之程序，於法律必備之程式有所欠缺必須予以補正者，亦應陳述起訴及其補正要旨。

二、審判長應調查證據

審判長應依證據之種類而為相應之調查，但以前所為調查證據程序所得之訴訟資料並非完全無效，仍得為裁判之基礎；例如更新前所為證人之訊問，更新後雖不得採用其證言，然而記載證人陳述之審判筆錄，仍具證

據文書之效力，如履行對於書證之調查（§165），仍可採為證據。又當事人或其他訴訟關係人在更新前所為之聲請，亦不失其效力，迄更新之後，對其聲請仍應予以裁判；例如當事人或辯護人在更新前聲請調查之證據，法院認為不必要者，仍應以裁定駁回之（§163-2Ⅰ）。又審判長每調查一證據畢，仍應詢問被告有無意見（§288-1Ⅰ），此外法院亦應予當事人、辯護人、代理人或輔佐人，以辯論證據證明力之適當機會（§288-2）。

三、審判長應命為言詞辯論

審判長於調查證據完畢後，應命當事人及辯護人就事實及法律辯論之並予當事人就科刑範圍表示意見之機會（§289Ⅲ）。若當事人及辯護人不為辯論，則辯論可略，但審判長最後應詢問被告有無意見陳述（§290）。

第五節　審判的停止

壹、審判停止的意義

審判程序因有某種妨害審判進行之障礙存在，使審判程序陷於法律上不能進行之狀態，稱為「審判之停止」。審判所以停止，通常由於某種法定事由存在，而應予以停止；其應停止而不停止者，其所為之審判，屬於違法之審判，惟如屬於得停止審判之情形，其不停止尚非違法。又已經停止之審判，如妨害審判之事由不存在者，即應繼續審判，只是停止前之審判期日，如與繼續審判之期日間隔至十五日以上者，則應更新審判之程序（§293）。

貳、審判停止的原因

審判之停止，刑事訴訟法規定有其事由，茲將其事由分別列舉於次：

一、具有精神或其他心智障礙，致不解訴訟行為意義或欠缺依其理解而為訴訟行為之能力

　　若被告具有精神或其他心智障礙，致不解訴訟行為意義或欠缺依其理解而為訴訟行為之能力，應於其回復以前停止審判（§294 I）。蓋因被告對訴訟行為所生基本利害得失之理解或辨別能力，以及依其理解或辨別而為訴訟行為之控制或防禦能力欠缺，例如為自己辯護、與其辯護人商議訴訟策略或為相關溝通討論之能力等，故為了確保公正審判程序及被告訴訟權益所必要，須於其回復前，應停止審判。另對於此停止審判之原因，當事人、辯護人或輔佐人得向法院聲請停止審判（§294 V），且對於此裁定准駁之不服，得提起抗告（§298-1）。

　　然被告顯有諭知無罪或免刑判決之情形者，得不待其到庭，逕行判決（§294 III）。如為許用代理人之案件（§36）且已委任有代理人者，因被告無行使防禦權之必要，則不須停止審判，並得不待其到庭，逕行判決。

二、被告因疾病不能到庭

　　被告因疾病不能到庭者，應該於其能到庭以前停止審判（§294 II）。惟被告之疾病須非引起心神喪失者，否則即應依被告心神喪失的事由，停止審判。又疾病之種類雖無限制，但須其疾病足以使被告不能到庭，如所患之疾病不妨害被告之行動，不必停止審判，至於是否因病不能到庭，必須有醫師之證明，自不待言。

三、犯罪的成立以他罪為斷

　　犯罪是否成立以他罪為斷，而他罪已經起訴者，得於其判決確定前，停止本罪之審判（§295）。即他罪與本罪有先決關係時，本罪之審判得於他罪判決確定前停止審判，所謂「他罪」，包括自己所犯之罪與他人所犯之罪。

四、被告因犯他罪應受重刑的判決

被告犯有他罪，他罪已經起訴且應受重刑之判決，法院認為本罪科刑於應執行之刑無重大關係者，得於他罪判決確定前，停止本罪之審判（§296）。此為數罪併罰之案件，蓋他罪如受重刑之判決，則他罪與本罪即可依刑法§51之規定，定其應執行之刑，對於本罪之裁判不無影響，故在他罪判決確定前，得停止本罪之審判。例如強盜罪與竊盜罪分別受審判時，竊盜罪之審判得予以停止。

五、犯罪的成立以民事法律關係為斷

犯罪是否成立或刑罰應否免除，以民事法律關係為斷，而民事已經起訴者，得於其程序終結前停止審判（§297）。犯罪是否成立，刑罰應否免除，既以民事法律關係為斷，而民事又已起訴，自得於其程序終結前停止審判，以免裁判歧異。但此限於民事已經起訴，刑事法院始應審酌是否停止審判；如民事未起訴，則其民事之法律關係應由刑事法院自行審認，不必停止審判，例如：重婚罪之成立以前婚與後婚均屬成立為前提，如對前婚已提起確認之訴，則重婚罪之審判得予以停止。

六、法官被聲請迴避

法官被聲請迴避，除因急速處分或以足認其執行職務有偏頗之虞的情形（§18）為理由而聲請迴避者外，應即停止訴訟程序（§22）。聲請迴避之規定在於維持裁判公平，故在當事人聲請後，法院未裁定前，除有前述的例外情形，原則上應停止訴訟程序之進行，不可繼續審判。

參、停止審判的回復

審判程序在法律上陷於不能進行之狀態時，固應停止審判，惟停止審判之原因消滅，即須回復已停止之審判，不僅法院得命令繼續審判，即當

事人亦得聲請法院繼續審判（§298）。繼續審判，乃指繼續尚未終了的訴訟程序，對於已經進行完畢之部分，應維持其效力，僅實施尚未進行完畢的部分即可。

第六節　通常判決

壹、審理形式

判決除有特別規定外，應經當事人言詞辯論；可分為下列二種情形：

一、到席判決

即兩造當事人到席，經兩造當事人辯論所為的判決。

二、缺席判決

缺席判決，其情形有二：

（一）不經言詞辯論的判決

指兩造缺席判決，此時無庸指定審判期日命當事人及辯護人到庭辯論，其情形有下：

1. 案件應諭知免訴、不受理或管轄錯誤之判決（形式判決）（如§§307、343、334、335）。

2. 對於不合法之上訴，及對於原審管轄錯誤、免訴或不受理之判決上訴時，第二審法院認其為無理由而駁回上訴，或認為有理由而發回該案件之判決（§372）。

3. 第三審法院判決（§389）。

4. 非常上訴判決（§444）。

5. 為受判決人之利益聲請再審之案件，而受判決人已死亡或於再審判決前

死亡者（§437 Ⅲ）。

（二）不待其陳述所為的判決

指一造缺席判決，即判決得僅憑檢察官、自訴人或被告一造之辯論而為之判決，其情形有下：

1. 被告拒絕陳述者（§305前段）。
2. 被告未受許可而退庭者（§305後段）。
3. 法院認為應科拘役、罰金或應諭知免刑或無罪判決之案件被告經合法傳喚無正當理由而不到者（§306）。
4. 被告心神喪失或雖因疾病不能到庭，但顯有諭知無罪或免刑之判決者（§294 Ⅲ）。
5. 自訴代理人經合法通知無正當理由不到庭，應再行通知，並告知自訴人。自訴代理人無正當理由仍不到庭者，應諭知不受理之判決（§331 Ⅰ）。
6. 第二審上訴，被告經合法傳喚，而無正當理由不到庭者（§371）。

貳、判決的種類

辯論終結後十四日，法官應宣示判決（§311）。判決種類主要為：無罪判決、有罪判決、不受理判決、管轄錯誤判決。從是否有利於被告，依序為：無罪判決、免訴判決、不受理判決、管轄錯誤判決、有罪的免刑判決、有罪的科刑判決。被告如果提上訴，必須是因為上訴有利益，否則上訴不合法；因此，被告不得對於無罪判決上訴。

判決可分為五類，說明如下：

一、有罪判決

（一）有罪判決的意義

　　被告犯罪已經證明，應諭知科刑之判決，但免除其刑者，應諭知免刑之判決（§299）。無論科刑或免刑判決，必須被告之犯罪已經證明，亦即須依公判庭所調查之合法證據，法官對於犯罪事實之存在，已獲得確信，對於被告之犯罪已有充分之心證所為之有罪判決。故對於檢察官起訴提出的各項證據，須經一一斟酌，認為確切可信，足以排除一切事理的可疑時，即對於被告的犯罪證明達到「無合理懷疑」的程度，始可為有罪之判決。惟有罪判決所認定之犯罪，須對於公訴事實，如非針對公訴事實，即使能證明其犯罪，亦不得為有罪判決。

（二）有罪判決的特徵

　　對於被告犯罪予以證明之有罪判決，具下列各種特徵：

1. 為實體判決：因此種判決之目的在於決定國家刑罰權之有無，無論肯認國家刑罰權之有罪判決或否認國家刑罰權之無罪判決，均為實體判決。原則上實體判決須經言詞辯論，對於被告宣告罪刑之有罪判決，亦須經被告到庭，否則不得為之；且在實體判決之判決書內，須引用對於犯罪事實所適用之實體法規。

2. 審判不可分原則：有罪判決係指對於被告之犯罪，不得只為一部之判決；倘刑事法院未經充分之審理而為判決，此時法院雖違反其審理之義務，但對於脫漏之部分，不得再為補充判決。故在一案件祇能有一個有罪判決，不可能有多次之有罪判決。

3. 一事不再理原則：與審判不可分原則有關者為一事不再理原則，此係指判決確定之同一案件，不得更為實體上之判決，但須該案已有實體上之確定裁判，如僅從程序上所為之裁判，則不適用此一原則；而有罪判決既係實體判決，則其確定之判決，自有此一原則之適用。

（三）有罪判決書的主文

判決書應分別記載裁判之主文與理由，有罪之判決書並應記載事實（§308）。過去所有的判決書均應記載事實，1990年刑事訴訟法修正時，加以簡化為只有有罪之判決書才記載事實，其他判決書則無庸記載事實。

（四）有罪判決書的記載

依§309規定，有罪判決書應於主文內載明所犯之罪，並分別情形記載諭知之主刑、從刑或刑之免除。故：

$$有罪判決\begin{cases} 科刑判決（§299\,I\,前段）→有罪有刑→§309①諭知主刑、從刑 \\ \\ 免刑判決（§299\,I\,後段）→有罪無刑→§309①諭知刑之免除 \end{cases}$$

值得研究者為§300規定：「前條之判決，得就起訴之犯罪事實，變更檢察官所引應適用之法條。」該條所指的「前條判決」，是指有罪判決；但若為無罪判決時，則不發生變更起訴法條的問題；但是免訴、不受理判決則可能發生變更法條之問題。

例1

殺人未遂
甲———→乙

檢察官起訴甲，審判中發現乙非被甲所殺傷，而係被第三人打傷，此時甲無罪，法院無須將殺人未遂改為傷害罪而後判無罪。因此無罪判決不會發生§300變更法條之問題。

刑法§337侵占遺失物罪其法律效果為罰金。

乙遺失鑽戒一顆，七年後才發現在甲處，乙告甲侵占遺失物。依刑法§80規定罰金刑時效只有五年，故應由檢察官依時效完成，為不起訴處分。但是檢察官卻以刑法§320竊盜罪起訴，法院審理時認為並非竊盜僅為拾得遺失物，其起訴事實與審理事實未變，但必須依§302為免訴判決，只是無庸適用§300，因本法係採職權原則，故實係因免訴或不受理之事由發生，並非§300之範圍。

二、無罪判決

（一）無罪判決的意義

依§301 I 規定，不能證明被告犯罪或其行為不罰者，應該諭知無罪之判決。故不能證明被告犯罪或被告之行為不罰者，均為無罪判決宣告之要件，除此之外，任何情形均不得為無罪判決之宣告。可見有罪判決與無罪判決之諭知，具有相對之關係，端視證據是否能證明犯罪而為有罪判決或無罪判決之諭知，故在起訴具備訴訟條件之情形，苟非對被告諭知有罪判決，則應對之諭知無罪判決。

（二）無罪判決諭知的理由

刑事訴訟法僅規定限於下列二種情形始得諭知無罪判決，茲將其分述於次：

1.被告犯罪不能證明

公訴事實因為法官不能獲得被告犯罪之充分心證，在證據不充分的情形下，依罪疑唯輕原則，應為無罪判決。例如：被告或共犯之自白不得作為有罪判決之唯一證據，仍應調查其他必要之證據，以察其是否與事實相符（§156Ⅱ）。若除自白之外，不能補強證據者，因無法調查其他必要證

據以察其是否與事實相符，故應依證據不充分之理由，諭知無罪判決。

2.行為不罰

行為雖能證明其該當刑法的構成要件，但法律明定為不罰，仍應為無罪之判決。例如阻卻違法事由（刑法§§21～24）及阻卻責任事由（刑法§§18 I、19 I），此在刑法上均規定不罰，故被告之行為雖被證明，但法律規定為不罰者，仍應為無罪判決。

為因應刑法的新修正，所以2006年§301 II修改為：「依刑法第十八條第一項或第十九條第一項其行為不罰，認為有諭知保安處分之必要者，並應諭知其處分及其間。」此即指：未滿十四歲者，或行為時因精神障礙或其他心智缺陷，致不能辨識其行為違法或欠缺依其辨識而行為之能力者，而其行為不罰，於認為有諭知保安處分之必要者，仍應諭知其處分及期間。詳言之，未滿十四歲人的觸犯刑法的行為，一律依少年事件處理法處理，移送少年法院，依少年事件處理法§§41、42裁定不付保護處分，或裁定合宜的保護處分；是故§301的規定幾乎不可能適用。此外，檢察官對於符合刑法§19情形的行為，原應不起訴處分（§252）；如檢察官認有宣告監護處分的必要，得聲請法院裁定（§481 II）。

（三）無罪判決書的記載

判決書應分別記載其裁判之主文與理由（§308），而無罪判決既須制作判決書，亦須分別記載裁判之主文與理由：

1.主文

諭知無罪時，主文應書為「……某甲無罪」；諭知保安處分時，主文應書為「……某甲無罪，施以感化教育○年」。

2.理由

因不能證明被告犯罪而諭知無罪之判決時，應就不能證明被告犯罪之理由詳予記載；因被告行為不罰而諭知無罪之判決者，亦應記載所以認定

阻卻違法或阻卻責任之理由。

三、免訴判決

（一）免訴判決的意義

　　起訴案件未具備訴訟條件中之實體公訴權行使的要件者，應為免訴判決。因實體的公訴權乃請求確定國家刑罰權是否存在之權利，係與國家刑罰權同時發生的實體上權利，如實體的公訴權發生後，旋即歸於消滅者，須為免訴判決之諭知。因實體的公訴權為國家刑罰權行使之前提條件，倘無實體的公訴權，則國家刑罰權無法行使；故無論犯罪事實能否證明，倘應為免訴判決時，則應先為諭知，毋庸再為實體上裁判。

（二）免訴判決的事由

　　依據§302，案件有下列情形之一者，應諭知免訴判決。

1.曾經判決確定者

　　同一案件曾經有實體上的確定判決，其犯罪之起訴權業已消滅，不得再為訴訟之客體；故依一事不再理之原則，應為免訴判決。此項原則之適用必須限於同一訴訟客體，即被告及犯罪均屬同一時，始能適用；假使被告或犯罪事實有一不符，即非前案之既判力效力所能拘束，自無一事不再理之可言。

2.時效完成者

　　追訴權時效已完成者（刑法§80），實體的公訴權亦歸於消滅，故不能再提起公訴，來請求國家刑罰權之確定，如提起公訴，則應為免訴判決。

3.曾經大赦者

　　大赦具有如下之效力：已受罪刑之宣告者，其宣告為無效；未受罪刑

之宣告者，其追訴權消滅（赦免法§2）。可見大赦亦有消滅實體的公訴權之效力，無論起訴前或起訴後大赦，案件既經大赦，應為免訴判決。

4.犯罪後的法律已廢止其刑罰者

刑法規定：行為後法律有變更者，適用行為時之法律。但行為後之法律有利於行為人者，適用最有利於行為人之法律（刑法§2 I）。犯罪後之法律已廢止其刑罰，即行為後法律有所變更；刑罰之廢止係有利於行為人，依刑法規定適用最有利於行為人的法律，故應為免訴之判決。惟僅特別刑罰法規廢止，而普通刑罰法規並未廢止時，即非刑罰法規之廢止，仍應適用普通刑法予以處斷，不能為免訴之判決。

（三）免訴判決書的記載

判決書應分別記載裁判之主文與理由（§308），免訴判決既須制作判決書，亦須分別記載其裁判之主文與理由。在諭知免訴時，主文應記載為「本件免訴」；免訴判決雖不經言詞辯論（§307），但仍須依證據說明其認定免訴之理由。

四、不受理判決

（一）不受理判決的意義

起訴未具備訴訟條件中之形式的公訴權行使條件者，應為不受理判決。刑事訴訟法基於程序上之理由，規定行使公訴權之條件，為訴追條件；若案件欠缺此項訴追條件，則公訴權處於此項欠缺狀態之下，實不得予以行使，法院對於公訴權在程序上不得行使之情況下而行使之情形，應為不受理之判決。

（二）不受理判決的事由

案件有下列情形之一者，應諭知不受理之判決（§303）。

1.起訴的程序違背規定者

提起公訴或自訴，均應依§§264、320的規定程式，向管轄法院提出起訴狀或自訴書為之，否則即屬起訴之程序違背規定；故提起公訴，應由檢察官向管轄法院提出起訴書為之；起訴時，應該將卷宗及證物一併送交法院。又自訴應向管轄法院提出自訴狀，自訴狀並應按被告之人數，提出繕本。

2.已經提起公訴或自訴的案件，在同一法院重行起訴者

對同一被告之一個犯罪事實祇有一個刑罰權，不容重複裁判，故檢察官就同一事實，無論其為先後兩次起訴或在一個起訴書內重複追訴，法院均應就重行起訴部分諭知不受理之判決。

又公訴案件是否已起訴，依檢察官起訴的繫屬先後為準；自訴案件之是否得予起訴，則以檢察官依§228規定開始偵查之前後為準，即檢察官先開始偵查則不得自訴，若先行自訴則檢察官無須終結偵查。

例如，甲竊取乙的財物，經報案後，1月25日檢察官開始偵查，並於2月2日起訴；乙則於1月26日提起自訴。由於竊盜罪非屬告訴乃論之罪，依§323Ⅰ，同一案件經檢察官偵查者，便不得再行自訴。法院對於乙的自訴，法院應依§334諭知不受理判決；此時，並無§303②的適用。相反的，若是甲打傷乙，經報案後，1月25日檢察官開始偵查，乙隨後在1月26日提起自訴；由於傷害罪是告訴乃論之罪，依§§323Ⅰ、Ⅱ規定，檢察官應停止偵查，將案件移送法院；若檢察官仍於2月2日起訴，則法院應依§303②諭知不受理判決。

3.告訴或請求乃論的罪，未經告訴、請求，或其告訴、請求經撤回或已逾告訴期間者

此以告訴或請求乃論之罪為限，其他非告訴乃論之罪案件不以被害人之告訴、請求為訴追條件，故不得因未經告訴或請求而諭知不受理判決。又告訴乃論之罪，告訴人於第一審辯論終結前，得撤回其告訴。撤回告訴之人，不得再行告訴（§238）。惟§252⑤「……已經撤回……」與§303

③「……經撤回……」有何不同？

例：甲打傷乙，雖經偵查，但乙並未告訴，則無庸為不起訴處分，若乙告訴後又撤回則與未告訴同，亦不須為不起訴處分，惟依§238Ⅱ規定，此時乙不得再告訴，若乙於撤回後再行告訴，此時即生§252⑤已經撤回之問題，須為不起訴處分。故§252⑤用於第二回告訴時，但實務上於第一次撤回時即適用本條款為不起訴處分。而§303③指第一次撤回時適用，係於審判中，與§252⑤係於偵查中不同。

4.曾為不起訴處分、撤回起訴或緩起訴期滿未經撤銷，而違背§260 的規定再行起訴者

不起訴處分經確定者，依據§260，除非有下列情形之一者，否則不得對於同一案件再行起訴：(1) 發現新事實或新證據者；(2) 有§420Ⅰ①②④⑤定得為再審原因之情形者。又撤回起訴與不起訴處分有同一之效力，故案件曾經檢察官為不起訴處分或撤回起訴而又違背§260規定再行起訴者，應諭知不受理判決。

5.被告死亡者或為被告的法人已不存續者

犯罪主體死亡，已不能對被告予以審判，自應諭知不受理之判決。茲有疑義者，若被告於第二審審理中死亡，第二審誤為實體判決，檢察官以被告死亡應諭不受理判決為由，提起第三審上訴，最高法院究應將「上訴駁回」或是「撤銷改判，並諭知公訴不受理」？對此，最高法院101年度第5次刑事庭會議決議採甲說「上訴駁回」。理由是：「刑事訴訟乃國家實行刑罰權所實施之訴訟程序，係以被告為訴訟之主體，如被告一旦死亡，其訴訟主體即失其存在，訴訟程序之效力不應發生。因之，被告死亡後，他造當事人提起上訴，應認為不合法予以駁回。」

6.對於被告無審判權者

由於被告之身分較為特殊，普通法院對於被告不具有審判權者，雖經起訴仍無從審判，應諭知不受理之判決。

7.依§8的規定不得為審判者

同一案件繫屬於有管轄權之數法院者，應由繫屬在先之法院審判之；但經共同之直接上級法院裁定，亦得由繫屬在後之法院審判（§8）。故經共同直接上級法院裁定為不得審判者，即使案件繫屬在先，法院亦不得予以審判，對之應諭知不受理之判決。

8.駁回起訴的裁定已確定，而未有§260的情形再行起訴者

檢察官就被告之犯罪事實，未盡其舉證責任，而受駁回起訴之裁定，因法院為駁回起訴前，既曾賦予檢察官補正證明方法之機會，檢察官若不服該裁定者，亦得提起抗告請求上級法院糾正之，是以檢察官之公訴權能已獲充分之保障，為維護被告之權益，免受二次訴追之危險，故增訂駁回起訴之裁定已確定者，非有§260各款情形之一，而再行起訴者，應諭知不受理判決（§§161 Ⅲ、Ⅳ）。

（三）不受理判決書的記載

判決書應分別記載其裁判之主文與理由，而不受理判決既須制作判決書，則其亦須分別記載其裁判之主文與理由。在諭知不受理判決時，主文應記載為「本件公訴或自訴，不受理」；此外，不受理判決雖不經言詞辯論，但仍須依據證據說明其認定不受理之理由。

五、管轄錯誤判決

（一）管轄錯誤判決的意義

依§304規定，無管轄權之案件，應諭知管轄錯誤之判決，並同時諭知移送於管轄法院；但對於自訴案件諭知管轄錯誤之判決者，非經自訴人聲明，毋庸移送案件於管轄法院（§335）。對於起訴案件有無管轄權，法院應依職權予以調查。所謂管轄權，包括事物管轄與土地管轄，無論屬於任何一種情形，倘認為無管轄權者，則不得為實體上之審理，應即諭知管

轄錯誤之判決。

（二）管轄錯誤之判決書的記載

判決書應分別記載裁判之主文與理由，而管轄錯誤判決既須制作判決書，亦須分別記載其裁判之主文與理由。

1.主文

對於公訴案件諭知管轄錯誤之判決主文應為「……本件管轄錯誤移送於某某法院」。如對於自訴案件諭知管轄錯誤之判決，未經自訴人為移送之聲明者，則不必為移送之諭知。

2.理由

管轄錯誤判決雖不經言詞辯論，但仍須依據證據說明其認定管轄錯誤之理由。

最後，在精確掌握各種判決的種類後，訴訟實務上應考慮儘快讓法院的判決上網，因為，法官代表全民的意思，對於案件加以審判。刑事案件多與社會公益有關，判決結果也常引起社會關懷。將判決書上網，可以讓有興趣的民眾隨時查閱，瞭解法院的判決意見。這不僅有助於法律教育的推廣，法院的判決意見也因而成為可受公評的事項，法官的判決書也會更趨謹慎。在台灣，關於判決書的查閱，經常使用的網站，諸如司法院（http://www.judicial.gov.tw）、法源（http://www.lawbank.com.tw）、七法（https://www.lawsnote.com）等可供參考。

第七節　簡式審判程序

如前所述，通常審判程序之嚴格證明程序，才能落實保障被告在訴訟法上的權利；但相形之下，就必須承擔沉重的訴訟成本。其實，刑事實體法上所涉及之法益侵害性質與程度不一，且案件之態樣眾多，輕重、繁易

未必相同，若所有的案件皆以嚴格的法定程序進行追訴審判，勢將造成訴訟拖延，反而不利真實發現，將有違司法正義。故在訴訟資源的分配上，可以根據案件性質不同而做不同的處理，應能更符合憲法§7平等原則。

　　雖然直接、言詞及公開審理等原則支配下之公判程序，通常對於被告訴訟權利的保障較為完整。惟參與通常的審判程序未必對被告皆屬有利，如出庭應訊的義務曠費時日，公開審理損傷被告名譽，因而快速的審理，可使被告免於訟累，法律關係早日確定，被告盡早回復正常生活，減輕被告之程序負擔。故只要簡式審判程序、簡易程序、協商程序符合：案件輕微性、犯罪事實明確性、限制科刑範圍與科刑資料充足、被告同意以簡易訴訟制度之審理時，即得進行簡單的審判程序。

　　基此，刑事訴訟法於§273-1規定「簡式審判程序」，根據該條規定，除被告所犯為死刑、無期徒刑、最輕本刑為三年以上有期徒刑之罪或高等法院管轄第一審案件者外，於準備程序進行中，檢察官陳述起訴要旨後，若被告先就被訴事實為有罪之陳述，因案件已臻明確，審判長可以於告知被告簡式審判程序之旨後，聽取當事人、代理人、辯護人及輔佐人之意見後，裁定進行簡式審判之程序。

　　本條係針對非重罪案件賦予被告有先就被訴事實為有罪之陳述的機會，由於案情已臻明確，證據調查無行使交互詰問程序之必要，故關於證據調查之次序、方法之預定、證據調查請求之限制、證據調查之方法，證人、鑑定人詰問之方式等，均不須強制適用，有關傳聞證據之證據能力限制規定亦無庸適用（§273-2）。

壹、簡式審判的意義

　　§273-1規定「簡式審判程序」，根據該條規定，除被告所犯為死刑、無期徒刑、最輕本刑為三年以上有期徒刑之罪或高等法院管轄第一審案件者外，於準備程序進行中，檢察官陳述起訴要旨後，被告先就被訴事實為有罪之陳述，因案情已臻明確，審判長可以於告知被告簡式審判之旨後，

聽取當事人、代理人、辯護人及輔佐人之意見後，裁定進行簡式審判之程序。由於刑事案件之處裡，需視案件之輕微或重大，或視被告對於起訴事實有無爭執，而異其審理之訴訟程序或簡化證據之調查，這樣一方面可合理分配司法資源的利用，且可減輕法院審理案件之負擔，以達訴訟經濟之要求；另一方面亦可使訴訟儘速終結，讓被告免於訟累，是以明案處理應予速判。

貳、簡式審判的轉換

法院為簡式審判之裁定後，若審慎斟酌的結果，認為不得或不宜進行簡式審判程序應轉而適用通常程序，例如：法院嗣後懷疑被告自白是否具有真實性，則基於刑事訴訟重在實現正義及發見真實之必要，自以仍依通常程序慎重處理為當；又如一案中數共同被告，僅其中一部分被告自白犯罪，或被告對於裁判上一罪之案件僅就部分自白犯罪時，因該等情形有證據共通的關係，若割裂適用而異其審理程序，對於訴訟經濟之實現，要無助益，此時，自亦以適用通常程序為宜。

尤其應注意，行簡式審判程序之裁定若經撤銷改依通常程序進行審判時，審判長應更新審理程序，但檢察官、被告若對於程序之進行無異議者，不在此限。

參、簡式審判的證據調查

簡式審判程序，貴在審判程序之簡省便捷，故調查證據之程序宜由審判長便宜行事，以適當之方法行之即可，又因被告對於犯罪事實並不爭執，可認定被告亦無行使反對詰問權之意，因此有關傳聞證據之證據能力限制規定無庸予以適用。再者，簡式審判程序中證據調查之程序亦予簡化，關於證據調查之次序、方法之預定、證據調查請求之限制、證據調查之方法，證人、鑑定人詰問之方式等，均不須強制適用，故 §273-2 規

定：「簡式審判程序之證據調查，不受第一百五十九條第一項、第一百六十一條之二、第一百六十一條之三、第一百六十三條之一及第一百六十四條至第一百七十條規定之限制。」

第八節 簡易程序

壹、簡易程序的立法理由

與簡式審判相同，簡易程序之設立，仍然建立在不管重大或輕微案件，倘皆依通常程序，大都必須開庭審理，調查證據，舉行辯論，再由法院來依據認定事實適用法律，往往必須花費許多時間、勞力、費用，曠日費時，始能結案，倘若重大刑案，案情複雜，牽連甚廣，影響國家社會秩序深遠，非踐行通常程序不易瞭解真實案情，終結定案，此乃明慎斷案，保障人權之必要，惟如一般輕微案件，是否仍然需要經過如此通常繁複程序處理，則不無問題。

為避免訴訟拖延，達到訴訟經濟之目的，分別不同條件，依其情節輕重，採取不同之處理程序，對所有當事人、被害人等確屬必要之措施，如案件極為輕微，證據明確，縱不採用一般程序，亦不甚妨害當事人攻擊或防禦權之行使，而改採簡捷處理方式，已能防冤決疑，昭示公允，減少法院事務，自應適用簡易之程序，使訴訟案件迅速終結，以免耗時費事，徒滋拖累。尤其為免訴訟案件交互影響拖延，設立專庭處理簡易案件更有助於訴訟經濟之要求。

貳、適用簡易程序的情形

依現行刑事訴訟法的規定，得適用簡易程序的情形，有下述二種情形：

第一種情形是 §449：第一審法院依被告在偵查中之自白或其他現存

之證據，已足認定其犯罪者，得因檢察官之聲請，不經通常審判程序，逕以簡易判決處刑。但有必要時，應於處刑前訊問被告。（Ⅰ）前項案件檢察官依通常程序起訴，經被告自白犯罪，法院認為宜以簡易判決處刑者，得不經通常審判程序，逕以簡易判決處刑。（Ⅱ）依前二項規定所科之刑以宣告緩刑、得易科罰金之有期徒刑及拘役或罰金為限。（Ⅲ）

　　第二種情形是§451-1：得聲請簡易判決處刑之案件，被告於偵查中自白者，得向檢察官表示願受科刑之範圍或願意接受緩刑之宣告，檢察官同意者，應記明筆錄，並即以被告之表示為基礎，向法院求刑或為緩刑宣告之請求。（Ⅰ）檢察官為前項之求刑或請求前，得徵詢被害人之意見，並斟酌情形，經被害人同意，命被告為下列各款事項：一、向被害人道歉。二、向被害人支付相當數額之賠償金。（Ⅱ）被告自白犯罪未為第一項之表示者，在審判中得向法院為之，檢察官亦得依被告之表示向法院求刑或請求為緩刑之宣告。（Ⅲ）第一項及前項情形，法院應於檢察官求刑或緩刑宣告請求之範圍內為判決，但有下列情形之一者，不在此限：（一）被告所犯之罪不合§449所定得以簡易判決處刑之案件者。（二）法院認定之犯罪事實顯然與檢察官據以求處罪刑之事實不符，或於審判中發現其他裁判上一罪之犯罪事實，足認檢察官之求刑顯不適當者。（三）法院於審理後，認應為無罪、免訴、不受理或管轄錯誤判決之諭知者。（四）檢察官之請求顯有不當或顯失公平者。（Ⅳ）

　　值得注意的是，為了鼓勵初犯及輕微犯罪人改過自新，擴大簡易處刑之範圍，有設計認罪（量刑）協商制度。檢察官可在斟酌被害人同意的情況下，對於被告在偵查中自白者，得命被告向被害人道歉，並向被害人支付相當數額之賠償金，以換取檢察官向法院求刑或請求為緩刑之宣告，立法者認為此制除了可獎勵被告自新外，亦可提升裁判品質，並解決短期自由刑之弊端。

　　不過，簡易程序會相當程度擠壓被告的防禦與防禦意願。表面上看，簡易程序的前提必須是被告自白，被告與檢察官協商，表示願意接受法院某種判決（如緩刑或罰金），但一般的被告為了盡早擺脫訴訟負擔，即使

明知自己無罪，也可能誘於簡易程序的從輕發落，誘於檢察官或法官的勸說而勉強接受簡易程序。故將使§253「起訴便宜原則」的適用機率更加減低，是否妥當也值得憂慮。

參、簡易程序的聲請及轉換

1. 簡易程序的聲請依§451 II準用§264，即依§451提出書面記載向管轄法院聲請，所記載者以§264為準，此項聲請與起訴有同一之效力。被告也有請求檢察官聲請的權利。

2. 就簡易程序的轉換，§452規定，檢察官聲請簡易判決處刑案件，經法院認為有§451-1但書情形者，應適用通常程序審判之。

　　但書之情形係指：（1）被告所犯之罪不合§449所定得以簡易判決處刑之案件；（2）法院認定之犯罪事實顯然與檢察官據以求處罪刑之事實不符，或於審判中發現其他裁判上一罪之犯罪事實，足認檢察官之求刑顯不適當者；（3）法院於審理後，認應為無罪、免訴、不受理或管轄錯誤判決之諭知者；（4）檢察官之請求顯有不當或顯失公平者。

　　例如，該案件應諭知無罪、免訴、不受理或管轄錯誤等判決不得依簡易程序為審理。因簡易判決限於「有罪判決」。有罪判決包括免刑判決，第一審法院對於檢察官聲請以簡易判決處刑時，得為免刑之判決。依§449 I規定，法院得因檢察官之聲請，不經通常審判程序，逕以簡易判決處刑。所謂處刑，依§299 I規定係指科刑及免刑之判決而言。且§450 I規定，以簡易判決處刑時，得併科沒收或為其他必要之處分，§450 II並準用§299 I但書的規定。而§299 I但書係就免刑判決所為之規定，故簡易判決時得為免刑之判決。

肆、簡易程序的審理與救濟

一、簡易程序的審理

受聲請之法院應先就聲請之形式為審理，以決定對該項聲請應否以簡易判決處刑，如認為有§451-1但書情形者，應適用通常程序審判（§452）。如認為得以簡易判決處刑，但其聲請處刑於法律上必備之程式有欠缺而其情形可補正者，法院應定期以裁定命其補正。法院審理雖採書面審理之方式，但有必要時，應於處刑前訊問被告（§449Ⅰ但書）。且§453規定，以簡易判決處刑案件，法院應立即處分。故對於簡易判決處刑案件，法院須速為審理與判決。然而雖已聲請處刑，但法院之判決不限於有罪判決之科刑判決，亦得為免刑判決（§450Ⅱ）。2007年3月增訂第§284-1條，除簡式審判程序、簡易程序及§376①、②所列之罪之案件外，第一審應行合議審判。即簡易程序第一審可不行合議審判。

二、簡易判決書的記載

簡易判決應記載下列事項（§454Ⅰ）：

（一）§51Ⅰ的記載

即裁判書除依特別規定外，應記載受裁判人之姓名、性別、年齡、職業、住所或居所；如係判決書，並應記載檢察官或自訴人並代理人、辯護人之姓名（§51Ⅰ）。

（二）犯罪的事實及證據

簡易判決書，僅須記載犯罪之事實及證據，而無庸記載其認定之理由，此乃1990年新修訂者。

（三）應適用的法條

即對於所認定之犯罪事實，列舉其所適用之法令。

（四）§309各款所列事項

即有罪之判決書，應於主文內載明所犯之罪並分別情形，記載右列事項：1.諭知之主刑、從刑或刑之免除；2.諭知有期徒刑或拘役者，如易科罰金，其折算之標準；3.諭知罰金者，如易服勞役，其折算之標準；4.諭知易以訓誡者，其諭知；5.諭知緩刑者，其緩刑之期間；6.諭知保安處分者，其處分及期間。

（五）得提起上訴的曉示

簡易判決雖不經通常審判程序，但其判決仍得提起上訴。判決得為上訴者，其上訴期間及提出上訴狀之法院，應於宣示時一併告知，並應記載於送達被告之判決正本（§314Ⅰ）。只是在簡易判決書亦須為得提起上訴之曉示。但不得上訴之簡易判決，則無庸為上訴之曉示。

三、簡易判決書的簡化

1990年修正刑事訴訟法時，增訂§454Ⅱ，簡易判決書，得以簡略方式為之，犯罪事實得引用檢察官聲請簡易判決處刑書，或起訴書之記載，證據及應用法條，與檢察官聲請簡易判決處分書或起訴書之記載相同者，得引用之。

四、簡易判決書的送達

裁判無論是否曾經宣示，原則均應以正本送達於當事人，使之明瞭裁判內容，俾於法定上訴期間內，得提起上訴。簡易程序因採書面審理，故簡易判決不必宣示，然而仍須送達。關於簡易判決書之送達，使對外發生效力。刑事訴訟法規定，書記官接受簡易判決原本後，應該立即制作正本

為送達並準用§314Ⅱ之規定，亦即，除送達當事人外，亦應送達告訴人、告發人（§455）。為期迅捷，簡易判決之正本規定應立即送達，以別於一般裁判書之正本於七日內送達之規定（§227Ⅱ）。

五、簡易程序的救濟

（一）簡易判決上訴的管轄法院

1990年修正之刑事訴訟法中，有關簡易程序之規定，如§455-1Ⅰ：「對於簡易判決有不服者，得上訴於管轄之第二審地方法院合議庭。」一般之上訴與抗告，應向原審地方法院之上級法院高等法院或其分院為之，然而對於簡易判決之上訴以及對於簡易程序所為裁定之抗告，則係向「管轄之第二審地方法院合議庭」為之，亦即向原為簡易判決或裁定之地方法院合議庭為之，是與一般之上訴與抗告，大不相同。

2007年7月修正§455-1Ⅲ：「第一項之上訴，準用第三編第一章及第二章除第三百六十一條外之規定。」蓋依修正的§361Ⅱ、Ⅲ規定，不服地方法院第一審判決而提起上訴者，其上訴書狀應敘述具體理由；未敘述具體理由者，應於法定期間補提理由書。法院逕以簡易判決處刑之案件，既可不經開庭程序，且簡易判決書之記載較為簡略，其上訴程式宜較依通常程序起訴之案件簡便，俾由第二審地方法院合議庭審查原簡易判決處刑有無不當或違法，故對簡易判決提起上訴，應不能準用§361Ⅱ、Ⅲ規定。

值得注意者，地方法院合議庭撤銷簡易庭之判決，逕依通常程序審判。其所為判決，應為第一審判決而非第二審之判決，依最高法院91台非21判決謂：「地方法院簡易庭對被告為簡易判決處刑後，經提起上訴，而地方法院合議庭認應為『無罪』判決之諭知者，依同法第四百五十五條之一第三項準用第三百六十九條第二項之規定意旨，應由該地方法院合議庭撤銷簡易庭之判決，逕依通常程序審判。其所為判決，應屬於『第一審判決』，檢察官仍得依通常上訴程序上訴於管轄第二審之高等法院。」此判

例見解殊值肯定。

不過，應不限於第二審撤銷第一審有罪判決而改判「無罪」情形。只要簡易判決違反§451-1 IV但書③規定者，亦就是包含免訴、不受理或管轄錯誤判決之諭知者，第二審法院即應自為第一審判決。此外，簡易判決違反§449 III規定者，第二審法院應撤銷原審判決而自為第二審判決，但仍受§449 III規定之限制。第二審法院如須諭知超過刑罰限度之判決時，即應撤銷原審判決而改依通常程序為第一審判決。

（二）不得上訴的簡易判決

根據§455-1 II規定：被告向檢察官表示願受科刑之範圍，經檢察官據以向法院為具體之求刑者；或被告於審判中逕向法院為科刑範圍之表示者，如法院於其表示之範圍內為科刑判決時，被告對之即不得上訴。再者，檢察官依被告之表示為基礎，向法院為具體之求刑者，如法院就求刑之範圍而為科刑判決時，檢察官對之亦應不得上訴。

第九節　協商程序

2004年立法院增訂第七編之一「協商程序」（§§455-2～455-11），確認了我國審判中的認罪（量刑）協商程序。增訂認罪協商制度的立法理由指出，因社會多元發展後，刑事審判的負擔日益嚴重，為解決案件負荷問題，各國均設計簡易訴訟程序，或採認罪協商機制。即使如傳統大陸法系的德國、義大利亦擷取美國認罪協商主義精神，發展出不同認罪協商的制度。

由於我國刑事訴訟制度已朝「改良式當事人進行主義」方向修正，為建構良好審判環境，本於「明案速判，疑案慎斷」之原則，對於進入審判程序之被告不爭執且非重罪案件，允宜適用協商制度，使其快速終結，俾使法官有足夠時間及精力致力於重大繁複案件之審理。且為使協商制度發

揮更大功效，於通常訴訟程序及簡易程序均一律適用。

壹、協商程序的意義

「協商程序」係指檢察官提起公訴之非重罪案件，當事人經法院同意開啟協商程序，於審判外進行求刑相關事項的協商，在當事人達成合意且被告認罪的前提下，由檢察官聲請法院改依協商內容而為協商程序判決。其主要特徵是：審判中始有其適用，且須經檢察官聲請經法院同意後始得開啟協商程序，並限於非重罪案件，且原則上法院應依協商內容加以判決。

「協商程序」與「簡易程序之求刑準協商程序」，有其相似之處。1997年修正刑事訴訟法時，初步引進美國認罪協商程序制度之精神；亦即，檢察官擬聲請簡易判決處刑之輕微案件，被告自白者，得向檢察官表示願受科刑的範圍或願意接受緩刑之宣告，經檢察官同意後記明筆錄，檢察官應受合意拘束，以被告表示為基礎，向法院求刑或為緩刑宣告之請求。

原則上，簡易程序之求刑準協商程序（偵查中之協商程序），檢察官應受合意之拘束，以被告表示為基礎，向法院求刑或為緩刑宣告之請求，法院並應受檢察官求刑之拘束。不過，被告與檢察官未必就科刑等事項協商，且法院在判決前未必訊問被告，故所科之刑以得宣告緩刑、得易科罰金之有期徒刑及拘役或罰金為限，且對於簡易判決當事人原則上得上訴。與「協商程序」不同的是，協商程序之案件，被告與檢察官必然先就科刑等事項協商，法院在判決前必須訊問被告，且所科之刑以宣告緩刑、二年以下有期徒刑、拘役或罰金為限（科刑範圍較簡易程序廣），對於協商程序判決當事人原則上不得上訴。

貳、協商程序的開啓

　　關於「協商程序的開啟」，§455-2 I 規定：「除所犯為死刑、無期徒刑、最輕本刑三年以上有期徒刑之罪或高等法院管轄第一審案件者外，案件經檢察官提起公訴或聲請簡易判決處刑，於第一審言詞辯論終結前或簡易判決處刑前，檢察官得於徵詢被害人之意見後，逕行或依被告或其代理人、辯護人之請求，經法院同意，就相關事項於審判外進行協商，經當事人雙方合意且被告認罪者，由檢察官聲請法院改依協商程序而為判決。」

　　以下就與開啟協商有關事項之「允許協商之案件」、「聲請協商之時期」、「檢察官聲請及被告認罪」、「法院同意協商程序」依序說明如下：

一、允許協商的案件

　　何種案件可以協商，主要是參酌「我國國情、簡易判決處刑、簡式審判程序之適用範圍等各種情況」，如同允許進行簡式審判程序之求刑協商的案件一般，僅限於「所犯為死刑、無期徒刑、最輕本刑三年以上有期徒刑之罪或高等法院管轄第一審案件」以外之案件；亦即，限於「非重罪或高等法院管轄第一審外」之犯罪案件，故本次增訂協商程序，並非全面引進有如美國徹底當事人主義下的認罪協商，而是在改良式當事人進行主義下的有限度之量刑協商，仍然嚴格限制範圍，不允許當事人可以任意處分刑罰權的內容。

二、聲請協商的時期

　　協商程序，為確保法院審判公正客觀性及兼顧被害人權益之維護，修正刑事訴訟法僅採行「審判中之協商程序」；亦即，唯有案件經檢察官提起公訴或聲請簡易判決處刑後，於第一審言詞辯論終結前或簡易判決處刑前，始得依§455-2 I 進行協商程序。故檢察官依通常程序起訴的案件，不論是否改為簡式審判程序，於第一審言詞辯論終結前，均得進行協商程

序。且檢察官聲請簡易判決處刑之案件，於法院簡易判決處刑前，亦得進行協商程序。

　　至於偵查階段檢察官與被告應能進行協商。換言之，檢察官在偵查階段仍得與被告進行協商，但在達成協商合意後，仍必須對被告之犯罪行為起訴，再聲請法院改依協商程序而為判決。因此，此種偵查中「非正式」協商，仍須再依§455-2進入審判程序中進行協商。

三、檢察官聲請及被告認罪

　　由於檢察官聲請是開啟協商程序之樞紐，故檢察官有權向法院聲請進行協商程序，被告或自訴人並無聲請法院同意之權。檢察官聲請法院同意的方式，可以書面或言詞為之。例如，以言詞聲請者，應於準備程序或審判期日以言詞為之，由法院書記官將聲請協商判決之意旨及協商程序之內容記明筆錄，以為憑據；如以書面聲請者，聲請書應記載聲請協商判決之意旨及協商程序之內容。協商之案件，被告表示所願受科之刑逾有期徒刑六月，且未受緩刑宣告者，應檢附公設辯護人、指定或選任律師協助進行協商之證據，例如：檢察官製作之協商紀錄等；又協商合意之內容含有被告應向被害人道歉或支付相當數額之賠償金者，並應提出被害人同意之證明。

　　至於法官得否參與協商程序之進行，雖然§455-2之立法理由指出：各國因立法不同而法官參與協商程序程度不一，但若從該條文中之「審判外進行協商」等語視之，法院不應介入檢察官與被告間之協商程序，這除了確保法院裁判之公正性及客觀性外，蓋若允許法官介入檢察官與被告間之協商，將導致法官球員兼裁判的角色，且難保被告因懼怕若未接受協商將會遭受法院為更不利於己判決之疑慮，故為促使被告能在自由意志下與檢察官為協商之合意，法院應不得參與協商之進行。

　　另外，由於§451-1Ⅰ、Ⅱ均以被告自白為前提，始有其適用，是以修正刑事訴訟法協商程序，亦規定「被告認罪」始得協商。所謂「被告認

罪」，係指被告對檢察官起訴之罪名與法條予以承認並無爭執者。

四、法院同意協商程序

　　檢察官提起公訴後，訴訟程序如何進行屬於法院職權，檢察官如擬進行協商程序，勢必影響訴訟程序之進行，是以檢察官於審判中如擬進行協商程序，自應取得法院同意，也就是必須在檢察官提起公訴後，或聲請簡易判決處刑後，案件已經進入法院後經由法院同意後進行協商，故§455-2Ⅰ規定：「檢察官得於徵詢被害人之意見後，逕行或依被告或其代理人、辯護人之請求，經法院同意進行協商。」需注意者，僅須尊重被害人之意見但不受其意思之拘束。

　　宜注意的是，「經法院同意」是指檢察官進行協商應通知法官，讓法官能暫時停止審判，暫留三十日讓檢察官與被告商談，不宜解釋為檢察官之聲請協商必須是經過法院之同意為「合法前提要件」較具彈性，故若是未事前經過法院同意而為之協商合意，法院得否據此認為協商不合法而拒絕為協商判決？其實，若將「經法院同意」解釋並非是檢察官與被告進行協商程序之必要條件時，檢察官與被告若有事前未經過法院同意即逕為協商程序並為協商合意的情形時，應認為除非有§455-4的法院不得為協商判決之情形外，法院仍須為協商之判決，故「經法院同意」應係指通知或告知之訓示規定，即原則上法院不得任意拒絕當事人之聲請協商，如此，將程序的解釋富於彈性，也較能達到協商程序之靈活運用。

參、協商程序的進行

　　協商程序的進行，需注意下列事項：

一、得協商的內容及期間

　　法院同意檢察官之聲請於審判外進行協商程序後，檢察官即得就下列

事項，進行協商：

1. 被告願受科刑之範圍或願意接受緩刑之宣告：由於協商判決係不經言詞辯論之判決，被告的權利比接受通常審判程序多所限制，故對其宣告的刑度，必須有一定限制始符合程序實質正當之要求。是以§455-4Ⅱ後段規定：「法院為協商判決所科之刑，以宣告緩刑、二年以下有期徒刑、拘役或罰金為限。」即指被告與檢察官之求刑協商，僅能於上開範圍內協商，如逾其範圍，法院自不受拘束。所謂「願受科刑之範圍」，除主刑外，應包括從刑在內。

2. 被告向被害人道歉。道歉能讓當事人間的傷害有某種程度修復作用，宜多加利用，道歉應不拘泥於形式。

3. 被告支付相當數額的賠償金。

4. 被告向公庫或指定公益團體、地方自治團體支付一定之金額。

　　關於「得協商之期間」是指，檢察官經法院同意進行協商程序後，應於「三十日內」就以上事項與被告達成協議（§455-2Ⅲ）。另外，如檢察官就「被告向被害人道歉」及「被告支付相當數額的賠償金」兩事項與被告協商時，應徵得被害人同意，始得為之（§455-2Ⅱ）。

二、法院的告知義務

　　由於協商是由檢察官與被告在「審判外」進行，基本上是在「自由形成」的談判架構下達成，不像法院實施審判程序時須進行言詞辯論，被告亦無各項法定程序可資主張。且協商的結果將拘束法院，就算對判決不服，基本上也限制將來上訴之機會。因此，相較於熟悉法律的檢察官，通常處於弱勢，如沒有辯護人幫助被告，提供其在同意協商前所具有各種決定所帶來的效果及「預測可能性」，就顯得重要。

　　依照§455-3Ⅰ規定，為確保協商程序之正當性，「法院負有告知義務」，亦即，法院應於接受協商程序之聲請後十日內，訊問被告並告以所認罪名、法定刑及所喪失之權利。例如，受法院依通常程序公開審判之權

利、與證人對質詰問之權利、保持緘默之權利、法院如依協商合意而為判決時，除有特殊情形外（§455-4 I 各款所定情形之一或協商判決違反§455-4 II）不得上訴，法院必須於確認被告係自願放棄前述權利後，始得作成協商判決。

三、辯護權的保障

依實務上統計之刑事訴訟案件，被告享有辯護權的案件仍為少數。被告在協商程序中，居於弱勢的被告如無辯護人扶助，面對強勢檢察官逼迫協商，實有加強被告辯護權之必要，故§455-5 I 規定：「協商之案件，被告表示所願受科之刑逾有期徒刑六月，且未受緩刑宣告，其未選任辯護人者，法院應指定公設辯護人或律師為辯護人，協助進行協商。」以期能確實保障被告之權益。被告亦可以口頭或書面請求法院指定公設辯護人或律師協助其協商。

至於，辯護人於協商程序中，得就事實上及法律上之事項陳述意見。但為尊重被告程序主體上的地位，且避免辯護人不斷鼓吹被告協商，影響被告協商之自由意志，辯護人不得與被告明示之協商意見相反（§455-5 II）。

不過，本條的落實須有配套措施相支援，例如「協商室」要設立在哪裡較妥？另外，若違反指定辯護的規定所達成協商合意的法律效果為何？能否認為當然違背法令？都需留待將來修法補充。

四、禁止使用不利陳述

由於在協商程序中，被告可能為取得檢察官之合意，會透露出有關不利於己之自白，只是被告與檢察官在協商程序中對於犯罪行為為自白，嗣後經檢察官向法院聲請協商判決時所拒絕，如果允許檢察官以被告在協商程序中所為之不利供述作為指控被告涉嫌犯罪之證據，或是作為指控其他共犯之不利證據，被告恐將退怯與檢察官進行協商程序，故此次增訂

§455-7規定：「法院未為協商判決者，被告或其代理人、辯護人在協商過程中之陳述，不得於本案或其他案件採為對被告或其他共犯不利之證據。」讓被告較能寬心的與檢察官協商。

至於，被告若經法院為協商判決後，其在協商程序中所指稱之供述，可否作為指證其他共犯之證據？是否為傳聞法則之例外情形？對於此一看法，本來司法院與民間司改會兩者間之立論不同，司法院認為應得作為證據而具證據能力，後者則以為，應不得採做認定其他共犯之證據；經過協商後，採司法院見解承認該協商程序被告之指證，係屬§159-1傳聞法則例外之情形，而具有證據能力，但在立法理由中則載明：「……法院應審酌此等陳述係在協商過程所取得，更應確保其他被告及共犯之對質詰問權得以有效行使」，因此，法院在實務運作時，應注意雖該被告於協商程序中所指證之證詞具有證據能力，但為落實其他共犯對質詰問權之保障，宜以傳喚被告到庭作證為當。

五、協商的調查

法院受理檢察官之聲請為協商判決後，為確保協商程序之正當性，應於接受前條之聲請後十日內，訊問被告並告以所認罪名、法定刑及所喪失之權利（§455-3 I）。法院訊問被告時，仍應注意履行所定之告知義務。於確認被告係自願放棄前述權利後，法院始得作成協商判決。

由於，協商程序之適用係以被告自白犯罪事實及其所犯非重罪案件為前提，為求司法資源之妥適及有效運用，協商程序案件之證據調查程序應予簡化，故無須適用傳聞法則，法院亦無庸行合議審判，因此§455-11 II規定：「第一百五十九條第一項、第二百八十四條之一之規定，於協商程序不適用之。」

肆、協商合意的撤銷與協商判決聲請的撤回

一、協商合意的撤銷

　　協商程序之進行，被告放棄其依通常程序審判上之多項權利，為避免事後被告後悔，無法救濟，並保障被告憲法上所賦與的訴訟基本權，故§455-3Ⅱ前段規定：「被告得於前項程序終結前，隨時撤銷協商之合意。」要求法院回復通常或簡式審判程序或仍以原簡易判決處刑。至於合意撤銷之方式，可以言詞或書面為之。

二、協商判決聲請的撤回

　　檢察官如在協商過程中與被告有所協議，但是後來卻發現「被告違反協議之內容時，檢察官亦得於前項程序終結前，撤回協商程序之聲請。」由於「協議之內容」並不以§455-2Ⅰ所列各款事由為限，條文規定「撤回協商程序之聲請」（§455-3Ⅱ後段），係指撤回檢察官聲請法院改依協商程序而為判決之「聲請」，因為該協商程序早已進行，當事人業已達成協商合意，自無從撤回協商「程序」。相對於此，若被告已履行協商合意之內容，但檢察官不遵守承諾向法院為協商程序之聲請，此時救濟方法為被告得請求強制執行雙方的協商決議，或准許被告撤回認罪不向法院具體求刑。

伍、法院的裁判

一、裁定駁回聲請

　　協商程序中，法院有最終審核權，因此法院對協商之聲請，認有§455-4Ⅰ各款所定情形之一者，應以裁定駁回之，轉而適用通常、簡式、簡易審判程序。此項裁定屬於訴訟上之裁定，故不得加以抗告（§455-6Ⅱ）。至於§455-4Ⅰ各款所定情形之一，主要是指：

1. 有撤銷合意或撤回協商聲請之情形者：若被告依§455-3Ⅱ規定撤銷協商合意時，或檢察官撤回協商判決之聲請，協商之基礎既已不存在，法院自不得為協商判決。

2. 被告之意思非出於自由意志者：被告為認罪協商，乃放棄依通常審判程序權益之保護，且協商判決確定後不得上訴，故法官在判決前，應審查並確認檢察官與被告初步協商之合意係出於自由意願，否則不得為協商判決，以保障被告權益。

3. 協商之合意顯有不當或顯失公平者：依§451-1Ⅳ④規定：「檢察官之請求顯有不當或顯失公平者。」法院無須為檢察官求刑之範圍內或緩刑宣告之判決。基於相同法理若於「協商程序之合意顯有不當或顯失公平者」，法院亦不得為協商判決。

4. 被告所犯之罪非§455-2Ⅰ所定得以聲請協商判決者：協商程序僅限「非重罪之案件」始得進行協商程序，如不屬於「非重罪之案件」即不得進行協商程序，故若非§455-2Ⅰ所定得以聲請協商判決者，法院自不得為協商判決。

5. 法院認定之事實顯與協商合意之事實不符合者：所謂「法院認定之事實」，係指法院所定的「犯罪事實」，至於雙方合意的「事實」，係指賦予法律評價之法律概念事實而言，非指實際上之具體犯罪事實亦為協商對象。

6. 被告有其他較重之裁判上一罪之犯罪事實者：依§451-1Ⅳ②規定：「法院認定之犯罪事實顯然與檢察官據以求處罪刑之事實不符，或於審判中發現其他裁判上一罪之犯罪事實，足認檢察官之求刑顯不適當者。」法院無須在檢察官求刑或緩刑宣告請求之範圍內為判決。同理於協商程序，如「被告有其他較重的之裁判上一罪之犯罪事實者」，法院亦不得為協商判決。

7. 法院認應諭知免刑或免訴、不受理者：有無欠缺訴訟條件或應否為免刑判決之情形，屬法院應依職權調查之事項，非當事人得自由協商之項目，故如欠缺訴訟條件或應為免刑判決，基於被告之妨訴利益，法院不

應為協商判決。

二、為協商的判決

法院經過調查，如未發現有上述必須裁定駁回聲請之理由，就必須為協商之判決。

首先，法院受理檢察官協商判決之聲請後，經調查結果發現，若無§455-4 I所定不得為協商判決之消極事由時，法院應「不經言詞辯論」，於協商合意範圍內為判決（§455-4 II前段）。

接著，協商判決之內容，以宣告緩刑、二年以下有期徒刑、拘役或罰金為限（§455-4 II後段）。當事人如有§455-2 I ②～④款之合意（亦即，被告向被害人道歉、被告支付相當數額之賠償金、被告向公庫或指定之公益團體、地方自治團體支付一定之金額），法院應記載於筆錄或判決書內（§455-4 III）。法院依協商範圍為判決時，§455-2 I ③（被告支付相當數額之賠償金）、④（被告向公庫或指定之公益團體、地方自治團體支付一定之金額），並得為民事強制執行名義（§455-4 IV）。

最後，為協商判決內容後，應製作與送達協商判決書，協商判決書之製作及送達，準用§§454、455（§455-8），亦即，法院為協商判決後，書記官應立即製作協商判決書正本或宣示判決筆錄正本或節本，送達於當事人、辯護人、代理人、告訴人、告發人。為減輕法官製作裁判書之負擔，法院接受協商所為之協商判決，得僅由書記官將主文、犯罪事實要旨及處罰條文記載於宣示判決筆錄，以代判決書。但於宣示判決之日起十日內，當事人聲請法院交付判決書者，法院仍應為判決書之製作。前項筆錄正本或節本之送達，準用§455之規定，並與判決書之送達有同一之效力（§455-9）。不過，「犯罪事實要旨」之記載，應記載足資認定既判力範圍之犯罪事實要旨，以杜爭議。

陸、對協商判決的上訴

一、限制上訴為原則

由於協商程序事前須經當事人同意，故為了避免曠時費力於無益之程序，原則上不得上訴（§455-10 I 前段）。

不過，為兼顧裁判正確，妥適及當事人的訴訟權益，§455-10 I 但書規定，有§455-4 I 各款所定情形之一，或協商判決違反同條第2項之規定者，不在此限。例如：1.有撤銷合意或撤回協商聲請者；2.被告協商之意思非出於自由意志者；3.被告所犯之罪非得以聲請協商判決者；4.被告有其他較重之裁判上一罪之犯罪事實者；5.法院認應諭知免刑、免訴或不受理者，均屬得上訴之例外情形。

二、上訴審的調查與決定

除了限制上訴，對於第一審協商判決例外允許提起上訴救濟者，立法者也採取限制審查的態度，故第二審法院之調查僅限於上訴理由所指摘之事項為限（§455-10 II）。且第二審法院認為上訴有理由者，應將原審判決撤銷，並不自行調查，而將案件發回第一審法院依判決前之程序更為審判（§455-10 III）。

第十節　沒收特別程序

為配合刑法沒收制度的重大變革，2016年本法除了增修扣押的相關規定以外，更增訂「沒收特別程序」專編（第七編之二，§§455-12～455-37），希望能夠達成「無人能因犯罪獲利」的司法正義目標。沒收特別程序，為國家剝奪人民財產的正當程序，沒收及其替代手段追徵（§3-1）等皆應遵循；在規範上，可以分為第三人參與沒收程序、單獨宣告沒收程序。

壹、第三人參與沒收程序

沒收的對象及客體（刑法§§38、38-1），除了違禁物、被告的「供犯罪所用、犯罪預備之物或犯罪所生之物」或「犯罪所得」之外；也可能是第三人取得的犯罪所得，即當該第三人是因為明知他人違法行為而取得，因他人違法行為而無償或以顯不相當的對價取得，或者被告為第三人實行違法行為，並使其取得等情形，本於「無人能因犯罪獲利」的司法正義目標，亦應對該第三人施以沒收。

必須說明的是，此所指的「第三人」，觀諸刑法§§38、38-1規定，應指「犯罪行為人以外之人（含自然人、法人或非法人團體）」。最高法院有進一步表示：「共同正犯因相互利用他方之行為，以遂行其犯意之實現，本於責任共同之原則，有關沒收部分，雖屬其他共同正犯所有、供犯罪所用之物，亦應於各共同正犯科刑時，併為沒收之諭知。從而，倘該得沒收的供犯罪所用之物，係屬共同犯罪行為人（本人）者，無論其人是否為共同被告，仍得僅在被告本人之刑事訴訟程序中為調查、辯論、審判」，所以無開啟第三人參與沒收程序的必要；但是，「本案所認定之共同犯罪行為人，如果未在本案一起被訴而為共同被告時，縱然日後未據起訴，或起訴後經他案為不同之認定確定，不屬該犯罪的共同行為人者」，仍可依§455-29向本案判決法院，聲請撤銷該沒收部分的確定判決（最高法院106台上1778判決）。

是故，沒收可能涉及第三人財產；而對於因確定判決，財產可能被沒收的第三人，為保障其財產權，應認為其具有程序主體地位，故本法設有「第三人參與沒收程序」，使第三人有參與程序的權利，以及尋求救濟的機會。對此，在規範上可以分為三個部分：第三人參與沒收程序的程序開啟，參與後的審判程序規定，以及對於參與沒收程序的判決救濟。

一、程序開啟

第三人參與沒收程序的開啟，可能是聲請參與，也可能是職權命參

與。無論是聲請參與，或職權命參與，「於自訴程序、簡易程序及協商程序之案件準用之」（§455-12 Ⅳ）。

（一）聲請參與

得聲請參與第三人參與沒收程序者，有財產可能被沒收的第三人、檢察官。檢察官於提起公訴時，已經認定應沒收第三人財產，檢察官應通知該第三人，使該涉及財產可能被沒收的第三人，有向法院聲請參與程序的機會。又，隨著刑事訴訟的進行，於審理程序中，可能發生第三人財產可能被沒收的情形，此時涉及財產沒收利害的第三人，應有向法院聲請參與程序的權利；又若是檢察官認為應沒收第三人財產，亦得聲請之。

1.第三人聲請

第三人於本案最後事實審言詞論終結前，得向該管法院聲請參與沒收程序；此聲請應以書狀為之，且其中應記載：本案案由；被告的姓名、性別、出生年月日、身分證明文件編號或其他足資辨別的特徵；參與沒收程序的理由；表明參與沒收程序的意旨（§455-12 Ⅰ、Ⅱ）。

2.檢察官聲請

檢察官在偵查中，可能便有發現有第三人財產應沒收的情形；然而，在刑事追訴上，人民居於弱勢，為體現正當法律程序，檢察官應於提起公訴前，便通知該第三人，給予陳述意見的機會（§455-13 Ⅰ）。若檢察官提起公訴時，認為應沒收第三人財產，應於起訴書記載沒收第三人財產的意旨，並且通知第三人，以保障第三人的程序權益。通知第三人的事項有：本案案由及其管轄法院；被告的姓名、性別、出生年月日、身分證明文件編號或其他足資辨別的特徵；應沒收財產的名稱、種類、數量及其他足以特定的事項；構成沒收理由的事實要旨及其證據；以及第三人得向管轄法院聲請參與沒收程序的意旨（§455-13 Ⅱ）。

於審理程序進行中，檢察官認應沒收第三人財產時，得以言詞或書面向法院聲請（§455-13 Ⅲ）。在審理中，沒收的調查與認定，屬於法院職

權進行的事項，但檢察官仍負協力義務，其自得以言詞或書面向法院聲請，請求法院裁定命該第三人參與。法院應注意就關於沒收第三人財產的事項，除依法應裁定命第三人參與沒收程序的情形外，其餘則於所附隨的本案終局判決中，為必要的裁判及說明便足。

又，實務上有認為，針對刑事被告沒收程序，若檢察官未聲請沒收，法院未依職權宣告沒收，並不違法；沒收判決亦應有不告不理的適用。因此，第三人參與沒收程序，若檢察官未於起訴書聲請，亦未於審理中聲請沒收該第三人財產，法院不應依職權裁定命該第三人參與沒收程序，若有需要，應曉諭檢察官為聲請（最高法院106台上1658判決）。

3.關於聲請的裁定

對於聲請人的聲請，若法院認為聲請參與沒收程序，不合法律上程式或法律上不應准許或無理由者，應以裁定駁回之；但其不合法律上程式可補正者，應定期間先命補正（§455-16Ⅰ）。法院的駁回裁定，對於聲請人而言，等於使第三人無法參與程序，攸關其權益甚鉅，所以依法本得提起抗告。

若聲請人的聲請，合於法律上程式，且法院認為聲請參與沒收程序有理由者，應為准許裁定；對於准許裁定，不得抗告（§455-16Ⅱ、Ⅲ）。聲請人參與沒收程序的聲請，經法院裁定准許，等於第三人將參與沒收程序，究竟應否沒收第三人的財產，於本案程序中加以釐清便可，所以沒有提出抗告救濟的必要。

准許第三人參與沒收程序的裁定，「應記載訴訟進行程度、參與之理由及得不待其到庭陳述逕行諭知沒收之旨。」（§455-17）此係為落實對於第三人的程序保障，所以於裁定中規定記載事項，使第三人知悉訴訟進度、參與理由，以方便其進行訴訟上的攻防；同時告以不到庭陳述，法院得逕行諭知沒收的法律效果，使第三人重視沒收程序，進而參與。

又，§455-25規定，「法院裁定第三人參與沒收程序後，認有不應參與之情形者，應撤銷原裁定。」當法院依聲請裁定准許第三人參與沒收程

序後，發現有不應參與的情形，例如應沒收的財產明顯非屬參與人所有，參與人已陳明對於沒收不提出異議，或檢察官表明無沒收參與人財產必要而法院認為適當者，原所為參與沒收程序的裁定自應撤銷，以免徒增本案訴訟不必要的程序負擔。

（二）職權命參與

沒收程序的參與，除了由第三人或檢察官提出聲請之外，若「法院認有必要時，應依職權裁定命該第三人參與沒收程序。」（§455-12 Ⅲ）沒收屬於法院應依職權調查的事項，若依卷證顯示本案沒收可能涉及第三人財產，而該第三人未聲請參與沒收程序時，法院自應依職權裁定命該第三人參與。同樣的，§455-25規定，「法院裁定第三人參與沒收程序後，認有不應參與之情形者，應撤銷原裁定。」

不過，第三人已陳明對沒收不異議者，法院自無命該第三人參與沒收程序的必要。簡言之，法院認有第三人沒收參與程序的必要，但第三人或檢察官均未提出聲請的時候，原則上，法院應以職權裁定命第三人參與，除有例外情形，即「第三人向法院或檢察官陳明對沒收其財產不提出異議者」，可以毋庸職權命第三人參與（§455-12 Ⅲ但書）。

二、參與程序

當法院因聲請而裁定准許第三人參與沒收程序，或依職權以裁定命第三人參與沒收程序時，第三人將以參與沒收程序的審判。關於參與沒收程序的審判，除本第七編之一有特別規定外，準用本法第二編第一章第三節的規定（§455-28）。

惟應注意的是：第一，無論本案訴訟原先是否適用通常程序或非通常程序，皆轉為通常程序；但參與沒收程序的通常程序，與本案的通常程序適用上，仍有差別，如告知義務的內容、調查證據或言詞辯論的程序等。第二，參與沒收程序是，財產可能被沒收之第三人的權利，原則上準用被

告在訴訟法上的權利，但畢竟該參與沒收程序的第三人，與本案訴訟的被告不同，所以仍有特別規定。

（一）適用通常審判程序

經法院裁定第三人參與沒收程序者，原先適用簡易程序、協商程序的案件，均改為適用通常程序審判（§455-18）。因為，簡易或協商程序案件，因被告自白或認罪，就起訴的犯罪事實並無爭執，案情已臻明確，審理程序或證據調查，均較通常程序簡化，若經裁定第三人參與沒收程序，自應進行程序轉換，改依通常程序審判，以保障參與訴訟之第三人的訴訟權利。

進入沒收程序的審判程序後，於審判期日，審判長依§455-22有告知義務，應向到場的參與人告知：構成沒收理由的事實要旨；訴訟進行程度；得委任代理人到場；得請求調查有利的證據；以及除本法另有規定外，就沒收其財產的事項，準用被告訴訟上權利。告知義務的踐行，乃在於保障參與沒收程序的第三人，在程序上的權利保障。

雖然改適用通常程序，但參與沒收程序的證據調查，並不適用交互詰問的規定（§455-23）。此乃著眼於訴訟程序的順暢進行。因為，參與沒收程序是附麗於被告本案訴訟的程序，為避免參與沒收程序過於複雜，致使本案訴訟程序延宕，加以參與人依§166 I 規定，得詰問證人、鑑定人或被告，應足以保障參與人訴訟上權益，所以§§166 II～VI、166-1～166-6的交互詰問規定，就不適用。

又參與沒收程序的言詞辯論時，依§455-24 I，「參與人就沒收其財產事項之辯論，應於第二百八十九條程序完畢後，依同一次序行之。」也就是說，附麗於本案訴訟的參與沒收程序，必須待本案訴訟的言詞辯論完畢，方才依照§289 I 的次序，即檢察官、參與人、辯護人的次序進行言詞辯論。

再者，因財產可能被沒收而參與沒收程序的第三人，得於本案訴訟中到場為陳述意見等必要的訴訟行為，係提供其程序保障的權利規定，除法

院認有必要而命其到場之情形外，原則上參與人並無到場的義務（§455-21）。是故，參與人及其委任的代理人，無正當理由而未到庭，或到庭但拒絕陳述時，法院得逕行裁判。§455-24Ⅱ乃規定，「參與人經合法傳喚或通知而不到庭者，得不待其陳述逕行判決；其未受許可而退庭或拒絕陳述者，亦同。」

（二）參與人的權利保障

國家沒收人民財產，是對人民基本權的侵害，不亞於刑罰，故對因財產可能被沒收而參與訴訟程序的第三人，應賦予其與被告相同，或近似於被告的程序保障。§455-19規定，「參與人就沒收其財產之事項，除本編有特別規定外，準用被告訴訟上權利之規定。」於此之中，對於參與人的權利保障，比較需要特別說明的是：

1. 資料請求權（§455-20）：審判期日、沒收事項等相關訴訟資料，攸關參與人的權利，應通知並送達參與人。

2. 委任代理權（§455-21）：參與沒收程序是第三人的權利，原則上其得委由代理人參與之。委任代理人參與時，準用§§28～30、32、33Ⅰ、35Ⅱ，即參與人代理人的人數與資格限制、權限及其應向法院提出授權證明文件等準用規定。但是，法院認為有必要時，得命參與沒收程序的第三人本人到場；命參與人本人到場的時候，應傳喚，若經傳喚而無正當理由不到場，得拘提。

3. 防禦權：§455-22的法院告知義務，對參與人而言，是應受告知的權利。若知悉相關內容，將有助於訴訟上的防禦。又，依§455-23的反面解釋，雖沒收程序無交互詰問規定的適用，但參與人仍享有詰問權，依§166Ⅰ規定，得詰問證人、鑑定人或被告。

三、救濟程序

經參與沒收程序的審理後，依§455-26，法院認為參與人財產應沒收

者，應對參與人諭知沒收該財產的判決；認不應沒收者，應諭知不予沒收的判決。無論是否沒收參與人財產，均應記載其裁判的主文、構成沒收的事實與理由；理由內應分別情形，記載認定事實所憑的證據，認定應否沒收的理由，對於參與人有利證據不採納的理由，以及應適用的法律。

應注意的是，沒收參與人財產的判決「應與本案同時判決。但有必要時，得分別為之。」（§455-26 Ⅲ）沒收第三人財產的訴訟程序，與認定被告罪責的本案訴訟程序，同以被告的刑事違法行為存在為前提，除因法律上或事實上原因，致無法對被告為刑事追訴或有罪判決外，原則上二者應同時進行、同時裁判，以免裁判結果互相扞格，並符合訴訟經濟。不過，法院裁定參與沒收程序後，本案訴訟有法律上或事實上原因，導致無法賡續進行、裁判，或其他必要情形，法院自得先就參與沒收部分判決。

對於應參與人財產的判決，如若參與人不服，自得依法提出救濟。關於救濟的程序有二，其一是通常救濟程序（§§455-27、455-28）；其二是，非因第三人的過失而為參與沒收程序，於沒收財產判決確定時方才知悉的非通常救濟程序（§§455-29～455-33）。

參與沒收程序的上訴及抗告，除本第七編之一有特別規定外，準用本法第三編及第四編的規定（§455-28）。

（一）通常救濟程序

依據§455-27 Ⅰ規定，「對於本案之判決提起上訴者，其效力及於相關之沒收判決；對於沒收之判決提起上訴者，其效力不及於本案判決。」該條項前段的規定是，只要本案判決上訴，無論是針對本案違法行為或沒收上訴，其上訴效力及於參與人財產沒收的判決。此乃因為，沒收參與人財產的前提要件之一，是以本案被告有刑事違法行為存在；今本案判決上訴，若經上訴審法院變更，勢必影響沒收判決，故若不將沒收部分受本案判決上訴效力所及，視同一併上訴，恐怕將生裁判矛盾的情形，不僅損及司法威信，也造成執行沒收上的困擾。事實上，亦可將前段的規定，視為上訴不可分的展現，因為參與沒收程序的沒收判決部分，屬於本案判決的

「有關係之部分」（§348 II），所以一旦本案判決上訴，效力及於有關係的參與人財產沒收判決。

至於§455-27 I的後段是，若僅對參與人的沒收判決上訴，其效力不會及於本案判決。沒收是附隨於本案被告違法行為存在的法律效果，若當事人就本案判決的認定結果已無不服，為避免因沒收參與程序部分的程序延滯所生不利益，僅就參與人財產沒收的判決提起上訴者，其效力自不及於本案判決。

倘係§455-27 I後段的上訴情形，也就是參與人針對自身財產被沒收的判決提起上訴時，原則上「不得就原審認定犯罪事實與沒收其財產相關部分再行爭執。」（§455-27 II）綜合§455-27 I後段、II可知，沒收程序的參與人，即是沒收程序主體，法院沒收財產的判決也是以參與人為諭知對象，故參與人本人就是受判決人，所以有獨立上訴的權利。當本案當事人未上訴，即可認為原判決認定的犯罪事實已經沒有爭執，既然如此，附隨於本案判決的沒收參與人財產判決，不宜再爭執本案判決，以免造成裁判矛盾或訴訟遲延。

不過，若參與人有：非因過失，未於原審就犯罪事實與沒收其財產相關部分陳述意見或聲請調查證據；參與人以外，得爭執犯罪事實的其他上訴權人，提起第二審上訴爭執犯罪事實與沒收參與人財產相關部分；或原審有§420 I ①②④⑤情形等，則例外可以就原審認定犯罪事實，與沒收參與人財產的相關部分，再行爭執（§455-27 II但書）。

（二）非通常救濟程序

若財產被沒收的第三人係「非因過失，未參與沒收程序者」，其遲至法院的沒收判決確定後，方才知悉自身財產遭受沒收，「得於知悉沒收確定判決之日起三十日內，向諭知該判決之法院聲請撤銷」（§455-29 I）。此回復權利的機制，著眼於正當法律程序的要求。畢竟被沒收財產的第三人，之所以未參與程序，是因不可歸責的事由；既然在判決確定前，未能提供該第三人合法的程序保障，自應容許其向法院聲請撤銷改判。不過，

於此同時，亦應兼顧法律秩序的安定，而得限制該非因過失而未參與沒收程序的第三人，所以「自判決確定後已逾五年者，不得為之。」（§455-29 I 但書）。

　　非因過失，未參與沒收程序的第三人，若要對確定的沒收判決，於法定期間內，提出撤銷的聲請，因以書面記載：本案案由；聲請撤銷宣告沒收判決的理由及其證據；遵守不變期間的證據（§455-29 II）。然而，依§455-30規定，「聲請撤銷沒收確定判決，無停止執行之效力。」聲請撤銷沒收的確定判決，屬於事後程序，旨在使未經合法程序即遭沒收財產的所有人，得重新經由正當程序主張權利。至於將來重新審判結果，未必與原沒收的確定判決結果不同，是撤銷沒收確定判決，原則上對原確定判決不生影響，自無停止檢察官執行判決的效力。又為避免執行程序於撤銷沒收確定判決的裁定確定前即已終結，導致財產所有人權益受損，故於§455-30但書明定，「管轄法院之檢察官於撤銷沒收確定判決之裁定前，得命停止。」

　　對於撤銷沒收確定判決的聲請，法院應依§455-31，「通知聲請人、檢察官及自訴代理人，予其陳述意見之機會」，藉此判斷原沒收確定判決前的審理程序，是否符合正當法律程序。若前開聲請，法院認為不合法律上程式，或法律上不應准許或無理由者，裁定駁回之；但法律上欠缺的程式可以補正者，應定期先命補正（§455-32 I）。反之，若法院認為聲請撤銷有理由，則「應以裁定將沒收確定判決中經聲請之部分撤銷」（§455-32 II）。

　　無論是駁回或撤銷的裁定，不服者均得提起抗告、再抗告（§455-32 III）。惟應說明是，沒收確定判決應否撤銷的裁定，經抗告後，依§415規定，原本不得再抗告；但是，其涉及被沒收的第三人財產權，對該第三人利害關係重大，所以抗告法院裁定後，應賦予再救濟的機會，故明文「得提起再抗告」。

　　最後，§455-33規定，「撤銷沒收確定判決之裁定確定後，法院應依判決前之程序，更為審判。」原沒收確定判決經撤銷後，該部分自應由原

審法院回復判決前的狀態，且聲請人於原訴訟程序回復後，當然參與沒收程序，如此重新踐行合法程序，依法審判，以符合正當程序的要求。

貳、單獨宣告沒收程序

在特別沒收程序中，除了第三人參與沒收程序外，另有由檢察官聲請法院裁定沒收的單獨宣告沒收程序。依§§455-34、455-35規定，檢察官聲請違法行為地的法院、沒收財產所在地的法院、財產所有人住居所或所在地的法院，以裁定單獨宣告沒收。檢察官的聲請，必須以書狀為之，其中記載：應沒收財產的財產所有人姓名、性別、出生年月日、住居所、身分證明文件編號或其他足資辨別的特徵，但財產所有人不明時，得不予記載；應沒收財產的名稱、種類、數量及其他足以特定沒收物或財產上利益的事項；應沒收財產所由來的違法事實及證據並所涉法條；構成單獨宣告沒收理由的事實及證據。

檢察官單獨聲請法院宣告沒收的場合是，為§253不起訴、§253-1緩起訴時，「對刑法第三十八條第二項、第三項之物及第三十八條之一第一項、第二項之犯罪所得」為之（§259-1）。在刑法沒收制度於2016年產生重大變革後，沒收與犯罪有密切關係的財產，已經不以被告所有者為限，且沒收的標的，除了供犯罪所用之物、犯罪預備之物、犯罪所生之物及犯罪所得。

對於檢察官單獨宣告沒收的聲請，法院認為聲請不合法律上程式，或法律上不應准許或無理由，應以裁定駁回；若法院認為，聲請有理由，則應為准許的裁定。無論是駁回或准許的裁定，對此不服者均得提起抗告、再抗告（§455-36 Ⅲ）。

又，單獨宣告沒收程序，雖然不同於參與沒收程序附隨於刑事本案訴訟，對沒收人民財產的事項進行審理，但單獨宣告沒收程序，也是法院以裁判沒收人民財產的程序規定，所以也應該提供人民程序保障，以符合憲法正當程序要求。就此本質以觀，事實上，單獨宣告沒收程序與參與沒收

程序規定並無二致，有關參與沒收程序中參與人享有的訴訟上權利，以及撤銷沒收確定判決等規定，於單獨宣告沒收程序應予準用。是故，§455-37規定，「本編關於第三人參與沒收程序之規定，於單獨宣告沒收程序準用之。」

第十一節　被害人訴訟參與程序

被害人訴訟參與程序，是2020年所新增；在此次修法以前，被害人並非完全無法參與刑事訴訟程序，惟保障較不周全。在2020年修法前，被害人主要是以下列幾種方式參與刑事訴訟程序：（1）被害人提起告訴後，成為告訴人，但告訴人要發揮任何訴訟程序上之權利，僅能請求檢察官協助進行，其本身於程序上並無法直接提出證據權利或詰問權等實質訴訟權利。（2）被害人提起自訴後，成為自訴人，是當事人；自訴人擁有與檢察官同等的訴訟權利及義務，不過實務上仍以檢察官公訴者多，畢竟提起自訴並不容易，且必須強制律師代理。或者（3）法院依§271Ⅱ通知被害人，以被害人身分到庭，並給予陳述意見的機會。

綜此，長期以來，刑事訴訟法皆被批評，認為對被害人保護有所不足。是故，被害人參與程序，於2020年1月8日於刑事訴訟法中新增及修正，該次增修立法目的在於「維護被害人及其家屬人性尊嚴」及「考量司法資源之合理有效利用」，於第二編第一之公訴章內，修正§248-1及§289，並增訂§§248-2、248-3、271-2～271-4，且於第七編之三增設「被害人訴訟參與」，主要針對被害人或其家屬聲請參與本案訴訟之要件、範圍、程式等事項進行規範。

被害人訴訟參與程序，並非由被害人另闢訴訟，而是依附於公訴程序，進而取得部分的訴訟主體地位及權利。在德國，又稱此為附屬訴訟（Nebenklage），故即指被害人於公訴程序中非自主提起訴訟，僅是附帶性的提起訴訟，而成為訴訟的「參加人」。值得說明的是，被害人若選擇

進入訴訟參加，其於訴訟程序並非等同共同公訴人，且其亦非公訴人之幫手，而是享有特別權利且於訴訟程序獨立之人。

就整體訴訟結構而言，被害人參與程序與公訴程序仍為一體，隨著公訴程序開始而開啟，隨著審判結束而結束。不過，參與程序的被害人，與檢察官的關係就顯得較為曖昧，因被害人已取得某程度的主體地位，與檢察官之間相互獨立，如被害人得自行提問、表達意見，不必與檢察官意見完全一致，此時應採用何者意見，即是法院自由心證之課題；且被害人參與程序並不應該減輕或者加重檢察官的工作，檢察官仍須依照刑事訴訟程序依法盡其義務。

壹、被害人訴訟參與程序

一、聲請訴訟參加之程式與要件

（一）聲請人

依照§455-38規定，原則上僅有被害人始得提出聲請。又被害人有所謂直接被害人與間接被害人之分，此處被害人應僅指直接被害人而言，不及於間接被害人。故此處被害人係指因他人之犯罪而受到直接損害之自然人或法人。又如何判斷受有損害，則必須參酌犯罪行為所保護法益而為認定。至於間接受害人，不能依照§455-38聲請參與訴訟，但可考量依照§487提起附帶民事訴訟。

不過，並非所有的直接被害人都可以聲請參與訴訟。立法者認為，侵害或影響生命、身體、自由及性自主等人性尊嚴甚鉅的犯罪類型，始有適用，亦即通常此些犯罪類型往往造成被害人身心靈難以撫平之創傷，且實害感也較為強烈，故基於立法政策考量，僅有§455-38 I所列五種犯罪類型始得適用，分別是：（1）因故意、過失犯罪行為而致人於死或致重傷之罪；（2）刑法的特定犯罪；（3）性侵害犯罪防治法§2 I之罪；（4）人口販運防制法§§31～34、36；（5）兒童及少年性剝削防制條例§§32～

35、36 I～V、37 I 之罪。至於是否合於§455-38 I 所列五種犯罪類型，應以檢察官提起公訴之被告所犯法條為主，係因訴訟參與程序對外關係並非獨立，仍應附屬於公訴程序，故原則上，以檢察官起訴犯罪事實及相應犯罪行為是否符合§455-38 I 所列五種犯罪類型進行判斷。

當被害人如為自然人，然其屬於無行為能力、限制行為能力、死亡或有因其他不得已之事由而不能聲請參與訴訟者，依§455-38 II 得允許與被害人具有一定親屬關係或雖非親屬而以永久共同生活為目的同居一家之人均得聲請訴訟參與。又為保障兒童及少年被害人等無行為能力人、限制行為能力人之訴訟權益，故明定被害人無行為能力、限制行為能力時，得由與其具有一定親屬關係之人或其家長、家屬聲請訴訟參與。

考量實務上有被害人住院治療，或已不能為意思表示，但尚未經法院為監護宣告之情形，其雖非無行為能力人，然實際上已無法於準備程序、審判期日到庭，為保障此等被害人及其家屬之訴訟權益，故明定因其他不得已之事由而不能聲請訴訟參與者，亦得由與其具有一定親屬關係之人或其家長、家屬聲請訴訟參與。

再者，被告倘為被害人之法定代理人、配偶、直系血親、三親等內之旁系血親、二親等內之姻親或家長、家屬，除被害人因無行為能力、限制行為能力、死亡或其他不得已之事由而不能聲請訴訟參與外，其他具有前述親屬關係之人，如又礙於人情倫理上之考量，而未聲請訴訟參與，對於被害人訴訟權益之保障即有未足，故明定相關政府機關、財團法人犯罪被害人保護協會得於前述情形聲請訴訟參與，以資周全被害人訴訟參與制度。至實務運作上，法院如何使相關機關、團體知悉，俾得聲請訴訟參與，則委諸審判長斟酌個案情形，依職權行使其訴訟指揮權，附此敘明。

另外，§455-38 II 所稱之配偶、姻親關係，依司法院釋字第748號解釋施行法§24 II 之規定，也應包括該法所定同性結合關係者在內，以符合釋字第748號之平權精神。實務運用上亦有必要參照司法院釋字第748號解釋施行法一同解釋，以利同性者得依照該規定聲請參與訴訟。

被害人為法人之情形，則應由代表人代為聲請參與訴訟。若法人之代

表人為本案證人或與本案有利害關係時，雖然目前無禁止規定，但基於利益衝突之迴避原則，法院應當請求法人另選其他代表人代為進行參與訴訟程序較為恰當。

（二）須於第二審言詞辯論終結前提出參與本案訴訟

符合§455-38 Ⅲ得聲請參與本案訴訟者，須於檢察官提起公訴後，至遲於第二審言詞辯論終結前，向該管法院提出訴訟參與之聲請。此處所指之管轄法院則指聲請者應向本案犯罪事實現在審理之法院為之，故不以第一審為限，即始案件已經上訴到第二審，仍得以向第二審管轄法院提出聲請參與本案訴訟。

此外，第二審言詞辯論前加入訴訟，也並非讓被害人得在此時點前任一時點加入。換言之，核定是否得以參與之重點應在於言詞辯論是否已經終結，理由是被害人於參與訴訟中主要§455-46辯證證據權及§455-47科刑表示意見權，故若於言詞辯論終結後始提出聲請參與訴訟，除非再開辯論，否則已無法再就證據及科刑表示意見，此時所聲請參與訴訟應認為無理由，法院即應依§455-40 Ⅰ裁定駁回被害人之聲請。

另按文義解釋可知，被害人並無法在第三審時提出參與本案訴訟，對此立法理由並未詳細說明，但可能之解釋是第三審原則上是法律審，相關事實證據調查已在二審辯論完結，即無由再使被害人進入三審辯論，故此時被害人不可能行使§455-46辯證證據權及§455-47科刑表示意見權之機會，因允許參與三審訴訟已無實益。

然而，即使第三審採以法律審，但是依本法§392兩造之間仍可能進行辯論，雖然該辯論主要是法律見解上的辯論，原則上並不涉及犯罪事實證據之辯論，但是基於保障被害人參與訴訟之立場，被害人仍然得聘請律師就所涉法律意見表示己見，故未來就此是否應當加以新增，則有必要進一步斟酌。

所謂參與本案訴訟，主要係指通常程序或簡式審判程序而言，因為通常程序及簡式審判程序均應行言詞辯論，故被害人才能於訴訟程序當中行

使§455-46辯證證據權及§455-47科刑表示意見權。至於簡易程序、協商程序是否也包含為本案訴訟，有認者以為基於保障被害人參與訴訟，當法院知悉有被害人時，應主動告知被害人是否參與訴訟，甚至於改用通常程序進行審判。但是，簡易程序與協商程序主要追求訴訟經濟，並不行使言詞辯論，所有審判均以從簡以達減輕司法負擔，讓被告不必因訴訟拖延而遭受訴訟長期之不利益，更可以快速還給被害人一個公道，以達到明案速判的精神。然若允許被害人得以參與訴訟，此時訴訟必然拖累延長造成司法負擔，與原先創設該制度之訴訟經濟不符；另外，當被害人參與訴訟時，可以想像得到法院必然轉由以通常程序進行審理，如此原先明案得以速斷之案件，卻因為訴訟參加而造成司法更大負擔，被告也因此必須承受更大不利益，顯然與簡易程序與協商程序創設制度未合。是故，為當法院認為案件適用簡易程序或協商程序較為恰當時，即不得再有§455-38以下被害人訴訟參加程序之適用，此時縱然被害人以提出聲請，也應當駁回；又或者原已同意之裁定，也應當撤銷之。至於對被害人保護方面，法院仍然須依照§271Ⅱ通知被害人並給予陳述意見的機會。

（三）應於每審級向法院提出聲請書狀

為使法院儘早知悉訴訟參與之聲請，避免程序延滯，聲請人應逐向法院提出聲請書狀。又案件於每一審級終結時，原有訴訟參與之效力即不復存在，無法延續至下一審及訴訟，故訴訟參與人如欲聲請訴訟參與，自應於每一審級提出聲請書狀。又被害人訴訟參與並非強制被害人應當履行之義務，被害人所取得者僅為權利而非義務，法院及無由命被害人履行。

訴訟參與聲請書狀，應記載：一、本案案由。二、被告之姓名、性別、出生年月日、身分證明文件編號或其他足資辨別之特徵。三、非被害人者，其與被害人之身分關係。四、表明參與本案訴訟程序之意旨及理由。向法院遞書狀，是基於為使法院得以明辨被害人、與其具有一定親屬關係之人或其家長、家屬所提之書狀，係為聲請訴訟參與抑或僅為陳述意見，並使法院對於訴訟參與之聲請得以即斷即決，俾使訴訟程序明確。

二、聲請訴訟參加之准駁及救濟

當被害人向法院依§455-39提出被害人訴訟參加之聲請時，法院應依§455-40規定依職權進行審查是否准許被害人參加訴訟，認為聲請有不合法律上程式或法律上不應准許等不合法情形者，應即以裁定駁回之；此外，亦有事後撤銷之規定，亦即法院裁定准許訴訟參與後，認有不應准許之情形者，亦應撤銷原裁定。並且不允許被害人提起抗告。

（一）聲請訴訟參加之准駁

1.程式不合法之駁回

所謂聲請訴訟參加程式不合法係指，被害人所提聲請書狀不合於§455-39所規定之程式，或法人代表人誤將自己名義具狀提出聲請等；又如聲請人不合於§455-38所規定之聲請主體、非屬於§455-38所列之特定之罪、於言詞辯論終結後始提出、本案以係屬於第三審等，如若聲請人所提之聲請，雖然不合於法律程式，惟若能補正者，法院應裁定一定期間先命補正，不得直接駁回。

2.不適當之駁回

本法§455-40法院於徵詢檢察官、被告、辯護人及輔佐人之意見，並斟酌案件情節、聲請人與被告之關係、訴訟進行之程度及聲請人之利益，認為適當者，應為准許訴訟參與之裁定；認為不適當者，應以裁定駁回之。

法院裁定准許訴訟參與後，訴訟參與人即得依法行使本編所定訴訟參與人之權益，其中對準備程序處理事項、證據及科刑範圍陳述意見、詢問被告等事宜，均影響本案訴訟程序之進行至鉅，故應賦予檢察官、被告、辯護人及輔佐人陳述意見之機會。

又被害人參與訴訟制度是否適當，其應綜合一切加以判斷，如應綜合考量案件情節、聲請人與被告之關係、訴訟進行之程度及聲請人之利益等情事，認為准許訴訟參與有助於達成被害人訴訟參與制度之目的且無不適

當之情形者，即應為准許之裁定。

　　其中「案件情節」應審酌相關犯罪之動機、態樣、手段、被害結果等因素，例如敵對性極高之組織或團體間因宿怨仇恨所生之犯罪案件，應考量若准許被害人訴訟參與，是否有擾亂法庭秩序之虞；就「聲請人與被告之關係」而言，例如被害人與被告具有組織內上下從屬之關係，應考量若准許被害人訴訟參與，是否有實質上不利於被告防禦之虞；就「訴訟進行之程度」而言，例如被害人於第一審之審理期間並未聲請訴訟參與，迄至第二審接近審結之時始聲請訴訟參與，即應考量是否有對於被告防禦權產生無法預期之不利益之虞；若就案件情節、聲請人與被告之關係或訴訟進行之程度而言，有諸如前述之情形，則聲請人就訴訟參與即須具有較大之利益，始能衡平因其訴訟參與對於法庭秩序或被告防禦權所生之不利益。

3.事後撤銷參加訴訟之許可

　　事後撤銷被害人參與訴訟之許可，係指法院就被害人之聲請已先行同意，但於審判過程中發現被害人參與訴訟有不合法或不適當之不應准許情形，此時本法規定法院即應裁定撤銷原准許裁定。

　　法院依照§300變更犯罪事實所應用之條文，此時變更後之條文已經不符合§455-38 I所列特定犯罪類型時，法院是否應當撤銷原參與許可。立法理由採以肯定見解，認為此時不符合§455-38 I之規定，依據本法§455-40 III之規定，法院縱然已經同意被害人訴訟參與，仍應依該條之規定撤銷原准許之裁定。但是，有認為是否得以訴訟參加，應以檢察官起訴書記載為主，而評價被害人訴訟參與是否適當，本應於第一次提出聲請時即已經進行綜合判斷，除發生可認其繼續參與有不適當之情事外，否則並不當然受變更罪名之影響；再者，本案判決尚未確定，在第二審言詞辯論終結前，仍有可能再度變更為原先起訴罪名之可能。

　　當變更起訴法條後，即不准許被害人繼續進行參與訴訟之理由，主要是基於程序負擔問題，畢竟多了被害人進入訴訟程序，必然造成訴訟程序冗長。但是，並非不允許被害人有參加的機會，亦即法院仍然須通知被害

人到庭，只是被害人並不享有如參加人地位之訴訟權利。

另外，如被害人原係限制行為能力人，一開始係由法定代理人獲准參與訴訟，但隨著審判過程經過，被害人已成年時即無法定代理人存在，此時法定代理人已不符合被害人法定代理人身分，法院是否應依§455-40 Ⅲ 撤銷法定代理人之訴訟參加權利？

立法理由採以肯定見解，認為當聲請人與被害人間之身分關係嗣後變更者，原所為准許訴訟參與之裁定自應撤銷，以免徒增本案訴訟不必要之程序負擔。但是，有認為宜採否定見解並認為：基於被告之法定代理人得為被告利益獨立上訴者，其上訴是否合法，係以上訴時為準之相同法理，除發生可認其繼續參與有不適當之情事外，否則不當然構成撤銷原裁定之事由；再者，被害人甫成年，仍有輔助之必要，倘若一旦成年立即撤銷先前法定代理人之合法參與，顯與保護被害人之本旨不符。另外，對於又如犯罪被害人受監護或輔助之宣告而於本案訴訟審理中回復健康者，期程序進行方式亦應採用否定說之見解。

立法理由的看法較為可採。因為，法定代理人是代理被害之未成年子女進行參與訴訟，故當未成年子女已成年後，即無所謂法定代理人身分，法院當然依§455-40 Ⅲ撤銷法定代理人之訴訟參加權利，而此時原先代理行為本來就及於被代理人，故被害人亦無需再重新聲請訴訟參加，即當然成為訴訟參加人。若個案上，有認為被害人甫成年，仍有輔助必要，可以依§271-3 Ⅰ，由被害人同意後，陪同在場協助甫成年之子女。

（二）不得提起抗告救濟法院之裁定

§455-40 Ⅳ對於法院之准許、駁回或撤銷准許訴訟參與之裁定，均不得抗告，即使是訴訟當事人亦同，其旨在於為了使訴訟參與之程序儘速確定，避免不必要之訴訟遲滯，且本案當事人若認有不應准許訴訟參與之理由，因得於後續訴訟程序中加以釐清，法院於裁定准許訴訟參與後，如嗣後認有不應准許之情形者，應撤銷原裁定，是亦無賦予本案當事人提起抗告救濟之必要，故就法院對於訴訟參與聲請所為之裁定，無論准駁，均

不許提起抗告。

貳、參加人之程序權利

一、參加人得行使之權利

　　如前述，被害人訴訟參加，其身分地位並非另外一位公訴人，也非屬於公訴人之幫手。當法院裁定允許被害人參加訴訟後，其即取得某程度之訴訟主體地位，依§§455-42～455-47規定，被害人訴訟參加後，其將取得在場權、卷證獲知權、對證據表示意見權及對科刑表示意見權，以下將進一步說明：

（一）在場權

　　準備程序期日攸關法院審判範圍、爭點整理、證據取捨與調查範圍、次序及方法等重要事項之處理，為增加訴訟參加人對於訴訟程序及法庭活動之瞭解，提高其參與度，故課以法院於準備程序期日通知訴訟參加人及其代理人之義務。因此本法第§455-43之規定，準備程序期日應通知訴訟參加人及其代理人到場。故若法院未合法通知被害人，致使被害人未到場者，及應屬於所踐行之程序違法，得上訴第三審作為撤銷原判發回之理由；但如果被害人或代理人經合法通知無正當理由不到場或陳明不願到場者，則不在此限。

　　此外，於行準備程序過程中，依本法§455-43Ⅱ，關於§273Ⅰ各款事項，法院應聽取訴訟參加人及其代理人之意見。此係因被害人參與訴訟後，其對內關係仍然獨立，故其不受到檢察官意見之拘束，再者，檢察官依本法§2有客觀法定義務，其角色又與被害人些許區別，且關於被告所為辯解是否符合實情，被害人常有一定程度之瞭解或不同之觀點，故為尊重訴訟參加人之程序主體性，宜賦予訴訟參加人及其代理人就§273Ⅰ各款事項得陳述意見之機會。

　　於審判期日，法院亦須通知訴訟參加人及其代理人，此係尊重訴訟參加人之程序主體性及俾利其行使訴訟上之權益。被害人訴訟參與制度係訴訟參加人之訴訟權益，而非應負擔之義務，是自不宜以傳喚之方式命其到庭。故縱使訴訟參加人及其代理人無正當理由不到場，亦不得拘提之。

（二）卷證知悉權

　　訴訟參與人雖非本案當事人，然其與審判結果仍有切身利害關係，為尊重其程序主體地位，並使其得以於訴訟進行中有效行使其權益，實有必要使其獲知卷證資訊之內容。

　　§455-42規定代理人為非律師者，於審判中對於卷宗及證物亦不得檢閱、抄錄、重製或攝影。但當參加人無代理人或代理人非律師時，訴訟參加人於審判中得預納費用請求付與卷宗及證物之影本及複本（如翻拍證物之照片、複製電磁紀錄及電子卷證等）。但卷宗及證物之內容與被告被訴事實無關或足以妨害另案之偵查，或涉及當事人或第三人之隱私或業務秘密者，法院得限制之。訴訟參與人對於法院依所為之限制卷證資訊獲知權如有不服者，自得依§455-42 III提起抗告。

　　如被害人之代理人具有律師身分者，則基於律師具備法律專業知識，且就業務之執行須受律師法有關律師倫理、忠誠及信譽義務之規範，賦予其就卷宗及證物檢閱、抄錄、重製或攝影之權利，除使代理人瞭解案件進行程度、卷證資訊內容，以維護訴訟參與人權益外，更可藉由獲知卷證資訊而充分與檢察官溝通，瞭解檢察官之訴訟策略。故於§455-42 I規定，被害人之代理人具有律師身分者於審判中對於卷宗及證物亦得檢閱、抄錄、重製或攝影。

　　值得注意的是，本法§33係基於憲法§16保障被告訴訟權及防禦權，故賦予被告或代理人卷證知悉權，此與§455-42是基於維護被害人之訴訟行使權利，如表示意見權等，故明文參加人有卷證知悉權，依此兩相對照可知兩者立法本意迥異，故立法理由中亦認為無準用之餘地，故涉專條以明文保障參與人之卷證獲悉權。

（三）對證據表示意見權

§455-46規定，每調查一證據畢，審判長應詢問訴訟參加人及其代理人有無意見，此係因對於證據之解讀，訴訟參與人常有一定程度之瞭解或不同於檢察官之觀點，故為確保訴訟參與人及其代理人於調查證據程序中有陳述意見之機會，以貫徹被害人訴訟參與之目的，自應予訴訟參與人及其代理人於調查證據程序中，有就每一證據表示意見之機會。

此外，§455-46Ⅱ也規定，法院應予訴訟參與人及其代理人，以辯論證據證明力之適當機會，旨在使參加人得就各項證據資料之憑信性表示意見，以維護訴訟參加人於案件中之主體性。

（四）對科刑表示意見權

於2020年新法修正後，本法§289規定法院於言詞辯論後，應進行科刑辯論，並且應於科刑辯論前予到場之告訴人、被害人或其家屬或其他依法得陳述意見之人就科刑範圍表示意見之機會；且依本法§455-47也規定，審判長於行§289關於科刑之程序前，應予訴訟參與人及其代理人、陪同人就科刑範圍表示意見之機會。

此係因由於量刑在於實現刑罰權之分配正義，法院對於被告科刑，也應一併注意刑法§57之相關規定，以為科刑輕重之標準。尤其是訴訟參與人因被告之犯罪行為而蒙受損害，其往往對於被告與被害人之關係、犯罪所生損害及被告犯罪後之態度等量刑事項知之甚詳；且對於被害人因被告之犯罪行為所受之創傷、心路歷程等攸關前開量刑事項之情形，亦有所悉，是應賦予訴訟參與人及其代理人、陪同人就科刑範圍表示意見之機會，使量刑更加精緻、妥適，以符刑罰個別化原則。

二、參加人之代理人及選定代表人

（一）代理人

1.選任代理人

　　為落實被害人訴訟參與制度，確保訴訟參與人可以掌握訴訟進度與狀況，適時瞭解訴訟資訊，故§455-41明定訴訟參與人得隨時選任代理人。另關於訴訟參與人委任代理人者，代理人人數、資格之限制、選任程序及文書之送達應準用第§§28～30、32之規定

2.指定代理人

　　又考量因身心障礙，致無法為完全之陳述者亟需代理人，且為保障具原住民身分之訴訟參與人，及避免符合社會救助法上低收入戶、中低收入戶資格之訴訟參與人，因無資力而無法自行選任代理人，故於§455-41Ⅱ準用§31Ⅰ③～⑥、Ⅱ～Ⅳ，明定訴訟參與人為身心障礙，致無法為完全之陳述、具原住民身分、為低收入戶或中低收入戶而聲請指定代理人或審判長認為有必要之情形，而未經選任代理人者，審判長應為其指定律師為代理人。

（二）選定代表人

　　於有多數訴訟參與人之情形，如重大公共安全、交通事故等案件，如使其等同時出庭及行使本編所定之權利，可能造成審判窒礙難行，甚而導致訴訟程序久延致侵害被告受妥速審判之權利，故為因應有多數訴訟參與人之情形，爰制定選定代表人制度。

　　§455-45Ⅰ規定多數訴訟參與人得由其中選定一人或數人，代表全體或一部訴訟參與人參與訴訟。又多數訴訟參與人是否選定代表人及其人選，未必全體訴訟參與人意見一致，且相較於法院，訴訟參與人之間應更清楚彼等之利害關係、對於本案證據資料、事實及法律之主張、科刑之意見是否相同，應許訴訟參與人自主決定是否選定代表人，並許其分組選定

不同之人，或僅由一部訴訟參與人選定一人或數人，與未選定代表人之訴訟參與人一同參與訴訟。

§ 455-45 Ⅱ規定，訴訟參與人為多數且未依法選定代表人以參與訴訟時，法院考量訴訟參與人之人數、案件情節之繁雜程度及訴訟程序之進行狀況後，如認有為訴訟參與人指定代表人之必要，以避免訴訟程序久延致侵害被告受妥速審判之權利，則為尊重訴訟參與人之主體性，法院得先定期命訴訟參與人自行選定代表人，如逾期未選定代表人者，方由法院依職權指定之。

§ 455-45 Ⅲ規定，訴訟程序之進行往往需歷經相當之時日，且於檢察官、被告及辯護人之攻擊防禦過程中，各訴訟參與人之利害關係、對於本案證據資料、事實及法律之主張、科刑之意見亦有可能改變。故為使各訴訟參與人得以選定適當之代表人代表其參與訴訟，並使各訴訟參與人之意見均能傳達於法院，自宜許其於訴訟過程中更換、增減代表人身分上競合關係。同理，法院依第二項規定指定代表人後，如有必要，亦得依職權更換或增減之。又如經法院職權指定代表人後，多數訴訟參與人於訴訟過程中逐漸形成共識而選任更為適當之代表人時，亦當准許其等更換或增減代表人。

§ 455-45 Ⅳ訴訟參與人經選定或指定代表人後，既得透過其代表人行使本編規定之權利，則為避免因多數訴訟參與人所致審判遲滯之情形發生，明定訴訟參與人經選定或指定代表人後，由被選定或指定之代表人行使本編所定之訴訟參與權利。又訴訟參與人經選定或指定代表人後，其原有之訴訟參與權並非當然喪失，僅係處於停止之狀態而不得再依本編之規定行使權利。如其嗣後被增列為代表人，即得回復訴訟參與之狀態而續行參與訴訟。

第十二節　國民參與審判程序

　　2020年7月22日，立法院三讀通過「國民法官法」，該法已於2023年施行，此意味著台灣即將邁入人民參與司法審判的新紀元，扭轉台灣司法僅有職業法官審判的現象。完全由職業法官職司審判，是審判專業化的表現，較易維持法律安定性，以及法律解釋適用的一致性；但是，因沒有人民參與，造成司法與人民疏離，恐怕偏離人民情感，甚至產生人民對司法的誤解。

　　現在，台灣已經實現政治民主化，社會開放與多元，人民對於國家司法有更高的期待，透過人民參與司法，除了體現國民主權之外，更希望藉此將人民的法感情反映於審判，同時提升人民對司法的理解，促使審判活動更加透亮，增進人民對司法的信賴。國民參與審判新制，就是為了達成這些目標，讓國民法官與職業法官，共同認定事實、適用法律、量定刑罰。又，為使國民參與審判程序進行順利，必然與現行以職業法官為主的審判程序有所不同，故於國民參與審判程序正式上路前，先對於國民法官法的重點進行說明，以掌握國民法官新制的基本內容。

壹、適用國民參與審判之案件類型

　　雖然建立國民法官制度，但不可能所有的案件都人民參與審判；不可諱言地，國民法官制度的運作，勢必消耗司法資源，在司法資源十分有限的情形下，立法者選擇特定案件類型適用人民參與審判程序。依國民法官法§5規定，原則上，應適用人民參與審判程序的案件是，檢察官起訴最輕本刑在十年以上有期徒刑之罪，或故意犯罪致生死亡結果的案件；但少年犯、毒品案件，不適用人民參與審判程序。

　　不過，應適用人民參與審判程序的案件，可能發生因個案因素，而不適合採行人民參與審判程序。對此，國民法官法§6規定，法定情形發生時，法院得裁定不行國民參與審判。這些法定情形有：（1）有事實足認行

國民參與審判有難期公正之虞；（2）對於國民法官、備位國民法官本人或其配偶、八親等內血親、五親等內姻親或家長、家屬之生命、身體、自由、名譽、財產有致生危害之虞；（3）案件情節繁雜或需高度專業知識，非經長久時日顯難完成審判；（4）被告就被訴事實為有罪之陳述，經審判長告知被告通常審判程序之旨，且依案件情節，認不行國民參與審判為適當；以及（5）其他有事實足認行國民參與審判顯不適當。

惟應注意的是，如果被告犯數罪，其中有應行國民參與審判之罪，與非應行國民參與審判之罪，經檢察官合併起訴者，原則上，應合併行國民參與審判。但是，關於非應行國民參與審判之罪，法院得於第一次審判期日前，聽取當事人、辯護人及輔佐人的意見，裁定不適用國民參與審判程序。

貳、國民法官之資格與選任

在國民參與審判程序中，何人得擔任國民法官，是人民最關心的議題之一。關於國民法官的資格，國民法官法§12以下，有得為國民法官的正面條件，以及不得為國民法官的反面條件。

一、國民法官之資格

得成為國民法官的正面條件（基本、積極的）是：年滿二十三歲，在地方法院管轄區域內繼續居住四個月以上，經隨機抽選方式的國民。但是，可能因反面條件（消極的）如：個人因素、職業因素、迴避事由等（國民法官法§§13～15），而不得擔任國民法官。

因個人因素不得擔任國民法官者，因該人因犯罪，經宣告褫奪公權，或於緩刑期間；刑案在身尚未確定；緩起訴期間中及期滿二年內；曾因犯罪受有期徒刑以上判刑確定；人身自由依法受拘束中；施用毒品者正在觀察勒戒，或戒癮治療期未滿二年內；受監護或輔助宣告，受破產宣告或經裁定開始清算程序而尚未復權；公務員受免、撤、休、停職處分中；或其

他身心缺陷致不能勝任國民法官的職務。

因職業因素不得擔任國民法官者，例如總統、副總統、各級政府機關首長、政務人員、民意代表等，又或法官、檢察官、律師、公設辯護人及法學教授等法律專業人士等。另外，若個人有迴避事由者，也不得擔任國民法官，如被害人、被告的親屬、法定代理人、有婚約、同居、雇傭等關係，或曾任被告代理人、辯護人、告訴人、告發人等，或曾經參與偵查或審理，以及其他有具體事證，足認執行職務難期公正之虞。

法律必須兼顧人情世故，被選中為國民法官者，若有正當理由者，可以拒卻擔任國民法官。拒絕事由規定在國民法官法§16，諸如：年滿七十歲的年長者；學校師生；重大疾病、傷害、生理或心理因素導致執行國民法官職務顯有困難，或可能因為執行職務嚴重影響身心健康者；因生活上、工作上及家庭上有重大需要（如照顧養育親屬），致執行職務顯有困難；因重大災害生活所仰賴之基礎受顯著破壞，有處理生活重建事務的必要；此外，曾經擔任國民法官或備位國民法官未滿五年，又或曾經候選國民法官，經通知到庭未滿一年者。

擔任國民法官者，也可能發生中途解任的情形。於審判程序中途解任國民法官，意味著該國民法官不適任，如審判中發現國民法官的資格不符；抽選為國民法官者，竟不進行就任國民法官的宣誓；於選任程序為虛偽陳述，不遵守程序事項，有害司法公正信譽或洩密行為或其他可歸責事由；或其他不可抗力的事由（國民法官法§35）。

二、國民法官之選任

國民法官的選任，有其嚴謹的選任程序，規定國民法官法§17以下。整個選任程序，分為三個階段：

第一階段是，建立備選國民法官名冊。地方政府在地方法院的管轄區域內，針對符合擔任國民法官的資格者，抽選一定人數的「備選國民法官」，並建立初選名冊，交給地方法院。地方法院的審核小組，針對初選

名冊進行審查，排除依法不能擔任國民法官者，完成複選名冊。複選名冊完成後，地方法院以書面通知複選名冊內的備選國民法官。複選名冊內的人民，就有可能在被選認為國民法官。

第二階段是，選任國民法官的重頭戲，也可以稱之為狹義的選任程序。當個案發生，法院由複選名冊隨機選出一定數量的「候選國民法官」，再經確認資格，然後通知符合資格的候選國民法官前往法院，進行選任程序。選任程序前，要求候選國民法官要先填妥調查表交給法院。選任程序不公開；對於候選國民法官的調查表，也僅供檢察官及辯護人檢閱，不得抄錄攝影。於選任程序中，法院、檢察官或辯護人可以對候選國民法官提問，並附理由不選任特定候選國民法官，也可以不附理由最多排除至多四位候選國民法官。未被選任程序排除的候選國民法官，將進入最後一個階段。

第三階段是，法院在未被選任程序排除的候選國民法官之中，隨機抽選六位「國民法官」，以及一至四位的「備位國民法官」。抽選備位國民法官的目的是，當國民法官因故無法執行職務時，為免再進行一次繁複的選任程序，造成司法資源的不必要消耗，由備位國民法官依序遞補成為國民法官。

被抽選為國民法官後，在執行職務前應行宣誓，國民法官的職權，除非國民法官法另有規定，否則與職業法官相同。另外，無論是成為國民法官、備位國民法官或受通知到庭的候選國民法官，都將擾亂人民原先的生活或工作，所以國家應按到庭日數支給日費、旅費及相關必要費用。

參、國民參與審判之特別程序規定

國民法官法，是刑事訴訟法、法院組織法的特別規定（國民法官法§4），所以國民參與審判程序，有特別的程序規定，與以職業法官為主的審判程序不同，這些特別規定，在理解國民參與審判程序上，有注意的必要。

一、起訴與準備程序

　　國民法官法§43規定，檢察官起訴時，「不得將卷宗及證物一併送交法院」，採取卷證不併送，與現行的刑事審判程序，採取卷證併送，有所不同。在現行法制上，卷證併送制度是否會造成法官的偏見，向來存有爭議；但在國民參與審判制度上，採取卷證不併送制度。之所以採取卷證不併送，除了避免法官產生預斷之外，更重要的理由應該是：如果採取卷證併送，職業法官事先閱覽卷證，大概沒有疑問，但國民法官欠缺閱卷的專業和經驗，且時間也十分有限，如此一來，可能造成職業法官和國民法官，對於案件可能產生資訊理解的落差。

　　在採取卷證不併送的情形之下，檢察官起訴時僅有一紙起訴書，相關的卷證，將於起訴後，於準備程序中，向被告、辯護人等開示。此即證據開示制度。一言以蔽之，就是提出與本案相關的卷宗、證物，讓被告知悉，以保障其訴訟防禦權利；同時，讓被告明白，若要主張無罪，需要什麼證據證明自身清白，也可以促進訴訟的效能。由此亦可知道，準備程序在國民參與審判程序中，功能性遠比現行的刑事審判程序來得大，所以在國民參與審判程序上，準備程序是應行程序。

　　關於聲請調查證據，檢察官、被告、辯護人等應在準備程序為之，待準備程序終結後，原則不得再行聲請調查證據。這樣的設計，是為了促進審理集中，避免有人利用申請調查證據來拖延訴訟。依國民法官法§64，例外得於準備程序終結後，聲請調查證據而不被法院駁回者，是有下列情形，如：當事人及辯護人均同意，且法院認為適當；準備程序終結後，方才取得證據或知悉其存在；不妨害訴訟程序進行；為爭執審判中證人證述內容而有必要；非因過失，未能於準備程序終結前聲請；如不許提出顯失公平。

二、審判長的說明與釋疑

　　在抽選為國民法官後，國民法官應在執行職務前宣誓；但宣誓後，並

不意味著國民法官就立刻擁有審判工作的能力。畢竟，在法律的理解上，職業法官與國民法官處於高度不對稱的關係，相較於職業法官，國民法官是對法律較為陌生的非法律專業者。是故，在國民法官開始執行職務前，應該要讓他們對於國民參與審判的程序、刑事審判的基本規定等，有相當的認識；也就是類似於職前說明的概念。對此，國民法官法§66規定，在國民法官宣誓後，審判長應對國民法官、備位國民法官說明的相關事項有：國民參與審判之程序；國民法官、備位國民法官的權限、義務，以及違背義務的處罰；刑事審判基本原則；關於個案上，被告被訴罪名的構成要件及法令解釋；審判期日預估所需的時間；其他應注意事項。

　　宣誓後的審判長說明，可以幫助國民法官建立刑事審判的基本內容，但不可能讓國民法官一下子就成為法律專業人士，在個案的審理上，如果審判過程中遇到問題，仍宜許國民法官向職業法官提問，即所謂的「中間討論」。對此，在審判期日，若國民法官有疑惑，認為審判長應就此釋疑，得向審判長請求釋疑。

三、審理程序與判決宣示

　　國民法官法的合議庭，由三位職業法官、六位國民法官組成合議庭。由於採行國民參與審判程序，針對審理過程將有特別規定；尤其是開審陳述、評議與評決程序，特別重要。

　　所謂開審陳述，也就是在調查證據之前，作為控方的檢察官，應依起訴書的內容，敘述個案的犯罪情節，並且表明其所聲請調查的證據，與待證事實之間的關係。更具體言，由於採取卷證不併送，法官無法事先接觸卷證，所以在調查證據前，檢察官必須向法庭說明待證事實、聲請調查證據的範圍、次序跟方法，以及聲請調查證據跟待證事實的關係。同樣地，若被告、辯護人也有聲請證據調查，也是必須進行陳述。在證據調查的過程中，國民法官與職業法官的權能相同，也可以訊問被告、證人、鑑定人等；倘若不願意自行訊問，也可以請求審判長訊問。

　　審理程序結束後，就進入評議階段。在評議階段，職業法官與國民法官一起進行，採取秘密評議方式，分別由國民法官、職業法官先後陳述事實認定、法律適用、科刑意見；國民法官或職業法官，均不得拒絕表示意見。在評議過程中，審判長應懇切說明，整理證據調查結果，讓國民法官、職業法官能夠自主陳述意見、充分討論，以確保國民法官善盡獨立判斷職責。在法官都表示意見完畢後，就進行評決：有罪判決，必須是三分之二以上的法官認為有罪，也就是至少六票；科刑的部分，原則上是過半同意，也就是至少五票一致，但死刑必須達到三分之二以上。

　　惟應注意的是，無論是有罪判決或科刑的決定，至少要有一位是職業法官。換句話說，縱然所有的國民法官都認為被告有罪，但無職業法官認為有罪，則被告依舊無罪。再者，在科刑的評決時，如果發生無法過半同意的情形，則計算方式是，由最不利被告的意見算入次不利被告的意見，直到過半。例如，某案經評決有罪，在科刑評決時，認為有期徒刑十年者二票、九年二票、八年二票、七年三票；如此，應將十年的二票算入九年，雖合計四票，但仍未過半，故將此四票再算入八年，則有六票，此時過半，所以判處有期徒刑八年。

　　原則上，行國民參與審判程序的案件，當終局評議結束後，應立即宣示判決，朗讀判決主文，並說明意義。由於當庭宣判，所以判決書不會立刻作成；依法只要在判決宣示後三十日內，將判決書完成，交付原本予書記官。行國民參與審判程序的判決書，可以簡化，且得僅記載證據名稱，以及對重要爭點判斷的理由。

四、上訴與再審之救濟

　　經由國民參與審判作成的一審判決，仍有上訴救濟的途徑，但是上訴審沒有國民參與審判，回歸由職業法官審理。上訴審的職業法官，應尊重有國民法官參與審理的判決，所以國民法官法§§91、92規定，第二審法院應本於國民參與審判制度的宗旨，妥適行使其審查權限；關於事實認定

的部分，除非原審判決違背經驗法則或論理法則，顯然影響判決，否則基於對人民參與刑事司法的尊重，第二審不得予以撤銷。

對國民參與審判的判決上訴的第二審，以法律審制為原則，與現行刑事訴訟的第二審為覆審制不同。覆審制是，第二審可以重新認定事實、適用法律，猶如第二次的第一審；法律審制則是，第二審不探究案件的事實，以第一審認定的事實為事實，僅檢驗第一審判決法律適用的部分有無錯誤。假如在個案上，確實有調查新事證的需要，於例外的情形，可以聲請調查證據。

除了上訴救濟以外，對於經由國民參與審判作成的確定判決，也有聲請再審的可能性。除了刑事訴訟法的再審事由以外，國民法官法有設計特殊的再審事由，即國民法官法§93規定，「判決確定後，參與判決之國民法官因該案件犯職務上之罪已經證明，足以影響原判決，亦得聲請再審。」例如國民法官收受賄賂罪定讞，且足以影響原判決，便得據此依法聲請再審。

❖ 實例講座 ❖

＊大尾的上級長官＊

　　公務員甲涉嫌圖利罪嫌，檢察官提出：「甲認罪，並且願意指認『更大尾』的上級長官是圖利罪共犯為條件，答應向法院聲請協商程序，並科最低法定刑。」對於檢察官開出的條件，甲全盤接受，在第一審言詞辯論終結前認罪，並指認上級長官。試問，此種協商程序，是否有效成立？

⮕解析

　　依§455-2規定，被告所犯為死刑、無期徒刑、最輕本刑三年以上有期徒刑之罪或高等法院管轄第一審案件以外之罪，案件經檢察官提起公訴，於第一審言詞辯論終結前，檢察官得逕行或依被告或其代理人、辯護人請求，經法院同意之後，於審判外進行協商，經當事人雙方合意且被告認罪者，由檢察官聲請法院改依協商程序而為判決。

　　本案甲犯刑法§131圖利罪，為法定刑一年以上七年以下有期徒刑之罪，且其答應檢察官所開出的條件，並經法院同意，並於第一審言詞辯論終結前認罪並指認其他涉案的共犯；在符合程序保障（如§455-5）且無不得協商判決（§455-4）的情形下，該協商程序有效成立。

＊刑求逼供＊

　　檢察官以殺人罪起訴甲，於第一次審判期日前，法院傳喚甲並通知檢察官到庭行準備程序。準備程序時，甲大叫：「警察打人，所以我才承認殺人。」檢察官乃聲請法院傳喚當時負責詢問被告及製作筆錄並錄音的員警乙丙為證人，以證明甲的警訊筆錄自白並無刑求；甲則聲請法院傳喚警詢當時在場的證人丁，以證明其警詢的自白是出於刑求而來。試問：

一、被告甲爭執其自白是刑求而來，法院應該如何進行審理？

⊃解析

　　按§156 Ⅲ規定，被告若抗辯其自白係出不正當的方法者，法院應先於其他的事證而調查之。該自白若是檢察官提出者，法院應命其就自白是出於自由意志所為，指出證明方法。從本條規定可知，被告甲已抗辯該自白是被刑求而來，故法官必須先於其他事證進行調查。須注意的是，法官所調查者，並非自白的證明力，而是探究檢警取得甲自白的過程是否有違反其自由意志，使得自白的任意性與真摯性有所欠缺，進而可能沒有證據能力的問題。另外，法官在調查該自白的證據能力時，必須要求檢察官負擔舉證責任，證明警詢中被告甲的自白並非刑求所致。

二、本案的受命法官是否可以在準備程序中傳喚證人乙丙丁進行調查，並踐行交互詰問程序？又調查結果認為甲確實遭到刑求逼供，受命法官得否在準備程序中逕自排除該非任意性的自白？

⊃解析

　　對於準備程序中的受命法官，是否得就本案的證據能力先作取捨，應從準備程序的功能與目的來進行理解。按當前的刑事訴訟制度已經引進當事人進行主義的精神，因此為避免兩造攻防（交互詰問）的時間造成審判的過度延宕，有必要在審判期日前行準備程序，針對訴訟上的爭點先行釐清，並擇定證據調查順序、審核證據能力的有無，待進入審判程序時，法官即得按順序對有證據能力的證據進行調查，如此就能讓訴訟流程順暢，達到集中審理之效。

　　是故，在本題中，被告甲自白任意性的有無是證據能力的問題，理應於準備程序中先行調查，否則若在正式審判中，甲才提出該等抗辯，則訴訟程序將隨之停擺，且須延宕至自白任意性事項調查完畢後，始得繼續進行先前的審判。另外，為避免審判程序中法官遭到有虛假疑慮的自白證據所影響，形成被告有罪的既有印象，在準備程序中若能先行讓受命法官調查該自白是否具備任意性，並對欠缺任意性的自白提早排除，應可輕鬆避免審判中的法官形成預斷的疑慮發生。

　　綜上，若在制度上必須讓準備程序中的受命法官調查甲自白任意性的有無，並有權直排除不具任意性的自白證據，則勢必要允許法官能利用各種法定的證據調查方式來予以釐清甲遭刑求的爭執。因此，受命法官應可在準備程序中傳喚證人乙、丙、丁，命其針對甲是否遭到刑求的事實進行交互詰問，並排除任意性的自白。

第五章

上　訴

【目次】

第一節　上訴的概說……………………………………………673

　壹、上訴的意義………………………………………………673

　　一、對於判決聲明不服……………………………………673

　　二、對於尚未確定的判決聲明不服………………………674

　　三、請求上級法院的審判而為救濟………………………674

　貳、上訴的分類………………………………………………674

　　一、第二審上訴與第三審上訴……………………………674

　　二、普通上訴與非常上訴…………………………………674

　　三、事實審上訴與法律審上訴……………………………674

第二節　上訴通則………………………………………………675

　壹、上訴權人…………………………………………………675

　貳、上訴的範圍………………………………………………676

　參、上訴程式…………………………………………………678

　　一、上訴的聲明……………………………………………678

　　二、上訴狀的制作…………………………………………679

　肆、上訴期間…………………………………………………682

　伍、上訴權的喪失……………………………………………683

實例講座…………………………………………………………685

第一節　上訴的概說

審級制度係對於未確定之裁判聲明不服，而利用上級審之審判加以救濟而言，若係對確定之裁判予以救濟，則應依再審及非常上訴之程序，二者並不相同。

又刑事訴訟案件之審判，於第一審設有一般規定，上訴程序雖亦為審判程序之一部分，但其本身設有上訴通則，並就第二審、第三審設有特別規定，故除通則及特別規定之外，方得準用第一審（§§364、387），惟第二審之規定不適用第三審，第三審之規定亦不適用於第二審。例如§370的情形為第二審之規定，不能適用於第三審。

壹、上訴的意義

對於未確定之判決，聲明不服，請求上級法院撤銷或變更以資救濟者，稱為上訴。任何種類的判決，包括不受理、管轄錯誤的判決，都可以不服請求改判。因為法官畢竟是人，無論如何慎重，難保其所為之裁判不發生錯誤，而如有錯誤，便應有訂正之途徑，是上訴即成為訴訟程序必要之制度。因此，無論為大陸法系或英美法系、民事訴訟法或刑事訴訟法，普遍均承認有上訴制度。

上訴與抗告不同，抗告是對於裁定不服的救濟方法，如羈押的裁定、原審法院駁回上訴的裁定，至於再審與非常上訴是針對確定的判決請求救濟的方法。茲將上訴之意義分述於次：

一、對於判決聲明不服

上訴乃是對法院之判決聲明不服的程序，此與對於偵查機關之處分表示不服，稱為「再議」（§256），並不相同。又上訴限於對法院之判決為之，如係對法院之裁定表示不服，不稱為上訴，稱為「抗告」。

二、對於尚未確定的判決聲明不服

普通上訴乃對於尚未確定之判決聲明不服，如對於確定之判決聲明不服者，則稱為再審或非常上訴，與普通上訴有異。

三、請求上級法院的審判而為救濟

上訴係請求上級法院審判，是其與請求同級法院審判之準抗告（§416）。

貳、上訴的分類

刑事訴訟之上訴，依上訴審之審級不同，有如下之分類：

一、第二審上訴與第三審上訴

就第一審法院之判決，向第二審法院所提起之上訴，稱為「第二審上訴」；就第二審法院之判決向第三審法院所提起之上訴，稱為「第三審上訴」。無論民事訴訟或刑事訴訟，對於第二審上訴均不加以限制，惟對於第三審上訴則予以限制，故案件經第二審法院判決者，並非皆得上訴於第三審法院。

二、普通上訴與非常上訴

對於尚未確定之判決提起之上訴，稱為「普通上訴」；而對已經確定的判決，事後發現審判係違背法令而提起上訴，則稱為「非常上訴」。普通上訴並非皆能向最高法院為之，但非常上訴則限於向最高法院為之。

三、事實審上訴與法律審上訴

上訴審分為「事實審」與「法律審」，前者為高等法院，而後者為最

高法院。上訴向事實審上訴者，稱為事實審上訴，向法律審上訴者，則稱為法律審上訴。

第二節　上訴通則

本節中所要研究的重點為：上訴權人（§§344～347）、上訴範圍（§348）、上訴期間（§349）、上訴之程式（§§349～352）、上訴權之喪失（§§353～360），茲分述如下：

壹、上訴權人

前審之當事人對於前審的判決有不服者，得提起上訴；且刑事訴訟擴大了上訴權人的範圍，使得上訴權人不限於前審之當事人，而另有其他上訴權人，依本法規定如下：

1. 當事人為固有之上訴權人，包括檢察官、自訴人及被告。

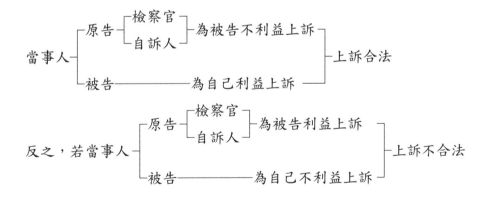

但檢察官為公務員，依§2就該管案件應於被告有利、不利之情形一律注意，故§344Ⅲ特別規定，檢察官為被告之利益亦得上訴。綜上所述可知：

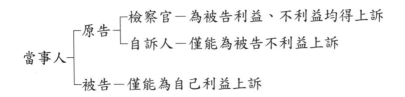

另外，自訴人於辯論終結後喪失行為能力或死亡者，得由§319 I 所列得提起自訴之人上訴。又告訴人或被害人雖非當事人，但因與案件有利害關係，故得具備理由，請求檢察官上訴，檢察官不得拒絕（§§344 II、III）。

2. 被告之法定代理人或配偶，得提起上訴，此為固有權，惟限於為被告之利益方得為之（§345）。

3. 原審之代理人或辯護人本於代理權，得為被告之利益，在不與被告之意思相衝突下提起上訴（§346）。

4. 自訴案件之檢察官：自訴案件檢察官雖非當事人，但本其協助自訴或擔當自訴之職責，亦應許其獨立上訴（§347）。

5. 宣告死刑的案件，原審法院應依職權逕送上級法院審判，視為被告已提上訴（§§344 IV、V）。

貳、上訴的範圍

上訴之範圍，即上訴之客體。從上訴權人的上訴範圍而言，可能是全部上訴、一部上訴。若從原審判決的角度來說，全部上訴是針對原審判決的全部上訴，一部上訴是針對原審判決的判決一部上訴。

法院對甲、乙共同竊盜部分，各判有期徒刑一年（此為二個訴二個案）。甲上訴，乙未上訴，則乙之部分因而確定，此即為判決之一部上訴。

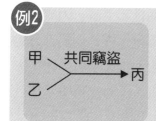

例2

甲上訴、乙未上訴，但檢察官對乙部分上訴，此時就上訴人而言均為一部上訴；但就法院而言，係判決之全部上訴。

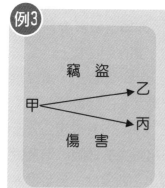

例3

如§7相牽連案件，檢察官本來依§15合併起訴，第一審判甲竊盜，處有期徒刑一年，傷害部分則因時效完成，諭知免訴判決。

若檢察官對傷害部分上訴，甲對竊盜部分上訴；就當事人而言，均為一部上訴。但就第二審而言，則為判決之全部上訴。反之，若檢察官僅對竊盜部分上訴；甲未上訴；對當事人言，為一部上訴，就第二審言，亦為判決之一部上訴。

　　上訴人全部上訴，表示上訴人對原審判決全部不服；然上訴人亦可表示對原審判決一部不服，而為一部上訴（§348Ⅰ），且「上訴得明示僅就判決之刑、沒收或保安處分一部為之」（§348Ⅲ）。倘若上訴人的一部上訴不清楚其範圍時，法院應向上訴人確認其上訴範圍，以尊重當事人擇定上訴範圍的權利，進而體現當事人主義的精神。又，上訴人一部上訴時，「其有關係之部分，視為亦已上訴」，「但有關係之部分為無罪、免訴或不受理者，不在此限。」（§348Ⅱ）。

　　所謂「有關係之部分」是指「判決的各部分在審判上無從分割，因一部上訴而其全部必受影響者而言」（最高法院22上1058），故其一部上訴者，有關係之部分亦視為上訴。例如：數罪併罰案件受一個刑之宣告，對於數罪中的一罪上訴，其刑之執行部分，亦視為已上訴；實質或裁判上一罪之犯罪事實一部上訴者，如與其他部分具有審判不可分之關係，亦為有

關係之部分。又如，上訴人對於某判決的罪名不服而提起上訴，因成立何罪名會影響刑罰，所以不可分割，刑罰是有關係之部分，視為刑罰部分也提起上訴；但若上訴人僅對於該判決的刑罰部分不服而提起上訴，因不影響罪名，故罪名部分非有關係之部分，且依§348Ⅲ，上訴人得明示僅就判決之刑一部上訴。

上訴人提起上訴之後，會產生上訴效力：（1）停止效力。判決因上訴而阻其確定，故上訴具有阻止判決確定及執行之效力，若未上訴部分與已上訴部分具有單一性關係，依審判不可分之原則，亦屬上級審審判之範圍，該未上訴部分亦有停止之效力。（2）移審效力。案件因提起上訴，其訴訟繫屬即移轉於上級審，而移審效力並非自提起上訴時即發生，須待原審法院將該案卷宗證物送交上級審時始發生，是繫屬狀態由移審而生。

附帶一提，訴訟繫屬的方法有二：一為「提出」，依§251提起公訴僅為偵查終結，非即繫屬於法院，須依§264Ⅰ提出起訴書於法院，始為訴訟之繫屬；二為「送交」，依§350之向原審法院提出上訴書狀，係當事人依§344對原審法院所為判決不服之行為，此時案件尚未繫屬於上級審，須原審法院依§363送交時，案件方繫屬於上級審法院。

參、上訴程式

一、上訴的聲明

上訴採書面原則，係重在確實，起訴時亦同，惟起訴有例外規定：依§265Ⅱ追加起訴，得以言詞為之。上訴同起訴一樣重在確實，故須以書面為之，因此，提起上訴，應以上訴書狀提出於原審法院，如果在宣示判決時以口頭表示不服，不生上訴的效力。而上訴書狀若誤用「抗告」或「再審」的字語不妨礙上訴的效力。

聲明上訴之書狀須敘述不服原判決之意思。關於上訴書狀是否應敘述理由，第二、三審之規定雖不盡相同，但皆須敘述理由。依2007年7月新

增§361Ⅱ規定：「上訴書狀應敘述具體理由。」提起上訴，應以上訴書狀提出於原審法院。而第三審之上訴，依§382第三審之上訴書狀亦應敘述上訴理由，其未敘述者，得於提起上訴後十日內補提理由書於原審法院，未補提者，毋庸命其補提。因之，三審必須敘述上訴理由，如未敘述上訴理由，依§393規定，第三審除依職權調查之事項外，應以上訴理由所指摘事項為限，若上訴權人逾十日仍未補提理由，則依§395後段，雖然三審法院未判決前，亦可將之駁回。

二、上訴狀的制作

由於目前第二審並非如第三審係法律審，故上訴理由無須如規定以原判決違背法令為限。上訴理由，雖為上訴必備之程式，惟上訴書狀未記載理由者，亦不宜遽生影響上訴權益之效果，依新增§361Ⅲ，明定得於上訴期間屆滿後二十日內自行補提理由書於原審法院，以保障其權益。又原審法院對上訴書狀有無記載理由，應為形式上之審查，認有欠缺，且未據上訴人自行補正者，應定期間先命補正，爰於第3項後段明定。至上訴理由是否具體，係屬第二審法院審查範圍，不在命補正之列。又雖已逾法院裁定命補正期間，並不當然發生失權效果，在法院尚未據以為裁判前，仍得提出理由書狀以為補正，乃屬當然。

然而，法條雖未對上訴二審之理由詳加限制，但有部分實務見解從嚴作實質認定，而非空泛指摘即可。例如，最高法院98台上852判決明白指出：「刑事訴訟法第三百六十一條第一項、第二項、第三百六十七條前段分別定有明文。所謂不服第一審判決之具體理由，必係依據卷內既有訴訟資料或提出新事證等客觀上構成應予撤銷之具體事由，指摘或表明第一審判決有何採證認事用法或量刑有何違背比例及罪刑相當原則等足以影響判決本旨之不當或違法，始克當之；倘未依上揭意旨指出具體事由，僅泛言第一審判決認定事實錯誤、違背法令、量刑失誤，皆與第二審上訴制度旨在請求第二審法院撤銷、變更第一審不當或違法之判決，以實現個案救濟

之立法目的有違。」

　　另一部分實務見解則從寬認定，如最高法院98年台上2796判決謂：「第二審法院審酌是否合於法定具體理由要件，應就上訴書狀所述理由及第一審判決之認事、用法或量刑，暨卷內所有訴訟資料等項，兼顧保障被告之權益，而為整體、綜合觀察，不容偏廢，始符立法本旨。準此，被告之上訴理由縱使形式上未盡符合法定具體理由之嚴格要件，第二審法院仍應斟酌第一審判決有無顯然於判決有影響之不當或違法，兼及是否有礙於被告之權益，倘認有此情形，應認第二審上訴係屬合法，而為實體審理，以充分保障人民之訴訟權及實現具體正義。」另外，該判決又稱：「第二審上訴之目的，既在於請求撤銷、變更原判決，上訴書狀所敘述原判決如何足以撤銷、如何應予變更之事實上或法律上之具體事項，除其所陳之事由，與訴訟資料所載不相適合者外，倘形式上已足以動搖原判決使之成為不當或違法而得改判之事由者，均應認符合具體之要件。」（最高法院98台上5354判決參照）

　　學說上較傾向從寬認定，理由在於該判決要求上訴二審必須指出原審「所為證據證明力之判斷如何違背經驗、論理法則」，等同最高法院剝奪人民就同一事實爭執受兩次審判的權利，混淆事實問題與法律問題、紊亂事後審制與覆審制。

　　再者，所謂的「具體理由」，應依一般人民之普遍認知為準。若從嚴而以某事實爭執或量刑理由加以判斷，其為原審法院自由裁量之權或業經原審法院斟酌考量之結果。惟此種解釋方式，顯然背離一般人民之普遍認知，將造成人民對司法的憎惡與不信任。從敘明上訴理由之目的可以得知，其乃促使當事人在書寫上訴理由的過程中，確實瞭解判決的相關爭點，同時避免無謂的上訴。但當事人並非法官，即便身為法官，其在事實與法律的認定上，亦不盡全然完備，如此要求當事人似有過苛。因此，上訴狀之上訴理由具體與否，一審法院並無實質審查權限，只要有敘述理由，一審法院即不得裁定駁回上訴。二審法院命補正之前提，亦應以上訴書狀「根本未提理由」為限。

前述問題可再衍生為，第一審辯護人有無代撰上訴理由書狀之義務？最高法院98台上5354判決採肯定說，認為此乃辯護權射程之當然延伸及刑事訴訟法第346條與公設辯護人條例第17條等規定之相同法理，被告自得請求原審辯護人代作上訴理由書，原審辯護人亦有代作之義務，以落實被告有效受辯護人協助之權利。（最高法院100台上7086判決；最高法院100台上1135判決、最高法院100台上5673判決同旨）因刑訴法第31條之強制辯護案件，立法者已預設此類案件，被告無法依其個人之能力，就訴訟上相關之權利為實質有效之行使，應受辯護人強而有力之協助，以確保其法律上之利益。（最高法院99台上4470判決參照）

另一類實務見解則採否定說，理由是被告是否及如何要求其辯護人代為訴訟行為，給予協助，該合法選任、指定之辯護人是否善盡職責，要與被告未經合法辯護人為其辯護之情形有別，殊非居於公平審判地位之法院，所應介入。（最高法院100台上6199判決參照）又，鑑於司法分工及公平法院中立角色之維持，第一審辯護人是否盡善良管理人之注意義務而克盡其襄助被告使受合法第二審上訴之責，並非基於仲裁者之第二審法院所應介入或得以置喙。（最高法院99台上7060判決參照）

至於學說方面，則較贊成肯定說，其乃基於正視弱勢族群在刑事程序中之劣勢地位，以最終審法院應有之開闊氣魄，創設刑事訴訟之新理論，並糾正過去之錯誤，填補不應有之上訴鴻溝，體現對貧窮弱勢關懷之觀點。

在強制辯護與指定辯護方面，德國學界通說及實務見解皆認為，義務辯護人一旦指定後，該指定之效力將涵蓋整個刑事審判程序。此係因強制辯護規定於總則編，除另有特別規定外，事實審及法律審皆應適用。基此，審判長指定之效力也會及於各審級，指定效力直到判決確定為止，始為解除。如同德國學說實務見解，最高法院99台上4470判決理由亦肯認第一審指定辯護人有為被告代為撰寫上訴理由之義務。

但在第三審上訴，則限於以判決違背法令為理由，苟非以判決違背法令為理由，不得為之（§377）。檢察官以當事人資格提起上訴時，上訴書

由檢察官制作，依刑事訴訟法之規定，除記載制作之年、月、日及其所屬公署外，並應由制作人於其所提出之文書上簽名（§39）；上訴書非由公務員制作者，應記載年、月、日並簽名。其非自行制作者，應由本人簽名，不能簽名者，應使他人代書姓名，由本人蓋章或按指印，但是代書之人，應附記其事由並簽名（§53）。在監獄或看守所之被告，於上訴期間內向監所長官提出上訴書狀者，視為上訴期間內之上訴。被告不能自作上訴書狀者，監所公務員應為之代作。監所長官接受上訴書狀後，應附記接受之年、月、日、時，並送交原審法院。被告之上訴書狀，未經監所長官提出者，原審法院之書記官於接到上訴書狀後，應即通知監所長官（§351 IV）。

肆、上訴期間

上訴須於上訴期間內提起。上訴期間為二十日，自送達判決後起算，但判決宣示後送達前之上訴，亦有效力（§349）。上訴期間因自送達判決後起算，故未履行送達程序者，其上訴期間，即無從起算。得獨立上訴之人（§345）縱未受判決書之送達，其上訴期限仍應自被告收受判決書之翌日起算。

被告、自訴人或附帶民事訴訟當事人在法院所在地無住居所或事務所，經陳明以在該地有住、居所或事務所之人為送達代收者，送達應向送達代收人為之，且視為送達於本人（§55），此時法院向送達代收人送達判決時，其上訴期間即應自該判決送達於代收人後起算。

向檢察官送達判決，如因內部易人承辦，致接辦人員收閱判決在後者，仍應以檢察官最後收受之日為上訴期間之起算點，不因其內部易人而有變更。

至於辯護人在刑事訴訟法上並無對之應行送達判決之明文，因之法院對於辯護人為判決送達時僅為一種便利行為，不生法律上起算上訴期間之效力。辯護人如為被告之利益而上訴（§345），其上訴期間之計算，仍應

自被告收受判決之日為標準。

　　依§349上訴期間為二十日，自送達判決後起算，但判決宣示後、送達前之上訴亦有效力。在此有幾個必須區別之概念，即期間之起算，係自送達時起算；裁判之發生效力，係因宣示或送達生效；而裁判成立，係以裁判製作完成時，即已成立。

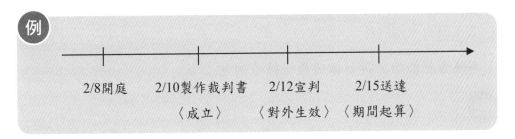

故裁判書製作完成，裁判即成立，經宣示後，裁判才對外生效，此時上訴亦有效力（§349但書），但法定上訴期間之起算則必須自判決送達後起算，反之裁判雖成立但未生效時，上訴亦無效。逾期上訴，則不生上訴效力，原審法院應以裁定駁回上訴。

伍、上訴權的喪失

　　上訴權雖依判決是否宣示而異其發生效力之時點，惟就其消滅之時間言，原則上以上訴期間是否經過而定。上訴所以設上訴期間之限制，在於促使上訴權人早日考慮其應否上訴，以免訴訟關係拖延過久，影響權利之確定。而上訴期間經過者，上訴權固屬消滅，惟刑事訴訟法另規定，在某種情形之下，亦可因上訴權人之捨棄與撤回而消滅上訴權。

　　上訴權既為訴訟上權利之一，其喪失原因有二，一為捨棄，捨棄為行使前即已喪失上訴權；二為撤回，撤回為行使後才喪失上訴權。捨棄上訴權，應向原審法院為之（§357Ⅰ），宣告死刑或無期徒刑之案件，被告捨棄上訴的表示無效，而撤回則必須注意撤回主體的問題。

　　依本法關於撤回之規定有：告訴之撤回（§238）、公訴之撤回

（§269）、自訴之撤回（§325），凡此均規定有撤回主體（告訴人、檢察官、自訴人）及撤回時間（一審辯論終結前）。然§354（上訴於判決前，得撤回之。案件經第三審法院發回原審法院，或發交與原審法院同級之他法院者，亦同。）不同於上述三種撤回，並未規定撤回主體，蓋告訴撤回、公訴撤回及自訴撤回，其告訴權、撤回權、同意權均屬於同一人，無須他人同意，但於上訴撤回之場合，上訴權、撤回權、同意權原則上屬於一人，但有二個例外：

1.為被告利益而上訴如撤回應得被告同意

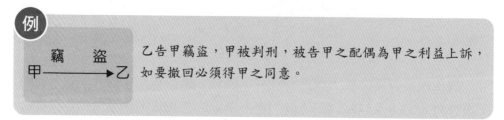

例

甲 ——竊　盜——→ 乙

乙告甲竊盜，甲被判刑，被告甲之配偶為甲之利益上訴，如要撤回必須得甲之同意。

2.自訴人上訴如撤回應得檢察官同意

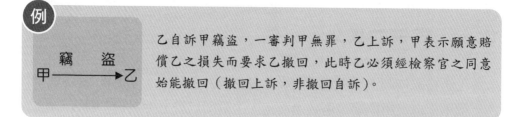

例

甲 ——竊　盜——→ 乙

乙自訴甲竊盜，一審判甲無罪，乙上訴，甲表示願意賠償乙之損失而要求乙撤回，此時乙必須經檢察官之同意始能撤回（撤回上訴，非撤回自訴）。

　　是於上述二例中，上訴權人、撤回權人、及同意權人則例外不屬於同一人。

❖ 實例講座 ❖

＊食毒少年＊

甲為施用毒品多年的17歲少年，由於工作犯錯被雇主開除，頓失經濟來源，無法繼續購買毒品。一日，毒癮發作的甲，看見乙女手持皮包迎面走來，甲乃搶去乙女皮包，過程中發生推擠造成乙受有輕傷。之後，乙同情甲，僅對其提出過失傷害罪的告訴；但檢察官深入追查，發現甲有上述搶奪事實，遂依搶奪罪名起訴。

一審法院判決甲搶奪罪名成立，甲希望能盡快入獄服刑戒斷毒癮，故明示不願上訴。檢察官以法院漏未就過失傷害罪部分審判提出二審上訴；甲父則以量刑過重，被告未成年確未減刑為由提起上訴。二審法院審理結果，認為甲已明示放棄上訴及一審檢察官未就過失傷害罪提起公訴為由，分別駁回丙父與檢察官的上訴。試問，二審法官的裁判是否合法？

➲解析

（一）二審法官駁回丙上訴並不合法

被告甲為17歲的未成年者，父丙為甲的法定代理人，依§345規定，被告的法定代理人得提起上訴，且此為固有上訴權。因此，在不違背被告利益的情況下，法定代理人可不受被告意思拘束，獨立為被告提起上訴。本題中，丙父認為一審法院的量刑過重，上訴的目的明顯是為甲的利益為之，縱與甲的明示意思相反，其仍有獨立提起上訴之權。換言之，二審法院駁回丙合法上訴的判決應屬違法。

（二）二審法官駁回檢察官上訴是否合法，須個別認定

基於審判不可分原則的精神，若經二審法官的審理，認為被告甲對乙女強奪暨過失傷害的犯罪事實，為一行為觸犯二法益的想像競合關係

時，由於兩罪間具有起訴與審判不可分的性質，檢察官雖然僅於起訴書中記載搶奪罪名（顯在繫屬），但起訴的同時，過失傷害罪亦已隨同繫屬於一審法院（潛在繫屬）。換言之，二審法官認定兩罪屬於單一案件，則起訴甲搶奪的效力早就及於過失傷害罪部分（一部起訴效力及於全部），基於上訴不可分原則（§348），二審法官竟未針對潛在繫屬於二審的過失傷害罪名進行審理，並認為檢察官又未起訴甲的該犯罪事實而駁回上訴，屬於§379⑫後段規定，對已受請求事項未予判決的漏未判決，本判決當然不合法。

反之，在實體法的判斷上，二審法官若認定被告甲搶奪與過失傷害的罪行是數行為侵害不同法益的數案件，則起訴的搶奪部分與未經起訴的過失傷害罪就無不可分的關係。因此，二審法官對於檢察官在本案程序中，對另案提起上訴的部分予以駁回，當然就無違法之處。

＊律師的違法上訴＊

被告甲涉嫌共同殺人罪，經檢察官提起公訴。一審法院以檢察官所提證據，認定被告甲犯殺人罪，併科處19年有期徒刑。甲的選任辯護人乙認為該案判處過重，僅以量刑過重為由，直接以自己名義，並未列被告名義於上訴書狀，而替被告甲提起二審上訴。試問，上訴是否合法？若二審直接判決駁回是否合法？

⊃解析

（一）上訴不具有合法性

1.辯護人不得以自己名義提起上訴，故上訴不合法

辯護人乙基於被告利益，為被告提起上訴，符合刑事訴訟法第346條之規定，然而上訴書狀必須另列被告為上訴人，始合乎規定。其理為辯護人僅具有代理權，並非獨立上訴權人，故原則僅能代理被告提起上訴，不得以自己名義提起上訴，否則將違背法律上程式（最高法院69台

非20判決）。本題中，辯護律師乙並非獨立上訴權人，不得以自己名義提起上訴，故上訴不符合程式，所以上訴不合法。

2.僅以量刑過重，未表明上訴具體事由，上訴仍合法

依刑事訴訟法第361條第2項規定，上訴書狀應敘述具體理由，然而，如何認定具體理由，實務與學說認定存在爭議：

實務認定有從嚴解釋之見解，認為避免二審過度膨脹，不服第一審理由，必須依據卷內訴訟資料或提出新事證，指摘或表明第一審判決有何採證認事、用法或量刑等足以影響判決本旨之不當或違法，而構成應予撤銷原判之具體理由，若僅是形式上指摘原判違法，未附具體說明，例如量刑之輕重，縱然屬實，但是難謂符合上訴之具體理由之意旨。

然而，如此解釋恐怕過苛，因為憲法第16條，保障人民得有效提起訴訟並為救濟之觀點，解釋上，具體理由的認定，應該以一般人民普遍認知為依據，僅需敘述理由即可。若依實務從嚴解釋見解，無異是讓人民，自行承擔是否得以救濟之危險，恐背離憲法保障人民訴訟權之意旨。

本題中，辯護律師乙僅以量刑過重為由提起上訴，若依上開實務見解，將不具有上訴之具體理由，難謂其合法性；然而，如此解釋恐怕過度嚴苛，背離憲法第16條對人民訴訟權之保障，因此以量刑過重為由，即足以認定符合刑訴法第361條第2項之規定，應認為具有合法性。

（二）上訴雖不具有合法性，但不得直接判決駁回

就上開說明，本案違法上訴在於辯護人不得以自己名義提起上訴，故上訴不符合程式；然而依據釋字第306解釋，如原審辯護人已為被告之利益提起上訴，而未於上訴書狀內表明被告上訴之字樣，則其情形並非不能補正，自應依法應先訂期間命其補證，故不得直接判決駁回。

本題中，辯護人以自己名義提起上訴，係不合法，但依上開釋字第306號之解釋，二審法院應裁定先命其補正，除非被告於收到裁定補證書後，未於期間內補正，否則不得直接判決駁回，故本題中二審判決將不具合法性。

第六章

第二審上訴

【目次】

第一節　第二審上訴的構造...691

　壹、覆審制...691

　貳、續審制...691

　參、事後審查制...692

第二節　第二審審理範圍...692

第三節　第二審的審理...694

　一、不以被告到庭辯論為必要.......................................694

　二、上訴人陳訴上訴要旨...695

　三、應就原審判決經上訴部分調查...............................695

　四、言詞審理的例外...695

第四節　第二審上訴的判決...695

　壹、駁回上訴的判決...696

　　一、上訴不合法而駁回...696

　　二、上訴無理由而駁回...696

　貳、撤銷原判決就該案件自為判決...............................696

　參、撤銷原判決而將該案件發回原審法院的判決.........697

　肆、撤銷原判決而自為第一審的判決...........................697

第五節　不利益變更的禁止...698

　壹、不利益變更禁止原則的意義...................................698

　貳、不利益變更禁止原則的存廢理由...........................698

　參、不利益變更禁止原則的限制...................................699

實例講座...700

第一節　第二審上訴的構造

壹、覆審制

　　就上訴審之訴訟構造言，可區分為覆審制、續審制與事後審查制。所謂覆審制乃由上訴法院對案件完全重複審理事實及證據，包括事實面、法律面與量刑面，故上訴人無須具體指摘原審判決有何錯誤，其性質為事實審兼法律審，原則上係自為判決。覆審制的特色主要是第二審擁有與第一審相同的權限，使之得對上訴案件為完全重複審理之審判方式，故又稱為「第二回之第一審」，我國現行刑事訴訟法採之。其利在於詳慎，其弊在於重複繁累。

> 甲至乙家竊盜，又起意將乙打傷，檢察官將甲以竊盜罪及傷害罪起訴，地院判刑後，甲僅對竊盜部分上訴，此時高等法院，除就竊盜部分能為完全重覆的審理外，一審未調查之部分，二審因仍可調查，而依其所調查之證據來認定事實；一審縱已調查認定過，亦可再行調查。故關於事實認定、法律適用、刑罰量定與第一審有相同之權限。

貳、續審制

　　續審制乃業經原審調查之證據，上訴審法院無庸再行調查，亦即原審訴訟行為於上訴審仍屬有效，其係回復至前審言詞辯論終結前之狀態，就原審判決後新發生或新發現之證據為審理，性質亦為事實審兼法律審，故原則上自為判決。

　　由於續審制係由上訴審繼續原審審判，故以原審審理之結果為基礎，根據上訴之指陳繼續審判；我國民事訴訟法採之。其利在於去除審理之重

複，其弊在於難能越出原審審理之結果。

參、事後審查制

事後審查制乃上訴審法院僅就上訴人於上訴理由所指摘原判決違誤之處予以審理，故上訴人需具體陳述上訴理由，不另提新事實與新證據，性質為法律審，原則上不自為判決。

由於事後審查制係在事後審查第一審判決事實及法律有無違誤的制度，故採事後審查制，對於地院判決之上訴，高等法院完全依第一審之證據資料來認定其是否會為同樣之判決、同樣之結果，如果完全相符，則將上訴駁回，如認定事實相同，量定刑罰不同者，則自為判決；若認定事實量定刑罰均不同，則應將原判決駁回，由一審再行審查。

由於其主要在審查原審判決認事用法及其審判程序是否違法，並不自為事實之審理；其利在於迅速，其弊在於粗疏，且有時將會發生欲速則不達之結果。

第二節　第二審審理範圍

第二審事實之認定究應以第一審為準？抑以第二審為準？立法例上有二：1.以第一審為中心，即以第一審為準；2.以第二審為中心，即以第二審為主。本法係以第二審為中心，係採複審制，完全重複第一審的審理。提起第二審上訴，沒有案件的限制，也無須附具上訴理由，不以第一審判決違法或不當為必要。通常情形下，第二審法院撤銷第一審的判決後，應自為判決（§369 I）。故第一審判決經上訴後，除形式判決法院得依§369 I 但書將該案件發回原審法院外，其他案件即完全脫離第一審。另外，於第三審事實之認定，依§394 I，係以第二審確認之事實為判決基礎，因此若有§398之情形者，最高法院可自為判決，但若影響於事實之

確定時，則最高法院應依§401，將案件發回原審法院。

從上述情形得知，案件上訴第二審，除形式判決外，不會再回到第一審，而上訴第三審的案件則常會被駁回第二審，第二審因此受到擠壓，案件負擔非常沈重。而且到了第二審，事實證據離去第一審的時間更遠，所以第二審的重複審理更加艱難。此外，由於完全的重複，當事人可能不堪其擾。

尤其，在第一審審判流於書面審查、自由心證浮濫以及當事人訴訟權益未受充分保障的情形下，造成當事人不服第一審判決提起上訴之比率甚高，而第二審在採行覆審之結構下，亦存在著與第一審通常審判程序相同之問題，且調查證據及認定事實，因日時的經過更愈形困難及模糊，當事人不服又請求上訴，最高法院亦無法倖免於處理案件負擔的夢魘，因第二審調查或審理不盡，發回更審比例甚高，造成第二審上訴是刑事審判的重心。此可由上訴第三審之理由以及發回更審之理由中，以§379⑩應於審判期日調查之證據而未予調查者，與§379⑭判決不載理由或所載理由矛盾者占絕大多數，可見一斑。

將來刑事訴訟的構造，宜採以第一審為事實審審判之中心的立法，因第一審審理可謂為最接近當事人間之真實，當事人對判決結果亦較為信服，上訴案件可望減少；同時，刑事審判既以第一審為認定事實之中心，為避免訴訟之久懸不決及爭點之重覆審理，減輕上訴審審理之負擔，亦有必要修法明確規定以原判決違背法令、認定事實錯誤或量刑不當等作為上訴第二審之理由第二審上訴審不宜為求發現真實，再就案件重覆審理，故第二審應改採「事後審查制」較妥。不過，由於第二審採事後審查制的前提，係建立在堅實的第一審，故將來應更充實第一審事實審之功能，亦即，檢察官應嚴格篩選證據並慎重起訴與落實舉證；法院應嚴格堅守客觀立場，強化準備程序建構嚴格之證據法則來進行審判，如此才能達到事後審查制所期待的功能。

第三節　第二審的審理

　　上訴在第二審法院有其專屬之特別規定，依本法之規定，第二審法院為高等法院，其管轄依審級管轄原則，以管轄所屬地方法院之第一審上訴案件為主。因此，上訴於第二審法院須以不服地方法院所為之第一審判決者為限；不服高等法院第一審判決之上訴，不適用第二審之上訴程序（§§361、375Ⅱ）。

　　上訴權人不服地方法院之第一審判決而向管轄之第二審高等法院上訴時，不以具備任何理由為要件，其上訴書狀應向原審之地方法院提出，由原審地方法院經審查後送交第二審法院。而原審地方法院所為之審查，主要係視上訴之提出是否合法；其內容計有：1.上訴之程式有無不合法律上之程式；2.是否有法律上不應准許上訴情事；3.上訴權有無喪失。審查結果如認係上訴不合法律上之程式、法律上不應准許其上訴或上訴權已喪失者，則應以裁定駁回之。惟上訴不合法律上之程式依其性質係可以補正者，應定期先命補正，逾期不為補正時，方能以裁定駁回上訴（§362）。

　　是第二審之審理，除特別規定外，其餘均準用第一審關於審判之規定。亦即，第一審之審判程序；不論審判期日前之準備程序，審判期日應行之審理程序，以及判決之程序；不論公訴或自訴案件之共通程序或特別規定；祇須其所規定之原則係與第二審之性質不相牴觸者，第二審法院於審判上訴案件時均得分別援用（§364）。至於審理上訴第二審案件之特別程序，其規定如下：

一、不以被告到庭辯論為必要

　　第二審雖為事實審，但被告經合法傳喚無正當理由不到庭者，得不待其陳述逕行判決。故審判期日不以被告到庭為必要，但須是已經合法傳喚為前提，且被告即使不到庭，其審理仍須經原告當事人言詞辯論，即仍須經原告當事人一造辯論後方能判決（§371）。

二、上訴人陳訴上訴要旨

　　第一審審判期日，審判長依§94為人別訊問後，應由檢察官陳述起訴要旨；第二審則由審判長命上訴人陳述上訴要旨（§365）。

三、應就原審判決經上訴部分調查

　　第一審審理之調查證據，以經起訴者為其範圍；而第二審之審理，則應以原審判決經上訴之部分，為調查證據之範圍（§366）。且裁判上之一罪，依起訴之規定應認為係屬起訴效力所及之範圍，第一審縱未予以審判，第二審基於審判不可分之原則，自得予以審判。

四、言詞審理的例外

　　第二審雖採言詞直接審理之原則，但亦有其例外。其例外之情形，除第二審法院應撤銷原判決自為諭知管轄錯誤、免訴或不受理之判決者，準用第一審之規定得不經言詞辯論外；第二審法院認為上訴程序不合法，如：上訴不合法律上之程式，或法律上不應准許之上訴，或上訴權已經喪失之上訴，應以判決駁回其上訴之案件；以及對於原審諭知管轄錯誤、免訴或不受理之判決上訴，而第二審法院認上訴為無理由而為駁回上訴之判決，或認上訴為有理由而為撤銷原判決發回原審法院之判決者；因其所為之第二審判決均為形式判決，故亦得不經言詞辯論（§372）。

第四節　　第二審上訴的判決

　　第二審法院之判決，除依裁判之通常程序及第二審判決之特有程式外，因其亦為事實審，故其餘均準用第一審判決之規定。關於第二審之判決，因案情不同而得區分如下：

壹、駁回上訴的判決

駁回上訴之判決，為僅就形成訴訟之要件所為之判決，是為形式判決。又可分為下述情形：

一、上訴不合法而駁回

第二審法院認為上訴書狀未敘述理由或上訴有§362前段之情形者，應以判決駁回之。但其情形可以補正而未經原審法院命其補正者，審判長應定期間先命補正。（§367）。此種駁回上訴，係基於上訴程序之不合法而駁回者，是為程序判決之一種；如上訴有此情形，原審法院便應指定期間命補正，或以裁定駁回其上訴。若原審法院未命補正或未裁定駁回其上訴，第二審法院便應以判決駁回之，但上訴不合法律上之程式依其性質可以補正者，應由審判長裁定期間以命補正。

二、上訴無理由而駁回

依本法之規定，第二審法院應就原審判決經上訴之部分為調查。又因係事實審，故並非單就上訴書狀審查，而係對於上訴部分為重複之審判。此外，第二審法院之駁回上訴，除前述上訴不合法外，即屬上訴無理由（§368）。而上訴雖無理由，但原判決係不當或違法者，依法應將原審判決經上訴之部分撤銷，不得駁回上訴（§369 I）。故第二審法院駁回上訴或撤銷原判決之真正依據，並非上訴人所持論旨之是否真實可採，而是原判決之認事用法是否不當或違法。

貳、撤銷原判決就該案件自為判決

第二審法院認為上訴有理由，或上訴雖無理由而原審判決係不當或違法者，應將原審判決經上訴之部分撤銷，就該案件自為判決（§369 I）。所謂「自為判決」，即第二審法院自為有罪、無罪、免訴、不受理或管轄

錯誤之判決；故上訴有理由定係原審判決不當或違法，則第二審法院撤銷原判決就該案件自為判決之關鍵，並不在於上訴所持之論旨是否成立，而在於原審判決之有無不當或違法。

參、撤銷原判決而將該案件發回原審法院的判決

第二審法院如認原審判決諭知管轄錯誤、免訴或不受理係不當者，不論其是否因判決後法令有變更而認為原審判決諭知管轄錯誤、免訴、不受理係不當，於其將原審判決經上訴之部分撤銷後，均得以判決將該案件發回原審法院（§369 I 但書）。至其於何種情形下得將案件發回原審法院，何種情形下不發回原審法院而就該案件自為審判，實務上雖認為第二審法院得斟酌情形自由裁量；但從審級制度上論，應認為第二審法院須於不影響當事人審級利益之原則下，方得就該案件自為判決。例如原審判決諭知管轄錯誤固屬不當，但經合法上訴後，被告死亡或遇大赦者，則第二審法院便可就該案件自為不受理或免訴之判決。然撤銷原判決後認應諭知有罪或無罪之判決者，由第二審法院就該案件自為判決，勢將影響當事人原有之審級利益；故遇此情形，應即發回原審法院。

肆、撤銷原判決而自為第一審的判決

第二審法院認為原審判決未諭知管轄錯誤係不當，而將原審判決經上訴部分撤銷者，如第二審法院對該案件有第一審管轄權時，便應逕為第一審之判決（§369 II）。所謂「第二審法院有第一審管轄權」，即指第一審管轄屬於高等法院之案件，該第二審法院即係其管轄法院。惟第二審法院為第一審之判決，以原審判決未諭知管轄錯誤係屬不當而撤銷之部分為限。

第五節　不利益變更的禁止

壹、不利益變更禁止原則的意義

由被告上訴，或為被告之利益而上訴者，上訴審法院不得諭知較重於原審判決之刑者，稱為「**不利益變更禁止原則**」；被告為自己之利益而上訴，及檢察官為被告之利益上訴者（§344 Ⅲ），其所提起之上訴，皆應適用不利益變更禁止之原則，以免為被告利益上訴之結果，反而使被告受更為不利益之判決。

我國刑事訴訟法雖採前述不利益變更禁止之原則，惟加以限制，亦即因原審判決適用法條不當，而撤銷原判決者，不適用此一原則（§370）。亦即，第二審如果變更原審的案件罪名，被告可能被宣告更重的刑罰，如變更恐嚇取財為強盜。事實上，「禁止不利益變更」的適用可能性不大，因為被告上訴，檢察官或自訴人也可能同時上訴，第二審就可以諭知較重的刑罰。

貳、不利益變更禁止原則的存廢理由

對第二審上訴應適用不利益變更禁止之原則的理由，可分為三點：1.上訴制度乃為對於下級審之判決予以救濟而設，則上級審之判決不應為不利之變更；2.上訴既以上訴書狀所載之事實為其範圍，則在此範圍內之事實，不應為不利益之變更；3.為避免被告因受不利益之變更，致放棄其上訴，為保障被告上訴權之自由行使，應承認不利益變更之禁止。

此外，反對不利益變更禁止原則所依據之理由有二：1.被告上訴既不可能改判較重於原審判決之刑，則不啻獎勵被告為顯然無理由之上訴，如此極易促成濫行上訴；2.不利益變更禁止原則因過分強調被告權利之保護，不免妨害實質真實之發現。惟不利益變更禁止原則，僅在於禁止諭知重於原審判決之刑，與實質真實之發現並不構成妨害，故以此認為應廢止

此一原則，並非正確。至於因有不利益變更禁止原則存在之關係，促成濫行上訴之結果，亦不能一概而言。故為使上訴成為訴訟法上之救濟權，以保障被告之利益起見，在刑事訴訟法上採用此一原則，實有必要。

參、不利益變更禁止原則的限制

我國刑事訴訟法所規定之不利益變更禁止原則，適用上頗受限制。茲將其所受限制之情形，分述如下：

1. 僅適用於第二審上訴：不利益變更禁止原則見於第二審程序之規定（第三編第二章），可知其僅適用於第二審上訴，非於一切之上訴均可適用。

2. 僅限於被告上訴或為被告之利益上訴：如提起上訴者非被告；或是檢察官、自訴人非為被告之不利益上訴者，均無此一原則之適用。

3. 非因原審判決適用法條不當而撤銷者：即第二審法院認為第一審法院適用刑罰法規不當，而變更第一審判決所引用之刑法法條者，不受此項原則之限制（最高法院32上969判決）。惟不限於刑法分則之法條，如認為第一審適用刑法§59予以酌減為不當者，亦得撤銷原判決，諭知較重於原審判決之刑。至於第一審判決對於應依共同正犯論擬，誤以教唆犯處斷者，顯係適用法條不當，將原判決撤銷改判者，不受不利益變更禁止之限制。

❖ **實例講座** ❖

＊大逆不道＊

　　不孝子甲不滿母親吝給零用金，憤而將母親勒死。檢察官依殺害直系尊親屬罪名起訴；經一、二審的審理，皆認定被告的罪行明確，判處被告無期徒刑。甲上訴至最高法院，經審理發現一、二審法院對於甲律師提出當事人長期服用抗憂鬱藥劑的情況並未斟酌，有證據調查未完備之處，遂撤銷原判決發回二審。本案經發回二審，遂對於被告甲的精神狀況送交鑑定，並經案發當時的情況綜合判斷後，更審法院認定甲行兇時的精神狀態良好，改處甲死刑。試問：更審法院的判決是否合法？

⊃**解析**

　　最高法院認為全案尚有調查未完備之處，而發回更二審時，二審能否加重被告刑度。有關於此，依§370有所謂不利益變更禁止原則的規定，要求由被告上訴或為被告的利益上訴者，第二審法院不得諭知較重於原判決之刑；惟若是原判決適用法條不當而撤銷者，就沒有該原則的適用。

　　由於本案是由三審撤銷後發回二審更為審理，等同是回復第二審的審判程序，並且本案撤銷發回的原因是，三審認為二審的調查尚有不足之處，必須再經由事實審法院進行實質的證據調查（三審為法律審，原則不觸及事實調查的事項），故本案並無適用法條不當被撤銷發回的情形。因此，更審法院的判決應不合法，無論證據調查的結果為何，其不得同樣認為成立殺害直系尊親屬罪，卻判決較無期徒刑更重之死刑。

＊劃臉案＊

　　檢察官以甲持刀劃花乙的臉部，認有刑法§278 I重傷罪嫌提起公訴，並經一審法院以重傷罪責，判處甲有期徒刑7月，檢察官認為一審法

官量刑過輕提起上訴，二審法院審理中，查覺甲不僅劃傷乙的臉部之傷害故意，其更拿刀想殺害乙，應該存在殺人故意，雖然未致死亡，但仍難辭殺人未遂罪責；惟於審判期日，甲經合法傳喚無正當理由未到庭，二審法院可否不待甲到庭陳述逕行判處其殺人未遂刑責？

⊃解析

　　二審法院依法傳喚甲到庭，但甲無正當理由而未到庭，此係符合刑事訴訟法§371之規定，亦即被告經合法傳喚，無正當之理由不到庭者，得不待其陳述，逕行判決。此係基於避免被告上訴，而拖延訴訟，使訴訟懸而不決，遲遲無法判決，不但有害訴訟資源，且亦訴訟不經濟；再者，相關卷證資料之調查，已經於第一審調查，故在不妨害被告防禦權及聽審權之前提下，應當得以適用該條，而逕行判決。

　　然而，在憲法§8正當法律程序以及§16訴訟權保障下，仍應確保被告享有聽審權以及防禦權，更應避免突襲性裁判。此則如本題所示，二審法院係以重傷罪變更為殺人罪為裁判，可見針對殺人罪部分，被告於一審審判中，皆未能有效防禦，顯然若法院逕行判決，無異是侵害被告於刑事訴訟程序中享有之聽審權及防禦權，更使被告遭受突襲性裁判。

　　因此，本案之中，雖然形式上符合刑事訴訟法§371之一造缺席判決之規定，但是該規範之適用的實質前提，應當侷限於讓被告享有防禦權之保障，故本案中，就殺人罪部分，甲仍未曾有效防禦與辯護，不得適用刑事訴訟法§371逕行判決。

第三審上訴

【目次】

第一節　得上訴第三審的範圍......................................705

　　壹、高等法院為第二審判決之案件..................705

　　貳、高等法院為第一審判決的案件..................706

第二節　得上訴第三審的理由......................................706

　　壹、判決違背法令..707

　　貳、判決不適用法則或適用不當..........................707

　　參、判決當然違背法令..707

　　肆、訴訟程序違背法令而顯然於判決有影響.....710

第三節　第三審上訴的審理範圍..............................710

　　壹、第三審法院審判的對象..................................710

　　貳、第三審法院調查的範圍..................................711

　　參、第三審法院依職權調查的事項.....................711

第四節　第三審法院的判決......................................712

　　壹、駁回上訴的判決..712

　　　一、上訴不合法而駁回..................................712

　　　二、因上訴無理由而駁回..............................712

　　貳、撤銷原判決的判決..713

　　　一、自為判決..713

　　　二、發回原審法院或逕行發回第一審法院.....714

　　　三、發交第二審或第一審法院.....................714

第五節　第三審判決的效力......................................715

實例講座...716

第一節　得上訴第三審的範圍

　　第三審，為不服高等法院所為的第二審判決，而上訴於最高法院的程序；若是不服高等法院的第一審判決（內亂、外患及妨害國交罪之案件），而向最高法院上訴，亦適用第三審程序。由於案件經最高法院判決後，通常便無救濟方法或程序，故其不僅是通常審級程序之上訴審，且為終審。其審判方式採事後審查制（法律審），僅就原審判決確認的事實，審查其適用法律是否妥當，而不自為實體事實的認定。且因其不自為犯罪事實之認定，故以書面審理為原則，言詞審理為例外。

　　理想的審級構造，應該呈現金字塔的形狀，所以進入第三審的案件必須有所限制。依現行法，上訴第三審有兩層限制，其一，案件的限制（§376），其二，第二審的判決違背法令（§377）。也就是說，必須針對比較重大的案件，且第二審的判決違背法令才可以上訴第三審。以立法限制上訴，釋字第302號認為，§377為增進公共利益所必要，並未逾越立法裁量範圍，為憲法§23之所許，與憲法§16保障人民訴訟權之本旨並無牴觸。

壹、高等法院為第二審判決之案件

　　不服高等法院第二審判決者，得上訴於第三審法院；但是原則上，§376 I 所列各罪案件，不得上訴於第三審法院。因為§376 I 所列各罪，為輕微犯罪，因其案情簡明者居多，為免於拖延訴訟，故以第二審為其終審。

　　不過，§376 I 所列各罪案件，例外有上訴第三審法院的可能，即該條但書規定，雖是§376 I 所列各罪案件，惟「第一審法院所為無罪、免訴、不受理或管轄錯誤之判決，經第二審法院撤銷並諭知有罪之判決者，被告或得為被告利益上訴之人得提起上訴」。此為保障人民的訴訟權，至少應當給予被告一次上訴救濟的機會（釋字第752號）。但是，在保障人民

訴訟權的同時，亦應維持最高法院的法律審功能，避免其過度負荷，故§376 II規定，依§376 I但書而上訴第三審的案件，「經第三審法院撤銷並發回原審法院判決者，不得上訴於第三審法院。」

　　有問題的是，應該如何認定是否為§376 I之罪，實務見解不一，有起訴法條標準說：以檢察官起訴的法條為準（最高法院52台上1554判決）；判決法條標準說：起訴法條若經法院變更後判決者，則以變更後之法條為準（最高法院45台上1275判決）；法條爭議標準說：如釋字第60號謂：「應視當事人在第二審言詞辯論終結前是否業已提出而定。」在此之中，以法條爭議標準說最適宜，其不以形式上判決主文作為認定標準，可保障當事人上訴第三審的權利。

貳、高等法院為第一審判決的案件

　　由高等法院為第一審之案件，經高等法院第一審判決後，不論是否為§376所列各罪之案件，均得上訴於管轄第三審之最高法院。此種案件之上訴，因其上訴程序及最高法院之審判程序，均應適用第三審程序，故亦得上訴於第三審法院（§375 II）。

第二節　得上訴第三審的理由

　　上訴於第三審，除須是得上訴第三審之案件外，其與上訴第二審法院之上訴程序所不同者，為上訴第三審須以判決違背法令為理由，亦即上訴於第三審法院須有上訴之理由，且必須以判決違背法令為限。但原審判決後刑罰有廢止、變更或免除者，如原審判決猶未確定，亦得以之為上訴理由而上訴於第三審法院（§381）。至於判決違背法令之情形，依本法規定，將之區分為判決違背法令、判決不適用法則或適用不當、判決有當然違背法令之情事、以及其他訴訟程序違背法令而顯然於判決有影響等四類。

壹、判決違背法令

判決違背法令，係判決所認定之內容與法令的規定相牴觸，亦即判決違法。申言之，即在實體法方面，其根據所認定事實、引用法令以作成判決時，該引用之法令係屬錯誤，以致判決之內容與法令之規定相違背；例如：「受六月以下有期徒刑或拘役之宣告得易科罰金者，依刑法§41以犯最重本刑為五年以下有期徒刑之罪為限。如被告所犯者為刑法§168之罪，該項最重本刑為七年，與上開規定不符，『易科罰金』顯屬違背法令」。

貳、判決不適用法則或適用不當

法則是為法令以外法院判決所應適用之原則。按法院之審判案件，其所應遵守之原則與踐行之程序及方式，經法令予以明文規定者，自應依其規定，如有違背，便係審判違背法令。但法令未規定或法令委諸於法院依職權自行裁量者，法院於自行裁量時，便應適用公認之通理法則；如我刑事訴訟法一向均係根據自由心證原則，由法院自由判斷證據之證明力，法院於認定證據之證明力時，須根據經驗及論理法則者是。惟判決之應用法則，並不限於證據方面之法則，凡係法令容許法院裁量之事項，法院於裁量時有法則可循者，即應適用法則以為裁量。

參、判決當然違背法令

判決，除所判內容違背法令外，尚有形成該判決之審判違背法令之情事。§377所稱「判決違背法令」，係指判決所認定內容違背法令。至於形成判決之審判違背法令，係指案件之審判程序違背法令，又可分為「審理程序違背法令」及「判決程式違背法令」兩種。惟不論審理程序或判決程序違背法令，其結果有時均會導致判決內容違誤；因之，對於若干較為嚴

重之審判程序違背法令，自有作為上訴於第三審法院之理由的必要，以期能運用第三審程序尋求救濟。綜上所述，案件之審判有下列之情事者，其判決當然為違背法令，而為上訴第三審法院之理由（§379）：

1. 法院之組織不合法：法院之組織，依法院組織法及本法有關之規定，其不合法之情形，例如不足法定人數或非法官參與法院之審理。

2. 依法律或裁判應迴避之法官參與審判：此所謂「參與審判」，係指參與審判期日之審理及判決之形成而言。

3. 禁止審判公開非依法律之規定：即違背法院組織法§86或§87之情形。

4. 法院所認管轄之有無係不當：即違背本法關於管轄規定之情形。實務認為同時屬於判決違背法令，得為非常上訴之事由。（最高法院41台非47判決）

5. 法院受理訴訟或不受理訴訟係不當者：即有§§303、334情形而受理或無此情形之存在而不受理，以及上訴審對於不合法之上訴未予駁回或對於合法上訴認其不合法而駁回等情形。實務認為此款同時屬於判決違背法令，得為非常上訴之事由。（最高法院41台非47判決）

6. 除有特別規定外，被告未於審判期日到庭而逕行審判：所謂「特別規定」，即原得不經言詞辯論之案件，及得經原告當事人一造辯論以為判決之情形。最高法院91第7次刑庭決議認為，此款同時屬判決違背法令，可構成非常上訴之事由。

7. 依本法應用辯護人之案件或已經指定辯護人之案件，辯護人未到庭而逕行審判：即絕對強制辯護案件或相對強制辯護案件無辯護人到庭而逕行審判；亦即違背§§284、364所應準用之規定而為審判。依最高法院91第8次刑庭決議認為，此款同時屬判決違背法令，可構成非常上訴之事由。

8. 除有特別規定外，未經檢察官或自訴人到庭而逕行審判；所謂「特別規定」，即得不經言詞辯論或自訴人不到庭而得逕行判決之規定。

9. 依本法應停止或更新審判而未經停止或更新：被告心神喪失者，應於其回復以前停止審判；被告因疾病不能到庭者，應於其能到庭以前停止審

判（§294Ⅰ、Ⅱ），均屬依法應停止審判之情形。再者，審判期日，應由參與之法官始終出庭，如有更易者，則應更新審判程序（§292Ⅰ）；審判非一次期日所能終結者，除有特別情形外，應於次日連續開庭；如下次開庭因事故間隔至十五日以上者，應更新審判程序（§293），均屬依法更新審判之情形。無論依法應停止審判而不停止或依法應更新審判而不更新，其訴訟程序違背法令。例如所參與審理之法官，不僅指審判開始或審判中曾經出庭，且必須繼續至辯論終結均經參與審理。故法官一經更易，凡未在最後之辯論日期出庭者，不得參與判決，依照法官應始終連續出庭之規定，自屬毫無疑義。

10.依本法應於審判期日調查之證據而未予調查：本法規定未經審判期日依法調查之證據，依據直接言詞審理之原則，便不得據為認定犯罪事實之基礎。因此，應於審判期日調查之證據，係得採為認定犯罪事實之證據；然就實質真實發現之原則而言，認為凡與犯罪事實有關之一切證據資料或方法，均應予以調查或蒐集。惟實務上最高法院民刑庭總會對於刑事第三審上訴案件所為之總決議案，曾就實質真實發現之觀點，將事實審應行調查之證據一一列舉；詳究其內容，並未規定有任何具體之準則。蓋對於非法定證據主義之立法，欲釐定其審判期日應調查之證據，並非易事。釋字第181號認為，於審判期日調查之證據，未予調查，致適用法令違誤，而顯然於判決有影響者，為判決違背法令，可構成非常上訴之事由。但這個範圍過寬，因此釋字第238號又做調整，即限於該證據在客觀上為法院「認定事實」及「適用法律」之基礎者為限，為判決違背法令，才可構成非常上訴之事由。

11.未與被告以最後陳述之機會：其有無與被告以最後陳述之機會，以審判筆錄之記載為準。

12.除本法有特別規定外，已受請求之事項未予判決，或未受請求之事項予以判決：已受請求之事項未予判決，係指對已經起訴或上訴之部分未予判決而言。至未受請求之事項予以判決，則指對未經起訴或上訴之部分予以判決，此係為貫徹不告不理之原則所為之規定。實務認為

此款同時屬於判決違背法令，得為非常上訴之事由（最高法院41台非47判決）。

13.未經參與審理之法官參與判決：未經參與審理之法官參與判決，係指參與形成判決之決定而言，至於判決之宣示則不包括在內。

14.判決不載理由或所載理由矛盾：判決應敘述理由，是為判決之要件；如有違背，判決當然為違背法令，故所載理由與判決主文及事實相矛盾或理由自相衝突，亦係判決當然違背法令。實務認為此款同時屬於判決違背法令，得為非常上訴之事由（最高法院41台非47判決）。

肆、訴訟程序違背法令而顯然於判決有影響

前述判決當然違背法令之事由，均係廣義之訴訟程序違背法令，但僅是列舉較為重要，於判決定然有影響之部分而已。除此之外，其他訴訟程序違背法令，若一概不許作為上訴於第三審法院之理由，自非所宜；但若放之過寬，其限制又將形同虛設，故在§379列舉判決違背法令之事由後，便以§380規定：除前條情形外，訴訟程序雖係違背法令而顯然於判決無影響者，不得為上訴之理由。

此外，必須注意到有些輕微也很特殊的情況下，也可以上訴第三審。這應該是前述規定的例外。特殊情形是：原審判決後，刑罰有廢止、變更或免除，得為上訴之理由（§381）。

第三節　第三審上訴的審理範圍

壹、第三審法院審判的對象

第三審就原判決所生之法律狀態為應否變更之審判，故第三審之審判對象為原判決；惟上訴於第三審法院非以判決違背法令為理由者，不得為之（§377）。因此，可知第三審法院以糾正原判決違法為其職責，縱原判

決對於事實之認定實屬不當，在並無違法的情形存在時，仍不應成為第三審法院審判之對象。

貳、第三審法院調查的範圍

第三審法院之調查範圍，應以上訴理由所指摘之事項者為限（§393）。然而第三審法院審判之對象，既限於原判決之違法部分，則第三審法院所調查者為法律問題；關於事實之調查，除刑事訴訟法有特別規定者外，並不在調查範圍之內。故第三審法院應以第二審判決所確認之事實為判決基礎，但關於訴訟程序及得依職權調查之事項，仍得調查事實（§394Ⅰ）。此項事實之調查，並不以經言詞辯論為必要，故得以受命法官行之，並得囑託他法院之法官調查（§394Ⅱ）。

參、第三審法院依職權調查的事項

依§393規定，第三審法院之調查，以上訴理由所指摘之事項為限，但下列事項，得依職權調查之：

1. 第379條各款所列之情形：§379各款所列之情形，為當然違背法令之事由，均屬訴訟程序之違背法令，因其對於訴訟關係是否存在、證據條件之有無均有影響，故無待上訴理由特別予以指摘，得依職權調查之。

2. 免訴事由之有無：案件有免訴事由存在，應諭知免訴判決（§302），故對於免訴事由之有無，得依職權調查。

3. 對於確定事實援用法令之當否：第二審判決之適用法則，應以該判決所確定之事實為基礎，如原審並未對被告之犯罪事實加以明確認定，而遽為有罪之裁判，則其援用之法令與所認定之事實顯不相符，亦即用法不當，即使上訴意旨未加指出，第三審法院仍應以職權調查之。

4. 刑罰有廢止變更或免除：原審判決後，刑罰有廢止、變更或免除者，得為上訴之理由（§381）。雖上訴意旨未指出，但對於刑罰有無廢止、變

更或免除，法院仍得依職權予以調查。

5. 赦免或被告死亡或法人已不存續：原審判決後所公布之赦免對於尚未確定之科刑判決有相當之影響，故此種赦免法令之有無，得依職權調查。又在提起第三審上訴後，倘被告死亡或為被告之法人已不存續者，即應諭知不受理判決（§303⑤），故被告是否死亡或為被告之法人是否已不存續者，亦為得逕依職權調查之事項。

第四節　第三審法院的判決

第三審法院之判決，可分為駁回上訴之判決及撤銷原判決之判決兩類，茲分述如下：

壹、駁回上訴的判決

第三審法院駁回上訴之判決，就其駁回上訴之原因，得分為「因上訴不合法而駁回」及「因上訴無理由而駁回」兩種。

一、上訴不合法而駁回

因上訴不合法而駁回上訴，主要係因上訴不合法律規定之程式，例如：法律不應准許之上訴、上訴權已經喪失之上訴或上訴書狀未敘述理由而於提起上訴後二十日內未補提理由書，至第三審法院判決前仍未提出上訴之判決。此駁回上訴之判決是就上訴之形式要件欠缺所為之判決，故為形式上駁回上訴之判決（§395）；且因其係欠缺上訴之形式要件而為駁回，故為程序判決。

二、因上訴無理由而駁回

所謂「上訴無理由」，係指原判決不僅就上訴理由所指摘之事項無得

為上訴理由之事由，且於第三審法院得依職權調查之事項亦無違法不當之情形，此時案件之上訴雖屬合法，但第三審法院認為上訴係無理由，仍應以判決駁回之（§396 I）。此種駁回上訴，係就上訴本身不具備上訴實質要件而為，故稱之為實質駁回上訴之判決，其雖屬形式判決，但非程序判決。惟第三審法院認為合於諭知緩刑而原審未諭知緩刑者，因是否合於諭知緩刑為法院自由裁量之職權，故第三審法院僅能於駁回上訴同時諭知緩刑（§396 II），不得認原審未諭知緩刑為違法。

貳、撤銷原判決的判決

　　第三審法院認為上訴有理由者，應將原審判決中經上訴之部分予以撤銷（§397）。所謂「上訴有理由」，包括上訴人於其上訴理由中所持之論點可以成立，及上訴人所持理由之論點縱不成立，而原審判決於第三審法院得依職權調查之事項有違法不當之情形。至於第三審法院所為撤銷原判決之判決，於諭知撤銷原判決經上訴部分之外，原則上不必另為其他之諭知。例如原審判決對於未經起訴或上訴部分已為審判，祇須就該部分予以撤銷為已足。但遇有特別情形，除撤銷其違背法令之部分外，尚應另為其他之諭知。依本法之規定，應另為其他諭知之情形如下：

一、自為判決

　　第三審法院因原審判決有：（1）雖係違背法令而不影響於事實之確定，即指判決之違背法令並未影響事實認定，第三審法院可根據原審判決所確定之事實以適用法律而為判決之情形；（2）應諭知免訴或不受理者；（3）原審判決後刑罰有廢止、變更或免除者；（4）原審判決後有赦免或被告死亡等情事之一而予以撤銷者，應就該案件自為判決。亦即，依該案件所具有之情節為有罪、無罪、免訴或不受理等之判決。惟案件在性質上如非法律審所能判決者，於撤銷原審判決後，應發回或發交下級法院為事實之審理（§398）。

二、發回原審法院或逕行發回第一審法院

　　第三審法院因原審判決諭知管轄錯誤、免訴或不受理係不當而撤銷者，因原審對於案件未為事實之認定，而第三審法院又不能自行確定事實，故應於撤銷原判決後，另為將案件發回原審法院之諭知。但案件於第一審及第二審法院均未確認事實時，如仍發回原審法院（即第二審法院），勢將影響其事實審之審級，故遇有類此之情形，便有發回第一審法院更為審理之必要，此時應逕行發回第一審法院（§399）。

三、發交第二審或第一審法院

　　第三審法院因原審法院未諭知管轄錯誤係不當而撤銷者，應以判決將該案件發交該管第二審或第一審法院。因原審判決為管轄錯誤之諭知係屬不當的情形有二：一為原第一審法院對案件有管轄權，而原第二審法院無管轄權，但未諭知管轄錯誤之判決，此時應發交有管轄權的第二審法院；另一為原第一審及第二審法院對案件均無管轄權，而第二審法院未諭知管轄錯誤判決，此時應發交有管轄權之第一審法院。但第一審管轄權屬於高等法院之案件，經有管轄權之高等法院為第二審判決者，不以管轄錯誤論。於此情形，原審法院雖未撤銷原第一審判決後自為第一審之判決，而仍為第二審判決，雖違背審級管轄，然並不是管轄錯誤，故第三審法院不應以此為理由而撤銷原判決（§400）。

　　又第三審法院對於既非屬於得就該案件自為判決之情形而撤銷原判決；且非因原審法院諭知管轄錯誤、免訴或不受理係不當或未諭知管轄錯誤係不當而撤銷原判決者，原應將該案件發回原審法院；但亦得將該案件發交與原審法院同級之他法院（§401）。

第五節　第三審判決的效力

　　第三審法院之判決一經送達，即告確定。因此，於送達後，便具有判決之確定力。除此之外，如為被告之利益而撤銷原審判決時，於共同被告有共同之撤銷理由者，其利益並及於共同被告（§402）。

　　所謂「利益及於共同被告」，係指合法上訴之共同被告未就該利益部分據為上訴理由，因上訴中之另一被告指摘該事項，認有共同之撤銷理由，對於該共同被告為利益之裁判者而言，如共同被告未經上訴或上訴不合法，則該共同被告部分之判決已經確定，即無適用該條之餘地。例如甲乙丙三人因共同殺人案，對於第二審有罪判決分別提起第三審上訴，經第三審以甲乙之上訴為不合法，判決駁回，對丙之合法上訴部分發回更審，雖甲乙亦可認為有共同之撤銷理由，惟由於上訴不合法，對不合法之上訴，經第三審法院駁回，即發生確定之效力，故撤銷判決之利益，應不及於被駁回之甲、乙之上訴。

❖ 實例講座 ❖

＊黑心投資案＊

　　甲聽信乙的建議，進行一項投資案，事後發現乙係以偽造私文書爲方法實行詐欺。甲認爲乙係以一行爲觸犯詐欺、行使偽造私文書二罪名，對乙提起告訴，經檢察官偵查結果，認甲被訴二罪名，分別起意，應數罪併罰。

　　案經第一審法院審理結果，認乙被訴詐欺、行使偽造私文書之事實，係以一行爲所爲，乃依刑法§55想像競合犯，從一重處斷；嗣被告乙提起上訴，第二審法院認爲乙被訴犯罪事實是分別起意爲之，分別被告乙詐欺及行使偽造私文書二罪。乙仍不服，就二審判決全部提起三審上訴。試問：第三審法院應如何裁判？設若乙僅就行使偽造私文書部分上訴，第三審法院如認爲是否合法及有理由，有何不同？

⊃解析

　　由於依§376規定，詐欺罪經二審判決者，不得上訴三審。是故，乙對於第二審判決全部上訴至第三審，或僅就行使偽造私文書之部分上訴，第三審法院的裁判，實務的處理有所不同，分述如下：

1. 若第三審認爲乙所犯之詐欺罪與行使偽造文書罪，二者具有「不可分之關係」

　　此時不論乙僅就得上訴至第三審之行使偽造私文書上訴，或全部上訴，其裁判結果並無不同。蓋§348Ⅱ規定「對判決之一部上訴，其有關係之部分，視爲亦已上訴」。而所謂有「有關係之部分」，指該部分與上訴之部分，有不可分割之關係，因其一部上訴而受影響。所以，乙所犯的詐欺罪與行使偽造文書罪，第三審法院若認定具有裁判上一罪關係，則甲縱然僅就行使偽造文書罪上訴，原不得上訴三審的詐欺罪亦視

為上訴。

2.若第三審認為乙所犯之詐欺罪與行使偽造文書罪，二者無「不可分之關係」

如第三審法院認二者屬數罪併罰時，甲全部上訴至第三審或僅就行使偽造文書罪上訴至第三審則有不同之結果。如甲僅就行使偽造私文書上訴第三審，第三審法院既認為其與詐欺罪屬數罪而非「有關係之部分」，則詐欺罪自不受到上訴所及，且詐欺罪不得上訴三審，故詐欺罪不在審判範圍。換言之，上訴第三審，僅能就得上訴三審的部分提起上訴，而第三審法院亦僅得就得上訴三審的部分審理。就本案言，二審法院認為乙係分別起意觸犯詐欺及行使偽造私文書，為數罪併罰案件，上訴範圍即應分別認定；換言之，詐欺罪既然有不得上訴三審的案件限制，三審法院就僅得對偽造私文書部分進行審理。反之，若乙全部上訴，因詐欺罪不得上訴三審，其上訴詐欺部分自應予以駁回。

＊不忍殺生＊

檢察官以甲涉有殺人罪嫌提起公訴，第一審法院亦判處甲殺人罪刑，甲提起二審上訴，審理中，主張其「生性善良，篤信佛教，平日吃素，連蟑螂、螞蟻都不忍殺害，何況是人」，同時請求傳訊鄰居乙、情人丙出庭作證自己平日善良；但是第二審法院置之不理，仍認定甲有殺人犯行，並且維持第一審判決。甲以第二審對其所聲請傳訊之證人不予調查為由，乃以原判決違背§379⑩「依本法應於審判期日調查之證據而未予調查」為由，提起第三審上訴。試問，甲上訴三審是否合法？

●解析

依§379⑩規定：「依本法應於審判期日調查之證據而未予調查者。」判決當然違背法令。此乃基於嚴格證明法則，被告犯罪事實之事項，法院須以法定證據方法，踐行合法調查程序，否則不得作為犯罪判斷之證據。

　　所謂應調查之證據，依釋字第238號解釋指「該證據在客觀上為法院認定事實及適用法律之基礎」；換言之，該證據必須與待證事實有關聯性；且是法院認定事實、適用法律的基礎，有調查必要性；且在客觀上有調查可能性。亦即§163-2 Ⅱ的適用，必須有證據關聯性、必要性及調查可能性，否則為不必要調查之證據，若非屬上述情形之證據，未予調查時，非§379⑩判決違背法令，縱其屬訴訟程序違背法令，如對判決無影響者，亦不得提第三審上訴。

　　不過，對於當事人聲請調查證據，如事實審未予調查，又未以裁定駁回（§163-2 Ⅰ），或於判決理由中說明，其訴訟程序違法。本案甲主張其平日善良云云，並請求傳訊鄰人、情人以為證明，而二審法院卻置之不理，該訴訟程序即有違法，甲據以判決違背法令提起第三審上訴自屬合法。然而，此項訴訟程序之違法，必須所聲請調查之證據確與待證事實有重要的關係，就其案情確有調查之必要者，方與§379⑩之「應於審判期日調查之證據」相當。

　　本案甲所聲請調查的證據，只能證明其平日品性良好，與甲是否為殺人犯的犯罪事實並無實質重要關聯，並非法院於本案認定犯罪事實及適用法律之基礎，應與§379⑩不符；又其訴訟程序雖違背法令，但顯然對判決無影響，甲提起第三審上訴為無理由，最高法院應依§396規定判決駁回之。

＊無語的被告＊

　　被告甲涉犯殺人罪，於二審審理中，審判長於調查證據完畢後，及依序詢問被告是否有意見，被告僅稱由律師代為表達，已經不必再陳述。被告律師乙當場表示甲並無犯罪云云，請求給予甲無罪。之後，審判長並未讓雙方進行辯論，即告進行最後陳述意見之程序，並辯論終結。被告律師乙認為，本案審判程序存有瑕疵，將提起上訴。試問本件審判程序是否得以提起三審上訴？

⊃解析

（一）本案審判程序違背刑事訴訟法§289之規定

　　依刑事訴訟法§289規定，調查證據完畢後，應依序命檢察官、被告及辯護人，就法律及事實相互辯論之，否則將會侵害被告於訴訟上的訴訟權。依目前實務，綜合的辯論程序，應採以先檢後辯之方式，並讓辯護人在總結辯時，總結並綜合整場辯論意旨，為被告之最佳利益進行主張。

　　本案之中，審判程序固然沒有違背刑事訴訟法§290之最後陳述意見，但是最後陳述意見之前提，必須確保雙方已經針對事實及法律進行有效之辯護，始能確保被告的程序利益，並提出最為有效之防禦。依照本題所示，辯護律師乙已經當場說明被告甲無罪之理由，然而審判長卻未命辯論，直接進行最後陳述意見，而宣告辯論終結，係已違背刑事訴訟法§289之規定。

（二）本案得依刑事訴訟法§380為依據上訴三審

　　上訴三審之案件，非已判決違背法令為理由，不得為之，此係刑事訴訟法§377之規定。然而，本案審判程序係違背刑訴法§289之規定，雖不符合刑訴法§379之規定，但得依刑事訴訟法§380之規定，認為該訴訟程序違背法令，而得提起上訴。

　　不過，刑事訴訟法§380訴訟程序違背法令，必須足以影響日後判決者，始足以構成上訴三審之理由。依照本題所示，訴訟兩造就個案事實以及法律攻防之論辯過程，對法院心證形成，具有重大影響力，如果有所欠缺，難謂對判決無致命性影響，故本案辯護人乙得依刑事訴訟法§380提起上訴。

第八章

抗 告

【目次】

第一節　抗告的意義與分類..................................723

　　壹、抗告的意義......................................723

　　貳、抗告的分類......................................723

　　　　一、普通抗告....................................723

　　　　二、再抗告......................................723

　　　　三、準抗告......................................724

第二節　抗告的主體......................................724

　　壹、當事人..724

　　貳、受裁定的非當事人................................725

第三節　抗告的客體......................................726

第四節　提起抗告的程序..................................727

第五節　提起抗告的效力..................................727

第六節　再抗告..728

第七節　準抗告..729

第一節　抗告的意義與分類

壹、抗告的意義

對於未確定之裁定，聲明不服，請求上級法院撤銷或變更以資救濟者，稱為「抗告」。抗告與上訴同，係對於下級法院之裁判，向上級法院聲明不服之方法，但因判決屬於終局裁判，故應准其聲明不服；而裁定屬於中間裁判，且內容涉及訴訟程序，如亦准其聲明不服，難免妨礙訴訟之進行，故對於裁定非均能聲明不服，亦即對於抗告法律上有所限制。

貳、抗告的分類

各國立法例於准許抗告之部分，有採列舉原則者，亦有採概括原則者。我國刑事訴訟法對於抗告兼採概括原則與列舉原則，依抗告之審級有如下之分類：

一、普通抗告

對於法院之裁定不服而抗告於直接上級法院者，稱為「普通抗告」。普通抗告歸於高等法院管轄，即以高等法院為抗告法院，故通常之抗告程序，相當於第二審上訴程序。惟依抗告期間之長短，普通抗告又可分為：「單純抗告」與「即時抗告」，前者的抗告期間為十日（§406）；後者抗告期間則為三日（§435 Ⅲ）。惟刑事訴訟法所規定之抗告以單純抗告為原則，而以即時抗告為例外。

二、再抗告

對於抗告法院之裁定，再向上級法院聲明不服，謂之「再抗告」；一般情形以不得再行抗告為原則，再抗告為例外。又因抗告法院為高等法院，是對於抗告法院之裁定，向再上級法院聲明不服，其上級法院必係最

高法院，故再抗告由最高法院管轄，其程序亦相當於第三審上訴程序。惟再抗告與第三審上訴仍有所不同，蓋第三審上訴非以判決違背法令為理由不得為之（§377），但再抗告仍屬於事實抗告，非法律抗告，故不限於抗告法院之裁定違背法令，方准其提起抗告。

三、準抗告

對於審判長、受命法官、受託法官或檢察官所為之處分而聲明不服者，本非抗告，但使其準用抗告程序，故謂之「準抗告」。準抗告應向所屬法院為之，無移審之效力，故不得提起再抗告。

第二節　抗告的主體

抗告之主體須係得提起抗告之抗告權人，依本法之規定，得提起抗告之抗告權人，通常即為當事人；惟受裁定人並非當事人時，受裁定人亦得抗告（§403）。

壹、當事人

當事人包括檢察官、自訴人及被告。因為法院之裁定，是以法院對於訴訟有關事項作成處分，故除特別情形外，與雙方當事人之主張或權益均有關，故當事人對之具有得為抗告之權（§403 I）。至於審判中法院所為停止羈押之裁定，檢察官得否提起抗告？依釋字第665號：「羈押之強制處分屬於法官保留事項，刑事訴訟法第四百零三條第一項規定：『當事人對於法院之裁定有不服者，除有特別規定外，得抗告於直接上級法院。』第四百零四條規定：『對於判決前關於管轄或訴訟程序之裁定，不得抗告。但下列裁定，不在此限：……二、關於羈押、具保、責付、限制住居、搜索、扣押或扣押物發還、因鑑定將被告送入醫院或其他處所之裁定及依第

一百零五條第三項、第四項所為之禁止或扣押之裁定。』又第三條規定：『本法稱當事人者，謂檢察官、自訴人及被告。』是依上開法律規定，檢察官對於審判中法院所為停止羈押之裁定自得提起抗告。檢察官依上開規定對於審判中法院所為停止羈押之裁定提起抗告，並未妨礙被告在審判中平等獲得資訊之權利及防禦權之行使，自無違於武器平等原則；且法院就該抗告，應依據法律獨立公平審判，不生侵害權力分立原則之問題。是刑事訴訟法第四百零三條第一項關於檢察官對於審判中法院所為停止羈押之裁定得提起抗告之規定部分，乃立法機關衡量刑事訴訟制度，以法律所為合理之規定，核與憲法第十六條保障人民受公平審判之意旨並無不符。」顯然認為檢察官對於審判中法院所為停止羈押的裁定，可以提出抗告。

貳、受裁定的非當事人

　　法院之裁定，有時係對當事人以外之人而為者；例如對證人、鑑定人或通譯科處罰鍰之裁定，被處罰鍰之證人、鑑定人或通譯，便是非當事人而受裁定；此外對於得為被告輔佐人之人或辯護人具保聲請停止羈押之裁定，亦為受裁定人而非當事人；又被告之法定代理人或配偶為被告之利益上訴，而原審法院認上訴不合法以裁定駁回上訴者，提出上訴之人亦非當事人而為受裁定人；類此之受裁定人，如裁定並非不得抗告，有不服時，自得提起抗告（§403Ⅱ），即凡係原裁定之受裁定人，雖非本案訴訟之當事人，具有抗告權者，亦得為抗告之主體。

　　得為抗告之抗告權人，因裁定之諭知而當然取得抗告權，成為抗告之主體，但其所擁有的抗告權，仍會因捨棄或撤回抗告而喪失（§419準用§359），是宜注意。

第三節　抗告的客體

　　抗告之客體，即得為抗告之裁定：依本法規定，法院之裁定，除有不得抗告之特別規定外，如有不服，原則上均得抗告（§403 I）。此所謂法院之裁定，包括法院院長之裁定在內，至於特別規定不得抗告之情形，分述如下：

1. 對於判決前關於管轄或訴訟程序，除下列規定外，不得抗告：
   （1）有得抗告之明文規定者，雖為判決前關於管轄或訴訟程序之裁定，因其有得抗告之明文，故得抗告（§404①）；例如駁回聲請法官迴避之裁定（§23）、對於證人、鑑定人等科處罰鍰之裁定（§178Ⅲ）等。
   （2）關於羈押、具保、責付、限制住居、限制出境、限制出海、搜索、扣押或扣押物發還、因鑑定將被告送入醫院或其他處所之裁定及依§§105 Ⅲ、Ⅳ所為之禁止或扣押之裁定，雖為判決前關於訴訟程序之裁定，但其裁定之結果涉及人身自由或影響個人財產權益，故亦得為抗告之客體（§404②）。
2. 終審法院所為之裁定，不得抗告。不得上訴於第三審法院之案件，以第二審為終審，故其第二審法院所為之裁定不得抗告；換言之，即§376所列各罪之案件，經上訴於第二審法院者，第二審法院就該案件所為之一切裁定，均不得抗告（§405）。
3. 法院就準抗告程序之聲請所為之裁定，不得抗告；但對於撤銷罰鍰之聲請所為之裁定，得對之提起抗告（§418 I）。
4. 將附帶民事訴訟移送民事庭之裁定，一律不得抗告（§§504 Ⅲ、505 Ⅲ、511 Ⅱ）。

第四節　提起抗告的程序

提起抗告，應由不服裁定之抗告權人，抗告於原裁定法院之直接上級法院（§403Ⅰ）。因此，所謂「抗告法院」，為原裁定法院之直接上級法院。又抗告之提起，應以抗告書狀敘述抗告理由為要件，苟有欠缺，為抗告違背法律上之程式；又應於抗告期間內將抗告書狀提出於原審法院，如有違誤，亦為違背法律上程式之抗告（§407），但裁定經宣示者，宣示後送達前之抗告亦屬有效（§406）。至於在監所之被告提起抗告，其抗告書狀之提出，應經由監所長官為之，惟於抗告期間內向監所長官提出抗告書狀者，視為抗告期間內之抗告；至於抗告人不能自作書狀者，應由監所公務員代作。此外關於當事人得向原裁定法院捨棄抗告權，以及抗告人於抗告裁定前得向抗告法院撤回抗告，或於未送交抗告法院前，向原裁定法院撤回抗告等之程序，均準用上訴程序之規定（§419）。

又提起抗告，亦得對於裁定之一部為之，但未聲明為一部者，視為對全部抗告；對於裁定之一部抗告者，其有關係之部分，視為亦已抗告（§419）。

此外，對於得抗告之裁定，誤認為係得聲請撤銷或變更之處分而為撤銷或變更之聲請者（§416），其合法之聲請則視為合法之抗告（§418Ⅱ）。

第五節　提起抗告的效力

裁定經提起抗告後，雖無當然停止執行裁判之效力，但原審法院於抗告法院裁定前，得以裁定停止執行，抗告法院亦得以裁定停止應執行裁判之執行；蓋裁定有具有執行之內容者，有僅具確定之效力者，但一經執行，即難以回復，故對裁定抗告，原審法院及抗告法院均得視其有無必要而以裁定停止應執行裁判之執行（§409）。

　　此外，裁定經提起抗告後，有使為裁定之原審法院更正其裁定之效力，但須以合法之抗告及原審法院認為抗告全部有理由為前提。若原審法院認為抗告全部或一部無理由者，僅發生應於接受抗告書狀後三日內將該書狀送交抗告法院，並於送交時得添具意見書之效果而已（§408 II）；惟原審法院認為有必要者，仍應將該案卷宗及證物送交抗告法院審查（§410 I）。若抗告不合法，原審法院便應逕以裁定駁回之。

第六節　再抗告

　　對於抗告法院之裁定，由於簡化訴訟之要求，以不得再行抗告為原則，若無例外，如所裁定事項有所失誤，則無正常之救濟程序，亦非適宜。故對於抗告法院就下列抗告所為之裁定，亦得提起再抗告（§415 I）：

1.駁回上訴的裁定：原審法院因上訴不合法而以裁定駁回上訴後，抗告權人對該裁定不服而提起抗告，抗告法院就其抗告所為之裁定，抗告權人如有不服，得再抗告於抗告法院之直接上級法院。但已無直接上級法院可為再抗告法院者，自不得再行抗告。

2.上訴逾期而聲請回原狀的裁定：因上訴逾期聲請回復原狀之裁定，經抗告後，對於抗告法院所為之裁定，亦得再行抗告。惟對因上訴逾期而聲請回復原狀之裁定的抗告，如已無再抗告法院者，自亦不得再行抗告。

3.聲請再審的裁定：對於聲請再審之裁定，不論其為駁回聲請之裁定或開始再審之裁定，經抗告法院就抗告為裁定後，對抗告法院所為之裁定，得再行抗告。但無再抗告法院者，亦不得再行抗告。且對於因遲誤聲請再審期間而聲請回復原狀之裁定抗告者，經抗告法院裁定後，亦不得再行抗告。

4.§477更定其刑的裁定：對於由犯罪事實最後判決之法院，依刑法§§53、54而照同法§51⑤～⑦所為定其應執行刑之裁定抗告，其經抗告法

院裁定者，對抗告法院之裁定，如尚有再抗告法院時，得再行抗告。

5. §486聲明疑義或異議的裁定：抗告權人就法院對於當事人因有罪裁判之解釋有疑義，而對聲明疑義所為之裁定抗告，或就受刑人或其法定代理人或配偶以檢察官執行指揮為不當而聲明異議所為之裁定抗告者，其經抗告法院裁定後，如尚有再抗告法院，則對抗告法院之裁定，得再行抗告。

6. 證人、鑑定人等所受的裁定：證人、鑑定人、通譯及其他非當事人對於所受之裁定抗告者，抗告法院所為之裁定，在有再抗告法院之前提下，亦得再行抗告。

　　再抗告之程序，除上述抗告客體外，其餘依抗告之規定；惟不得上訴於第三審法院之案件，其第二審法院所為之裁定，不論是否合於前述得提起再抗告之規定，一律不得再行抗告（§415Ⅱ）。至第二審法院對於證人、鑑定人或通譯等所為之原始裁定，雖非關於案件之裁定，然抗告經抗告法院裁定者，因已無再抗告法院，故不得再行抗告；惟第一審法院所為之此類裁定經抗告者，對抗告法院之裁定，自得再行抗告。

第七節　準抗告

　　「準抗告」，是對於審判長、受命法官、受託法官或檢察官所為之特定處分不服，而請求該審判長、受命法官、受託法官或檢察官所屬法院撤銷或變更其原處分之方法或程序。「準抗告權人」，即所謂聲請權人，與抗告權人同；如受處分之證人、鑑定人、通譯及其他非當事人，對其所受之特定處分，亦具有聲請權。且此項聲請權，因捨棄或撤回聲請而喪失；至於捨棄或撤回之程序，準用捨棄上訴權或撤回上訴之規定。又聲請撤銷或變更之客體，不以審判長、受命法官或受託法官以裁定、檢察官以命令方式為之者為限，其依特定程序直接所為之處分亦包括在內，但是為聲請撤銷或變更之客體，須以關於下列事項之處分為限（§416Ⅰ）：

1. 關於羈押、具保、責付、限制住居、限制出境、限制出海、搜索、扣押或扣押物發還、因鑑定將被告送入醫院或其他處所之處分及§§105 Ⅲ、Ⅳ所為之禁止或扣押之處分。

2. 對於證人、鑑定人或通譯科處罰鍰之處分。

修法針對準抗告之對象擴大其範圍，於§416①中增訂「搜索」及「第105條第3項、第4項關於羈押中被告之接見、通信禁止處分」為準抗告之對象，是故受搜索人或受禁見處分之人對於審判長、受命法官、受託法官或檢察官之此等處分，於修法後如有不服自得提起準抗告。

2001年修法，於§416 Ⅱ增訂：「前項之搜索、扣押經撤銷者，審判時法官得宣告所扣得之物，不得作為證據。」是故若審判長、受命法官、受託法官或檢察官之搜索、扣押若經受處分人提起準抗告，並經法院撤銷，則其所扣得之物，法院於審判時得宣告其不得作為證據。關於此項規定，似有採行違法取得證據排除法則之意，惟與學理上之違法取得證據排除法則仍有不同，蓋其排除之對象僅限於審判長、受命法官、受託法官或檢察官之違法搜索、扣押所取得之證據，而不及於檢察事務官、司法警察官、司法警察違法緊急搜索、附帶扣押、另案扣押所取得之證據。故檢察事務官、司法警察官、司法警察若違法緊急搜索、附帶扣押、另案扣押所取得之證據，其有無證據能力之認定，應審酌人權保障及公共利益之均衡維護（§158-4）。

聲請變更或撤銷原處分，應於聲請期間內為之，該「聲請期間」為十日，自為處分之日起算；其為送達者，自送達後起算（§416 Ⅲ），此期間如非因過失而遲誤者，得聲請回復原狀。且此項聲請，應以書狀敘述不服之理由提出於管轄法院（§417），即提出於為處分之審判長、受命法官、受託法官或檢察官之所屬法院。若聲請權人對於得聲請撤銷或變更原處分之事由誤認為係得提起抗告而抗告者，其所為之抗告應視為聲請，而依準抗告程序辦理（§418 Ⅱ）。又撤銷或變更原處分之聲請，雖無停止執行原處分之效力，但管轄法院於聲請裁定前，得先以裁定停止原處分之執行（§416 Ⅳ）。

第九章

再 審

【目次】

第一節　再審的客體與原因..733

　壹、為受判決人利益的情形..733

　貳、為受判決人不利益的情形..736

第二節　聲請再審的主體..737

　壹、為受判決人的利益而為的聲請權人............................737

　貳、為受判決人不利益而為的聲請權人............................737

第三節　聲請再審的期間..738

第四節　再審的管轄..738

第五節　再審的聲請與撤回..739

第六節　再審的裁定..740

　壹、駁回聲請再審的裁定..740

　貳、開始再審的裁定..740

實例講座..741

第一節 再審的客體與原因

再審須對認定事實錯誤之確定判決為之，確定之裁定縱然所認定之事實有誤，亦不得作為再審之客體。得為再審之客體，僅限於有罪、無罪、免訴或不受理之確定判決（§§420Ⅰ、422）。

對於得為再審客體之確定判決聲請再審，因其為確定判決，故須具備再審之法定原因，藉以有所限制而不輕易動搖確定判決之確定力。至於再審之原因分為二種：1.為受判決人（原判決之被告）之利益聲請再審；2.為受判決人之不利益聲請再審。再審之客體，亦隨之有別。蓋有罪判決變成為無罪、免訴、免刑或輕於原判決所認罪名之判決，方為對受判決人有利，故須係有罪判決方能作為受判決人利益聲請再審之客體；惟為受判決人不利益而聲請再審，則不論有罪、無罪、免訴或不受理之判決，均得為其客體。茲就為受判決人之利益及不利益，分述再審之客體及原因如下：

壹、為受判決人利益的情形

為受判決人利益而聲請再審之客體，必須為有罪之確定判決（§420），其事由如下：

1. 原判決所憑之證物已證明其為偽造或變造者：所謂已經證明，須以偽造或變造該證物之人，因偽造或變造該證物而經判決確定確認其係偽造或變造方是。

2. 原判決所憑之證言、鑑定或通譯已證明其為虛偽者：所謂已證明，須以該為虛偽證言、鑑定或證人、鑑定人或通譯已因此受判決確定，並於判決中確認原判決所憑之證言、鑑定或通譯係虛偽之證言、鑑定和通譯。

3. 受有罪判決之人已證明其係被誣告者：證明係被誣告，須誣告者因而受判決確定，並於判決中確認係誣告本案受判決人者為限。

4. 原判決所憑之通常法院或特別法院之裁判已經確定裁判變更者：原判決所憑通常法院或特別法院之裁判所確認之事實，為認定事實之基礎，進

而以其為確定受判決人之罪刑者；若所憑依之事實非真，經裁判確定予以變更者，則其判決自應隨之而變更。惟此所謂通常法院或特別法院之裁判，不以刑事裁判為限。

5. 參與原判決或前審判決或判決前所行調查之法官，或參與偵查或起訴之檢察官，或參與調查犯罪之檢察事務官、司法警察官或司法警察，因該案件犯職務上之罪已經證明者，或因該案件違法失職已受懲戒處分，足以影響原判決者。即曾參與原審判決或前審判決甚或判決前行調查之法官，或曾參與偵查或起訴之檢察官，因該案件犯有瀆職罪，而其犯罪係對原判決之被告為不利益者；如該法官或檢察官因該案件所犯之罪，已經判決確定其有此瀆職行為，或雖未判決確定，但審判之不能開始或續行非因證據不足者，便得以之為聲請再審之理由。此外，2015年增訂「參與調查犯罪之檢察事務官、司法警察官或司法警察，因該案件犯職務上之罪已經證明者，或因該案件違法失職已受懲戒處分，足以影響原判決者」，亦可適用再審。主要係基於：刑事案件常係由檢察事務官、司法警察（官）從事第一線的搜索、扣押、逮捕、詢問、蒐集證據等調查工作，所取得的證據資料亦常作為判決基礎。如果該參與調查的檢察事務官、司法警察（官）因該案件犯職務上之罪或違法失職而受懲戒處分，足以影響原判決者，應得為受判決人的利益聲請再審，以求確保憲法保障人民的訴訟權。

6. 因發現新事實或新證據，單獨或與先前之證據綜合判斷，足認受有罪判決之人應受無罪、免訴、免刑或輕於原判決所認罪名之判決者。2015年修法前，因發現確實之新證據，足認受有罪判決之人應受無罪、免訴、免刑或輕於原判決所認罪名之判決者，即得提起再審。然所謂確實的新證據，實務向來認為，該項證據於事實審法院判決當時已存在，僅事實審法院於判決前未發現，不及調查斟酌，至其後始行發現者，才屬之。（最高法院28抗8判決），即以其曾否於原事實審中提出為準。但實務的見解顯然不當地限縮了的聲請再審的範圍。因此，實務見解與再審係以發現真實目的相互違背，更違背人民受憲法保障，得依循再審途徑推翻

錯誤定罪判決的基本權利，且增加法律所無的限制，而違法律保留原則。因此，從再審制度之目的在發現真實並追求具體公平正義之實現，為求真實之發見，避免冤獄，對於確定判決以有再審事由而重新開始審理，攸關被告權益影響甚鉅，故若有確實之新事實存在，不論單獨或與先前之證據綜合判斷，合理相信足以動搖原確定判決，使受有罪判決之人應受無罪、免訴、免刑或輕於原判決所認罪名之判決，應即得開啟再審程序。

　　因而，認定新事實及新證據，不再侷限於過往實務見解，凡是判決確定前已存在或成立而未及調查斟酌，以及判決確定後始存在或成立之事實、證據，皆可當作是新事實及新證據（§420Ⅰ、Ⅲ）。據此，所稱的新事實或新證據，包括原判決所憑的鑑定，其鑑定方法、鑑定儀器、所依據的特別知識，或科學理論有錯誤，或不可信的情形者，或以判決確定前未存在的鑑定方法或技術，就原有的證據為鑑定結果，合理相信足使受有罪判決之人應受無罪、免訴、免刑判決，或輕於原判決所認罪名的判決者，亦包括在內。至於如何斷定「足以動搖原確定判決」；依立法理由觀之，足以動搖原確定判決，不應採以完全的確信程度，如此將造成開啟再審毫無可能，故其程度僅就其本身表面形式上觀察，須無顯著瑕疵，且有相當可採之程度即可，不需以完全肯定或鐵定為其必要；反之，若僅係申請人片面性或主觀上的說辭，則不具有合理理由，足以動搖原確定判決（參照最高法院104台抗125裁定）。

7. 不得上訴於第三審法院之案件，其經第二審確定之有罪判決，對於足以影響判決之重要證據漏未審酌者：對於足以影響判決之重要證據既經提出而漏未審酌，係原判決不適用證據法則或適用不當，結果勢將導致認定事實有所出入。因其為不得上訴於第三審法院之案件，固得作為聲請再審之原因或理由；然第一審判決後並未上訴於第二審法院，棄原有救濟程序而不求救濟，足徵縱有證據漏未審酌，亦未因而鑄成顯著之事實錯誤，故不得據以請求再審。因此，就足生影響於判決之重要證據漏未審酌為理由，為被告利益聲請再審，不僅須以不得上訴於第三審法院之

案件為要件，且須以經第二審判決確定之有罪判決方可（§421）。

貳、為受判決人不利益的情形

為受判決人不利益而聲請再審之客體，須為有罪、無罪、免訴或不受理之確定判決（§422）；其得為再審之原因有：

1. 有§420之情形者，即：
   （1）原判決所憑之證物，已證明其為偽造或變造者。
   （2）原判決所憑之證言、鑑定或通譯，已證明其為虛偽者。
   （3）原判決所憑之通常法院或特別法院裁判已經確定裁判變更者。

2. 參與原判決或前審判決或判決前所行調查之法官，或參與偵查或起訴之檢察官，因該案件犯職務上之罪已經證明者，或因該案件違法失職已受懲戒處分，足以影響原判決者。

3. 受無罪或輕於相當之刑之判決，而於訴訟上或訴訟外自白，或發現確實之新證據，足認其有應受有罪或重刑判決之犯罪事實者：犯罪嫌疑人在訴訟中自陳其犯罪事實，是為自白；自白包括「本案訴訟中之自白」，及「另案訴訟上之自白」，甚或「訴訟外之自白」在內，但此之自白，須其內容有足認受判決人應受有罪或重刑判決之犯罪事實者。所謂新證據，須足以據以認定受判決人應受有罪或重刑判決之犯罪事實，與前述為被告利益而聲請再審之新證據相同。

4. 受免訴或不受理之判決，而於訴訟上或訴訟外自述，或發見確實之新證據，足認其並無免訴或不受理之原因者：被告自陳欠缺諭知免訴或不受理之事由，稱為自述，藉與自白有所區別。受判決人於受免訴或不受理之判決後，於訴訟上或訴訟中自述其並無免訴或不受理之事由者，自得據以為受判決人不利益而聲請再審之原因。此外，如發見足以認其並無免訴、不受理原因之其他確實新證據，亦得據為不利於受判決人之再審原因。按免訴或不受理之諭知，雖非基於實體事實，但並非與實體事實絕不相關，如時效之是否完成，便係基於犯罪事實，故案件之不應諭知

免訴、不受理時，便應作有罪之再審判。

第二節　聲請再審的主體

　　再審須經聲請，並由管轄法院裁定開始再審確定後行之。至於聲請再審，依法須由具有聲請再審之權限者方得為之。得聲請再審之人，視其係為受判決人之利益聲請再審或為受判決人不利益聲請再審而有不同。

壹、為受判決人的利益而為的聲請權人

　　為受判決人之利益聲請再審，得由下列各人為之（§427）：
1. 管轄法院之檢察官：再審管轄法院之檢察官為公益之考量得聲請再審。
2. 受判決人：即原判決之被告。
3. 受判決人之法定代理人或配偶：原判決被告之法定代理人或配偶。
4. 受判決人已死亡者，其配偶、直系血親、三親等內之旁系血親、二親等內之姻親或家長家屬，為受判決人之利益得聲請再審。

貳、為受判決人不利益而為的聲請權人

1. 管轄法院之檢察官：不論公訴或自訴案件，祇須確定判決且具有為受判決人不利益而聲請再審之事由，均得為受判決人之不利益而聲請再審（§428 I）。
2. 自訴人：須是自訴案件之確定判決，且其具有§422①之情形為限（§428 I但書）。換言之，必須有§420①②④⑤情形之一者，方得據以聲請再審。惟若自訴人業已喪失行為能力或已死亡者，得由其法定代理人、直系血親或配偶為再審之聲請（§428 II）。

第三節　聲請再審的期間

　　再審之本旨在於發見真實兼及利益救濟，故聲請再審，即使於刑罰執行完畢，或已不受執行時，亦得為之（§423）。但若無特別限制，由於再審原因過於廣泛，不僅有損確定判決之穩定與安全，且有違刑法上之時效原則。因此確定判決遇有下列情形，其聲請再審便應受一定之期間限制。

1. 不得上訴於第三審法院之案件，其經第二審為有罪判決確定，因足生影響於判決之重要證據漏未審酌而聲請再審者，應於送達第二審判決後二十日內為之（§424）；但非因過失而遲誤者，得聲請回復原狀。

2. 為受判決人之不利益聲請再審，於判決確定後，經過刑法§80 I期間二分之一者，不得為之（§425）。因不利益於受判決人之再審，實具有重行訴追之意義或作用，故原判決確定後已經過追訴時效期間，便不得聲請再審。

第四節　再審的管轄

　　再審程序，係為糾正認定事實錯誤的確定判決，故再審的管轄法院，應以原為事實審的原審法院為原則，即由同一法院受理，並審查再審聲請以及實施再審，故再審的許可法院，即再審的管轄法院。依§426 I規定，聲請再審之案件，由確定判決的原審法院管轄為原則，但有下列例外：

1. 判決一部曾經上訴，一部未經上訴，對於各部均聲請再審，而經第二審法院就其在上訴審確定的部分，為開始再審的裁定，其對於第一審確定的部分聲請再審，亦應由第二審法院管轄（§426 II）。反之，第二審法院就其在上訴審確定的部分，為駁回再審聲請的裁定，或該部未經聲請再審，而是對於第一審確定的未上訴部分聲請再審，則該部分由未上訴部分的原審法院管轄，也就是第一審法院管轄。

2. 判決在第三審確定者，對於該判決聲請再審，應由第二審法院管轄。但如以第三審法院參與判決或判決前所行調查之法官，因該案件犯職務上之罪已經證明而作為聲請再審之原因時，便應由第三審法院管轄。蓋於此情形所應實施之再審，乃為第三審，亦即為法律審（§426Ⅲ）。

第五節　再審的聲請與撤回

　　聲請再審之人提出再審聲請，應「以再審書狀敘述理由」，所謂敘述理由係指具體表明符合刑事訴訟法所規定之再審理由，不能空泛指摘，並「附具原判決之繕本及證據，提出管轄法院」（§429），此係聲請再審之必要程式，但若其欠缺係可補正者，須經定期命補正而逾期不為補正時，方為聲請再審之程序違背規定。在監所之聲請人聲請再審，其書狀之制作及提出等程序與上訴書狀同。

　　所謂「原判決之繕本」，乃指原確定判決的繕本而言，並非指該案歷審判決。例如，被告不服第二審判決，而提起第三審上訴，經最高法院以上訴不合法而判決駁回確定；若被告欲向第二審法院聲請再審，附具第二審確定判決繕本即已足，毋庸附具該案的第一審及第三審判決繕本（最高法院106年度第17次刑庭決議）。

　　聲請再審經提出後，除有使管轄法院為駁回或開始再審之裁定外，並無停止刑罰執行之效力；但管轄法院之檢察官在為再審之裁定前，得命停止執行（§430），以免執行後無可挽回。

　　此外，再審之聲請，於再審判決前，得撤回之。撤回再審聲請之人，不得更以同一原因聲請再審（§431Ⅱ）。撤回再審聲請應以書狀為之，但於審判期日得以言詞為之；在監所之聲請人撤回聲請書狀等，亦與上訴同（§432）。

　　為使聲請再審程序更加完整，2020年有進行相關修法。其一，聲請再審，得委任律師為代理人（§429-1）。其二，聲請再審之案件，除顯無必要者外，應通知聲請人及其代理人到場，並聽取檢察官及受判決人之意

見；但到場並非聲請人及其代理人的義務，若無正當理由不到場，或陳明不願到場，相關程序依舊進行（§429-2）。其三，聲請人於聲請再審時，可以說明聲請的事由，並聲請調查證據，法院認有必要者，應為調查；若法院為查明再審聲請有無理由時，得依職權調查證據（§429-3）。

第六節　再審的裁定

管轄法院關於再審之聲請，應分別情形為下列裁定：

壹、駁回聲請再審的裁定

駁回聲請再審之裁定，其駁回之原因有兩種。其一，聲請程序違背規定，為形式上駁回；其二，聲請無理由而為實體上駁回。形式上駁回係法院認為聲請再審之程序違背規定，以裁定駁回之（§433）。所謂聲請之程序違背規定，係指聲請再審之主體客體違背規定，以及聲請不依法定程式，例如未於聲請期間內提出於管轄法院。實體上駁回係法院認為無再審理由而以裁定駁回，所謂無理由，即再審原因不存在，亦即聲請再審所具之理由及所附證據不足以構成法定之再審原因；又聲請再審因無再審理由而經裁定駁回者，不得以同一原因聲請再審（§434）。

貳、開始再審的裁定

法院認為有再審理由者，應為開始再審之裁定（§435 I）。此項裁定，就其裁定之性質言，是為關於訴訟程序之裁定，經確定後，便發生開始更為審判及原確定判決效力消滅之效果。惟應注意者，為受判決人之利益聲請再審之案件，經諭知有罪判決者，不得諭知重於原判決之刑，因其為受判決人利益而聲請再審，原在求取更利益於受判決人之判決；倘又諭知較原確定判決更重之刑，則失其為受判決人利益聲請再審之本旨。

❖ 實例講座 ❖

＊遲來的不在場證明＊

甲是殺人罪嫌的刑事被告，審理過程中，甲極力否認犯行，供稱案發當時不在現場，但無法提出不在場證明。檢察官依目擊證人指證甲就是殺人兇手，加以起訴；且在無其他證據的情況下，法官亦採信目擊證言，判甲無期徒刑確定。多年後，甲獲得假釋出獄，多處奔走，終於找到能證明案發當時自己不在場的證人乙，並立即委託律師提出再審救濟程序。試問，乙的不在場證言是否屬於§420Ⅰ⑥所謂的「確實的新證據」，而得提起再審？

➲解析

為了保障人權、發現實體真實，對於事實上有重大錯誤可能的確定判決，我國刑事訴訟法設有再審救濟程序。依§420Ⅰ⑥規定，有罪判決確定後，因發現確實之新證據，單獨或與先前之證據綜合判斷，足認受有罪判決之人應受無罪、免訴、免刑或輕於原判決所認罪名之判決者，得為受判決人的利益聲請再審。

過去實務見解認為，僅證據屬於原事實審法院判決當時已經存在，然法院於判決前未經發現而不及調查斟酌，至其後始發現者。然而，此解釋將造成與創設再審目的不合，恐造成人民憲法訴訟權遭受侵害，更可能違背法律保留原則。

故2015年修法後，依§420Ⅲ所謂新事實或新證據，則係指判決確定前已存在或成立而未及調查斟酌，及判決確定後始存在或成立之事實、證據，不再侷限於過去實務見解，僅需有確實之新事實存在，不論單獨或與先前之證據綜合判斷，合理相信足以動搖原確定判決，且就證據本身外觀進行形式觀察即足，表面須無一望即知的瑕疵與相當可採對

被受判決人有利的憑據，至其究竟是否確實能動搖原有的確定判決，則於再審的調查程序進行判斷。

基於上述，乙的證言在甲殺人案件中，能提供甲殺人時並不在場的證明，若能動搖甲有罪判決的基礎，並具有相當的確實性，且該證據未經過原法院的實質審理，則其證據應具有相當新穎性。因此，乙的不在場證言，應可列為再審程序中的「確實新證據」，故乙得依此提起再審。

非常上訴

【目次】

第一節　非常上訴的性質 745

第二節　非常上訴的提起 745

　壹、提起非常上訴的主體 745

　貳、提起非常上訴的客體 746

　參、提起非常上訴的程序 747

第三節　非常上訴的審理 747

第四節　非常上訴的判決 748

　壹、非常上訴無理由的判決 748

　貳、非常上訴有理由的判決 748

實例講座 751

第一節　非常上訴的性質

　　非常上訴，是為糾正審判違背法令之確定判決的方法或程序，其作用在於促使法令之適用，能於形式上保持統一。其與司法院大法官之統一解釋法律及命令之權相較，則司法院大法官之統一解釋法令，為普通性之統一解釋，是中央或地方機關就其職權上適用法令所持異見之釋定；於方式上為依機關或個人之聲請而就法令見解之爭議以為決議，其主旨在於統一一切法令之解釋。非常上訴發生之統一法令效果，僅侷限於刑事訴訟所適用之法令，是乃於適用上求刑事法令之統一，就具體案件以糾正原判決，使刑事裁判之適用法律於形式上劃一，其作用祇在統一刑事法令。

　　司法院大法官之統一解釋，為針對一切法令以為統一解釋；非常上訴之具有統一法令之適用，係統一刑事案件之適用法令所導致之結果。另外，非常上訴與第三審上訴之區別，在於第三審上訴是通常上訴，為不服下級審判決之救濟程序；而非常上訴之提起，主體非刑事訴訟之當事人，而是負有確保法令完整統一之國家機關。且非常上訴之判決，其效力僅及於法令之解釋適用，不及於被告；惟原判決之審判違背法令且不利於被告時，則例外使非常上訴於統一刑事法令適用之餘，尚能兼為被告之利益救濟。

第二節　非常上訴的提起

壹、提起非常上訴的主體

　　非常上訴，係為糾正審判違背法令之確定判決，以求法令之適用能確保完全統一為原則，故非當事人所能提起；因刑事訴訟法將監督刑事案件用法統一之責，委諸於最高法院檢察署總長，所以是由最高法院之檢察總長向最高法院提起（§441）；其餘之檢察官於職務上發現確定判決之審判

係違背法令，應聲請最高法院檢察署檢察總長提起非常上訴；其於聲請時，須具意見書，將該案卷宗及證物送交最高法院檢察署檢察總長（§442）。

此外，本法雖亦兼顧被告利益之救濟，然被告亦僅能請求檢察總長提起非常上訴，不能自己提起；蓋檢察總長於判決確定後發見案件之審判係違背法令，除由於檢察官之聲請提起非常上訴外，如亦能由被告請求提起非常上訴，亦不失為促使其職務上發見審判違背法令之原因。

貳、提起非常上訴的客體

非常上訴，原須於判決確定後，就該案件之審判有違背法令方可提起（§441）；惟實體裁定，因係關於實體事項之裁定，如經確定，與實體判決就該事項之諭知有同一之效力，故實務上對於已經確定而違背法令之實體裁定，將其視同判決，認為亦得作為提起非常上訴之客體，使之得循非常上訴之途徑獲得糾正，以擴張統一法令適用之範圍。

至於訴訟程序得否為非常上訴之對象？若從§447Ⅰ②「訴訟程序違背法令者，撤銷其程序」答案應屬肯定，但實務向來見解認為必須加上「足以影響判決」之要件，才能成為提起非常上訴之客體。

對此，最高法院97年度第4次刑庭決議進一步做出闡釋：若有效之違法判決尚非不利於被告（包括有利及無不利者）而與統一適用法令有關者，即有非常上訴之必要性。如不涉及統一適用法令者，原則上無非常上訴之必要性。但若不利於被告（無論是否與統一適用法令有關）者：原則上因非予救濟，不足以保障人權，有非常上訴之必要性。例外如另有其他救濟之道，並無礙於被告之利益者，無非常上訴之必要性。換言之，在涉及「統一適用法令」時，無論是否有利被告，都可進行非常上訴。若不涉及「統一適用法令」，原則上被告不得以非常上訴救濟之。惟為保障被告的權利，在不利於被告的情形，除被告另有其他救濟管道外，可利用非常上訴救濟之。

　　例如，2015年底為了統一適用法令，檢察總長提非常上訴理由指出，「智財法院審理大統長基案時，依修正後《食安法》第49條第1項、第15條第1項第7款規定，認為食品攙偽、假冒行為，不再以修法前的「致危害人體健康」為必要，因此判處被告等人有罪確定；但是審理富味鄉案時，卻以內容物並無危害人體生命健康之虞，非屬攙偽假冒行為而判決無罪，法律見解出現重大歧異，有聲請最高法院統一法令解釋之必要。

　　本案經最高法院為了釐清法律見解，於最高法院105年度第18次刑事庭會議中，與會40位法官，史無前例全部一致決定，只要食品攙偽假冒，就觸犯食安法，不須要再檢驗是否對人體有危害之虞。不過，違反食安法部分，雖然最高法院認定智財法院判決有誤而撤銷原判決，但由於非常上訴不利部分不及於被告，其作用僅在於統一法令之適用，其效力並不及於被告。

參、提起非常上訴的程序

　　提起非常上訴，應由最高法院之檢察總長，對於得為非常上訴之客體，以非常上訴書敘述提起非常上訴之理由，提出於最高法院（§443）。非常上訴之理由，須是確定判決或實體裁定之案件審判違背法令方可（§441）；所謂「審判違背法令」，包括審判程序違背法令及判決（包括實體裁定在內）違背法令兩種，而審判程序違背法令，為狹義之訴訟程序違背法令，應包括審理及判決之程序違背法令在內。

第三節　非常上訴的審理

　　非常上訴，係以統一法令之適用所為之訴訟，其主旨為審查確定判決之審判有無違背法令而加以判決，故係單純之法律審；其判決僅憑書面調查及審查案內既有之訴訟資料為之，一律不經言詞辯論（§444）。因此，

非常上訴之審理為絕對之書面審理，非常上訴之判決亦為絕對不經言詞辯論之判決。

　　非常上訴之審判，其目的在審查確定判決之審判有無違背法令，故其所審理或調查者，為原判決之審判有無違背法令之情事，關於原確定判決所確認之實體事實，則不在調查之列。因此，最高法院對於非常上訴案件，應以確定判決所認定之事實作為判決基礎；惟關於訴訟程序及第三審法院得依職權調查之事項，因係實體事實以外之訴訟事實，故得準用第三審之審判程序以調查事實（§445 II）。至於最高法院對於非常上訴案件所能審理調查之範圍，以非常上訴理由所指摘之事項為限（§445 I），不能對實體事實自行調查或認定。

第四節　非常上訴的判決

　　非常上訴之判決，因提起非常上訴之有無理由而有異。至於非常上訴有無理由，是以原確定判決有無非常上訴理由所指摘之違背法令事項及最高法院得依職權調查之事項為準。茲就非常上訴有無理由而分述其判決如下：

壹、非常上訴無理由的判決

　　最高法院認為原判決關於非常上訴理由所指摘之事項並未違背法令，且得依職權調查之事項亦無應行糾正或變更原判決之情事者，即應認為非常上訴無理由而以判決駁回。換言之，原判決之審判並非違背法令，則該非常上訴即無理由，應諭知非常上訴駁回之判決（§446）。

貳、非常上訴有理由的判決

　　原判決關於非常上訴理由所指摘之事項確係違背法令，或非常上訴理

由所指摘之事項雖非違背法令，但最高法院對非常上訴案件得依職權調查之事項，有其應行糾正或變更原判決之情形存在，此時便應認為非常上訴有理由。對於非常上訴有理由者之判決，因本法兼採被告利益救濟制度，故就其違背法令之性質係屬訴訟程序違背法令或判決違背法令而有不同的規定。所謂判決違背法令，係原判決對於其待判事項所為之判斷違背法令，亦即判決主文所由生之法令依據係屬違誤；訴訟程序違背法令，則為案件之審理程序違背法令或判決程序違背法令。至於案件之審判有本法§379各款所列情形之一，並非此之判決違背法令。又案件究竟是否為本法§447 I「原判決違背法令」或「訴訟程序違背法令」，應由最高法院依其性質自行認定，並作如下之判決（§447）：

1. 撤銷原判決違背法令部分之判決：最高法院因原判決違背其裁判時之法令而認非常上訴為有理由者，應將原判決違背法令之部分予以撤銷；若原判決之違背法令並非不利於被告，則僅撤銷原判決違背法令之部分為已足，此時撤銷之作用僅在於統一法令之適用，其效力並不及於被告。

2. 撤銷原判決就該案件自為判決：如非常上訴之有理由係因原判決違背裁判時之法令，且該違背裁判時法令之結果不利於被告者，則法院於撤銷原判決後便應就該案件再為判決。又基於單一案件審判不可分之原則，撤銷其違背法令之部分且就該案件另行判決時，依法律變更之原則，應適用非常上訴裁判時之法律。另外，最高法院就非常上訴案件所為有利於被告之判決，不論其為實體判決或形式判決，其效力均及於被告（§448）。

3. 撤銷原判決由原審法院更為審判之判決：原判決之違背法令，如係誤認無審判權而為不受理判決，或原判決有其他違背法令之結果，致使被告審級利益受有影響者，此時縱然實質上對被告有利，然為維持審級利益之必要，仍得將原判決撤銷，由原審法院依判決前之程序更為審判；此種撤銷原判決諭知由原審法院更為審判之判決，其效力及於被告（§448）。惟原審法院更為審判之結果，無論如何均不得諭知較重於原確定判決之刑，以符合為被告利益救濟之本旨。

4. 撤銷訴訟程序違背法令部分之判決：如非常上訴有理由，係因訴訟程序
違背其審判時之法令者，除應撤銷其違背法令部分之外，最高法院不得
再為其他之諭知；此種判決，係為了統一法令之適用，故其效力不及於
被告（§448）。

❖ 實例講座 ❖

＊非常上訴的目的＊

　　甲因殺人被判處無期徒刑確定後，檢察總長發現原判決違背法令，乃提起非常上訴。試問，法院若認對於非常上訴，判決有理由者，效力能否及於甲？

➲解析

　　非常上訴有理由的判決，依據§447Ⅰ①但書規定：「原判決不利被告者，應就該案件另行判決」。另外，§448規定：「非常上訴之判決，除依前條第一項第一款但書及第二項規定者外，其效力不及於被告」。由上述規定得知，法院對於非常上訴，若判決有理由者，其效力原則不及於被告，僅於原判決不利於被告時，始需另為判決。

　　蓋非常上訴的設立目的，可從二種不同角度來理解。其一，非常上訴的功能是為糾正審判違背法令之確定判決。目的在使刑事裁判適用法律時，統一刑事法令。因此，無論原判決違背法令的結果有利於被告，非常上訴的效力皆不及之；其二，基於保護被告的立場，提起非常上訴的前題，必需限於原判決係屬不利被告者，否則縱使裁判法令可能有適用上的違誤，惟原判決若對被告極為有利（如無罪判決確定），則仍不得提起非常上訴來統一法令的適用。

　　基於上述，非常上訴的設置，主要目的是為統一法令的解釋與適用，其效力原則不及於被告，但為保障被告利益，當原違誤判決不利被告者，該效力及於被告。亦即，非常上訴制度在我國，仍以統一法律適用為主要目的，而對被告的不利益予以救濟，僅是附隨效果。因此，由於原判決不利予被告甲，為兼顧其訴訟上的利益，應認非常上訴的效力及於甲，就該案件另行判決。

第十一章

附帶民事訴訟

【目次】

第一節　附帶民事訴訟的意義 755

第二節　附帶民事訴訟的主體 755

　　壹、原告 755

　　　一、因犯罪而直接受損害者 755

　　　二、因犯罪而間接受損害者 755

　　貳、被告 756

　　　一、刑事訴訟中的被告 756

　　　二、依民法負賠償責任的人 756

　　參、法院 756

第三節　附帶民事訴訟的審理 756

　　壹、審判期日的傳喚 756

　　貳、附帶民事訴訟的審理 757

第四節　附帶民事訴訟的裁判 757

　　壹、刑事訴訟判決對附帶民事訴訟判決的拘束力 757

　　貳、附帶民事訴訟的判決 758

第五節　附帶民事訴訟的上訴 758

　　壹、附帶民事訴訟上訴之限制 758

　　貳、第三審上訴的附帶民事訴訟省略理由敘述 758

　　參、第三審法院的判決 759

第六節　附帶民事訴訟的再審 760

　　壹、附帶民事訴訟的再審法院 760

　　貳、附帶民事訴訟再審判決的第三審上訴 760

實例講座 761

第一節　附帶民事訴訟的意義

附帶民事訴訟，乃因犯罪受有損害之人，於刑事訴訟程序進行中，對被告及依民法負損害賠償責任之人，請求回復其損害之謂也（§487）；故附帶民事訴訟，須是因犯罪而受有損害之人，方得提起，且須附帶於刑事訴訟程序中，對於被告及依民法應負損害賠償責任之人請求回復其損害。又所請求回復之損害範圍，應以被訴犯罪事實所生之損害為限。

第二節　附帶民事訴訟的主體

壹、原告

附帶民事訴訟之原告為因犯罪而受有損害之人，但並不限於「直接」受損害之人，「間接」受損害者亦包括之（§487）。茲說明如下：

一、因犯罪而直接受損害者

舉凡因刑事被告之犯罪行為，而致其身體、自由、名譽或財產等個人私權受有損害之人，均為犯罪之直接受害者，得提起附帶民事訴訟。

二、因犯罪而間接受損害者

附帶民事訴訟之提起，不以直接因犯罪而受損害者為限，凡間接或附帶受有形或無形損害之人，在民法上對加害人有請求損害賠償請求權者，均得提起之；如：被害人死亡，其父母、子女及配偶，或為死亡之被害人支出殯葬費之人、或被害人對第三人負有法定扶養義務者，該第三人等均為因犯罪而間接受有損害之人。

貳、被告

一、刑事訴訟中的被告

　　刑事訴訟之被告，乃因犯罪而侵害他人生命、身體、自由、名譽或財產之人，自負有賠償他人損害之責任。

二、依民法負賠償責任的人

　　刑事訴訟中之第三人，亦得為附帶民事訴訟之被告；凡依民法之規定，對於刑事被告之侵權行為，負有損害賠償責任之人，亦得為附帶民事訴訟之被告，如：刑事被告為限制行為能力人者，其法定代理人即得為附帶民事訴訟之另一被告，其他如受僱人之僱用人亦是。

參、法院

　　附帶民事訴訟，因與刑事訴訟合併進行其訴，故其管轄法院即為刑事案件所繫屬之管轄法院；換言之，刑事訴訟繫屬於第一審法院者，附帶民事訴訟便由第一審法院管轄；繫屬於第二審法院者，附帶民事訴訟便由第二審法院管轄。

第三節　附帶民事訴訟的審理

壹、審判期日的傳喚

　　刑事訴訟之審判期日應傳喚被告或其代理人，並通知檢察官、辯護人、輔佐人到場，另外，尚須傳喚附帶民事訴訟當事人及關係人（§494）。何以附帶民事訴訟當事人及關係人，亦須於刑事訴訟之審判期日到庭？此乃因在刑事訴訟所調查之證據，就附帶民事訴訟而言視為已經

調查，而關於前項之調查，附帶民事訴訟當事人或代理人得陳述意見（§499），故為使附帶民事訴訟當事人及關係人，得參與證據調查，所以刑事訴訟法規定應傳喚其到庭。至於附帶民事訴訟之審判期日，祇須由附帶民事訴訟當事人及關係人參與，檢察官非附帶民事訴訟當事人及關係人，故於附帶民事訴訟之審判，毋庸到場（§497）。

貳、附帶民事訴訟的審理

「附帶民事訴訟」既係因犯罪而受有損害之人請求回復其損害之程序，其請求之範圍，應該依民法之規定（§487 Ⅱ），並依所提出之請求為法院審理之對象。請求之範圍，應該以民法§§192～196為準，並應注意民法§§217、218之規定。此外附帶民事訴訟亦以不告不理為原則，與一般民刑事訴訟無異，故對於未請求之事項，如依職權而為給付判決，自非法之所許；對於已受請求之事項，卻未予以判決者，亦係違背法令。惟附帶民事訴訟之當事人於審判期日既已到庭，則該事項是否受有請求，自應以言詞辯論時，所聲明應受裁判事項之範圍為準。

第四節　附帶民事訴訟的裁判

壹、刑事訴訟判決對附帶民事訴訟判決的拘束力

附帶民事訴訟之判決，應以刑事訴訟判決所認定之事實為據；但本於捨棄而為判決者，不在此限（§500，民事訴訟法§384）。因附帶民事訴訟係附隨於刑事訴訟，其所認定之事實，自不能與刑事判決所認定之事實牴觸，惟附帶民事訴訟所解決者，究屬私權，苟當事人捨棄其請求，法院自得本於其捨棄而為敗訴判決，是以此項判決與刑事判決所認定之事實難免有異；又所謂應以刑事判決所認定之事實為據，係指附帶民事訴訟而言，如附帶民事訴訟經移送於民事庭後，即為獨立民事訴訟，其裁判自不

受刑事判決認定事實之拘束。

貳、附帶民事訴訟的判決

附帶民事訴訟本質上屬於民事訴訟，故附帶民事訴訟之判決大致上與民事訴訟之判決相似。

第五節　附帶民事訴訟的上訴

壹、附帶民事訴訟上訴之限制

刑事訴訟之第二審判決不得上訴於第三審法院者，其附帶民事訴訟之第二審判決，仍得上訴於第三審法院，但應受民事訴訟法§466之限制，且應由民事庭審理之（§506）。本來附帶民事訴訟係利用刑事訴訟程序而設之制度，是依理倘非於刑事判決有上訴時，依法即不得對附帶民事訴訟之判決為上訴；如§376所列各罪之案件經第二審判決者，不得上訴於第三審法院。然而刑事訴訟之客體既異於民事訴訟，則在刑事訴訟不得上訴者，在民事即非不得上訴，為使附帶民事訴訟得獲救濟起見，本法特別規定，許其得上訴於第三審法院，但仍應受民事訴訟法§466之限制（對於財產權上訴之第二審判決，如上訴所得受之利益依照2000年2月民事訴訟法修正的規定，不逾新台幣一百五十萬元者，即不得上訴於第三審法院）。

貳、第三審上訴的附帶民事訴訟省略理由敘述

刑事訴訟之第二審判決，經上訴於第三審法院，對於就其附帶民事訴訟之判決所提起之上訴，因已有刑事上訴書狀之理由可資引用，故得不敘述上訴之理由（§507）。蓋民事訴訟法與刑事訴訟法均規定，第三審之上

訴，非以判決違背法令為理由不得為之（民事訴訟法§§467、377）。而附帶民事訴訟附隨於刑事訴訟，對於刑事訴訟之上訴，既經敘有理由，則附帶民事訴訟之上訴，不妨予以援用，故對於附帶民事訴訟之判決所提起之上訴，得不敘述上訴理由。

參、第三審法院的判決

附帶民事訴訟附隨於刑事訴訟而提起，但實為二個不同之訴訟，故可同時判決或分別判決。惟附帶民事訴訟所用之證據，既與刑事訴訟所用之證據相同，則不免受刑事訴訟判決之影響。茲將第三審法院之判決分別說明如下：

（一）駁回無理由的刑事上訴而對附帶民事訴訟分別判決

依§508規定，第三審法院認為刑事訴訟之上訴無理由而駁回者，應分別情形，就附帶民事訴訟之上訴為下述之判決：
1. 附帶民事訴訟之原審判決無違背法令之上訴理由者，應駁回上訴。
2. 附帶民事訴訟之原審判決違背法令者，應將其判決撤銷，就該案件自為判決；但有審理事實之必要時，應將該案件發回原審法院之民事庭或發交與原審法院同級之他法院民事庭。

（二）撤銷刑事原審判決而對於附帶民事訴訟分別判決

依§509規定，第三審法院認為刑事訴訟之上訴有理由，而將原審判決撤銷並就該案件自為判決者，應分別情形，就附帶民事訴訟之上訴為下列之判決：
1. 刑事訴訟判決變更，而影響附帶民事訴訟，或附帶民事訴訟之原審判決有違背法令之上訴理由者：此時應將原審判決撤銷，就該案件自為判決；但有審理事實之必要時，應將該案件發回原審法院之民事庭，或發交與原審法院同級之他法院民事庭。

2. 刑事訴訟判決之變更於附帶民事訴訟無影響，且附帶民事訴訟之原審判決無違背法令之情事者，此時自應將上訴駁回。

（三）刑事上訴有理由併就附帶民事訴訟發回或發交為同一判決

依§510規定，第三審法院認為刑事訴訟之上訴有理由，撤銷原審判決，而將該案件發回或發交原審法院或他法院者，應併就附帶民事訴訟之上訴為同一之判決。

（四）僅就附帶民事訴訟為移送的裁定

依§511規定，法院如僅應就附帶民事訴訟為審判者，應以裁定將該案件移送該法院之民事庭，但附帶民事訴訟之上訴不合法者，不在此限。對於前項裁定，不得抗告。

第六節　附帶民事訴訟的再審

壹、附帶民事訴訟的再審法院

對於附帶民事訴訟之判決聲請再審者，應依民事訴訟法向原判決法院之民事庭提起再審之訴（§512）。無論民事訴訟法或刑事訴訟法，對於再審程序均有所規定，而單純之附帶民事訴訟，屬民事訴訟之性質，故其再審應向原判決法院之民事庭為之。

貳、附帶民事訴訟再審判決的第三審上訴

對於附帶民事訴訟之確定判決聲請再審，依§512規定，應依民事訴訟法向原判決法院之民事庭提起再審之訴，故第二審法院就附帶民事訴訟所為之判決，得否上訴於第三審法院，即不用再考慮原來之刑事案件是否為得上訴於第三審之案件，應完全依民事訴訟法之規定。故對於附帶民事訴訟之第二審判決上訴者，只應受民事訴訟法§466之限制。

❖ 實例講座 ❖

＊甜蜜的負擔＊

　　17歲的少年甲，騎乘父親丙的機車出門遊玩，不慎撞傷乙。試問，乙對甲提起過失傷害罪的自訴後，得否另對甲父丙一併提起附帶民事賠償？

⇨解析

　　附帶民事訴訟的當事人分為原告與被告，但其身分未必就是刑事訴訟程序中的原告與被告。以下分別說明之：

　1.附帶民事訴訟程序中的原告

　　因犯罪受有損害之人，但並不限於「直接」受損害者，「間接」受損害者亦包括在內（§487）。前者舉凡因刑事被告的犯罪行為，而致其身體、自由、名譽或財產等個人私權受有損害者；後者則為間接或附帶受有形或無形損害之人，在民法上對加害人有請求損害賠償請求權者。如：被害人死亡，其父母、子女及配偶，或為死亡之被害人支出殯葬費之人、或被害人對第三人負有法定扶養義務者等。

　2.附帶民事訴訟程序中的被告

　　被告亦有兩種類型。一者為刑事訴訟程序中的被告，乃因犯罪而侵害他人生命、身體、自由、名譽或財產之人，自負有賠償他人損害之責任。二者則是依民法負賠償責任之人，亦即刑事訴訟中的第三人，亦得為附帶民事訴訟之被告；換言之，該者就是凡依民法之規定，對於刑事被告侵權行為，負有損害賠償責任之人，例如：刑事被告為限制行為能力人者，其法定代理人即得為附帶民事訴訟之另一被告，其他如受僱人之僱用人亦是。

　3.小結

　　由前述可知，本件由直接受損害者乙提出的刑事自訴程序，由於被

告甲未滿20歲，為民法上的限制能力者，身為法定代理人的父親丙對甲的侵權行為自應需負連帶的賠償責任，故原告乙即得對丙提出附帶民事訴訟，請求損害賠償。

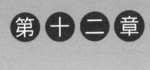

執 行

【目次】

第一節　執行的意義 765

第二節　裁判執行的要件 765

　　壹、裁判雖未確定亦得執行的特別規定 766

　　貳、裁判雖經確定亦不得執行 766

第三節　各種裁判內容的執行 766

　　壹、死刑的執行 766

　　貳、自由刑的執行 767

　　參、罰金、罰鍰、沒收及沒入的執行 768

　　肆、保安處分的執行 769

　　伍、易以訓誡的執行 775

　　陸、扣押物的發還 775

第一節 執行的意義

刑事訴訟法所定之執行,是運用國家權力以實現刑事制裁內容之法律行為,惟裁判之應否執行,須視裁判有無執行內容而定,至於執行之性質,亦視裁判之性質而異;亦即非一切確定裁判之意思表示內容,均須執行,在刑事裁判之中,有只須意思表示為已足者,則其意思表示即無從藉國家公權力加以實現,如無罪判決即是。另有罪判決之免刑判決,得諭知專科沒收(刑法§39),如未諭知專科沒收者,毋庸藉國家公權力實現裁判之意思表示內容。至於依刑法§61規定而為之免刑判決,如命被告向被害人支付相當數額之慰撫金者(§299Ⅱ③),雖得為民事強制執行之名義(§299Ⅳ),但其執行係依強制執行法,非依刑事訴訟法之規定。故所謂裁判之執行,係專指依刑事訴訟之規定而實現確定裁判內容者而言。

第二節 裁判執行的要件

裁判未經確定以前,不生執行之效力,蓋裁判之執行應於確定後為之。所謂「裁判確定」,係就判決及得抗告之法院裁定而言,其確定之情形如:上訴或抗告之途徑已窮盡者、不許上訴或抗告者、已逾上訴或抗告期間者、上訴或抗告後已撤回者、捨棄上訴權或抗告權等情形,即裁判已經確定者。惟關於保安處分之裁判及法律有特別規定者,則不以裁判之確定為執行之要件,是為例外(§456)。至於保安處分之執行,有應於刑之執行前為之者,亦有應於刑之執行完畢或赦免後為之者;有應於裁判確定後為之者,亦有就其處分之性質無待裁判確定便應執行者;其除應依刑法及其他特別法相關於執行程序之特別規定外,方適用本法之規定。以下說明不以裁判之確定作為執行要件之情形:

壹、裁判雖未確定亦得執行的特別規定

1. 裁判未經確定亦得執行，此即「抗告無停止執行裁判之效力」（§409 I
   前段）。抗告中之裁定猶能執行；足徵裁定未經確定亦得執行。
2. 罰金、罰鍰之裁判於宣示後，經受裁判人同意，且檢察官不在場者，得
   不待裁判確定，由法官當庭執行（§470 I 但書）；但所謂罰金係指宣告
   罰金，不包括易科罰金在內。

貳、裁判雖經確定亦不得執行

　　例如諭知死刑之判決確定後，猶未接奉司法行政最高機關之執行命令
前，不得執行（§461）；有停止執行之原因依法應停止執行者，亦不得即
予執行（§§465、467）；性質上不能同時執行之數刑於執行其一時，其
餘之刑便不得執行（§459）。

第三節　各種裁判內容的執行

壹、死刑的執行

　　諭知死刑之判決確定後，檢察官應速將該案卷宗送交司法行政最高機
關（法務部），以便其對案件加以審查應否呈請特赦、減刑，或有無命檢
察官聲請再審或聲請檢察總長提起非常上訴之必要。蓋死刑一經執行，便
無可回復，故不得不審慎行之（§460）。其經司法行政最高機關令准執行
者，便應於令到三日內執行之；但執行檢察官發見案情確實有合於再審或
非常上訴之理由者，得於三日內電請司法行政最高機關再加審核
（§461）。此外，受死刑之諭知而心神喪失或懷胎尚未生產者，應由司法
行政最高機關命令停止執行；其經命令停止執行者，於其痊癒或生產後，
非有司法行政最高機關命令，不得執行（§465）。

死刑之執行，於監獄內為之（§462），於執行時，應由檢察官蒞視，驗明受刑人之正身及執行之結果，並命書記官在場制作驗明受刑人及執行經過之筆錄。此項筆錄，應由檢察官及監獄長官簽名，以期信實。執行之時，行刑場內，除經檢察官或監獄長官許可者外，其餘不得入內（§§463、464）。

貳、自由刑的執行

一、緩刑撤銷聲請

經法院裁判確定的自由刑，可能被法院宣告緩刑，此時若有應撤銷緩刑之事由時，由於裁判已經確定，法院不可能再對確定案件再次進行審核，故是否撤銷裁定必須再由檢察官開起撤銷緩刑程序聲請法院來進行裁定。（§476）

二、應定執行刑之程序

更定執行刑原有累犯更定期刑之規定，但因為大法官釋字第775號解釋認為累犯違反一事不再理原則，故修法後也將刑法有關累犯的規定刪除；2023年12月為了配合相關修正，本法亦刪除有關累犯更定期刑之規定。

依據現行§477規定，應定執行刑僅有在受刑人有刑法§53和§54數罪併罰之情形，且應依刑法§51第5款至7款定其應執行之刑者才有適用。（§477Ⅰ）

應定執行刑之程序開啟者應由該案犯罪事實最後判決之法院對應之檢察署檢察官為之。檢察官必須備具繕本，向該法院聲請裁定。而受刑人或其法定代理人、配偶非屬於聲請主體，僅得請求檢察官來向法院聲請（§477Ⅱ）。

又應定執行刑攸關國家刑罰權實行且對受刑人之人身自由權利影響甚

鉅，故除聲請有程序上不合法或無理由而應逕予駁回、依現有卷證或經調取前案卷證已可得知受刑人對定刑之意見、定刑之可能刑度顯屬輕微（例如非鉅額之罰金、得易科罰金之拘役，依受刑人之經濟狀況負擔無虞者）等顯無必要之情形，或受刑人原執行指揮書所載刑期即將屆滿，如待其陳述意見，將致原刑期與定刑後之餘刑無法合併計算而影響累進處遇，對受刑人反生不利等急迫之情形外，法院於裁定前應予受刑人以言詞或書面陳述意見之機會。（§477 III）

　　另就受刑人陳述意見之方式，法院是以開庭聽取受刑人意見、發函定期命表示意見或其他適當方式，給予受刑人陳述意見之機會，法院得依個案情形裁量；且受刑人如經法院給予陳述意見之機會，仍未陳述意見者，法院自得逕為裁定。另依據刑事訴訟法§222 II，法院作成裁定前，本得衡情為其他必要之調查後再為裁定。

　　基於應定執行刑決定之透明及公正性，法院應於理由內記載定刑時所審酌之事項，以利檢察官、受刑人知悉，並得於時限內對此提起救濟，並供抗告法院審查。（§477 IV）

三、徒刑及拘役的執行

　　處徒刑或拘役之人犯，除法律別有規定外，應於監獄內分別拘禁或令服勞役；惟亦得因其情節，免服勞役（§466）。至其應否免服勞役，由指揮執行之檢察官決定（§478）。惟受徒刑或拘役之諭知而有下述情形之一者，應依檢察官之指揮，於其痊癒或該事故消滅前，停止執行（§467）；如：心神喪失者、懷胎五月以上者、生產未滿二月者及現罹疾病恐因執行而不能保其生命者。又檢察官亦得將受刑人送入醫院或其他適當之處所（§468）

參、罰金、罰鍰、沒收及沒入的執行

　　罰金、罰鍰、沒收及沒入的裁判，應依檢察官的命令執行

（§470Ⅰ）；此項命令，與民事執行名義有同一效力，即具有強制執行的效力，其執行程序準用執刑民事裁判的規定，檢察官於必要時，得囑託地方法院民事執行處執行，但免徵執行費（§§470Ⅱ、471）。惟罰金、罰鍰於裁判宣示後，如經受裁判人同意而檢察官不在場者，得由法官當庭指揮執行（§470Ⅰ但書）。此外，對於罰金及沒收，如受刑人已經死亡，得就其遺產以為執行，此與一般刑罰於受刑人死亡後，因執行客體不存在而不能執行或不能繼續執行者有別（§470Ⅲ）。

　　執行沒收的沒收物，由檢察官處分（§472）。應注意的是，依§473的規定，於裁判確定後一年內，該沒收物、追徵財產，得由「權利人聲請發還」，或「因犯罪而得行使債權請求權之人已取得執行名義者聲請給付」；除非該沒收物、追徵財產應破毀或廢棄，檢察官應發還權利人，或給付取得執行名義的債權請求權人。又若沒收物、追徵財產已經變價，而無法發還或給付者，則應給與變價所得的價金。聲請人對前項關於發還、給付之執行不服者，準用§484，得向諭知裁判的法院，聲明異議。關於沒收物等的變價、分配及給付的工作，檢察官於必要時，得囑託法務部行政執行署所屬各分署進行；又，關於沒收物等發還、給付的執行技術規定，係由行政院定之。

　　又如該物之一部係偽造或變造者，檢察官於發還時，應將其偽造、變造之部分除去或加以標記（§474）。罰金經強制執行而無力完納者，由指揮執行之檢察官依裁判諭知易服勞役之折算標準，命令易服社會勞動或易服勞役（§479）；惟罰金易服勞役者，應與處徒刑或拘役之人犯分別執行（§480Ⅰ）。

肆、保安處分的執行

　　保安處分，由檢察官以指揮書附具裁判書或筆錄之繕本或節本指揮執行；其執行之處所及程序，應依刑法之規定，惟遇有§481Ⅰ，則應由檢察官聲請法院裁定之，且此項裁定，為得抗告之裁定。

2022年，為配合新刑法§91-1的規定及釋字799、812號，司法院通過刑事訴訟法修正，全面建置各類型保安處分裁定審查程序規範，完善正當法律程序。

大法官第799號解釋指出，「刑事訴訟法」及「性侵害犯罪防治法」未規定應賦予受處分人於法院就聲請或停止強制治療程序，得親自或委任辯護人到庭陳述意見的機會，以及如受治療者為精神障礙或其他心智缺陷無法為完全的陳述者，應有辯護人為其辯護。為因應大法官第799號解釋，完善保安處分程序，此次修法以人身自由拘束程度區分保安處分種類，明定聲請程序、准駁依據、應強制辯護情形。

另考量保安處分相關裁定種類眾多，其中「監護制度」並甫經修正增加延長處分類型，實有綜整處理各相關程序之必要，故除強制治療外，本次修正更將範圍擴及監護、禁戒、保護管束及驅逐出境等各類型保安處分，一併為審查程序之保障規範。

本次修法修正§481的內容，並新增§§481-1～481-7，重點如下：

（一）區分類型以利設計層級化保障（§481）

§481規定：「下列刑法第一編第十二章保安處分事項，由檢察官聲請該案犯罪事實最後裁判之法院裁定之：一、依刑法第八十七條第三項前段許可延長監護，第九十一條之一第一項施以強制治療，第九十二條第二項撤銷保護管束執行原處分，第九十九條許可拘束人身自由處分之執行，及其他拘束人身自由之保安處分者。二、依刑法第八十六條第三項但書、第八十七條第三項但書、第八十八條第二項但書、第八十九條第二項但書或第九十八條第一項前段免其處分之執行，第九十一條之一第二項停止強制治療，第九十二條第一項以保護管束替代，第九十三條第二項付保護管束，第九十八條第一項後段、第二項、第三項免其刑之執行，第九十九條許可非拘束人身自由處分之執行，及其他非拘束人身自由之保安處分者。」

如條文所述，聲請裁定宣告保安處分之種類，§481依人身自由之拘

束程度而區分成「拘束人身自由類型之處分（§481Ⅰ①）」（例如：許可延長監護、施以強制治療、撤銷保護管束執行原處分）及「非拘束人身自由類型之處分（§481Ⅰ②）」（例如：免除處分之執行、停止強制治療、付保護管束、因執行保安處分而免其刑之執行）。

　　區分層級化保障之原因，係依據司法院釋字第七九九號解釋意旨，宣告強制治療程序因涉及限制其身體自由於特定處所，應賦予受處分人相當之正當法律程序保障；且依司法院釋字第六八九號解釋意旨，憲法上正當法律程序原則之內涵，應視所涉基本權之種類、限制之強度及範圍、所欲追求之公共利益、決定機關之功能合適性、有無替代程序或各項可能程序之成本等因素綜合考量，由立法者制定相應之適當程序，而揭示正當法律程序層級化之保障。

（二）聲請之程式及准駁之依據（§481-1）

　　§481-1規定：「檢察官聲請為前條所列處分時，應以聲請書敘明理由及證據，並同時以聲請書繕本通知受處分人；法院認為前條之聲請不合法律上之程式或法律上不應准許或無理由者，應以裁定駁回之。但其不合法律上之程式可補正者，應定期間先命補正；法院認為前條之聲請有理由者，應為准許之裁定。」

　　本條之立法理由為，檢察官聲請執行保安處分之理由及有關證據，係法官裁准與否之依據，檢察官向法院聲請時，自應以聲請書敘明理由及證據向該管法院為之，並同時以聲請書繕本通知受處分人，以即時保障其資訊獲知權，故增訂本條第一項。

　　又法院受理§481之聲請，認為聲請有不合法律上之程式或法律上不應准許等不合法，而無法補正者，或無理由者，均應以裁定駁回之，但倘若不合法律上之程式可補正者，法院自應定期間先命補正，逾期不補正者，始以聲請之程序違背規定而以裁定駁回之，避免法院逕予駁回，致檢察官需重新聲請而延滯，損及受處分人權益。而法院認為聲請有理由者，應以裁定准許之，故增訂本條第二、三項。

（三）聲請之期限（§481-2）

§481-2規定：「檢察官依刑法第一編第十二章聲請為下列處分，除有正當事由者外，應於下列期限內提出於該管法院：一、依刑法第八十七條第三項前段許可延長監護，或許可延長其他拘束人身自由之保安處分，至遲於執行期間屆滿之二個月前。二、依刑法第九十一條之一第一項第一款施以強制治療，至遲於徒刑執行期滿之二個月前。三、依刑法第九十九條許可拘束人身自由處分之執行，至遲於該處分得執行期間屆滿之二個月前；前項正當事由，檢察官應於聲請時釋明之。」

本條主要規定檢察官應遵期提出許可延長監護、施以強制治療，或許可執行拘束人身自由處分的聲請，使法院能夠充分審慎裁定，以兼顧受處分人之權益及社會安全維護。

（四）應強制辯護之情形，及準用輔佐人規定（§481-3）

§481-3規定：「第四百八十一條第一項第一款之聲請，有下列情形之一，且未經選任辯護人者，法院應指定公設辯護人或律師為其辯護，並準用第三十一條第二項及第四項之規定：一、身心障礙，致無法為完全之陳述。二、其他經法院認有必要。第三十五條之規定，於前項情形準用之。」

本條保障受處分人如因身心障礙，致無法為完全陳述時之辯護倚賴權，應指定公設辯護人或律師為其辯護，並準用輔佐人規定，使有親友、社工人員或其他專業人員為輔佐人陪同在場。增訂本條之理由在於，依司法院釋字第七九九號解釋意旨，為保障受處分人如因身心障礙，致無法為完全陳述之辯護倚賴權，應有辯護人協助；倘若受處分人因其他事由，而顯然不能為自己辯護，法院認有必要者，亦應指定辯護人為其辯護，故增訂第一項規定，以維護受處分人權益。

（五）規定閱卷權及其限制（§481-4）

§481-4規定：「辯護人於第四百八十一條第一項第一款之案件得檢閱卷宗及證物並得抄錄、重製或攝影。受處分人於第四百八十一條第一項第一款之案件得預納費用請求法院付與卷宗及證物之影本。但有下列情形之一，經檢察官另行分卷敘明理由及限制範圍，請求法院限制受處分人獲知者，法院得限制之：一、有事實足認有危害他人生命、身體、隱私或業務秘密之虞。二、有事實足認有妨害受處分人醫療之虞；受處分人於第四百八十一條第一項第一款之案件經法院許可者，得在確保卷宗及證物安全之前提下檢閱之。但有前項但書情形，或非屬其有效行使防禦權之必要者，法院得限制之；對於依前二項但書所為之限制，得提起抗告；持有第一項及第二項卷宗及證物內容之人，不得就該內容為非正當目的之使用；依第一項至第三項得檢閱卷宗及證物或抄錄、重製或攝影者，除本條另有規定外，準用第三十八條之一規定之閱卷規則。」

本條明定閱卷事宜；又為保護他人生命、身體、隱私或業務秘密，或避免妨害受處分人之醫療，得限制受處分人閱覽範圍，及提供救濟權；任何持有前述卷證之人，均不得就其內容為非正當目的之使用。

（六）有陳述意見的機會（§481-5）

§481-5規定：「法院受理第四百八十一條第一項第一款所列處分之聲請，除顯無必要者外，應指定期日傳喚受處分人，並通知檢察官、辯護人、輔佐人；前項期日，檢察官得到場陳述意見。但法院認有必要者，檢察官應到場陳述聲請理由或提出必要之證據；法院應給予到場受處分人、辯護人、輔佐人陳述意見之機會。但經合法傳喚、通知無正當理由不到場，或陳明不願到場者，不在此限。」

本條規定涉及拘束人身自由保安處分之裁定程序，應為傳喚或通知，給予陳述意見機會。

（七）停止強制治療等類型之程序保障提升（§481-6）

§481-5規定：「法院受理第四百八十一條第一項第二款所列處分之聲請，有下列情形之一，準用前三條之規定：一、檢察官聲請依刑法第九十一條之一第二項之停止強制治療者。二、其他經法院認有必要者；除有前項所定情形之一者外，法院認為適當時，得於裁定前給予受處分人、辯護人以言詞或書面陳述意見之機會；依刑法第九十一條之一第二項鑑定、評估認無繼續強制治療必要，而檢察官仍為繼續強制治療之執行指揮，經受處分人依第四百八十四條聲明異議，除顯無必要者外，準用前三條之規定。」

本條增訂係落實釋字第799號解釋意旨，於檢察官聲請停止強制治療時，因法院之准駁仍可能影響人身自由，故規定準用拘束人身自由類型之審查程序；又若受處分人經鑑定、評估認無繼續強制治療必要，而檢察官仍繼續指揮執行時，如受處分人依法聲明異議，原則亦準用拘束人身自由類型之審查程序。

（八）不起訴處分或裁判後，檢察官聲請宣告保安處分時之程序準用（§481-7）

§481-7規定：「法院受理第四百八十一條第二項及第三項所列處分之聲請時，應分別準用下列規定辦理：一、聲請宣告拘束人身自由之保安處分者，準用第四百八十一條之三至第四百八十一條之五規定。二、聲請宣告非拘束人身自由之保安處分者，準用前條第一項及第二項規定。」

本條明定檢察官為不起訴處分後，或法院裁判時未併宣告保安處分，檢察官如認有單獨宣告保安處分之必要而聲請法院裁定時，依其性質分別準用之程序保障規定。

伍、易以訓誡的執行

受拘役或罰金之宣告，而犯罪動機在公益或道義上顯可宥恕，經諭知易以訓誡者，由檢察官斟酌其所犯之情節，以書面或言詞為適當之訓誨告誡，促其改過自新（§482）。

陸、扣押物的發還

隨著案件終結，扣押物已無扣押必要者，應速以裁定或命令速發還所有人，以免過度侵害人民財產權。不過，扣押物的應受發還人所在不明，或因其他事故而不能發還時，依§475規定，檢察官應公告發還；倘若公告之日起滿二年，無人聲請發還，該扣押物將歸屬國庫。如果該扣押物無價值，在公告期間內，仍得廢棄；如果該扣押物屬於不便保管者，得變價保管其價金。

主要參考書目

一、中　文

1. 王正嘉，審議式法庭：人民參與刑事審判，2020 年，臺大出版中心。

2. 王兆鵬、張明偉、李榮耕，刑事訴訟法（上／下），2024／2023年，新學林。

3. 王兆鵬、陳運財、林俊益、宋耀明、丁中原、張熙懷、葉建廷，傳聞法則理論與實踐，2004 年，元照。

4. 朱石炎，刑事訴訟法論，2022 年，三民。

5. 朱朝亮，刑事訴訟之運作，1997 年，五南。

6. 吳巡龍，刑事訴訟與證據法全集，2008 年，新學林。

7. 李春福，刑事訴訟法論，2017 年，新學林。

8. 林山田，刑事程序法，2004 年，五南。

9. 林俊益，刑事訴訟法概論（上／下），2023 年，新學林。

10. 林裕順，人民參審與司法改革，2015 年，新學林。

11. 林鈺雄，刑事訴訟法（上／下），2023 年，元照。

12. 花滿堂，刑事訴訟法爭議問題研究，2018 年，新學林。

13. 柯耀程，刑事程序法論，2019 年，一品。

14. 張明偉，傳聞例外，2018 年，元照。

15. 張麗卿，刑事訴訟制度與刑事證據，2003 年，元照。

16. 張麗卿，驗證刑訴改革脈動，2017 年，五南。

17. 張麗卿，司法精神醫學：刑事法學與精神醫學之整合，2022 年，元照。

18. 陳運財，刑事訴訟與正當之法律程序，1998 年，元照。

19. 陳運財，偵查與人權，2014 年，元照。

20. 陳樸生，刑事訴訟法實務，1999 年，自版。

21. 黃東熊、吳景芳，刑事訴訟法論（上），2010 年，三民。

22. 黃朝義，刑事訴訟法，2021 年，新學林。

23. 蔡墩銘，刑事訴訟法論，1999 年，五南。

二、日　文

1. 三井誠、酒巻匡，入門刑事手続法，2023 年，有斐閣。
2. 川崎英明、白取祐司編，刑事訴訟法理論の探究，2015 年，日本評論社。
3. 工藤昇編著，事例でわかる伝聞法則，2023 年，弘文堂。
4. 井上正仁、酒巻匡、大澤裕等，ケースブック刑事訴訟法，2018 年，有斐閣。
5. 加藤康榮、宮木康博、滝沢誠、三明翔，ケース 刑事訴訟法，2019 年，法学書院。
6. 田口守一、佐藤博史、白取祐司，目で見る刑事訴訟法教材，2018 年，有斐閣。
7. 田中開、寺崎嘉博、長沼範良、刑事訴訟法，2020 年，有斐閣。
8. 田淵浩二，基礎刑事訴訟法，2024 年，日本評論社。
9. 白取祐司，刑事訴訟法，2021 年，日本評論社。
10. 安冨潔，刑事訴訟法講義，2021 年，慶応義塾大学出版会。
11. 池田修、前田雅英，刑事訴訟法講義，2022 年，東京大学出版会。
12. 辻本典央，刑事訴訟法，2024 年，成文堂。
13. 松尾浩也監修，条解刑事訴訟法，2024 年，成文堂。
14. 前田雅英編，刑事訴訟実務の基礎，2017 年，弘文堂。
15. 酒巻匡，刑事訴訟法，2020 年，有斐閣。
16. 福島至，刑事訴訟法（ライブラリ法学基本講義 14），2020 年，新世社。

三、德　文

1. Alsberg, Max, Der Beweisantrag im Strafprozeßrecht, 8. Aufl., 2021.
2. Beulke, Werner/ Swoboda, Sabina, Strafprozeßrecht, 16. Aufl., 2022.
3. Dahs, Hans, Die Revision im Strafprozess, 9. Aufl., 2017.

4. Karlsruher Kommentar zur Strafprozeßordnung und zum Gerichtsverfassungs- gesetz mit Einführungsgesetz (KK-StPO), 9. Aufl., 2023.

5. Kramer, Bernhard, Grundbegriffe des Strafverfahrensrechts, 9. Aufl., 2021.

6. Krey, Volker, Deutsches Strafverfahrensrecht, 2. überarbeitete Aufl., 2018.

7. Lutz Meyer/Goßner, Strafprozeßordnung mit GVG und nebengesetzen, Kommentar, 67. Aufl., 2024.

8. Ranft, Otfried, Strafprozessrecht, 3. Aufl., 2005.

9. Roxin, Claus/Schünemann, Bernd, Strafverfahrensrecht, 30. Aufl., 2022.

10. Volk, klaus/Engländer, Armin, Grundkurs StPO, 10. Aufl., 2021.

國家圖書館出版品預行編目資料

刑事訴訟法理論與運用 / 張麗卿著；—19 版. —
臺北市：五南圖書出版股份有限公司, 2024.07
　面；　公分.
ISBN: 978-626-393-603-4 (平裝)

1. CST: 刑事訴訟法

586.2　　　　　　　113010877

1T96

刑事訴訟法理論與運用

作　　　者 ―	張麗卿（224）
企劃主編 ―	劉靜芬
責任編輯 ―	林佳瑩
封面設計 ―	封怡彤
出 版 者 ―	五南圖書出版股份有限公司
發 行 人 ―	楊榮川
總 經 理 ―	楊士清
總 編 輯 ―	楊秀麗
地　　　址：	106 台北市大安區和平東路二段 339 號 4 樓
電　　　話：	(02)2705-5066
網　　　址：	https://www.wunan.com.tw
電子郵件：	wunan@wunan.com.tw
劃撥帳號：	0 1 0 6 8 9 5 3
戶　　　名：	五南圖書出版股份有限公司

法律顧問　林勝安律師

出版日期　1995 年 9 月初版一刷
　　　　　2024 年 7 月十九版一刷

定　　價　新臺幣 780 元

經典永恆・名著常在

五十週年的獻禮——經典名著文庫

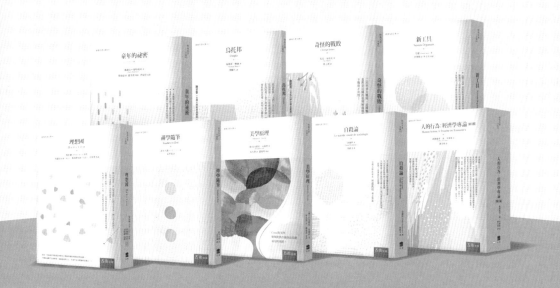

五南，五十年了，半個世紀，人生旅程的一大半，走過來了。

思索著，邁向百年的未來歷程，能為知識界、文化學術界作些什麼？

在速食文化的生態下，有什麼值得讓人雋永品味的？

歷代經典・當今名著，經過時間的洗禮，千錘百鍊，流傳至今，光芒耀人；

不僅使我們能領悟前人的智慧，同時也增深加廣我們思考的深度與視野。

我們決心投入巨資，有計畫的系統梳選，成立「經典名著文庫」，

希望收入古今中外思想性的、充滿睿智與獨見的經典、名著。

這是一項理想性的、永續性的巨大出版工程。

不在意讀者的眾寡，只考慮它的學術價值，力求完整展現先哲思想的軌跡；

為知識界開啟一片智慧之窗，營造一座百花綻放的世界文明公園，

任君遨遊、取菁吸蜜、嘉惠學子！